U0940283

徐健顺 著

吟诵概论

中华传统读书法

首都师范大学文学院资助出版

广西师范大学出版社
·桂林·

图书在版编目(CIP)数据

吟诵概论—中华传统读书法 / 徐健顺著. —桂林: 广西师范大学出版社, 2019.7(2020.2 重印)
ISBN 978-7-5598-1568-2

Ⅰ. ①吟… Ⅱ. ①徐… Ⅲ. ①朗诵学-概论 Ⅳ. ①H019

中国版本图书馆 CIP 数据核字(2019)第 020152 号

出 品 人: 刘广汉
策　　划: 亲近母语研究院
责任编辑: 周　伟
助理编辑: 卢　义
装帧设计: 璞茜设计

广西师范大学出版社出版发行
(广西桂林市五里店路 9 号　　邮政编码: 541004
网址: http://www.bbtpress.com)
出版人: 黄轩庄
全国新华书店经销
销售热线: 021-65200318　021-31260822-898
北京东君印刷有限公司印刷
(北京市大兴区黄村镇三间房工业区　邮政编码: 102600)
开本: 720mm×1 000mm　1/16
印张: 34.5　字数: 558 千字
2019 年 7 月第 1 版　2020 年 2 月第 2 次印刷
定价: 128.00 元

如发现印装质量问题，影响阅读，请与出版社发行部门联系调换。

图一　宋　梁楷《太白行吟图》

图二　明　吴伟《观瀑吟诗图》

序

赵敏俐

中华吟诵是汉语诗文传统的诵读方式、教学方式，也是重要的意义承载方式，在中华诗文古今演变传承过程中扮演着重要角色。近百年来，由于复杂的历史原因，吟诵的传承出现了危机。少数学者如唐文治、赵元任、叶圣陶、朱自清、吕叔湘等，在保存吟诵传统、从事吟诵教育、培育吟诵人才等方面，做了可贵的努力，但终不能挽回古典诗文吟诵日渐衰微的大局。20 世纪 80 年代以来，优秀传统文化日益受到重视，越来越多的学者、老师、青年学生等不同年龄段、不同职业的爱好者，加入了传统吟诵的研究、教学和推广活动之中。古诗文吟诵已成为认知和弘扬中国传统文化的载体之一，成为学校进行古典诗文教学的一种有效方式。

在传承推广中华吟诵的队伍当中，健顺博士无疑是其中最引人注目的一员。他从 2004 年开始接触吟诵，2007 年在中央民族大学成立紫竹诗社，2009 年组织吟诵志愿者们去山东、江苏、浙江、福建、广东等地，做了多次吟诵采录。2009 年 10 月，在中央文明办、国家语委的支持下，以首都师范大学、中央民族大学、中国音乐学院、北京语言大学等四家为主办单位，举办了第一届“中华吟诵周”，健顺是主要的筹划者与参与者之一。在语文现代化学会吟诵分会筹备的过程中，健顺也是主要的筹划者之一，学会成立后出任秘书长，为学会的发展做了大量工作。自 2010 年起参加国家社会科学基金重大项目“中华吟诵的抢救整理与研究”，是整个项目采录过程的主要负责人，近十年的时间内几乎走遍了全国，并远赴日本和韩国进行专程采录，前后采录并搜集了上千人的吟诵资料。自2009年开始至今，在语文现代化学会吟诵分会、首都师范大学中华吟诵研究与教育中心、首都师范大学国学院和文学院等相关单位的支持帮助下，由他主持开办了数十个中华吟诵学习班，进行吟诵培训。在他的努力下创建的中华吟诵网络平台，全方位介绍当下吟诵研究、教育与宣传活动情况，并免费向公众提供大量的吟诵资料。十几年来，他全力以赴投身吟诵工作，不分四季寒暑，奔走于各地。他把吟诵当成了自己一生的事业，生命的寄托。摆在我们面前的这部著作，既是他十几年来学习中华吟诵的心得、教学实践的体会、深入研究的思考，也记录了他十几年的心路历程和他对吟诵事业的热爱。作为他在吟诵事业上的同事，我为他这十几年的执着追求和献身精神所感动，也深知他一路走来的艰难，就本书的写作动机和其中的甘苦也略有体悟，在此愿做一简单介绍，以供读者参考。

本书名为《吟诵概论》，应该说，当下与此名称相类的著作已经有多种，如叶嘉莹的《古典诗歌吟诵九讲》、陈少松的《古诗词文吟诵研究》、华锋的《吟咏学概论》、张本义的《吟诵拾阶》等。这些著作，都来自于吟诵名家多年的实践，是他们对吟诵的认识和理论总结，无不具有重要的学术价值和学习指导意义，也是健顺学习和教授吟诵的主要参考教材。但健顺之所以再写此书，却来自他在吟诵学习和推广过程中所遇到的实际问题。其中最重要的两点，一是何谓吟诵，吟诵有没有共同之法？二是我们为什么学习和传承吟诵，吟诵的价值究竟在哪里？这是他在研究和传承吟诵中绕不过的问题，也是在我们当前传承吟诵的过程中共同面对的核心问题，他要对此做出解答。虽然到现在为止，他的这部书还不能说已经把这两个问题解决，只能算是他的初步探索，但是也凝聚了他十几年的吟诵经验和知识所得，值得我们重视。

我们知道，对于当下的国人来说，由于近百年来吟诵的式微，大多数人不知道吟诵为何，甚至包括一些从事传统文化的学者。吟诵和朗诵到底有何区别？吟、咏、唱、诵如何分辨？面对南腔北调的各地吟诵，我们的学习应该从何处下手？是不是各地的吟诵有共同的规则可循？如果你要了解吟诵、学习吟诵，这些问题自然就会摆在你的面前。我们上文所提的名家论著，虽然也不同程度地涉及这些问题，但是并不系统，甚至连概念的使用也不统一，如华锋就一直使用“吟咏”的概念，屠岸先生习惯称之为“吟哦”，中国台湾地区的学者更常用的则是“吟唱”一词。而他们对吟诵的论述，讲述的大都是个人体会。按照他们所提供的吟诵范例学习，所习所得主要也是某一名家的吟诵调和吟诵方法。但是，如果要面向全国进行推广，就要对这些基本问题有一个更好的概括总结。首先是吟诵这一概念，就有一个从古到今的复杂变化过程。健顺从“吟”“咏”“诵”“读”“唱”“念”等古代一系列与之相关的词汇梳理入手，辨析它们之间的细微差别，指出它们与中国古代读书法的关系。健顺认为，将古代传统读书法最常用的概念“读”改称“吟诵”，最早始于1940年叶圣陶先生，见于他和朱自清合作撰写《精读指导举隅》与《略读指导举隅》的“前言”。其后赵元任、叶嘉莹、陈炳铮、陈少松、秦德祥、钱璱之、王恩保、张本义等人先后都开始使用这一概念，其最后被作为与现代的朗诵相对应的概念之确定并被广泛使用，则应该在语文现代化学会吟诵分会成立前后。看起来这只是对一个概念的辨析，但是在吟诵的传承推广和研究中都有重要意义，它有助于我们弄清当前仍然比较纷乱的有关“吟诵”的认识。孔子说“名不正则言不顺”，“正名”的确是治学的一个重要起点。

从事吟诵的传承与推广，我们都会遇到一个重要的问题，即吟诵如何学，有没有规则和方法。虽然吟诵的学习主要通过实践，我们尽可以学习吟诵名家的吟诵调，通过模仿的方式进行。但是面对各地不同的腔调，一个从事吟诵传承的教师不可能模仿殆尽。更何况，吟诵的现代传承必须以普通话吟诵为主。因此，如何在各地区各种吟诵的基础上总结出学习普通话吟诵的基本方法，弄清传统吟诵与普通话吟诵之间的关系，就显得特别重要。可以想见，健顺在刚刚开始进行吟诵培训与推广之时，该有多么大的困难。因为他学习吟诵也不过是几年的时间。他既没有像唐文治那样生于清末，受过系统的古代教育；没有像叶嘉莹那样，受过老师与家长从小耳濡目染的熏陶；也没有像华锋那样是得到过父亲传授的吟诵传人；更没有受过吟诵教育的专门培训，这不免使他在一开始教授吟诵时就受到一些人的质疑。但健顺不畏其难，他一方面勤奋刻苦，认真地向吟诵名家请教，转益多师；另一方面又努力学习钻研，探寻总结各吟诵名家的共同特征。更为重要的是，近十年来，他通过参与国家社会科学基金重大项目“中华吟诵的抢救整理与研究”，采录和搜集了一千多人的吟诵音像和大量的文献材料，使他有条件接触到全国各地的吟诵传人，更了解全国各地的吟诵情况，也更熟悉各种吟诵的特点和方法，可以在此基础之上对吟诵的共同特征进行探讨和总结。健顺发现，不论是南北各地不同方言不同人群的吟诵，还是中国的吟诵、韩国日本的汉诗文吟诵，都呈现基本一致的读法规矩。20 世纪以来前辈学者们的研究成果，也指出了一些读法规律。中国、朝鲜、日本等国的古代文献，提供了古代读法的记载，古代蒙馆、学馆、经馆的课本上，标记着古代的读法符号。他在这些发现的基础上进行总结，根据不同的文体，提出了吟诵“九法”，即“依字行腔、依义行调、入短韵长、平长仄短、平低仄高、模进对称、虚实重长、文读语音、腔音唱法”。具体来讲，在这“九法”之中，“依字行腔、依义行调、入短韵长”是各种文体吟诵都必须遵守的。“平长仄短、平低仄高”则是近体诗吟诵时的特殊要求。“模进对称”适合于古体诗、散体赋和古文。“虚实重长”适用于古文。“文读语音”是古今字音变化时的特殊处理方法。“腔音唱法”是根据汉语一字一音的特征而产生的一种特殊的吟诵声音表达方式。这“九法”所以形成，并非强行规定，而是来自文体、语言和发声的内在要求。如“依字行腔”，因为吟诵是根据诗文作品用某种腔调进行的一种较为自由的歌唱，没有伴奏，没有配乐，“字正腔圆”就是吟诵是否美听的第一个基本要求。“字正”才能“腔圆”，所以，吟诵时必须“依字行腔”，具体地说，就是要做到声母、韵母的发音部位和发音方法准确、声调准确才行。再如“依义行调”，就是吟诵者要依据自己对作品的理解，来组织旋律框架结构，来调整字和字的声音关系，形成符合一首作品内容风格的调子。如上所言，这“九法”并非健顺发明创造，在前人的论述中总有人提到其中的某些方法，但是将这“九法”系统地总结在一起，作为学习吟诵的基本方法，的确是健顺的贡献。而且，健顺与他的同道一起，在前代文献标记的各种吟诵符号基础上总结了一套新的符号系统，用于吟诵的教学，也颇有效果。吟诵作为古诗文的一种读书方法，带有很强的实践性。我常常将吟诵和书法相比。书法有不同的字体，如甲骨文、金文、隶书、行书、楷书、草书等等，这如同吟诵有古诗、格律诗、古文、骈文、词、赋等不同的文体。书法有王体、颜体、欧体、苏体等不同流派，这如同吟诵有闽、吴、湘、粤等不同地区的方言吟诵。学习书法要从临帖入手，学习吟诵也要从模仿名家吟诵开始。我们上面所提到的陈少松等名家论吟诵的著作就是很好的入门“法帖”。但是除了临摹之外，学习书法也要掌握基本的执笔方法和要领，也要掌握一笔一画的写作基本规范，揣摩字体的结构和神韵，所以便有了相关的书法学理论著作。同样，要进行吟诵的学习传承和推广，除了模仿名家的吟诵之外，也要学习和掌握吟诵的基本方法和基本要领。这也是健顺这部书的写作目的之一，他试图总结出学习吟诵的基本规则和方法，用以指导当下的吟诵学习和实践，并且取得了很好的效果。当然，也许有人并不完全同意他的“九法”，但是，他的这一总结无疑是有重要意义的，是在吟诵的传承与推广过程中必须要做的工作。我期望今后有人、也包括健顺自己，在这方面不断地总结完善，以推进吟诵理论的发展。

中华吟诵在近百年的发展过程中，从日渐式微到重新被人重视，经过了一次大的历史磨难。在它复归之时，自然要引起人们的疑问：为什么我们要学习和传承吟诵？吟诵的价值究竟在哪里？要把这个问题说清楚，健顺首先带读者走进历史。吟诵本来是中国古代汉语诗歌的主要学习方式，也是创作方式，历史文献中有大量的记载。诗的创作，最初就发生于口头；以后有了文字，也是先吟后写。《尚书·舜典》曰：“诗言志，歌永言，声依永，律和声。八音克谐，无相夺伦，神人以和。”《礼记·乐记》也说：“故歌之为言也，长言之也。说之，故言之；言之不足，故长言之；长言之不足，故嗟叹之；嗟叹之不足，故不知手之舞之，足之蹈之也。”据《楚辞·渔父》，屈原流放在外，曾“行吟江畔”，《文心雕龙》论创作，也说“盖《风》《雅》之兴，志思蓄愤，而吟咏情性。”李白说：“吟诗作赋北窗里，万言不值一杯水。”杜甫说：“此身饮罢无归处，独立苍茫自咏诗。”白居易说：“我爱霓裳君合知，发于歌咏形于诗。”苏东坡泛游赤壁，也要“诵明月之诗，歌窈窕之章。”直到鲁迅作诗，还说“吟罢低眉无写处，月光如水照缁衣。”通过这些事实，读者自然就会明白，汉语诗歌首先是声音的艺术，是有节奏有韵律的语言加强形式。这节奏和韵律，不通过吟诵的方式，如何能够体现出来？从这一点来讲，古代的诗词创作和学习欣赏，都必须要通过吟诵的方式才行。

这一道理既明，读者也许还会再问：古人的读书写作固然如此，在21世纪的今天，我们为什么还要用吟诵的方式来学习古代诗词？用现代的诵读方式有什么不可以呢？要把这个问题说清楚，就不那么容易了。这涉及对吟诵这一文化现象的学理探讨，包括吟诵中的音-义关系、音-诗关系、音-乐关系和吟诵与教育等多方面关系的研究。健顺博士不畏其难，在这方面做了非常可贵的探索。而这也正是本书第三章以后所要讨论的核心内容。

所谓吟诵中的音-义关系，也就是对于吟诵的语言学研究，揭示汉诗文声音的意义。健顺认为，吟诵是汉诗文的读法，读法会影响句子的含意，而读法的含意又来自读音的含意。如此而言，就把吟诵的探讨追根到汉语音义关系这一古老的学术命题。汉语音义关系是语言学中特别重要的问题，一般搞文学的人不敢触碰。在这里，健顺借鉴了传统声训学和当代汉语语源学的成果，大胆提出了自己的观点。健顺认为：吟诵的音-义关系源自汉字作为象形文字的独特性，因为汉字是音、形、义兼备而一体的文字。音在汉语中一直承担着很强的表义功能，所以，脱离了对于声音的理解与感悟，就不能很好地理解汉诗文。在中国传统的语言学中，声训一直占有重要地位，因声求义是重要的语言学研究方法。在这方面，古代的语言学著作提供了丰富的资料，当代语言学家的研究也取得了丰富的成果。可贵的是，健顺在这里不仅利用语言学的成果讨论了吟诵中的音义问题，梳理了音义关系的原理和体系，反过来他还以古诗文中的相关例证充实了有关汉语音-义问题的研究。健顺据此而制作了一个汉语音义表，尝试了一种以声训为基础、结合吟诵的识字教学法，这一探索是难能可贵的。

所谓音-诗关系，也就是从文学角度的研究，探索和揭示吟诵与文体的关系。不同的文体有不同的读法，对此，吟诵名家们多有论述。而健顺与之不同的是，他将这种音-诗关系建立在音-义关系的基础之上。他认为，同一个句子，在不同的文体中，含意便有差异。其次，读法对古诗文含意有影响，如拖长有延展之感，短促有决绝之感，读高有强调之感，读低有感慨之感等。健顺认为，正因为在汉字这一象形文字系统中，声音具有意义，那么，声音作为古诗文含意的有机组成部分，就在诗文的具体文字意象下而存在。声调、押韵在诗中的存在和格律的生成，并不仅仅属于形式层面的东西，它同时承载着一定的意义。由此而说明，“依字行腔，以义行调，入短韵长、平低仄高、平长仄短、虚实重长”等“九法”在吟诵中具有多么重要的意义。这就为从学理上解释古诗文何以一定要吟诵提供了理论上的支持，为更好地分析研究古诗文的文体形式提供了语言学上的依据，这是值得我们重视的。

所谓音-乐关系，也是从音乐角度的研究，探讨古代吟诵的音乐特征。健顺认为：现在传承下来的吟诵，至多也就是晚清的调子，那么何以知道漫长古代的每一个时段的吟诵调究竟是怎样的？这就需要探讨汉语的语言与音乐之间的关系。我们知道，有关中国古代音乐的问题非常复杂，关于中国古代音乐落后的观念在当代甚为流行。的确，和西洋音乐相比，中国古代没有“科学”的记谱方式，也没有产生如西方一样的伟大的音乐家。但是，中国古代却有那么丰富的音乐记载，早在战国时代就出现了如曾侯乙墓编钟那么高水平的乐器，又怎么解释这一现象呢？健顺认为，这与中国古代汉语与音乐的关系密不可分。语言和音乐之间具有辨义关系和放大关系，这在各民族语言和音乐关系中都存在，但表现方式不同。因为汉语属于声调语言中的旋律型声调语言，而旋律是音乐的第一要素，所以旋律型声调语言与音乐的关系最为密切。健顺本身不是音乐学家，由他来讨论音乐的问题似乎有门外之嫌。但是，他从吟诵入手、从语言的角度而涉及音乐，却触及中国古代音乐和语言之间的一些基本问题。健顺认为，"汉族音乐的与众不同的最大魅力，不是音乐本身，而是与语言结合的诗歌的魅力。汉族音乐把汉语诗歌的含意发挥到了极致，从而创造了世界音乐的奇迹。"在我看来这也是一个不可否认的事实，诗与乐如此完美的结合，值得我们进行深入的研究。健顺还认为，汉语音乐基本上不像西方音乐那样具有脱离语言的独立意义，因此器乐曲的传统非常弱，歌曲的传统非常强。汉语的音乐创作传统，是先词后曲。这正如《尚书》所说："诗言志，歌永言，声依永，律和声。"汉语的旋律和节奏，是从语言中生发出来的。因为汉语是旋律型声调语言，天然地与音乐相通，把想说的话拖长，往音阶上一放，就是歌曲。语音的长短高低轻重缓急，就化为音乐的旋律节奏。所以按《尚书》所说，入乐歌唱的方法叫作"律和声"，即把拖长之"言"放到音律上，也就是宫商角徵羽上。那么，凭什么来把"言"放到音律上呢？凭什么知道哪个字放在哪个音律上呢？靠的是语言的声调。健顺根据相关的语言学资料和研究成果推测，汉语的上古音，是音高型声调，各声调之间大致有个音高的相对关系，四声的调值和中国传统音乐的五音有天然的对应关系，因此才可以"律和声"。其实，关于四声和五音的对应关系，古人早有论述，健顺将这些文献做了很好的梳理。如《文镜秘府论·天卷·调声》引唐人元兢的《诗髓脑》："声有五声，角徵宫商羽也。分于文字四声，平上去入也。宫商为平声，徵为上声，羽为去声，角为入声。故沈隐侯论云：'欲使宫徵相变，低昂舛节，若前有浮声，则后须切响。一简之内，音韵尽殊；两句之中，轻重悉异。妙达此旨，始可言文。'固知调声之义，其为用大矣。"健顺认为："虽然我们不可能知道古代吟诵调的确切旋律，但是旋律框架还是基本可以知道的。这中间最重要的理论就是'四声对五音'，它说明了上古汉语的音高型声调特征，进入中古汉语时转为旋律型声调特征。"

健顺在此基础上探讨了中古的四声与格律的关系，永明体与唐以后律诗的区别，从唐代以后诗词格律所以要分平仄的原因，从而揭示上古诗歌和中古以后诗歌不同的旋律生成机制，并尝试用四声对五音之法为上古诗歌制谱配乐。对于健顺在这方面所发表的系列观点，特别是有关中国古代音乐的观点，需要得到音乐家的认可，我无权评断。但是他试图从语言与音乐的关系入手来解开中国古代的音乐之谜，并以此来解释汉语诗词吟诵中的诸多问题，的确提供了一个很好的方向，并且初创了一种自圆其说的理论方法，他的观点是值得重视的，他的这种努力也是值得赞赏的。在我看来，这也是本书中最富有新意的一章。

健顺试图从音-义、音-诗、音-乐三个方面阐释吟诵在中国文化中出现的必然性与合理性，不仅从学理上回答了古诗文为什么要吟诵，吟诵“九法”的要义；反过来，也从一个新的角度、亦即声音的角度来启发我们重新认识中国的语言、文学与音乐。我们知道，在当代中国，文学、语言学和音乐学等学科理论体系之建立，都深受西方文化的影响，对中国传统文化的独特性关注是不够的。目前，这几个学科都有人在这方面进行反思。而吟诵恰恰为我们提供了一个将三者综合在一起的切入点。由于吟诵是汉诗文的独特传统，它展现了汉语雅言的原生的活态，它影响了汉诗文文体形式的生成，它和音乐有特别紧密的结合，所以对于吟诵的研究，客观上对于汉语、汉文、汉族音乐的研究都有重要意义。健顺从研究吟诵的角度入手，发现了一些特别有意思的现象，如汉语的音义关系对于西方现代语言学“任意性原则”的突破；汉诗的读法对作品含意理解的影响；上古汉语“四声”与“五音”的对应关系。健顺在这些方面都提出了自己独立的看法。如健顺推测，上古汉语有音高型声调特征，“汉语音乐基本上不像西方音乐那样具有脱离语言的独立意义，因此器乐曲的传统非常弱，歌曲的传统非常强。”这些看法，都与现代主流的观点和研究结论不全相符。对健顺所提出的这些观点要做出正确的判断可能也要假以时日，但是他的研究进一步启示我们，吟诵这一文化现象所以存在于漫长的古代社会，它所以成为一种综合了语言、文学和音乐的文化表现形态，必有其重大的文化价值，值得我们高度重视。

健顺所以如此热衷地研究和传承吟诵，还有一个重要的原因，就是他有一个弘扬优秀传统文化的崇高理想。吟诵作为中国古代的读书方式，有加强记忆、激发兴趣、正音识字、深化理解、开启创作等功能，它的教育学意义，当代学者已经多有阐述，这也是健顺这些年所以坚持在中小学开展吟诵的原初动力，因为它的确可以有效地补充当下中小学语文教学法之不足，提高中小学生学习古诗文的兴趣，有助于解决当下古诗文教学效率不高的老大难问题。在推广吟诵的过程中，他自己的认识也在不断提高。他认为，古诗文是优秀中华文化的艺术表现，也是中国古代文人思想精神的表达。学习古诗文的最终目标不仅仅是为了读书识字、学习文化，更重要的是通过这种学习而提高中小学生的文化修养和思想境界。而通过吟诵法来进行学习，有助于更好地理解古诗文的词汇、意象、内容、情感，有助于培养人的精神品格。就这样，他把最初的吟诵教育理想纳入弘扬优秀传统文化的更高的人生理想中来。正是有这样的崇高理想，健顺十几年来投身其中而乐此不疲。他把传承吟诵当作自己终生的事业，不惧任何困难勇往直前，他是在用实际行动来践行自己的人生理想。

健顺曾经是我教过的本科学生，以后我又做过他的博士后合作导师，现在我们则是同事，共同参与了国家社会科学基金重大项目“中华吟诵的抢救整理与研究”。但是在传承和推广中华吟诵方面，他却远远走在了我的前面。他是一个为理想和信念而执着的人。走在了这条路上，他便义无反顾。这部著作，包含了他多年学习研究吟诵的心血。写完之后，他先拿给我看，并让我作序。我先睹为快，多有所获，也深受启发，于是把我的阅读心得略述如上。我期望他继续努力，在吟诵的研究和传承方面取得更大的成绩。

前　言

徐健顺

吟诵，是中华文化中一个古老的传统。自从有了“书”，就有了“读书”，也就是吟诵。

吟诵是汉诗文传统读法的统称，是中华传统读书法，在古代叫作“读”。古代文献上所谓“读书”“读书人”“读书声”，等等，这个“读”字就是今天所谓的“吟诵”。20世纪以来，为了与新兴的现代“阅读”“朗读”“诵读”区别开，才被改称“吟诵”。

在古代留下来的各种诗词文赋、经典文献、曲艺故事、古迹文物中，“读”这个统称，及其各种具体的形式——“吟”“咏”“歌”“唱”“诵”“念”“哦”“叹”“哼”“呻”“讽”“背”等——随处可见，俯拾即是。

《墨子》说孔门“诵诗三百，弦诗三百，歌诗三百，舞诗三百”。[①]《庄子》：“郑人缓也，呻吟裘氏之地，只三年而缓为儒。”[②]在外人看来，儒士们的日常生活特征就是在那里摇头晃脑地吟诵。

国画中的人物画，有一个题材是“吟诗图”“行吟图”。自古至今，留下了大批的作品，让我们对古代文人的诗词创作、学习、欣赏的实际姿态有了直观的感受。

曾国藩说：“君子有三乐，读书声出金石，飘飘意远，一乐也。”[③]吟诵，本

---

① 王心湛校勘. 墨子集解［M］. 上海：广益书局，1936：161.

② 栾贵明主编. 庄子集［M］. 北京：新世界出版社，2014：253.

③ 唐浩明编. 曾国藩日记　1　最全本［M］. 长沙：岳麓书社，2015：471.

就是古代文人的一种生活方式、学习方式。

然而，这样一种悠久的、普遍的文化传统，对于学术研究来说，又是一个比较新的课题。虽然这个传统在古代是那样的自然而然，提及吟诵的人也很多，但研究吟诵的书却几乎没有。“不识庐山真面目，只缘身在此山中。”

只有当西学东渐，出现了新的读书法以后，汉诗文传统读法的特点、规律、价值和历史流变，才引起学者们的关注。唐文治、黄仲苏等先生从传统学术的角度对古诗文的读法进行了总结，而赵元任、叶圣陶等先生则从现代科学的角度开始了理论研究，“吟诵”这个新的名称也应运而生。1946 年，北京大学中文系专门为中国语文诵读方法组织了一次学术研讨会。1950 年，吟诵方法甚至一度进入了中华人民共和国的第一版语文教材。

但是，在 20 世纪的历史潮流中，吟诵仍然不能免于衰微的命运。学术研究只能称为不绝如缕。在中国台湾地区和海外，李炳南、叶嘉莹、邱燮友等先生身体力行，研究与传承并重。在中国大陆，华钟彦、陈少松、秦德祥等先生在采录、收集的基础上展开研究，取得了宝贵的学术成果。

我与吟诵的偶遇是在 2004 年。那时只是凭着个人的爱好，还不晓得吟诵的背后有那么深厚的传统文化。越学越深越觉无力，幸得前辈学者耕耘有成，师长同道提携护持，勉力坚持走到今日。这本书算是个人此前吟诵研究的一个总结，拿出来和大家一起探讨。

我觉得吟诵的研究总体来说还处于初级阶段，还基本停留在形态描述和规律总结上，也就是“知其然”的阶段。只是这个阶段还没有完成。这个阶段的研究基础应该是大量的成体系的吟诵材料。早期的吟诵研究虽然提出了很多重要的观点，但是由于所见的材料不多，大家从自己的吟诵经验出发，有时会把局部现象当成普适规律，因而看不到真正的规律。首都师范大学中国诗歌研究中心以我的导师赵敏俐教授为首席专家，承接了国家社会科学基金重大项目“中华吟诵的抢救整理与研究”，至今已采录整理了一千多位老先生的吟诵影音，这是我吟诵研究的基础之一。这些吟诵材料的数量和覆盖面，比之前人虽有大幅提升，但绝对数量仍然不多，某些地区的吟诵材料仍然缺失，所以抢救性采录仍然是目前工作的重中之重。

而吟诵研究更需要“知其所以然”，也就是研究吟诵的学理：吟诵的规律为什么是这样的？它的生成机制是怎样的？它的功能和作用何在？它和其他文化传统是怎样的关系？这样的吟诵规律有多少合理性？最终得出结论：吟诵有什么价值？在当代应该怎样传承发展吟诵才是正确的？只有回答了这些问题，吟诵研究才能学术化，并逐步走向学科化。在这些方面，前人的研究还只是开端，未来的路还很长。

我这些年的研究，就是一个从吟诵现象向内在理论的追溯过程。这本书正体现了这样的一个思考路径。

本书的第一章和第二章基本上属于现象研究，分别辨析总结了吟诵的概念和方法。其中对于吟诵的方法，也做了一些内部机制原理的探讨，比如汉诗为什么要押韵？为什么韵字要拖长？为什么近体诗偶位平声字也要拖长？等等。尤其是对普通话吟诵的合理性、读音和读法标准都做了分析和回答。我们传承吟诵，不能仅仅因为前人是这样吟诵的，我们就这样吟诵。也许前人的处理有误，也许前人的处理还有别的方式，所以对吟诵的研究，必须要回答吟诵的规矩、方法，其内部是何种道理，这种道理又有没有道理、有没有价值等问题。

吟诵不是简单的哼哼唧唧，也不是简单的唱歌娱情。如果它的作用仅限于此，就不会绵延数千年，写在课本上了。吟诵贯穿汉诗文的创作、欣赏、学习和传承过程，一定对于汉诗文的意义有重要的影响。所以本书的第三、四、五章就专门探讨吟诵背后的道理，分别从语言学、文学和音乐学三个方向切入。

从语言学的角度揭示了汉诗文声音的意义。吟诵是汉诗文的读法，读法会影响句子的含意，而读法的含意又来自读音的含意。这样关于吟诵意义的探讨就归结到了汉语的音义关系这一古老的学术命题。我根据传统的声训学和当代的汉语语源学的成果，大胆提出了一些汉语音义关系的观点，梳理了音义关系的原理和体系，供大家讨论指正。但不管怎么说，汉语的音义关系得不到肯定和明晰，吟诵的价值和意义就没有了根基。

从文学的角度，首先，揭示了吟诵与文体的关系，不同的文体有不同的读法。同一个句子，在不同的文体中，其含意就有差异。其次，又说明了读法对古诗文含意的影响，如拖长有延展之感，短促有决绝之感，读高有强调之感，读低有感慨之感等。这样声音的含意就在文字的含意之下，作为古诗文含意的有机组成部分而存在。这为古诗文的言外之意，找到了一个可理解的抓手，并可由此进一步探讨古诗文完整含意的层次构成。

从音乐的角度，探讨了古代吟诵的音乐特征。现在传承下来的吟诵，至多也就是晚清的调子，那么古代的吟诵调是怎样的？我认为虽然我们不可能知道古代吟诵调的确切旋律，但是旋律框架还是基本可以知道的。这中间最重要的理论就是“四声对五音”，它说明了上古汉语的音高型声调特征，进入中古汉语时转为旋律型声调特征，从而揭示了上古诗歌和中古以后诗歌不同的旋律生成机制。这让我们对古代诗歌音乐的旋律框架有所了解，并对流传至今的吟诵调的价值能够判断，并更加明晰普通话吟诵调的发展方向。

从语言学、文学、音乐学角度进行的吟诵研究，其意义不仅仅在吟诵本身。由于吟诵是中华文化、汉语汉文的独特传统，它展现了汉语雅言的原生态，所以对于如何看待汉语汉文、汉族文人音乐都有重要的意义。另外，吟诵的研究在很多方面都与西方现代科学研究的结论不全相符，它不仅对我们深入认识中华文化有所帮助，而且对语言学、文学和音乐学的基本理论都有重要的启示意义。比如汉语的音义关系对于西方现代语言学的“任意性原则”的突破；汉诗文读法对含意的影响，对文学作品文本分析局限性的突破；“四声对五音”理论提出了上古汉语研究的一个重要推测：音高型声调特征，也第一次对上古诗歌音乐的生成机制提出了理论推测。

吟诵的理论研究还有一个重要的价值，就是把古代的文人诗文重新归结到诗教传统下进行观察和研究。现在的“中国古代文学”，其实是受到西方文论影响而形成的一个学科。它是用西方文学艺术的标准，从古代的经、史、子、集、民间文学中各取一点而凑出来的一个新范畴。这样做也不无意义，但是却不应忘记和抹杀汉诗文固有的体系和特征。吟诵研究提醒我们，古代的文人诗文具有诗教传统，诗词文赋首先是一种教化而不是艺术，是修身养性的活动而不是抒发感情、发表见解的活动。诗词文赋里的思想精神，首先不是作者个人的个性，而是儒家思想为主的中华文化精神。诗词文赋的对象，首先是作者自己，其次是跟作者一样的文人儒士，并不是像现代作家一样面向全社会创作的。所以，诗词文赋的词汇、意象、内容、情感等，也具有一定的行话特征，不能直接当现代汉语理解。

本书的第六章探讨了吟诵与教育的关系，尤其是与当前的传统文化教育的关系、与语文教育的关系、与音乐教育的关系等。这是目前吟诵最大的应用价值所在。潮起潮涌的传统文化教育，也需要切实的抓手。显然只把教材内容换成《三字经》《论语》，教学法却还是西方的，或者是死记硬背、没有教学法，这是不行的。吟诵是古代教育的基本教学法，在其背后存在着一个庞大的中华文化教育体系。从吟诵进入，就可以看到这个庞大的系统，切实感受到其独特性、高效性和与现代教育体制的巨大差异。如何实现其当代转化，发挥其高妙的效用，是摆在我们面前的一个艰巨课题。吟诵教学的实践开展，就是一个良好的开端。我希望吟诵教学既不偏离传统文化的真谛，又能利用现代教育的优势，其间存在很多需要解决的问题，愿与大家一起探索。

本书的第七章主要提供了吟诵研究的一些材料，比如吟诵的历史、现状、学术史、吟诵采录以及海外吟诵材料等，以备大家开展吟诵研究所用。

最后的几个附录，是吟诵教学所需要的几个材料，属于个人探索性的研究，我个人认为是吟诵研究的一个重要基础，但是并不成熟，希望对大家的吟诵有帮助，也希望与大家继续探讨。

这本书的写作历时七年，其中大改数次，小改无数。非常感恩我的导师赵敏俐教授，他数次逐字审阅，提出修改意见，倾注了很多心血。现在这本书仍然不是成熟之作，但是吟诵复兴迅速，需要学术研究交流，因此先拿出来供大家一起探讨，尚请方家指正为盼。

目录

第一章　吟诵的概念

本书讨论的对象是“吟诵”，试图揭示吟诵的生成机制、内部结构、价值意义、传承方式、学术源流等，并及吟诵学理对语言学、音乐学、文学、教育学的启示。

本章首先讨论吟诵的概念，说明本书所谓“吟诵”的内涵和外延，并梳理历史上与之相关的一些名词概念，阐明为什么如此定义“吟诵”。

而在此之前，先要说明吟诵的存在理由。吟诵之所以存在，我认为，首先还不在于汉诗文在古代是吟诵着欣赏、吟诵着传承的，因为汉诗文的欣赏和传承方式是可以随时代而改变的。吟诵和汉诗文的密不可分的关系，首先在于，汉诗文基本上是在吟诵的过程中创作出来的。

第一节　先吟后写

吟诵不仅是古人的读书方式，它还是汉诗文的创作方式。

让我们回溯汉诗文创作的历史。

1931 年 2 月 20 日，鲁迅悲愤于“左联”五青年被害，在上海租界逃避追捕的夜里，写下了名文《为了忘却的记念》，其中有这样一段：

> 在一个深夜里，我站在客栈的院子中，周围是堆着的破烂的什物；人们都睡觉了，连我的女人和孩子。我沉重地感到我失掉了很好的朋友，中国失掉了很好的青年，我在悲愤中沉静下去了，然而积习却从沉静中抬起头来，凑成了这样的几句：

惯于长夜过春时，挈妇将雏鬓有丝。
梦里依稀慈母泪，城头变幻大王旗。
忍看朋辈成新鬼，怒向刀丛觅小诗。
吟罢低眉无写处，月光如水照缁衣。①

这首诗即是鲁迅的名作七律《无题》。第三联“觅小诗”，就是要作诗的意思。如果是寻觅一首前人的诗，那又何必“写”呢？所以，鲁迅是说，他因朋辈之死而愤怒，要作诗了。那么鲁迅是怎么作诗的呢？“吟罢低眉无写处，月光如水照缁衣”，他是先“吟”后“写”的！先在院子里徘徊、吟咏、创作、修改，等到感觉满意了，才去找纸笔记录下来。这就是“积习”！这不是鲁迅一个人的“积习”，而是自古以来，所有中国文人的“积习”。

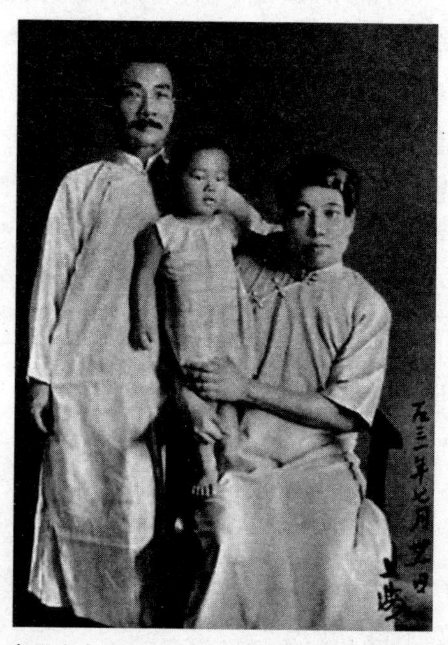

1931 年鲁迅在上海租界逃避追捕时为慰怀“慈母泪”而照

《红楼梦》第一回，甄士隐去看贾雨村，这一天是中秋节，贾雨村一会儿的工夫就作了两诗一联：

（贾雨村）今又正值中秋，不免对月有怀，因而口占五言一律云：

① 鲁迅著．鲁迅全集　编年版　第 7 卷　1933［M］. 北京：人民文学出版社，2014：47.

未卜三生愿，频添一段愁。

闷来时敛额，行去几回眸。

自顾风前影，谁堪月下俦？

蟾光如有意，先上玉人头。

雨村吟罢，因又思及平生抱负，苦未逢时，乃又搔首对天长叹，复高吟一联云：

玉在椟中求善价，钗于奁内待时飞。

……雨村此时已有七八分酒意，狂兴不禁，乃对月寓怀，口占一绝云：

时逢三五便团圆，满把清光护玉栏。

天上一轮才捧出，人间万姓仰头看。

这些创作都是口头完成的。

《红楼梦》里有一回写黛玉教香菱作诗，那一回的回目是："慕雅女雅集苦吟诗"。为什么呢？因为诗是吟成的。

黛玉道："既如此，你只抄录前三首罢。赶你写完那三首，我也替你作出这首来了。"说毕，低头一想，早已吟成一律，便写在纸条上，搓成个团子，掷在他跟前。（第十八回）①

宝玉笑道："今日持螯赏桂，亦不可无诗。我已吟成，谁还敢作呢？"说着，便忙洗了手提笔写出。（第三十八回）②

谁知邢岫烟、李纹、薛宝琴三人都已吟成，各自写了出来。（第四十回）③

很明显，"吟"就是"作"，"作"就是"吟"。诗在吟诵创作完成以后，才"提笔写出"。

《红楼梦》里面先吟后写的描写，据我统计有八次。描写直接"写诗"的，一处也没有。"写"，都是吟诵创作完成和修改完成之后的事情。再如：

写毕，向诸姊妹笑道："我素乏捷才，且不长于吟咏，妹辈素所深知。今夜聊以塞责，不负斯景而已。"（第十八回）④

---

① ［清］曹雪芹著．脂砚斋重评石头记　上［M］．天津：天津古籍出版社，2006：147.

② ［清］曹雪芹著．脂砚斋重评石头记　上［M］．天津：天津古籍出版社，2006：309.

③ ［清］曹雪芹著．脂砚斋重评石头记　上［M］．天津：天津古籍出版社，2006：392.

④ ［清］曹雪芹著．脂砚斋重评石头记　上［M］．天津：天津古籍出版社，2006：146.

或竖词坛，或开吟社，虽一时之偶兴，遂成千古之佳谈。（第三十七回）①

还记得咱们初结“海棠社”的时候，大家吟诗做东道，那时候何等热闹。（第八十一回）②

“吟诗”，是整个诗歌创作过程的代称。“海棠社”是创作诗歌的社团，不是诵读诗歌的社团，所以“吟诗”就是指创作诗歌，“吟社”就是创作诗歌的社团。这个含意一直延续到现在，而且还有引申义，比如诗人也叫“吟家”，称呼别的诗人为“吟友”，等等。

类似的记载，在古代文献中俯拾即是。汉诗，基本上都是先吟后写的。以前有所谓“口占”，指随口吟出，不加修改。实际上，几乎所有的诗都是“口占”而不是“笔占”的。只不过很多诗还要修改，而修改也是吟的，所谓“新诗改罢自长吟”（杜甫 ·《解闷十二首》）。

“在心为志，发言为诗”，诗歌本来就是一种声音。“登高而赋”“赋诗言志”，诗歌本来就是声音的创作。梁沈约《宋书 · 谢灵运传论》：

夫五色相宣，八音谐畅，由乎玄黄律吕，各适物宜。欲使宫羽相变，低昂互节。若前有浮声，则后须切响。一简之内，音韵尽殊；两句之中，轻重悉异。妙达此旨，始可言文。③

永明体诗歌追求声音之美。这种美并不是在纸面上看字和字应该怎么组合，而是用声音尝试吟咏出来的，所以魏晋以降，吟咏之风大盛。

唐诗是吟出来的！李白：“吟诗作赋北窗里，万言不值一杯水。”“吟”与“作”互文，“吟诗作赋”就是“作诗吟赋”，很明显，诗赋都是“吟”着“作”出来的。杜甫“此身饮罢无归处，独立苍茫自咏诗”，是指自己作诗；“病减诗仍拙，吟多意有余”则说得更清楚。白居易：“我爱霓裳君合知，发于歌咏形于诗。君不见我歌云‘惊破霓裳羽衣曲’，又不见我诗云‘曲爱霓裳未拍时’。”此处明确说《长恨歌》是“歌咏”。张籍作诗“日夜秉笔吟，心苦力亦勤。”卢延让：“吟安一个字，捻断数茎须。”方干：“吟成五字句，用破一生心。”崔涂：“朝吟复暮吟，只此望知音。”杜荀鹤：“四海无寸土，一生惟苦吟。”“生应无辍

① ［清］曹雪芹著．脂砚斋重评石头记　上［M］．天津：天津古籍出版社，2006：294.

② ［清］曹雪芹著．脂砚斋重评石头记　下［M］．天津：天津古籍出版社，2006：631.

③ ［南朝梁］沈约著．宋书［M］．北京：中华书局，1974：1779.

日，死是不吟时。”许棠：“万事不关心，终朝但苦吟。”徐铉：“年少支离奈命何？悲秋怀旧苦吟多。”孟郊：“一生空吟诗，不觉成白头。”这些都是说用吟诵来创作。

至于诗既作成之后，又复吟咏，或吟咏前人诗作，在文献中更是俯拾即是。此处不再赘述。总之诗是吟出来的，是声音的创作。

汉文的创作，似乎“吟”的比重要小一些，但也是声音优先的。《文心雕龙·神思》：

> 故寂然凝虑，思接千载；悄焉动容，视通万里；吟咏之间，吐纳珠玉之声；眉睫之前，卷舒风云之色；其思理之致乎！①

创作之前，先要构思。这个构思的过程，就是思动而形于吟咏的过程。又说：

> 是以陶钧文思，贵在虚静，疏瀹五藏，澡雪精神。积学以储宝，酌理以富才，研阅以穷照，驯致以怿辞，然后使元解之宰，寻声律而定墨；独照之匠，窥意象而运斤：此盖驭文之首术，谋篇之大端。②

谋篇要“寻声律而定墨”，声律在先。“造文”需要“吟咏”：

> 盖《风》《雅》之兴，志思蓄愤，而吟咏情性，以讽其上，此为情而造文也。③

汉诗文，基本上是先吟后写的！所以古代基本上见不到“写诗”这个词，古人一直说“作诗”。文也一样，不说“写文”，而说“作文”，直至今日。今天把“作诗”改叫“写诗”，“作曲”改叫“写歌”，却把“作文”叫作“写作文”，“作文”成了个名词，不合逻辑，不可思议。

还可以看看更早的文献：

---

① ［南朝梁］刘勰著；王运熙、周锋译注．文心雕龙译注［M］．上海：上海古籍出版社，2010：132.

② ［南朝梁］刘勰著；王运熙、周锋译注．文心雕龙译注［M］．上海：上海古籍出版社，2010：132-133.

③ ［南朝梁］刘勰著；王运熙、周锋译注．文心雕龙译注［M］．上海：上海古籍出版社，2010：154.

诗言志，歌永言，声依永，律和声。八音克谐，无相夺伦，神人以和。(《尚书·舜典》) ①

故歌之为言也，长言之也。说之故言之；言之不足，故长言之；长言之不足，故嗟叹之；嗟叹之不足，故不知手之舞之，足之蹈之也。(《礼记·乐记》) ②

诗者，志之所之也，在心为志，发言为诗。情动于中而形于言，言之不足，故嗟叹之，嗟叹之不足，故永歌之，永歌之不足，不知手之舞之，足之蹈之也。(《毛诗大序》) ③

这里说的都是诗歌的创作过程，诗就是心之声，从头到尾，就是从心志到吟咏的过程，都是声音的创作，根本没有提书写的参与。

所以说，汉诗文首先是声音的作品。在一般情况下，创作完成的时候，还完全停留在口头上。文字只是用来记录而已。少数的时候，声音和文字是共同参与创作的，这就是边写边作。古代有专门的词如援笔立成、一挥而就、文不加点等来描写这种情况。还有个词叫“出口成章”，形容吟咏创作时速度很快。这么快的速度就可以“援笔立成”了，可见当声音和文字同时参与创作时，还是声音在前、文字在后的。

“写”着创作修改，和“吟”着创作修改最大的不同就在于，“吟”时要更多地考虑声音的含意。在口语中，声音本身的含意也许不太突出，音质、字义是最主要的，但是“吟”是拉长声音的，一旦声音被拉长，一切就都变了。作者和听者都会关注到、体会到这些“陌生化”的声音，汉诗文声音的意义就被放大、强化了，出现了超逸于字义之外的意义。汉诗文的含意，就变成了文字意义和声音意义两大部分的组合。古代文学理论长期以来过于忽视声音的意义，这就造成了汉诗文的含意难以被完全理解、彻底阐明。古代文学研究今后应该多多关注汉诗文声音的意义。

古诗文，尤其是古代文人诗歌，与今天的口语有很大的差异。语速就很不

---

① [汉] 孔安国撰；[唐] 孔颖达正义；黄怀信整理. 尚书正义 [M]. 上海：上海古籍出版社，2007：106.

② 王岫庐，朱经农主编；叶绍钧选注. 礼记 [M]. 上海：商务印书馆，1926：108.

③ [汉] 毛公传；[汉] 郑玄笺；[唐] 孔颖达等正义；黄侃经文句读. 毛诗正义 [M]. 上海：上海古籍出版社，1990：15.

一样。今天很多人读古诗，跟说话一样，速度很快。实际上吟诵古诗的语速应很慢，而语速一慢，很多语音的美感就不同了。

比如，我在校园里看到一条标语："促进素质教育，建设书香校园。"这条标语，放在今天有问题吗？没有任何问题。没有任何人觉得它别扭。因为大家都是念它、朗读它。朗读的速度快，所以没有任何问题。但是一旦像古人那样"吟"起来，每个字都拉长声音到两秒钟以上，就会突然发现气接不上来，为什么？因为十二个字中，前八个字都是第四声（去声）！古诗一般不会有这种句子，因为很难吟诵。吟诵要把声音组合得很流畅，很动听，有美感。长长短短、轻轻重重、高高低低、快快慢慢、开开闭闭、清清浊浊、有阴有阳，有来有往，一切都很有讲究。所以古诗文音韵优美，朗朗上口，经久不衰。

更重要的是，音韵还是用来表达意义的手段。在创作的时候，诗人拉长声音吟诵，声音本身的特征就被放大。声音是高的还是低的，是强的还是弱的，是长的还是短的，是开的还是闭的，这些都会影响表达的含意。如果与诗人要表达的含意不符，诗人就会改变这个声音。他可能是有意识地修改，也可能只是凭感觉，但是无意识不等于无道理。以声音为载体的创作，一定会有一部分含意在音韵之中。

因为古诗文是吟诵着创作出来的，所以最好也吟诵着欣赏、学习和传承。这样，创作和欣赏都遵守同样的读法规矩，才能理解文意，情通古人。不然，很多含意将会丢失，很多理解将不完整。

清代大诗人袁枚说：

> 文曰作，诗曰吟，可知音节之不可不讲。（《随园诗话》）①

桐城派古文大家刘大櫆说：

> 神气者，文之最精处也；音节者，文之稍粗处也；字句者，文之最粗处也。然余谓论文而至于字句，则文之能事尽矣。（《论文偶记》）②

但是，声音的特征，也并非在字句上毫无体现，如果明白吟诵的规矩，则可一目了然，所以刘大櫆又说：

---

① ［清］袁枚著．随园诗话　下　正续［M］．上海：锦章书局，1936：1.

② ［清］刘大櫆著；舒芜校点．论文偶记［M］．北京：人民文学出版社，1998：6.

盖音节者，神气之迹也；字句者，音节之矩也。神气不可见，于音节见之；音节无可度，以字句度之。(《论文偶记》) ①

这个前提，就是要明白吟诵的规矩，明白汉诗文是如何读的，如何作的。

桐城派的另一位大家姚鼐则说：

大抵学古文者，必要放声疾读，又缓读，只久之自悟；若但能默看，即终身作外行也……诗、古文各要从声音证入，不知声音，总为门外汉耳。(《与陈硕士》) ②

曾国藩说：

文与文相生而为字，字与字相续而成句，句与句相续而成篇。口所不能达者，文字能曲传之。故文字者，所以代口而传之千百世者也……所贵乎圣人者，谓其立行与万事万物相交错而曲当乎道，其文字可以教后世也。吾儒所赖以学圣贤者，亦藉此文字以考古圣之行，以究其用心之所在。然则此句与句续，字与字续者，古圣之精神语笑胥寓于此。差若毫厘，谬以千里。辞气之缓急，韵味之厚薄，属文者一不慎，则规模立变，读书者一不慎，则鲁莽无知。③

这就是说，圣贤之道虽赖文字以传，然而字与字之间、句与句之间的关系，是无形的，是千变万化的。这些关系直接影响到含意，影响到对文字背后的精神的理解，是学习者最要注意的。所以，一定要读，而且是按照规矩读，才能把这层关系读出来。仅靠阅读文字是难以显现出来的。

举最简单的蒙学童谣为例，比如《三字经》开篇：

人之初，性本善。性相近，习相远。

“人之初”读高，“性本善”读低，则重音在“初”，感受其意，则偏重于人性之善是天生的，不是后天才出现的。“人之初”读低，“性本善”读高，则重音在“善”，感受其意，则偏重于人性本原是善的，而不是恶的。两种读法的含

① ［清］刘大櫆著；舒芜校点．论文偶记［M］．北京：人民文学出版社，1998：6.
② ［清］姚鼐撰；龚复初标点．姚惜抱尺牍［M］．上海：新文化书社，1935：55-71.
③ ［清］曾国藩撰．曾国藩全集　22［M］．长沙：岳麓书社，2011：7.

意有差异。

“性相近”读高，“习相远”读低，则重音在“性”，感受其意，则偏重于人性近似，习俗不同，但习俗不重要，毕竟都是人，在这一点上是一样的。“性相近”读低，“习相远”读高，则重音在“习”，感受其意，则偏重于人性虽然近似，但是习俗毕竟不同，所以大家是不一样的。两种读法的含意差异就比较大了。

这就是汉语汉文的一个特点。与印欧语系、拉丁文字不同，汉文的模糊性相对较大，缺少各种时态、语态、语法、逻辑关系的标识，所以汉文的读法就更加重要。不同的读法会导致不同的含意。而汉诗文尤其是古代的文人诗文，是有一套比较明确固定的读法系统的，作为汉诗文含意的辅助，也是言外之意的载体。

像《三字经》这样的蒙学童谣，曲调都是循环往复的。句与句之间的关系，是高低相间，重复回环的。其含意也与这种高低往复的句调关系相符。这是我们在大量采录民间读过私塾的老人的基础上发现的规律。像开篇这两句，两个分句之间的关系都是前高后低。其后“苟不教，性乃迁”开始又是前低后高。每两句颠倒一次，循环往复。这样，《三字经》的含意才能比较清楚和完整。传给学生，学生虽然一时不明白其中的意思，但是曲调旋律记住了，这就是他将来理解文中含意的基础。

再举篇古文为例。《岳阳楼记》的开篇：

> 庆历四年春，滕子京谪守巴陵郡。越明年，政通人和，百废俱兴。

古文的读法，一般逢散体则慢，排比则快，所以这里的“政通人和，百废俱兴”两小句是加快语速的地方。这篇文章是低起、慢起的，看文字，看今天的标点符号，是看不出来转折点在哪里的，实际上转折点是在“越明年”之后。这里如果读错，比如把“越明年”读高了，则其意偏为时间问题，好像是过了一年就变好了，而文章的本意是说滕子京不该被贬的，他是有德有才之人，放在哪里都是好官，才不到一年，巴陵就大变样。强调的是巴陵的变化。至于今天很多人把句子全读平，甚至把头一句读高的，就更加偏离文意了。

这句之后，又是散体，且加虚字“乃”，语速又变慢，可以隐隐感觉到作者认为重修岳阳楼是个沉重的话题，因为他一时不知道应该怎样写这篇文章，以应对刻于其上的“唐贤今人诗赋”。所以在下文陷入沉思，引出深刻的感想。

这种句与句的关系，也就是曾国藩所谓“辞气之缓急，韵味之厚薄”，即桐城派所谓“文气”。读法之重要，由此可知。

而读法也就是作法。古代学馆课本、高头讲章都有圈点符号以标记这些作法。教人读法，也就是在教人作法。所以曾国藩说：“属文者一不慎，则规模立变，读书者一不慎，则鲁莽无知。”这些规矩，在创作上和欣赏上是一致的。

因为古诗文基本上是先吟后写的，所以我们欣赏和学习的时候，也应该是吟诵的。吟诵的存在理由，首先在于此。

第二节 “吟诵”概念辨析

“吟诵”作为一个词，古已有之。这个词的内涵，却古今有别，今人之间也有别。本书所讨论的“吟诵”，其定义是“汉诗文传统读法的统称”，从教育的角度又称为“中华传统读书法”。这也是我和同事们在全国进行吟诵采录研究、吟诵教育推广所使用的概念。

在我看来，现在很多关于吟诵的争议、困惑、辩论，等等，往往都与所持概念的差异有关。概念有别，则争论无果。我们在讨论问题时，可以不同意对方的概念界定，但是必须要知道对方的概念界定。本书所用“吟诵”的概念虽然来源于古代，但是又有所发展，不能以古代文献上的“吟”“吟咏”“吟诵”等而视之。之所以要以读书法的统称为概念，是因为只有这样，汉诗文的读法与含意的关系才能完整、准确、深刻地体现出来。

因此，本书首先要讨论“吟诵”的概念，梳理其名称源流，阐明其内涵外延。

一、古代的读书方式

本书的“吟诵”概念既然是“汉诗文传统读法的统称”，就要先说明“汉诗文的传统读法”有哪些，古代有没有“统称”，有的话又是什么。

“汉诗文的传统读法”，即古人的读书方法，在文献上经常出现的，有歌、唱、诵、念、吟、咏、哦、叹、哼、呻、讽、背等多种。此事前人早有指出。中华民国时期的学者黄仲苏说：

即以可读之书而论，种类甚多，结构不同，性质亦各有差异；近复有文言语体之别。是习朗诵法者，于风格之辨别，体裁之区分，皆不能不三致意焉。以组织、格调、节奏、声韵之异，读法亦当分为“吟”“诵”“咏”“讲”数类。（黄仲苏《朗诵法》）①

下面对这些读书方法及其概念名词，一一做个梳理。

1. 唱

“唱”，《说文解字》释为“导也”，即领唱，先秦时又写作“倡”，基本上都与唱和有关，如：

叔兮伯兮，倡予和女。（《诗经 · 郑风 · 萚兮》）

唱和有应。（《荀子 · 乐论》）

清庙之瑟，朱弦而疏越。一倡而三叹，有遗音者矣。（《礼记 · 乐记》）

由“领唱”之意而引申为放声歌唱，所以后世所谓“唱”读，不但指有旋律地读，尤指大声歌唱：

偶然读得好诗词，高声唱个无腔曲。（郑燮《乾隆辛巳题画诗》）②

取古人之文，抗声引唱，不待说而文之深意毕出。（姚鼐《惜抱轩诗文集 · 左笔泉先生时文序》）③

另外，山东、西南等地区，把私塾读书调叫作“唱书歌子”。我们现在还把读花名册叫作“唱名”。这些“唱”都是读书的意思。

所以，“唱”在指读书方式的时候，是一种有旋律的读法。今人多以为读书是不应该有旋律的，这恐怕是受到了西方文化的影响。因为西方语言属于印欧语系，没有声调，所以创作诗歌、诵读诗歌基本都是没有旋律的。可是在世界上的有声调语言的民族里，比如我国的汉藏语系的绝大多数语言，都有声调，其诵读方式或者诗歌形式都很自然地带有旋律曲调。诗歌不一定有旋律，而是既可以有旋律也可以没有旋律，不像西方诗歌，读诗就是有节奏地朗诵，要想有旋律得找作曲家。古代的汉诗文也是大部分在创作的时候就是伴随着旋律的，

---

① 黄仲苏著 . 朗诵法［M］. 上海：开明书店，1936：1.

② ［清］郑板桥著；吴泽顺编注 . 郑板桥集［M］. 长沙：岳麓书社，2002：352.

③ ［清］姚鼐著 . 惜抱轩诗文集［M］. 上海：商务印书馆，1936：50.

诵读时自然也可以有旋律，所以“唱”也是一种读书的方式。

2. 歌

“歌”也是一种读书方式，也指有旋律地读，比如：

三百五篇孔子皆弦歌之，以求合《韶》《武》《雅》《颂》之音。（司马迁《史记·孔子世家》）①

《说文解字》释“歌”为“咏”，即拖长声音歌唱，这一点与“唱”还是有点区别的，比如：

诗言志，歌永言，声依永，律和声。（《尚书·舜典》）②

诗所以合意，歌所以咏诗也。（《国语·鲁语下》）③

积字成句，积句成章，积章成篇。合而读之，音节见矣；歌而咏之，神气出矣。（刘大櫆《论文偶记》）④

但是后来“歌”与“唱”也常常并举，并无多大区别：

若“置酒高堂上”“明月照高楼”，为韵之首。故三祖之词，文或不工，而韵入歌唱，此重音韵之义也，与世之言宫商异矣。（钟嵘《诗品 序》）⑤

这种情况一直到中华民国时期，“唱”读法与“歌”读法已无区别，完全可以互相替代了：

中国旧时对于诗歌本来有朗吟的办法，那是接近于歌，也可以说是无乐谱的自由唱，但那唱法也有一定的规律可循，在专门的音乐家听来，大约是可以谱得出若干种相当共通的调子出来的。（郭沫若《〈戏的念词与诗的朗诵〉序》）⑥

我以为诵读诗歌通常可以用这两种方式：即戏剧式与歌唱式，都是在形式的节奏之中流露语言节奏的读法。（朱光潜在“中国语文诵读方法座谈会”

① ［汉］司马迁著．史记［M］．北京：线装书局，2006：236.

② ［汉］孔安国撰；［唐］孔颖达正义；黄怀信整理．尚书正义［M］．上海：上海古籍出版社，2007：106.

③ ［战国］左丘明著；［三国吴］韦昭注．国语［M］．上海：上海古籍出版社，2015：139.

④ ［清］刘大櫆著；舒芜校点．论文偶记［M］．北京：人民文学出版社，1998：6.

⑤ ［南朝梁］钟嵘著；曹旭集注．诗品集注［M］．上海：上海古籍出版社，1994：332.

⑥ 郭沫若著．戏的念词与诗的朗诵［M］．北京：中国戏剧出版社，1962：2.

上的发言，见《中国语文诵读方法座谈会纪录》）①

唱读：这是一种运用语言的风格。它既不是声调和语调的数字合成，从而产生一种通常的语言，也不是具音乐旋律的歌唱。它是介乎这两者之间的东西，它主要是根据语词的音位的声调，用一种固定的方式说话的特点。（赵元任：《中国语言的声调、语调、吟唱、吟诵、朗诵、依声调作曲和不依声调作曲》）②

最奇怪的，是我吟咏古诗的方式，虽得闽腔吴调的口授启蒙，兼采二舅父哦叹之音，日后竟然发展成唯我独有的曼吟回唱，一波三折，余韵不绝，跟长辈比较单调的诵法全然相异。（余光中《自豪与自幸——我的国文启蒙》）③

3. 吟

"吟"读，主要用于诗，也可用于文，是有旋律的读法，如《战国策·秦策二》："今轸将为王吴吟。"东汉高诱注"吟"为"歌吟"。《毛诗序》："吟咏情性，以风其上。"唐代孔颖达疏："动声曰吟，长言曰咏，作诗必歌，故言吟咏情性也。"魏文帝《燕歌行》："援琴鸣弦发清商，短歌微吟不能长。"唐宣宗《吊白居易》："童子解吟长恨曲，胡儿能唱琵琶篇。"这些都明确表明了"吟"的音乐性。

"吟"的另一个特点是偏于低沉轻柔。汉魏乐府中有《白头吟》《梁父吟》《逸民吟》《渔父吟》等，都是哀伤或忧愁的诗歌。《释名》："吟，严也。其声本出于忧愁，故其声严肃使人听之凄叹也。"

因为低沉轻柔，所以"吟"又有拖长舒缓的特点，因此常与"咏"联用。

郑人缓也，呻吟裘氏之地，只三年而缓为儒，河润九里，泽及三族。（《庄子·列御寇》）④

屈原既放，游于江潭，行吟泽畔，颜色憔悴，形容枯槁。（《楚辞·渔父》）⑤

---

① 朱光潜著．朱光潜全集　第 9 卷［M］. 合肥：安徽教育出版社，1993：236.
② 赵元任著．赵元任音乐论文集［M］. 北京：中国文联出版公司，1994：3.
③ 余光中著．日不落家［M］. 北京：国际文化出版公司，2014：115.
④ 栾贵明主编．庄子集［M］. 北京：新世界出版社，2014：253.
⑤ 黄灵庚疏证．楚辞章句疏证［M］. 北京：中华书局，2007：1896-1899.

陶冶性灵缘底物，新诗改罢自长吟。（杜甫《解闷十二首》其七）①

先生口不绝吟于六艺之文，手不停披于百家之编。（韩愈《进学解》）②

二句三年得，一吟双泪流。（贾岛《题诗后》）③

学者读书，须要敛身正坐，缓视微吟，虚心涵泳，切己省察。（朱熹《朱子语类》）④

尝过吟旧诗的滋味者，往往病白话诗只能读而不能吟，因而说它不能算诗。这句话里的“吟”字的意义很可以研究研究。所谓吟诗吟文，就是俗话所谓叹诗叹文章，就是拉起嗓子来把字句都唱出来，而不用说话时或读单字时的语调。（赵元任《新诗歌集·序·吟跟唱》）⑤

古文和旧诗、词等都不是自然的语言，非看不能知道它们的意义，非吟不能体会它们的口气——不象白话诗文有时只听人家读或说就能了解欣赏，用不着看。吟好象电影里的“慢镜头”，将那些不自然的语言的口气慢慢显示出来，让人们好捉摸着。桐城派的因声求气说该就是这个意思。（朱自清《论朗读》）⑥

4. 咏

“咏”读，是拖长声音读，“咏”即“永”，长的意思。因为拖长就容易唱起来，所以“咏”经常与“吟”“唱”等合称。

吟咏之间，吐纳珠玉之声；眉睫之前，卷舒风云之色。（刘勰《文心雕龙·神思》）⑦

动声曰吟，长言曰咏，做诗必歌，故言吟咏情性也。（孔颖达《毛诗序疏》）⑧

---

① ［唐］杜甫著；［清］仇兆鳌注．杜诗详注［M］．北京：中华书局，1979：1515.

② ［唐］韩愈著．韩愈文集汇校笺注　第1册［M］．北京：中华书局，2010：147.

③ ［唐］贾岛著．长江集新校［M］．上海：上海古籍出版社，1983：133.

④ ［宋］黎靖德编．朱子语类［M］．北京：中华书局，1986：179.

⑤ 赵元任著．赵元任音乐论文集［M］．北京：中国文联出版公司，1994：105.

⑥ 张烨主编．朱自清散文全集　上［M］．北京：中国致公出版社，2001：249.

⑦ ［南朝梁］刘勰著；王运熙、周锋译注．文心雕龙译注［M］．上海：上海古籍出版社，2010：132.

⑧ ［汉］毛公传；［汉］郑玄笺；［唐］孔颖达等正义；黄侃经文句读．毛诗正义［M］．上海：上海古籍出版社，1990：19.

平上去入，则备体于正声。吟讽抑扬，则宛仍于旧韵。使咏之者审分明之旨，闻之者无讹舛之嫌。妙协钧天，克谐仙唱。[元辨《谢亲教道士（步虚）声韵表》]①

古人之诗皆可歌咏，被之管弦，即是乐教。（马一浮《蠲戏斋诗话》）②

这样的反复吟咏，潜心体会，对于真正进入古人的感情，去呼吸历史，涵泳文化，最为深刻、委婉。（余光中《自豪与自幸——我的国文启蒙》）③

吟咏的本义应该是将诗的字句拉长了声音，按照文字固有的音节加进感情色彩小声地哼读。（张本义《吟边絮语》）④

“吟”和“咏”都有拖长之意，都偏重有音乐性，作为读法差别不大，如果说有差别，大致是“吟”更偏重小声、低声，“咏”还可以是大声、高声。

5. 诵

“诵”读，原初是有曲调有节奏地吟唱的意思。《周礼·大司乐》：“以乐语教国子：兴、道、讽、诵、言、语。”郑玄注：“倍文曰讽，以声节之曰诵。”但是后世一般不用这个含义，而是用另外两个含义。

一个是“背诵”，所谓“熟读成诵”，如明代张履祥《初学备忘》：“先令成诵，而徐以涵泳其意味，休之于心。”

一个是没有曲调但有节奏、有抑扬顿挫地读，没有伴奏，音乐性不强，但很讲究读法的规矩，不是随意地念：

“以乐语教国子：兴、道、讽、诵、言、语。”郑玄注：“以声节之曰诵。”“瞽蒙讽诵诗，世奠系，鼓琴瑟。”郑玄注：“讽诵诗，谓暗读之，不依咏也。”孙诒让《正义》：“不依咏，谓虽有声节，仍不必与琴瑟相应也。”（《周礼·春官》）⑤

诵诗三百，弦诗三百，歌诗三百，舞诗三百。（《墨子·公孟》）⑥

---

① [清]董诰等编．全唐文[M]．北京：中华书局，1983：9668.

② 马一浮著．马一浮集 第三册[M]．杭州：浙江古籍出版社、浙江教育出版社，1996：1146.

③ 余光中著．日不落家[M]．北京：国际文化出版公司，2014：112.

④ 张本义主编．白云论坛 第2卷[M]．北京：北京图书馆出版社，2004：270.

⑤ [清]孙诒让撰．十三经清人注疏 周礼正义 第7册[M]．北京：中华书局，1987：1724-1725.

⑥ 王心湛校勘．墨子集解[M]．上海：广益书局，1936：161.

“舆人诵之。”韦昭注：“不歌曰诵。”(《国语·晋语》)①

不歌而诵谓之赋。登高能赋，可以为大夫也。(《汉书·艺文志》)②

因为这种“诵”没有旋律曲调，所以后来也常常与“歌”“吟”等有旋律的读法对举，以形成对比，或互文互指，以代表所有的读法：

弦歌以和其心，诵读以探其义。(刘大櫆《问政书院记》)③

读书宜放声歌颂(诵)，以引其情韵。(曾国藩日记：同治三年九月初四日)④

6. 读

“读”，有广义和狭义之分。狭义的“读”，原意是抽丝剥茧般地理解文句的含意。《说文解字》：“读，籀书也。”段玉裁注：

籀，各本作“诵”，此浅人改也，今正。竹部曰：“籀，读书也。”“读”与“籀”叠韵而互训。《庸风传》曰：“读，抽也。”《方言》曰：“抽，读也。”盖“籀”“抽”古通用……抽，绎其义蕴，至于无穷，是之谓“读”……“讽”“诵”亦可云“读”，而“读”之义不止于“讽”“诵”。“讽”“诵”止得其文辞，“读”乃得其义蕴。⑤

后引申为没有旋律的读法，与“诵”很接近，只是没有“诵”那么强调声音的正式性、节奏感，相对比较随意。这样的“读”，往往与其他形式是对举的，对举的“读”就是狭义的“读”：

盖同一字也，读是此音，而唱入曲中，全与此音不合者，故不得不为歌儿体贴，宁使读时碍口，以图歌时利吻。(李渔《窥词管见》)⑥

尝过吟旧诗的滋味者，往往病白话诗只能读而不能吟，因而说它不能算诗。(赵元任《新诗歌集·序·吟跟唱》)⑦

---

① [三国吴] 韦昭注. 国语 [M]. 上海：商务印书馆，1935：113.
② 张舜徽著. 汉书艺文志通释 [M]. 武汉：湖北教育出版社，1990：231.
③ [清] 刘大櫆著；吴孟复标点. 刘大櫆集 [M]. 上海：上海古籍出版社，1990：309.
④ [清] 曾国藩撰. 曾国藩全集　18 [M]. 长沙：岳麓书社，2011：89.
⑤ [汉] 许慎撰，[清] 段玉裁注. 说文解字注 [M]. 上海：上海古籍出版社，1981：90.
⑥ [清] 李渔著. 李渔全集　第2卷 [M]. 杭州：浙江古籍出版社，1991：517.
⑦ 赵元任著. 赵元任音乐论文集 [M]. 北京：中国文联出版公司，1994：105.

而“读”在古代文献中更常见的义项，是广义的概念——汉诗文读法的统称。此义详见后文。

7. 讽

“讽”读，即背诵：

> “以乐语教国子：兴、道、讽、诵、言、语。”郑玄注：“倍文曰讽。”（《周礼·春官·大司乐》）①
>
> “少不讽。”注：“谓就学讽诗书也。”（《荀子·大略》）②
>
> 未讽之文，焉在其为贵也？……如令文而不讽，曷由味之弥永乎？（刘朴《文诵篇》）③
>
> 中国文人吟诵诗文，多出之以乡音，曼声讽咏，反复感叹，抑扬顿挫，随情转腔，其调在“读”与“唱”之间。进入中国古诗意境，这是最自然最深切的感性之途。（余光中《诗与音乐》）④

8. 念

念的本字为“唸”，本义是思念。《说文解字》：“念，常思也。”因常思而念念叨叨，和文人读书的吟咏玩味很像，所以后来又把“读”称为“念”。“念”，基本上就是“读”的俗字，多用于口语：

> “念”，训若倍诵，犹今云“读书”为“念书”也。（周寿昌《汉书注校补》卷四六）⑤

所以，“念”也是读书方式的统称，有旋律没有旋律都可以叫“念”。佛教把读经梵呗叫作“念诵”，儒士又常把读书吟诵叫作“诵念”。当代吟诵家张卫东先生至今仍因承老师的说法而把自己传承的国子监读法叫作“诵念”。

> 忧子弟之轻俊者，只教以经学念书，不得令作文字。（程颢《河南程氏遗书》第一）⑥

---

① ［清］孙诒让撰．十三经清人注疏　周礼正义　第7册［M］．北京：中华书局，1987：1724-1725.

② ［战国］荀况著；［唐］杨倞注．荀子［M］．上海：上海古籍出版社，1989：160.

③ 刘朴撰．文诵篇［J］．学衡，1925，(46)：2-3.

④ 余光中著．余光中集　第7卷［M］．天津：百花文艺出版社，2004：562.

⑤ 周寿昌撰．汉书注校补　第9册［M］．北京：中华书局，1985：814.

⑥ ［宋］程颢，［宋］程颐著；王孝鱼点校．二程集　第2集［M］．北京：中华书局，1981：8.

行者登时拾石为砚，折梅为笔，造泥为墨，削竹为简，写成送冤文字，扯了一个“秀才袖式”，摇摇摆摆，高足阔步，朗声诵念。(《西游补》第一回) ①

诵读问题，我个人没有学理可说，只是一点点经验：小时先祖父教念韵文，凡律诗无论五言或七言，遇平声字皆须稍停而延其尾音；古诗在平仄方面都有很自然的节奏，惟碰见意义有停顿处，声音亦不妨稍作停顿。后来学习古文，先祖父亦谓诵读时应当特别注意虚字的神韵。(游国恩“中国语文诵读方法座谈会”上的发言) ②

现在的青年同志和少年儿童要是听到一个老先生在念古文，摇头摆尾，嗯嗯啊啊，哼哼唧唧，就觉得很可笑，酸溜溜的，好像迂夫子才这么念，却不知道这里头有道理，那念的人一面念的时候，一面他的思想感情就在活动了。(吕叔湘《中小学语文教学问题》) ③

9. 哦

“哦”，即拖长腔读，《说文解字》：“哦，吟也。”“哦”本是叹词，吟咏时拖韵常如叹息，或加叹词，因此“哦”这种读法指加叹词、衬词或如感叹般地拖腔吟咏，如南怀瑾先生吟诵《清明》：“清明哪——时节雨纷哪——纷——”。

日哦招隐诗，日诵归田赋。(梅尧臣《招隐堂寄题乐郎中》) ④

盖怀之不足则书，书之不足则哦，自然之势也。若怀而不书，孰见其文？书而不哦，孰闻其文？(刘朴《文诵篇》) ⑤

“哦”与“吟”都是拖长，只是“哦”更像感叹。两个字常常一起使用，指称拉长腔的读法：

性喜饮酒，饮喜微酡。饮未微酡，口先吟哦。吟哦不足，遂及浩歌。浩歌不足，无可奈何。(邵雍《小车吟》) ⑥

---

① [清] 董说著 . 西游补 [M]. 广州：广东人民出版社，1981：4.

② 顾黄初，李杏保编 . 二十世纪前期中国语文教育论集 [M]. 成都：四川教育出版社，1991：881.

③ 吕叔湘著 . 吕叔湘语文论集 [M]. 北京：商务印书馆，1983：345.

④ [宋] 梅尧臣著 . 梅尧臣集编年校注　中 [M]. 上海：上海古籍出版社，2006：564.

⑤ 刘朴撰 . 文诵篇 [J]. 学衡，1925，(46)：1.

⑥ [宋] 邵雍著；郭彧，于天宝点校 . 邵雍全集　4 [M]. 上海：上海古籍出版社，2015：288.

古诗即今之歌曲，今人唱曲往往能使人感动，至学诗却无感动，兴发处只为泥却章句故也。明道先生善言《诗》，他又浑不曾章解句释，但优游玩味，吟哦上下，便使人有得处。（谢良佐《上蔡语录》）①

四声平仄呼吸抑扬，均有自然之妙。即平素不习工尺者，能于照谱填成之后，反复吟哦，自有会心惬意处。（谢元淮《填词浅说·词宜反复吟哦》）②

尔既无志于科名禄位，但能多读古书，时时哦诗吟字，以陶写性情，则一生受用不尽。（曾国藩《家书：同治元年七月十四日谕纪泽》）③

盖初学读文往往口中吟哦，而心不知其所之者。唯于段落顿挫之际，急将放心收敛，则我之神气始能渐于文章会合，且一顿一挫之后，必有一提或一推，细加玩味，则起承转合之法，不烦言而解矣。（唐文治《唐蔚芝先生读文灌音片说明书》）④

中国人无论写什么都要一面吟哦着，也是这个缘故，虽然所做的不是八股，读书时也是如此，甚至读家信或报章也非朗诵不可，于此更可以想见这种情形之普遍了。（周作人《论八股文》）⑤

当时之感既托在声音，今日凭借吟哦背诵，同声相应，还使感情再现。反复吟诵，则真意自见。（俞平伯《略谈诗词的欣赏》）⑥

（颖铭）手里拿着一本唐诗，“心不在焉”地只管往下吟哦。（冰心《斯人独憔悴》）⑦

10. 叹

“叹”，也是拖长腔读，但着重强调语气感叹之声，与“哦”相似，只是声音似乎更大。《说文解字》：“叹，吞叹也……一曰太息也。”这是“叹”的本义。《荀子·礼论》：“清庙之歌，一唱而三叹也。”可见“唱”时常“叹”。因而，“叹”又引申为歌、唱等有旋律的形式的代称。

---

① ［宋］吕祖谦撰．吕氏家塾读诗记　1［M］．上海：商务印书馆，1937：4.
② 张璋，职承让，张骅，张博宁编纂．历代词话　下［M］．郑州：大象出版社，2002：1529-1530.
③ 钟叔河整理．全本曾国藩家书　上［M］．北京：中央编译出版社，2015：146.
④ 魏嘉瓒主编．最美读书声　苏州吟诵采录［M］．武汉：长江文艺出版社，2014：173.
⑤ 周作人著；陈为民编选．周作人文集［M］．北京：华夏出版社，2000：278-279.
⑥ 俞平伯著．俞平伯全集　第4卷［M］．石家庄：花山文艺出版社，1997：386.
⑦ 卓如编．冰心全集　第1册［M］．福州：海峡文艺出版社，2012：28.

故歌之为言也，长言之也。说之故言之；言之不足，故长言之；长言之不足，故嗟叹之；嗟叹之不足，故不知手之舞之，足之蹈之也。(《礼记·乐记》)①

诗者，志之所之也，在心为志，发言为诗。情动于中而形于言，言之不足，故嗟叹之，嗟叹之不足，故永歌之，永歌之不足，不知手之舞之，足之蹈之也。(《毛诗大序》)②

由此可见，“长言”就是“歌”，因此，“嗟叹”就是有旋律的。至《毛诗大序》，直接以“嗟叹”作为“长言”与“嗟叹”的合称，那即是“唱”的意思了。因此，后世也以“叹”为有旋律的吟咏的代称。

所谓吟诗吟文，就是俗话所谓叹诗叹文章，就是拉起嗓子来把字句都唱出来，而不用说话或读单字时的语调。(赵元任《新诗歌集·序·吟跟唱》)③

这种老派的吟诵，随情转腔，一咏三叹，无论是当众朗诵或者独自低吟，对于体味古文或诗词的意境，最具感性的功效。现在的学生，甚至主修中文系的，也往往只会默读而不会吟诵，与古典文学不免隔了一层。(余光中《自豪与自幸——我的国文启蒙》)④

中国文人吟诵诗文，多出之以乡音，曼声讽咏，反复感叹，抑扬顿挫，随情转腔，其调在“读”与“唱”之间。进入中国古诗意境，这是最自然最深切的感性之途。(余光中《诗与音乐》)⑤

“哦”和“叹”，义多近似，且多指读时加叹词，如果说有区别，大致是“哦”更偏重拖长、低声，“叹”更偏重感叹、高声。

11. 哼

“哼”读，是比较晚起的说法。“哼”的本义是用鼻音叹气，或低声地唱。因此“哼”又引申为有旋律的吟咏，但音量不大。周笃文先生至今仍将他的吟诵叫作“哼”。

---

① 王岫卢，朱经农主编；叶绍钧选注．礼记［M］．上海：商务印书馆，1926：108.

② ［汉］毛公传；［汉］郑玄笺；［唐］孔颖达等正义；黄侃经文句读．毛诗正义［M］．上海：上海古籍出版社，1990：15.

③ 赵元任著．赵元任音乐论文集［M］．北京：中国文联出版公司，1994：105.

④ 余光中著．日不落家［M］．北京：国际文化出版公司，2014：110.

⑤ 余光中著．余光中集　第7卷［M］．天津：百花文艺出版社，2004：562.

有人见了要诧异地问，哼一篇烂如泥的烂时文，何至于如此快乐呢？我知道，他是麻醉于音乐里哩。（周作人《论八股文》）①

他就把作品里的妙处一面哼出来，一面哼进去，不懂的人觉得可笑，事实上读是很有滋味的。（吕叔湘《中小学语文教学问题》）②

吟咏的本义应该是将诗的字句拉长了声音，按照文字固有的音节加进感情色彩小声地哼读。（张本义《吟边絮语》）③

12. 呻

“呻”读，也是拖长腔地读，而且是非常慢地读。这种说法，仅见于上古。《说文解字》：“吟，呻也。”“呻，吟也。”段玉裁注：“按呻者，吟之舒；吟者，呻之急。浑言则不别也。”因此，“呻吟”也可合称，即可为读书的代称：

郑人缓也，呻吟裘氏之地，只三年而缓为儒。（《庄子·列御寇》）④

以上唱、歌、吟、咏、诵、读、讽、念、哦、叹、哼、呻等，都是古人读书的方式。

这些读书的形式，又呈现为不同的状态。这些状态有：默与朗、急与缓、高与低、长与短、独与和、密与漫、生与熟、苦与恬，等等，基本上都可以用在每一种读书形式中，所以有：

朗读、朗吟、朗唱、朗咏、朗念、朗诵等；

默读、默念、默吟、默咏、默叹、默诵等；

高歌、高唱、高吟、高咏、高哦、高诵等；

低歌、低吟、低唱、低哦、低叹、低呻等；

又有：

长歌、短叹、密咏、恬吟、独唱、和歌、苦吟、漫咏，等等，都是由读书状态和读书方式构成的词组。我们在古籍中看到的大量关于读书的记载，都是由这些词汇来表达的。

中国古代的读书形态，分门别类而体系完整，丰富复杂而仪态万方。为什

① 周作人著；陈为民编选．周作人文集［M］.北京：华夏出版社，2000：278.

② 吕叔湘著．吕叔湘语文论集［M］.北京：商务印书馆，1983：345.

③ 张本义主编．白云论坛　第2卷［M］.北京：北京图书馆出版社，2004：270.

④ 栾贵明主编．庄子集［M］.北京：新世界出版社，2014：253.

么有如此多样的读书方式呢？

这首先是因为古诗文的文体众多，不同的文体往往适用不同的读书方式。比如《诗经》中的“国风”、汉魏南北朝乐府、宋词等，本来多是入乐演唱的，音乐性比较强，所以多用歌、唱、吟、咏等方式。文赋本来多是不入乐演唱的，音乐性比较弱，所以多用诵、读、念等方式。近体诗的形式建立于平仄格律之上，特别要体会对称之美，因此读起来速度比较慢，多用吟、咏的方式，“吟诗”成为一个固定词汇。蒙学多是短言，读起来速度比较快，就很少用吟、咏的，而比较多用诵、念、歌、唱等方式。

其次，因为古诗文的风格多样，对应的读法自然就有异。比如唐文治先生说：

> 大抵气势文急读、极急读，而其音高；识度文缓读、极缓读，而其音低；趣味情韵文平读，而其音平。然情韵文亦有愈唱愈高者，未可拘泥。①

再次，还因为读书的目的多种多样。曾国藩曾说：“先之以高声朗诵以昌其气，继之以密咏恬吟以玩其味。”朗诵的目的是求文气，知大节；吟咏的目的是求韵味，知细节。同样，哼的目的往往是自我学习和自我欣赏，背的目的往往是记住，念的目的往往是浏览了解，叹的目的往往是抒情感慨，如此等等，不同的读书方式往往有不同的目的。

最后，汉语的古今雅俗之别也形成了不同的词。“讽”是上古汉语词，意思基本上就是“背诵”，后来就被“背”取代了。“呻”也是上古汉语词，意思基本上就是吟诵，后来也消失了。“读”本来只是读书方式之一，后来发展成为读法的统称，但是其狭义仍然存在。“念”与“读”的意思基本相仿，但多用于口语，属于不太正式的说法。

汉诗文的传统读法是如此丰富多彩，但它们都有一个共同的特征：以声音为载体。声音的变化、运用，对于理解诗文、汲取信息、沉浸体味、化成气象都是非常重要的。整个的读书学习的过程，就是一个体会声音、发出声音、运用声音的过程。清代“桐城派”刘大櫆说：

> 凡行文多寡短长，抑扬高下，无一定之律，而有一定之妙，可以意会，

---

① 唐文治《唐蔚芝先生读文灌音说明书》[L].上海：大中华唱片公司，1948.

而不可以言传。学者求神气而得之于音节，求音节而得之于字句，则思过半矣。其要只在读古人文字时，便设以此身代古人说话，一吞一吐，皆由彼而不由我。烂熟后，我之神气即古人之神气，古人之音节都在我喉吻间，合我喉吻者，便是与古人神气音节相似处，久之自然铿锵发金石声。①

这一段主要表达了两层意思：一是学习古文，主要在于得其“神气”，即作者是怎样“多寡短长，抑扬高下”的，这些才表达了文章的言外之意和真正的用意，可以探知作者的心意深微之处，才是真的理解了文章。二是要掌握“神气”，其要点只在于读的声音，即吟诵。吟诵时要按照固有的读法去读，“代古人说话，一吞一吐，皆由彼而不由我”，这样就能逐渐情通作者，而明白作者的心意了。

曾国藩则进一步发挥说：

尔欲作五古七古，须熟读五古七古各数十篇。先之以高声朗诵，以昌其气；继之以密咏恬吟，以玩其味。二者并进，使古人之声调拂拂然若与我喉舌相习，则下笔时，必有句调奔赴腕下。诗成自读之，亦自觉琅琅可诵，引出一种兴味来。古人云“新诗改罢自长吟”，又云“锻诗未就且长吟”，可见古人惨淡经营之时，亦纯在声调上下工夫。盖有字句之诗，人籁也；无字句之诗，天籁也。解此者，能使天籁人籁凑泊而成，则于诗之道思过半矣。②

这一段把“桐城派”对于古文的理论应用到了古诗的学习中，表达了如下几层意思：

一是要以不同的读法去体会作品不同的层面。

二是学习古诗文要最终达到与作者的声音相应的境界才可以。

三是创作古诗文也要以声音的表达为目标。

四是古人作诗就特别重视在声音（曾氏所谓“声调”，即声韵与腔调）上下功夫。

五是总结，古诗文既有文字层面的含义，又有声音层面的含义。两者结合，才能理解其思想情感内涵。

---

① ［清］刘大櫆著；舒芜校点．论文偶记［M］．北京：人民文学出版社，1998：12.

② ［清］曾国藩著．曾国藩全集　家书　上［M］．石家庄：河北人民出版社，2016：223.

总之，古诗文从创作到欣赏到学习，都不能离开声音这个载体。声音当中蕴含着古诗文的大量信息，这些信息很多都不存在于文字中。理解古诗文，必须要掌握这些信息，所以怎样去读，也就是读法问题，对于古诗文的传承至关重要。

二、“读”是古代读书方式的统称

古代所有这些读书的方式和状态，统称为“读”。这就是广义的“读”，也是汉诗文的创作、传承的声音形式的统称。

古人独称“读”书，比如“风声雨声读书声”“夜读《春秋》”等，我们是看不出来具体的读书方式是怎样的。但是，在很多时候，“读”与其他读书方式一起出现，“读”往往是统摄其他方式的词，即以“吟、诵、咏、唱”之类的词列举出读书的状态，然后又统称之谓“读”，比如：

吟咏留千古，声名动四夷。（白居易《读李杜诗集因题卷后》）①

昔有以诗投东坡者，朗诵之而请曰：“此诗有分数否？”坡曰：“十分。”其人大喜，坡徐曰：“三分诗，七分读耳。”（周密《齐东野语》）②

古《诗》三百五篇，皆可声之琴瑟。口咏其辞，而以琴瑟和之，所谓弦歌也。古人读诗者皆然。（李治《敬斋古今黈》卷一）

读《诗》之法，须扫荡胸次净尽，然后吟哦上下，讽咏从容，使人感发，方为有功。（《宋史·何基传》）③

学者读书，须要敛身正坐，缓视微吟，虚心涵泳，切己省察。（朱熹《朱子语类》）④

须要读得字字响亮，不可误一字，不可少一字，不可多一字，不可倒一字，不可牵强暗记；只要是多诵数遍，自然上口，久远不忘。（朱熹《蒙童须知·读书写文字》）⑤

诗者以声为用者也，其微妙在抑扬抗坠之间。读者静气按节，密咏恬

① ［唐］白居易著．白居易集［M］．北京：中华书局，1979：319-320.
② ［宋］周密撰．历代笔记小说大观　齐东野语［M］．上海：上海古籍出版社，2012：211.
③ ［元］脱脱等著．宋史［M］．北京：中华书局，1977：12979.
④ ［宋］黎靖德编．朱子语类［M］．北京：中华书局，1986：179.
⑤ ［清］陈宏谋辑．五种遗规［M］．北京：线装书局，2015：6.

吟，觉前人声中难写，响外别传之妙，一齐俱出。朱子云“讽咏以昌之，涵濡以体之”，真得读诗趣味。（沈德潜《说诗晬语》）①

熟读唐诗三百首，不会吟诗也会吟。（孙洙《唐诗三百首序》）②

今日讲求教育之法，务以敦崇品性涵养性情为宗旨。而感发性情之要，当以读文为根本。文章音节应古时乐律，有抑扬吞吐抗坠敛侈之妙……盖初学读文往往口中吟哦，而心不知其所之者。（唐文治《唐蔚芝先生读文灌音片说明书》）③

从这里我就联想到中国人的读诗，读古文，尤其是读八股的上面去。他们读这些文章时的那副情形大家想必还记得，摇头摆脑，简直和听梅畹华先生唱戏时差不多，有人见了要诧异地问，哼一篇烂如泥的烂时文，何至于如此快乐呢？我知道，他是麻醉于音乐里哩。（周作人《论八股文》）④

吟诵就是心、眼、口、耳并用的一种学习方法。从前人读书，多数不注重内容与理法的讨究，单在吟诵上用工夫，这自然不是好办法。（叶圣陶《〈精读指导举隅〉前言》）⑤

讲到读书，中国的传统是讲读的，特别是古文有一定的念法，一定的腔调。（吕叔湘《中小学语文教学问题》）⑥

在以上这些表述中，“读”都是其他读书方式的统称。在古代文献中，这样的表述大量存在。

在我们十多年研究中所采录的上千位读过私塾旧学的老先生中，也是基本上以“读”来统称自己的读书方式的。比如南怀瑾先生说：

现在讲吟诵，就是读书的方法，读书一定要读出来，嘴巴不发声就不叫读书，而叫看书。我们小的时候读书一定要读出声来。读书就是诗、书、礼、乐、春秋五经中的“乐”，而《乐经》早就失传了。

我们小时候读古书是要唱出来的。

---

① ［清］沈德潜著；王宏林笺注．说诗晬语笺注［M］．北京：人民文学出版社，2011：10.

② ［清］蘅塘退士选编．唐诗三百首［M］，北京：中华书局，1959：3.

③ 魏嘉瓒主编．最美读书声　苏州吟诵采录［M］．武汉：长江文艺出版社，2014：173.

④ 周作人著；陈为民编选．周作人文集［M］．北京：华夏出版社，2000：278.

⑤ 叶圣陶，朱自清著．精读指导举隅　略读指导举隅［M］．郑州：河南教育出版社，1989：11.

⑥ 吕叔湘著．吕叔湘语文论集［M］．北京：商务印书馆，1983：345.

读书唱诵是很健康的，把心里所有的烦恼都赶跑了……总之有很多很多的好处。

戏剧家苏民先生则说：

我的吟诵是我父亲教给我的。1931年九一八事变那年，我跟着父亲从东北逃难到北平。那时候我六岁，开始在北平上小学。我父亲从东北到了北平以后，没有认识的人，他白天出去找差事做，晚上吃完晚饭，就教我背古诗文。我当时一点兴趣没有，但是父亲强迫我背呀，背不下来要被打手板子。这样持续了差不多一年多不到两年的样子吧！所以我从五岁多、六岁的时候就跟着他，唐诗七言的、五言的都背了，后来还教了读古文，《古文观止》，他怎么唱，我怎么唱，用他的调来读。等到我上中学的时候，父亲又失业在家，于是又给我读了这么一年多、两年的私塾，当然原来读过的就不再读了，要读新的课本，还是《古文观止》啊，唐诗宋词等，还跟我讲一些故事。我听故事觉得有意思，但听他讲解那些根本记不住，而且背是很苦的差事，但现在翻回头来一想啊，这个背书啊，是对我有很大的好处，六岁背的书，到现在我都记得，现在还能背。我的体会啊，吟诵对我的好处，实际上帮助我反刍了。

古典文学学者叶嘉莹先生说：

我是出生在北京的北方人，在我的语言之中，没有入声的字，所以对于古诗里面很多入声的字，我们北方的话有的时候是读成平声。不过我小的时候，我家里是教给我说诗词有平仄的，入声要读成仄声，所以我尽量把入声的字读成仄声，虽然不是正确的，像广东、福建那么正确的入声。今天我要读诵的，是很简单的一首五言古诗，杜甫的《赠卫八处士》。杜甫《赠卫八处士》所叙述的是他跟他的老朋友多年不见后的一次重逢。好，现在我就把这首诗读一下。①

叶先生说“现在我就把这首诗读一下”，她前面说“今天我要读诵的”，又说“我尽量把入声的字读成仄声”，她都是用“读”这个字来指称自己的读书

① 以上南怀瑾、苏民、叶嘉莹的话均为我带队的采访录音整理摘录，存于国家社会科学基金重大项目“中华吟诵的抢救整理与研究”所建立的“中华吟诵资料库”中。

方式，而她的“读”法是有旋律的。（见附录资料　叶嘉莹　吟　唐　杜甫《赠卫八处士》）这种“读”，今天我们会叫作“唱”。然而，在老先生那里，这就叫“读”。这就是古人所谓的“读书”。

除了“读”以外，其他的读书方式作为所有读书方式统称的情况也有，但是一来比较少见，二来还是有所偏重，不是全面的、概括性的正式说法。比如前文所述，“念”有时也可作为统称，但是偏于用在口语中。“呻”也可为统称，但一般只用于上古。还有以词组作为统称的情况，比如“吟咏”“吟哦”“吟诵”等，但都有所偏重，像“吟咏”比较偏重拖长腔，“吟诵”比较偏重美妙的声音，等等。后文再论。其他作为统称的情况就更罕见了。所以，应该肯定“读”是古代读书方式的正式统称。

因此，古代又把上学叫作“读书”，文人儒士又叫“读书人”，因为对于儒士来说，学习是他们的生活方式，而“读书”正是学习的方式。这里的“读”包含了各种读书方式，而“书”是指经史子集等。

三、“读”为什么改名为“吟诵”

现在我们把古代读书方式的统称“读”改名为“吟诵”。既然是读书方式的统称，当然就可以说汉诗文在古代都是“读”的，也就是说，都是吟诵的，这几乎等于循环论证。

但是，今天我们说：汉诗文原本都是吟诵的，却不是一句废话，因为今天我们不再吟诵古诗文了，而是“朗诵”“朗读”“阅读”“歌唱”古诗文了。这也是“读”要改名为“吟诵”的主要原因。

为什么要改名呢？是为了避免与现代“朗读”“阅读”之类的“读”的概念发生混淆。

比如鲁迅的文章《从百草园到三味书屋》，其中写到了他的老师寿镜吾先生是怎么读书的：

> 先生自己也念书。后来，我们的声音便低下去，静下去了，只有他还大声朗读着：——“铁如意，指挥倜傥，一座皆惊呢～～；金叵罗，颠倒淋漓噫，千杯未醉嗬～～……”我疑心这是极好的文章，因为读到这里，他总是微笑起来，而且将头仰起，摇着，向后面拗过去，拗过去。

其中，“一座皆惊呢”的“呢”字，原文没有，是鲁迅加上去的。这个字很多人都以为是一个语气词，但是表达什么语气呢？怎么都说不通。其实这个字并不读作ne，正确的读音应该是ng。它是“惊”的韵尾。古人读书，近体格律诗文，要平长仄短，即偶位平声字要拖长。“惊”是第四个字，又是平声字，因此要拖长。“惊”字的韵母是ing，是后鼻音韵母。拖的时候，声母是拖不长的，韵头也是拖不长的，能拖长的只有韵腹和韵尾，所以古人把韵腹、韵尾和声调加起来叫作“韵”。一吟起来，“惊～～”，拖长的就是ing这个后鼻音，最后收于ng，所以鲁迅就记为“呢”。同样的道理，“金叵罗，颠倒淋漓噫”的“噫”也是“漓”的韵尾。

我可以用唐文治先生（江苏人）的“唐调”模拟吟诵一下，大概是这样（**见附录资料　徐健顺　吟　清　刘翰《李克用置酒三垂岗赋》节选　唐文治先生吟诵调**）：

5 5 616 0 5 5 616 6 — 222 2 2 3 2321 1 — —

铁 如 意　　　指 挥 倜　　傥　一座　　皆 惊

2 20 23 0 2 2 2 23 2321 1 —

金 叵　罗　　颠 倒 淋 漓

5 53 2 2 2321 1 — — 6161 — — 5 — — —

千 杯　未 醉　　嗬

鲁迅的私塾老师——寿镜吾先生

而且，鲁迅说“读到这里，他总是微笑起来，而且将头仰起，摇着，向后面拗过去，拗过去”。这是个什么姿态啊？这就是“摇头晃脑”，现代的朗读、朗诵是没有这个姿态的。而且，鲁迅先生还特别加了曲线符号表示它是有旋律的。所以，毫无疑问，寿镜吾先生是吟诵的！

可是，鲁迅并没有用“吟诵”这个词，而是用“朗读”这个传统的说法。“朗”就是“大声”，“读”就是今天我们所谓的“吟诵”。

从“五四”时期，一直到今天，有些学

者、老先生仍然用“读”这个词统称汉诗文的传统读法。

但是，当20世纪20年代现代“朗读”出现以后，“读”这个名词的概念就出现了分歧。受西方影响而重视轻重音的新读法也叫作“读”，传统的重视声调的旧读法也叫作“读”，这就让很多问题都说不清楚了。比如20世纪40年代朱自清先生的《论朗读》里说：

> 在语文的教学上，在文艺的发展上，朗读都占着重要的位置。从前私塾里教书，老师照例范读，学生循声朗读。早年学校里教古文，也还是如此。

这里的“朗读”很明显指的是传统读法。

> “五四”以来，中等以上的国文教学不兴这一套；但小学里教国语还用着老法子。一方面白话文学的成立重新使人感到朗读的重要，可是大家都不知道白话文应该怎样朗读才好。私人在这方面做试验的，中华民国十五年（1926）左右就有了。中华民国二十年（1931）以后，朗读会也常有了，朗读广播也有了。抗战以来，朗读成为文艺宣传的重要方法，自然更见流了。

这里的“朗读”很明显是指现代的新读法。

> 朗读人多称为“朗诵”，从前有“高声朗诵”的成语，现在有“朗诵诗”的通名。但“诵”本是背诵文辞的意思，和“抽绎义蕴”的“读”不一样；虽然这两个词也可以通用。“高声朗诵”正指背诵或准备背诵而言，倒是名副其实。白话诗文的朗诵，特别注重“义蕴”方面，而腔调也和背诵不同。这该称为“朗读”合适些。再从语文教学方向看，有“默读”，是和“朗读”相对的词；又有“精读”“泛读”，都着眼在意义或“义蕴”上。这些是一套；若单出“朗诵”，倒觉得不大顺溜似的。最有关系的还是“诵”的腔调。所谓“诵”的腔调便是私塾儿童读启蒙书的腔调，也便是现在小学生读国语教科书的腔调；这绝不是我们所谓“读”的腔调——如恭读《总理遗嘱》的腔调。我们现在已经知道，白话文宜用“读”的腔调，“诵”是不合式的。所以称“朗诵”不如称“朗读”的好。①

这一段就表现出了名词混淆的窘境。“诵”的腔调与“读”的腔调到底有什

---

① 朱乔森编．朱自清全集　第2卷［M］．南京：江苏教育出版社，1988：53-62.

么不同？“诵”蒙学和白话文是一样的腔调吗？白话文的“朗诵”和“背诵”又有什么不同？朱自清先生也难以用这些名词说清楚。

同样的窘境一直延续到21世纪。如南怀瑾先生说：

> 告诉同学们，你们研究国学诗文都要朗诵，千万注意！朗诵有什么好处？你不要管自己声音好不好听，又不是唱歌，歌是给人家听的。所以古人叫读书，在书房里读书吟诗叫“无病呻吟”。有时候啊，自己看到有感想，是自己对自己的欣赏。你这样一次读书，等于你们现在看书一百次，千万注意！不然你书是看多了，记住没有呢？记不住。这是讲国学，所以古人叫“读书”，读出来，读的方法有默念和朗诵，朗诵就是开口念，这叫读书。北方叫“读书”，南方叫“念书”，这样念书，心里、脑子里会记忆深刻，心情也很愉快，心理情绪自然得到调节。这是学国学的第一步。①
>
> 总之，希望大家多读、多念、多背诵，当歌一样地唱着来读，那么，必定有如我当年读书时，老师并不太给你讲解，只说，你读熟了，将来你自己会懂。现在套一句成语来说，你读得背熟记牢了，将来你会自己开悟，这是正面的经验。②

在这里，南先生还是用“读”和“念”这个传统的统称，并把“读”分为“默念”和“朗诵”，而且说这种“朗诵”像“唱歌”，这就与“同学们”的常识大相径庭了，所以南老说来说去，还是很难让现代的年轻人明白。

为了应对这种概念窘境，有些学者很早就开始尝试用另外的词代替“读”来统称汉诗文的传统读法。

赵元任先生在《新诗歌集》序里说：

> 尝过吟旧诗的滋味者，往往病白话诗只能读而不能吟，因而说它不能算诗。这句话里的吟字的意义很可以研究研究。所谓吟诗吟文，就是俗话所谓叹诗叹文章，就是拉起嗓子来把字句都唱出来，而不用说话时或读单字时的语调。③

---

① 南怀瑾讲述．漫谈中华文化——金融·企业·国学［M］．北京：东方出版社，2008：177.
② 南怀瑾著述．南怀瑾选集（第十卷）［M］．上海：复旦大学出版社，2003：40.
③ 赵元任著．赵元任音乐论文集［M］．北京：中国文联出版公司，1994：105.

在这里，“读”与“吟”两个词分别指称现代朗读和传统读法。但是“吟”似乎没有包括古代的诵读方式，所以这还是一个不成熟的说法。

1933年，夏丏尊、叶圣陶两位先生合著的《文心》出版，这是中国现代教育史上第一本全面论述古诗文读法的书。在第十四章《书声》中，他们这样说：

> 读，原是很重要的，从前的人读书大都不习文法，不重解释，只知在读上用死功夫。他们朝夕诵读，读到后来，文字也自然通顺了，文义也自然了解了。一个人的通与不通，往往不必去看他所作的文字，只须听他读文字的腔调就可知道。近来学生们虽说在学校里“读书”或“念书”，其实读和念的时候很少，一般学生只做到一个“看”字而已。我以为别的功课且不管，如国文、英文等科是语言学科，不该只用眼与心，须于眼与心以外，加用口及耳才好。读，就是心、眼、口、耳并用的一种学习方法。①

这里，两位先生辨别了现代读法和传统读法的不同，希望用“读”和“看”两个词来区分。但是，“读”“念”这两个词已经被用混了，其实很难改变。

到1940年，叶圣陶先生和朱自清先生开始合作撰写《精读指导举隅》《略读指导举隅》。在叶圣陶先生撰写的“前言”中，“吟诵”这个词代替了“读”被拈出来了：

> 原来国文和英文一样，是语文学科，不该只用心与眼来学习；须在心与眼之外，加用口与耳才好。吟诵就是心、眼、口、耳并用的一种学习方法。从前人读书，多数不注重内容与理法的讨究，单在吟诵上用工夫，这自然不是好办法。现在国文教学，在内容与理法的讨究上比从前注重多了；可是学生吟诵的工夫太少，多数只是看看而已。这又是偏向了一面，丢开了一面。惟有不忽略讨究，也不忽略吟诵，那才全而不偏。吟诵的时候，对于讨究所得的不仅理智地了解，而且亲切地体会，不知不觉之间，内容与理法化而为读者自己的东西了，这是最可贵的一种境界。学习语文学科，必须达到这种境界，才会终身受用不尽。②

① 夏丏尊，叶绍钧著．文心［M］. 上海：开明书店，1933：107.

② 叶绍钧，朱自清著．精读指导举隅［M］. 重庆：商务印书馆，1944：前言11.

可以很明显地看出，这段文字与《文心》那段文字的渊源关系。在与“读，就是心、眼、口、耳并用的一种学习方法”意思完全一致的一句话中，“读”这个词被“吟诵”取代，“吟诵就是心、眼、口、耳并用的一种学习方法”。可见叶圣陶先生终于选择了“吟诵”作为汉诗文传统读法的新统称。

后来，很多学者认同了叶圣陶先生的说法。比如赵元任先生在1956年的《中国语言里的声调、语调、唱读、吟诗、韵白、依声调作曲和不依声调作曲》里，也体现了他用“吟诵”替代自己以前用的“吟”的概念的过程：

> 吟诗，一种特殊的吟唱法，多半用在吟诵古诗。
>
> 吟诗基本上是根据文字的声调而定，但是也并不是每个音都完全就这么固定了的。每一篇文字虽然有它固定的一套声调，吟诵的人每次把它配上同一个总调，多多少少老是会有些小出入的。
>
> 现在各处的方言每处有自己的一套声调的系统，而每一种声调更有不同的音值，所以吟诵诗词、散文的风格也不都一样。不过吟诵“律诗”似乎各处的调子还比较相似，而吟诵“古诗”，一处跟一处的分别就比较大了。
>
> 近些年来吟诵诗词、古文的这个传统差不多都失去了，这真是可惜的事。我们的下一辈的孩子们，在小学堂里顶多也就是用唱读的方式，读读他们的现代化的课本，等到他们进了中学他们读书的方式就跟说通俗的话的语气差不多了。①

这篇文章显示了赵元任先生接受了“吟诵”这个新统称。所以后来专门研究常州吟诵的秦德祥先生在辑录赵元任先生的吟诵论文、录音的时候，把书名定为《赵元任　程曦吟诵遗音录》。

此后，如叶嘉莹、陈炳铮、陈少松、秦德祥、钱璱之、王恩保、张本义等先生均用“吟诵”一词。

与此同时，还有一些学者用其他的名称来指称汉诗文的传统读法统称，比如东北的华钟彦先生和华锋先生用的是“吟咏”，常州的屠岸先生用的是“吟哦”，北京的张卫东先生用的是“诵念”，台湾地区的很多先生用的是“吟唱”，

---

① 赵元任:《中国语言里的声调、语调、唱读、吟诗、韵白、依声调作曲和不依声调作曲》，载《中国音乐》1987年第2期。

等等。

2008年，我的导师——首都师范大学赵敏俐教授和我曾发起举办“吟诗调学术研讨会”，那时我们用的名词还是“吟诗调”，那是一个从音乐角度出发的概念。2009年，我们又发起举办第一届“中华吟诵周”大型文化交流活动，这时候我们已经接受“吟诵”这个说法了。在这次学术研讨会上，大多数学者也使用了“吟诵”这个说法。于是在会后，我们向国家语委提交了报告，建议将汉诗文的传统读法统称为“吟诵”。国家语委将报告转交中宣部，最后批复下来的名称是“中华吟诵”。所以，汉诗文传统读法的统称的正式名称是“中华吟诵”，简称为“吟诵”。

文化部以“吟诵”作为申遗的正式名称，比如“常州吟诵”是国家级非物质文化遗产。2010年，由国家语委主管的中国语文现代化学会成立吟诵分会。2016年，“吟诵”一词又被写入教育部、国家语委“十三五”工作规划：

> 支持开展对吟诵的研究、抢救保护和传承工作。

至此，“吟诵”一词已经在政府和学术界得到正式承认，代替“读”成为汉诗文传统读法的统称。

为什么用“吟诵”一词，而不是别的词来代替“读”呢？

首先要说说“吟诵”一词在古代文献里的含意。

在古代文献中，“吟诵”一词并不多见。《四库全书》仅见139处，如：

> 江东雅好篇什，陈主尤爱雕虫，道衡每有所作，南人无不吟诵焉。（《隋书》卷五十七）①
>
> 国藩困南昌，遣将分屯要地，羽檄交驰，不废吟诵。（《清史稿》卷四百五十）②
>
> 东坡守钱塘，功父过之，出诗一轴示东坡，先自吟诵，声振左右；既罢，谓坡曰：祥正此诗几分来？坡曰：十分来也。祥正惊喜问之，坡曰：七分来是读，三分来是诗，岂不十分也。（魏庆之《诗人玉屑》卷十八）③

---

① ［唐］魏征，令狐德棻撰．隋书　第5册［M］．北京：中华书局，1973：1406.

② 赵尔巽撰；国史馆校注．清史稿校注　第13册［M］．台北：台湾商务印书馆股份有限公司，1999：10068.

③ ［宋］魏庆之撰．诗人玉屑［M］．长沙：商务印书馆，1938：332.

此等词一再吟诵，辄沁入心脾，毕生不能忘。（况周颐《蕙风词话》卷二）①

爱慕孟家贤小姐，时时吟诵这诗章。（陈端生《再生缘》第四十五回）②

在这些地方，“吟诵”均指读诗文的状态，至于这个状态是有曲调还是没有曲调，是有伴奏还是没有伴奏，是创作还是欣赏，却无定性。因此，可以认为，古代的“吟诵”这一词，基本上也是读书方式的统称，跟“读”的含意是一致的。只是这个统称比较少见。所以我们今天用“吟诵”来代替“读”，也符合“吟诵”这个词的古代含意。

而且，我们今天可以用“吟”（或“吟咏”）来指称有旋律的读法，用“诵”（或“读诵”）来指称没有旋律的读法，把“吟诵”作为“吟咏”与“读诵”的合称，对于研究、阐释、教学、宣传也十分方便。当然，这里的“吟咏”和“读诵”都已经是新的概念，与古代汉语有些差异了。

以上就是我们选择“吟诵”这个词来代替“读”的原因。

因此，“吟诵”的定义就是：汉诗文的传统读法统称。

但是我又经常使用“吟诵”的另一个定义：中华传统读书法。这是从教育的角度对吟诵教学法的定义。这两个定义密切相关，只是面对的领域不同。汉诗文的传统读法，是从语言学、音乐学、文学来说的，侧重的是读法问题；中华传统读书法，是从教育学来说的，侧重的是教学法问题。因为我主要做的是国学教育的工作，平常面对的也主要是中小学老师们，所以比较强调教学法问题。吟诵是中华传统教育中最基本的教学法、学习法、考试法，所以称它为中华传统读书法，以区别于现在通行的教学方式。

另外，吟诵还是中华传统的修身方法、养生方法、歌唱方法、创作方法，等等，在不同的领域里，它还可以有不同的性质。

四、“吟诵”相关概念辨析

但是，“吟诵”这个词目前还没有为全体学术界、文化界、教育界和艺术

① ［清］况周颐著. 蕙风词话［M］. 上海：上海古籍出版社，2009：31.
② ［清］陈端生著. 再生缘　下［M］. 北京：华夏出版社，2001：684.

界所熟知和接受，概念的内涵和外延，也没有统一。一方面，很多人在用“吟诵”这个词表达着各自不同的含意，而另一方面，又有一些人用另外的词表达着“吟诵”的概念。即使是在吟诵界，大家的看法也不完全一致。因此发生的各种学术争议，其实多是概念不对接的结果。社会上对吟诵的种种猜测、质疑，很多也都与概念的差异有关。因此，我觉得，澄清各种“吟诵”相关的名词概念非常重要。今后大家讨论时，应先明确双方的概念，才能进行有效的讨论。

下面，我就给大家梳理一下今天与“吟诵”相关的各种不同的概念和名词。

先说“吟诵”这个词。对于这个词的理解也有很多种。

第一种是把“吟诵”等同于现代“朗诵”。社会上很多所谓吟诵活动，其实就是朗诵活动，跟吟诵一点关系也没有。很多不了解吟诵的人第一次听到这个词时，也经常会以为就是朗诵。

第二种是把“吟诵”认为是古诗文的现代朗诵，觉得凡是朗诵古诗文，就可以叫“吟诵”。

第三种是把“吟诵”作为优美的现代朗诵，认为说“吟诵”比说“朗诵”要显得高雅美丽一些。

以上三种用法都是把“吟诵”与现代朗诵混同的。

第四种是把“吟诵”当成戏曲表演式的朗诵，认为用戏曲的念白、唱腔的形式，加上话剧式的夸张表演，就是“吟诵”。这种“吟诵”是不守吟诵规矩的。

第五种是把古诗词的歌唱当“吟诵”，认为凡是唱古诗词就是“吟诵”。也有人用“吟唱”这个词表达这个概念。其中也有把现代歌曲唱古诗词排除在外的，只把比较传统韵味的唱古诗词叫作“吟诵”“吟唱”。这一类还会把从古谱打出来的唱法也包括在内，比如唱《九宫大成》、琴歌、《白石道人歌曲》，等等。总之就是唱古诗词，而且几乎不涉及文赋。中国台湾地区在这方面比较突出，而且反过来对中国大陆产生了很大的影响。

第六种认为“吟诵”就是“吟”加“诵”的。这样就排除了“唱”“歌”“念”等形式，即排除了音乐性很强、比较随意或者默念的形式。有人认为“吟诵”是介于唱和读之间的，半唱半读的形式；有人一见到音乐性强的吟诵就认为不是吟诵，是唱歌，等等。我们是只以吟诵规矩论吟诵的，不管它有没有音乐性，音乐性强还是弱。

第七种认为“吟诵”就是吟咏，即只能是有旋律的读法。这样就排除了没有旋律的读诵形式。由于我们前些年宣传吟咏的形式比较多——吟咏对于现在的人比较新奇嘛——结果造成了很多人以为吟诵必须有旋律。现在我们出版的各种吟诵教材，除了配上了普通话读诵外，还配了一些老先生的方言文读吟诵的读诵，旨在说明正确的读诵是吟咏的基础，从读诵开始学习吟诵，慢慢消除吟诵只能唱的看法。

第八种认为“吟诵”只是诗词的吟诵，文赋不能吟诵。这种看法首先是认为“吟诵”只是吟咏歌唱，不是读诵，又认为文赋不能吟咏歌唱。这还是对吟诵的整体情况不了解。大量的文献和采录结果都证明了文赋也是能吟咏的，何况是“读”。

第九种认为“吟诵”即是民间唱歌的一种普遍方法。这种观点出现在民族音乐学界，主要在戏曲曲艺民歌和少数民族音乐的研究中。前面八种有关“吟诵”的说法都是针对古诗文的，而民族音乐学界所指的“吟诵”主要是指中国传统歌曲的唱法。这也就是因为前文所说的，吟诵的规矩中包含着依字行腔、依义行调这些中国人唱歌的基本方式，所以他们把“吟诵”当作唱歌的一种普遍的方法。比如：

> 瑶族的单声部民歌一般按演唱的方法分为三类：高音唱、平音唱和读音唱……“读音唱”的吟诵性强……曲调简短，旋律音调近似口语，常用于演唱瑶族古代历史神话传说、长篇历史歌，并用于祭祀活动。①
>
> 在西皮散板的唱腔中，曲调旋律的繁简，相差悬殊，西皮散板的紧句句幅较短，吟诵性强，节奏紧凑，旋律简单而少润饰。②
>
> 通剧唱腔以“七字调”与“十字调”为代表，均为上、下整齐对称的七、十字句式。旋律用五声音阶，多为羽调式、徵调式。唱腔高亢、粗犷、吟诵性强，以自由散唱形式为特点，句间插以锣鼓，不用管弦。③

这里的“吟诵”，比较偏重指即兴、自由、无伴奏或少伴奏、音乐性弱或不

① 杜亚雄著．中国各少数民族民间音乐概述　修订版［M］．上海：上海音乐学院出版社，2014：486.

② 杨予野．京剧唱腔研究［M］．沈阳：辽宁教育出版社，1990：497.

③ 中国戏曲志编辑委员会编．中国戏曲志　江苏卷［M］．北京：中国 ISBN 中心出版社，2000：445.

固定，半唱半念或介于唱念之间等等的特征。

以上九种情况基本上是在吟诵界之外使用“吟诵”这个词的情况。在吟诵界内部，也存在一些争论的。比如有学者不用“吟诵”这个词，而用“吟咏”“吟哦”“诵念”“唱书”等，对吟诵的具体规矩的看法也不完全一致。但是，关于吟诵就是汉诗文的传统读法，关于吟诵是有规矩的，规矩是有意义的，这些看法还是基本一致的。

再说“吟唱”。

第一种“吟唱”是音乐界最常见的用法，主要是指比较随意、比较民间、比较传统、类似清唱的歌唱方式。是针对浓墨重彩的正式表演而言的。这种“吟唱”概念针对的可以是世界各民族的音乐。

第二种“吟唱”概念来自文学界，也是指比较传统的诗歌创作和诵读方式，针对的也是世界各民族的诗歌。比如他们会说欧洲的游吟诗人、荷马吟唱着史诗，等等。

第三种“吟唱”就是指古诗词的歌唱，现在把各种现代创作歌曲的歌唱也叫作吟唱。

第四种“吟唱”是指依字行腔的古诗词的歌唱，有时甚至把这种歌唱叫作“吟诵”。这与“吟诵”的第五种情况是一样的。台湾地区最突出。吟诵的规矩有多种，依字行腔只是其中最基本的一条，不能认为只要依字行腔就是吟诵或者吟唱了。

第五种“吟唱”是指古代的戏曲、民歌的唱法，甚至包括宗教音乐的唱法。

除了“吟诵”“吟唱”之外，相关的名词还有吟咏、吟哦、声读、唱读、诵念、歌咏，等等，与我们所说的“吟诵”的概念——汉诗文的传统读法的统称，各自有着相同点和不同点。

我们在吟诵界内部讨论的时候，以及对外宣传推广吟诵的时候，常遇到很多质疑和讨论，其中很大一部分，都是由于大家对于“吟诵”概念理解不同而造成的。比如：“吟诵最好用在读后放松一下的时候，读的时候还是朗读好”“我五音不全，不能吟诵”“吟诵是不可以表演的”，等等。所以，在讨论吟诵的时候，建议大家首先互相询问一下对方是怎么理解“吟诵”的概念的，它的内涵和外延是什么，再行讨论，才好交流。

我为什么不选用上面这些吟诵概念，而要坚持“汉诗文的传统读法”这个概念呢？因为我觉得，在当今时代，强调吟诵的规矩是最重要的。“读法”就是规矩，不管是唱是念，是娱己还是感人，都要从这些规矩开始。现在的朗诵、唱歌，都不守传统的读法规矩，所以我们要从这里开始做。首先告诉大家有这些规矩，汉诗文不可乱念乱唱，这些规矩有含意有功能，然后再说别的。将来随着吟诵的发展，吟诵内部的细分、功能与性质都会有人去研究，去阐述，去推广，也许会有更多更细致的概念诞生，那自然是更可欣慰的事情了。

最后，再简单地说一下吟诵与宗教诵经、民间哭祭、戏曲曲艺等的关系。

吟诵和戏曲曲艺的主要区别有三个。一个是功能的区别。吟诵是读书，是自己学习修身用的；戏曲曲艺是表演，是为感人娱人用的。出于这个原因，两者就有很多差异。比如，吟诵的吐气发声比较自然，该怎样就怎样；戏曲曲艺就比较讲究，又要好听又要清晰，尤其是不能声音太小，否则大家听不见。吟诵的姿态比较真实，该怎样就怎样；戏曲曲艺的姿态比较讲究，又要好看又要明确，而且比较夸张。吟诵和唱戏都用腔音，但吟诵的腔音比较接近口语，拖长或者起伏，都有情感的基础；唱戏的腔音，往往比较夸张，尤其是花腔，每个字除了第一声以外，已经完全不是依字行腔，而是变化跌宕，让观众欣赏腔音里的情绪，从而去理解角色的心情。但是，这种心情已经是放大的，而且是程式化的，这就离真实的生活比较远了。

第二个区别是内容不同。吟诵的内容基本上是经史子集、诗词文赋，戏曲曲艺的内容基本上是民间故事，其中虽然有很多也来自经史子集，但是已经丰富化、故事化了，不是原文了。因此，吟诵和唱戏的姿态、感觉都不同。

第三个是语音的区别。吟诵使用雅言、文读，戏曲曲艺虽然也有文读语音，但是只用于贵族、文人等人物身上，而且也不是都用，其他人物基本上用白读语音唱念。

吟诵和哭祭是什么关系？我们到各地去采录或宣传吟诵，经常会碰到有人说：这个吟诵很像我们这里的哭祭！哭祭是传统的葬礼和祭祀的一种仪式，即以感人的哭腔读祭文。这个传统在整个中国都有。哭祭往往是一种职业行为，而且往往是家传的。这一行不是只哭祭，还包括民间的所有乡礼的工作，包括婚丧嫁娶、建房上梁、祭祖祈福，甚至治病捉鬼，等等。这其实就是民间的礼师，是中国传统礼乐文化的传承人。

哭祭有些就是吟诵。这些礼师往往受过传统教育，会诗词文赋，也会吟诵。

正规的祭文是骈文，四六对仗，读的时候完全按照读骈文的规矩来，只是哭腔比较突出，感情比较悲痛。这就是吟诵。但还有一些哭祭，礼师所受的传统教育不太深厚，祭文也不是正规骈文，哭祭就不一定符合吟诵规矩了，那就可能不是吟诵了。

至于腔调，就是旋律，各地都不一样。但各地自己的民歌、戏曲、曲艺、哭祭、叫卖、唱账，等等，都是比较接近的，或属于同样的旋律系统的。所以说吟诵的腔调跟哭祭很像，那是很自然的事情。但是，吟诵最重要的是方法和规矩。吟诵可以有成千上万的调子，但方法和规矩是一样的。

跟吟诵腔调很像的，还有当地的民歌、戏曲、叫卖、唱账等，但之所以大家都比较注意哭祭，是因为哭祭在很多地方是保留得比较好的文化现象，而叫卖、唱账等已经几近消失了。另外，哭祭用的是骈文体，这也是大家容易把它跟吟诵联系起来的原因。

唱诵与吟诵有所不同。吟诵，即读书，是儒家的功课。书，指经史子集，并非所有的印刷品都可以叫“书”的。海外多有“儒教”这一称呼，袁世凯搞过“孔教”，好像儒家也是一种宗教。但实际上“宗教”是有严格的定义的，儒家不是宗教。

儒家的吟诵和宗教的唱诵就有所差异。以佛教的梵呗念诵来说，首先文体就不一样。佛经翻译使用的是《尚书》那种古经体，而没有使用后来通行的古文体，这可能是出于尊重佛经的原因。吟诵非常重视古文中那些虚字所表达出来的含意、语气、气象，如此一来，佛经就很难用吟诵的方式来表达语气了。

梵呗念诵，是中国佛教界在印度佛教梵语念诵的基础上，逐步发展出来的一套汉语读佛经的方法。近几百年来，北方的梵呗主要是北京智化寺体系，南方和海外的梵呗主要是常州天宁寺体系。这套方法，在调子上，主要是来自地方戏曲曲艺（天宁寺梵呗体系中有一类读书腔，可能来自当地的吟诵调）。在词曲关系即旋律的产生机制上，主要是戏曲曲艺的花腔唱法，即拖长每个字，用跌宕起伏的旋律来表达含意。念诵的时候，用不同的调子套在不同的经文上，再根据要表达的含意进行调整。与吟诵的依字行腔有别。

因此，梵呗和吟诵的吐气发声也不同。吟诵是自然发声法，该怎样就怎样。吟诵也有腹式呼吸，也有纵声长吟，但那都是一部分，都是该那样的时候就那样。吟诵也可以是胸式呼吸，可以细如蚊鸣，可以断断续续，都是根据文义，该怎样就怎样。梵呗就比较讲究丹田之气，因为念诵本身就是一种修炼，所以吐气发声比较悠长。佛教还有一套语音、发声、歌唱与身体和养生的关系理论，进一步延展为用声音证佛法，玄妙无比。

综上所述，吟诵和各种宗教诵经还是存在很多差异的。我不建议用吟诵的方式读佛经道藏，也不建议用梵呗等方式读儒家的经史子集。还是先各安其位，再交流学习为好。

第三节　雅言文读普通话

一、吟诵的雅言传统

很多人有这样的印象：吟诵都是用方言的。所以我们现在推广普通话吟诵，有人觉得这是创新，有人觉得这不是吟诵了。这些看法，恐怕都是对吟诵的误解。

吟诵，本来就是用雅言的。《论语》中有这样一章：

> 子所雅言，诗、书、执礼，皆雅言也。①

孔子是鲁国人，平常说鲁国话。但有三种情况，他不说鲁国话，而说“雅言”，那就是：读《诗经》的时候、读《尚书》的时候、执掌礼仪的时候。这三种情况中，前两种都是读书，分别是读诗和读文。

“雅”，即“夏”。上古汉语“雅”“夏”互训。因为夏朝是中华上古第一个王朝，所以“夏”又引申出了“正统”的含义。《康熙字典》：

> 《尔雅》疏：雅，正也。《周礼·春官·大师》教六诗：曰风，曰赋，曰比，曰兴，曰雅，曰颂。注：雅，正也，言今之正者，以为后世法。又《诗·小雅》：以雅以南。笺：雅，万舞也。周乐尚武，故谓万舞为雅。雅，正也。又《论语》：子所雅言。注：孔曰：雅言，正言也。朱注：雅，常也。②

---

① ［清］刘宝楠编．论语正义［M］. 北京：中华书局，1990：269.

② 汉语大词典编纂处整理．康熙字典　标点整理本［M］. 上海：汉语大词典出版社，2005：1354.

所以“雅言”，就是官话、正统的语音的意思。在孔子那个时期，即指当时的官方语音，主要是周朝首都王公贵族们使用的语言。这种语言也就是当时华夏民族的共同语。

这一条被记录在《论语》中是大有深意的。《论语》不仅仅是孔子的言行记录，还是他的弟子和后世儒士们的学习读本和行为范本。自此以后，儒士读书皆用雅言。

也就是说，在古代，北京人从来不用北京土话读书，广东人从来不用广东土话读书，大家都不用方言土语读书，而要用文读语音系统。广东粤语俗称“白话”，为什么叫“白话”呢？因为还有一种“文话”，这叫“文白异读”。汉语各地的方言，都存在文白异读现象。所以戏曲中文人出场，说话的腔调都和老百姓不同。

文白异读并不是百分之百的。差异最大的地区可能是闽南。闽南语的白话，也就是现在闽南人说的方言，和文读，也就是以前当地文人读书时的语音，差异有 60% 到 80%。也就是说，十个字中，大概有七八个字，口语和读书音是不同的。在吴语地区，差异大概也有近一半。常州名宿钱璱之先生曾经拿着诗集，一个字一个字地告诉我，哪些不可以用常州话的音，大概有近一半。北方地区的文白异读比例也很高。首先是入声字的处理，由于北方地区大部分的入声字已经是舒声而且派入平上去，所以文人读到入声字的时候一般会有所处理，这种处理的方式有读短、读为去声、顿挫、顿了拖和拖了顿五种。再加上某些字读音恢复部分古音、叶（协）韵的情况，等等，文读的比例也有 10% 以上。

文读的各种现象，有些被学者称为“破读”，有些被称为“官韵”，有些被称为“雅言”。名称虽不一样，但都属于文读现象。

文读语音这件事，意义非常重大。

孔子在《春秋》开篇，即标举“大一统”的文化观念：“元年春，王正月……何言乎王正月？大一统也。”“大一统”实是儒家最重要的主张之一。为什么要“大一统”呢？这又与“华夷之辨”有关。

我们中国人号称炎黄子孙，其实真正与炎帝黄帝有血缘关系的人并不多。黄帝和炎帝的部族人口很少，地盘也很小。即使到了有了文献证据的商朝，其人口最多也就是几百万人，地域仅限于中原的一部分。我们现在有 14 亿人，有那么广阔的地域。我们中国人是怎么走过来的？如果说这是近代以来文明进步的结果，那为什么别的很多民族没有人口剧增、地域大拓？中华民族的发展在历史上是怎么做到的呢？

民族发展的方式，主要是殖民、征服和融合。中华文明的发展方式，主要是民族融合，而且融合的方式，主要是周边的人们主动加入。所以我们汉语的方言，才那么丰富，以至于经常互相听不懂。为什么各地的方言差异那么大呢？因为大都本来是外族人，汉语对他们来说是外语，古代没有录音没有广播，学得不很地道，受母语影响比较大，所以说出来的汉语就千差万别，有些就互相听不懂了。

这些民族融入华夏，大都是自觉自愿的，被迫的是极少数。为什么他们愿意进行民族大融合呢？因为中华文化太好了，中国人生活得太好了。中华文化好在哪里？好在“万物一体、同生共荣”的观念，大家首先是一家人，是互帮互助的，不像蛮夷，强调竞争，强调优胜劣汰，日子过得不安全、不舒适、不人性。这些外族，他们有的打得过我们，有的打不过我们；有的比我们人多，有的比我们人少；有的比我们富裕，有的比我们贫穷；有的比我们地盘大，有的比我们地盘小。但不管怎样，只要他了解了中华文化，就会爱上中华文化，就要做中国人，过中国人的生活。毕竟，还是和谐互助的日子更舒适。这就是我们的祖先。

所以中国人、中华民族，不仅是一个民族的概念，也不仅是一个国籍的概念，更是一个文化的概念。中华民族是世界上罕见的只认文化不认血缘的一群人。我们说我们的祖先是伏羲、炎帝、黄帝，可是却不认伏羲的父亲母亲，不会去拜祭伏羲的祖辈。中华民族只认中华文化，凡认同信仰中华文化精神的就是中国人，否则就不是中国人。

我看到现在很多老师告诉学生为什么要学习中华传统文化，都说是因为我们是中国人。这个理由很好，但不充分。我们是中国人，也可以不学习中华传统文化的，只要它不好，我们就可以不学习。我们的祖先，他们很多原本不是华夏人，可是他们觉得中华文化好，就主动加入来做中国人。他们带来了他们的文化、他们的基因，使得中华文化更加丰富更加兴盛。这才是我们的祖先，他们只学好的。所以我们今天要学习和传承中华传统文化，不仅仅因为我们是中国人，有这份责任，更因为中华文化好。好在哪里？好在更人性。

因此就可以理解孔子的“大一统”思想了。华夏文化是先进文明，在众多民族还茹毛饮血的时代，华夏祖先就已经有礼乐文化，内部实行和谐互助的社会机制，创造出了灿烂的文化成果，过着外人看来像天堂般的生活。所以，在华夏的内部一定要统一，一定要坚守住这个人性的文化，不可以受到蛮夷文化的侵蚀。一旦内部分裂，各执己见，就容易被蛮夷文化吞噬，因为欲望的力量还是很强大的。世界上的其他的上古文明，全部都消失了。除了不明原因的以外，知道原因的，全部都是由于落后文明的入侵。而野蛮人能够打进来，很大的原因就是先进文明的内部不团结、不统一。所以，孔子特别重视“一统”，因此称之为“大一统”，就是要光大、强调这个“一统”的文化观。

今天，好像我们已经身处现代社会，全球化的时代，是不是就不需要“大一统”了呢？首先，“大一统”并不是封闭，恰恰相反，我们古代是通过“大一统”文化的吸引力，吸收了大量的外来民族和外来文化来壮大自己。其次，“大一统”也是对民族内部的教育，是对全民进行的文化教育，防止反人性力量的滋生膨胀。

怎样实现“大一统”？有很多方法。其中之一就是：统一读书的语音。为什么呢？因为政治的分裂往往由于文化的分裂，文化的分裂往往由于观念的差异，而同一民族的分裂，往往由于对其民族精神的传承和理解的差异、对经典的理解的差异。这些差异很多又来自读音的差异。

我们不仅有统一的文字，还有统一的读音！读音不统一，就会修改文字，文字就会分道。文字一分开，阐释就会不一致，于是文化就分道了。我们古代的方言，只怕比现在差异更大，但是文人读书的语音是基本一致的，对经典的解读就是基本一致的，这就在很大程度上保证了我们的文化不分裂，我们的民族不分裂。

二、吟诵的文读现象

读书用雅言的传统是怎样落实的呢？就是孔子传了六经的读音给弟子们，弟子们再往下传，代代相传。我们可以想到，古代没有广播，也没有录音机，即使孔子定下了读音标准，又怎么保证传承的准确性呢？

所以弟子们还是要用文字符号辅助记录读音的。开始的时候是直接写某字读为另外某字的音，有略微差异的就写读如某字的音，后来发明了反切，就可以用拼读的方式记录了。但是这些方式都只能发挥一定的作用，不能完全准确地记录语音。为什么呢？因为这些记录方式都依赖于字音本身，如果“读如”的字或反切用的字的字音大家读的不一样，那么拼读出来的字音就不一样。而在代代口传的过程中，这个问题难以避免。再到了后来，发明了汉字字母，就是用汉字表示的字母，如“明”表示“m”。再后来有了拼音字母，有了国际音标，注音终于准确了，但是，此时已经距上古时期很远，很难精确知道上古的音是否就是这样的了。

了解这些，就可以理解，古代的雅言读音实际上在全国是既统一又不统一的。统一，是指在孔子等制订或整理者那里它是有固定的读音的；不统一，是指在流传过程中，它不可避免地要受到传承者的方言的影响而出现一些偏差，并且这些偏差中的很多是无法用古代的字典去正音的。各地的文人，一方面努力学习正音，一方面受到方言的影响而出现偏差，正如今天各国的留学生学习汉语都会出现偏差一样，同样母语的人出现的偏误往往是相似的。我们把各地文人的这种带有偏差的正音叫作“文读”。

文读语音的对面就是白读语音，就是老百姓的方言口语。文白异读，就是有些字的文读音和白读音不一样，这是全国各地汉语都存在的现象。文人是用文读语音读书的。全国各地的文读语音，是不完全一致的。但是，各地文读之间的差异，大大小于白读（方言口语）之间的差异。如果把各地方言想象成一个围绕着官话的圆圈，那么文读介于官话和方言之间，是一个小圆圈。各地的白读之间往往互相听不懂，而文读是互相可以听懂的，所以文人们到了官场不会出现无法交流的现象。官话即基于此。以前做官的人来自天南地北，见了面说什么话？只能说“读书音”，因为“读书音”自孔子传下规矩，是比较统一的。“读书音”就是“文读语音”。这对于中华文化的大一统是非常重要的。

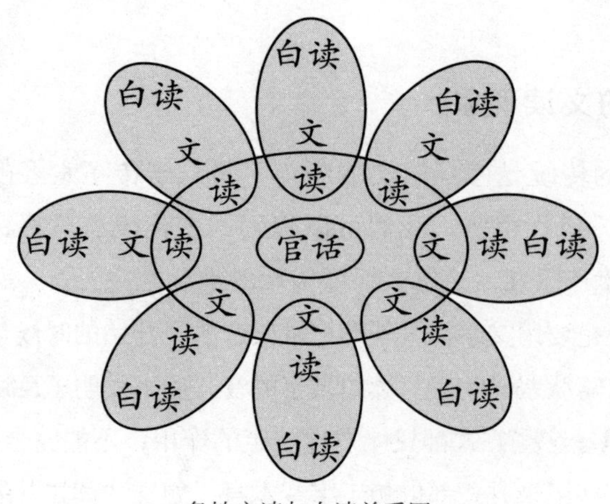

各地文读与白读关系图

我们采录到的吟诵，基本上都是当地文读语音。有很多先生明确地指出，必须使用文读语音。也有一些先生没有明确的文读意识，但当我们发现他吟诵时某些字音与白读不同而提问时，他们会肯定地说只能这么读，老师就是这么读的。也有极少数的先生，其吟诵是以白读为主的。对于这样的先生，我们做了进一步的调查，发现基本上有两种情况：一种是读私塾时间不长，基本上只读过一点蒙学；一种是读私塾时间比较长，但是私塾老师的学养不深，比如说在偏僻的山区，或者老师仅能教授蒙学的。

由此我们得出结论：直至最后一代文人，正宗的吟诵都是使用文读语音的。

但是，文读语音和白读语音之间，也不是完全不一样的。差异最大的闽南语，也有两三成的字读书时是用白读语音的。是因为这些白读语音就是当初的雅言吗？当然不是。各地的白读语音都互不相通，差异太大了。那为什么这部分字不用古音文读？答案只能是：不需要。为什么呢？因为，读书用代代相传的古音、雅言、文读，它的目的是什么？是思想上的大一统。如果语音的变化对于含意没有影响，那么还需要用古音吗？就不需要了。所以并不是所有的字都要用古音去文读，而是只有语音变化影响了含意的字，才需要用古音文读。

五代以后，北方语音再变，至平分阴阳，入派三声。近古音与诗文创作使用的中古音差异比较大，更接近今天的普通话。但《中原音韵》序云：

> 士大夫歌咏，必求正声。（虞集）
>
> 欲作乐府，必正言语；欲正言语，必宗中原之音。（周德清）
>
> 以余观京师之目、闻雅乐之耳，而公议曰："德清之韵，不独中原，乃天下之正音也。"（琐非复初）①

这场正音之争，在争论之外说明了两个问题：第一，中国文人作歌赋诗一定要用统一的读音；第二，统一的读音以北方音为正。中古音和近古音都是北方音。此时的争论只是因为北方音又变而已。元朝朝廷不与汉族文人合作，汉族文人也普遍不愿意与元朝朝廷合作，于是很多人仍然守住原来的北方雅音，有的人如周德清等主张用新的北方雅音。北方雅音，是民族共同语。使用民族共同语，也是雅言文读的一个规矩。这与用不影响含意的白读语音是一个道理。

---

① ［元］周德清撰．中原音韵　上［M］．北京：中华书局，1978.

第三，读书音主要用的是当代语音。只要基本不影响含意，就用当代语音。可以发现，各地文读系统往往比白读系统的时代要晚。比如闽南语的文读系统基本是基于宋元语音，而白读系统是基于魏晋语音。所以唐人用唐音，宋人用宋音，清人用清音，只有在读音影响含意时，才使用古音文读。

三、普通话吟诵的正当性

所以今天我们就用普通话。为什么不用上古音？因为跟当代的语音脱离得太远。脱离得太远，就增加了理解的难度，也丧失了文化传承的第一目标。所以这个没有太大的意义。读书不是语音学研究。读书就是读书，传承的是文化，不是传承语音。语音和文化有关系，我们一直在强调语音的含意，吟诵就是建立在语音有意义的基础上，我们是最重视语音的一群人。但是，语音与文化的关系，体现在最初造音之时，又体现在诗文陌生化之时，其他的时候基本上不体现。当语音的改变妨碍了文化的传承时，我们要考虑是否恢复古音，怎么恢复。如果语音的改变没有妨碍含意的表达，就没有必要用上古音。我们既反对简单地复古，只是用传承就要原汁原味来硬套；我们也反对完全不理会传统，普通话口语白读怎么读就怎么读。我们要知其然也要知其所以然，怎样传承，是有道理的，不是习惯就是对的，也不是流行就是对的。

总而言之，读书吟诵，要用民族共同语。周德清所标举的中原音韵，也不是中原的方言土语，而是中原地区的文人雅言。只有文读系统，才可能是共同语。历史上在各地产生了不同的文读系统，虽有差异，但他们基本上是相通的。中原音韵之争，即是不同时代的共同语之争。因此总而言之，读书要用民族共同语，而这个民族共同语又要适当考虑古音，主要是在今音产生含意分歧的时候。这就是读书吟诵的读音规矩。

既明白了读书作文都必须使用民族共同语的意义，普通话吟诵的合理性就毋庸置疑了。因为普通话已经成为当代中华民族共同语。

尽管普通话的读音与古音有异，有的方面（比如平高仄低、入派三声）甚至是大异、相反，又尽管普通话的读音在很多细节上尚有待细究推敲，但是，普通话已经成为中华民族共同语这件事是确然无疑的，所以，今天必须推广普通话吟诵。只有这样，才能继续发挥吟诵在维护民族统一、促进文化融合上的重大功能。

从另一方面来说，现在的少年儿童，普通话的普及率非常高，甚至有的儿童只会说普通话，已经不会说方言了。虽然这个现象不是我们愿意看到的，但是很明显，不用普通话吟诵，吟诵也将面临失传的危险。

所以，普通话吟诵，不仅是合理的，而且是必须的。

四、传统吟诵的价值及其与普通话吟诵的关系

普通话吟诵，并不排斥传统的方言文读系统的吟诵。吟诵工作的最终目标，是让吟诵重新回到课堂，回到中国人的生活中。每个中国人都应该学会两种吟诵：普通话吟诵以及自己母语的方言文读吟诵。所以吟诵工作分两个方面：推广普通话吟诵，传承方言文读吟诵。

陈少松先生说：

> 笔者以为应当十分重视方言吟诵的抢救、整理、研究和宣传，切实做好方言吟诵传人的物色和培训工作……但是，近三十年来，我在进行吟诵教学时坚持用普通话吟诵；在电台、电视台、文艺晚会做节目时也用普通话吟诵；在先后出版的两套吟诵光盘里录制的都是普通话吟诵。为何这样做呢？这首先自然是因为推广普通话是国家的一项重要语言政策，作为一名教育工作者，自觉地用普通话进行吟诵教学和吟诵传播为理所当然。同时因为这样做可越过语言的障碍，更好地传承、宣传和推广吟诵这门中华绝学……在我国推广用普通话吟诵不仅是与时俱进的必然趋势，而且是继承和弘扬中华绝学的长久需要。问题的关键还不在于要不要普通话吟诵，而在于用普通话吟诵是否就“没传统吟诵的味了”呢？笔者的体会是，有没有传统吟诵的味，不在于你是用方言还是普通话吟诵，而在于你向老师学习吟诵是否得其形，更得其神。在于你行腔使调时是否充分展现了这种吟诵调的特色和魅力。做到了这两条，用普通话吟诵一样有传统吟诵的味；否则用方言吟诵也不会有传统吟诵的味。①

我觉得陈少松先生对传统方言文读吟诵和普通话吟诵的关系表述得很好，我在此只做一些补充。

---

① 陈少松撰．古诗词文吟诵导论［M］. 北京：中华书局，2017：276-279.

传统方言文读吟诵对普通话吟诵具有非常重要的价值。简而言之，方言文读吟诵是普通话吟诵的根。

方言文读吟诵和普通话吟诵的关系，有点像方言和普通话的关系。方言也是普通话的根。没有了方言，普通话也就是个空架子。除此之外，方言文读吟诵对普通话吟诵还有更多的意义。

普通话吟诵，也是千姿百态的，也是有地域色彩的。普通话吟诵，一首诗也可以有成千上万的吟诵调。这些调子从哪里来？当然新创作的算是一类，但是新的创作毕竟很慢，还需要经过时间的检验，而方言文读吟诵调本来是中国音乐的一个巨大宝库，其丰富程度不亚于民歌，而且本来就是吟诵调。不利用这个宝库显然是不理智的。所以普通话吟诵调的来源，就目前来说，方言文读吟诵调的翻新还是很重要的一部分，以后慢慢地新创吟诵调会越来越多。

还有更重要的是方言文读吟诵可以让我们接触到古诗文真实的面貌，体会到古诗文的真意。比如，方言文读吟诵近体诗时都是平低仄高，而普通话的标准音是平高仄低的。只有平低仄高的方言文读吟诵才能把古诗文的高低含意表达出来。比如："少小离家老大回"，现在的普通话诵读会把"离家"和"回"读高，好像这句诗说的重点是一去一回的对比，而平低仄高的传统吟诵会突出"少小"和"老大"，实际上这句的重点是离家时间之长。这些时候，就只有听方言文读吟诵，才能明白原来声音的含意了。明白了以后，就可以想办法用普通话表达出来。

什么是普通话吟诵？我想，应该是普通话的发音和吟诵规则的结合。具体来说，就是尽量使用普通话的语音语感，遵守吟诵规则，而又尽量传达出古诗文的声韵含意，同时，又要尽量当代化，美听美观。

方言文读吟诵往往给人的印象是不好听，其实这一半是丑化，一半是误解。丑化是百年来的文艺作品的故意歪曲，比如现在还可以看到影视剧和舞台演出里让孩子脑袋摇圈的场景，那就是丑化，实际上是不可能的，要晕死的。还有人一直拿《刘三姐》里的酸秀才唱的那几句歪曲说吟诵，其实那不是吟诵。这些丑化的事情就不赘述了。这里重点说说误解的事情。

为什么我们采录到的方言文读吟诵大部分不好听？一，因为老先生们年纪太大，一般都在八十岁以上，甚至一百多岁，唱歌和嗓音自然都会差一些。二，他们不是歌唱家。即使是现在周杰伦的最好听的歌，如果拿出来让随便几个人唱，也一样会唱得荒腔走板。听过卡拉 OK 的人都有这样的经验。如果录下来，告诉大家这就是周杰伦的歌，还不把周杰伦气死。同样的道理，我们就可以理解方言文读吟诵了。不是吟诵一定不好听，而是被唱难听了。三，更重要的，是我们的耳朵已经西方化了。我们这些人，从小听的就是西方音乐。中国的流行歌曲也是西方音乐，连民歌都西方唱法了，连戏曲都用五线谱了，连民乐都和弦了，还有什么好说？对绝大多数中国人来说，这一辈子可能从未听过真正的传统音乐。中国的传统音乐，不仅音律与西方有异，唱法与西方有异，风格与西方有异，而且音乐观念更有异，作用和意义有异。吟诵未经西方音乐改造，它还是原生态的，而且还是文人音乐的核心部分。当我们说方言文读吟诵不好听的时候，我们更应该为自己，为我们的文化感到悲哀。

方言文读吟诵都是好听的！不好听，他怎么可能记到老？你能记住一首难听的歌到八十岁吗？而且，不好听怎能流行？还代代相传？所以，一定要相信，每个方言文读吟诵都是好听的！——只是被唱坏了。为什么唱坏了？因为上面说过的原因。那怎么办？就要修复。凡是采集民歌的人都知道这个道理。直接采上来的民歌，未必是好听的，要经过修复。王洛宾先生为什么了不起？主要就是因为他修复工作做得好。怎么修复？就是琢磨它原来应该是个什么样子。老先生唱的是 3，但是他没有气力，也许应该是 5，老先生唱了一拍，也许他是没气力，应该是三拍。这些都要通过经验的积累，慢慢锻炼出这个能力。

当然，一旦修复，就带有修复者自己的理解了。所以修复本身就是发展。这也是没办法的事情。所以，方言文读吟诵的录音录像，不管多难听，都是有价值的，要永远留下来，留给后人作为参考。这才是本源。也许你修复得很好听，但是过些年，有人看了原始录像，会修复出不同的调子。所以方言文读吟诵的影音库很重要。我们现在就在做这个。

修复以后的方言文读吟诵，就基本上都是好听的了。但是还有个问题，就是当代化的问题。毕竟我们面对的是当代社会，毕竟我们要做的是往下传承的工作，要下一代学会吟诵，还要代代传下去。所以在音乐上、姿态上、语音上、理解上有一些当代化的发展，是必然的，也是必须的。所以，源于方言文读吟诵的那部分普通话吟诵，要特别注意当代化问题。新创作的普通话吟诵，可能更容易当代化。

最后再补充一下普通话吟诵的标准问题。很多人用传统方言吟诵的调子，用普通话的发音去吟诵，认为这就是普通话吟诵了。我觉得这应该属于比较宽泛的普通话吟诵，即普通话的声母、韵母基本到位了，但是声调不一定准确的吟诵。也就是说，套用方言吟诵调，甚至套用别人的普通话吟诵调，都一样会造成倒字问题。倒字，就是字音的声调不准确。所以我认为严格的普通话吟诵应该是字音的声母、韵母、声调都准确的吟诵。

再说下吟诵姿态的问题。吟诵的目的是传达作品含意，动用所有可以动用的因素，所以动作表情也是很重要的表达手段。这些动作表情，也不是没有道理的，没有规律的。吟诵被丑化以后，常给人留下摇头晃脑的腐儒印象。其实吟诵并不是不停地摇头。摇，是肯定的，而且是吟诵的姿态的重要特征之一，那是因为汉语是旋律型声调语言，吟诵的旋律和唱法，都是圆转回旋的，不摇出不来那个声音。但是，不是不停地均匀地摇，而是有断，有停，有别的动作。该怎样就怎样，只要能发出该发的声音，能传达出作品的含意，就是对的。而且这一切都是个人性的，个人的理解，通过个人的语感、动作表达出来。

吟诵是个人性的，是用于学习和自娱的，所以，好不好听、好不好看，本是个人的事。现在强调美听美观，是因为我们要做推广工作。要推广，就要给别人听，给别人看，还要让别人学，所以只得美听美观。美的标准，要有当代感，要是健康的、开放的、深刻的、高雅的。

第二章　吟诵的方法

第一节　吟诵历来有规矩

吟诵和非吟诵的区别只有一点，就是看它守不守吟诵的规矩，也就是汉诗文传统的读法规矩。这些规矩有：

依字行腔、依义行调、入短韵长、文读语音、腔音唱法

以上五个规矩是所有汉诗文的吟诵都要遵守的。这些规矩是与汉诗文紧密一体的。没有了这些规矩，汉诗文就变成了纯文字，不再是传统的声音—文字一体化的汉诗文了。

不同的文体有不同的读法规矩。这些规矩与特定文体也是紧密一体的。没有了这些规矩，文体也就变成了纯文字的结构。不按照规矩去读，它的声音实际上就与它的文字结构形成了矛盾，文体就变质了。这些规矩比较重要的有：

平长仄短、平低仄高、对称旋律

这是近体诗词文赋的读法规矩。

模进旋律

这是古体诗词文赋的读法传统。也许这条算不上规矩，个人可以在短诗的旋律上有比较大的创造性，但是一般说来，长诗如果不模进，实际上很难吟诵。

虚字重长

这是文赋的读法规矩，讲究实字、虚字、入声字的区分，讲究短、平、重、长四种读法。

此外，还有一些小的规矩，比如文赋，散句缓读，排比疾读。各种文体，比如四言诗、楚辞体、乐府、歌行、词、曲，等等，也各有规矩，比如歌行的均匀四拍，词的旋律结构，等等。这些在后文将一一介绍。

以上是字读法的规矩，此外还有章句读法的技巧，即所谓“文气”。关于“文气”的讨论，我们放在后面进行。

我们现在推广一套字读法符号，以帮助大家学习吟诵。这套符号的发明者是叶圣陶和夏丏尊两位先生，我们只是改编者。这套符号在改编时考虑到键盘打字的方便性，也参考了古代的读法符号，可以直接打出来，不需要插入符号，而且涵盖诗词文赋各种文体，横排竖排都可使用。这套字读法符号一共只有十个，简单易用。

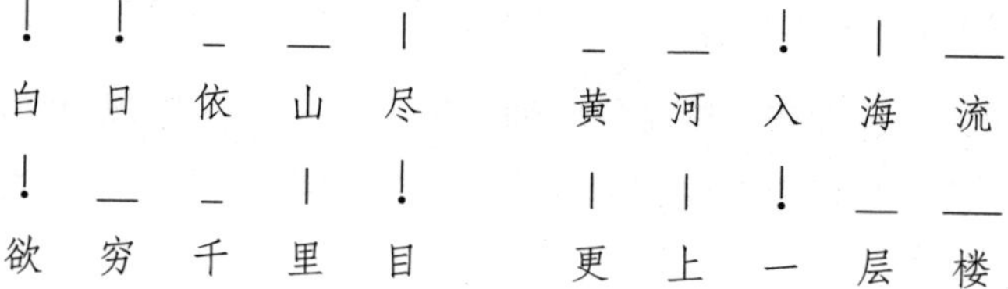

仄声字用（｜），入声字用（╎），这样既体现出了入声也是仄声的一种，又表达出了入声短促的特征。一三五字的平声字用短横（-），二四字的平声字用中横（—），韵字用长横（——）。这样，符号的长短表示读音的长短，符号的上沿表示读音的高低。入短韵长、平长仄短、平低仄高等近体诗吟诵的基本规则就大致体现出来了。这样吟诵起来就很方便。读者一眼就可以看出，“依”字短而“山”字长，“山”字低而“尽”字高，“白日”两字又高又短又重。

这样，近体诗只用三个符号，就可以表达出长短、高低、轻重三个读法。对于初学者来说，有这三个符号就基本可以正确地吟诵了。

吟诵符号还有上（v）、去（\）、仄（ < ）三种韵字符号，前两者分别表示上声韵和去声韵，也要适当拖长，后者表示不同声调的仄韵的通押现象。古文还有长读（～）、重读（·）符号，一共是十种符号。

这些符号是从哪里来的？更重要的是，这些符号所代表的读法是从哪里来的？古人真的有这些读法规矩吗？

我们对这些读法规矩的认定，主要基于四个方面的证据：

1. 我们采录和搜集的1000多位老先生的吟诵录音，它们呈现基本一致的读法规矩。

2. 20世纪以来前辈学者们的研究成果，也指出了一些读法规律。

3. 中国、朝鲜、日本等国的古代文献，提供了古代读法的记载。

4. 最直接的证据，是古代蒙馆、学馆的课本上，标记着古代的读法符号。

下面，首先专门就古代读法符号进行梳理。

一、古代汉诗文的圈点符号系统

今天，“中国古代没有系统的标点符号”已经是国人的常识，所以我们心安理得地使用着西式标点。然而，事实果真如此吗？

1919年11月29日，胡适、钱玄同、刘复、周作人、马裕藻、朱希祖向北洋政府提出了《请颁行新式标点符号议案》(以下简称《议案》)，开篇这样说道：

> 中国文字的标点符号很不完备……中国旧有的标点符号只有一个句号，一个读号，远不如西洋的完备。用符号的本意，千言万语，只是要文字的意思格外明白，格外正确。既然如此，自当采用最完备的法式。因此，本案所主张的标点符号大致是采用西洋最通行的符号……①

《议案》的第三部分是“理由”：

> 我们以为文字没有标点符号，便发生种种困难；有了符号的帮助，可使文字的效力格外完全，格外广大。综计没有标点符号的大害处约有三种，小害处不可胜举。
>
> (一) 没有标点符号，平常人不能“断句”，书报便都成无用，教育便不能普及。此害易见，不须例证。
>
> (二) 没有标点符号，意思有时不能明白表示，容易使人误解。

① 胡适著. 胡适文存 1 [M]. 北京：生活·读书·新知三联书店，2014：158-159.

（三）没有标点符号，决不能教授文法。因为一篇之中，有章节的分段；一章一节之中，有句的分断；一句之中，有分句、兼词、小顿的区别；分句之中，又有主句和从句的分别。凡此种种区分，若没有标点符号，决不能明白表示。既不能明白表示这些区别，文法的教授必不能满意。①

此《议案》一上，果然引起重视。两个月后，北洋政府教育部颁发了第53号令——《通令采用新式标点符号文》，现代中文标点符号就此诞生。1928年，蒋介石国民党政府将这套西式标点引入了国文课本，用于古诗文。当时的教育部长是蔡元培。

今天我们看这些“理由”，似乎还是很有道理——没有标点符号，我们怎么看得懂文章？所以引入西式标点符号顺理成章。然而，一百年轰轰烈烈的西化热潮过去了，今天我们是不是该合乎逻辑地想一想这个问题：

为什么古人没有标点符号就读得懂呢？

中国古代也是书商印书，也有利益追求。如果有读者表示：没有标点符号他们就读不懂，那肯定是每本书都满篇符号了。印刷术是中国四大发明之一，我们的印刷、装帧和出版技术一直领先世界，读书之风盛行古代，搞些标点符号难道很难吗？然而，我们见到的很多古籍真的没有标点符号，或者只有少数句读符号、专有名词符号（人名地名旁有竖线），等等，这是为什么呢？

标点符号的作用是什么？主要是两大作用，一是提示文字所没有的背景信息，比如专有名词符号提示这是一个人名或者一本书名，引号提示这一句是某人说的话，等等；二是提示读法，比如问号、叹号、省略号等，都在提示语气。汉诗文需要不需要这些提示？当然需要。孔子说：“书不尽言，言不尽意。”汉文的一大特点，就是文字传达的信息相对简洁、模糊，需要有读法辅助，才能明确其具体的含义。比如“白日依山尽”，到底是强调“白日”而不是“红日”，还是强调“依山”而不是“依海”？这都需要有读法才能明确。

所以关键是古人是怎么掌握这些读法的？很多人以为，要么是古人也不掌握读法，要么汉诗文根本没有读法。这些想法都忽略了一件事：学习。打个比方，每个汉字都有其读音，小学一年级的课本上也是每个字都标上拼音的，但为什么成人读的书上就没有拼音了呢？因为成人已经掌握了常见字的读音。同样的道

---

① 胡适著．胡适文存 1［M］．北京：生活·读书·新知三联书店，2014：171-172.

理，如果古代的汉诗文的读法是有一定的规律可循的，那么掌握了之后，是不是就不需要标记了呢，只有专有名词，基本没有规律可循，才需要标记出来?

这样，我们就要把目光投向古代学童的课本，给学习者而不是学成者使用的书籍。结果怎样呢? 结果是吓一跳：古代有成套的标点符号，远比西方的要复杂丰富。

其实胡适等人在 1919 年提出的《请颁行新式标点符号议案》并不是针对古诗文的，而是主要针对白话文的。它是“新文化运动”的启蒙者们急于做教育普及和文化启蒙而想出的办法。白话文近于口语，要面向普通大众，尤其是缺乏传统诗文训练的大众，标点符号的确是一道引桥，可以让识点字的人就看得懂文章。教育要普及，文化要下乡，要让缺乏训练的人也赶紧看懂，所以就想出了标点符号这个办法了。今日回头看起来，白话文加标点符号，当然是可以的，但后来国民党政府教育部把西式标点符号引进古诗文，却是值得商榷的。

因为汉诗文是本来有自己的标点符号系统的。

汉诗文传统的标点符号系统，很早就形成了。甲骨文和金文中就有多种符号，表示段落、句读、重文等含意。其后代有增益，至宋、元、明、清蔚为大观。四川师范大学管锡华教授说：

> 三千年汉语标点符号的发展，为新式标点符号的产生奠定了坚实的基础。而在一个相当长的时期内，不少人则以为汉语新式标点符号是舶来品。实则，从起源来看……汉语的标点符号起源最早。从用法来看，到宋、元、明时期，汉语标点符号已基本满足了表示任何一种语言层次、任何一种语言性质的需要。
>
> 即从形体看，新式标点符号亦有许多在古代已经出现。①

管锡华教授对于汉语标点符号史的研究非常系统，下面引用他的一些研究成果。

汉诗文的标点符号起源于先秦，到唐宋时期基本成型，而且全国相对统一，且有相关的理论，称为“句读”或者“圈点”“批点”“标点”。为与现代的汉语标点符号相区别，我在下文中统一称为“圈点符号”。宋代圈点符号理论如《宋真德秀批点法》：

---

① 管锡华著 . 中国古代标点符号发展史 [M]. 成都：巴蜀书社，2002：12.

句读小点（·）：语绝为句，句心为读。

菁华旁点（、）：谓其言之藻丽者，字之新奇者。

字眼圈点（〇）：谓以一二字为纲领。

抹（｜长竖线，位于句右侧）：主意、要语。

撇（丨短竖线，位于字右侧）：转换。

截（－短横线，位于字左侧下）：节段。①

这个体系基本上一直延续到中华民国，没有大变。另外，如陈骙《南宋馆阁录·校雠式》等对圈点符号有更详细的论述。到了元代，程端礼等人总结圈点符号理论，体系完备，蔚为大观。如程端礼《批点韩文凡例》对各种文体的圈点符号都进行了论述，现仅举“议论体”为例：

——句读，并依点经法。

——大段意尽：黑画截。（于此玩篇法。）

——大段内小段：红画截。（于此玩章法。）

——小段内细节目及换易句法：黄半画截。（于此玩句法。）

——论所举所行事实，及来书之目，及所以作此篇之故，每篇首末，常式：黑侧抹。

——所论援引他书，及考证，及制度，及举前代国名：青侧抹。

——所论纲要及再举纲要，及或问体问目及提问之语，及断制之策：黄侧抹。

——义理精微之论：黄中抹。

——凡人姓名初见者：红中抹。

——缴上文、结上文、紧切全句，或发明于事实之下，或先发明事实之所以然于事实之上者：红侧圈。

——转换呼应字及用力字及缴结句内，虽已用红侧圈，而字合此例者，每字：黄侧圈。

——假借字，先考始音，随四声：红圈。

——有韵之韵：黑侧圈。

——造句奇妙者：红侧点。

---

① 管锡华著．中国古代标点符号发展史［M］．成都：巴蜀书社，2002：178.

——补文意不足，反覆提论德行，及推说虚叙，总述其所以然：黑侧点。

——譬喻：青侧点。

——要字为骨，初见者：黄正大圈。

——要字为骨，再见者：黄正大点。①

这些圈点符号，不仅基本涵盖了现代西方标点的功能，而且比之更为细致深入，如对比喻等修辞、论点等主题、段落等结构也做了标识，而且还标识了很多汉语汉文独特的信息，如韵、假借字等。

显然，这些圈点符号基本上是为了学习汉诗文而服务的，对此，管教授也做了论述：

（一）校刊家的认识

岳珂《相台书塾刊正九经三传沿革例·句读》：

监蜀诸本，皆无句读。惟建本始仿馆阁校书式，从旁加圈点，开卷了然，于学者为便，亦但句读经文而已。惟蜀中字本，与国本并点注文，益为周尽。

（二）一般读者的认识

《宋史·何基传》在记载何基读书时说：

凡所读无不加标点，义显意明，有不待论说而自见者。

（三）讲学家的认识

元程端礼《程氏家塾读书分年日程·纲领》附《西山真先生教子斋规》：

七曰学诵。专心看字，断句慢读。须要字字分明。

由此可见，圈点符号基本上就是给学生学习用的。其具体的情形，可见程端礼《程氏家塾读书分年日程》。在课堂教学时，首先进行的是授书读书环节（与圈点符号有关的内容我加了下划线）：

师授本日正书。假令授读《大学》正文、《章句》、《或问》，共约六七百字或一千字，须多授一二十行，以备次日或有故。及生徒众不得即授书，可先自读，免致妨功。先计字数，画定大段。师记号起止于簿。<u>预令其套端礼</u>

① 管锡华著．中国古代标点符号发展史［M］．成都：巴蜀书社，2002：204.

所参馆阁校勘法，黄勉斋、何北山、王鲁斋、张导江及诸先生所点抹《四书》例，及故王鲁斋《正始音》等书，点定本，点定句读，圈发假借字音，令面读，仔细正过。于内分作细段，随文义可断处，多不过十句，少约五六句。大段约千字，分作十段，或十一二段，用朱点记于簿。还案每细段读二百遍，内一百遍看读，内一百遍倍读。句句字字要分明，不可太快，读须声实，如讲说然。句尽字重道则句完，不可添虚声，致句读不明，且难足遍数。①

然后才是讲书、复讲环节，之后是作文。读书是基础，而读书需要学生不仅要按照圈点符号去读，而且要自己预先标点，再由老师一一校正。可见，这些符号与读书之间有密切的关系。

这些传统的圈点符号，大致有六类，分别是句读、读音、读法、名词、评点、文气。

句读符号，主要是用来划分句子的，包括分句、整句和段落符号。开始是用各种线，后来主要用小圈和小圆点。

读音符号，主要标识字的读音，除了有时用同音字小注外，主要是用小圈标识字的声调。圈在字的左下为平声，左上为上声，右上为去声，右下为入声。有时用半圈，表示阴调，在半圈下加短横，表示阳调。这种符号通常出现在文读语音时，即此字不读当代语音，而破读部分古音的时候。

读法符号，主要是诗词的平仄韵字符号，古文的提转顿挫、轻重缓急等符号。

名词符号，主要是用线、圈来表示人名、地名、书名等专有名词。

评点符号，主要用于点评文章、分析写法，用以学习写作和欣赏。评点符号一般用圈表示文章的纲目句子，用点表示精彩句子。

文气符号，也叫写法符号，主要用于标识和分析文章的思路、语气、情绪等的起伏变化。

这六种符号在古籍中经常是混在一起的。如清代《古文释义》的凡例：

是编于文中纲领、主脑、眼目、关键、骨子、结穴，每一字旁用一重圈

① ［元］程端礼著．程氏家塾读书分年日程［M］．上海：商务印书馆，1936：2.

(○)，起伏照应处，每一字旁用一双点（、、）。精彩发挥，及点染生动，每一句旁用密点（、、、、、、、），神理活泼、议论警策、字句工妙、笔墨奇变处，皆旁用密圈（。。。。。。）。而每一句下，必着一小圆点（.），不使初学句读莫辨。至每一段至处，则下用一划（——）以断之，俾学者便于分别。①

这六种符号，实际上都与"读"有关。其中评点符号、名词符号与读法的关系稍远一点，其他四种符号则与读法直接相关。

有时符号过于密集，以至于文字难辨，影响阅读。但是，符号本来是给初学者用的，标识不详细，又达不到学习效果，其中两难，始终难破。中华民国初期邵伯棠编的《初学论说文范·撰述大意》中说：

圈点勾勒，文之陋者也。然姚姬传氏于《古文辞类纂》尚且用之，况初学乎？今悉心校定，计一篇之中，有单圈，有密圈，有套圈，有密点。其文之筋节处，有联点。段落处，有勾画。至采引训释各书，有字义精确、词句新颖者，亦以圈点施之。总期鼓励儿童之兴趣，凿破文学之混沌。至异日搦管构思，自汩汩乎其来矣。②

可见，符号就是给初学者用的。学习掌握之后，就不需要这些圈点符号了，所以成人多读的是没有或少有圈点符号的书。

管锡华教授说：

在使用上，清代具有整个古代标点符号时期的共性，但有两大特点应该指出。一是用号书籍的总量大大增加。这个特点不体现在官刻，而体现在坊刻；不体现在经书甚至史书，而体现在子书集书，特别是民间文学作品中；不体现在高层次文化读者所读的书，而体现在低层次文化读者对象所读的书。在用标点符号的清本中，小说、诗、词、曲和用于学子学习的范文范书占了绝对的多数。清本易得，读者稍多翻一些稿本、抄本、刻本，即可了解，不必举例。二是官家纂书使用标点符号的倒退。上言《大典》三亿多字皆断句标点，无论原书有无标点，一经裁入皆如此；而《四库全书》收书三千余种，无论原书有无断句标点，一经编入则悉去之。二者相比，《四库》

① ［清］余诚编．重订古文释义新编［M］．武汉：武汉古籍书店，1986.
② 邵伯棠编．初学论说文范·撰述大意［M］．上海：上海会文堂书局，1915.

在标点符号史上不能不说是倒退。当朝之书如姚鼐《古文辞类纂》初刻“曾有圈点，晚年则尽去之，以为邻近俗学”。这也是倒退的表现。[①]

清朝这种标点符号使用上的“倒退”，正好说明了国民文化素质的普遍提高。符号的使用，主要针对初学者和文化程度比较低的人群，而文人儒士，越来越不需要借助符号读书。汉文的圈点符号，越来越显示出它培养读书能力的巨大功能。

汉诗文的这套符号系统，虽然历代有所变化，但是代代相传，基本上是统一的，也是普及的。因此，不能说我们古代是没有标点符号系统的，相反，古代的符号系统是非常发达的。更重要的是，在这套符号的背后，还有汉诗文成套的读法规矩。

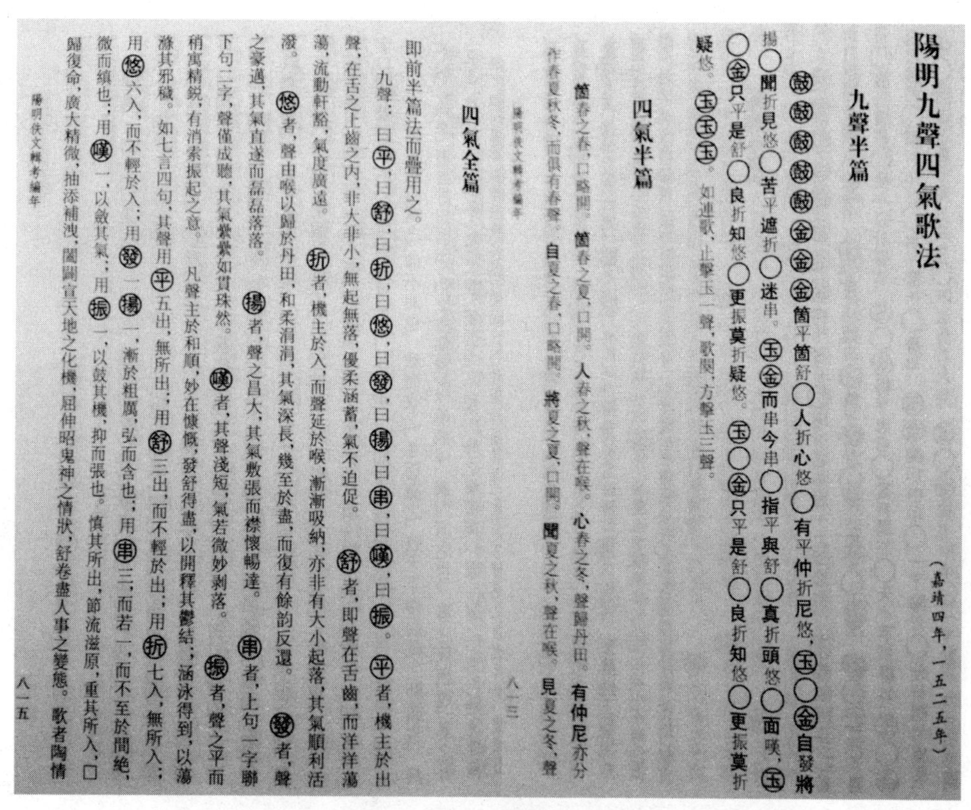

陽明九聲四氣歌法 （嘉靖四年，一五二五年）

九聲半篇

(鼓)(鼓)(鼓)(鼓)(鼓)(金)(金)(金)箇平箇舒〇人折心悠〇有平仲折尼悠，(玉)〇(金)自發將揚〇闡折見悠〇苦平遮折〇迷串。(玉)(金)而串今串〇指平與舒〇真折頭悠〇面嘆，(玉)〇(金)只平是舒〇良折知悠〇更振莫折疑悠。(玉)〇(金)只平是舒〇良折知悠〇更振莫折疑悠。(玉)(玉)(玉)。如連歌，止擊玉一聲，歌闋，方擊玉三聲。

四氣半篇

箇春之春，口略開。箇春之夏，口開。人春之秋，聲在喉。心春之冬，聲歸丹田。有仲尼亦分作春夏秋冬，而俱有春聲。自夏之春，口略開。將夏之夏，口開。闡夏之秋，聲在喉。見夏之冬，聲

陽明佚文輯考編年 八一三

四氣全篇

即前半篇法而疊用之。

九聲：曰(平)，曰(舒)，曰(折)，曰(悠)，曰(發)，曰(揚)，曰(串)，曰(嘆)，曰(振)。(平)者，機主於出聲，在舌之上齒之內，非大非小，無起無落，優柔涵蓄，氣不迫促。(舒)者，即聲在舌齒，而洋洋蕩蕩，流動軒豁，氣度廣遠。(折)者，機主於入，而聲延於喉，漸漸吸納，亦非有大小起落，其氣順利活潑。(悠)者，聲由喉以歸於丹田，和柔涓涓，其氣深長，幾至於盡，而復有餘韵反還。(發)者，聲之豪邁，其氣直遂而磊磊落落。(揚)者，聲之昌大，其氣敷張而襟懷暢達。(串)者，上句一字聯下句二字，聲僅成聽，其氣纍纍如貫珠然。(嘆)者，其聲淺短，氣若微妙剩落。(振)者，聲之平而稍寓精鋭，有消索振起之意。凡聲主於和順，妙在慷慨，發舒得盡，以開釋其鬱結，涵泳得到，以蕩滌其邪穢。如七言四句，其聲用(平)五出，無所出；用(舒)三出，而不輕於出；用(折)七入，無所入；用(悠)六入，而不輕於入；用(發)一(揚)一，漸於粗厲，弘而含也；用(串)三，而若一，而不至於間絶，微而縝也；用(嘆)一，以斂其氣；用(振)一，以鼓其機，抑而張也。慎其所出，節流滋原，重其所入，□歸復命，廣大精微，抽添補洩，闔闢宣天地之化機，屈伸昭鬼神之情狀，舒卷盡人事之變態。歌者陶情

陽明佚文輯考編年 八一五

明　王守仁《阳明九声四气歌法》符号

---

① 管锡华．古代标点符号发展史论纲［J］．古汉语研究，1997（2）：63.

这套读法规矩，我们今天称之为“吟诵”，所以吟诵的定义是汉诗文的传统读法的统称。这套规矩告诉读书人，当一堆汉字在一起的时候，哪个字要读长，哪个字要读短，哪个字要读高，哪个字要读低，哪个字要回转，哪个字要顿住。当然这些读法只有相对一致性，很多地方还需要依靠个人理解。这一点与现代标点符号的作用也是近似的。

这些规矩不仅仅用于读书，也用于文人音乐，如唱曲、琴歌，等等。诗歌本来就是吟咏的，加强一点音乐性就成了歌诗、唱诗，再配上乐器就成了唱曲，但是其中的读法规矩并没有改变。

明代大儒王守仁有“九声四气歌法”传下来，就是歌诗之法。前文说过，古人读书有唱、歌、咏、诵、读、哦、叹、哼、呻等多种形式，统称为“读”。歌诗也是诗的读法形式之一。“读”的形式虽然不同，但读法基本是一致的。吟咏与歌诗之间，只有音乐性强弱的问题，字音的长短高下性质是基本一致的。

此文为束景南先生辑佚，在《阳明佚文辑考编年》中，束景南先生做了详细考证：

> 文见张鼐《虞山书院志》卷四。该志于卷四《会约》中云：“歌咏以养性情，乃学之要务。夫诗不歌不得其益，子与人歌，而善取瑟而歌，圣人且然，况于学者？今后同志相会，须有歌咏，无论古乐，即《阳明九声四气歌法》，其意亦甚精深。”此所谓“阳明九声四气歌法”，即指下面所载《歌法》，故志于《歌法》下特注云：“此阳明先生法。”又于《乡约仪》中特说明云：“歌诗。歌生二人出班诣案前歌孝顺父母、尊敬长上诗二章，会众俱和歌，钟鼓之节俱依阳明先生旧法。”此所谓“依阳明先生旧法”，亦即指前面所载《歌法》。由此可以肯定志所载《歌法》即阳明所手定歌法。按王畿《王畿集》卷七《华阳明伦堂会语》云：“宋子命诸生歌诗，因请问古人歌诗之意，先生曰‘《礼记》所载“如抗如坠，如槁木贯珠”，即古歌法，后世不知所养，故歌法不传。至阳明先师，始发其密，以春夏秋冬，生长收藏四意，开发收闭为按歌之节，传诸海内，学者始知道古人命歌之意。先师尝云“学者悟得此意，直歌到尧舜羲皇，只此便是学脉，无待于外求也。”……’”又詹景凤《詹氏性理小辩》卷四十四《歌》云：“近日王文成以己意教人歌，如四句诗，首句声微重，象春；次重，以象夏；次稍轻，以象秋；次又轻，又象冬。第四句歌竟，则余音连续不断，复将第四句养歌微重，以象春

起冬尽。恐古所谓声歌，意不此也。”可见阳明确尝定有九声四气歌法。又尤时熙《尤西拟学小记》卷六《纪闻》云：“子一日访何吉阳，王云野及数友……吉野因谓云野云：‘云野歌诗。’云野遂歌少陵、白沙七言律各一首章，为阳明先生调，子时忽觉身心洞然……”此所谓“阳明先生调”，亦即指《阳明九声四气歌法》，可见《阳明九声四气歌法》在当时甚流行。按阳明训蒙教童生学者尤重歌诗涵咏，其《训蒙大意示教读刘伯颂等》云：“其栽培涵养之方，则宜诱之歌诗以发其志意，导之习礼以肃其威仪……今人往往以歌诗习礼为不切时务，此皆末俗庸鄙之见……故凡诱之歌诗者，非但发其志意而已，亦以洩其跳号呼啸于咏歌，宣其幽抑结滞于音节也……”阳明在《教约》中专设一教约论歌诗云：

> 凡歌诗，须要整容定气，清朗其声音，均审其节调，毋躁而急，毋荡而嚣，毋馁而慑。久则精神宣畅，心气和平矣。每学量童生多寡，分为四班，每日轮一班歌诗，其余皆就席，敛容肃听。每五日则总四班递歌于本学。每朔望，集各学会歌于书院。(《王阳明全集》卷二)

其说于此《歌法》同，阳明此《训蒙大意示教读刘伯颂等》及《教约》作在正德十三年（1518）四月在江西办社学时，钱德洪《阳明先生年谱》：“正德十三年四月，班师，立社学……发南、赣所属各县父老子弟，互相诫勉，兴立社学，延师教子，歌诗习礼……久之，市民亦知冠服，朝夕歌声，达于委巷……”阳明九声四气歌法当于其时已初步形成，并用之于社学。其最后审订九声四气歌法则在嘉靖中归越王教稽山书院时，钱德洪《阳明先生年谱》：“嘉靖三年正月……于是辟稽山书院，聚八邑彦士……先生临之……八月，宴门人于天泉桥。中秋月白如昼，先生命侍者设席于碧霞池上，门人在侍者百余人。酒半酣，歌声渐动……先生见诸生兴剧，退而作诗，有‘铿然舍瑟春风里，点也难狂得我情’之句（按：此为《月夜》诗句）。”今《王阳明全集》卷二十有《月夜二首》，阳明即自注：“与诸生歌于天泉桥。”此必是用九声四气歌法歌诗也，故诗中有“老夫今夜狂歌发”之句。阳明此《歌法》所引第一首诗：“个个人心有仲尼，自将闻见苦遮迷。而今指与真头面，只是良知更莫疑。”见《王阳明全集》卷二十，题作“咏良知四首示诸生”，作在嘉靖四年（1525）(王畿有《和良知四咏》，见《王畿集》卷十八）。所引第二首诗：“何者堪名席上珍？都缘当日得师真。是知佚我无如老，惟喜放怀长似春。得志当为天下事，退居聊作水云身。胸中一点分明处，不负高天不负人。”不见今《王阳明全集》，则当是阳明佚诗，与此所引第一首诗当为同时。由此可以确知阳明最后审订作此《九声四气歌法》在嘉靖四年。常熟为子游阙里，虞山书院一名文学书院、学道书院，为明代著名书院，常举行书院大会，以讲学、读书、歌诗为三大活动内容，全国各地名儒士人均来赴文会，讲会至有三阅月、五阅月之久。疑阳明此“九声四气歌法”，或即是阳明之弟子来会携至，遂为大会与书院所用。张鼐《虞山书院志》成于万历三十五年（1607）前后，去阳明不过七十余年，故其于虞山书院中所见之阳明《歌法》当有所自矣。明人之歌诗法，史籍无载，故此《阳明九声四气歌法》至足宝贵也。①

束先生论证极是，可知阳明先生格外重视歌诗的价值，“九声四气歌法”为其真传，曾产生过广泛的影响。

下面对“九声四气歌法”做一下分析。

“九声”，指字音的九种发声效果，“四气”，指全篇的四种声音风格，即字分九声，篇合四气：

九声：曰㊣，曰(舒)，曰(折)，曰(悠)，曰(发)，曰(扬)，曰(串)，曰(叹)，曰(振)。(平)者，机主于出声，在舌之上齿之内，非大非小，无起无落，优柔涵蓄，气不迫促。(舒)者，即声在舌齿，而洋洋荡荡，流动轩豁，气度广远。(折)者，机主于入，而声延于喉，渐渐吸纳，亦非有大小起落，其气顺利活泼。(悠)者，声由喉以归于丹田，和柔涓涓，其气深长，几至于尽，而复有余韵返还。(发)者，声之豪迈，其气直遂而磊磊落落。(扬)者，声字昌大，其气敷张而襟怀畅达。(串)者，上句一字联下句二字，声仅成听，其气累累如贯珠然。(叹)者，其声浅短，气若微妙剥落。(振)者，声之平而稍有精锐，有消索振起之意。凡声主于和顺，妙在慷慨，发舒得尽，以开释其郁结，涵咏得到，以荡涤其邪秽。如七言四句，其声用(平)五，出无所出；用(舒)三，出而不轻于出；用(折)

① 束景南撰.阳明佚文辑考编年［M］.上海：上海古籍出版社，2012：818-819.

七，入无所入；用悠六，入而不轻于入；用发—扬—，渐于粗历，弘而含也；用串三，而若一，而不至于间绝，微而缜也；用叹—，以敛其气；用振一，以鼓其机，抑而张也。慎其所出，节流滋原，重其所入，□归复命，广大精微，抽添补洩，阖辟宣天地之化机，屈伸昭鬼神之情状，舒卷尽人事之变态。歌者陶情适性，闻者心旷神怡，一道同风，沦肌浃髓，此调变之妙用，政教之根本，心学之枢要，而声歌之极致也。

四气：曰春，曰夏，曰秋，曰冬。每四句分作春夏秋冬；而春夏秋冬中，又自有春夏秋冬。如第一句春，第二句夏，第三句秋，第四句冬，每句上四字各分作春夏秋冬，第一字春，第二字夏，第三字秋，第四字冬；下三字稍仿上四字，亦分作春夏秋冬。第三句首二字稍续上句，末三字各平分，不甚疾迟轻重，以第三句少变前二句，不叠韵而足听也。第四句第四字乃冬之冬，用藏之极，然阴不独胜，阳不独绝，消而必息，虚而必盈，所谓既剥将复，而亥子之间，天地人之至妙者是也。故末三字当有一阳来复之义。第五字声要高，何也？闭藏已极，不有以振而起之，无以发其坤中不绝之微阳也。故以十月谓之阳月。每句每二字一断，庶转其悠扬，不至急促。第一字口略开，声要融和；第二字口开，声要洪大；第三字声返于喉，秋收也；第四字声归丹田，冬藏也。春而融和，夏而洪大者，达其气而洩之，俾不于也。秋而收之，冬而藏之，收天下春而藏之肺腑也。其不绝之余声，复自丹田而出之，以涤邪秽，以融渣滓，扩而清之也。春之声稍迟，夏之声又迟，秋之声稍疾，冬之声又疾，变而通之，则四时之气备矣，阖而辟之，则乾坤之理备矣。幽而鬼神屈伸而执其机，明而日月往来而通其运，大而元会运世而统其全，此岂有所强而然哉？广大之怀，自得之趣，真有如大块噫气，而风生于寥廓；洪钟逸响，而声出于自然者。融溢活泼，写出大和真机；吞吐卷舒，妙成神明不测，故闻之者不觉心怡神醉，恍乎若登尧舜之堂，舞百兽而仪凤凰矣。①

阳明先生还用自己的两首诗举例，具体说明了“九声四气”的用法。第一首是《咏良知四首示诸生》之一，是一首七绝：

① 束景南撰．阳明佚文辑考编年［M］. 上海：上海古籍出版社，2012：815-817.

(鼓)(鼓)(鼓)(鼓)(金)(金)(金)

个平个舒○人折心悠○有平仲折尼悠(玉)○(金)
自发将扬○闻折见悠○苦平遮折○迷串(玉)(金)
而串今串○指平与舒○真折头悠○面叹(玉)○(金)
只平是舒○良折知悠○更振莫折疑悠(玉)○(金)
只平是舒○良折知悠○更振莫折疑悠(玉)(玉)(玉)

如连歌，止击玉一声，歌阕，方击玉三声。[①]

第二首是佚诗，是一首七律：

何平者舒○堪折名悠席平上折珍悠(玉)
都发缘扬○当折日悠得平师折○真串(玉)(金)
是串知串○佚平我舒○无折如悠○老叹(玉)○(金)
惟平喜舒○放折怀悠○长平似折春悠(玉)○(金)
得平志舒○当折为悠○天平下折事悠(玉)○(金)
退发居扬○聊折作悠○水平云折○身串(玉)(金)
胸串中串○一平点舒○分折明悠处叹(玉)○(金)
不平负舒高折天悠○不振负折人悠(玉)○(金)
胸串中串○一平点舒分折明悠处叹(玉)○(金)
不平负舒○高折天悠○不振负折人悠(玉)(玉)(玉)。[②]

我们首先看韵字。所有的韵字的歌法，只有“悠”“串”这两种，两首共8个韵字，其中“悠”5个，“串”3个。“串”的位置在第二、六句末字，也就是每个两联的第一联末字。这个位置是承上启下的，所以用“串”，是一个很长很弱的低音。“悠”也是长音，但较响。

两首诗共有入声字7个，其中4个用“平”，1个用“振”，2个用“悠”。这两个用“悠”法的都在同一格律位置，显然与歌唱有关。阳明先生是浙江人，江浙一带自明中叶以后受昆曲影响，入声字常用“断续吟”的方式，即顿了再

① 束景南撰．阳明佚文辑考编年［M］．上海：上海古籍出版社，2012：813．
② 束景南撰．阳明佚文辑考编年［M］．上海：上海古籍出版社，2012：814．

拖的方式，屠岸先生曾有专门论述。这里入声字的歌法还是以“平”为主的。以上两点，可以看出，阳明先生的歌法，基本上还是遵循入短韵长的规矩的，只是由于是歌唱，略有不同而已。

再看平长仄短。第一首七绝，在节奏上可以明显看出粘对关系，第二、三两句都是三个节奏点，也就是第六字停一下，这个就是平长仄短的规则。第二首七律，如果“名”“日”“负”三个字都有节奏点的话，就跟第一首一样，完全符合平长仄短规则了。其中“负”字在重复的时候是带上节奏点了，说明这是由于歌唱重复的缘故，第一次节奏不明显，以求变化。“名”“日”两字都是“悠”的歌法，即使不在节奏点上，也够长了。之所以没有节奏点，很可能是出于“四气”循环的考虑，第一联整体属于“春”的歌法，要比较低调，以求紧凑。所以综合起来，基本上是符合平长仄短方法的。

至于阳明先生所说四气，即篇章结构的起伏循环，其中也体现了吟诵的方法。“每句每二字一断，庶转其悠扬，不至急促。第一字口略开，声要融和；第二字口开，声要洪大；第三字声返于喉，秋收也；第四字声归丹田，冬藏也。”这就符合“一三五不论，二四六分明”，偶位字重。四句歌法分春夏秋冬，这就是起承转合。

阳明先生的“九声四气”歌法，除了依字行腔、依义行调、平仄协调之外，在整篇的布局上，还特别重视起伏回旋的气韵。这也是一种养气吐纳之法，把个人的情感抒发与声气结合在一起，外应天道，内合心灵，是中国古代吟诵的至高境界。这个问题属于“文气”的层次，后文再专门论述。

二、汉诗文读法符号的演变

因为读法对于汉诗文的学习非常重要，所以历代蒙馆、学馆课本基本都要使用圈点符号进行教学。有的课本没有符号，也是为了给老师点书和学生练习圈点使用的。

这些年来，朱立侠博士后搜集了数百种古代蒙馆、学馆课本，相当于今天的小学语文课本，上至宋元，下至中华民国，基本都有圈点符号。

比如宋末元初谢枋得所著的《文章轨范》，这也是元、明、清三代最通行的学馆课本之一，卷首的凡例即说明圈点符号的含意：

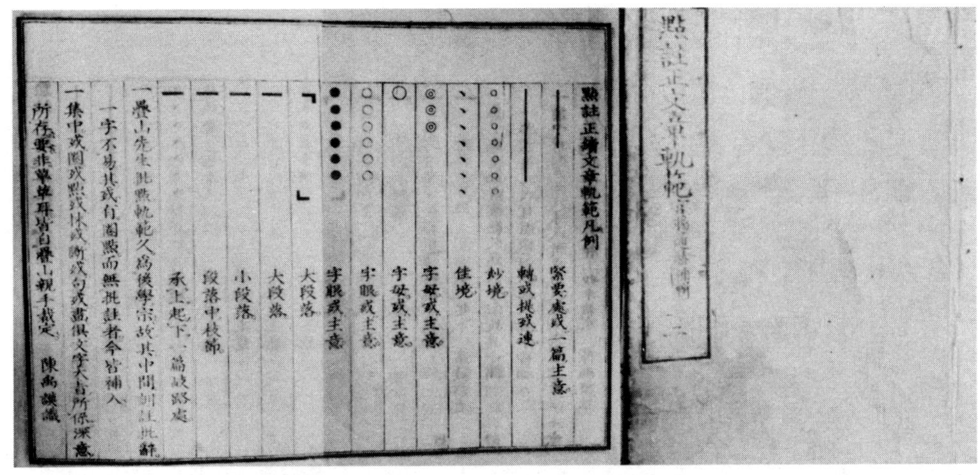

點註正續文章軌範凡例

緊要處或一篇主意

轉或提或連

妙境

佳境

字母或主意

字母或主意

字眼或主意

字眼或主意

大段落

大段落

小段落

段落中枝節

承上起下一篇紐絡處

一疊山先生批點軌範久爲後學宗故其中間訓註批辭一字不易其或有圈點而無批註者今皆補入

一集中或圈或點或抹或斷或句或畫俱文字大旨所係深意所存要非草草耳皆自疊山親手裁定　陳禹謨識

南宋　谢枋得《文章轨范》的符号凡例

这些符号中，有评点符号，也有读法符号。如“妙境”“佳境”等即是评点符号，“大段落”“小段落”等即是句读符号。“转或提或连”“紧要处或一篇主意”“字眼或主意”等既是评点符号，也是读法符号，即是要重读的地方。

在符号凡例之后，有明代陈禹谟的说明：

> 叠山先生（即谢枋得先生）批照《轨范》，久为后学宗。故其中间训注批辞，一字不易。其或有圈点而无批注者，今皆补入。
>
> 集中或圈或点或抹或断或句或画，俱文字大旨所系，深意所存。要非草草耳，皆自叠山亲身裁定。①

所以这些圈点符号都是谢枋得所标识。比如下图韩愈《师说》中的符号：

我们看到，这里的符号有点、圈、钩、线，等等，还有文字符号，如“师者”后面旁写一“破”字，表示这里的笔法是“破题”，即阐述题目的概念。

长的竖线表示“提起”，这是句读法的符号，即文气符号，如“嗟乎师道”一句，右加竖线说明“嗟乎”一句是文章提转处，这是评点。所以读到这里要深吸一口气提起来高声去读，然后再落下。这就是文气的起伏处。文气对于理

---

① ［宋］谢枋得编．文章轨范［M］．东京：山中氏版　影印本．

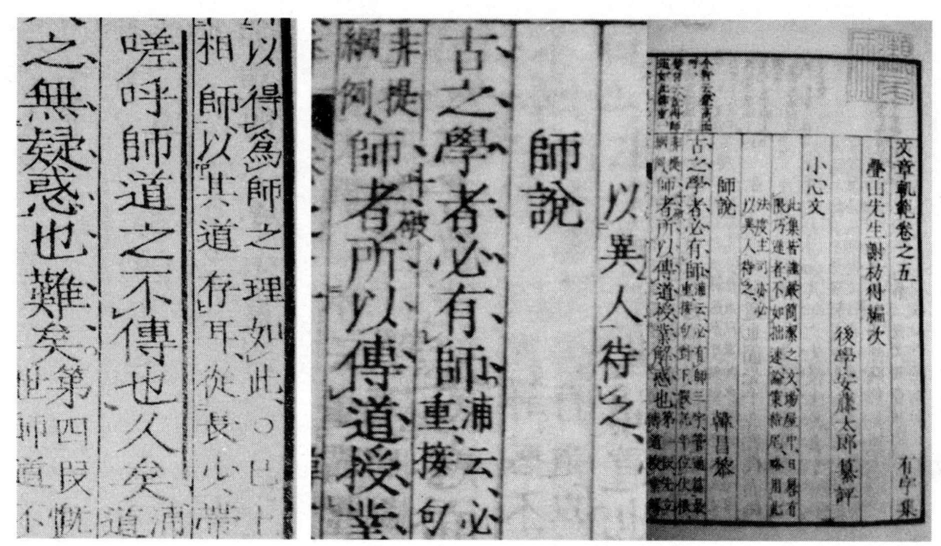

南宋　谢枋得《文章轨范》的读法符号

解一篇文章来说太重要了。桐城派认为读文而未得其气，等于不懂。古代学童在学习读书之初，就已经接触和学习文气的理念。

下面是清朝流行的学馆课本之一《古文笔法》的符号。

古人非常重视笔法，即文气、结构、写法，多有论著。《古文笔法》收古文百篇，逐一评点，是学习笔法的课本。书中总结的笔法有：题字生情、一字立

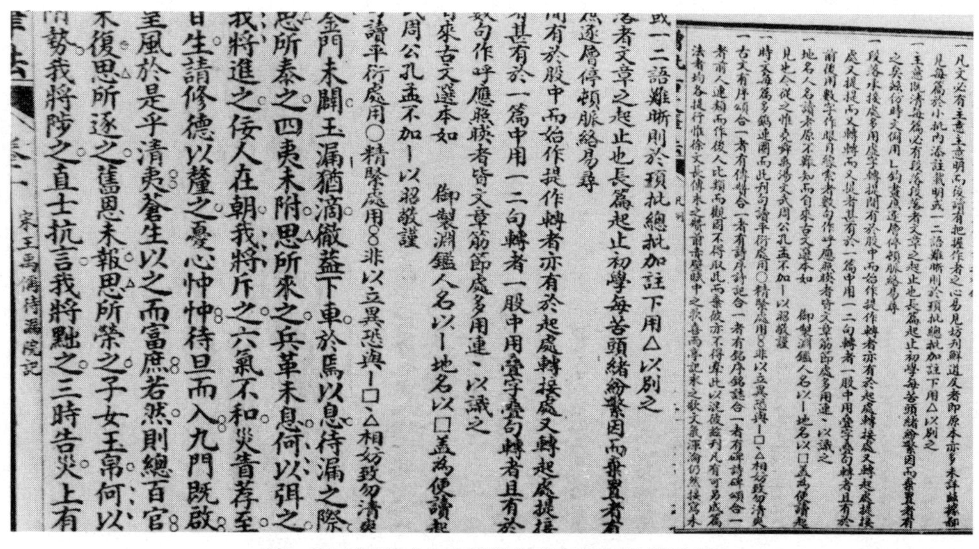

清　李云程编《古文笔法》的符号及凡例说明

骨、波澜纵横、曲折翻驳、起笔不平、小中见大、无中生有、借影、写照、进步、虚托、巧避、旷达、感慨、雄伟、奇异、华丽、正大等。这些笔法同时也就是读法。读的时候要把这些笔法读出来，否则笔法也就消失了。

清朝还有一本流行的课本——《古文释义》，也是满篇符号。

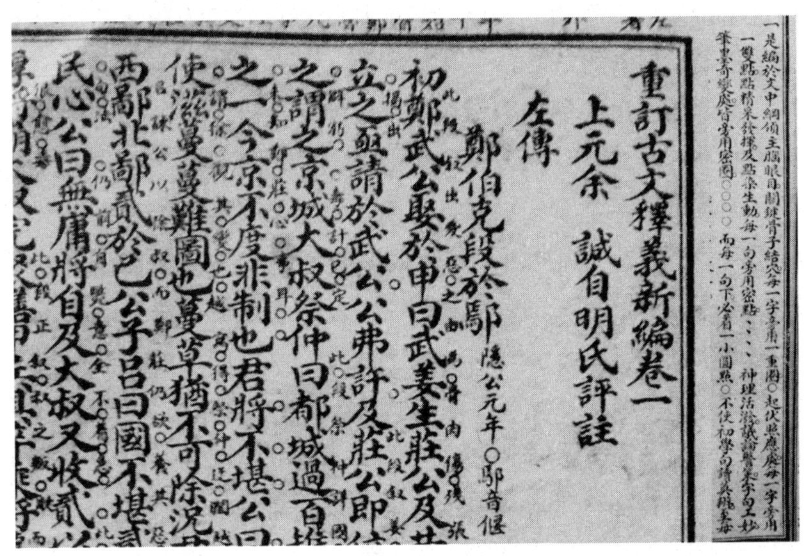
重訂古文釋義新編卷一

上元余　誠自明氏評註

左傳

鄭伯克段於鄢　隱公元年　鄢音偃

清　余诚编《古文释义》的符号及凡例说明

《古文释义》是余诚编的，共选文一百四十七篇，每篇都有详细的评点注释，分旁批、眉批、总评、音义和序解五个部分。因为选篇精美，篇幅适中，

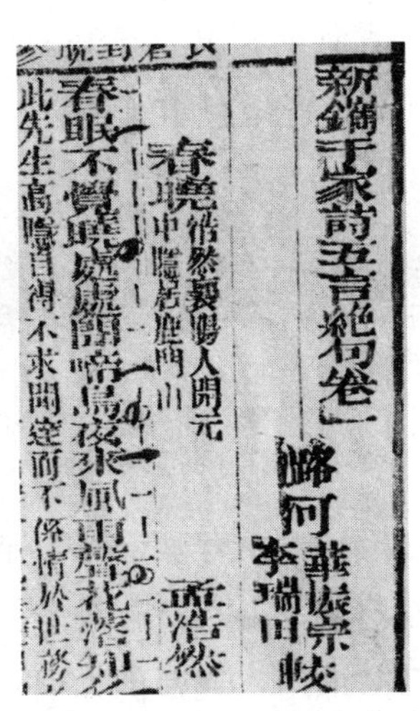

光緒二十年冬月校鐫

韻對千家詩

京都文成堂梓

清　光绪年间木刻《千家诗》的读法符号

评注详尽，圈点清楚，出版之后很快成为清中叶以后的学馆常用古文课本之一。

上面是古文的课本。下面我们也谈谈诗词的课本。如光绪年间出版的木刻《千家诗》的课本。

在书中可以看到“—”“｜”表示平仄的符号，我们现在推广的吟诵符号中仍然沿用这个传统。“。”表示韵字，是拖长的意思。因为韵字总是句末字，所以后来用句号表示句子的结束。

另外，老师特意用朱笔加了标识。用大圈标识出“。”，这是提示学生需要句读拖长的地方。在“眠”“啼”两字旁加横，但“春”“闻”两字就没有加，这就是“平长仄短”的读法规矩，即二、四、六偶位平声字拖长，但一、三、五奇位字和仄声字不拖长。由此可知这位学生当时正在学习平长仄短的吟诵方法。

古代的蒙馆、学馆课本也有没有圈点符号的，这样的课本，主要是用来让老师和学生添加符号的。一般说来，古代私塾上课的第一步即是上书、点书，即老师会用朱笔把本课要学习的内容加上圈点符号。这本《千家诗》就是这样，老师在课本原有符号的基础上，再加上自己圈点的符号，以帮助学生的学习。从圈点的情况看，我们还可以知道，这位学生在学习这一课时，正在练习平长仄短，所以老师特别圈注的就是偶位平声字。

古代的老师往往针对不同的学生的情况，给课本加注不同的符号。而且，加注符号还有专门的工具。除了朱笔即蘸红墨的毛笔以外，还有一种工具。这种工具细长、圆柱形，一头大一头小，使用时像印戳一样，可以盖出“。”“.”两种常用符号。一般是骨制、木制的，也有更好的。濮存昕的父亲苏民先生就珍藏着一根他们家祖传的圈点工具，是象牙制成的。

古代学馆先生所用圈点课本的工具

到了中华民国北洋政府时期，小学有国语课，基本都是白话文；中学有国文课，基本是古诗文。国文课的课本上也是有符号的。下面这本书是全国通用教材，可见传统的圈点规矩仍然沿用。老师仍如旧法，用朱笔再加标识。其凡例里说：

本编文字遇读用尖点，遇句用圈。遇文中之要点，则用套圈醒目。名辞连缀处，加圆点于两名辞之间。遇文章节目及扼要处，酌加密点密圈。①

这个符号系统，完全是继承明清以来的传统。

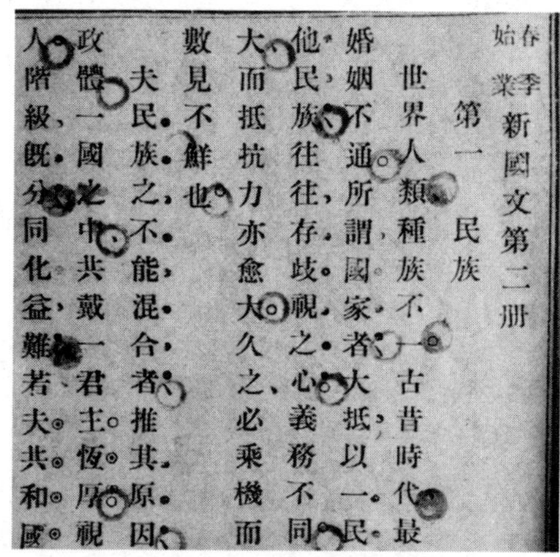
春季始業
新國文第二冊
第一　民族
世界人類種族不一古昔時代最
婚姻不通所謂國家者大抵以一民
他民族往往存歧視之心義務不同
大而抵抗力亦愈大久之必乘機而
數見不鮮也
夫民族之不能混合者推其原因
政體一國之中共戴一君主恆厚視
人階級既分同化益難若夫共和國

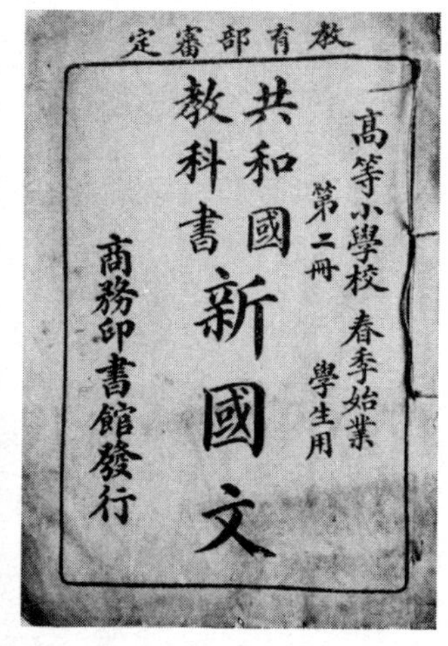
教育部審定
共和國教科書
高等小學校 第二冊 春季始業 學生用
新國文
商務印書館發行

中华民国北洋政府时期国文课本的符号

我们都知道，我们现在的教育制度是蔡元培先生当任中华民国第一任教育总长时从西方引进的，同时蔡部长废止了中国传统的教育体制。但是，他在教古诗文的时候，仍然是用传统符号。评点作文也用符号。老师仍加朱笔圈点。

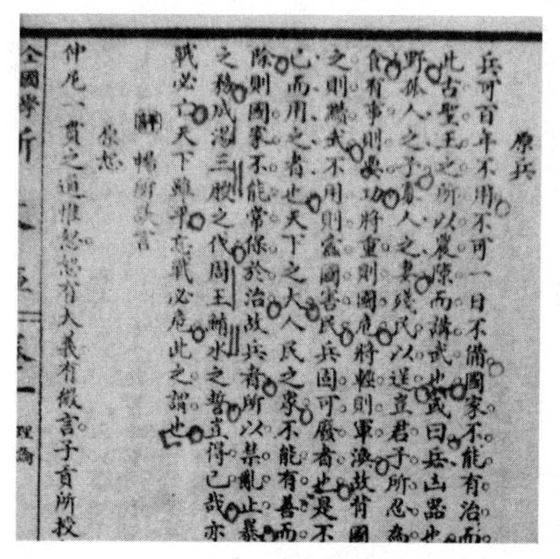

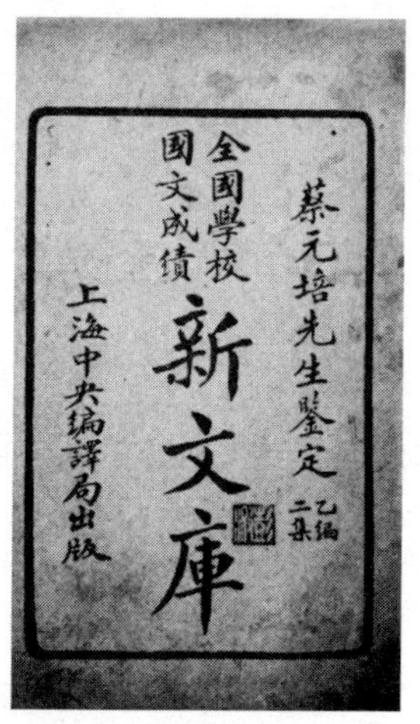
全國學校國文成績
新文庫
蔡元培先生鑒定
乙編二集
上海中央編譯局出版

蔡元培先生审定学生作文选时所用符号

① 谭廉编撰 . 共和国教科书 · 高小部分　新国文教授法　上 [M]. 北京：新星出版社，2011：2.

1928 年国民党政府上台以后，国家统编的国文课本中就没有圈点符号了，而完全改用西式标点。

两年之后，即 1930 年，夏丏尊、叶圣陶两位先生痛感于中学生国文（即古诗文）水平的普遍下降，进而影响白话文（国语）水平也难以提高，因此创办了《中学生》杂志。他们还决定就国文教学合写一本书，这本书就是《文心》。

读法，包括白话诗文的读法和古诗文的读法，是《文心》的一半内容。这也是中国现代教育史上第一本全面论述古诗文读法的书。在这本书中，两位先生发明了一套现代吟诵符号。

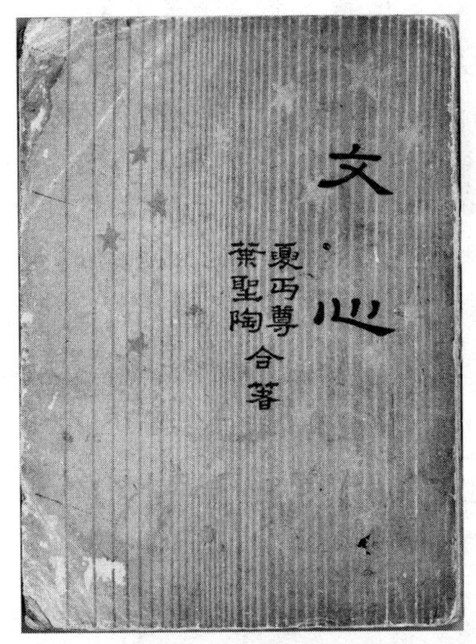

《文心》的封面

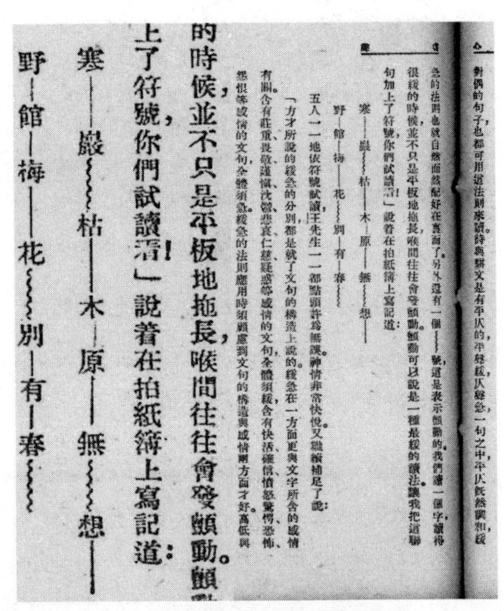
的時候，並不只是平板地拖長，喉間往往會發顫動。顫
上了符號，你們試讀看！」說着在拍紙簿上寫記道：
寒—巖—枯—木—原—撫—想—
野—館—梅—花—別—有—春

《文心》中的读法符号

这里面有长音、中音和短音符号。我们现在所用的吟诵符号，就是把《文心》中的这套符号由竖排变横排而已。

在“书声”一章中，作者专门谈了古诗文的读法问题：

> 一同走进山门以后，远远地就听到琅琅的诵读声。
>
> “和尚在诵经呢。”慧修说。
>
> “这声音不象和尚诵经。”锦华一边走一边侧耳审别，“好象是王先生的声音。”

“正是王先生的声音，原来王先生在读书哩。”志青说。走过了大殿，那声音愈明白，确是王先生的书声。大家打量书声起处知在东厢楼上，也不询问寺僧，一找就把王先生所住的房间找着了。

王先生正捧了一本书高声读着，见乐华等五人来了，即把书放下含笑接待他们。

“你们来得很好。五个人吗？这里非常凉爽，玩到傍晚回去吧。”

五人向王先生略作招呼，大家走进案旁，去看王先生放下的那本书。他们以为王先生方才读得那么起劲，一定是非常了不得的书了。不料翻开在案头的不是别的，原来就是一年来王先生在他们一年级所授的选文订本。每行文字之旁，用朱笔加着许多式样的符号，有△，有▽，有·，有∨，有∧，有◊，有—，有——，有～～～～。这些符号和普通的标点截然不同，五人看了莫名其妙，不禁面面相觑地露出怪异的神情来。

“我们一入寺门就听见先生在高声朗读，原来读的就是这几篇在我们班上教过的文字。不瞒先生说，这几篇文字，我们做学生的已经不读了，不料先生还在读呢。”志青熬不住了，这样说。

其余四人都把眼睛对着王先生，期望王先生快些开口。

“是的，我在读这几篇教过你们的文字。一年以来我对于文字的解释及玩味方面自信已尽了力，做到八九分的地步了，在读的一方面，却未曾费过气力。下学期我想叫你们加做些读的工夫，所以在这里先自预备。读，原是很重要的，从前的人读书大都不习文法，不重解释，只知在读上用死功夫。他们朝夕诵读，读到后来，文字也自然通顺了，文义也自然了解了。一个人的通与不通，往往不必去看他所作的文字，只须听他读文字的腔调就可知道。近来学生们虽说在学校里‘读书’或‘念书’，其实读和念的时候很少，一般学生只做到一个‘看’字而已。我以为别的功课且不管，如国文、英文等科是语言学科，不该只用眼与心，须于眼与心以外，加用口及耳才好。读，就是心、眼、口、耳并用的一种学习方法。读的文字须择意义内容已明白的，所以我想从上年讲授过的文章中选取若干篇为将来叫你们诵读的材料。下学年预备在原有的讲演会以外再设一个朗读会哩。你们觉得怎样？”

王先生用征求学生同意的态度，把长长的一番话暂作结束以后，把目光先后注于五人。

“好！”五人差不多一齐发出赞同的回答来，同时大家又好奇地把目光集注于翻开在案上的书册上。

“这用红笔标着的是符号。”王先生似乎已猜着了他们的注意点了。“喏，△是表示全句须由低而高的，▽是表示全句须由高而低的，·是表示句中某一字或几字须重读的，这都是高低方面的符号。V是表示句的上半部读音须强的，Λ是表示句的下半部读音须强的，◊是表示句的中央部分读音须强的。这是强弱方面的符号。—表示须急，——表示须缓。这是缓急方面的符号。声音的差异，不外高低，强弱，缓急三种。此三种符号以外还有一个～～～～，是表示读到这里须摇曳的。”

……

“我们读书，作文，以及生活，都全靠能触发。实对你们说了吧，我近来的留心读法，也是一种触发的结果。我住到这寺里来，每日清晨傍晚都听到和尚的诵经声，那声音高低缓急很有规律，日日听，日日一样。我觉得我们平日读文字，也该有个规则方法，于是对于读法就发生了研究的兴趣了。”

……

“呀！时候不早了，让我把缓急的法则来说明吧。缓急是声音与时间的关系。假定我们可在一秒钟里发‘法华寺’三个音，也可以在一秒钟里发‘法华寺东厢’五个音。在同一时间，音数少的是缓，音数多的就是急了。缓用长线表示，急用短线表示。你们不是已懂得标点了吗？标点之中，逗号、分号、句号、引号这四种，就是表示缓急的。逗号最急，分号稍缓，句号更缓，引号最缓。看这副对联吧，上联‘寒岩枯木原无想’，下联‘野馆梅花别有春’，照普通的标点法则，上联句末加分号，下联句末加句号，所以我们读起来，‘春’字应该比‘想’字延长些才对。这法则可应用于一切文字，诗与骈文是有平仄的，平声缓，仄声急，一句之中，平仄既然调和，缓急的法则也就自然而然配好在里面了。另外还有一种曲线，这是表示颤动的。我们读一个字，读得很缓的时候，并不只是平板地拖长，喉间往往会发颤动。颤动可以说是一种最缓的读法。让我把这联句加上了符号，你们试读看。”说着在拍纸簿上写记道：

寒——岩～～～～枯——木—原——无～～～～想——

野—馆—梅——花～～～～别—有—春～～～～

五人一一地依符号试读。王先生一一都点头许为无误，神情非常快悦，又继续补足说：

“方才所说的缓急的分别，都是就了文句的构造上说的，缓急在一方面更与文字所含的感情有关。含有庄重、畏敬、谨慎、沉郁、悲哀、仁慈、疑惑等感情的文句，全体须缓；含有快活、确信、愤怒、惊愕、恐怖、怨恨等感情的文句，全体须急。缓急的法则应用时须考虑到文句的构造与感情两方面才好。高低与强弱的法则，应用时也是如此。”

……

“我近来留心听名伶唱片的对白与茶馆里说书先生的说书，他们常会给我读法研究上很好的帮助。读法可研究的方面很多，我今天所说的不过大纲中的大纲罢了。”王先生到了寺门口，含笑对向他鞠躬告别的五个学生说。

……

慧修的父亲说到这里，抬眼望着墙上挂着的对联，声调摇曳地吟哦道：

“‘不—好—诣—人～～～～贪——客—过——，惯—迟～～～～作—答—爱—书～～～～来～～～～。’你看，这才是诗呀！”①

这一段文字，介绍了读法对于学习的价值，强调了读法的重要性。在那副对联中，第一句最长的字是“岩”和“无”，第二句最长的字是“花”和“春”。这就是“平长仄短”方法的具体体现：偶位平声字和韵字拖得最长。“别”“木”等字最短，因为它们是入声字，这就是“入短韵长”方法的具体体现。此外，“王先生”还有关于重音、句调、情绪和气韵的符号。

很明显，这些读法直接继承了汉诗文的传统读法，但是符号却大大简化了。简化主要表现在：

第一，只保留了读法符号和文气符号，去除了其他的四类符号。

第二，读法符号和文气符号也简化为长短、高低、轻重、缓急四个方面。

第三，读法符号和文气符号直接加在每个字上。

其中，把读法符号和文气符号独立出来尤为重要。这样一来，“读”就与

---

① 夏丏尊，叶绍钧著．文心［M］．上海：开明书店，1933：105-116、199.

“注”“评”“作”等活动区分开来。当“读法”被独立关注的时候，很多规律性的东西一下子变得鲜明起来。这三个原则几乎标志着吟诵学的诞生和独立。

这个时候，两位先生仍然使用着传统的“读”这个概念。到1941年，“吟诵”这个现代概念终于诞生了，它代替了“读”这个传统的读法统称。这篇文章就是叶圣陶先生的《精读指导举隅》的“前言”，同时诞生的还有“语文”这个概念。关于语文与吟诵的渊源，详见后文。

在《精读指导举隅》的“前言”中，叶圣陶先生继续阐述他发明的现代吟诵符号：

> 吟诵的语调，有客观的规律。语调的判别，不外乎高低、强弱、缓急三类……上面所说的三类声调，可以用符号来表示，如把“·”作为这个字发声须高一点的符号，把“△”作为这一句前低后高的符号，把“▽”作为这一句前高后低的符号，把“V”作为句的头部宜加强的符号，把“Λ”作为句的尾部宜加强的符号，把“◇”作为句的中部宜加强的符号，把“——”作为急读的符号，把“———”作为缓读的符号，把“~~~~”作为不但缓读而且须摇曳生姿的符号。在文字上记上符号，练习吟诵就不至于漫无凭依。符号当然可以随意规定，多少也没有限制，但是应用符号总是对教学有帮助的。[①]

至此，现代吟诵符号的理论基本完成。我们今天所尝试使用和推广的这套符号，尽管在形制上与叶先生的不大相同，但是，其基本理念则是一致的。

今天，我们所推广的吟诵符号，主要是读法符号，即诗词的平仄韵字符号和古文的轻重长短符号。此外，也包括部分其他的符号，如读音中的入声字符号，因为现在大多数人都对入声字不熟悉，所以要标识。在叶圣陶、朱自清、吕叔湘合著的《开明文言读本》中，就使用了入声字符号。至于句读，诗词的句读我们主张以空格表示，有吟诵的长音符号在上面就可以了。不要用逗号和句号，因为它们不能表示拖长。古文的句读就直接用现代汉语的标点符号了。专有名词也用现代汉语标点符号。评点符号几乎不用。至于文气符号，对于吟诵是非常重要的，我们尝试研发了一种文气谱，在六线谱上定性不定量地标识句与句之间的高低和缓急关系。这些当代的横排的吟诵符号还在接受实践检验

① 叶圣陶，朱自清著. 精读指导举隅　略读指导举隅［M］. 郑州：河南教育出版社，1989：12.

当中。

叶圣陶先生、朱自清先生、夏丏尊先生等还一直主张白话诗文吟诵，而且也发明了白话诗文的吟诵符号。在《文心》里有这样一段：

> 王先生在纸上作一小小的·号，说这是某字须重读的符号。随即写出三句同样的文句，分别加了·号：
>
> 张君昨天曾来过吗？
>
> 张君昨天曾来过吗？
>
> 张君昨天曾来过吗？
>
> 他问道："这句疑问句，可以有三种读法，你们看，如果叫人回答，是否相同？"
>
> "不同。第一句可以回答说'张君的丈人曾来过'，第二句可以回答说'张君前天曾来过'，第三句可以回答说'不曾来过'。因为三句的着眼点不同。"锦华很爽利地回答。
>
> "对！重读符号的用法，大概可以明白了。文句之中，有特别主眼，或是前后的词彼此相关照应的时候，通常都该重读。举例来说——"他又在纸上写道：
>
> 这儿是法华寺的客堂
>
> 逐二兔者不得一兔
>
> 不能二字唯愚人之字典中有之
>
> 病从口入祸从口出
>
> 五人看了都点头，似乎大有所悟的样子。王先生又换了一张纸，作了△▽两个符号，说：
>
> "这是句调升降的符号。正三角是表示升调，倒三角是表示降调。"随即写出两句相同的句子来，一加△号；一加▽号：
>
> 地是圆形的△
>
> 地是圆形的▽
>
> 他问道："你们试读看，觉得意义有变化吗？"
>
> 大家出声辨别了一会。乐华抢先说：
>
> "不同。用降调读，觉得语气很确定。用升调读，似乎含有疑问呢。"

"不错，就这句说，升调是疑问的，降调是确定的。"王先生点头说……

"高低的符号，大概已明白了吧。次之是强弱。高低是由声带的张弛而起的分别，强弱是肺部发出的空气分量大小的分别。钢琴上的键是因了高低顺列着的，某一键对于两旁的键，声音不同，这是高低。我们用手指去按同一的键的时候，因了指力的轻重，所发出的声音也有不同，这就是强弱的不同了。强弱的符号，我定了三种，用法是这样——"王先生说到这里，重复用铅笔在拍纸簿上写道：

V（句的头部加强）——用之于表悲壮、快活、斥责或慷慨的文句。

Λ（句的尾部加强）——用之于表不平、热诚或确信的文句。

◇（句的中央部加强）——用之于表庄重、满足或优美的文句。

他继续说道："因为强弱是全关于人的感情的，强弱的分别最多见的是议论文、诗歌及叙事文中的对话。平静的记述文与说明文中的文句，差不多不大有强弱可分。换句话说，就是议论文、诗歌、对话该应用了强弱的法则来读。让我在你们已经读过的文字中，来选读些给你们听吧。"①

大家一般以为白话文不需要读法符号，但实际情况是，小学生初上学，往往不知道如何朗读，读起来没有抑扬顿挫，也没有语气神态，而且经常读错。因此，给小学生初学时配合读法符号，其实是非常实用的朗读教学方法。

至于依字行腔、依义行调去唱白话，我认为应该仅限于白话诗歌，而且是符合汉语韵律特点的诗歌。关于白话诗歌吟诵的讨论，也详见后文。

现在，在各类出版物上，古诗文都是用的西式标点标识的。西式标点当然有价值有作用，但是现在我们知道，汉诗文本来有自己的标点符号啊。而且，西式标点如何能全面表达汉诗文的语法语气呢？比如，所有的诗歌都是一句逗号一句句号："白日依山尽，黄河入海流。""林暗草惊风，将军夜引弓。"可是，"尽"是不押韵的，不拖长；"风"是押韵的，要拖长，怎么都是逗号呢？这个逗号和那个句号，哪个是表示拖长呢？其实没有一个是表示拖长的。这两个西式标点都表示停顿，古诗被读成了现代汉语的口语。这些西式标点，不仅不能表示汉诗文的长短，也不能表示高低，也不能表示轻重，也不能表示缓急，更勿论文气了。我们对于古诗文的标点，真是要反思了。

---

① 夏丏尊，叶绍钧著．文心［M］．上海：开明书店，1933：100-114.

三、韩日汉诗文的传统读法符号

我们再看看海外地区流传的汉诗文读法符号。

朝鲜、越南和东南亚各国，几千年来，他们的贵族都是学习汉文作汉诗的。在他们代代相传的汉文古籍尤其是教材性质的书中，也是有吟诵符号的，即读法符号。

古代朝鲜的学馆课本，都有悬吐符号。古代朝鲜人读汉诗文，同其他地方一样，用的都是方言文读系统。朝鲜人用的就是古代朝鲜的汉语雅言。即使今天听起来，大部分也听得清。但是，由于朝鲜语不是汉藏语系，没有声调，语法也与汉语不同，所以古代朝鲜人读汉诗文，为了能读出汉诗文固有的读法，特别发明了一套符号，称为“悬吐”。

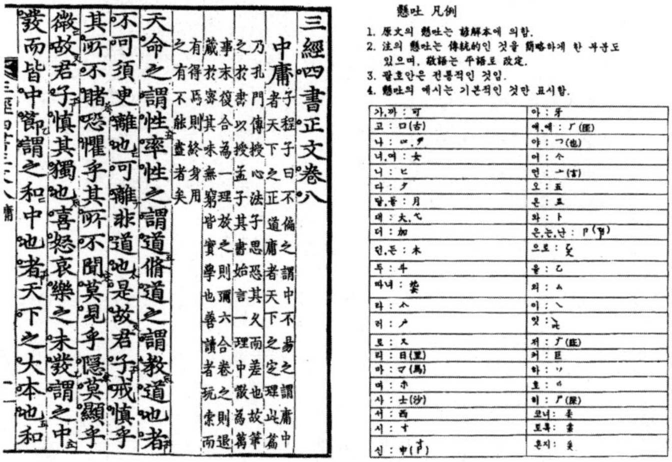

朝鲜古代学馆课本的悬吐符号及凡例

这些悬吐符号，可以起很多作用。比如可以标识句读，如“天命之谓性”“率性之谓道”两句后面都有一个“五”字，表示是分句，相当于逗号，读为 ao。读的时候，要把这个字也读出来，以提示学习者这里是一个分句。悬吐符号还可以标识句子成分和词性。朝鲜的汉诗文吟诵，也是入短韵长、平低仄高的，唯独平长仄短的规矩，受到朝鲜语固有的位置节奏规矩的影响，有些变化。这些读法都是靠悬吐符号来提示的。

朝鲜的汉诗文吟诵曾经是上层社会的普遍现象，现在虽然衰微，但是也没有中断，因为朝鲜的儒学传统没有中断过。现在韩国的很多书堂学校，仍然在继续传承“声读”的方法，学生们每天摇头晃脑，朗吟低唱。想了解这方面情况的朋友，可以观看我们拍摄编辑的纪录片《韩国吟诵采录纪行》。

除了儒士的读书传统，朝鲜还有传统的唱诗艺术，包括时调、歌辞等很多种。这些歌唱形式既唱朝鲜语的诗歌，也用来唱汉诗。唱汉诗的时候，受到本身音乐形式的影响，有些读书的规矩就不遵守了。下面是韩国传统唱诗谱的符号和谱子①：

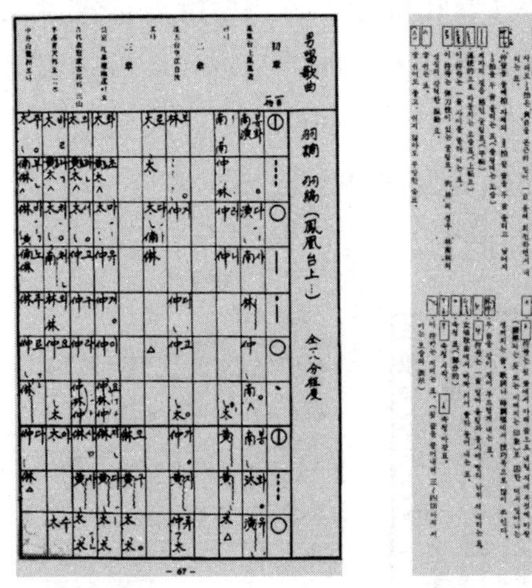

韩国唱诗符号与《登金陵凤凰台》唱谱

这种谱子是打格子的，每个格子是一拍。朝鲜文写的是诗文的内容，即汉诗文的转读音和少量朝鲜语虚词，“南潢”等字标记的是音高，符号标记的是轻重曲折的唱法。

此外更有关于伴奏的规定，当然这是对舞台表演而言的。舞台唱诵常用朝鲜鼓、朝鲜长笛和玄鹤琴伴奏。玄鹤琴也是从中国传入的，是由中国古琴改造而成②。大家可以看看2009年第一届“中华吟诵周”时，韩国著名唱诗艺术家李五奎先生的演出录像。（见附录资料　韩国　李五奎　吟　唐　李白《登金陵凤凰台》）

可以看到，韩国吟诵也基本上遵守双音节奏、偶位字重、入声读短、韵字

① ［韩］洪元基．男女唱歌曲谱——歌词、时调谱［M］．上海：弘人文化社，1981：9、67.

② 《新罗古记》云：“初，晋人以七弦琴送高句丽，丽人虽知其为乐器，而不知其声音及鼓之之法，购国人能识其音而鼓之者，厚赏。时第二相王山岳，存其木样，颇改易法制而造之，兼制一百余曲以奏之，于是玄鹤来舞，遂名玄鹤琴，后但云玄琴。”见金富轼《三国史记》。

拖长、平低仄高的规矩，只是由于朝鲜语没有声调，有关声调的部分规则被淡化了。

日本的汉诗文吟诵历史，目前晦暗不明。华钟彦先生曾描述日本汉学家的吟诵与他的吟诵节奏完全一致的现象，如：

> 已故的日本京都大学吉川幸次郎教授研究杜甫五十年，能正确掌握我国吟诵的古法，致使他的创作颇有唐音。1979年春，他率代表团来华，我承省命到洛阳接待。在龙门道上，同车进行。我问他最喜欢杜诗哪一首，他答曰："《登高》。"于是我们就不约而同地吟诵起来，自首至尾抑扬顿挫，一字不差，相视而笑。①

吉川教授的吟诵没有录音，大家可以听一听华先生的录音。（**见附录资料　华钟彦与夫人孙叔容　吟　唐　杜甫《登高》**）

但是，我们多次去日本采录，都没有找到吟诵的传承。从日本汉学会到儒教机构，从大学教授到民间组织，都没有找到会吟诵的人，也没有听到关于吟诵传承的说法。他们的读法都是平读加训读，就是在平读的同时，用日语做一些注释，或者用日语的语法重组句子。这些方法也是韩国用的，但是韩国在此之上有明确的吟诵传承。

按说日本应该有吟诵，因为日本不仅从中国学习汉文化，还一直从韩国引进人才。也许是一百多年的西化进程，过早断绝了日本汉诗文吟诵的传统？这个问题只能留待未来了。

日本像韩国一样，也有唱诗的传统。唱诗有比较古老的《万叶集》的唱法，也有"明治维新"时期新出现的"诗吟"。"诗吟"最初流行在武士之间，现在已经成为日本中老年人为主的普及艺术。"诗吟"主要唱汉诗，全国有一千多个流派，大大小小的诗吟社的社员加起来有几百万人。"诗吟"也像朝鲜"声读"一样加上了一些日语成分以标记句子和词性，改变了一些汉诗固有的读法规矩，甚至有时按照日语的语法顺序去唱。下图是日本诗吟的符号②。

---

① 华钟彦著．华钟彦文集［M］．郑州：河南大学出版社，2009：679.

② ［日］菅原雪山《近代式吟咏名诗集》Ⅲ，东京：有信堂高文社1977年版。李力、石锋《日本汉诗吟诵记谱举例》，《文学和语言的界面研究》第206页，天津：南开大学出版社，2008年版。

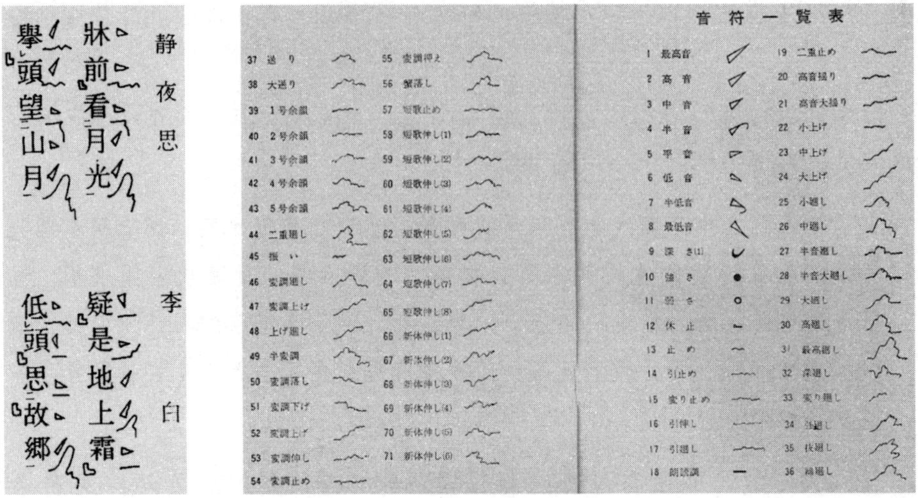

日本诗吟符号与《静夜思》唱谱

这些符号看起来还是比较丰富和复杂的。从中还是看得出来韵字的拖长处理，以及节奏的变化。比如第一句，“前”字要拖长，“光”字不但要拖长，而且要回转。大家可以看看2009年第一届“中华吟诵周”时日本广岛吟诵团的演出实况。（见附录资料　日本　国利沧宗　吟　唐　李白　《静夜思》）

这似乎说明，也许日本“诗吟”受到了曾经存在的汉诗文吟诵方法的影响，但是又经历了独立的发展。

如果日本已经割断了吟诵的传统，那么今天他们对汉诗文，包括经典的理解就值得注意了。包括韩国，因为吟诵方法的一些差异，也会带来理解的差异。日、韩的汉学到底跟中国的学问有多少差异？这又对日、韩民族文化带来了多大的影响？这都是未来研究的一个方向。

四、吟诵方法的论证问题

我们关于吟诵的规矩与方法的研究结论，其资料来自四个方向。

第一，古代文献。这些文献包括各种经典、史书、诗话、笔记、诗词、文章，等等。我们已经把第一批整理出来的古代文献约30多万字编辑成书——《中华吟诵古代文献资料汇编（第一辑）》，由中华书局出版。

这些文献涉及吟诵的状态、种类、性质、功能，等等，也包括吟诵的规矩和方法，其作者基本上都是历史文化名人。这些论述可能概念有异，名词不同，但是所论及的读书状态和方法，则是一脉相承，并无大异的。

第二，中、韩、日的学馆课本以及相关教育文献，也就是本文主要讨论的这一类文献。这些课本都有读法符号，体系完备。这些符号和相关辅助说明，正好印证了第一类文献的记录。这些教育文献我们也在汇集整理，准备出版。

第三，百年以来的前辈学者们的研究成果。现代关于吟诵的研究，最早始于赵元任。他在 1922 年回故乡常州进行吟诵采录，后来写成《常州吟诗调十七例》一文。1925 年他在《新诗歌集》序里也专门论及吟诵。此后直至晚年，赵元任先生一直关注吟诵的采录和研究，陆续发表了很多论文。叶圣陶先生是现代吟诵学的鼻祖，是为研究吟诵、提倡吟诵、推广吟诵出了大力气的人。是他提出了“吟诵”的概念，并将之设计为语文学科的必要教学环节，最后进入新中国的第一版语文教科书。除赵元任和叶圣陶外，在中华民国到中华人民共和国建国初期，还有很多学者和教育家研究吟诵，呼吁吟诵留在课堂上，留下了一大批论文专著，他们对于吟诵规则的看法也是基本一致的。这些人有唐文治、刘半农、俞平伯、朱自清、吴世昌、王力、朱光潜、萧友梅、任半塘、夏丏尊、朱谦之、杨荫浏、郭绍虞、卞之琳、朱东润、臧克家、吕叔湘，等等。我们也正在结集出版这些资料。

近几十年来，如文怀沙、江树峰、华钟彦、叶嘉莹、屠岸、江树峰、陈少松、秦德祥、陈侣白、陆襄、吕君忾、宗九奇、张本义、周笃文、华锋、张卫东等一批学者也发表了很多关于吟诵的论著，他们关于吟诵规矩与方法的研究结论也是基本一致的。

第四，十多年来我们亲自采录和搜集整理的上千位老先生的吟诵影音。我们一直在抢救性寻访读过私塾旧学的老先生，现在还有上百人的志愿者团队在进行全国范围的搜寻采录。迄今为止，我们已经亲自采录了七百多人，加上搜集的前人的资料，共有逾千人的数万首吟诵影音，涉及汉语七大方言区和白语、蒙古语、纳西语、畲语、壮语、朝鲜语等多种语言，另有大量的采访记录和文献资料。目前我们拥有的吟诵影音，最早的是 1948 年唐文治先生的吟诵录音，唐先生时年 84 岁。赵元任先生也有录音，但是录的时间较晚，乃是 20 世纪 70 年代。此外，还有朱东润、钱仲联、唐圭章、华钟彦、赵朴初、臧克家、陈贻焮、启功、南怀瑾、高文、柳北野、潘希逸、萧璋、江树峰、夏青、杜道生、姚奠中、周退密、范敬宜、周有光、霍松林、屠岸、吴小如、王运熙等前人，以及叶嘉莹、戴逸、钱绍武、刘衍文、文怀沙、刘征、程毅中、刘崇德等一大批前辈学者的吟诵影音。所有这些影音资料，我们都已经做了切分、分类和整理、研究。

从现有的资料来看，吟诵具有鲜明的口传文化的特点。一首诗有成千上万的吟诵调：地方不同，曲调就不同；人不同，曲调就不同；一个老师教十个学生，十个学生的曲调都不同；一个人吟两遍，曲调也会有所变化。曲调跟当地的语言和音乐有密切的关系。但是，吟诵曲调的丰富多彩，并不说明吟诵是没有规律的。对吟诵来说，曲调并不重要，重要的是规矩。吟诵不是唱歌，它的目的是深刻、完整、准确地表达出作品的内容。吟诵是一种方法，不是一种曲调。吟诵的方法是有规律可循的，即是吟诵的规矩。

我们的采录结果证明，凡是旧学私塾，都是吟诵着读书教学的。中国传统教育中没有现代朗读朗诵。而且，无论东西南北，无论民族国籍，老先生们的读法都是基本一致的。我所说的读法，指的是字音的长短高低轻重缓急节奏韵律，是定性不定量的。从东北到广东，从上海到甘肃，以及韩国、越南，都有一些共同的特点，这些特点是所有正宗的吟诵都基本上遵循的。读音可能略有差异（都是方言文读），旋律可能有所不同（与地方音乐有关），但是读法基本上是一样的，就是同一首诗文，某字都读长，某字都读短，某字都读高，某字都读低，只是长短高低的量不同而已。这应该是一种极为悠久的传统。个别不符合这些规律的情况，经过进一步调查，一般都是传承不实所造成的。

我们把以上四类资料相比照，其中无论是吟诵的性质、状态还是规矩、方法，都是基本一致的。所以，我们得出了以下重要的结论：

汉诗文有其固有的读法，不可以乱读。

这些读法，也就是前面我总结的那些规矩：入短韵长、虚字重长、平长仄短、平低仄高、依字行腔、依义行调、对称模进、文读语音、腔音唱法，等等。这是些简单的说法，实际上每个方法都有一些限定和细节变化。而吟诵的方法也不只这九法所及，这九法也只是撮其要而已。

上述四类资料的覆盖情况各不相同。古代文献的上限直至先秦；学馆课本的上限到隋唐；学术研究成果的上限是 20 世纪初；我们拥有的吟诵影音的上限是中华民国时期，其吟诵方法可追溯至清代中叶。

但是以这样参差不齐的资料得出的研究结果可靠吗？清代以前的吟诵也是这样的声音吗？这的确是一个无法确证的问题，今后也应该进一步搜集资料，深入研究。但是我们对吟诵传统的一贯性是比较有信心的，这个信心建立在以下基础之上：

第一，吟诵是代代口传的，口传文化普遍有变异的现象，但总是以传承为主的。这是我对中华文化传承的一个基本判断：传承为主，变异为辅。中华文化有五千年的文献记录，以及更多的实物留存，从各个方面来说，都是传承为主、变异为辅的。后面我会说到汉语的传承，有些学者总是强调上古汉语和现代汉语的差异，但是我更关注其中的相同之处，可以看到汉语汉字也是传承为主、变异为辅。吟诵的基本规矩和方法，也应该改变不大。

第二，我们对吟诵的规矩、方法所做的研究结论，用以解释古代文学、音乐、语言等方面的现象时，不仅能解释得通，而且往往比之仅以字面解释更为深入顺畅，更为豁然开朗。比如吟诵的规矩可以彻底地解释近体诗格律，可以解释为什么古人重视用韵，可以解释大部分古籍为什么没有标点符号，可以解释古代的乐谱为什么不记音长，可以解释为什么上古没有乐谱，进而可以解释古代教育为什么多读少讲，可以解释科举考试为什么重点只考经，等等。

第三，吟诵就是读书，读书的目的不是背过书，而是传承其中的文化精神。因此，历朝历代都是用当代语音读书，用之于当代社会的。今天我们吟诵，也是为了今天和未来的生活。因此，我们并不指望恢复古代的声音，但求传承古代的文化精神。

第四，吟诵最重要的理论基础，一是语音与语义的关系。在这方面，近百年来训诂学、文字学和汉语语源学都积累了丰硕的成果，对于汉语语音的系统以及语音与语义的关系，已经梳理得比较清楚。这对于吟诵的价值和意义是有力的理论支持。二是语音与音乐的关系。我近年所做的“四声对五音”的研究，以及音乐实践，对于揭示汉语上古音与音乐旋律的关系，也提供了新的思路。这个思路，即汉语上古音是音高型声调的推论，恰好能够解释上古诗歌的歌唱问题，尤其是没有乐谱的问题，与吟诵的研究成果完全一致。

基于以上研究和理由，我们相信，汉诗文是有固有的读法的。每一种文体，都有其固有读法。新的文体也就意味着新的读法。

这些读法是什么时候、由谁规定的呢？没有谁规定。是“约定俗成”的吗？也不是“约定俗成”的。这些读法是由汉语的特点而自然形成的。

比如，入短韵长，入声字本来就是短的，这就是汉语的特点。韵字在唱的时候自然是长的，因为我们汉诗是“长言之”的，也就是以拖长为特征。汉诗又是押尾韵的，那里正是旋律上的长主音所在，而只有长主音才表示结束。所以，唱出来的诗就都是韵字拖长的。

再比如平长仄短，因为诗是“长言之”，每个字都想拖长，可是入声字拖不长，它有塞音尾，堵住了，仄声是升降调，一拖长，不是高不上去就是低不下去，平拖又倒字，所以只有平声字能拖长了。但又不是所有的平声字都长，一三五的平声字就不长，因为汉语是双音节韵律，后重，就是后一个字读得重，这是汉语的特点，一三五字长就不是后重了，违背汉语的习惯，所以只有二四六字的平声字和韵字是长的。

再比如平低仄高，这是上古、中古音的普遍特点。第二个字如果是平声，则读起来是低的，如果第四个字还是平声，还低，这首歌太难听，所以第四个字必须高上去，用仄声，而第六个字再低下来，于是就构成了二四六字的平仄平的格律。同联相对和邻联相粘，都是为了旋律不要重复，为了好听而自然如此的。诗词格律，完全是出于吟诵得好听的需求而自然如此的。所以会吟诵自然就懂格律，无须死记硬背的。

这些读法的形成，既是自然而然的，它们的使用，也就是自然而然的。古诗文大都是“先吟后写”的情况，构思是在心里或口里用声音来进行的，汉诗文是声音的作品。如何使用声音，是每个人的本能。所以当作者在吟诵着创作时，如果他感到这个字的声音和他要表达的情感不符，他就会换掉这个字，这也是一种本能的反应。比如高兴的时候，一般都爱用开口音，忧郁的时候一般爱用闭口音，这都是本能的反应。

这些读法，并不是铁律不可打破的。中华文化的特点，就是有规矩，但可以破，但破规矩要有道理。吟诵的规则都是可以打破的，格律也是可以打破的，但破得要有道理，否则就不能破。比如叶嘉莹先生说过，她吟诵“塞上风云接地阴”时，“地”字拖长，按照规矩是不行的，但她说这个“地”字可以拖长，因为风云接地，大地很辽阔。所以她拖长“地”字是为了表达特殊的含意。“阴”字当然也拖长。

读法一旦形成，就会反过来影响含意。本来在口语中，语音含意的作用已经很淡薄，我们很少会在说话时考虑语音的意思。但是，在诗歌中，一旦吟诵，其语音读法很多就与口语不同，这些不同的地方，就会引人关注。比如韵字之长，比如整齐的句式，比如平仄之相间，等等，于是，语音的含意在这些地方就重新显露出来。汉诗文的读法由此直接会影响到诗文的含意。

我们现在回到《登鹳雀楼》的读法，用吟诵符号表示：

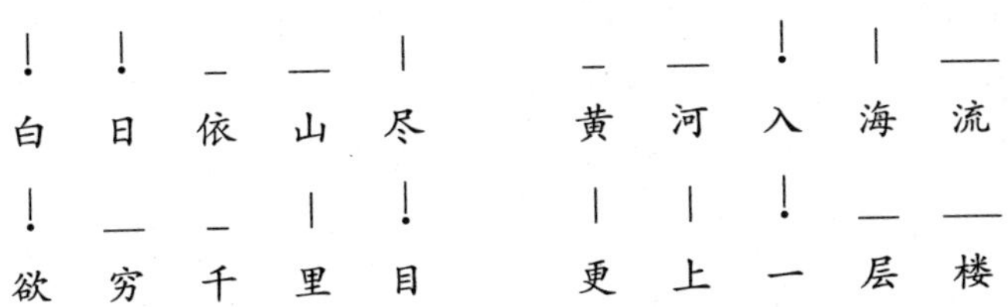

“黄河入海流”的读法，是“黄河”读低，“河”拖长，结果我们会感觉到黄河在地面上，而且很大很长。“入”又高又短，表示黄河迅速流到海里去了，去得太快了。以前有人说过，在这里用“入”字很奇怪，因为鹳雀楼在山西，那里看不到黄河入海口，而诗不是该写眼前之景吗？况且有很多字比“入”字好像更贴切，比如“黄河向海流”“黄河奔海流”，等等，但是王之涣偏偏用了“入”字。这是因为，“入”是入声字，要的就是这个短音，表示快速。“流”字是韵字，读得很长，表示黄河一直在流，坚决不断地到大海里去了。所以，“黄河入海流”不是说黄河流到海里去的意思，而是说黄河流到海里去流得太快了，怎么一下子就到了尽头呢？这就是读法对含意的影响。

以此类推，“更上一层楼”也不可能是励志的意思，因为整体的句调是下降的，而且“楼”字要拖长。尤韵的字基本上都有舒缓的含意，尤韵拖长，给人慢悠悠的感觉。比如在运动会上我们喊“加油”的时候，从来不会拖长“油”字，而只会拖长“加”字，尽管这违背汉语的习惯。汉语本来是应该拖长后一个字的。但是“油”字拖长，有舒缓的感觉，无法在运动赛场上给人鼓励，所以大家都不会去喊“加油——”。由此我们可知，“更上一层楼”是低沉、凝重的情绪，不可能是励志的意思。《登鹳雀楼》的主题就值得重新讨论了。后文我会给出全面的分析。

听一听老先生们的吟诵，尽管各地旋律不同，读音也有所差异，但是长短高低的规矩都是一样的，该长的字都长，该短的字都短，该高的字都高，该低的字都低。而且，最后一句旋律下行的趋势，“楼”字的拖长，听来都给人伤感的感觉，这个也是一致的。（见附录资料　陆襄　林东海　赵玉林　田家铸　吟　唐　王之涣《登鹳雀楼》）

这不是《登鹳雀楼》一首诗的问题，而是在汉诗文理解中的一个普遍的问题。所有的汉诗文在吟诵之后，都会显示出与仅仅看文字的理解差异。因为不同的读法会带来不同的含意，这一点是谁也无法否认的。如果汉诗文有固有的读法，我们就必须首先遵循汉诗文固有的读法，然后再谈个人的理解，这样才能真正传承这些古诗文，真正传承中华传统文化。

我们这样基于吟诵规矩所得出的诗句的含意，能肯定完全是作者的本义吗？不能肯定。为什么呢？因为声音的含意还跟作者的语感、方言、乐感、个人经历、性格、环境等很多因素有关系，还跟作者在这里是否有意或者无意或者根本没有关注到声音有关系。所以说，基于吟诵规矩所做的声音含意的分析（台湾地区的说法叫“声情”分析），不是绝对肯定的。但是，也绝对不是不存在的。它有多少是作者的原意，还要结合其他方面进行考证。完全抛开声音的含意，只谈字义，则是肯定不行的。

因此，要学习和传承汉诗文，一定要会吟诵，一定要吟诵着理解。而吟诵最重要的就是它的读法规矩。这也是吟诵和所有的非吟诵方式的根本区别。

再做一点延伸。吟诵的规矩，说的还是字音读法的层面。其实在此之上，还有一个层面，就是“文气”。前引王阳明先生所说的整篇读法的问题，就属于“文气”的层面。读诗要有“气”，读文更要有“气”。古人认为，读书最终要落实到“文气”上，不然只是明白了字面意思或者义理而已，并不能真正掌握诗文的精神。读诗也一样。姚鼐说：“诗、古文，各要从声音证入，不知声音，总为门外汉耳。”

读书吟诵，要得文气，才能传承精神，涵养气质，最终把吟诵读书的功能落实在品性培养上。不然，仅仅背过文字，或者明白义理，仍然不能算是完全会读书，彻底读了书，也就不能懂得读书的妙用。

古人总说“读书之乐”。如曾国藩说：

> 君子有三乐：读书声出金石，飘飘意远，一乐也！①

曾国藩一生文治武功，可是他认为自己人生最大的快乐首先是读书。读书有什么快乐呢？当曾国藩拿起书来读的时候，就是吟诵的时候，如金石一般音乐飘飘——读书也是一种音乐的创作和抒发啊！

---

① 唐浩明编．曾国藩日记　1　最全本［M］．长沙：岳麓书社，2015：471.

古人读书，主要是读古文，经史子集，以古文骈文为主。古人要背十三经，甚至包括其注疏，要读史读文，很多都是大部头的文集，他们是怎样读下来而又从中感受到快乐的？就是吟诵！因为吟诵时，有文气，读一篇文章，好像打一套拳，其中辗转腾挪、蹿蹦跳跃、变化万端，而收于丹田。什么时候起，什么时候伏，什么时候动，什么时候静，这一毫一厘之间，正是妙处所在。而且整个过程还是有旋律有节奏的，不过不是均匀节律，而是自由节拍。这才叫快乐，而读书也就是练气养生的方法之一了。所以日本诗吟社多是中老年人，他们吟诗的目的之一也是为了练气养生。

现在重读王阳明先生歌法也就豁然开朗了：

> 广大之怀，自得之趣，真有如大块噫气，而风生于寥廓；洪钟逸响，而声出于自然者。融溢活泼，写出大和真机；吞吐卷舒，妙成神明不测，故闻之者不觉心怡神醉，恍乎若登尧舜之堂，舞百兽而仪凤凰矣。①

得文气而乐读书，是为吟诵之最高境界。

第二节　吟诵九法

下面对吟诵的方法，也就是吟诵的规矩，做个全面的概述。

下面所说的这些吟诵规矩，前辈学者大多都有论述，并非是我个人的研究发明。当代学者如叶嘉莹、华钟彦、陈少松、陆襄、秦德祥、张本义、魏嘉瓒、华锋、张卫东等，台湾学者如李炳南、王更生、陈新雄、傅万寿、潘丽珠、王伟勇、张清泉、陈茂仁等都对吟诵做过深入的研究。吟诵的部分古代文献和前辈学者的部分成果，我们编辑成《中华吟诵古代文献资料汇编》《中华吟诵现代文献汇编》，第一辑已在中华书局出版。我只是在大量采录的基础上，在综合古代和前辈学者成果的基础上，对这些吟诵的规律做了一些梳理、证实、修正和提升。

我总结吟诵的规矩也有一个过程。开始只有“平长仄短、依字行腔”，后来经过调研，又确认了几个，叫“六法”，后来又增加到“九法”，即：

---

① 束景南撰．阳明佚文辑考编年［M］．上海：上海古籍出版社，2012：817.

依字行腔、依义行调、入短韵长、平长仄短、平低仄高、模进对称、虚实重长、文读语音、腔音唱法。

在论述吟诵九法之前，我想对吟诵的基础和目的先做一番梳理。

一、吟诵的基础

1. 文体声韵

吟诵的起点，是汉诗文的声音。吟诵是以声音发出，以声音感受，以声音表达的。吟诵的直接目的，就是把诗文的含意通过声音真实、完整、深刻地传达出来。

诗文的含意，既以声音为载体，就有声音的诸多机制、规律，这些统称为文体声韵。不同的文体有不同的声韵特征，不同的声韵有不同的含意指向。文体和声韵就是吟诵方法的起点。

先说文体。文体并不仅仅是文字的排列方式，更是一种声音的组合方式。四言诗是以四字句为主的，五言诗是以五字句为主的，这里的语言节奏就不同，读法也就不同。近体诗是平仄格律，永明体是四声格律，两者的读法就有很大差异。乐府和词、曲要和乐而歌，古赋却基本上是“不歌而诵”的，两者的读法风格也有所不同。凡吟诵诗文，先要明确其文体，不同的文体有不同的读法规矩。

现代吟诵学者黄仲苏说：

> 教师讲授诗文，虽云解读并重，而势必分先后。或读完解释，或解毕咏读，或且解且诵，均当视其体裁、格律以为准则。
>
> 最后复取原文，依据句读、文法、声韵、风格、体裁种种原则，分辨意义，识别宾主，而重轻强弱，曼其声音，高低快慢，变其节拍以读之，于是腔调成焉。①

因此，体裁与格律、文法、声韵等一起，构成了声音含意的基础，而文体（体裁）更是基础的基础。

同样的一个句子，比如“床前明月光”，放在五绝、五律里，要平长仄短、平低仄高去读；放在五古里，则只需要入短韵长；放在古文里，则无虚字，只

---

① 黄仲苏撰．朗诵法　绪论［M］．上海：开明书店，1936：10；74.

有实字的逻辑重音。读法不同，含意就不同。所以并不是字句定了，含意就定了。首先要看文体。以前我们对文体的理解只停留于语法结构、句式结构的层面，现在还要考虑声音的结构、读法的结构。文体的诞生，是伴随着读法一起诞生的，所以文体也可以看成是一种独特的读法，一种独特的吟诵方式，一种独特的吟诵腔调。因此，凡吟诵，必从判断文体开始。凡鉴赏诗文，都要考虑其文体的规定性、读法的独特性。

再说声韵。平上去入各有不同的情绪含意；不同的声母也表达着不同的含意；不同的韵有不同的性格特征，指向不同的情绪含意；节奏缓急，也表达着不同的情绪。每个字的长短高低、轻重缓急、开口闭口，都在字义之外，用声音表达着情绪含意。吟诵的时候，不同的发声方式和唱法，也参与着含意的表达，甚至颤抖、断续、沙哑、婉转、气壮如牛、气若游丝，都是情感的体现。

吟诵的时候，尤其要运用声韵手段，传达声韵含意。要特别关注韵字、入声字、格律、节奏、声调组合等，善于用声音传达出这些字音及其相互关系的特征，以完整地表达诗文的含意。

这个规矩就是要大家记住吟诵是声音的活动，汉诗文也首先是声音的艺术，是口头创作的结果。文字并不能涵盖诗文含意，更多的含意在读法中。

在古代学校的教学中，老师是特别重视“读”的。“读”的过程就是思考和学习的过程，而不是像现在一样只是一个了解意思和背诵的过程。古代教学是要求读的时候去揣摩作者的，读李白的诗自己就要化身李白，读苏轼的文自己就要化身苏轼。你没有表达出李白的感觉，或者胡乱夸张装腔作势一番，都是没有用的，一听就不对。古代的好老师会用声音去示范，让学生去揣摩，再用声音去纠正，用声音让学生去体会李白是什么样的，在这首诗中李白的心境是什么样的。他的声音摆在那里，让你听得仔细，听得真切。这就是吟诵教学法。

古代的好老师不仅仅能从吟诵中听出学生理解了没有，哪里没有理解，还能从中听出学生的心态、心境、性格和精神。教育首先是育人，教人做好人，是心灵的滋润，所以更重要的不是理解不理解诗文，而是以此调心，以此成就一个好人。所以又通过声音去调节心灵，纠正态度，跟今天的音乐疗法是一个道理，只是不在一个层面。

由此可以知道，吟诵的好坏和一个人的嗓音没有关系。诗文不是一味追求美丽、柔滑、光鲜和清亮，汉诗文是儒士的情怀，更多的是温柔敦厚，是坚贞不屈。不管是什么样的嗓子，都可以表达出自己对诗文的理解。叶嘉莹先生曾说杜诗豪放苍凉，不适合女子去表达，这就是她重视诗文是声音艺术的体现。可是她随后吟诵的《赠卫八处士》让很多人潸然泪下。由此可见，诗文的精神不在男女，而在那种感觉。

今天我们多从西方文学理论出发，对汉诗文进行阐释、传承，即使加上典故，加上儒家，加上作者经历，也还是字义的层面，无法拿出活态的诗文，无法体会声音的魅力，从而忽略甚至否定了声音的含意。这是亟须改变的倾向。"文体声韵"这个吟诵规矩的基础，提醒我们关注汉诗文的声音形式，有它的时代意义。

关于声韵含意的重要性，前辈学者多有论述。

唐文治先生说：

> 学者读文，务以精熟背诵不差一字为主。其要法每读一文，先以三十遍为度。前十遍求其线索之所在，划分段落，最为重要。次十遍求其命意之所在，有虚意，有实意，有正意，有言中之意，有言外之意。再十遍考其声音，以求其神气，细玩其长短疾徐抑扬顿挫之致。三十遍后，自不知手之舞之，足之蹈之，虽读百遍而不厌矣。①

读第三遍，就是主要体会文章的声韵含意。只有经过了这个阶段，才会对文章真正理解，从而达到不厌、喜爱的程度。

钱基博在为黄仲苏《朗诵法》作序中说：

> 刘大櫆不云乎："神气者，文之最精处也。音节者，文之稍粗处也。字句者，文之最粗处也。然予谓论文而至于字句，则文之能事尽矣。盖音节者，神气之迹也。字句者，音节之矩也。神气不可见，于音节见之；音节无可准，以字句准之。音节高，则神气必高；音节下，则神气必下。故音节为神气之迹。一句之中，或多一字，或少一字；一字之中，或用平声，或用仄声；同一平字仄字，或用阴平阳平，上声去声；则音节迥异。故字句为音节之矩。积字成句，积句成章，积章成篇，合而读之，音节见矣。歌而咏之，

---

① 唐文治撰．唐文治文选　国文经纬贯通大义　例言［M］．上海：上海交通大学出版社，2005：265.

神气出矣。近人论文不知有所谓音节者，至语以字句，则必笑为末事。此论似高实谬。作文如字句安顿不妙，岂复有文字乎。但所谓字句音节，须从古人文字中实实讲贯通，始得；非如世俗所云也。夫行文多寡短长，抑扬高下，无一定之律，而有一定之妙；可以意会而不可以言传。学者求神气而得之于音节，求音节而得之于字句，则思过半矣。其要只在读古人文字时，便设以此身代古人说话，一吞一吐，皆由彼而不由我；烂熟后，我之神气，即古人之神气；古人之音节，都在我喉吻间，合我喉吻者，便是与古人神气音节相似处；久之自然铿锵发金石声。”此著见大櫆《论文偶记》者也。①

刘大櫆是清代桐城派代表人物，钱基博先生同意其观点，即音节为文章“神气之迹”。从音节声韵的含意生发体会，就会逐步深入了解文章的神气，此即“因声求气”的基本理论线索。

黄仲苏先生则进一步说：

尔来一般讲授国文之教师大都偏重于解释、分析，而不注意于吟、诵、咏、讽，但求说明所选诗文中字句之精练，格律之严整，造言若何，创意若何，便自谓研究之能事已尽矣。实则，篇中之抑扬、含蓄、幽默、渊雅处，皆未曾提及；而学者亦无从领悟。盖因诗词文赋莫不有声有色，色可得而讲授，声则非吟、诵、咏、讽，不能领悟。其风度之隽雅，情致之美妙，与夫旨超之深远，皆非诵之于口，得之于耳，不能传授于心也……朱子又谓：“读诗正在于吟、咏、讽、诵，观其委曲折旋之意，如吾自作此诗，足以感发善心。今公读诗，只是将已意去包笼他，如做时文相似，中间之意，尽不曾理会得。济得甚事？若如此看，只一日便可观尽，何用逐日只捱得数章，而又不曾透彻耶？且如人入城郭，须是逐街坊、里巷、屋庐、台榭、车马、人物，一一看过方是。今公等是外面望见城是如此，便说我都知得了。”由此观之，可知吟、诵、咏、讽之要，在能领会诗文之意境、风趣、情感与思想。②

这一段引用朱熹的观点，直指当时国文教学（直至今日未变）的弊端，高

---

① 钱基博撰．二十世纪名人自述系列　钱基博自述　黄仲苏先生《朗诵法》序［M］．合肥：安徽文艺出版社，2013：176-177.

② 黄仲苏撰．朗诵法　绪论［M］．上海：开明书店，1936：4-6.

度评价了吟诵的价值，认为只有吟诵才能真正领会诗文，可谓一语中的、一锤定音。

俞平伯先生说：

> 作者当日由情思而声音，而文字，及其刊布流传，已成陈迹。今之读者去古云遥，欲据此迹进而窥其所以迹，恐亦只有遵循原来轨道，逆溯上去之一法。当时之感既托在声音，今日凭借吟哦背诵，同声相应，还使感情再现。虽其生也至微，虚无缥缈，淡若轻烟，阅水成川，已非前水，读者此日之领会与作者当日之兴会不必尽同，甚或差异，而沿流讨源终归一本。孟子所谓“以意逆志”者，庶几近之。反复吟诵，则真意自见。①

俞先生回答了读者吟诵与作者吟诵有异，而又如何能掌握文意的问题。结论仍然是肯定的：反复吟诵，则可以感受到作者的原意。

“语文三老”之一张志公先生也是非常重视吟诵的，只是他用的还是传统的“读”这个名词：

> 应该使学生养成大声朗读的习惯。从前，走过私塾、蒙馆的附近，总会听见孩子们呜里哇啦读书的声音，现在，那种声音不大听得见了。在这个问题上，前人的做法是有可参考的。一篇文章，读出声音来，读出抑扬顿挫、语调神情来，比单用眼睛看，所得的印象要深刻得多，对于文章的思想感情，领会得要透彻得多，从中受到的感染要强得多。朗读得多了，时间久了，优秀作品中经过加工锤炼的语言会跟自己的口头语言沟通起来，丰富自己的口头语言，提高口头表达的能力，养成良好的语言习惯，这些，必然会在自己的书面语言——写作中反映出来。②

张志公先生不仅说明了吟诵所带来的声音的体悟，而且还说明了这种方法对于表达和写作能力的作用。

叶嘉莹先生则进一步说明了声韵含意的体会对于诗词创作的价值：

> 所谓“声情相生”，使作者内心的情意伴随着声音一起涌出，然后才落

---

① 俞平伯撰 . 俞平伯全集　第 4 卷　略论诗词的欣赏 [M]. 石家庄：花山文艺出版社，1997：386.

② 张志公撰 . 语文教学论集 [M]. 福州：福建教育出版社，1981：227.

纸成为文字，这正是中国古典诗歌何以特别富于直接的兴发感动之力量的一个主要的原因。清代的曾国藩在写给他儿子曾纪泽的家信中，就曾提出过作诗要伴随着吟咏才能富于感发之力的说法，谓“凡作诗最宜讲究声调”，因此要学作诗，乃必须“先之以高声朗诵以昌其气，继之以密咏恬吟以玩其味，二者并追，使古人之声调拂拂然若与我之喉舌相习”。如此作出诗来才会“自觉琅琅可诵，引出一种兴会来”。曾氏之说确实乃是学诗之人的最佳入门途径。而且曾氏对于词字与声调的配合，还曾提出过一段绝妙的理论说：“盖有字句之诗，人籁也。无字句之诗，天籁也。解此者，能使天籁人籁凑泊而成，则于诗之道思过半矣。”私意以为曾氏所说的“天籁”，其实就是刘勰在《文心雕龙·声律》篇中所提出的“神明枢机，吐纳律吕”的一种声吻间所自然形成的节奏感；而所谓“天籁人籁凑泊而成”则正是本文在前面所提到的“声情”相生，使文字伴随着声音和情意一起涌出的一种作诗的方法，而这正是一定要熟读方能达到的作诗的最高境界。①

综上所述，吟诵的价值，首先在于声音的意义。掌握文体的差异，感知声韵的含意，吟诵由此开始。吟诵对于理解文意、形成汉诗文独有的语感、爱上古诗文、创作古诗文的巨大价值也由此展开。

2. 知人论世

“知人论世”的说法出自《孟子·万章》下：

颂其诗，读其书，不知其人，可乎？是以论其世也。是尚友也。②

后来与“以意逆志”一起成为一种学术研究方法，即理解作品需要深入了解作者和他所处的时代。

吟诵当然也不例外。要吟诵好一篇诗文，一定要了解创作的背景、目的，作者的生平与性格，还有时代的思潮与环境。纯粹文本主义的方法可以借鉴，但是只研究文本是肯定不行的。

“知人论世”是目前中国古代文学的传统研究方法，已经非常成熟。现在的语文课本教参、网上的各种鉴赏资料、出版的各种鉴赏辞典和书籍，大部分都

① 叶嘉莹撰．多面折射的光彩：叶嘉莹自选集　谈古典诗歌中兴发感动之特质与吟诵之传统［M］．天津：南开大学出版社，2013：15-16.

② ［清］焦循编．孟子正义［M］．北京：中华书局，1987：762.

是用的这种方法。引用进来作为吟诵的基础之一也是很自然的。对于这个方法本身，因为大家已经很熟悉，在此就不赘述了。

需提醒一下，很多人知道吟诵之前应该对作品的背景有所了解，但是所搜集的“知人论世”的成果很多已经过时，或者无法分辨其有效性。学术研究是不断发展的，要想吟诵得好，应该对学术前沿有所了解。目前语文界和音乐界都与中国古代文学界的学术前沿相去较远，很多新的成果大家不知道，吟诵时还是按照多年前的理解去进行。我们应该知道怎样系统地查找学术成果。基本的、初步的查找可以包括：

网络：中国知网、国家数字图书馆、SSCI 数据库；

期刊：中国人民大学报刊复印资料；

图书：相关学术专著。

尤其要关注学术史的介绍，才能知道关于某个问题的各种看法和流变关系，以及最新成果。有条件还应拜访相关专家，才能了解到期刊尚未发表的最新科研动态。

3. 诗教精神

文体声韵是形式基础，知人论世是内容基础，但是还需要一个核心，就是要知道作品的创作目的和读者的学习目的，这就是诗教精神。

古代文人作诗作文，与今天的作家创作有很大的不同。他们创作的首要目的不是审美，而是教育。教育自己，教化他人。现在的古代文学鉴赏，往往忽略了这一点。在分析和鉴赏方法上，与对待西方文学无异，与对待当代文学无异。这样去理解古诗文就不能抓住其精神核心，也就不能深切感受其文化魅力。

吟诵，是古诗文的传统读法，是传统文化教育的基本方法，传承着古诗文的中华文化精神。吟诵带给语文、古代文学和音乐的，不仅仅是重新感受古诗文的声韵之美，还有重新审视古诗文的诗教精神。我一直认为这是吟诵一个非常重要的价值。吟诵的人一定不能忘了这一点，不能把吟诵仅仅作为一种美化的形式，而要由此打开中华文化的大门，感受古诗文所蕴含的精神力量。

关于这一点的详细论述，请见《普通话吟诵教程》① 的“为诗正名　为文正义”一节。

---

① 徐健顺著．普通话吟诵教程［M］．桂林：广西师范大学出版社，2018.

二、吟诵的目标

1. 神韵气象

有了文体声韵的认识、知人论世的知识、诗教精神的把握，就可以运用吟诵的方法进行吟诵了。那么吟诵的目的是什么？是了解、欣赏、积累、背过，还是自娱自乐？这些都是吟诵的结果，不是吟诵的最终目标。

吟诵的最终目标，不是背过，也不是理解，而是更高一层的养成气象。也就是用古诗文的精神和气韵，涵养自己的生命态度和格局。

桐城派主张“因声求气”，就是通过声音寻求文气，也就是通过诗文的声韵含意，以求得神韵气象。唐文治先生说：

> 盖读情韵之文，宜淅沥萧飒，如波涛夜惊之声。读气势之文，宜奔腾澎湃，如千军万马之声……盖读凄婉之文，宜凄然以促，如风雨夜至之声。读华贵之文，宜舒然以和，如雌雄雍雍相鸣之声……大抵文之震荡茹吐处，宜多用平用长，辨难奥衍处，宜多用仄用短，于重阳之中，而伏以一阴，则阳者不散。于重阴之中，而间以一阳，则阴者不集。至于首尾段落之处，其声皆须有宏大远到之致。或如波澜之潆洄，或如异军之突起，能神明于此，则其几于大成也不远矣。
>
> 刘海峰先生云：“音节高则神气亦高。音节下则神气必下。”故音节为神气之迹，一句之中，或多一字，或少一字，一字之中，或用平声，或用仄声，则音节迥异。故字句为音节之矩，合而读之，音节见矣。歌而咏之，神气出矣。此皆所谓炼声法，亟宜研究。①

这个神韵气象，首先是作品的，是作者的；其次是读者的，是读者从吟诵中获得的，最终作用于读者身上，陶冶性情，化为气质。这才是吟诵的最终归宿。

吟诵不是为了吟诵，不是为了背过，也不是为了理解，而是为了养成自己的生命气象。

文赋有气象，诗词也有气象。读诗读文，最终是要读懂作者的生命气象，

---

① 唐文治撰．艺衡　第三辑　国文大义　论文之声［M］．北京：北京图书馆出版社，2010：51.

也就是他的人生姿态，遇到什么事是什么样子的，然后对自己有所启发，有所感悟，更多的可能是有所熏陶，有所浸润，最终改变自己的人生态度。这就是传承了文化。文化的根本毕竟不在物质表面，而在世界观和人生态度。

这不仅仅牵涉到吟诵的问题，还牵涉到如何教吟诵的问题，牵涉到教育的目的和方法。我们叫“文化”，就是以文化人，用美好的东西去感化人，而不是仅仅靠枯燥的说理。所以明白吟诵的这个最终目的，对于吟诵本身和教学吟诵都是非常重要的。

关于“神韵气象”，详见下一节“古文的读法”。

2. 文史见识

吟诵是读书的方式、学习的方式，当然也要有助于知识的积累和能力的提升。但是，通过吟诵所获得的知识和能力，更应该叫作“见识”，因为这里面贯穿着一种中华传统的世界观、人生观，不是纯客观的知识。

比如吟诵骆宾王的《咏鹅》，基本上是从描写鹅如何生动、有趣的角度来教孩子的。这里就有关于鹅的知识，加上对唐朝鹅的品种考察，以及骆宾王的咏鹅故事，也只是知识。而吟诵，需要理解诗教精神，从而知道这首诗是咏物言志的主题。“鹅”的意象是高洁勇武，这首诗尤其强调了品质高洁和志向远大的方面。吟诵的声音也可以感受到这种情绪，比如“歌”韵的宏远之感、白与绿两个入声字的决绝之感、曲与拨两个入声字的用力之感等。这样就归旨于文人儒士的济世安民之志，如果联系骆宾王的一生，就知道他真的是按照这首诗的标准去走完他的人生的，他的每一次沉浮，都与矢志不渝的高洁之心有密切的关系。这样，所获得的关于“鹅”、《咏鹅》和骆宾王的知识，就化为一种带有中华传统文化精神的生命态度了。这就是见识，是有境界有格局的知识。

3. 文化精神

中华优秀传统文化教育的最终目的，我认为应该是中华文化精神的传承。不管背过多少经典、诗词，会书法、吟诵、古琴、武术，最终，还是要落实到人生态度上，就是传承中华传统的世界观、社会观、历史观、人生观、价值观，吟诵也不例外。

如果学会了吟诵，掌握了声韵分析，但是对古诗文所蕴含的中华文化精神没有真切的感悟，不能化到自己的生命中，那这个吟诵的学习也意义不大。

怎样才能把吟诵的学习和运用导向中华文化精神呢？我想首先要掌握正确

的吟诵方法；其次要学习国学，学习文史知识，理解古诗文的诗教精神，加上吟诵声音的浸润和感悟，这样就离目标不远了。

关于吟诵的目标，在“古文的读法”里还有论述。在此我们只是做一个简单的梳理，以便在了解这些事情的基础上，来讨论吟诵的方法。

三、吟诵的方法之一：依字行腔

世界上的声调语言，在歌唱时基本上都是从字音出发去构建旋律的，而重音节奏语言则从字音去构建节奏，所以重音节奏语言如欧洲的语言，其音乐的旋律就具有相对独立性，器乐曲发达。声调语言和词曲关系非常密切。

汉语音乐的旋律生成机制有两点：依字行腔和依义行调。

所谓依字行腔，就是吟诵时，每个字的读法、唱法，都是从字音出发的，旋律是由一个一个的字的唱法组成的。依字行腔不能倒字，不能违背字音的声母、韵母、声调的特征。不仅咬字发音要准确，而且音程走向要与声调走向一致。

但凡汉族的声乐，民歌、戏曲、说唱、琴歌等都遵循依字行腔。前辈学者如杨荫浏、于会泳等先生都曾详细地研究过这些情况。依字行腔作为汉族声乐的旋律机制特征已经得到音乐学界的基本认同。从诗词角度研究歌诗声乐的学者也是如此。如华钟彦先生说：

> 唱曲莫先于发声，声者腔之所由生焉。昔梁武帝问周舍以“平上去入”四声之义，周舍以“天子圣哲”对，后世传为美谈。然此特按字而读其声者也，若夫按谱而唱之，则音将不协矣。故唱曲者，必明曲中之四声，始可无误。①

这就是说歌唱时，字音的音高虽然写在谱上，但是音程走向却往往没有写，这是需要唱者自己自然处理的，即音程走向要和声调走向相符。

语文专家们也由此对汉语现代音乐有所不满。叶圣陶先生说：

> 新作歌词，满人意者殊不多觏，往往病在缺乏诗味。诗味为何固难言，然自有此一种味。无此一种味即歌之索然，听之寡趣。至于作曲，往往调与

① 华钟彦著．华钟彦文集　上　戏曲丛谭［M］．郑州：河南大学出版社，2009：78.

歌之情不合，甚且工尺与字之声音不合。先生志欲通诗乐之郮，自必于来学者多方启迪，庶免我所举之病矣。①

叶圣陶先生对现代歌曲的不满涉及依字行腔（工尺与字之声音不合）和依义行调（调与歌之情不合）两个层面，并认为依字行腔的层面更基础。

吕叔湘先生对于现代汉语歌曲有同样的批评：

从前填词、作曲，很讲究四声的分别，为的是使字儿和谱子协调，传统的戏词、大鼓书等也还顾到这一点，新编的歌曲就往往不怎么照顾了。大概字儿文点儿，唱腔花点儿，听众也就不大意识到字的声调；唱词越近于说话，唱腔越质朴，四声走了样就越显得别扭——听不懂不好受，听懂了更难受。许多人不爱听用汉语演唱的西洋歌剧，特别是里边类似道白的部分，就是这个缘故。②

这些学者都认为，即使是现代汉语歌曲，也应该传承和遵守依字行腔这个传统。

既然整个汉语传统音乐和现代音乐都应该依字行腔，那么吟诵当然也要依字行腔。赵元任先生说：

在中国普通话中的唱读，四个声调固定化的程度形式如下（当然音高只是相对的）：

在这里，既没有轻声，而第三声也没有同位的变化音，这是北京的小学生大声念书时较常见的一种风格，这种方式对于一齐大声背书是很合适的（节奏也分配的很匀称）。有时街上的小贩也用这种唱读的方式兜售他们的商品。③

---

① 叶圣陶撰 . 叶圣陶集　第 24 卷　致龙榆生［M］. 南京：江苏教育出版社，1994：297-298.

② 吕叔湘撰 . 语文常谈　字音的三要素：声、韵、调［M］. 北京：生活 · 读书 · 新知三联书店，1998：18。

③ 赵元任撰 . 中国语言里的声调、语调、唱读、吟诗、韵白、依声调作曲和不依声调作曲［J］. 中国音乐，1987.2.

这种方式即是依字行腔，从叫卖调到吟诵调到戏曲、曲艺无不如此。台湾学者陈茂仁说：

> 传统的吟诗，讲究“依字行腔”，也就是依照文字的声调，再辅以吟咏的技巧去吟，如此每个字的声调调势和音阶的走势是一致的，即使没有看到诗歌文本，只听吟音也能听得出所吟的字，就像我们听人讲话时不用看稿一样，只要对方声调准确而不误偏，我们也就听得懂对方在说什么，传统的吟诗也是如此，这种依字行腔的吟诗法，才是我们优良的吟诗传统！①

不过，吟诵的依字行腔和其他汉语音乐的依字行腔，也有一点不同，即：吟诵是最严格的依字行腔。

什么是严格的依字行腔呢？

先说声母和韵母。戏曲、说唱等是表演艺术，出于表演的需要（即剧场最后一排的人也要听清楚、看清楚），必须要夸张。不仅动作表情夸张，语音也要夸张。声母和韵母的夸张，表现为发音和口语的差异，比如昆曲、京剧等戏曲常把[i]唱成更展唇的[ic]，把爆破音的力度加强等。各种念白、唱腔中的夸张，都是对字音的改变。这些就是不严格的依字行腔了。

吟诵的发声方式，是最自然，最接近口语的。怎么说就怎么吟，不必夸张做作，因为吟诵是吟给自己听的。现在很多初学吟诵的人，喜欢向后缩舌头，这是受了西方美声唱法的影响。现在汉语歌曲也有美声唱法。吟诵千万不可这样。吟诵要把字的声母、韵母表达清楚。这就是所谓的“咬字”。很多戏曲曲艺也讲究“咬字”的。之所以叫“咬”，是因为汉语语音多用口腔前部，不同于意大利语多用口腔后部，所以如此形容。吟诵的“咬字”就是要表达清晰，不要夸张。

再说声调。这是依字行腔的重点。声调向上就往上吟，声调下降就往下吟，这就是依字行腔。吟的旋律走向跟字音声调的走向不符，就是“倒字”。现代汉语歌曲，跟西方音乐学习，认为旋律本身就有完整的含意，词有没有无所谓，所以重视旋律不重视词，旋律也不是从词里来，所以存在很多倒字现象。传统的戏曲、曲艺都是依字行腔，当然它们用的是地方方言白话，是跟方言依字行

① 陈茂仁撰．台湾传统吟诗入门——大家来吟诗［M］．台北：博扬文化事业有限公司，2013：4.

腔。中国传统音乐表演是特别忌讳倒字的，旋律和声调不符时，常用腔音修正。吟诵则很少有润腔之类，音乐紧贴语言，旋律简单，是最严格的“依字行腔”。

叶嘉莹先生说：

> 中国的诗是吟诵的，不是歌唱的。歌唱就有一个乐调，乐调就是有一个音乐的调子。有的时候歌唱的人为了迁就调子，就把字音给改了……也就是说，唱歌的时候，是以音乐的调子为主，所以有的时候会把读音改变。可是读诵、朗诵，一定不能够流为歌唱，一定要保持它的字的本音，那么这音调都差不多，且都是循环往复的……①

比如以山东淄博田家铸先生的吟诵为例（见附录资料　田家铸　吟　宋　程颢　《春日偶成》　淄博吟诵调）：

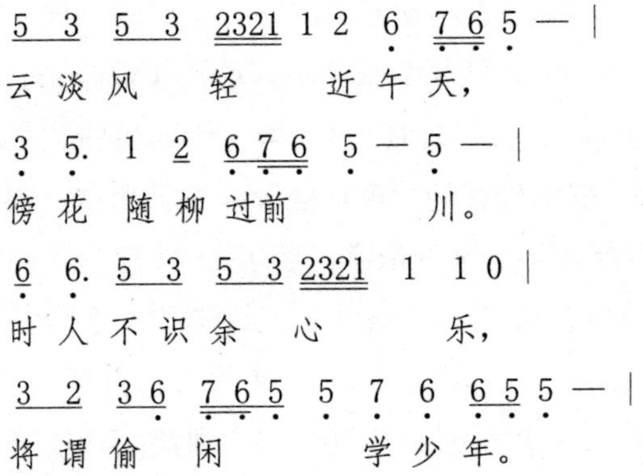

5 3 5 3 2321 1 2 6 7 6 5 — |
云 淡 风 轻 近 午 天，
3 5. 1 2 6 7 6 5 — 5 — |
傍 花 随 柳 过 前 川。
6 6. 5 3 5 3 2321 1 1 0 |
时 人 不 识 余 心 乐，
3 2 3 6 7 6 5 5 7 6 6 5 5 — |
将 谓 偷 闲 学 少 年。

这首《春日偶成》的吟诵，很明显，其中仅有的两个上声字“午”“柳”都是处在旋律的一个高点上，而大部分的去声字“淡”“近”“傍”“过”“乐”“谓”都是处在旋律的低点上。仄声出现了分化。这是为什么呢？因为淄博话的上声的调值是最高的，55，读如普通话阴平；而去声是 31，相对低很多。平声调值是 214，读如普通话上声。吟诵的时候上声高而去声低是由其口语的调值决定的。江苏一带为什么吟诵起来平低仄高，也是因为口语的调值如此，比如属下江官话的南京话阴平 31，阳平 13，镇江话阴平 31，阳平 34，属于吴语地区的无锡话阴平 44，阳平 223，上海话阴平 53，阳平 13，等等，总体来说都比较低。所以说，各地的吟诵是按各声调的调值来决定高低的，平仄并不能一概而

① 叶嘉莹撰. 古典诗歌吟诵九讲［M］. 桂林：广西师范大学出版社，2014：31.

论。甚至如粤语入声有三种，调值分别是高、中、下，吟诵的时候也是各分高低的，并不因同是入声而取同样的高或低。

如此看来，似乎吟诵旋律音高的规律，是按照语音的声调高低而定的。其实，这也只是规律的第一个层面。很多时候，这个层面的规律会被打破。

仍以前面这首《春日偶成》为例，从绝对音高上来看，“午”“柳”并不是整首旋律中的最高点，“云”“不”的音高都比它们高，“风”“识”“将”的音高跟它们一样高。所以，旋律音高依声调高低的规律，不是指绝对音高，而是指相对音高，也就是在前后音中的音高位置。由于人们的听觉习惯，一般来说，会以前一个字的音高与本字的音高的关系来感觉本字的音高。所以“午”“柳”都是在前一个字的音高上向上升了。

不仅如此。有的时候，有的调类是高降调，比如 53，虽然音高高，但是趋势是降；有的调类是低升调，比如 13，虽然低，但是趋势却是升。这个时候，趋势也许会占主要地位。对于一个有升降变化的声调来说，情况会很复杂。如果它只占了一个音符，一般会以它的调值起点的绝对音高去和前音的音高构成关系，表示它的声调，但如果它占了两个以上的音符，也就是存在音程了，那么只要音程表现出了它的调值走向，它和前音的音高关系就无所谓了。

我的几名学生分别研究过白语、普米语、壮语、苗语等歌曲中声调与音程的关系，结果发现，音高型声调语言（即主要调类的调值是没有变化的）的声调与绝对音高有很强的对应关系，但旋律型声调语言（即主要调类的调值是有变化的）的声调与绝对音高关系不大，而与相对音高、音程走向有比较强的对应关系。汉语属于旋律型声调语言，应该也符合这个规律。

综上所述，汉语吟诵的依字行腔，在声调与音程的关系上，应该是字音声调与旋律的相对音高和音程走向相符合。

如何判断吟诵的依字行腔，以及今天应该怎样继承吟诵的依字行腔的传统呢？陈少松先生曾有比较全面的表述：

> 吟诵是用某种腔调进行的一种较为自由的歌唱，就歌唱这一点来说，它与戏曲有相似之处，因而同样可将“字正腔圆”作为吟诵时吐字行腔的一个基本的审美要求……所谓“字正”，就是要求吟诵时吐字发音准确、清楚、响亮。汉字的每个音节一般包括声母、韵母和声调三个部分。吐字发音准确，具体地说就是既要做到声母、韵母的发音部位和发音方法准确，又要做

到声调准确。这儿有个问题首先需要解决，即发音的准确与否以什么为标准？我国地域广阔，方言特多，所谓“千里不同音”，而吟诵腔调的形成又同各地方言密切相关，这样，当我们用某种腔调吟诵古诗词文时，吐字发音究竟是以某种方言的语音为标准呢，还是以普通话的语音为标准呢？在笔者看来，应视不同情况作区别对待。①许多前辈学者一口方言，他们吟诵（不论是自个儿吟诵还是当众吟诵）时的吐字发音自然以某种方言的语音为准，我们不能苛求他们用普通活吟诵；②如举行地区性的吟诵交流，吐字发音可以该地区方言的语音为准；③如举行来自不同地区的吟诵交流，对会普通话者来说，则吐字发音宜以普通话的语音为准确；④对大中小学生和广大文学青年来说，吟诵时的吐字发音应当提倡以普通话的语音为准，我们在这儿所说吟诵时吐字发音的准确与否即以普通话的语音为准。①

总而言之，用什么话吟诵，就以什么话为标准判断其是否依字行腔，而依字行腔这个规矩是吟诵必须遵守的。

四、吟诵的方法之二：依义行调

依义行调，就是吟诵者要依据自己对作品的理解，来组织旋律框架结构，即字和字的关系。

每个字的音程走向由语音决定，即依字行腔。字与字之间的音程走向关系则由作品的含意决定，即依义行调。两者结合，就形成了旋律。我又常把字与字之间的音程走向关系叫作旋律框架。

叶圣陶先生说：

吟诵的语调，有客观的规律。语调的差别，不外乎高低、强弱、缓急三类。高低是从声带的张弛而来的分别。强弱是从肺部发出空气的多少而来的分别。缓急是声音与时间的关系，在一段时间内，发音数少是缓，发音数多就是急。吟诵一篇文章，无非依据对于文章的了解与体会，错综地使用这三类语调而已。大概文句之中的特别主眼，或是前后的词彼此关联照应的，发声都得高一点。就一句来说，如意义未完的文句，命令或呼叫

① 陈少松撰．古诗词文吟诵研究［M］. 北京：社会科学文献出版社，1997：207-208.

的文句，疑问或惊讶的文句，都得前低后高。意义完足的文句，祈求或感激的文句，都得前高后低。再说强弱。表示悲壮、快活、叱责或慷慨的文句，句的头部宜加强。表示不平、热诚或确信的文句，句的尾部宜加强。表示庄重、满足或优美的文句，句的中部宜加强。再说缓急。含有庄重、畏敬、谨慎、沉郁、悲哀、仁慈、疑惑等情味的文句，须得缓读。含有快活、确信、愤怒、惊愕、恐怖、怨恨等情味的文句，须得急读。以上这些规律，都应合着文字所表达的意义与情感，所以依照规律吟诵，最合于语言的自然。①

所以，吟诵就像说话一样，怎样说话就怎样吟诵，这就是真诚。诗也好，文也好，都是人话，都要当人话去听、去说，其中的抑扬顿挫、起伏跌宕，其道理跟说话是完全一样的。

所以依义行调这件事，是人的本能，根本不用学的。每个人都是声音的艺术家。从出生开始，就总结各种声音的意义。从学说话开始，就用不同的声音表达不同的含意。谁都知道激动时高声、忧郁时低声，谁都知道该怎么快慢轻重，谁不会呢？谁说话不是抑扬顿挫着说呢？从这个角度说，依义行调真是没有必要学。每个人都是本能就会的。

但是，现在我还是要强调依义行调。为什么呢？有两个原因。

一是由于引进西方音乐的缘故，现在中国人不会自己度曲唱歌了，要唱歌都得作曲家先作曲。而作曲家的作曲，又多半按照西方音乐理论，考虑旋律本身的含意去发展旋律，对于词曲关系缺乏关注也缺乏理论。所以依义行调这个本能性的方法，却反而不太会用了。

二是依义行调这件事人人都会，但是对“义”的理解却非如此。汉诗文的含意有多个层次，其中音义、意象、诗教主题和文化精神几个层面，现在很少有人明白，所以对“义”的理解就会出问题。“义”弄错了，旋律框架就不对，吟诵得再好听也没用。强调“依义行调”，也是为了激发大家去关注汉诗文的“义”，不要仅仅从字面、从现代世俗的角度去理解古诗文，而要关注古诗文的作者——古代的儒士群体，关注诗教，关注儒学，关注声韵与文体，按照汉诗文本来的方式去理解它的含意。

---

① 叶圣陶，朱自清著．精读指导举隅　略读指导举隅［M］．郑州：河南教育出版社，1989：12.

五、吟诵的方法之三：入短韵长

这是所有的汉诗文吟诵都遵守的规则：入声读短、韵字读长。

为什么入声字要读短？因为入声字本来就是短音，所谓“入声短促急收藏”。陈少松先生说：

> 唐代和尚处忠在《元和韵谱》中指出：平声哀而安，上声厉而举，去声清而远，入声直而促。明代和尚真空在《玉钥匙歌诀》中也作过类似的描述：平声平道莫低昂，上声高呼猛烈强，去声分明哀远逝，入声短促急收藏。看来，平声是个平调（究竟是高平、中平还是低平调，很难确定），上声是个升调，去声是个降调，入声是个短促调。①

所以古代唱曲，只要用上古音、中古音的，入声也会唱短。杨荫浏先生说：

> 在一方面，南曲在一定程度上的确代表着南方的、特别是江浙一带的语言特点。首先在唱法上，入声一出口时即顿断；在配曲上，以对待平声的办法对待入声。②

入声的这个短促特点往往在诗文中表达着强烈的情绪色彩，如痛苦决绝、快速轻灵之意，所以一定要读出短促来，才能充分表达出诗文的含意。比如柳宗元的《江雪》，就是一首入声韵的诗：

> 千山鸟飞绝，万径人踪灭。
> 孤舟蓑笠翁，独钓寒江雪。

“绝”“灭”“雪”都是入声字。要读得短促、顿挫，才能读出这首诗的味道，否则其决绝之意全无。诗的前两句用入声韵表达了完全没有人迹的绝对性，非常确定。最后一句的入声韵，表达了自己的决心，非常决绝。第三句的平声结尾，吟诵时是要拖长的，表达出一种从容，一种不变的安定。如此对比，诗意才能体会出来。

《击壤歌》唱道：

---

① 陈少松撰．古诗文吟诵研究［M］．北京：社会科学文献出版社，1997：43.

② 杨荫浏撰．语言与音乐　语言音乐学初探［M］．北京：人民音乐出版社，1983：42.

日出而作，日入而息，凿井而饮，耕田而食。帝力于我何有哉！

这首诗前面四句押的是入声韵，更值得注意的是，“日出”“日入”“凿”也都是入声字，也就是说，每句的第一个字和第四个字都是入声字，——这意味着什么呢？除了入声韵所表达的决绝情绪之外，这里还是节奏的标志，说明每一句都有两个重拍，一个在第一个字，一个在第四个字，所以两句之间的间隔也是一样的拍长，“击”壤的节奏、声音、情态就如在眼前了。最后一句，“力”是入声字，所以重拍在这里。“何有哉”是感叹，可以拖长，所以不押入声韵。这样，对于入声字的分析，在很大程度上辅助了对诗歌含意的理解，尤其是对诗歌形态的体会，可以让诗歌重新复活般地展现。毕竟，古人留下的不只是文字，而是栩栩如生的声音。

李延年的诗：

北方有佳人，绝世而独立！一顾倾人城，再顾倾人国！宁不知倾城与倾国，佳人难再得！

这首诗前三句每句首末字也都是入声字。“北”“绝”“立”“一”“国”“得”都是入声字，所以也是每句两重拍，分别在首末字。这首诗也是打着节奏唱的，首末重拍，感慨颇深，正如男人酒后长叹，所以一下子就打动了汉武帝，才有李夫人入宫受宠等后事。

杜甫的《茅屋为秋风所破歌》是歌行体，其中三次换韵。诗的开始用的是平声“肴”“豪”韵（ao），这个韵的声音有弯曲又开阔之感，韵里的字的字义也都有此语源义。在这里使用这个韵，表达了号啕大叫的情态，反映了杜甫初发现茅屋为秋风所破时的震惊、悲痛、狂躁的感觉。随后诗歌转为入声字，这是诗的主体部分。这个部分递进叙述了茅草被抢、寒冷难耐、妻儿受苦、茅屋漏雨、彻夜难眠、前途茫茫一系列的事情，其中全是黑暗和绝望，所以一律是压抑滞涩的入声韵，这样把情感逼到了绝处。然后突然一翻，用长句发出惊天的呼喊，转用平声“删”韵（an），这是一个开阔最后又闭合的韵，有特别大的空间感，而且句末“俱欢颜”“安如山”都是三连平，突出了“平”的感觉，这就是平安、平静、平稳的意思。最后，诗歌再次转为入声韵，表达这个愿望的深切，宁愿以死为代价。这是用入声发誓，因为入声有决绝之感，所以用以发毒誓。最后“亦足”两个字都是入声字，“死”是牙音声母，齐齿韵母，三个字是一顿一顿地咬牙切齿地说出来的，这其中的力量真是撼动心魄！

关于吟诵时入声要读短，在吟诵学界是有基本共识的。

赵元任先生说：

> 下面我举两对例子：一首古诗，李白的《静夜思》，一首律诗，张继的《枫桥夜泊》，都是非常有名的诗。每首举了两个不同的例子。照理说起来每两种唱法都是基本上唱的同一个调子，这些都是用我家乡，江苏常州的音读的，也就是吴语的一种。常州话的声调系统跟古代声调系统很相似，请看下面的表（略）。
>
> 在入声部里阳入“5：”只有阳上“55：”一半长，阴入“23：”也只有阳平“23：”的一半长。再有，如果一个入声字后面不马上接着有别的字，它就有声门闭锁音收尾，如果下面马上接下去，那么这入声字就特别短就是了。比方说，第二首诗，第二式的开头两个字就比较短。其实有时吟诵也可以把这种入声字略为拉长一点，比方“月”字在第一首诗里就比较长一些。①

赵元任先生所说的最后一种情况，属于不太严格的情况，而且即使是这种情况，入声字也只是不立即断，稍微长一点而已。

吕叔湘先生在《开明文言读本导言》——即后来在中华人民共和国第一版语文教材中推荐为古诗文教学法的那篇文章中说：

> 入声字在诵读的时候也许比较容易补救，比如说把它读得像去声而极短，短到足以和去声分别。②

而且，吕叔湘先生还有专门的入声字符号，标记在课文中，提醒读者这个字要读短。

华钟彦先生是东北人，口语中已无入声，但是他主张吟诵时仍然要辨认出入声字：

> 应知诗中所有的入声字，都读仄声，不能读为平声。因为北方人的口语

---

① 赵元任撰．中国语言里的声调、语调、唱读、吟诗、韵白、依声调作曲和不依声调作曲［J］．中国音乐，1987.2.

② 吕叔湘撰．开明文言读本导言［M］．上海：开明书店，1950：5.

中一般无入声。读者在必要时要查查字书。所谓“入派三声”（只能用于曲，间或用于词）之说，在诗中是不适用的。①

北方传统吟诵有一些是把入声字读短的，也有一些是把入声读为去声，虽然我认为读为去声是有问题的，但是毕竟也反映出了对待入声字的一个态度，就是挑出来，读短，虽然没有真正的入声塞音尾那么短。

台湾的邱燮友先生也认为：

> 我国诗词曲的特色，强调入声字的重要性，但国语中却没有入声字，同样元曲中的北曲也是没有入声字的，遇到诗词中的入声字，我们要将它的声调读成短促急收藏，不宜拉长声调读成平声。②

以上说了入声字的重要性，所以吟诵是一定要把入声字读出来的。普通话吟诵把入声字读短，也可以基本上体会到入声字的感觉，对于理解诗歌意义重大。

下面再说另一个规矩，即“韵长”——韵字一定要拖长。当然入声韵除外。入声韵的诗，往往是不押韵的那句的尾字反而是拖长的，以衬托入声韵之短促。比如《江雪》的“翁”字，《所见》的“蝉”字，《击壤歌》的“饮”字等。

押韵，是汉语诗歌形式的最基本特征。因为其他的形式特点，如对偶、整齐、比兴、回环、格律，等等，都不是所有汉语诗歌的一致特征。所有汉语诗歌的统一特征，只有一个，就是押韵，而且是押尾韵。

（附带说明：学界多认为上古个别诗歌是不押韵的，如《诗经·周颂》里的几篇。我的推测是上古记载比较简化，不押韵的地方当是重复的句子，自己和自己还是押韵的。《礼记·乐记》：“《清庙》之瑟，朱弦而疏越，一唱而三叹，有遗音者矣。”“一唱三叹”，就是重复、和声、帮腔或类似的现象。其他像只有一句歌词的《候人歌》：“候人兮猗”，不可能只唱一次就完了，重复唱就押韵了。）

关于汉诗的研究，乃至关于上古音的研究，都是以押韵为前提的。但是，汉诗为什么要押韵？这一点却很少有人解释。好像押韵是天经地义的事情。其

---

① 华钟彦著．华钟彦文集 中 唐诗的赏析与吟咏［M］．郑州：河南大学出版社，2009：878.

② 邱燮友著．品诗与吟诗［M］．台北：东大图书公司，1989：7.

实不然。世界上押韵的诗恐怕未必比不押韵的诗多，因为很多语言的诗歌不押韵。比如日语、朝鲜语的诗歌，是押音节数目的，基本不押韵。蒙古语的诗歌，是押声母的，也基本不押韵。苗语、瑶语、彝语、壮语等的诗歌，是押调的，也不押韵。欧洲语言的诗歌，主要是押重音的，很大一部分诗歌也不押韵。

实际上，各种语言早期的诗歌，其形式特征都只有重复，只是重复的因素不一样，有的重复音节数目，有的重复语法结构（排比），有的重复声母，有的重复韵母，有的重复声调，有的重复重音节点。正是重复，把诗歌语言和生活语言区别开来，让人知道他在作诗、诵诗、唱诗。重复什么因素，与此种语言的特点，以及文化的特点有关。

我们回到汉语的押韵。押韵也有很多种，比如押头韵、押腰韵、押交叉韵等。我们汉诗的基本形式是押尾韵。押尾韵是什么意思呢？

这要从音乐上考虑，因为早期诗歌基本都是诗歌舞一体的。在音乐上，押尾韵的地方，基本上是长主音，而长主音，也基本上押韵。押尾韵和长主音的关系，虽然不是一一对应的，但是大体上对应的。那些不对应的情况，乃是在此基础上的一种变化。这个规律见于所有的汉语诗歌，包括民歌、戏曲、说唱、吟诵、现代歌曲和流行歌曲，大家不妨自己验证一下。所以我们首先要把眼光放到长主音上。

主音是歌唱的地平线、参照系，一般也是歌唱的起点和终点。主音在音乐心理上的作用，是提示结束。每当主音出现，就表示旋律回到了原来的基准上，一个乐句结束了。不过，主音如果不够长，这种感觉会滑过去，所以，一定要是长主音才能表示乐句的结束。比如，南京民歌《茉莉花》，每个乐句的结束分别是：5—、5—、1—、$\underset{\cdot}{5}$—，1 和 5 正是一对主音，在西方叫大调，在中国叫宫调。这四个长主音出现的地方，正是尾韵：花、花、它、芽四个字。

为什么要在长主音的地方押韵呢？长主音是为了表示结束，也就是歌唱时，音高回到了原来的水平，这会给人告一段落的感觉。这也就是说，结束感来自于重复感。这是音高的重复感，但是音质并不一定参与。如果第一次长主音唱的是ɑ，第二次长主音唱的是i，那么音质没有重复，只有音高重复了。押韵，就是音质也重复，第一次长主音唱ɑ，第二次长主音还唱ɑ，结果，就是重复感的加强，造成了更强烈的结束感。

汉语诗歌为什么要押尾韵？就是因为汉语诗歌需要每一句都有强烈的结束感，每一句都有相对的独立性。这恐怕与汉语本身的特点有关。汉语是很独特的一种语言，现在拿西方语法来分析汉语，动辄主谓宾补定状，词组丛句句群。其实汉语一般都是短句子，每句的独立性很强，也未必有主谓语之分，未必有西方式的语法，而是话题语言，自有套路，另有语法。此说在语言学界提出已久，可惜因大观念与西学不合，一直未被主流接纳。汉语就是汉语，它是短句语言，各句独立性强，句与句之间的转换快，跳跃性大。汉语的诗歌也是这样的，所以需要押尾韵。

解决了押尾韵的原因，再来说尾韵拖长的意义。

现在大家都是朗读朗诵，而朗读朗诵是不拖尾韵的。我们已经习惯了一字一拍的基本节奏，好像拖长尾韵很古怪似的。

我们举《诗经》的第一篇《关雎》为例。

关关雎鸠，在河之洲。窈窕淑女，君子好逑。
参差荇菜，左右流之。窈窕淑女，寤寐求之。
求之不得，寤寐思服。优哉游哉，辗转反侧。
参差荇菜，左右采之。窈窕淑女，琴瑟友之。
参差荇菜，左右芼之。窈窕淑女，钟鼓乐之。

“关关雎鸠”四字，应该怎么读呢？现在的人往往都读成：关、关、雎、鸠，或者：关关、雎鸠，但是吟诵从来不是这样的。清末民初的唐文治先生在他的吟诵唱片里曾吟诵过《诗经》的《鸨羽》和《卷阿》，他的助手陆如挺先生后来录过同样调子的《关雎》，是这样读的：

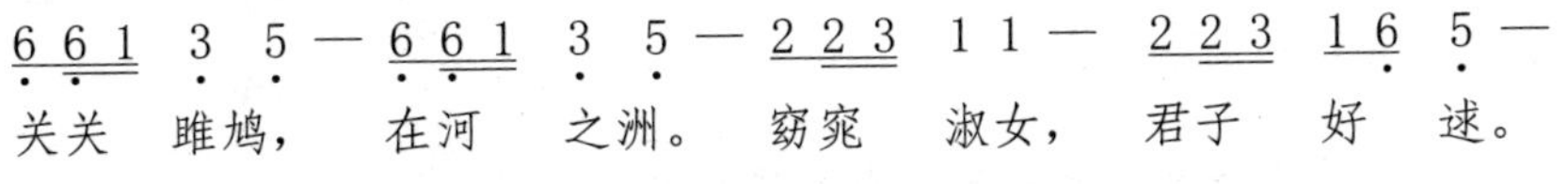

661 3 5 — 661 3 5 — 223 11 — 223 16 5 —
关关 雎鸠， 在河 之洲。 窈窕 淑女， 君子 好 逑。

“关关雎”三个字是两拍，“鸠”一个字也是两拍！这就叫押韵！

我们不会吟诵，至少也会唱歌。看看我们的民歌，是怎样唱韵字的。比如《茉莉花》：

好一朵茉莉花，好一朵茉莉花……

这句怎么读呢？如果是现代朗诵，就会读成：好、一、朵、茉、莉、花，也就是每字一拍，“花”这个韵字只占整个句长的1/6。然而，歌里是怎么唱的呢？

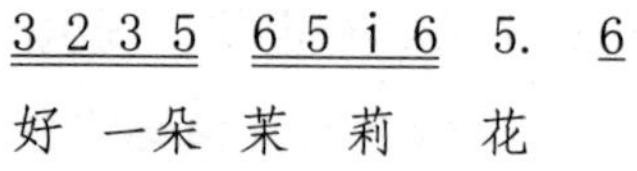

3 2 3 5　6 5 $\dot{1}$ 6　5.　6

好　一朵　茉　莉　　花

“好一朵茉莉”五个字是两拍，“花”一个字也是两拍——这就叫押韵！押韵，就是韵字是长主音，韵字的音长在全句中是最长的，甚至可以占到一半的长度（如果是七言，则一般不低于四分之一）。也就是说，你读一首诗，实际上很长时间甚至一半左右的时间，都在读那个韵！难道这个韵是没有意义的吗？

我们可以试着把韵字变一下，而尽量保持原来的语义，比如变成“好一朵花茉莉”，来进行比较。“好一朵花茉莉”和“好一朵茉莉花”在字面意思上并没有多少差异，但是它们的韵不同。“花”是平声“麻”韵（ɑ），是开口度最大的元音。“莉”是去声“邃”韵，是闭口齐齿的音。只要亲口唱一下，就会体会到，唱“好一朵茉莉花”的时候，感觉到比较开朗，而唱“好一朵花茉莉”的时候，就感觉到比较收敛。因为韵字拖长占了一半的时间，ɑ和i的声音是不一样的，感觉也是不一样的。

我们拿出实在的证据来。我们先看ɑ韵母（麻韵）的平声字有哪些：

麻花霞华沙牙鸦叉夸巴笳蛙爬娃划

这些字，都有开放、打开、展开、延展之类的意思。“麻”，这类植物的形态就是开放的，字形是把麻类植物拿回家扒皮的意思，所以也有打开的语源义。

邃韵的字很多上古都是入声字，所以我们探讨“莉”字的语音含意，要从现代汉语中找，因为这是一首现代汉语的民歌。那么对应的字应该是去声i韵母的，常见字有：

计艺系闭细致谛剂弟意吏利器戏刺

这些字都有细致、尖细、深入之类的意思。所以，“好一朵茉莉花”的声音表达了一种开朗的情绪，而“好一朵花茉莉”就表达了一种收敛的情绪。

押韵是有含意的。每个韵各有性格。

所以一定要吟诵，吟诵时一定把韵拖长。现在的朗诵，韵字不拖长，就是把韵给读没了，给古诗谱曲，也常常把韵唱没了。这种习惯一定要纠正。

关于吟诵时要拖长韵字，吟诵学界也有共识。这首先是因为汉诗的特点之一就是“长言”，是整首诗都拖长，只不过有的字拖得长（比如平声韵字），有的字拖不长（比如入声和仄声字）。朱光潜先生说：

> 传统的旧诗朗诵有一个特点，就是把声音拖长。《书经》里就已有“诗言志，歌永言，声依永，律和声”的说法，“永言”就是《乐记》里所说的“言之不足，故长言之”。“咏”字从“永”，也就是取“长言”的意思。杜诗所说的“长吟”足证唐人诵诗仍用拖长调子的办法。一直到现在，各省依旧法诵旧诗的人也还是遵守“咏言”的规矩。算来用拖长音调来诵诗的传统在我国是和诗歌一样古老的。①

朱自清先生也说：

> 《周礼》“大司乐以乐语教国子：兴、道、讽、诵、言、语”。郑玄注，“倍文曰讽，以声节之曰诵”。段玉裁道，“倍同背，谓不开读也；诵则非直背文，又为吟咏以声节之”(《说文解字》言部注)。古代的诵是有腔调的，由此可见。腔调虽不可知，但“长言”或“永言”——就是延长字音——的部分，大概总是有的。《学记》里道，“今之教者，呻其占毕”，“呻”是“吟诵”，是“长咏”(注疏)，可以参证。②

在拖长的字中，韵字（除了入声韵字）又是拖得最长的。叶嘉莹先生说：

> 此外若再就押韵而言，近体诗一般都以押平声韵为主，平声字则一般都宜于拖长声调来吟诵，因此押平声韵的近体律绝，在吟咏时乃自然容易形成一种咏叹的意味。③

韵字拖长之后，就会引起读者的特别关注、回味。因此，不同的韵，就会引起不同的感觉。韵的意义，古人早有明言。宋末张炎在《词源》中强调选韵：

> 作慢词，看是甚题目，先择曲名，然后命意。命意既了，思量头如何

---

① 朱光潜著 . 朱光潜全集　第 10 卷　谈诗歌朗诵［M］. 合肥：安徽教育出版社，1993：368-369.

② 朱乔森编 . 朱自清全集　第 2 卷　论朗读［M］. 南京：江苏教育出版社，1988：54-55.

③ 叶嘉莹撰 . 多面折射的光彩：叶嘉莹自选集　谈古典诗歌中兴发感动之特质与吟诵之传统［M］. 天津：南开大学出版社，2013：34.

起，尾如何结，方始选韵，而后述曲。[①]

明谢榛在《四溟诗话》也强调择韵：

诗宜择韵。若秋、舟，平易之类，作家自然出奇；若眸、瓯，粗俗之类，讽诵而无音响；若锼、搜，艰险之类，意在使人难押……《余师录》曰："文不可无者有四：曰体，曰志，曰气，曰韵。"作诗亦然。体贵正大，志贵高远，气贵雄浑，韵贵隽永。[②]

况周颐在《蕙风词话》中也说：

作咏物事词，须先选韵。选韵未审，虽有绝佳之意，恰合之典，欲用而不能。用其不必用、不甚合者以就韵，乃至涉尖新，近牵强，损风格，其弊与强和人韵者同。[③]

我的看法是，三十平声韵，各有性格。不是各有情绪色彩。比如说歌韵缠绵，别人就会举不缠绵的例子，比如"鹅鹅鹅，曲项向天歌。白毛浮绿水，红掌拨清波。"说阳韵豪放，别人就会举不豪放的例子，比如"床前明月光，疑是地上霜。举头望明月，低头思故乡。"因为语音和情绪并不是直接的关系，语音只是跟某种形象、某种感觉有关联，这就是前面所说的语音的象似性。歌韵半开半闭，不开不闭，所以有吟哦的感觉，容易走向感慨。阳韵开口再加后鼻音，显得大而长。这些都是性格。就像人，有急性子有慢性子，但是，急性子的人也有快乐有悲伤，慢性子的人也有快乐有悲伤，只不过急性子的人的快乐与慢性子人的快乐不同，急性子人的悲伤也与慢性子人的悲伤不同而已。歌韵可以表达欢喜，也可以表达悲伤，阳韵也可以表达欢喜，也可以表达悲伤，只不过，同样是欢喜，歌韵定比阳韵要收敛一些，同样是悲伤，阳韵定比歌韵要阔大一些。诗歌要表达什么样的情绪，就当选择什么样的韵，不是根据情绪的悲喜来定，而是根据悲喜的方式、风格来定。这就是择韵。所以三十平声韵，因诗境而择，不可乱用。

因此，我们看到一首诗用了什么韵，就可以大概知道这首诗是什么样的情

---

① ［宋］张炎著；夏承焘校注．词源注［M］．北京：人民文学出版社，1963：13.
② ［明］谢榛原著．谢榛全集校笺　下［M］．南京：江苏古籍出版社，2003：995-997.
③ ［清］况周颐著．蕙风词话［M］．上海：上海古籍出版社，2009：15.

绪风格。

比如说，《枫桥夜泊》这首诗，很多人读起来没有韵，也就是韵尾不拖长，那就什么都感受不到，不提他了。也有人读到韵尾时拖一点，但是却大张着口："天——""眠——""船——"，拖长的是"an"这个韵母，这就是近百年来受到西方歌唱法的影响所致。中国古代的歌唱是腔音式的，强调字正腔圆，每个音平等对待，橄榄型吐音，所以作为韵尾，拖长的是"n"而不是"an"，如果您这样去拖韵尾，就会一下子感受到这首诗的感伤气氛了。同理，《清明》也是用前鼻音的韵尾，也有同样的效果。当然，这不是说前鼻音韵尾都是感伤的，只是说这些韵都是深微的。《春日偶成》就是一首快乐的诗，但是"先"韵把这种快乐，表达得比较含蓄，比较收敛，不是热烈奔放的。您可以吟诵试试。

再比如说李白的《静夜思》。我上课的时候总会先问学生：李白作这首诗的时候，是他自己一个人呢，还是身边有别的人？每次学生们都立刻齐声回答：一个人！但是当我要他们证明时，他们却无法在诗中找到任何一个确凿的证据。实际上，我们从诗中并不知道李白是否是一个人。李白的身边完全可能有别人。前野直彬、安旗等学者曾将此诗系年于开元十五年（727），那一年李白新婚。身边的人也许睡着了，也许沉默着，总之不能确证身边没有人。这时候就要反思，为什么没有证据，却开口就答李白是一个人呢？因为诗歌给人的感觉，是一个人的感觉，确切地说，应该是孤独。这才是这首诗深一层的内涵。那么，诗歌的孤独感又是从哪儿来的呢？大家会说是静、夜、思、床、霜、故乡等字引起的，但是床、霜、故乡等字也不必然指向孤独。总之，孤独的证据虽有，但不充分。我们遗漏了什么呢？

声音！我们习惯了从字义上去理解诗歌，忘记了声音。首先看韵。这首诗用的是"阳"韵，有三个韵字。此外，"床"也是"阳"韵的字。"望"字平去两读，并无意义区别，其一也是"阳"韵。"上"字也是两读，名词去声，动词上声，这里是去声，虽不是"阳"韵，却是同一个韵母。也就是说，这首诗一共二十个字，却用了六个"ang"韵母的字，其中四或五个是平声"阳"韵，三个是韵脚，一个是开头，每句都有ang出现，您不觉得李白在强调ang韵吗？

ang韵的特点来自两者：一，韵腹是开口度最大的a，表示它有开阔的特征。二，韵尾是后鼻音（中古音也是这样的），后鼻音的特点是开口度跟韵腹一致，保持不变，所以比起同样韵腹的an、ai、ao、a来，ang 不仅开口度最大，而且保持时间最长。合起来的结论：ang 是汉语中声音最开阔的一个韵母。而且，因为 ng 比a的部位更高，所以ang 还有向上的含意。我们看“阳”韵的常见字：

杨扬香光昌堂王长央泱皇湘望郎唐狂强康冈苍匡荒翔良航桑刚羊祥洋粱汤昂

这些字都有开阔向上的含意，所以这就是“阳”韵的性格特征。

一般情况下，活跃和激烈的情绪多用开口音表达，低沉和柔和的情绪多用闭口音表达。作诗也是一样。由于韵的时长关系，韵的发音往往决定了诗歌的情绪风格，所以作诗须谨慎择韵。情绪开朗或激动（不一定是快乐，也可以是悲伤）的诗一般用开口韵，情绪低回或温柔（不一是忧愁，也可以是喜悦）的诗一般用闭口的韵。大家可以想一想是不是这样，我就不一一举例了。

这首诗是一首忧郁的诗，很明显属于后者，本该用闭口的韵。可是李白却用了开口的韵，而且是开口度最大的韵，而且用了六个字！为什么这样做呢？我们试着把韵尾换一个意思接近但是闭口的字，然后拖长来读：

床前明月清——

床前明月移——

床前明月辉——

床前明月匀——

现在，再读：

床前明月光——

感觉就出来了：用“光”字显得环境开阔！床前有一大片月光！

又或者，比较一下现在朗读朗诵的读法，不拖长韵字：“床前明月光”，和拖长韵字的传统读法：“床前明月光——”（五言诗韵字长度一般相当于前四字总和），也可以明显感觉到传统的读法显得开阔得多。

环境越开阔，月光越多，李白就越渺小，因为在诗歌的世界中，只有他和月光。六个ang 韵字，保证了诗歌一半以上的时间，都在ang——ang——，只要吟诵一下，就能感觉到世界是这样开阔，又是这样静谧，孤独之意油然而生。这是反衬，用环境之大、月光之多反衬自己的孤独。这是多么巧妙的手法，所以他才是“诗仙”。这真不是普通人能做的事情。

自 20 世纪以来，“床前明月光”的“床”字作何解，学术界一直有争议。要之，有睡具、坐具、井栏三种说法。这样就有了室内、室外两种可能。但不管是怎样，此句化自《古诗十九首》之“明月何皎皎，照我罗床帏。忧愁不能寐，揽衣起徘徊。”而境界要阔大得多，“霜”也是一大片的感觉。世界至广大，李白至孤独。“阳”韵字表达了他与故乡相距遥远，也表达出了世界的广大和他的孤独。

一句“床前明月光”就表达出了孤独，古代文人读到这句诗，都能明白这里面有什么。为什么李白会孤独？因为他离开了家乡。为什么要离开家乡？因为要实现理想。那是什么样的理想呢？如果安旗先生的考证是对的，那么就在李白作《静夜思》的前一年，他在《代寿山答孟少府移文书》中这样设计了自己的人生：

> 奋其智能，愿为辅弼，使寰区大定，海县清一。事君之道成，荣亲之义毕，然后与陶朱、留侯，浮五湖，戏沧洲，不足为难矣。①

这就是一名儒士的理想，是自从他读圣贤书以来就承诺的使命。不为名利，只为天下。李白自 24 岁离开家乡四川，就再也没有回去。他不是官员，也没有产业，他也不穷，想回去是完全可以回去的，我们都知道他很想念家乡。但是他没有回去，因为他想实现他的理想，不想失去任何一次机会。直到晚年，因误卷入皇室争斗而被流放，“世人皆欲杀”，而皇帝认定他是叛贼，年老力衰的他应该回家了，可是他没有，反而千里应征李光弼的招募，要再上疆场杀敌，半途病倒，两年后死在当涂。这就是作为儒士的李白。

历史上的大部分儒士都像李白一样，年轻时就离别父母，抛妻弃子，四处漂泊，献身道义，最后客死他乡。他们是一群传道者、行道者、殉道者，是中华文明的脊梁。在他们的一生中，鲜有荣光和财富，却一直与深深的乡愁相伴。所以，在文人诗中，羁旅情愁是一个非常大的主题，留下了浩如烟海的诗歌。那些都是历代文人儒士的生命凝结，而在其背后，是他们对治国平天下的理想

---

① ［唐］李白著；［清］王琦注 . 李太白全集［M］. 北京：中华书局，1977：1225.

的执着追求。

以上还是仅仅讲了“床前明月光”的声韵含意。后面还有三句。这里面还有意象系统。比如“月”“霜”“乡”等。“霜”是秋季的。李白见到月光皎洁，就在心里打了一个比喻，说月光如霜，结果情绪一下子就低落了。《诗经·蒹葭》：“蒹葭苍苍，白露为霜。”《千字文》：“云腾致雨，露结为霜。”露变而为霜，是秋天的事情。中华文明是农业文明，古人春耕秋收，从春至秋，男人们白天都在田地劳作，晚上才能回来，或者晚上也回不来（因为田地距离家宅可能较远），只有秋收以后才能真正一家团聚，所以我们有中秋节。中秋节才是团圆的日子，不是春节。古人从中秋到清明，一家人都是在一起的。所以秋天也就是游子思乡怀归的日子，古诗的悲秋，基本上都与思乡有关。[①] 如杜甫的《月夜忆舍弟》：“露从今夜白，月是故乡明。”所以由“月光”而“霜”，下面自然会转入思乡。而“乡”对于中国人的意义就更大了。这些都是包含在这首诗里面的文化。我们教孩子学一首诗，就是要传承这些。

我听人说过，《静夜思》这首诗不知道好在哪里。用的是常见的字，说的是大白话，没有用典，也没有对仗，表达的似乎是最常见的思乡，用的意象是最常见的月亮。这样的诗，好像小学生一天也能写个二十首。可是，浩如烟海的汉诗，如果只能用一首来代表的话，一定是这首。它是汉诗之冠。为什么这样简单的一首诗能成为千古绝唱？人们说，这是自然天成，但这样并不能解释它的魅力。

因为《静夜思》不简单。它在内容上，吟咏的是思乡。中国人安土重迁，思乡是中国人最重要的情结之一，这个主题，不可谓不重大。但是，这只是第一层。在思乡的背后，是孤独。孤独这个主题，是西方文学的传统母题，一直是西方文学反复抒写的，中世纪的流浪汉小说、《李尔王》《鲁滨孙漂流记》，一直到卡夫卡的小说、萨特的《禁闭》及马尔克斯的《百年孤独》……西方人的孤独源于隔阂，所以萨特说“他人就是地狱”，马尔克斯说那个家族百年孤独是因为他们太孤傲。中国人的孤独是不一样的。屈原“众人皆醉吾独醒”的孤独是忧心祖国，杜甫“百年多病独登台”的孤独是思念亲人。中国人的孤独恰恰来自对群体的眷恋。

---

① 赵敏俐.秋与中国文学的相思怀归母题［J］.中国社会科学，1990(4)：63-78.

《静夜思》的孤独来自思乡。在安土重迁的中国古代，只有两种人会主动离开故乡：商人和文人。“商人重利轻离别”，商人为逐利游走四方，而文人为求道、行道而漂泊异乡。现在总有人把中国历史阴谋化，把中国文人功利化，嘲笑他们是为了求官才抛家舍业的，还往往沉沦下僚，郁郁不得志。那种文人当然是存在的，但绝不是文人的主流。李白一生多次投军，遍干诸侯，被欺骗、被冷落、被逮捕、被流放，都矢志不渝，难道只是为了个公务员职位？“奋其智能，愿为辅弼，使寰区大定，海县清一”，这才是李白的理想。汉诗中有大量的羁旅情愁、游子思妇之作，表面上看都是凄凄切切的，但在这些作品的背后，隐藏着追求理想的执着精神，暗含着中国文人安世济民的社会责任。所以，思乡是一种坚强。思乡为什么不回乡？因为大济天下的理想还没有实现。“先天下之忧而忧，后天下之乐而乐”欤！所以中国文人一看到这首诗，就会勾起一连串的联想。从思乡到孤独到高洁的情操，这首诗背后的内涵不可谓不深刻。

如果我们把《静夜思》理解到这里，那才算是传承了文化，传承了这份中国文人的精神。如果仅仅说是思乡，那真的太单薄了。

我们当然不知道李白当时吟咏这首诗的旋律，但是，千百年来，人们都是按照统一的吟诵的规则来吟诗的，字音可能略有变化，旋律可能不同，节奏可能不同，但是该长的还是长，该短的还是短，该高的还是高，该低的还是低。后世的吟诵基本上可以反映出李白吟咏的味道。

现举戴学忱先生的吟诵调为例，这是她家传的调子：（**见附录资料　戴学忱和清华附小学生　吟　唐　李白　《静夜思》**）

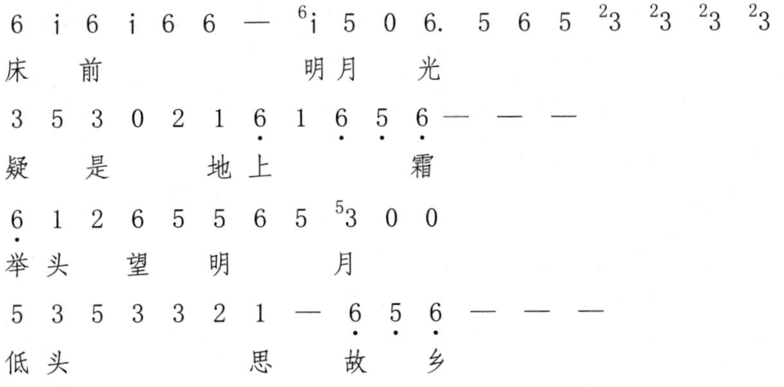

6 1̇ 6 1̇ 6 6 — $^{6}\dot{1}$ 5 0 6. 5 6 5 $^{2}3$ $^{2}3$ $^{2}3$ $^{2}3$

床　前　明月　光

3 5 3 0 2 1 6̣ 1 6̣ 5̣ 6̣ — — —

疑　是　地上　霜

6̣ 1 2 6 5 5 6 5 $^{5}3$ 0 0

举头　望　明　月

5 3 5 3 3 2 1 — 6̣ 5̣ 6̣ — — —

低头　思　故　乡

这个吟诵调，准确地表达出了每个字的声调，这就是依字行腔。在古代，吟诵是老师用来给学生正音、识字的，当然要字正腔圆。此外，这个调子，还准确地传达出了四句诗的关系，即依义行调，第一句上，第二句下，第三句起伏，第四句平低。这个吟诵调把ang韵也拖得很长，表现得很充分。第一句还拖长了“前”字，为什么呢？因为“床前”的地方很大，先得把这块地方圈好，然后月光才下来。吟诵，就是如此完整深入地用声音来表达诗歌的。

我们都知道近体诗是一韵到底的，古体诗是可以换韵的。为什么要换韵呢？难道是因为韵字不够用了？当然不是，而是因为诗句要表达的情绪变了。所以换韵是古体诗分段的标志。现在语文课经常讲段落划分，古代是很少讲这个的，一吟诵，就全出来了。诗文的内在线索、结构，是由外部的声音来体现的。

换韵，一般是在不同声调的韵之间来转换的，也有极少部分是在同声调但是不同的开闭口音之间转换的，这就说明，换韵是为了诗句情绪的转折，所以一般都是在对立的音（不同的调或不同的开闭口音）之间来转换的。学习古体诗，关注了换韵的情况，就明白了分段，明白了作者情绪的转换，对于理解诗歌非常重要。

比如《木兰辞》，开头四句用入声韵，入声顿挫，非常压抑。然后自“昨夜见军帖，可汗大点兵”开始，转入平声韵，情绪有所抬头。“东市买骏马，西市买鞍鞯”转为平声先（an）韵，这两个韵都有舒展和豪迈的意思。一过黄河，远离家乡，转为平声尤韵，这是舒缓深切的韵。“万里赴戎机，关山度若飞”转为平声微韵，这个韵的字都有飘忽不定的意思，这就有了漂泊沧桑之感。从“归来见天子，天子坐明堂”开始，一直到“不知木兰是女郎”为止，全部是平声阳韵，这是所有韵中最为开阔张扬的一个韵，这就是木兰的心情写照！最后一段是平声支韵，这是最为细腻深微的一个韵，猜谜的感觉。体会到了这些换韵的含意，就明了此诗的气韵转换，得其诗心文气了。

古诗声韵之美，一美如斯，不有吟诵，何以得之？所以，记住：入声字一定要读短，韵字一定要拖长。

再说说节奏。现在论汉诗节奏比较多，然多为朗诵，承现代学术传统，以现代口语读古代诗歌，五言分为二、三，七言分为二、二、三，四言分为二、二，读出来非常单调枯燥。

汉语是偶位结构的语言，双音节为主要声音形式，这是不错的。然而论汉诗节奏，须知诗歌的音乐、节拍。

汉族音乐，自五言之后均为两拍结构，两两得四，所以也是四拍结构，二四得八，所以也是八拍结构。八拍，简言之，为四拍，再简之，为两拍。然而两拍太简短，一般诗歌不好分析，所以用四拍、八拍最好。之所以可以这样二、四、八拍地通用，是因为汉族歌曲轻重拍不明显，所以可以分之或合之。

今传绝大多数的汉语歌曲，从民歌到戏曲，到流行歌曲，到曲艺说唱，是八拍节拍（或云四拍节拍），极少数有六拍。

如朝鲜，则三拍居多，实际上是几种复杂的长短拍子。如欧洲，则各种拍子都有，重音语言就靠节拍。如汉语，则仅四、八拍而已，每句四（八）拍，拍尽换句。六拍显急，不是正统主流。

四言诗，现在的吟诵，以四拍论，则前三个字两拍，后一个字两拍，所以为押韵。但当时情况，可能有所不同。因为是音高型声调，每个字都可以拖长，可能一字一拍，但由于每个字都很长，最后一个韵字也是长音，所以也可以押韵。也可能四字各一拍，第四字再拖四拍。也可能前三字各一拍，韵字三拍，这样就成了三拍结构，在四言诗不是不可能的。我吟诵的《诗经·周颂·丰年》，一句一韵，又是颂体，所以用的是这种节拍，感觉比较到位。二二结构不可取。

五言古体诗，现在的吟诵，一般都是前四字一字一拍，后一字四拍（一般最后两拍为空拍，实字占两拍）。也有不空拍，则为六拍。

七言古体诗，则前六字各一拍，末字两拍，未见上四下三、二二三者。

近体诗，五绝五律，平长仄短，节拍为：

╳　平　╳　仄　平

0.5　1.5　1　1　4

╳　平　╳　仄　仄

0.5　1.5　1　1　1　3 空拍

╳　仄　╳　平　仄

0.5　0.5　0.5　1.5　1　3 空拍

╳　仄　╳　平　平

0.5　1　0.5　1　4

七绝七律，节拍为：

×	仄	×	平	×	仄	平	
0.5	0.5	0.5	2.5	0.5	0.5	3	
×	仄	×	平	×	仄	仄	
0.5	0.5	0.5	2.5	0.5	0.5	1	2空拍
×	平	×	仄	×	平	仄	
0.5	2.5	0.5	0.5	0.5	2.5	1	
×	平	×	仄	×	平	平	
0.5	2.5	0.5	0.5	0.5	2.5	3	

当然，吟诵是即兴自由的，节奏不是均匀律动为主，所以时长关系更不是固定的。以上只是个大概，节拍变化多端，上四下三、二二三是不可取的。

其余如各文体之差异，《诗经》之缓吟，乐府之均匀，多腔音，五古之平稳，词之唱则一字多拍比较多，骚体则起伏跌宕，曼声甩腔为佳，等等，不一而足。又每首不同，各有情境，知人论世，各有理解。这些事情既复杂又因诗而异，待讲解具体诗文的吟诵时再细谈。

六、吟诵的方法之四：平长仄短

这是吟诵时音长方面的规矩，而且仅限于吟诵近体格律诗文。

吟诵的时候，音长分长、中、短三种：

诗文句子中的第二、四、六等偶位字，如果是平声字，则是长音。句尾的韵字，是长音。

入声字一律读短音。

其余的字是中音。

什么是平声字？就是今天普通话读一声（古称阴平）、二声（古称阳平）的字。什么是仄声字？就是今天普通话读三声（古称上声）、四声（古称去声）的字，以及入声字。

什么是入声字？就是古代的一种声调的字，这个声调的特点是短促，结尾有塞音堵住，好像刚发了一半的声音就被打住了一样。这个声调在今天的普通话里没有了，入声字都分别被读成了一二三四声。我们吟诵的时候，要把入声字再重新找出来，把这些字也作为仄声的一种。

怎么找入声字？有一套简单的办法，详见《普通话吟诵教程》。

比如：

朝—辞——白帝—彩—云——间——

千—里—江—陵——一日还——

两—岸—猿—声——啼—不住—

轻—舟——已—过—万—重——山——

其中“白”“一”“日”“不”是入声字，读短音。“间”“还”“山”为韵字，读长音。“辞”“云”“陵”“声”“舟”“重”为偶位字的平声字，读长音。其他的字，读中音。

偶位字的平声字读长音，会形成二——四、六——四、六——二不断重复的规律，这就是格律。

关于平长仄短，前人早有总结。叶圣陶、夏丏尊两位先生的《文心》里就是这样标记的：

> 寒——岩～～～～枯——木—原——无～～～～想——
>
> 野—馆—梅——花～～～～别—有—春～～～～[1]

华钟彦先生说：

> 总的精神，要求平长仄短。具体说来，凡吟咏顿挫处，必须是押韵字和句中某一平声字。凡正常的平起绝句诗，其各句中间的吟咏顿挫处，必在二四四二，即第一句第二字，第二句第四字，第三句第四字，第四句第二字；凡仄起的绝句诗，其各句中间的吟咏顿挫处，必在四二二四。律诗各自重复一遍。[2]

这是指五言律绝。七言则第六个平声字也要拖长。李炳南先生说：

> 近体绝律类。按声调谱吟：于句中双平处长停。七言有两处双平句者，则须两长停。[3]

---

① 夏丏尊，叶绍钧著．文心［M］．上海：开明书店，1933：115.

② 华钟彦著．华钟彦文集　中　论唐诗传统的继承与发展［M］．郑州：河南大学出版社，2009：681.

③ 李炳南撰．李炳南老居士全集　第 13 册　诗阶述唐　声调举隅［M］．台中：台中市佛教联社，2006：16.

对此，陈少松先生解释说：

多数人吟诵时，节奏点上平声字音的时值往往超过节奏点上仄声字音的时值，换句话说，就是节奏点上的平声字音通常比节奏点上的仄声字音拖得长一些。为什么这样处理呢？就音韵学而言，平声字是平直调，读时本可拖得很长；仄声字是升降调，读时本不能拖得很长。就诗律学而言，近体诗“一句之中，平仄相间”“一联之中，平仄相对”“两联之间，平仄相黏”，将节奏点上的平声字音读得长一些，仄声字音读得短一些，可使长音和短音有规律地交错出现，跌宕流走，回环往复，近体诗特有的节奏感和音乐美由此得到显现。①

叶嘉莹先生更有详细的分辨：

在吟咏时，凡是顿挫之处都不可与下一字连读，至于不连读的顿挫之表示，则又可分别为两种情况，一种是略作停顿，另一种则是加以拖长。即如五言诗之第二字，七言诗之第二字和第四字，便都是在吟咏时应该加以拖长或略作停顿的所在。至于五言诗之第四字及七言诗之第六字，则可视情况之不同或与后一字连读，或不连读而加以停顿或拖长。而与此种顿挫相对的则是五言诗之第一字及第三字，与七言诗第一字、第三字及第五字，即必须与下一字连读，而决不可任意停顿或拖长。以上是诗歌吟咏中在节奏顿挫方面所当掌握的几个重点。②

第六个平声字，是因为后面接韵字，所以往往显得不那么长，但实际上也是拖长的。

下面再做几点补充说明：

（1）入声字的短音，可以读完后空一下再读下一个字，叫作“顿挫”；也可以直接接上后面的字，我称之为“短读”。一般说来，读得慢用顿挫多，读得快用短读多；情绪高用短读多，情绪低用顿挫多。

（2）格律诗的韵脚一定是平声字，自然拖长。词、曲有时押的是仄声韵，

① 陈少松撰．古诗文吟诵研究［M］．北京：社会科学文献出版社，1997：62.

② 叶嘉莹撰． 多面折射的光彩：叶嘉莹自选集 谈古典诗歌中兴发感动之特质与吟诵之传统［M］．天津：南开大学出版社，2013：32.

韵字也可以拖长，如果是入声韵，可以顿挫一下再拖长。在诗的吟诵中，我比较倾向于入声韵不拖长。但是词、曲本是歌姬所唱，而且那时候腔音唱法已经流行，尾腔的表达方式越来越复杂丰富，所以对于词、曲的吟诵，我还是觉得入声韵可以“断续吟”的，即发音后，可以停顿一下再拖长其韵腹，婉转表达情绪。

（3）不是偶位字的平声字，与仄声字一样不拖长。有人以为凡平声都长，那是不对的，平长仄短是吟诵的规律，不是说话的规律。吟咏是有节奏单位的，两个字一个单位，所以只有偶位的平声字拖长。上面叶嘉莹等先生的论述已经说明。

（4）长短是相对而言的，有时有的仄声字比某些平声字长，但是那个仄声字后面的平声字比它长就行了。又有人说第六字往往不拖长，那是因为后面有拖得更长的韵字，往往显不出来的缘故。

（5）平长仄短不是百分之百地有效的，有时吟诵者会根据文意情绪做一点微调，比如有的该长的字并没有那么长，该短的字却比较长等。叶嘉莹先生说：

> 另外现在还有这样一个误区，大家说平声才可以拖长，仄声不能够拖长。这不是必然的。因为诗歌的感情不同，仄声有时也可以拖长，甚至于入声，你把它收住以后，调子也一样可以拖长。①

后者指的是入声的“断续吟”情况。平不一定长，仄不一定短，这属于依义行调的结果，但是，这种情况必须是个别的，如果成规模地破坏平长仄短的规则，就不能再视为是吟诵了。

（6）平长仄短规则仅限于近体格律诗文。

平长仄短的规则有很多前辈先生都曾论述过。但是，大多数人所面对的材料比较单一，得出的结论缺乏普适性。当个别先生得到比较丰富的吟诵资料时，就会发现有不遵守平长仄短规则的情况，比如华钟彦先生曾经总结有“两字一顿法”。那么，平长仄短是普遍遵守的规则吗？

在我们搜集和采录的资料中，也有个别的近体诗词的吟诵不遵循平长仄短原则的情况。在我们所采录和整理的1000余位先生的吟诵中，不遵守平长仄短

① 叶嘉莹撰．古典诗歌吟诵九讲［M］. 桂林：广西师范大学出版社，2014：4.

规则的约十分之一。其中一些吟诵的先生已经过世，无法取证了。在可取证的先生中，我们基本上都做了采访，其中又分两种情况。一种是先生自己说应该平长仄短的，只是他在吟诵的时候不太注意，或者故意破坏。为什么破坏呢？有的说是为了适应现代社会。这说明这个规则在他那里本是存在的。一种是不知道有这个规则。这个规则一般都是老师教学生吟诵的时候传授的，不知道这个规则的情况，基本上都是属于学习吟诵的时间不长或者没有正式学习过吟诵。除了个别的情况外，从南方到北方，汉语的七大方言区的吟诵都遵守平长仄短的原则，甚至华钟彦先生说，日本的汉诗吟诵也遵守这个规则。这件事尚待证明。但是在汉语吟诵中，平长仄短是一条共同的规则，这一点看来是不会错的。

为什么会有这么一条规则呢？

在现代汉语中，如果按阴平、阳平为平声，上声、去声为仄声来看，那么，口语中是不存在平长仄短的现象的。在中古汉语的口语中，存在平长仄短的情况吗？对于这一点，前人的研究没有得出一致的结论。入声是短的，这一点大家都公认。平声是长的，这一点大家也公认。问题在于上声和去声是不是比平声短。现在找不到任何材料证明上声、去声比平声短。在语流中，更是变化万端。而入声的短音，是无论语流如何都存在的，所以，应该说，中古时期汉语的音长情况，也是入声短，其他三声大致差不多。

如此，按照口语的情况，吟诵的规则应该是平上去长，入声短，为什么现在是平长仄短呢？为什么要把上、去、入合起来叫仄声呢？

就吟诵来看有两个原因。第一个是吟诵的发音方式决定的。因为只有平声才能拖长。中古汉语的平声，无论是阴平还是阳平，调型都是平的，而上、去、入都是不平的，有变化的。吟，即拉长声音的意思。平声可以拉得无限长，仄声就拉不长。入声本身就是短音。上声和去声，一个升，一个降。人的声域有限，不能无限升降，又不能升降一下再拖长，因为任何声调，只要拖长，前面的升降的感觉会趋于消失，听起来都是平声。

第二个原因，是中古音的平声比仄声低，比仄声的上去入三声都低，而上去入三声却无法分辨高低，是混在一起的，所以合起来起了个名字叫“仄”。“仄”者，倾也，斜也，就是不平的意思。平仄之分，是按照平不平，以及高低来区分的。这都是出于吟诵的需要。

现在也可以解释为什么近体诗要押平声韵。因为只有平声字可以无限拖长。

为什么词、曲又可以押仄声韵？因为词、曲本是唱的，一般只要一开始把字调唱出来就行了，后面可以任意拖长变化。而吟诵不同。唱的目的在曲，吟的目的在词，吟诵是要严格依字行腔的。如此一来，只能押平声韵。

那么古体诗又为什么可以押仄声韵？这个问题就更有意思了。南朝以前，都是古体诗。为什么到了南朝出现了新体诗，追求格律声韵，而关于吟咏的记载，也是从魏晋南北朝开始大量涌现的？那个时候，一定有什么东西变化了。是什么呢？从逻辑上来说，只有两种可能：要么语言的声调变化了，要么诵读方式变化了。

如果是诵读方式变化了，即：上古时汉语诗歌的诵读是不拖长声音的，到魏晋南北朝时，变成拖长声音的了。这种新的诵读方式，需要四声进行平仄之分，需要诗歌只押平声韵。这个逻辑上讲得通，但似乎与上古时期的文献记载相矛盾。《尚书》“歌永言”、《毛诗》“长言之”等都说明上古人的诵读也是拖长声音的。那么，答案就只剩了一个：汉语的声调变了。

上古音的声调，是学术界争议的一个焦点。现在大致有两派：一派认为上古亦有平上去入四声，一派认为上古无声调，确切说是有平声、有入声，元音有长短音，但没有升降声调。

两派都是从语言学、音韵学的角度研究的。但如果把音乐方面的材料也考虑进去，也许会有第三个答案。

《尚书·舜典》：

> 帝曰：“夔！命汝典乐，教胄子，直而温，宽而栗，刚而无虐，简而无傲。诗言志，歌永言，声依永，律和声。八音克谐，无相夺伦，神人以和。”
>
> 夔曰：“於！予击石拊石，百兽率舞。”①

这是上古时期制乐的情况。汉语的歌唱，是怎么创造的，有什么规律呢？“诗言志”，在此不论了。什么叫“歌永言”？现在有人解释说“永”通“咏”，并把“咏”说成是歌唱的意思，如周秉钧《白话尚书》解释“永，通咏”，翻译为“歌是唱出来的语言”。

永，长的意思。《尚书·高宗肜日》：“降年有永有不永”；《诗经·周南·汉广》：“江之永矣”；《诗经·大雅·既醉》：“君子万年，永锡祚胤”。这里的

---

① ［汉］孔安国撰；［唐］孔颖达正义；黄怀信整理．尚书正义［M］.上海：上海古籍出版社，2007：106.

“永”都是“长”的意思。《释文》说：“永，徐音咏，又如字。”在对《尚书》的注释中，孔安国、孔颖达都释为“长其言”。

“歌咏言”用“咏”字，最早出现于西汉刘歆《六艺略》转引《尚书》，其注曰：“故哀乐之心感，而歌咏之声发。诵其言谓之诗，咏其声谓之歌。”《汉书·艺文志》沿用了这个说法。后世多以此为“歌”“咏”同义之据。其实在这里，“咏”还是“永”“长”的意思。《尚书》注疏很清楚。孔安国注：

> 谓诗言志以导之，歌咏其义以长其言。①

孔颖达疏：

> 作诗者直言不足以申意，故长歌之，教令歌咏其诗之义以长其言，谓声长续之。②

由此，“咏”后来有了“歌”的意思，但此义项的产生是后来的事了。

以上辨明，“歌永言”的意思是“歌唱，就是把语言拉长”。那么“声依永”的意思就是“音乐按照拉长声音的语言来进行”，“律和声”的意思就是“把这样的音乐放到音律（宫商角徵羽）上”，因此“八音克谐”。

把口语拉长，就可以放到音阶上，这是声调语言的专利。因为声调语言有相对音高关系，放到音阶上时，就有法可依，唱出来时，就可以辨音识字。非声调语言，比如英语这种重音语言，拉长了怎么放到音阶上呢？就算把重音节往高放，轻音节往低放，那也不知道该放多高，该放多低。而一旦唱出来，随着旋律的发展，有的轻音节会比重音节还高，如何辨音识字呢？由此可知，上古汉语一定是声调语言。

上古无声调之说，一曰古无上声，一曰古无去声，证据都在《诗经》的通押现象。然而，汉语诗歌为什么要押韵？世界上很多语言的诗歌是不押韵的，汉藏语系就有很多。押韵是歌唱或吟唱的需要。押韵的地方一定是长主音，即乐句结束的地方。旋律回归于主音，有结束感，这是音乐学的基本原理。如果音高回到了主音，而音质没有回归，结束感就不够强烈，所以音质也要回归。

---

① ［汉］孔安国撰；［唐］孔颖达正义；黄怀信整理．尚书正义［M］．上海：上海古籍出版社，2007：106.

② ［汉］孔安国撰；［唐］孔颖达正义；黄怀信整理．尚书正义［M］．上海：上海古籍出版社，2007：107.

汉语歌曲，“长言之”，尾字尤其拖长，也就是尾字的韵母很长，所以就要押韵了。把汉语与英语、法语等重音语言，与彝语、苗语等声调语言等相对比，就可看出这个特点。在此不细论了。

弄清了押韵就是重复长主音的道理，就可以讨论声调的问题了。汉语诗歌在魏晋以后，其主体是只押平声韵的，因为只有平声才能拖长，其他声调拖长都会变成平声。但是上古的诗歌是可以押别的声调的。从押韵的角度来说，这是违背依字行腔规律的，也就是违背“歌永言”的说法的。唯一的解释，就是四声拖长都成平声，还是可以辨认出哪个声调。这也就是音高型声调。后世在汉语声调变成旋律型之后，保留了古体诗的形式，但是古体诗是不适合吟咏的，所以现在录到的古体诗的吟诵普遍快于近体诗，其目的就是缩短字的音长，以降低违背依字行腔的程度。

上古汉语的声调问题，只在语言学传统材料的基础上是很难说清楚的，如果把音乐学、文学的材料一起考虑进来，我们可能会向前走一大步。

我的看法是：上古汉语有平、上、去、入四种声调，但互相不交叉，有音高型声调的特征。其由高到低的顺序是：去、上、入、平。（详见后文对“四声对五音”的讨论）所以上古诗歌可以押任何一个声调的韵。从西汉中叶到隋朝，汉语经历了一个漫长的变化过程，最终形成了彻底的旋律型声调。平声仍然是低的，但是上去入三声的音高混在一起了。

旋律型声调的出现，决定了诗歌只能押平声韵。但是古体诗的创作传统还在，所以古体诗吟咏的时候要快。而且，古体诗也越来越律化，以便于吟咏。另外，后文将说到古体诗的吟诵调的旋律发展手法是模进，与近体诗的对称手法不同，那也是一个证据。

现在回到平长仄短的规则上。在口语中，平、上、去都是长音，入声是短音。而吟咏是“长言之”，比口语“长”得多，平声可以拖无限长，上、去就拖不了那么长，所以就形成了平声长音、上去中音、入声短音的局面。汉语是单音节语言，偶数音步，两个音节为一个节奏单位，所以一、三、五字不能拖长，拖长就破坏音步韵律了，这样“平长仄短”规则就再次修正为：偶位平声字和韵字（都是平声字）长音，奇位平声字和上去声为中音，入声字短音。

比如我在山东淄博桓台县采录的田家铸先生的吟诵：

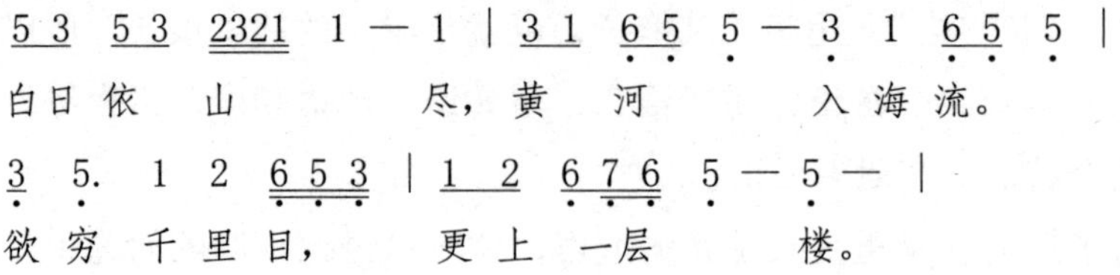

5 3 5 3 2321 1 — 1 | 3 1 6 5 5 — 3 1 6 5 5 |
白日依 山 尽，黄 河 入海流。
3 5. 1 2 6 5 3 | 1 2 6 7 6 5 — 5 — |
欲穷 千里目， 更上 一层 楼。

平长仄短体现得非常明显。

平长仄短对诗句的含意产生了重要的影响，因为不同的读法会带来不同的意义。我们要知道作者本人就是这样读的，所以一定要这样读，才可以去体会作者的原意。

现代朗诵，因为抛弃了汉诗文固有的读法规矩，也就没有平长仄短，结果造成了对一大批律句的理解错误。七言句，朗诵总是上四下三，造成理解上总以为是前四字为一组，后三字为一组。其实，在平起的句子里，很多时候是二五断的，因为第二个平声字拖长，往往表示前两个字是主题，而后五个字是对主题的描述。比如程颢的《秋日偶成》第一句：

闲来无事不从容

这句话如果四三断，就理解为“闲来无事、不从容”，而实际的意思是“闲来、无事不从容”，意思完全相反。吟诵起来，是“闲来——无事不从——容——”，第六个字“从”虽是长音，但由于第七个字是韵字更长，所以“从”显得不那么长，实际吟诵的时候，会多少有点短，这在很多老先生的吟诵中都可以见到。所以，整句很容易造成“闲来——无事不从容——”的吟法。而且中间不是断的关系，是拖长、连的关系。这种平起、平收的律句，一般都是二、五两部分。由于诗是吟咏着创作的，所以诗句的意思或者语法结构，也往往是二、五两部分的。比如：

遥看——瀑布挂前川
忽闻——岸上踏歌声
黄河——远上白云间
春风——不度玉门关
不教——胡马度阴山
闻郎——江上唱歌声
不论——平地与山尖

钟山——只隔数重山
应怜——屐齿印苍苔
轻舟——已过万重山
人间——能得几回闻
独怜——幽草涧边生
出门——俱是看花人
春城——无处不飞花
轻烟——散入五侯家
牧童——遥指杏花村
绝胜——烟柳满皇都
只缘——身在此山中
菊残——犹有傲霜枝
风光——不与四时同
但悲——不见九州同
问渠——那得清如许
初闻——涕泪满衣裳

句读的不同，会造成理解的差异，有时比较小，有时比较大。比如杜牧的《清明》，最后一句“牧童遥指杏花村”，现在的解释往往说笔锋一转，明亮温暖，等等。实际吟诵是这样的：

牧 童 遥 指 杏 花 村

“牧”是入声字，表示强调，“童”是长音，“牧童”是提出一个话题，所以关注点是“牧童怎样了呢?”后面都是对“牧童”的描述：他“遥指杏花村”呀，所以“牧童——”的拖长非常重要。“花”字虽拖但不显，所以后五字为一组。南怀瑾先生的吟诵就是这样的。这首诗的意思是说，我是个异乡人，在清明节的雨中行路，几乎要“断魂”了，我只想找个地方借口酒浇愁，于是见到一个牧童就问他哪里有酒店，可是这个牧童，他在自家的门口，无忧无虑，只见他抬手一指：远处多少里之外，有个杏花村，那里有酒店（遥指啊）。可怜我连口酒都喝不上啊。这是用牧童的无忧无虑、杏花的明亮意象（出自牧童的口中），来反衬自己的孤独忧郁。这样，整首诗才浑然一统，而且四句的结构也是起承转合，婉转迂回之后更为拓展，余韵不尽。

再举一些例子帮助理解。

李商隐的《无题》："相见时难别亦难"，吟诵是这样：

其中的长音是两个"难"字，所以这句有一半以上的时间都在吟叹"难——"，可见其情之难。那么到底是"见"难还是"别"难呢？句中用的字是"亦"，从字面上看不出哪个更难。而实际上，"别""亦"都是入声字，这里特别强调了顿挫的声音，好似哽咽，吟诵一下就马上出来了，所以是"别"难。整首诗都是在吟咏离别。为什么不说"别更难"？一来"更"字比较口语化，二来，"更"字不是入声字，用字面表达远不如用入声声音表达更痛切，也更含蓄，所以李商隐选择用"亦"字。大诗人都是用声音作诗的。

七、吟诵的方法之五：平低仄高

平低仄高，也是近体诗文的读法规矩。它是指以两个字为一个单位，后一个字为标准，平声旋律下降，仄声旋律升高，形成乐句旋律的起伏和整首旋律的对称。也就是说，近体诗文吟诵的时候，二、四、六等偶位字，平声读低，仄声读高。一、三、五字的高低由后面的那个字的高低决定，两个字为单位一起高或一起低。

平低仄高，是汉语的特性造成的。上古音、中古音都是平低仄高的。吟诵时依字行腔，自然平低仄高。赵元任先生说：

> 古代四声确实的音值我们现在没有法子知道了，可是每一个字属于哪一个声调的类别我们现在还知道的很清楚，因此我们从文字上的略为印象派的描述，再加上有些方言中的声调也可以做参考，（因为我们知道在其他某些方面，这些方言多半比普通话改变的慢一些）而可以推测出古代的平声（就等于现代普通话的阴平，阳平）大概是中高或是低，而音形大概是平行的或略为下降，至于音的长短可能是中等或略长……作曲家们有一个公认的处理

歌词声调的规则就是按照传统的分类法，把声调归纳成平仄两大类，这样凡是遇到平声字旋律就用比较长一点的音或是略为下降的几个音。凡是遇到仄声字的时候，旋律上就用比较短也比较高的音，或是变动很快、跳跃很大的音。①

平低仄高不仅是吟诵的规律，也是整个汉语传统音乐的规律。杨荫浏先生说：

再次，在南方的吟诵调中，仄声（包括上去入）都有上升或用较高音的倾向，平声（包括阴阳平）都有下降或用较低音的倾向。就是说，仄声有偏高的倾向，平声有偏低的倾向。在南曲中，除了上声音调与方言字调有所不同，这将在下面加以说明以外，平声字所配音调，一般偏于整个音域的中下部分，比之北曲平声字音调之偏于音域之中上部分者，显然有别。所以，南曲平声音调，比之北曲，相对而言，是偏低的。这可能又与平声在南方语言中一般低于仄声，有着关系。②

根据我们的搜集采录，目前基本不符合“平低仄高”规矩的只有最南部地区。

其中广东粤语地区，平仄各有高低，这是因为粤语就是如此。粤语受上古音和中古音的影响都有，结果形成了有些音高型声调的特征。此事后文还要涉及。粤语的吟诵，平仄各有对应的音高，平声分阴阳阴高阳低，仄声也分阴阳阴高阳低。

闽南地区，也是平仄各有高低。闽南语有两种，白读为魏晋时传入，文读为宋时传入。吟诵基本是用文读的，也杂有白读，平仄各有高低。吟诵的时候，很多句子都是平高仄低的，也有平低仄高的。

还有广西部分地区。陈少松先生说：

吟诵时音高和旋律的处理同各地方言往往有着一定的关系。为什么上举腔调吟诵时声音会“平低仄高”呢？这当是由于那些地区的方言中平声字一

---

① 赵元任撰．中国语言里的声调、语调、唱读、吟诗、韵白、依声调作曲和不依声调作曲［J］．中国音乐，1987.2.

② 杨荫浏撰．语言与音乐　语言音乐学初探［M］．北京：人民音乐出版社，1983：42-43.

般比仄声字读得低些。与上述情况相反，有些地区的腔调吟诵时按“平高仄低”的规则行腔……当是由于王力先生是广西博白县人，博白的语言属粤方言区的桂南语系。在博白的方言中，平声字读得高，仄声字读得低，且多为降调，所以王力先生吟诗时的声音也就“平高仄低”，由仄声字组成的节奏单位其旋律表现出下降的倾向。①

北京官话地区，吟诵分两种：一种为文化层次较高人家的吟诵，基本上南方塾师所传，平低仄高；一种为文化层次较低人家的吟诵，基本上是本地塾师所传，平高仄低。后者显然不太正统。北京白话的声调特征就是平高仄低。普通话是以北京语音为基础的，平声 55、35，上声 214，去声 51，明显平声在上，仄声在下，所以北京的说唱如单弦、大鼓，都是平高仄低，普通话的歌曲往往也是平高仄低。但是，吟诵是用文读的，正如今日旧体诗词创作仍然使用平水韵一样，近古近代时期，吟诵也一样用中古音韵系统的，所以北京官话地区比较正宗的吟诵，仍然是平低仄高。大家可以参考听一下叶嘉莹先生、苏民先生、刘征先生、苏立康先生、张卫东先生的吟诵，他们都是地道的北京人，其吟诵调有北京音乐的特征，但是都是平低仄高的。比如苏立康先生吟诵的杜甫《登高》，明显是京韵大鼓的调子，但是平仄高低关系却与京韵大鼓恰好相反。（**见附录资料　苏立康　吟　唐　杜甫《登高》**）

与此类似，同属北京官话区的河北、东北地区也是如此。我的学生刘奶景的硕士毕业论文以统计法研究了华钟彦先生（沈阳人）的吟诵调，结论是近体诗基本上也是平低仄高。

南方地区的吟诵，近体诗基本上是平低仄高。东北、西北、山东、河南、山西、四川、贵州、云南等地方，其吟诵也是平低仄高的，因为其语音总体也是平低仄高的。我们总说北方方言区，其实北方方言区的内部是有重要差异的，平仄之高下，对于诗文雅言是非常重要的。况且，吟诵是用文读语音系统的，文读系统，在全国普遍来说，近体诗都是平低仄高的（粤语、闽南语除外）。

因此，我们可以得出如下结论，即中古时期的吟诵应该是平低仄高的。

但是，在吟诵的时候，本来不一定平低仄高的，因为还有旋律在，还有重音在。事实也是这样。那么平低仄高出现在什么情况中呢？就是近体诗词，尤

① 陈少松撰．古诗文吟诵研究［M］．北京：社会科学文献出版社，1997：67-70.

其是近体诗中。为什么呢？因为近体诗有固定的格律，总是在重复，就容易形成旋律的反复，结果在一句之中，句调即句旋律，很容易形成平调，或者近似的平调。在平调中，自然按语音高低，平低仄高。整首诗的旋律也就对称了（详见后文“模进对称”）。

所以对古体诗的吟诵，我不强调平低仄高。

实际上，平低仄高一般是基本调，近体诗的吟诵调如果不是基本调，也可以不完全遵守这个规则，根据诗意可以进行一定程度的变化。

中国人的世界观，认为这个世界没有什么统一的规律，世界是变化的，所以没有什么规则是百分百的。但是，要打破规则，就要有道理。如果不平低仄高，一定要有道理。

普通话口语，是平高仄低。所以读诵时，我主张近体诗要平低仄高，这没有问题。吟咏时就麻烦一些了，弄不好要倒字。所以我主张，吟咏时如果做不到，就把平声韵压低。那是没有问题的。任何字拖长都是平声，不会倒字，而诗的韵味也能回来一大半。

秦德祥先生说：

> 字的平仄声调与吟诵音之间的关系，大致有三条规律，按明显程度顺序是：“平长仄短”“平低仄高”和“平直仄曲”。即：吟平声字的音通常较长、较低、悠缓而平直（如果为曲声，则常用下降的音调），吟仄声字的音通常较短、较高、急促而曲折（如果较长而曲折，则常似上声字的声调，先降后升，也用上扬式的音调）。这些是比较普遍的情况。①

平长仄短、平低仄高、入短韵长，这样就形成了近体诗词文赋的基本读法。这套读法不仅仅是读的问题，它还直接涉及诗歌含意的。不同的读法会形成不同的理解，而由于作者也是这样读的，所以只有这样读，才能获得比较接近原意的理解。

长短是有意义的，高低也是有意义的。

平声如果读得低而长，经常有延展之感。仄声如果读得高而短，经常有强调之感。

我们现在推广一套吟诵符号，其来源详见上文“吟诵历来有规矩”。这套符

---

① 秦德祥撰．吟诵音乐　常州吟诵音乐的采录与初步研究［M］．北京：中国文联出版社，2002：19.

号中的近体诗文符号，以横代表平，长横表示长平，韵字的横最长，表示韵字最长，竖代表仄，短竖加点表示入声，横在下面，竖在上面。< 表示词中的上、去通押韵。古体诗还有上声韵字符号v、去声韵字符号\。吟诵时在押韵处也需要拖长。符号如下：

1. 平声
- _　短平：近体诗词一三（五）字之平声字
- —　中平：近体诗词二四（六）字之平声字
- ——　长平：平声韵字

2. 仄声
- |　近体诗词上、去声字
- !　入声字（含押韵处）
- <　上、去通押韵字（多见于词）
- v　上声韵字（古体诗）
- \　去声韵字（古体诗）

这样，吟诵的长短高低都可以表示出来，诗歌意义的体会和分析即可依此进行。比如：

_ — ! | | — ——
朝 辞 白 帝 彩 云 间

即表示："朝、辞、云、间"为平声，其中"间"为韵字；"白、帝、彩"为仄声，其中"白"为入声。"辞""云""间"读长音，其中"间"最长。"白"读短音。"朝""帝""彩"读中音。其旋律则由各符号高点的相互位置表示，如同长短仅是相对关系，是定性不是定量一样，高低也是相对关系，是定性不是定量。

_ — ! | | — ——
朝 辞 白 帝 彩 云 间

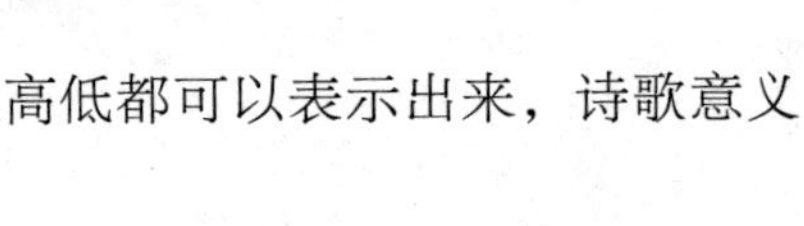

平仄格律所体现的声音的意义，主要表现在以下两点：

平声之低长往往有延展之意，仄声之高短往往有强调之意。

当然，入声也是仄声，也有强调之意，但入声之短促，往往更有决绝、痛苦、快速、轻灵之意。

平声之低长，不是所有的平声字都低长，而是指低长的平声字，即二四六位置的平声字。

仄声之高短，不是所有的仄声字都高短，而是指高短的仄声字，即二四六位置的仄声字，以及其前面的那个字，不管是平还是仄。

这是体会近体诗词声韵含意的重要途径。现举李白《早发白帝城》为例：

早发白帝城

李白

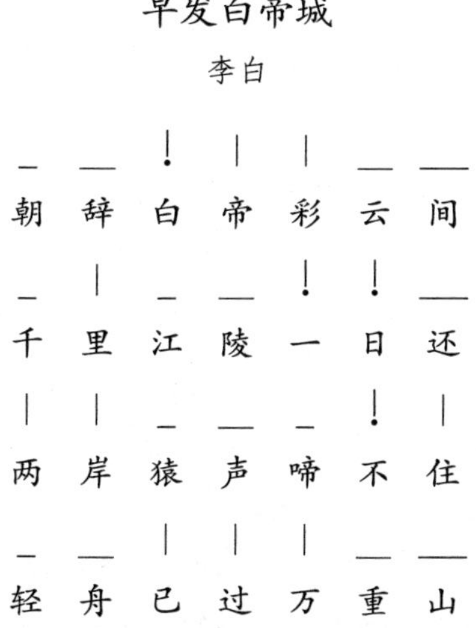

“朝辞”低平，“辞”是长音，读来有延展之感，有渐行渐远之意。“白帝”高短，尤其“白”是入声更短，这是强调这个地点。白帝城既有历史感，又有地理感，好似可以看见兀踞高山之上的白帝城。“云”是长音，表示延展，有云多之意。三峡终年云雾缭绕，不仅山上有云，江面亦有云。“千里”是高短音，表示强调，言其里程之多。“陵”是长音，表示延展，言“江陵”之远。“一日”两个字都是入声字，合起来非常之短，表示强调非常之快，而两个短音恰恰表达出了快速之意。“两岸”是高短音，强调两岸都有，似乎感觉到三峡两岸的高耸山岭。“声”是长音，可知“猿声”之长。“不住”是短音，有强调之意。“舟”是长音，表示延展，“轻舟”一直漂流而下。“已过”是高短音，强调，有惊喜之感。“重”“山”都是长音，表示延展，正好似一山又一山，过也过不完，有千叠万重之意。

再举一首最不像绝句的《绝句》：

绝 句

杜甫

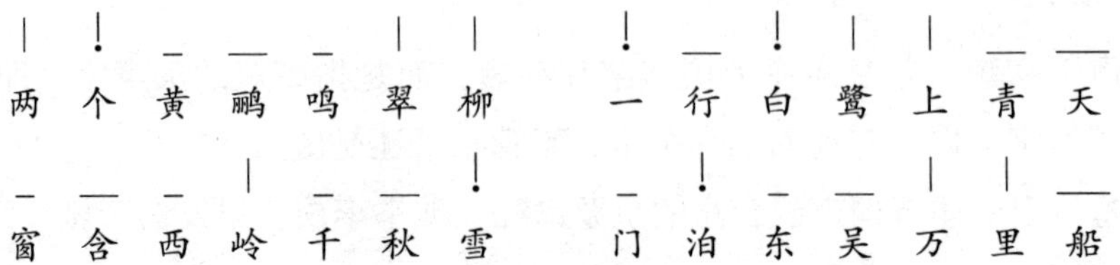

“两”，上声，“个”，去声，皆为短音，用高调以强调其小，因为黄鹂是雀类。“鹂”是长音。黄鹂之所以名为“鹂”，是因为它的鸣叫声是“鹂”，而且是一连串的“鹂”，有首歌为：“春天在哪里呀春天在哪里……还有只会唱歌的小黄鹂，嘀哩哩哩哩哩哩哩滴哩哩哩哩，嘀哩哩哩哩哩哩滴哩哩哩哩……”所以，“鹂”是长音。“翠柳”是仄声高音，也表示强调，一派生机之意。“一”是入声，强调。“行”是长音，很长的意思，所以这群白鹭不是两三只，而是很多。“白鹭”又是仄声高音以强调，因为“白鹭”在中国人心中是自然、田园、悠闲、自由的象征，是有意义的。“青天”是两个长音，一个比一个长，吟诵一下，就能感觉到此天真是辽阔！“含”是长音，现在在成都，天气好的时候还能看到西岭，只是很小，在“窗”这幅画中，“西岭”很小，“含”的长音表示注目辽远。“西岭”是仄声高音，强调，因为西岭很远、很高、很有名。“秋”是长音，因为“千秋”很长。这里不用“千年”而用“千秋”，隐含有历史感。“雪”是入声，顿住，强调这一点耀眼的白色。“泊”是入声，强调此门居然可泊，可见水势之大和四通八达。因为杜甫所居住的浣花溪是一条小河，平常水量不大，只有夏天涨水，才水势如潮。“吴”是长音，因为“东吴”很远。“万里”仄声强调里程之多。“船”是长音，终含无限感慨。

这些诗，不是我挑出来特别适合做格律分析的例子。平长仄短，平声延展，仄声强调，这些原则适用于所有近体诗。拿任何近体诗来都可以这样分析，都会令人惊喜。因为，这些诗本是用这样的长短高低的声音创作的。

王之涣的《凉州词》的前两句：

黄 河 远 上 白 云 间

一 片 孤 城 万 仞 山

看一下旋律曲线：

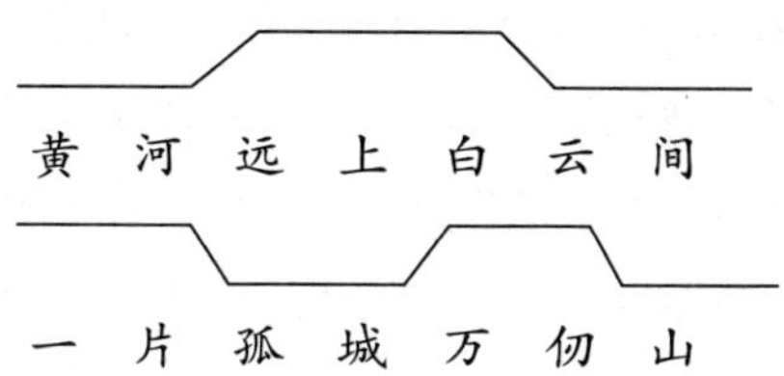

“黄河”是在地上流的，所以低，“远上”所以高。“一片”高短，似远指，“孤城”状其小，所以低声，“万仞”状其大，所以高声。现在用普通话朗诵，完全倒过来了，黄河在天上流，远上成了向下，孤城反而声音很高，万仞反而声音很低。——声音的高低也是有意义的，普通话朗诵在这方面，往往会尽失其意。

再比如李煜的《浪淘沙》：

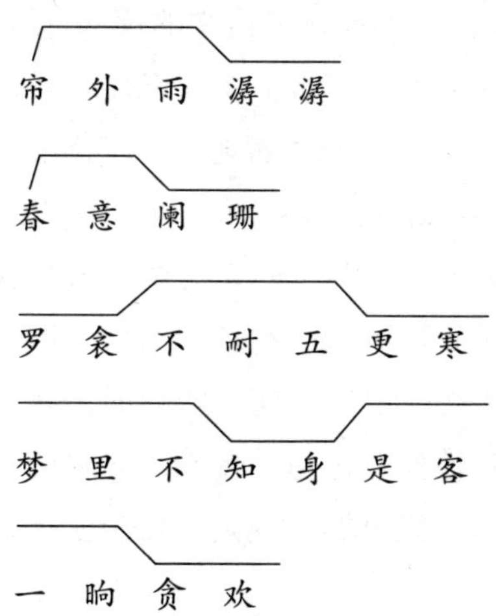

这些高低的安排，都是很合理的，有意义的。比如雨是向下的，所以“潺潺”低；春意很少，所以“阑珊”也低；寒气低温，所以“寒”也低；“贪欢”为无限感慨，所以也低。现在的朗诵，“潺潺”在上，雨往上走；“阑珊”在上，春意盎然；“寒”在上，好像温暖；“贪欢”在上，好像真的很贪欢、很高兴似的。赵朴初、羊淇等多位先生吟诵的《浪淘沙》，都是平韵在下的。

很多平韵的词都是如此，比如李清照《一剪梅》："轻解罗裳，独上兰舟。"本是由高到低的旋律，以示其伤心无奈，现在朗诵都变了由低到高，好像很活泼。苏轼的《水调歌头》："把酒问青天""今夕是何年"，今天一朗诵，都是升调，真的是在疑问、质问，实际上是降调，是无限感慨。

那么对于平低仄高，普通话吟诵应该怎么办？这是普通话吟诵碰到的最大挑战，因为普通话的字音是平高仄低的。但是，普通话在口语中并不是平高仄低的。字音是单个独立读的情况，一旦进入语流，高低就与含意、逻辑重音有关了。比如"我"和"书"两个字，普通话字音一定是"我"低"书"高。但是，在普通话口语中，既可以把"书"读高，说：我的书，也可以把"我"读高，说：我的书。意思是不一样的。也就是说，在口语中，平仄的高低是与含意有关的，普通话完全可以做到平低仄高。我的做法是：首先把平声韵压下来，因为任何声调拖长，都会变成平声，所以勿论高低，见到平声韵就压下来拖长，肯定不会倒字，而韵是诗词最重要的情绪表达，这样就能恢复一半左右的韵味。然后，尽量利用有依字行腔的各种技巧，恢复平低仄高。

平长仄短、平低仄高，都是近体诗文的读法。所以要学吟诵一定要懂格律。平仄格律的产生，原为吟诵得好听。既有格律之后，声音的规定性又反过来表达意义，因为，每个文人在作诗时都吟诵，声音如果跟他想表达的情意不符，他就会修改，"新诗改罢自长吟"啊。

有人问，吟诵既然一人一调，即兴有调，那么恢复唐诗宋词原有的吟诵调是不可能的了，既然不可能，为什么非要吟诵？朗诵不也可以吗？

我的回答是：古诗文一定要吟诵、吟咏或读诵，不能朗诵。因为古诗文是有声音的规则的，是定性而非定量的规则。先要遵守这些规则，然后才谈得上个人的理解和发挥。如果完全抛开规则，自由发挥，那我就不知道为什么要去读了。

又有人问，吟诵好像千篇一律，近体诗尤其如此，都一个调子，体现不出不同诗歌的情感差异，吟它做什么？

我的回答是：真正的吟诵，没有两首诗是同样的旋律。因为依字行腔，字不同定然旋律不同。当然，主旋律是近似的，所以听起来好像一个调子。这里有两个问题。一是，虽然主旋律接近，但是这是正确的长短高低关系。先要把长短高低读对，再论其他。二是，所谓吟诵调，是在主旋律（我叫它基本调）的基础上，根据诗意，根据自己的理解，慢慢提升、分离出来的新的旋律，吟诵调甚至是主旋律也每首不同的。这才是真正的吟诵。

八、吟诵的方法之六：模进对称

平长仄短是吟诵的音长方法，依字行腔、依义行调是吟诵的旋律生成方法，而“模进对称”是吟诵的旋律发展方式，也就是以乐句为单位的旋律之间的关系。

古体诗的旋律发展关系多是模进，近体诗的旋律发展关系多是对称。

这个旋律发展，并不是以西方音乐学所说的完整的旋律为单位，而是以中国音乐特色的“调”为单位发展的。“调”不等于全部旋律。

首先要知道什么叫“调”。我们在依字行腔、依义行调那里已经讲过了，汉语传统歌曲的旋律，是由每个字的声调决定的“腔”和字与字之间的关系的“调”叠加而构成的。以后还会讲到，“腔”除了反映声调的“正腔”以外，还有“头腔”和“尾腔”，“尾腔”还可以发展成“花腔”。

“调”则主要是字与字的关系，即高低、长短、轻重、缓急的关系。“调”不是旋律。现在吟诵界有个现象，经常说某某调某某调，然后大家一起套调，这里所谓的“调”就是一个旋律了，套调就是套一个旋律，那就不是我所说的吟诵调了。

“调”不是完整的旋律，它通常只是在某些节奏点上的固定音高，甚至音高也不固定，只是音程或者升降趋势是固定的。京剧有西皮、二黄、四平、高拨子等调子，比如西皮，就是在句子的固定的节奏点上有相对固定的音高的一个框架，中间可以随意填充很多乐音，加上节奏的不同即快板慢板等，实际上每一个西皮唱段的旋律都是不一样的。这就是“调”发展到极致的样子。民歌的各种调，比如“茉莉花调”“采莲调”“荷包调”“卖布调”，等等，也都是这个样子，没有一个人唱的旋律是一样的。

另外，一个调经常会有相对固定的句子尾腔，也会成为这个调的特征，比如唐文治先生读文的调子，即我们经常说的“唐调”，经常有一个615的句尾腔。但是，我们采录他的学生，并不是都用这个尾腔，朱东润先生是216，钱仲联先生是61615，萧善芗先生是653，都不一样。所以，“唐调”只是唐文治先生的调子，其学生只是“唐调”传人，到他们手里，各是各的调，朱东润先生的应称“朱调”，钱仲联先生的应称“钱调”，萧善芗先生的应称“萧调”。他们传的学生，又是各自的调子，这就对了。每个人都应该有每个人自己的调子。而且，一个人的调子也是可以改变的。这才是吟诵。

我一向反对套调，我也不赞成用某某调为号召去传播吟诵。吟诵是个人的感悟理解，每个人的语感和乐感也不一样，怎么能用别人的调子呢？这与吟诵的初衷相违背。我们在《我爱吟诵》等书中，都是标明“源于某某先生吟诵调”，不是说我们自己就是那个某某调。吟诵是读书的方法，是法不是调。吟诵不应该通过某某调去传播，也没有哪个调就比别的调更高明。什么调都可以吟出优秀的吟诵，关键看理解，看气象。吟诵的人，一定要记得用自己的调去吟诵。

可不可以用别人的调吟诵？可以。第一，用于初学模仿，谁都要经过模仿的阶段，但是，不要止步于此，更不可以此相号召。第二，用于品味思考别人的理解。听传统吟诵，最大的价值就是老先生们传达了他们对这首诗文的理解，每个细节都值得品味，所以学他们学得惟妙惟肖是有必要的，但是，也是不用止步于此，更不可以此相号召。更不能随便举一反三,千篇一律去套调。每首诗都不一样，怎可能旋律都一样?

你要说老先生也套调啊，第一，你没仔细听，只要依字行腔，字一变，旋律就变，不是套调。你听到的感觉是近似的，那是因为在节奏点上有固定音高，不是旋律都一样。第二，即使老先生真的套了调，就是旋律都没变，那也只能说明老先生此时没有用心，可能是泛读。如果给他时间多读几遍，琢磨涵咏，旋律就会发生变化。这也正说明吟诵是思考的过程、学习的方法。如果老先生只会套调式的泛读，就说明他没有学到。要知道现在我们采录的老先生，受到的传统教育都已经残缺，大部分相当于小学没毕业。不是老先生的就一定是对的，现在的学生还分三六九等呢，要学好不要学坏。什么是好？什么是坏？这需要学术研究，需要多方面的比较，需要学理上说得通。我们现在总结的吟诵的方法、规矩和优劣标准，都不是仅仅听老先生吟诵就得来的。这里有多方面的综合的学术研究。也许我的研究结果不对，这个可以商榷，但是，照搬式传承是肯定不对的。

古体诗的“调”和近体诗的“调”在句与句的关系上是不一样的。

先说近体诗。

平声字和仄声字的差异，除了平声可以拖长之外，还有一点，就是高低之别。古音总的来说，平低仄高。明清时期，北京官话区已经是平高仄低，但是，上层大户人家请的塾师，基本上还是以吴语地区的为正宗，这与诗文的文读现象有关，所以北京官话区的上层人士的吟咏，也是平低仄高的。

既然声调有高低之别，吟咏的时候，就不能一味地高，或一味地低，一来没那么好的音域，二来也不好听。所以，吟咏必须要一高一低，高上去了就要低下来，低下来了又要高上去。汉语是偶位音步的，这就形成了近体诗同句偶位字平仄相间的格律。

如果每句的平仄格律都一样，吟咏的旋律起伏必然一样，这样也不好听，所以，一句高低高，下一句就低高低。再下句如果又是高低高，那么就成了每两句重复旋律起伏了，也不好，所以下两句倒过来，先低高低，再高低高。于是粘对格律就出现了。

以上格律再加上押平声韵，就是诗词格律的主体。诗词格律来源于吟咏的需要。

因此，近体诗的吟咏，其旋律关系跟平仄格律是完全一致的。比如平起七律，其每句的旋律起伏一定是：

二	四	六	旋律
平	仄	平	低高低
仄	平	仄	高低高
仄	平	仄	高低高
平	仄	平	低高低
平	仄	平	低高低
仄	平	仄	高低高
仄	平	仄	高低高
平	仄	平	低高低

这就是对称规则。

补充一点，第七个字的音高如何呢？如果是仄声字，自然上去。如果是平声字，倒不一定下来，为什么呢？因为，任何语音拉长了都是平声。吟咏的时候，韵字拖得最长。有时为了表达诗意，会高上去，但因为拖得很长，所以不会倒字。

朱自清说：

> 即使不懂平仄的人也能看出律诗是两组重复、均齐的节奏所构成，每组里又自有对称、重复、变化的地方。节奏本是异中有同，同中有异，律诗的平仄式也不外这个理。即使不懂平仄的人只默诵或朗吟这两个平仄式，也会觉得顺口顺耳；但这种顺口顺耳是音乐性的，跟古体诗不同，正和语言跟音乐不同一样。律诗既有平仄式，就只能有八句，五律是四十字，七律是五十六字——排律不限句数，但本书里没有。绝句的平仄式照律诗减半——七绝照七律的前四句——，就是只有一组的节奏。这里所举的平仄式只是最基本的，其中有种种重复的变化。①

这是前辈学者对于近体诗对称模式的认知。

下面说古体诗。

首先，古体诗的吟咏，是不遵守平长仄短规则的。平长仄短的规则，只适用于格律诗词文。

在汉语变成旋律型声调语言之后，诗歌是只能押平声韵，因为只有平声才可拖长，而吟咏是“长言之”，韵字拖得尤其长。魏晋以前为什么可以押仄韵，因为那时候仄声也是平的，是音高型声调。魏晋以后为什么也有仄韵诗，也有古体诗，因为，那是传统的力量。但是，古体诗不好吟咏。一来，仄韵的拖不长，二来，即使不是仄韵的，句子内部平仄不协，低就一直低死，高就一直高死，那怎么吟咏啊？

古人还是有办法。第一个办法：律化。后世的古体诗多律化，这是不争的事实。这不是一句受到格律的影响就能解释通的。其实，是因为不律化就不好吟咏。第二个办法：吟得快。古体诗的吟咏普遍快于近体诗的吟咏，其目的，就是缩短字的音长，以使仄声韵也不至于高到极限，或低到极限，而又不倒字；同时，就是连续的平，或连续的仄，也不至于太过难听，能很快过去。

但是，这还不够。吟咏不是西方作曲，一个劲儿地变奏。吟咏是大众普及的技能，要简单易行。近体诗的吟咏，只要跟着格律走就行，自成旋律。古体

① 叶圣陶，朱自清著. 精读指导举隅　略读指导举隅［M］. 郑州：河南教育出版社，1989：217-218.

诗的吟咏，却没头没脑，无迹可求，谁也不知道下一句的平仄跟上一句有什么关系。那么旋律岂不是每句都不一样？每首都不一样？依字行腔，固然是吟咏的规则，但是，主旋律要基本固定，才易于操作。人也会有基本固定下主旋律的习惯。于是，便有了第三个办法：古体诗有不同于近体诗的吟诵调旋律发展规则，那就是：模进。

古体诗的吟诵调，其每联的旋律之间，以模进关系为主。模进，就是旋律整体地上移或下移。当然，不是百分之百的模进，但是以模进关系为主。

古体诗、散体赋、古文的吟诵，基本上都不遵循平长仄短的规则（除非律化得很厉害）。它们的共同特点是都有几个高低不同的旋律框架，并组合来使用。我把这些吟咏时的旋律框架，叫作“调”。“调”又分上调、中调、下调，一般下调是一个由下升回上调的调，我又叫它钩连调。调最少的情况，只有两个调，即上、下调。最多的，四个调，即上调、中调、下调、钩连调。在我目前搜集的两千多个吟诵调中，没有超过四个以上“调”的。其中，以三个调的情况为最多，即上、中、下调。这也是个很有意思的现象。汉诗都是偶数句的，但是吟诵调却一般都是三个调的，这也是我们的先人的聪慧之所在。两个调或四个调，旋律发展就死了，只能循环往复地使用。三个调却不同：可以123123123，也可以121231123223这样任意组合来用。而吟咏是通过这些不同的组合关系，来表达诗文的思想、气韵、结构的。固定的旋律组合，怎能表达不同的诗文的内部结构？

下面举些例子。

两个调的情况，如朱家溍先生曾化用昆曲中的琴歌调，来吟诵《九歌·湘夫人》（见附录资料　朱家溍　吟　战国　屈原　《九歌·湘夫人》）。

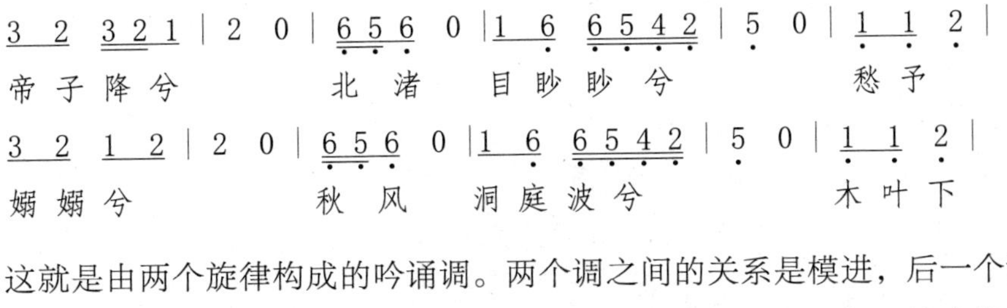

3 2 3 2 1 | 2 0 | 6 5 6 0 | 1 6 6 5 4 2 | 5 0 | 1 1 2 |
帝子降兮　北渚　目眇眇兮　愁予
3 2 1 2 | 2 0 | 6 5 6 0 | 1 6 6 5 4 2 | 5 0 | 1 1 2 |
嫋嫋兮　秋风　洞庭波兮　木叶下

这就是由两个旋律构成的吟诵调。两个调之间的关系是模进，后一个调是前一个调向下纯五度的模进。整首诗20句，两个调组合为一句，就这样反复20遍。其中也会根据词的变化略做调整，比如“嫋嫋兮”“木叶下”因为与第一句的字数不同，所以旋律有一点变化。

三个调的情况，如叶嘉莹先生的古体诗吟诵调是这样的（见附录资料 叶嘉莹 吟 唐 杜甫《赠卫八处士》）：

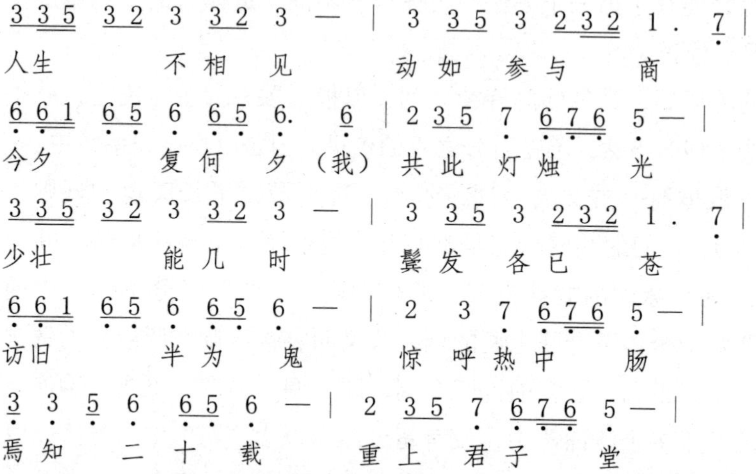

3 3 5 3 2 3 3 2 3 — | 3 3 5 3 2 3 2 1 . 7 |
人生 不 相 见 动 如 参 与 商
6 6 1 6 5 6 6 5 6. 6 | 2 3 5 7 6 7 6 5 — |
今夕 复 何 夕（我）共 此 灯 烛 光
3 3 5 3 2 3 3 2 3 — | 3 3 5 3 2 3 2 1 . 7 |
少壮 能 几 时 鬓 发 各 已 苍
6 6 1 6 5 6 6 5 6 — | 2 3 7 6 7 6 5 — |
访旧 半 为 鬼 惊 呼 热 中 肠
3 3 5 6 6 5 6 — | 2 3 5 7 6 7 6 5 — |
焉 知 二 十 载 重 上 君 子 堂

这就是一个由三个旋律构成的吟诵调。上调 3 3 5 3 2 3 3 2 3 — | 3 3 5 3 2 3 2 1 . 7 | 与中调 6 6 1 6 5 6 6 5 6 — | 2 3 7 6 7 6 5 — | 是纯五度的关系，是一个不严格的模进。下调只有一半 3 3 5 6 6 5 6 — | 与中调是纯四度关系的模进，后一半与中调是一样的。杜甫的这首《赠卫八处士》一共12句，就是由这三个旋律反复组合而完成的。叶先生用这个吟诵调吟诵所有的五言古体诗。

钱绍武先生无锡吟诵调吟诵的曹操的《短歌行》(见附录资料 钱绍武 吟 三国 曹操《短歌行》)：

5 5 3 i i | 6 6 i 5 5 |
对酒 当 歌 人生 几 何
5 i 5 2 2 | 3 5 3 1 1 |
譬如 朝 露 去日 苦 多
6 6 2 2 | 2 5 3 5 5 |
慨 当 以 慷 忧思 难 忘
5 5 3 i 6 i 6 6 | 6 6 i 5 5 |
何以 解 忧 唯有 杜 康

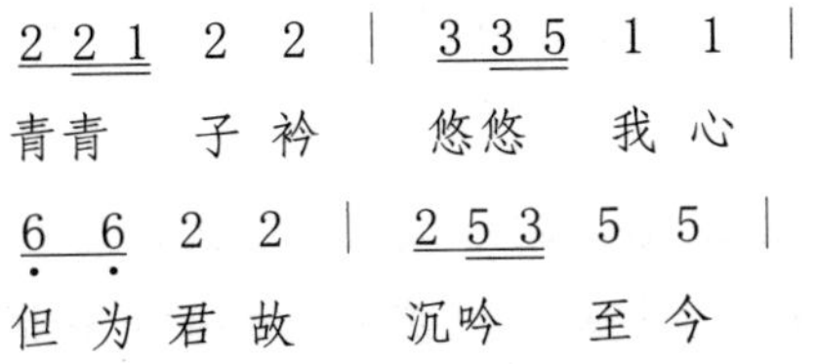

221 2 2 | 335 1 1 |
青青 子衿 悠悠 我心
6 6 2 2 | 253 5 5 |
但为君故 沉吟 至今

这也是由三个曲调构成的吟诵调，比前一个吟诵调要复杂。第一句是起句，比较特殊，前两个字的音由2提高到了5。从第二句开始，就能明显地看出上、中、下调。三个调之间的模进已经不明显，但是相互的高低关系是很明显的。第一个调高，第二个调低，第三个调更低，然后上升回第一个调的高度，所以第三个调是钩连调。整首诗16句，就是由这三个调组合而成。其中也有一些变化，比如“何以解忧”一句，根据词意，放慢速度而且拖长。钱先生也用这个曲调吟诵别的四言诗。

四个调的情况，比如陈少松先生吟诵的李白的《把酒问月》（**见附录资料 陈少松 吟 唐 李白《把酒问月》**）：

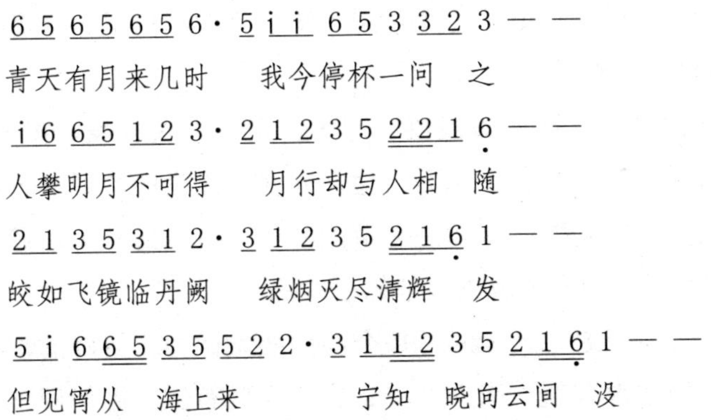

65 65 65 6·5 i i 65 3 32 3 — —
青天有月来几时 我今停杯一问 之
i 6 65 12 3·2 12 3 5 221 6 — —
人攀明月不可得 月行却与人相 随
21 35 31 2·3 12 3 5 216 1 — —
皎如飞镜临丹阙 绿烟灭尽清辉 发
5 i 665 35 52 2·3 112 3 5 216 1 — —
但见宵从 海上来 宁知 晓向云间 没

这四个调，中、下、钩连调的后半句的旋律几乎是一样的，上、中、下调的旋律音高依次降低，钩连调升回第一调的高度。

还要附加几点说明：

（1）这几个曲调并不是依次循环使用的，而是根据诗文的内容，充分调动组合来使用，以彰显诗思文气。比如，如果是上、中、下三个曲调，那么“下－下－中－下－中－中－下－中－上”这样的一个组合方式，就起到了一个逐步推进，异峰突起的效果。在古体诗文的吟诵中，每一句使用哪个调，是最重要的事情，吟诵者对诗文的理解，就体现在这里。

比如叶嘉莹先生吟诵的《赠卫八处士》，其吟诵调的使用为：

上-中-上-中-下-上-中-上-中-下-上-中。

这是什么意思呢？叶先生的吟诵调是固定从上调开始的。那么，每当上调再次出现，就表示另起一段。这个吟诵调的组合关系，实际上就是叶先生对这首诗的段落划分的理解，如下：

人生不相见　动如参与商　今夕复何夕　共此灯烛光

少壮能几时　鬓发各已苍　访旧半为鬼　惊呼热中肠　焉知二十载　重上君子堂

昔别君未婚　儿女忽成行　怡然敬父执　问我来何方

问答乃未已　驱儿罗酒浆　夜雨剪春韭　新炊间黄粱　主称会面难　一举累十觞

十觞亦不醉　感子故意长　明日隔山岳　世事两茫茫

大家看段落划分得对不对？太准确了。这首诗每当重复同一个词时，就表示转折，表示要说另一个意思了。说另一个意思，却要用前面的词，这就是汉诗的传统，这是中国人的思维模式。

古人就是通过这样的方式，把诸如段落、逻辑、文气等内容表达出来的。先生这样吟诵，学生这样记忆，等长大以后，他会回忆起先生的吟诵，为什么这句高，那句低，高低起伏的安排，这就是理解的种子。古代的教育，是把理解的种子先通过吟咏这种乐教的方式放进孩子的心里的。

（2）用在不同的诗、不同的句子上时，每个调都要做微调。微调的根据有两个，一个是字音，比如字数有变，因而调整；比如字调有倒，因而调整。另一个根据，是思想内容感情文气，这些变了，也要做些调整。这样一来，曲调变化就丰富了。同一个吟诵调，吟咏不同的诗，就不同，变化万端。同一个人吟两遍，因其自身的理解有变，也会不同。这才是吟诵的魅力。好的吟诵，也跟现在的歌曲一样，是一词一曲，一一对应的。比如钱绍武先生在吟诵桓温《枯树赋》的时候，其基本曲调就调整为：

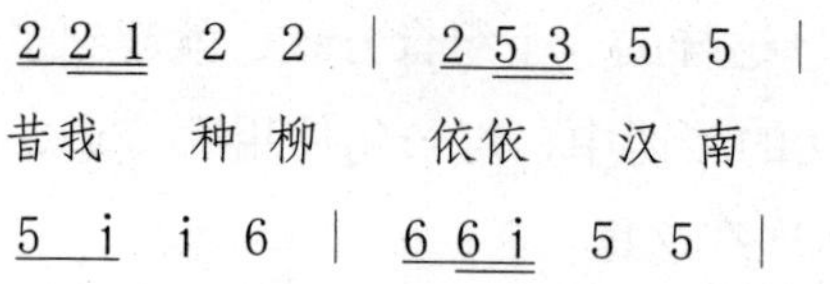

2 2 1　2　2 | 2 5 3　5　5 |

昔我　种　柳　依依　汉　南

5 i　i　6 | 6 6 i　5　5 |

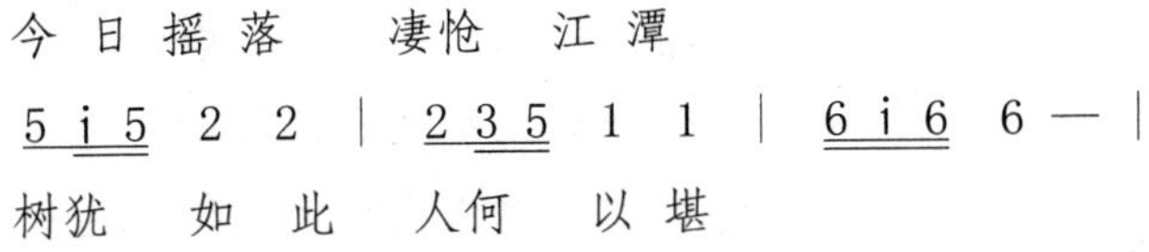

今 日 摇 落　　凄怆　江 潭

5 i 5　2　2 | 2 3 5　1　1 | 6 i 6　6 — |

树犹　 如　此　 人何　 以 堪

“今日摇落”改为了下滑音，“人何以堪”改成了上升音程，都非常符合词意，也增强了艺术效果。

还要附带说一下另一件事，就是歌行的产生。唐后七古，几乎都是歌行，歌行也是南北朝到隋唐时期产生的。“歌行”之名有“快”的意思。古体诗吟诵的旋律是模进的，是以腔为主，以词为辅的，不管怎么变，那个主旋律都在那里，从这一点上来说，颇近于“唱”，是以古人以“歌”称之。“行”者，行云流水，状其快也。“歌行”之称，大有道理。“歌行”的题目，例以歌、行、曲、辞、遥、吟、引等为标目，即标明其如唱歌般的性质。我在后面“四声对五音”章节中再详细论述。

词曲文赋的吟诵，如同诗。有格律者对称，无格律者模进。有格律者平长仄短，无格律者快吟快进。

现在说说一个引申的概念：基本调和吟诵调。

吟诵调的组合、旋律的微调、即兴的变化发展，等等，都表明吟诵是一个对诗文理解的过程，所以古代一直用吟诵来教学，千百年来在私塾馆学中代代相传。吟诵不仅好学好记，也是一个理解的过程。老师教了一个基本调，学生按照自己的理解，加以发展变化。老师只对其中关键点的对错加以控制，其他的都任凭学生自由发展，这是一种鼓励个性理解的教育方法。

什么叫基本调呢？就是上述所谓上、中、下调等。就是一个人对付字的基本吟咏法。拿到汉字作品，就能用这个调吟出来。先把这个调套上去再说。这也就是以前所谓的“读书调”。有人说，“读书调”千篇一律，读什么都那个味。是的，这就是基本调的性质。

古人每个人的基本调也不是只有一个。古体至少一个，近体至少两个，因为近体诗要分平起、仄起，这两种诗格律完全相反，吟诵调的旋律也就相反。实际上，很少有人只有这三个吟诵调。一般还要按照情绪风格有豪放、婉约两种，这就成了六个调。在我的调研中，听北京的窦宇宏先生说，他的老师平起仄起各五个调，分别用于吟诵不同风格的诗歌。

但是，读书人并不是只有基本调的。吟诵实际上就是一个理解的过程。吟诵需要反复涵咏。在不断吟诵的过程中，不断地对基本调进行微调，进行越来越多的修改，以表达自己对作品的理解。等到自己终于满意的时候，也就是自己认为终于深入理解了作品的时候，这时候，他的调已经跟基本调有一定的、甚至很大的差异了。这就是吟诵调了。吟诵调也跟今天的歌曲一样，是一词一曲，一一对应的。一首诗的吟诵调，是只适合这首诗的。

基本调是对某种文体而言的个人的调，吟诵调是对某篇诗文而言的个人的调。基本调是泛读调，吟诵调是精读调。什么是调，前面刚说过，调也不是旋律，只是旋律框架。

一个人不可能每首诗、每篇文都有吟诵调。他只会对自己最感兴趣的那些诗文反复吟诵，反复琢磨。一般说来，一个人有上百个吟诵调，就算多的了。所以，吟诵调尤为珍贵。

现在大家可以明白，吟诵不是曲调，而是一种方法。吟诵得好与不好，最终并不取决于嗓音、旋律等，而是取决于理解。对作品理解得深，才会吟诵得好。

我们在采录的时候，准备了一套吟诵的作品选。这是出于研究的目的，为了比较的方便而设计的，诗词文赋都有。但是在采录的时候，发现几乎所有的先生，都有自己喜爱吟诵的篇目。我们就采取了双轨制，先请先生吟诵自己喜欢的篇目，再在我们准备的篇目中做补充。结果，先生自选的篇目，都吟诵得很好，丰富多彩，而在吟诵我们准备的篇目时，则比较单一。这说明了一个情况，即吟诵者在掌握了基本调之后，会有一些自己特别喜爱的篇目，反复涵咏，几年至几十年不辍。这个时候，这些篇目的吟诵调就会慢慢从基本调中脱离出来，而形成只适合这个篇目的独特的吟诵调。吟诵调也是从基本调中发展起来的，只是有了很多变化，而且这些变化也逐渐固定下来了。

有吟诵调的篇目毕竟是少数，那么大多数的诗文，拿过来吟诵的时候，就是用基本调吟诵的。所以也有的先生不愿意吟诵自己不熟悉的作品。

至此，吟诵就不仅仅是学习方法了，而是一种修身养性的手段，一种人生的乐趣。曾国藩说："君子有三乐，读书声出金石，飘飘意远，一乐也。"这正是古代文人的基本状态。吟诵从形式到内容，无一不是渗透着中国传统文化，尤其是儒家文化的精神，吟诵的过程，也就是一种感悟儒家文化的过程。传统的礼乐文化，至此达到生活的每一刻，进入精神的最深处。

九、吟诵的方法之七：虚实重长

这是古文的读法。骈散相间的文赋，其散的部分也要读得“虚实重长”。这是古文的“字”这个层面的读法。除了字的读法外，古文还有篇章句的读法，即字和字的关系、句和句的关系、段和段的关系，我称之为“文气”。

“虚实重长”的字读法，我总结了一句话，叫：字分实、虚、入，音分短、重、长。文赋的字，要分成三种：实字、虚字、入声字。入声字一律读短音，可以短读，也可以顿挫，这要根据文意而定。实字和虚字中凡是入声字的，也一样读短音。所以下面说的实字和虚字，是指非入声字的实字和虚字。

实字和虚字的读法区别，主要在于强调虚字，而非实字。这一点与现在的教学恰好相反。现在读古文往往是实字重读，虚字轻读。实则虚字才是古文的关键。朱光潜先生说：

> 古文难于用虚字，最重要的虚字不外承转词（如上字“而”字），肯否助词（如“视之，石也”的“也”字），以及惊叹疑问词（如“独吾君也乎哉？”句尾三虚字）几大类。普通说话声音所表现的神情也就在承转、肯否、惊叹、疑问等地方见出，所以古文讲究声音，特别在虚字上做工夫。①

这是古文这种文体的基本特征之一，有其深刻的文化背景，与儒家世界观和教育思想都有关系，在下一章我会做详细论述。

具体到读法，就是虚字的基本读法是重读，实字的基本读法是平读。

平读，就是平常地读。重读，就是用力地读。

实字也不都是平读的，逻辑重音、语气重音要重读。这是现代朗读都知道的事情。

虚字，也不都是重读的。比如有些字本来是衍字，如当“的”讲的“之”，还有表示位置、对象的“于”，这些字本来是舒缓语气的，所以它在那里，就已经拖长了音节，达到了目的，一般就不重读了。

重读的字中又有特别重要的，一般的重读已经不能表达它的重要性，于是

---

① 朱光潜撰 . 朱光潜谈欣赏　散文的声音节奏［M］. 北京：中国青年出版社，2014：104-105.

就要长读。长读，就是比重读还重读。一般说来，一句话（包括分句），如果最后一个字是重读字，往往这个字会长读。这个读法的原因与文气有关。古人重视文气，就是特别重视句和句的关系，所以一句之末，往往要特别加以强调，除非是不重要的字。另外，虚字中的语气词、代词、连词一般会长读。当然还有，其他的虚字，以及实字逻辑重音，如果从句意上看非常重要，也会长读。

重读的字有时会碰到一起，这时就要考虑其中一个是否相对不那么重要，如果是，它就回到平读。如果都重要，也可以都重读。如果有一个特别重要，就会变成长读。

在这些平读、重读和长读之间，大部分是必须这样读的，少部分是与读者的理解有关，所以不同的人可能还是有不同的读法。这些读法，大部分涉及理解的对错，少部分不是对与错的问题，而是不同的理解，但都讲得通。

我们的汉诗文，每个字的读法都是有变化的，长长短短、高高低低、轻轻重重、快快慢慢，组合到一起，就有了抑扬顿挫。读一篇文章，像打一套拳，有大开大阖，有精妙细微，其中辗转腾挪、变幻无方，中有气韵流动，如游龙灵动，而又连绵不绝。这就是因声求气了。所谓文以气为主，只有吟诵才能体会到。

举个例子，比如：

子曰："温故而知新，可以为师矣。"①

这段文字的入声字只有"曰"。"曰"要短读。入声字的短促是有含意的，前文已经解释过。《论语》为什么都用"曰"而不用"云"？白川静先生认为，"曰"原有神谕之意，以示郑重。所以"曰"字一定要短读，才能读出这个态度。

虚字有"而""可""以""矣"四个。"矣"是语气词，又在句末，所以要长读。"而"是至少要重读的，这个字表示"温故"和"知新"是两件不同的事情，先要"温故"才能"知新"，有递进和转折的意思，所以我的建议是长读。"可""以"都是虚字，都应重读，但是两个在一起，相比而言，"可"字表示整件事情的肯定可行，是比较重要的，所以保留"可"的重读，而把"以"退回

---

① ［清］刘宝楠编．论语正义［M］．北京：中华书局，1990：54.

平读。“故”“新”“师”是这句话的逻辑重点所在，所以这三个实字也重读。“新”在分句的句末，可以重读，也可以长读。

古文的吟诵符号，字读法符号只有三个：入声字仍然用!，重读用·，长读用～，平读不标。上文用吟诵符号表示就是：

	!		·	～		·	·			·	～
子	曰：	“温	故	而	知	新，	可	以	为	师	矣。”

这是横排的吟诵符号，竖排时入声字符号可以改为双竖短线，就是竖排的等于号 ‖，其余几种符号不变。

古文的具体读法，详见下节。

十、吟诵的方法之八：文读语音

读书吟诵，要用雅言文读，这一点在前文已经做了详细的说明。在此只综述一些前辈学者的意见。

关于文白异读、吟诵用文读语音的问题，大家基本都有共识。秦德祥先生说：

> 赵元任先生将常州方言分为“乡绅话”与“街谈”，在“乡绅话”里，又有“文言”与“白话”之别。当前的常州方言，已在昔日“街谈”的基础上大体趋于一致，但不少字的读音依然存在“文读”（书面语读音）与“白读”（日常说话发音）的区别。当前常州吟诵主要取方言“文读”音，此与赵元任所述相同。①

关于文读语音的一些基本规矩，如叶韵和破读，也是公认的传统。张本义先生说：

> 叶音是解决汉字由于古今音异，造成诗文韵脚不谐的一个行之有效的老办法。古今读音不同的字，若处在诗词韵文句子中间位置，不刻意处理也无大碍，甚至用今音吟诵也未尝不可。而在韵脚之处，则须依叶音例加以谐之。尽管有时所叶之音未必是诗文撰作年代的古音，但按照悦耳、易记

---

① 秦德祥撰．吟诵音乐　常州吟诵音乐的采录与初步研究［M］．北京：中国文联出版社，2002：19.

的原则，也还是要依例加以叶和。汉语音韵学是一门十分高深的学问，非专家很难入其堂奥，一般学习吟诵的人，虽不用对此做研究，但不可不知传统的叶音方法……再说破读。它原本就是古代汉语中的一个现象。文读（书房音）和白读（白话音）的分歧、方言差异、读写讹误和为适应诗词格律而采取的变读等，是造成破读的原因。这个现象，在古代诗文中普遍存在。①

关于当代的吟诵应该用什么语音，大家基本上都是主张用当代民族共同语。黄仲苏先生说：

吾国标准音虽经规定，唯推行未广，而国人狃于积习，每诵诗文，辄喜用故乡土音。此于个人研究，固无不可，然习久不察，则于教课，或公开集会时，朗诵古今诗文，及个人创作，颇感困难，且于国语之推行亦为碍殊多。此或为吾国古代朗诵法失传，而至今犹无人提倡之一重要原因乎？故习朗诵法者不得不谙习国语之标准音；否则，朗诵法之推行终难以普遍也。②

但是，普通话吟诵为以前所无，如果直接用普通话套传统吟诵调，会出现倒字现象。对此陈侣白先生说：

按照传统的老习惯，福州的吟诵调是用福州方言吟唱的。但时代发展到今天，地球变小了，何况一国之内！如今一城之中，居民来自五湖四海，南腔北调杂然并存。如果推广吟诵时死守一种方言，势必把非本地籍贯的人排除在外，这是不明智也不现实的。因此，我在这里的吟诵，一律使用普通话而不用方言。但传统吟诵调与方言的“调值”（即声调的实际读音）结合得很紧密，与普通话则有距离，所以我吟唱时对调值矛盾较大的地方适当地调整其旋律。这样变通处理之后，照样可以表现出诗词的美感、韵味。各地学习吟诵者如果要把普通话改成自己熟悉的方言来吟唱，也可对旋律作局部的“微调”。③

---

① 张本义撰．吟诵拾阶［M］．桂林：广西师范大学出版社，2013：3.

② 黄仲苏撰．朗诵法［M］．上海：开明书店，1936：62.

③ 陈侣白撰．陈侣白文集　3　中国古典诗词吟诵集锦中的诗词吟诵十问十答［M］．北京：作家出版社，2004：997.

所以直接的“套调”是不可取的。而普通话吟诵，更应该根据普通话的读音依字行腔、依义行调去创调。

吟诵的目的就是传达出诗文的含意，尤其是用声韵手段，传达声韵含意。普通话吟诵自然也不例外。所以，方言文读吟诵的规矩，普通话吟诵都是要遵守的。这里需要解决两个问题。

第一个是读音的问题。古今读音有异，普通话与中古音、上古音差异比较大。读错就会理解错，用今音读古音作品，当然就会出现理解的偏差。这个问题如何解决？我想，首先，要完全解决是不可能的。因为，完全恢复古音是不可能的。且不说古音到底如何，且不说每位古人的语感、方言文读存在的差异，就是让全国人民学古音这一条，就不可能做到。

不过，部分地恢复古音又是完全可能的。只是数量极少，需作为特殊情况处理，况且有规律可循，就比较容易记忆。

第二个是面向当代，美听美观的问题。

弄清了以上的事情，就可以来谈普通话吟诵的读音规矩了。以下只是我个人的看法和建议。

首先要确认古代读书语音的基本规矩，大概有三条：

第一，尽量使用当代民族共同语。这个前文已经交代了，而且说明了民族共同语不是方言口语，恰恰是当代的文人读书语音。

第二，当当代语音产生含意的分歧时，则部分地恢复古音。

读书的目的是传承文化，如果用当代语音完全可以达到这个目的，就不必用古音了。如果当代语音做不到，那就需要部分地恢复古音了。比如《大学》里的“心宽体胖”的“胖”，我们都读为 pán，为什么不按当代普通话读 pàng 呢？因为 pàng 这个读音使人想起的义项里，没有“舒泰”的意思，如用当代音就会产生歧义了，所以要用古音，以使人知道这个字不是当代的那些义项的意思。那么为什么读 pán 而不读别的音呢？因为这是代代相传的读音。那么这个字上古是读 pán 了？也不是。上古音的调值跟今天不一样，所以不可能是今天 35 调的 pán。何况上古音还有清浊，可能还有复辅音和长元音，有更多的辅音韵尾，所以，pán 只是在后世语音的基础上部分地模拟古音而形成的语音。

什么叫“部分地模拟古音”？就是只恢复产生了歧义的那个部分。比如说，“远上寒山石径斜”，这首诗是“麻”韵，所以我们要把“斜”字读为 xiá。如果读为 xié，拖长的韵就成了 e，不是ɑ，那么“麻”（ɑ）韵所给人的开放、明朗的感觉就没有了，这就影响到了整句诗的含意，所以一定要读为 xiá。但是，唐朝并没有 x 这个音，那时候“斜”是读为 ziā的。为什么我们不读为 ziā呢？因为，x 在这里没有意义，对于诗句的含意没有影响，这就是朱熹所说的“叶（协）韵”。

第三，如果恢复了古音后，歧义反而更大了，那就不恢复古音了，只读今音，并加上注释说明。中国人的思维永远不走极端，不固化僵硬，凡事都有商量，允许例外，但例外要有道理。恢复古音本来是为了避免歧义，但有时候，古今音变太大，恢复了之后，一般人都不知道你在读哪个字了，比如《关雎》里的“左右采之”与“琴瑟友之”的“采”与“友”是押韵的，押的是“之”部韵，也就是 i 韵，那么为了叶韵，“采”就要念成 cǐ，“友”就要念成 yǐ。但是这样一来，与今音差距太大，一般读者都不知道是哪个字了，也难以理解它的含意，所以，这种情况，就可以不恢复古音了，只要明白这里的韵是 i 韵就行，理解这个上声韵的惊喜的感觉就行。我们采录的老先生的读音，这个地方大部分是不叶韵的，当然也有叶韵的。这说明文读语音规矩的第三条，是有宽容度的，不同的人可能持不同的意见。但是，只要明白古音大概是怎么念就行，可以那么念，也可以按今音念，外加注释。

基于以上三条规矩，我在此提出普通话吟诵的文读规矩，共有四条。

第一条，入声读短。

对于入声字，我的主张是：入声字一定要辨认出来，并读为短音。

入声字不是随便弄出来的，哪些字读入声，在上古都是有道理的，有原因的。入声字的情绪含意是决绝、快速等。这些情绪含意在诗文中往往得到突出和加强，对于表达和理解诗文含意是非常重要的。

关于这点，前人多有论述，我在《普通话吟诵教程》中也有详细分析，在此不赘述了。

由于普通话目前没有入声这个声调，所以用现在的普通话读，入声字就都读为四声中的声调了，失去了入声字的特征，因此要对入声字做特别处理，重新读出入声的感觉来。

哪些古诗文把入声字读出来？我主张，除了用近古音创作的戏曲、小说之类自然不读入声字之外，所有的诗词文赋经典蒙学都要读出入声字来。时间上从上古到今天（用古韵创作的），文体包括所有的诗词文赋及应用文。在文中，入声字也很重要。在这里，需要注意的是，哪些字是入声字，古今、各地是不完全一致的。这是个需要仔细分辨的问题。现在一般是按照平水韵来判定的，实际上还是有些细微的差异。上古音里的入声字要更多一些。这里甚至还有个人的因素。这需要我们今后深入细致地研究。

古代的蒙学也是有入声字的，如《三字经》，有的时候用入声韵，如“头悬梁，锥刺股”一段。但是我主张在今天的蒙学教学中，如果是面对 6 岁以下的幼儿，最好是不教入声声调。为什么呢？因为这个时期的幼儿，还处在汉语语感的形成期。古代的蒙学有入声声调，是因为古代绝大部分地区的口语中也有入声声调。现在普通话口语没有入声声调了，如果在幼儿语言的形成期读出入声字来，那可能会干扰幼儿的语感。我还是主张先让幼儿形成汉语语感，再做发展的。这与我不主张过早学习第二语言的想法是一样的道理。此外，蒙学都是唱的，在唱当中读出入声字的顿挫，对于幼儿是比较困难的，这在某种程度上，会破坏韵律感，妨碍儿童的吟诵。因为儿童尚在发育期，适合均匀律动，比较简单。非均匀的节奏，对他们不容易起感应，也很难学会。不过，如果是面对 6 岁以上的儿童，就可以在蒙学中读出入声字。

现在关于普通话吟诵文读的问题，有不同的主张。由于普通话已经没有入声字，有的学者主张不读出入声字，有的学者主张入声读为去声，有的学者主张入声读为紧喉，有的学者主张入声读为短音。我是主张入声字一定要读出来，但是只读短音，因为入声字的短音特征非常有意义，它的主要特征都来自短促。短音，自然会紧喉，不紧喉就收不住。读去声是不可取的，因为入声字不一定是降调，有一部分是升调。至于塞尾不同，一来现在也很难在普通话下恢复，二来入声是通押最多的，本来只有十七韵，通用后只有五个韵，这说明塞尾之间的听感区别不大。一屋［-uk］二沃［-uuk］通用、三觉［-eok］十药［-ak］通用、十五合［-op］十七洽［-aep］通用都是同一韵尾，但四质［-it］十一陌［-eak］十二锡［-ek］十三职［-jik］十四缉［-ip］通用、五物［-ot］六月［-jat］七曷［-at］八黠［-aet］九屑［-et］十六叶［-ep］通用就不是同韵尾了，而明显是因为韵腹近似的缘故。前三种通用也是韵腹近似。所以对入声的听感来说，韵腹显然比韵尾更重要。因此，普通话吟诵的入声字不必恢复塞音韵尾，只要读为短音即可，声母、韵母、声调都可以按普通话来读，只要读短，自然紧喉，而入声的主要声音特征就可以表达出来了。

所以我主张的普通话吟诵的入声字的读法，就是读短，并不改变普通话的读音，声母、韵母、声调都可以不改变，只有音长短一半左右就行。

入声字的特征不只是短音，还有浊辅音韵尾、紧喉等。恢复浊辅音韵尾，太困难，只能舍弃。虽然很多地方的方言还保留着这些韵尾，但是让全国人民在普通话吟诵上学会、统一，这是太困难的事情。而且，汉语的辅音韵尾，不同于西方语言，并不完全发出来。所以我主张，浊辅音韵尾还是放弃为好。

短音，是入声字最大的特征，也是主要的声韵含意的来源。入声字的含意，从顿挫、决绝、痛苦到快速、活泼，都是短音的情绪体现。读短音，就能保留入声字的大部分声韵含意，而且很简单。读短音，不影响普通话语音。普通话在口语中，也是会有长短的。读短音也不会违背普通话的语感。比如，“李白”，我不主张读为“李博”或者“李簸”，就读“李白”，只是，“白”要读短，比“李”明显短就行。只要读短，就会自然产生紧喉的感觉，不用特意紧喉。

通过采录，我们发现，入声字的读法，在老先生们那里有六种，即短音、顿挫、顿了拖、拖了顿、读去声、派三声。

后两种显然是不对的，失去了入声声调的意义了。

顿了拖这种读法，又叫断续吟，就是先读出入声声调，停顿一下，再拖长韵腹。这种读法一般见于江浙地区，似乎与昆曲的水磨腔有关。这种读法实际上是把听者的感觉往尾腔上转移，用丰富的尾腔来表达细腻的情感变化，这需要表演者强大的音腔能力，所以这是一种表演方式，不是普通人可以娴熟运用的方法，而且对于诗词文赋、经典蒙学来说，这种尾腔的含意表达也经常是过于个人化、过于夸张了。

拖了顿的读法，一般见于广西一带，这种读法也不利于突出入声声调的特点，因此也不主张用。

短音即读短，后面紧接下一个字。顿挫即读短之后停顿一下，再接下一个字。这两种读法是一致的，我认为是入声字的正确读法。

入声字应该什么时候读短音，什么时候读顿挫？一般说来，速度慢多读顿挫，速度快多读短音。情绪低时多读顿挫，情绪高时多读短音。什么情况下会速度快？什么情况下会速度慢？比如，近体诗一般比古体诗读得慢。这是赵元任先生总结过的现象，我在“四声对五音”和《普通话吟诵教程》里都有论述。再比如，快乐的诗比悲伤的诗读得快，如此等等。当然这还要具体到那个字所表达的含意，由读者自己去感觉去处理。

普通话吟诵要尽量保持普通话的语音，因此我建议入声字还是按照普通话的声韵调来读，只是读短就可以了。近年来我和很多老师做的吟诵教学实践，都证明了这个方法的可行性和实用性。

第二条，格律读准。

平仄格律，是有它的道理的，它是中古汉语的特点所自然形成的，所以它也是有含意的。比如平低仄高，在大多数情况下都有含意。“黄河入海流”，“黄河”读高，强调的就是“黄河”，整句的意思就是黄河发生了一件事，它流到海里去了。但如果是“入海”读高，强调的就是“入海”，整句的意思就是黄河它怎么到海里去了呢？“海”的意思是世界尽头，即黄河怎么一下子就走到了尽头呢？这中间的差异直接影响到了整首诗的含意。所以对于格律，一定要读准。

读准格律，会涉及读音问题。因为有些字从古至今，平仄已经发生了变化。这些字，如果正好处在格律位置上，即第二、四、六等偶位字和尾字上，就会涉及固定的长、短、高、低的读法，如果读错了它的平仄，就会处理错长短高低，直接影响诗词含意的体会。因此，一定要以普通话的语音，按照其中古音的平仄去读声调，这样才能读出格律的声音特征。当然，如果不在格律位置上，那就无所谓了。

中古时期的平声字，有些现在变成了仄声字。这些字中常见的有：

看，原来是阴平，即读一声。宋以后也可以读去声，即四声，意思都是一样的。比如“执手相看泪眼”，“看”字在第四字的位置上，属于格律位置，这个位置的平声字一定要拖长，而且读低。“看”字拖长，会让人体会到“看”了很长时间，从而体会到恋恋不舍之意。如果我们仍然按照今天的音读为去声，那就是仄声字了，就不能拖长，那就会影响含意了。因此，这个地方的“看”字要读为平声，即读 kān。

忘，原来是阳平，即读二声。“不思量，自难忘”，这个地方的“忘”是韵字，而整首词押的都是平声“阳”韵，所以这个“忘”要读为二声 wáng。这样才能拖长，表达出“阳”韵的开阔、辽远。“忘”在这首词中是人鬼相隔的距离感。

漫，原来是阳平，即读二声。“故园东望路漫漫”，这里的“漫”也是韵字。整首诗押的是平声“寒”韵，所以这里的“漫”要读为 mán。按照平长仄短的方法，这两个字都是要拖长的，才能表达出故园之遥远。

醒，原来是阴平，即读一声。“但愿长醉不愿醒”，这里的“醒”也是韵字，跟后面的“惟有饮者留其名”的“名”是押韵的，押的是平声韵，所以要读 xīng。

场，原来是阳平，即读二声。“醉卧沙场君莫笑”，“场”是第四个字，是格律位置的字，这句的二、四、六字格律是“仄平仄”，因此这个“场”字要读为 cháng，这样才能拖长而表达出沙场之大的感觉。

论，原来是阳平，即读二声。《论语》中的“论”即读为 lún；“分明怨恨曲中论”中的“论”也是平声韵字，要读为 lún。

教，当“传授”讲的时候，读为去声；当“使得”讲的时候，读为阴平。如“不教胡马度阴山”中的“教”读为平声，这样才合格律。

胜，当“胜利”讲的时候，读为去声；当“承受”讲的时候，读为阴平。如“高处不胜寒”中的“胜”就应该读为 shēng。

中古音是仄声，现在变成平声字的，主要是一部分入声字。入声字的处理，前文已经说过，只要读短就行，不论读短音还是顿挫，都可以表达出入声字的感觉，所以就不用恢复其原来的声调了。除了入声字以外，仄声变平声的常见字还有两个：

思，其中古音是动词的时候读平声，名词的时候读去声。所以“静夜思”的“思”如果是读平声，意思就是“在静夜里思考”，如果是读去声，意思就是“静夜里的思考”。“海天愁思正茫茫”，这里的“思”在仄声格律位置上，就要读为 sì。

骑，其中古音是动词的时候读平声，名词的时候读去声。“骑马”中的“骑”就读平声 qí，“一骑红尘妃子笑”的“骑”就要读去声 jì。

第三条，叶韵从宽。

押尾韵是汉诗最基本的特征，有着重要的含意。读诗的时候，四分之一以上的时间都在读韵，韵传达了诗的基本情绪。韵字，从音乐上来说，是主音，也是长音，合称长主音。押韵是因为要强调结束感、段落感，而在音质和音高上一同回归的结果。所以，押韵很重要，决不能把韵读没了。一旦读没了韵，诗歌的含意就少了一大块，甚至差之毫厘，谬以千里。我常举的《登鹳雀楼》的例子，就是因为不重视“尤”韵的特征，而把人生苦短的主题误读为奋发图强的了。

因此，普通话吟诵，在韵字因古今音之变而不押韵时，一定要协韵，即尽量读押韵。“远上寒山石径斜”中的“斜”，一定要读“xiá”，不能读“xié”。“天似穹庐，笼盖四野”中的“野”，一定要读“yǎ”，不能读“yě”，否则“麻”韵的开朗感觉就没了。不过，不在韵的字就可以不必文读，如“斜风细雨不须归”，“斜”就可以读“xié”。

押韵的字一定要读押韵，但可以读为宽韵。即语感上押韵就可以了，不一定非严格押韵不可。比如，“清明时节雨纷纷，路上行人欲断魂”，前句句尾是“en”，后句句尾是“un”，但是感觉是押韵的，就可以了，不必强行统一为一个韵母。在当时，在杜牧那里，“文”韵到底是“en”还是“un”，其实现在也是说不清楚的。

第四条，破读从传。

所谓破读，即突破今音的读法。因为某字在古诗文里的义项现在没有了，所以部分恢复古音，以强调其正确的含意。破读的读音是有传统的，就按照传统的习惯读就行，比如“心宽体胖”，“胖”读为 pán，但其他三个字不读古音，因为其他三个字读今音也没有含意分歧。其实上古的时候这个字也不一定读 pán，声调也不一定是 35 调，现在这个读音是后世基于字义的区别目的，参照传下来的读音而确定的。

这种情况的具体读音，我们就根据代代相传的读音来读就可以。这些读音在学术界基本上是有定论的，个别的有争议的，那就根据自己的理解取一家之言即可。

所以，总结普通话吟诵的文读要求，就是：入声读短，格律读准，叶韵从宽，破读从传。

普通话吟诵的语音，既有一定的标准，又允许有一定的差异。普通话吟诵调也是每个人不一样的。

现在的普通话标准实际上是普通话的白读即口语语音标准，普通话吟诵需要建立普通话的文读语音标准，即阅读诗词文赋时的语音标准。

普通话吟诵的标准是：准确地表达出普通话字音的声、韵、调（不倒字），符合吟诵的规则，比较深入完整地传达出了诗文的含意。

我希望现在的普通话测试，有朝一日能够增加一个普通话文读的测试，所有中文系、师范生和广播、演艺、音乐等相关专业的师生都应该参加这个测试，以保证读诵古诗文时的语音准确。

十一、吟诵方法之九：腔音唱法

腔音是中国音乐体系的特征之一，即音的轻重、疾徐、高低等始终都在变化之中，不像近现代的西方音乐那样，音与音之间是跳跃的，每个音本身又是固定不变的。我把现在流行的西方唱音叫“平板音”。腔音并不是汉族音乐所独有的，实际上在全世界腔音远占绝大多数，西方民间音乐也有腔音。当然汉族的腔音又有自己的特点。汉族的声乐历来就是腔音唱法，这是我们的传统。

有声调的语言的音乐普遍存在“腔音”。我使用的“腔音”的概念来自杜亚雄和秦德祥。两位学者在2004年合作的《“腔音”说》[①]中提出了这一概念，即“腔音”是指我国传统音乐中常见的“音高变化的音”。这个现象早在中西现代音乐交流之始就为中外音乐学者们所注意。西方音乐学家们管这种音叫“没有绑住的音”“运动着的音”，这与他们的音乐体系的传统大相径庭。1927年，赵元任称之为“花音”。1988年，沈洽在《音腔论》[②]中专门讨论这种现象，并命名为“音腔”。2002年，杜亚雄在《中国少数民族音乐概论》中称之为“摇声”[③]。这些概念的名称虽异，所指基本相同。我觉得“腔音”一说更贴切些，所以暂用这个概念。

腔音非常普遍地存在于中国的汉族和很多少数民族的音乐中。腔音是一个音，并不是西方音乐的“倚音”，所以学者们普遍认同，其根源在于语言的声调，在于汉藏语系是有声调的语言。杜亚雄、秦德祥在《“腔音”说》中指出：

---

① 杜亚雄、秦德祥著．“腔音”说［J］. 音乐研究 .2004.3.

② 沈洽著．音腔论［J］. 中央音乐学院学报，1982.4、1983.1.

③ 杜亚雄著．中国少数民族音乐概论［M］. 上海：上海音乐出版社，2002：10.

"腔音"具有如下特征：

1. 在一个"腔音"的内部，不仅存在着音高变化，同时还可能在力度、音色等方面发生变化，还可能包含着因强度很弱而形成极其短暂的、听感上的停歇……

2. "腔音"的音高变化过程中，各成分的历时长短、力度强弱、出现次数等并不均等，其中存在着核心的成分……中国传统乐谱即按其高度来表示和记录该"腔音"。

3. 一个"腔音"内部的音高变化，可能只有一次，也可能有多次，可能是升，可能是降，也可能是曲线形、波浪形，具体形态多样。

4. "腔音"的音高变化多为渐进式、滑进式，有别于钢琴不同琴键之间的跳跃式进行。

5. 在"腔音"中，除核心成分的音高通常较为清晰、明确外，高低升降的两端音高，可能历时极为短暂，刚一出现便开始向另一高度滑行，听起来往往比较模糊，并不十分明确和准确。①

腔音很难用现有的乐谱来表现。我举个大家都熟悉的例子。豫剧《花木兰》中的唱段"谁说女子不如儿男"，第一句是"刘大哥……"，就说这个"大"字，它的音程大约是：i—7—i，并伴随着音强的变化。腔音是不是来源于声调呢？杜亚雄在《中国少数民族音乐概论》中说：

《尚书》中说："声依永，律和声。""律"是衡量乐音的绝对音高标准。这句话的意思是说音乐中的"声"可无定高，依咏而变，然不定之中又有定，用"律"来协调。按照《尚书》的说法，"摇声"的生成可能与汉藏语系语言的声调有关，但由于不操汉藏语系语言的民族（如阿尔泰语系诸民族）也大量使用"摇声"，这一推测似乎还不能令人满意。②

但是到了《中国语言与音乐》，他又说：

中国音乐里的"腔音"，便是依据汉藏语系诸语言的声调进行咏唱的必然结果。我国操汉藏语系语言诸民族的音乐中，大量运用多种形态的"腔

① 杜亚雄，秦德祥著. 中国乐理［M］. 上海：上海音乐学院出版社，2007：100-101.

② 杜亚雄著. 中国少数民族音乐概论［M］. 上海：上海音乐出版社，2002：10-11.

> 音”使“字正腔圆”，在操非汉藏语系语言诸民族的音乐中，也可运用“腔音”来表现丰富的语调，从而达到“歌咏言”的目的。①

腔音来源于语言声调的反面证据主要有两个，一是某些没有声调的语言的音乐也存在腔音，二是腔音的变化远比声调丰富。但是目前所知道的没有声调而有腔音的语言，都是与汉语有密切接触的语言，比如阿尔泰语系。其他有腔音语言的情况和有声调语言的腔音情况都不清楚。而腔音的变化比声调丰富，正是放大关系的体现。像刚才说的“大”字，在河南话中是低平的短音，在唱腔中却成了起伏的长音。

这样的现象在地方戏曲中普遍存在。杨荫浏和洛地等学者总结的四声与音程的关系，实际上只是这个字腔的核心音程，因为有大量的润腔存在。润腔就是字腔声调的放大。现转引洛地《词乐曲唱》所载之昆曲《牡丹亭》谱，润腔如：

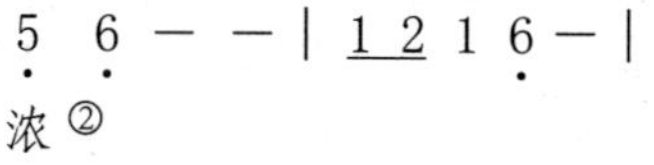

5 6 — — | 1 2 1 6 — |
浓②

看得出来，其旋律走向基本上是上行的，与“浓”字的声调相符，但是进行了放大。就字腔而言，实际上也是较小规模的放大。比如：

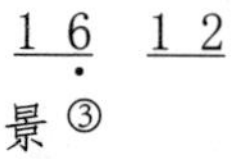

1 6 1 2
景③

旋律走向是先降后升，与上声一致，但是在实际演唱过程中，是把上声的过程拉长了，而且伴有音强和音质的变化，所以也是放大关系。

现在的流行歌曲，受欧洲音乐体系影响较深，而且较多一字一音，不过毕竟填的是汉语词，还是要遵循汉语音乐的传统。比如《思念》：

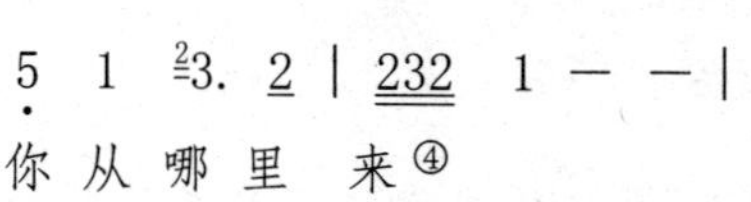

5 1 ²3. 2 | 232 1 — — |
你 从 哪 里 来④

---

① 杜亚雄，秦德祥著．中国乐理［M］．上海：上海音乐学院出版社，2007：100-94.
② 洛地著．词乐曲唱［M］．北京：人民音乐出版社，1995：163.
③ 洛地著．词乐曲唱［M］．北京：人民音乐出版社，1995：143.
④ 胡爱生选编．百年经典歌曲 2000 首［M］．西宁：青海人民出版社，2003：60.

"来"的声调由2—3音程来反映，但是又加上了3—2—1来拉长。再如《后来》：

$^{2}3$　$\underline{21}$ | 1 —

后　　来①

"后"的声调由3—1音程来反映，但是却丰富为2—3—2—1。这些不是与腔音很近似吗？这些地方，恰恰都是歌曲的重点所在，是听众着重要欣赏的地方。

由此可以猜想，由于声调语言用声调来辨义，所以形成了音乐中放大声调曲线，并且欣赏这个过程的习惯。

关于吟诵中的腔音，我再做一些补充。

黄仲苏先生说：

> 最后复取原文，依据句读、文法、声韵、风格、体裁种种原则，分辨意义，识别宾主，而重轻强弱，曼其声音，高低快慢，变其节拍以读之，于是腔调成焉。盖腔调者，朗诵之乐律也；自音节之抑扬言之，谓之腔，所以尽抗坠之情致，故腔有高低之别；自音拍之缓急言之，谓之调，所以计长短之速率，故调有快慢之分。出声有重轻，发音有强弱，声音和洽，因连缀以成字句；行腔有抑扬，使调有缓急，腔调妥协，乃联合以达情意。音之强弱，声有关焉；调之缓急，腔有助焉。而出声发音，当注意于行腔使调之圆润，行腔使调必有待乎出声发音之准确，固亦彰彰明甚矣。腔调之构成，端赖音节之抑扬与音拍之缓急所组合而成；至其作用，则无非为表情达意，俾读者得尽量体会，传神入妙；听者亦可由感而悟，引起乐趣，并促进其研究原文之热情而已。②

这是说腔音是表情达意的手段，其各种变化都与情意有关。关于不同声调的腔音唱法，华钟彦先生有具体的表述：

> 平声唱法，不忌连腔，而转得重浊，且即随腔音之高低，而肖上去二声之字，故出字后、转腔时，须要唱得纯细，亦或唱断而后起腔，斯得之矣。

① 刘传选编．流行金曲大全　第8集［M］．海口：南海出版公司，2004：278.
② 黄仲苏撰．朗诵法［M］．上海：开明书店，1936：74.

平声之音，自缓自舒，自周自正，自和自静，唱者尤重在出声之际，得舒缓周正和静之法。阴平之腔，必须直唱，连续而清，一气呵成。若由低腔转高，则肖阳平矣。阳平之腔，其工谱必有二音，其第一腔须略断，切不可连下第二腔。若既至第二腔，则又须一气接下，直至腔格交代清楚为止，此其要诀也。

上声出字，须自低处。因上声之字头，必从平起，转腔上挑，乃得上声正位。若竟从上声起，则其声一响已竭，不能引长，迨声竭而复拖下，则落平腔矣。惟前文间遇揭字高腔，及紧板时，曲情促急，势有拘碍，不能过低，则初出稍高，转腔低唱，而平出上收，亦肖上声字面。古人谓："上有顿音。"顿音者即所落低腔，欲其短，不欲其长；与丢腔相仿，一出即顿住，夫上声不皆顿音，而音之顿者，诚警俏也。阴上宜轻，阳上宜重，此其大较也。

去声宜高唱者，人皆知之，然此在"翠"字、"再"字、"世"字等之阴去声则可耳。若夫阳去，如"被"字、"泪"字、"动"字等类，初出不嫌稍平，转腔乃使高唱，则平出去收，字方圆稳。不然，出口便高揭，"被"涉"贝"音，阳去几讹阴去矣。古人谓去有送音，故唱去音，不论阴阳，总以转送为主，转送者，即转腔而高送，去而不返也。

入声唱法，最忌连腔，因入声连腔则以平声矣。昔沈伯时谓："按谱填词，上去不宜相替，而入固可以代平。"则以上去高低迥异，而入上声长吟便肖平音，此则北曲为然也。自《中原音韵》倡入派三声，各随所派成音，平自平，上自上，去自去，字字清真，出声过声收声，毫无假借。故北曲入声无论已，南曲入声唱法，以和顺为主，温柔圆润，不必四声凿凿，其唱入声无长吟，无连腔，出口即唱断。更入丢腔之一吐便放，略无丝毫黏滞，则婉肖入声字眼，而愈显过度滇落之妙。阴入则轻，阳入则重，此其正法也。①

吟诵的时候，使用腔音唱法，会比较有韵味，才是传统的吟诵。比如说，橄榄型吐音，即昆曲式的把声母、韵头、韵腹、韵尾依次发出的方法。英语的唱法是迅速掠过声母在元音上停留很长时间，所以现在流行歌曲也都

① 华钟彦著 . 华钟彦文集　上　戏曲丛谭［M］. 郑州：河南大学出版社，2009：78-79.

这么唱，但是这不符合汉语的特点。汉语的辅音很重要，所以历史上形成了橄榄型吐音的方法，把音强最大的地方放在韵腹，而每个辅音元音的时长都相对平均，比如“江”会发成“j–i–a–ng”四个部分。橄榄型发音又分前橄榄、后橄榄、中橄榄三种情况。橄榄型发音在音乐界早有研究，在此不赘述了。

又比如说，颤音的方式，中国腔音和西方唱法就很不一样。西方唱法中，音高的波动是均匀快速的，中国腔音唱法中，音高的波动是不均匀的，而且还加上了音强的波动，并且也是不均匀的。

腔音的本质就是充分地调动起语音的音强、音高、音长来辅助表达意义。当发一个字音的时候，开始、中间和结束，情感已经发生了变化。这样一个字就表达出了丰富的情感，而不是仅仅一个简单的字义。这才是有深厚文化内涵的歌唱。平板音不会用这些手段。汉语是旋律型声调语言，它的音强、音长、音高的变化，都与其声调有关，又与其发音部位有关。以前汉语所有的声乐都是腔音，从戏曲曲艺到店铺伙计唱账、街头小贩叫卖，全是腔音。

腔音说明了我们这个民族在表达情感上是多么的细腻、发达。这个唱法甚至发展成为庞大的戏曲体系。戏曲主要的唱法，就是在把一个字吐出之后，再把尾腔拖长、放大，让观众仔细体会这一个字里面蕴含的唱者的情感，这就是所谓唱腔。我们的祖先，甚至上两三代人，都是会欣赏这些腔音，听得懂这些腔音的。现在大部分人已经不具备这个能力了。

另外，吟诵在音律上也未必是十二平均律的，我们采录的很多吟诵都不是。当然现在为了年轻人的学习，使用十二平均律也未尝不可。只是需要知道原来不是这样的，不是十二平均律的吟诵有时更有味儿。

吟诵也不是均分律动的。通俗地说，有节奏只是没节奏的特殊情况，没节奏才是正常的。为什么呢？情感是不断变化着的，随着内容的推进而起伏跌宕，怎么能都一个节奏呢？印欧语系是重音语言，他们天生对轻重音有感觉，对轻重交错的节拍有感觉，所以西方音乐主要是均分律动的。中国的音乐，包括汉族的吟诵，实际上根本谈不上什么节奏，我们是从另外一个角度来看待音乐的时长规律的，我们叫板眼。板眼不是节奏，更不是均分的节奏。吟诵的时候，该快就快，该慢就慢，该长就长，该短就短，一切皆以情感表达为准，不管什么几拍几拍。这才是性情之乐。

以前说读书人摇头晃脑，为什么读书的时候一定要摇头晃脑呢？就是因为在吟诵。腔音的读法需要摇头摆身。五四以后，摇头晃脑成了讽刺旧派文人的一条罪状。当然这与清代以来八股文的走偏有关。徐灵胎《刺时文》中有句："读书人，最不济；烂时文，烂如泥。国家本为求才计，谁知道变做了欺人技。三句承题，两句破题，摆尾摇头，便道是圣门高弟……读得来肩背高低，口角嘘唏"，等等，但这是在抨击八股文，而且是不好的八股文，并不是讥刺吟诵。徐先生自己也是要吟诵的。后来有很多文艺作品，包括戏剧、电影、电视剧等，都把旧文人描绘成摇头晃脑的样子，以为丑化。这是不公平的。

吟诵时摇头摆身并不如影视作品所描绘的那样，是匀速地划着圈摇头。这是丑化。匀速地划圈摇头，这和架子鼓有什么区别？这怕是以西方的观念强加在中国传统音乐上了吧。吟诵的摇，是不均匀的，是该摇的时候摇，不该摇的时候不摇。摇的方式多种多样，该怎样摇就怎样摇。

那么该怎么摇呢？当然这里面有个人的习惯，不能一概而论。但是也不是没有规律可循。这方面的研究还没有见到，我们正在着手进行。从目前的情况来看，大致有横向、纵向、划圈等基本几种，这几种又可以互相结合。一般说来，纵向，是调整音强，也就是大声时向后，小声时向前。横向，一般用于颤音倚音。音强和音高的连续变化，会使用划圈，而划圈的具体情况是由音强和音高是怎样变化来决定的。

为什么吟诵一定要摇呢？首先要有一个观念，所有的声乐系统歌唱的时候都是要摇晃的。戏曲、说唱、摇滚、RAP、通俗歌曲、世界各地的民歌，等等，都在摇晃，只是摇晃的方式不同。看起来站得笔直的一些唱法，比如美声、某些宗教唱乐、合唱等，其实也有头部的动作。头部完全不动唱歌，是非常困难的。为什么呢？因为歌唱的时候，声音从声带发出后，要经过气管、口腔、鼻腔，共鸣腔的形状的改变，将直接影响音质、音强、音长、音高。而共鸣腔的振动频率，也同样影响语音的四要素。共鸣腔的振动频率，并不仅仅与共鸣腔本身有关，而是与其相连的其他部位都有关，比如头部、胸腔、气管的下半部、腹腔等。所以，歌唱的人做各种动作，尤其是头部的动作，是为了辅助发出适宜的语音。全身不动地唱歌，等于丧失了很多语音的辅助表达工具，当然唱不好了。所以说，摇是正当的。

关键是为什么吟诵的摇与其他唱法不同？这是汉语的特点决定的。汉语是旋律型声调语言，其声调是有升降的，为了发出这样的音，而且是慢慢地长长地发出，就需要将身体的气腔也慢慢地扭动，所以看起来像摇头摆尾。现在汉语歌曲都学西方唱 RAP 了，没有架子鼓就不会唱歌了。这就不是汉语的歌曲了。

第三节　古文的读法

我们现在习惯称呼的“文言文”，实际上包含着多种不同的文体。从有无平仄格律上，可以分为古体文和近体文。从写作的目的和手法上，可以分为文和赋。从有无押韵上，可以分为韵文和散文。另外还有像制艺（即俗称的八股文）这样的讲究格律和对仗的散体文。在所有这些文体中，骈文是应用面最广的文体，魏晋以后大部分的应用文都是用骈文写成的。而古文是文化价值最高的文体，也是现在中小学语文文言文的主体。

古文是与诗、赋、骈文等都不一样的一种文体，在中华文化中是非常重要的一种文体。中华文化经典的大部分内容都是用古文记载下来的。后世传承文化、讨论义理、记载历史、抒情言志、教化天下、文以载道的也多是古文。古文与儒家精神乃至文运兴衰都有着密切的关系，所以唐朝宋朝都有“古文运动”，明清时期的文人精神也更多体现在古文之中。古文的读法应该特别引起我们的关注。

在我看来，古文的最突出的文体特征就是虚字。因此我把早期文章虚字很少的体裁称为“古经”，而把从《论语》开始的虚字较多的体裁称之为“古文”。古文的读法有两个层面。一个是字的层面，一个是句篇的层面。字层面的读法主要是针对字的，基本的规矩就是字分实虚入，音分短重长。句篇层面的读法主要是针对句子、段落和篇章的，基本的规矩就是体会文气。下面分别加以说明。

一、虚字的意义

虚字是传统的概念，不同于现在所说的“文言文虚词”。“虚词”是“实词”的对称，是不能单独充当句法成分的词，有连接或附着各类实词的语法意义，它是从语法角度着眼的一个概念。虚字是“实字”的对称，是从字本身的意义着眼的一个概念。有实义者为实字，无实义者为虚字。很多虚词虽然不能单独充当句法成分，但却有实义，因此并不是虚字。

为什么用传统概念不用新概念？因为现在所谓的古汉语语法，是运用西方语言学理论研究出来的一个成果，受西方的思维方式影响较大，某些地方恐怕并不契合古人的实际。

所谓虚字的概念，也有广义、狭义之分。广义的虚字，指名词之外，或者名词、动词、形容词之外的所有字。古人有这样的说法。但是我所说的虚字，是狭义的，如马建忠先生说：

> 凡字无义理可解而惟用以助辞气之不足者曰虚字。刘彦和云：“至于‘夫’‘惟’‘盖’‘故’者，发端之首唱，‘之’‘而’‘于’‘以’者，乃札句之旧体，‘乎’‘哉’‘矣’‘也’，亦送末之常科。”虚字所助，盖不外此三端。（《马氏文通》序）①

这样大概相当于今天所谓语气词、助词、连词、介词和部分代词、副词等。它们的统一特征是“无义理可解而惟用以助辞气之不足”。因此虚字的作用主要就是助益语气。

实词、虚词这种划分，往往把代词列为实词，副词列为虚词，而对于实字、虚字之分来说，代词和副词都只有一小部分属于虚字，大部分属于实字。其间的区别只是在于其主要功用是否是“助益语气”。所以，实字、虚字和实词、虚词并不是完全对应的。对于古文的吟诵来说，我们还是从实字、虚字的区分出发比较合理。

虚字古称为“辞”，如《春秋谷梁传·公三十一年》：“犹者，可以已之辞也。”毛诗《周南·汉广》：“汉有游女，不可求思。”毛传：“思，辞也。”许慎

① 引自钱基博著．国学必读上［M］．上海：上海古籍出版社，2011：94.

《说文解字》称为“词”，与实字之称“字”相对，如：“者，别事词也。”“宁，愿词也。”“皆，俱词也。”“只，语已词也。”“矣，语已词也。”等等。郑玄《毛诗笺》《周礼注》《易注》《尚书注》，王逸《楚辞章句》，赵岐《孟子章句》，高诱《淮南子注》，均称“辞”或“词”，又有“语助”“发声”等说法，比如郑玄《礼记注》：“‘何居。’居，读如姬姓之姬，齐鲁之间语助也。”杜预《春秋左氏经传集解》：“‘公曰：尔有母遗繄我独无！’繄，语助。”“‘于越入吴’，于，发声也。”

至宋代，已明确称为“虚字”，如《朱子语类》卷六七：“且如解《易》，只是添虚字去迎过意来，便得。今人解《易》，乃去添他实字，却是借他做己意说了。”元代出现了第一部虚字字典——卢以纬的《语助》。至清代，虚字专著集中涌现出来，最著者如刘淇《助字辨略》、王引之《经传释词》、袁仁林《虚字说》等。

虚字不虚。虚字虽然字义非实，但是作用巨大，其主要作用，是表达语气，是文赋的魂魄，文气之所系。对于虚字的功用，古人有深刻的认识。前引马建忠先生的看法即来自刘勰《文心雕龙·章句》：

> 又诗人以“兮”字入于句限，《楚辞》用之，字出于句外。寻兮字承句，乃语助余声。舜咏《南风》，用之久矣，而魏武弗好，岂不以无益文义耶！至于“夫惟盖故”者，发端之首唱；“之而于以”者，乃札句之旧体；“乎哉矣也”者，亦送末之常科。据事似闲，在用实切。巧者回运，弥缝文体，将令数句之外，得一字之助矣。外字难谬，况章句欤！①

刘勰认为虚字的作用“实切”，可作用于“数句之外”“语助余声”。

宋代楼昉《过庭录》说：

> 文字之妙，只在几个助辞虚字上……助辞虚字，是过接斡旋千转万化处。②

元代胡长孺《〈语助〉序》说：

---

① ［南朝梁］刘勰著；王运熙、周锋译注．文心雕龙译注［M］．上海：上海古籍出版社，2010：167.

② 见于涵芬楼本《说郛》第二十二册卷四十九。

作文者，不于此乎参，其能句耶？浑浑噩噩，木然蔚然，法语直遂，巽与婉曲，阖辟变化，宾主抑扬，个中妙用无尽，只在一二虚字之机括，非语助之与明，乃文法之与授！①

明代胡文焕《助语辞序》说：

助语之在文也，多固不可，少固亦不可，而其间误用更不可，则其当熟审也明矣，苟非熟审之，是未勉为文之累，虽琬琰锦绣，奚益哉！故谚有云：之、乎、者、也、已、焉、哉，用得来的好秀才，盖谓此易晓而不易用也！②

大家都认为文章的高下，很大程度上取决于虚字的妙用。到了清代，论者对于虚字的作用更为重视了。刘淇《助字辨略自序》说：

构文之道，不过实字与虚字两端，实字其体骨，而虚字其性情也。盖文以代言，取消神理，抗坠之际，轩轾异情，虚字一乖，判于燕越，柳柳州所由发哂杜温夫者邪！且夫一字之失，一句为之蹉跎；一句之误，通篇为之梗塞……既取虚用，故“之”训“往”，“若”训“汝”之属，虽虚犹实，悉无载焉……大都古辞韵语，往体今言，义各有归，淆用斯外，能自得之，庶几善变耳！③

这已经把虚字的地位提高到了实字之上，认为虚字是文章全篇的关键。

清代袁仁林的《虚字说》可算是古代虚字研究的集大成者，在这本书中，虚字的性质得到了进一步的明确：

虚字者，语言衬贴，所谓语辞也。在六书分虚实，又分虚实之半，皆从事物有无动静处辨之，若其属口吻，了无意义可说，此乃虚之虚者，故俗以虚字目之，盖说时为口吻，成文为语辞，论字为虚字，一也。④

袁仁林认为，虚字就是当初说话人的“口吻”的记录。为什么要记录“口吻”呢？他说：

---

①② ［元］卢以纬著；王克仲集注．助语辞集注［M］．北京：中华书局，1988：183.

③ ［清］刘淇著；章锡琛校注．助字辨略［M］．上海：开明书店，1940：1-3.

④ ［清］袁仁林著；解惠全注．虚字说［M］．北京：中华书局，1989：前言11.

凡书文发语、语助等字，皆属口吻。口吻者，神情声气也。当其言事言理，事理实处，自有本字写之，其随本字而运以长短疾徐、死活轻重之声，此无从以实字见之也，则有虚字托之，而其声如闻，其意自见。故虚字者，所以传其声，声传而情见焉。①

他认为虚字本身无义，其义在于提示读者，实字（本字）的“意”是怎样的，这个“意”“无从以实字见之”，只能通过虚字“运以长短疾徐、死活轻重之声”来体现，“所以传其（虚字）之声，声传而（实字之）情见焉。”这个理论就如同前文第三部分所述，孔子言“书不尽言，言不尽意”一样，而以语音的非音质因素补“意”之不足。只是汉文自有其独特传统，这个传统可以保证在书面（文字）上，也可以表达比较完整的“意”，这就是利用虚字的“声音”。由于有了虚字，提示了说话者的“口吻”，所以读者就知道应该怎样去读每个字（包括实字和虚字）的长短、高低、轻重、缓急，这样一来，汉文所表达的就不仅仅是“音质”和“语义”，而是还要加上音长、音高、音强等非音质因素，表达出“语义”之外的部分，这才是全部要表达的内容。

袁仁林论虚字，常以虚字之“声”，论虚字之“气”，然后见话者之“神情”，知行文之含意，这就是“神情声气”之法。举他论几个转折虚字为例：

“第”字、“但”字、“独”字、“特”字之声，皆属轻转，不甚与前文批驳，只从言下单抽一处轻轻那（挪）转，犹言别无可说，单只有一件如此也，气颇轻婉。

“第”字寓“次第”意，从言下更历一阶别说。

“但”字寓“单”字意，从言下单举一路别说。

“独”字、“特字”，明有无他唯此意。

四字轻转虽同，声情各异：“第”“但”二字，其气清扬，其声尖亮，其情柔坦；“独”“特”二字皆入声，其气专确，其音质实，其情爆起。

四字下别衬一字方可作大段转折（“第思”“但念”“独是”“特是”之类）如其语取便捷，自不须衬。②

---

① ［清］袁仁林著；解惠全注．虚字说［M］．北京：中华书局，1989：128.

② ［清］袁仁林著；解惠全注．虚字说［M］．北京：中华书局，1989：19-20.

这四个字，都是塞音声母［t］，闭口元音，所以语音短而轻，袁仁林说“声轻转”，所以表达的口气就是“气轻婉”，“犹言别无可说，单只有一件如此也”，也就是表达出了比较随意的口气和不重要的意思。但是“第”“但”去声，“独”“特”入声，声调的差异还是造成了意思的差别，前者比较正常，后者比较强调。读的时候，只要把这些字的语音特点读出来，并突出语气，就可以起到表达语意的作用。

所以袁仁林说：

> 凡句中所用虚字，皆以托精神，而传语气者……夫虚字诚无义矣，独不有气之可言乎？吾谓气即其义耳。①
>
> 千言万语，止此数个虚字，出入叁伍于其间，而运用无穷，此无他，语虽百出，而在我之声气，则止此数者，可约而尽也。②

在这里，虚字的定义、功能都是非常明确的，就是为了“传语气”，这样才能“托精神”。

如果说，古诗是通过押韵、句式、格律等来表达语气、情绪、言外之意的，那么古文就是主要依靠虚字来表达语气和文意变化的。

古代汉语的诗文，都不是口语，其含意与魅力，都恰恰在与口语“陌生化”的地方，主要就是语音的差异。吟诗的声音，绝不同于口语的声音，读文的声音，也绝不同于口语的声音。有人总以为文章就是把生活语言展示得活灵活现，那也许是西方的模仿传统吧，在中国不是这样的。中国的传统，是文赋一定和口语不同，要的就是那个抑扬有致的味儿，要的就是那股悠然从容的劲儿。不见戏曲中文人出场，念白都是和老苍头不一样吗？读文读不出这个精气神儿，就等于没读，只是在念字而已。学文要是学不到这个精气神儿，就等于没学，见到了皮毛，全不知是虎是豹。

“文”这个字的本意是花纹，表示美丽的形式。没有美丽的形式的，不能叫作“文”。像我们今天的所谓论文、作文，等等，很多在古代都不能叫作“文”，因为没有美丽的形式。美丽的形式指什么？首先指外在的辞藻修辞之美，声韵协和之美，而更重要的，是内在的气韵、气象。自曹丕说“文以气为主”，后世

---

①［清］袁仁林著；解惠全注．虚字说［M］．北京：中华书局，1989：前言 11.

②［清］袁仁林著；解惠全注．虚字说［M］．北京：中华书局，1989：130.

关于“文气”的关注和研究就越来越多。

概言之，就是古文的遣词造句既非口语，气韵变化也非自然。生活中的人说话就是说话，想到哪里说到哪里，没有什么气韵的起伏变化、阴阳协和。但是古文就不同，讲究的就是文气的高低起伏变化回环，既出其不意又终成和谐。读一篇古文下来，好像打了一套拳，有起势，有发展，中间辗转腾挪、奇幻无穷、忽快忽慢、变化莫测，而又阴阳互转，谐和统一，最后一收，神完气平。这就是文气。

文气实际上就是句与句关系的流转变化。如果读文之人对这篇文章的文气没有体会，只是明白了字面的意思，那又如何能明白文章到底想说什么呢？同样的一句话，放在文气之高点，与文气之低点，其含意会有很大的差异，甚至相互背离。

我举个简单的例子。在《论语》中出现了多次“可也”的表述，如果拿现代汉语一翻译，都是一样的“可以啊”。但是，其所处文气地位不同，含意并不完全一样。

> 子贡曰：“贫而无谄，富而无骄。何如？”子曰：“可也，未若贫而乐，富而好礼者也。”
>
> 子夏曰：“大德不逾闲，小德出入，可也。”
>
> 季氏富于周公，而求也为之聚敛而附益之。子曰：“非吾徒也。小子鸣鼓而攻之可也。”

第一处，后有“未若”两字，起势很急，所以这个“可也”是处于低处，是孔子不忍心打击年少的子贡，而做出的一个勉强的同意。

第二处，“可也”独立处于结尾，属于判断句，句调下降，但是并没有前面第一处那样再扬起，所以，有肯定、明确的意思，这是正面的同意。

第三处，“可也”也处于句尾，但不独立，句子前面有多处虚字，重读或者长读，使人读起来感觉口气非常迂缓，所以这句的主要意思并不是发动诸弟子去攻打冉求，那样的话就会说“小子可鸣鼓攻之”了，现在加一个虚字“而”，又加个“也”字，说明这是一个感叹句，主要是在感叹弟子的变节，而心有悲戚啊。

所以，古人认为，学习诗文，只明白了字面意思还不够，必须要掌握文气。

桐城派诸子，皆倡“因声求气”说，就是通过吟诵，把诗文声音的长短、高低、轻重、缓急都读出来，从而掌握诗文的全部含意，尤其是隐藏在文字背后的精神、情绪、心理。方苞说：“诗、古文，各要从声音证入，不知声音，总为门外汉耳。”(《与陈硕甫书》）刘大櫆则说：“余谓论文而至于字句，则文之能事尽矣。”(《论文偶记》)

如何才能掌握文气呢？古人又认为，虚字是掌握古文文气的关键。上文所引袁仁林的看法，不是他个人的发明。那是我国几千年古文作法读法的总结。

为了方便今天的老师们分辨虚字，我和学生杨言一起，从吟诵的角度编写了一张常见虚字表。所谓吟诵的角度，即是读法的角度，比如这个虚字是不是入声字需要标记出来，因为只要是入声字就要短读。再比如，虚字在副词上有比较模糊的地方，有些字是不是虚字，不同的学者是有不同的看法的。我们是从吟诵的角度来判断的，凡基本上一定要重读的，就列入虚字。这个表仅供老师们吟诵时参考。(**见附录资料　吟诵常见虚字表**)

二、古文的意义

那么，古人为什么要如此重视语气、文气呢？又为什么要发明古文这种特别重视语气和文气的书面语呢？

刘大櫆说：

> 上古文字初开，实字多，虚字少，典谟训诰，何等简奥，然文法自是未备，至孔子之时，虚字详备，作者神态毕出……文必虚字备而后神态出，何可节损？(《论文偶记》) ①

这就是说，自《论语》等开始，虚字大量出现，记录者把说话人的“口吻”也列入了记录的内容，从此虚字成为古文最重要的文体特征。

迄今为止，在《论语》之前，留下来的汉字散文作品大概只有六种：甲骨卜辞、商周金文、《周易》《尚书》《老子》《春秋》。这六种作品，有一个统一的特点：虚字很少。有人可能说帛书《老子》的虚字就很多，可是帛书最有可能是战国时的抄录。如果帛书《老子》是春秋之前的原作，那么跟春秋前作品的

---

① ［清］刘大櫆著；舒芜校点．论文偶记［M］. 北京：人民文学出版社，1998：8-9.

风格太不一样，尤其是虚字太多。如果是战国的改编，那么也可能王弼本的祖本更原始。总之帛书《老子》尚不足为据。就算是《尚书》等也同样经过秦汉的改编而不足为据，那么甲骨卜辞和商周金文都是文物上的，这个错不了。它们的虚字就很少。

比如商王武丁时期的一段卜辞：

> 王占曰：有祟，其有来艰。迄至九日辛卯，允有来艰自北蚁。妻妾告曰：土方侵我田，十人。①

一共 33 字，其中虚字只有其、允两个，占 6%。

再如商代遂公盨的铭文：

> 天命禹敷土，随山濬川。乃奉方执征，降民监德；乃自作配飨，成王母生，我王乍臣。厥显唯德，民好[illegible]德。夏才天下，用厥邵好，益奸懿德，康亡不懋。孝友盟明，经齐好祀无凶；心好德闻，遘亦唯协。天釐用老，神复用福禄，永御于宁。豳公曰：民唯克用，兹德无诲。②

一共 98 字，其中虚字只有乃（两处）、亦、于、唯五个，占 5%。

再如《尚书》的开篇：

> 曰若稽古，帝尧，曰放勋，钦明文思安安，允恭克让，光被四表，格于上下。克明俊德，以亲九族。九族既睦，平章百姓。百姓昭明，协和万邦。黎民于变时雍。③

一共 80 字，其中虚字只有于、于、于、以、于五个字，占 6%。

再如《春秋》的开篇：

> 春，王正月。三月，公及邾仪父盟于蔑。夏五月，郑伯克段于鄢。秋七月，天王使宰咺来归惠公、仲子之赗。九月，及宋人盟于宿。冬十有二月，祭伯来。公子益师卒。④

---

① 孟世凯著．甲骨学辞典［M］. 上海：上海人民出版社，2009：17.

② 成建正主编．陕西历史博物馆馆刊　第 12 辑［M］. 西安：三秦出版社，2005：2.

③ ［汉］孔安国撰；［唐］孔颖达正义；黄怀信整理．尚书正义［M］. 上海：上海古籍出版社，2007：34-37.

④ 杨龙校点．公羊传　穀梁传［M］. 郑州：中州古籍出版社，2015：21-22.

一共60字，虚字只有及、于、于、之、及、于六个字，占10%。

后世的散文，则分两种。一种仍是如此，我称之为古经体，虚字大概不超过10%，一般在5%左右。另一种是大多数，虚字很丰富，一般可以达到总字数的25%左右。比如《论语》的开篇：

> 子曰：学而时习之，不亦说乎？有朋自远方来，不亦乐乎？人不知而不愠，不亦君子乎？①

一共32字，其中虚字有而、之、亦、乎、亦、乎、而、亦、乎九个字，占28%。其多者，如韩愈的《马说》，全篇115字，虚字41个，占到了36%。

这说明，汉文的文体，曾经经过了一次重要的变革。

这一切的转变是什么时候开始的呢？是《论语》。在现存的文献中，首先大量使用虚字的是《论语》。《论语》为什么要使用那么多虚字呢？

虚字中最突出的是语气词。南开大学孟昭连教授曾用翔实的材料证明“之乎者也矣焉哉”这些语气词在历史上的口语中不存在，他的结论是：

> “之乎者也”不但只运用于古代书面语中，而且自孔子以降，并无一个古人明确表示它们来自口语。相反，有关论述都是再三说明它们是“辞”或“词”，强调它们是在“文”“文籍”中，举的例子也无一不是书面语。如果文言语气词同时也存在于古代口语中，那么这些现象就是无法理解的。笔者认为，春秋战国开始在书面语中出现，并很快广泛使用的语气词，并非出自当时口语，而是人为制造出来的一种有别于一般文字的书面语符号。把“之乎者也”等文言语气词当作古代口语词，是没有任何文献根据的，是在西方语言理论影响下产生的一个莫大误解。这一误解导致我们在认识古代语言、社会、文学等文明发展史时，产生了一连串错误。②

大家可以查阅孟教授的论文原文，了解论证的过程，在此我就不重复了。那么这些只用于书面语的字，是什么时候被造出来的呢？孟教授说：

> 《尚书》中只有三个语气词，一个“乎”字，七个“矣”字，116个

---

① ［清］刘宝楠编．论语正义［M］．北京：中华书局，1990：2-4.

② 孟昭连．破解“之乎者也”千古之谜——文言语气词非口语说［J］．南京师范大学学报（社会科学版），2013（3）：138.

“哉”字。《诗经》中增加到六个，《左传》则上升到九个，《论语》增至十一个。《论语》中的语气词使用次数与字数之比在这几部经典中是最高的，达57‰，也就是在1000个字中就有57个是语气词；《孟子》也有54‰。《论语》号称“语录体”，而《孟子》则是个人创作的书面语著作，语气词的使用居然如此接近，比较奇怪。下面几部经典中的语气词使用量相差不多，在平均量34‰上下。由图表中的高低走向，多少可以看出先秦书面语中语气词的发展轨迹，是从少到多，然后再平稳发展，似乎很符合事物的一般规律。①

所以语气词是在《论语》中出现了一次飞跃式的发展。

至此我们基本可以认为：虚字尽管古已有之，但是其大量使用是《论语》的首创。

现在我们要思考的是：为什么《论语》的编者们，也就是孔门弟子们要这样做？

《论语》的得名，是因为孔门众弟子一起讨论老师说过的话。讨论的内容是什么呢？肯定有篇章结构、语录筛选等，此外也当包括写法。试问一个人真能记住老师多年前说的话的每一个字，包括啊吗哼呢之类的语气词吗？或者有多少这种语气的声音是没有对应的字的？所以孔门弟子们讨论的内容，一定也包括怎样记下老师的话。此时，出现了一个重大的决定，就是：大量使用虚字。没有这个决定，《论语》不可能统一地在各篇章都出现这么多的虚字，因为此前没有这样的写法。孔子当时并没有使用那些个语气词。《论语》也是书面语，所谓“语录体”也是书面语化了的语录体。这个决定是曾子还是子贡还是谁做出的，我们已经不得而知，但我们要思考他们为什么这样决定。

孟昭连教授对此的解释是：语气词在先秦的“首要功能是断句，类似于现代的标点符号”，后世“总的趋势是语气功能在逐渐加强”，因而最终被儒士文人们整合成了一套语气用词。“虽然先秦诸子笔下也用了很多语气词，但那仅仅是提示语气而非抒情，因为论说文需要的是理智而不是感情。”②

---

① 孟昭连.破解“之乎者也”千古之谜——文言语气词非口语说［J］.南京师范大学学报（社会科学版），2013（3）：127.

② 孟昭连.破解“之乎者也”千古之谜——文言语气词非口语说［J］.南京师范大学学报（社会科学版），2013（3）：143.

我还是觉得孟教授的这个结论没有足够的说服力。如果语气词只是断句的功能，为什么在先秦散文中每个语气词有不同的含意？尽管孟教授举了很多语气词混用的例子，但是那还是少数现象，是语气词刚刚大量使用所出现的不规范。如果只是为了断句就不会出现那么多不同的而且明显各自含意不同的语气词了。孟教授又说有的语气词提示尾字的声调变化，那么这就是语气了。

我觉得，还是要更多相信文化的传承性，语气词最初产生主要还是为了表达语气。除语气词之外的虚字也是如此。

虚字的作用是什么呢？“助辞气之不足”。这就是说，《论语》的主编意欲读者体会到更多的“辞气”。他希望读者除了知道孔子说了什么话以外，还能知道孔子说话时的口气、神态甚至表情、动作，总之就是语气神情。为此他们打破常规，大量使用虚字甚至发明新的虚字用法。他们达到了目的，《论语》中的孔子和其他人，的确是经常语气神情活灵活现。当然，前提是，你要会正确地读这些虚字，也就是重读。加这些虚字就要强调这些虚字，这样才能达到目的，所以虚字要重读。古人常以虚字为古文之魂，而非实字。

虚字读法的基本原则就是重读，重中之重则长读。实字的基本原则是平读，重要的则重读，重中之重则长读。当然，在文章中，一切还都要看情况而变化，以上只是基本原则。入声字一律短读。所以我总结古文的读法也就是吟诵规则是：字分实、虚、入，音分短、重、长。

为什么一定要强调孔子说话时的语气神情呢？我们先看后世的读书法。从哪里看？从八股文看。因为那是古代的高考指挥棒。八股文是从四书五经中随便选一句或几句为题目，做一篇短文。八股文有它的结构规范，我们且不管它。关键是它的做法如何呢？现在很少有人了解八股文了，因为它还没有被平反。我常举清朝一位状元韩菼的一篇八股文《子谓颜渊曰用之则行舍之则藏惟我与尔有是夫》为例，其实别的八股文也一样的。像这样的一个题目要怎么做呢？现在我们都以为，必是要大写为什么当“用之则行舍之则藏”，理论联系实际之类。实际上这篇文章的核心却是为什么孔子此时此刻对此人说出此话。八股文的格式，是两句破题、三句承题，接着就是起讲，然后是八个股（段落），最后总结。起讲一般都有个词叫“若曰”。谁“若曰”？就是说那句话的人，对于这个题目就是孔子。此下一直到结束，就都是模拟孔子说的话了。所以八股文的宗旨叫“代圣贤立言”。圣贤已经不在，你要代替他出来说话。你代替孔子说话，说出来的话却不像是孔子的样子，那怎么行？所以科举考试批卷的最后一关，叫作“磨勘”。“勘”就是考证，孔子说话不能说出春秋以后的事啊，“磨”就是琢磨，体会你的文章像不像孔子的口气。若文章写得很好，道理讲得也很好，就是不像孔子说话的样子，比如像孟子的样子，像子路的样子，那也不行。口气猥琐、庸俗、草率、狂妄，这都不行。所以八股文不仅考背诵，考义理，还要考你心目中孔子的样子。

子谓颜渊曰用之则行舍之则藏惟我与尔有是夫

韩 菼

圣人行藏之宜，俟能者而始微示之也。

盖圣人之行藏，正不易规，自颜子几之，而始可与之言矣。

故特谓之曰：毕生阅历，只一二途以听人分取焉，而求可以不穷于其际者，往往而鲜也。迨于有可以自信之矣。而或独得而无与共，独处而无与言。此意其托之寤歌自适也耶，而吾今幸有以语尔也。

回乎，人有积生平之得力，终不自明，而必俟其人发之人有积一心之静观，初无所试，而不知他人已识之者，神相告也，故学问诚深，有一候焉，不容终秘矣。

回乎，尝试与尔仰参天时，俯察人事，而中度吾身，用耶舍耶，行耶藏耶？

汲于行者蹶，需于行者滞，有如不必于行，而用之则行者乎？此其人非复功名中人也。

一于藏者缓，果于藏者殆，有如不必于藏，而舍之则藏者乎，此其人非复泉石中人也。

则尝试拟而求之，意必诗书之内有其人焉。爰是流连以志之，然吾学之谓何。而此诣竟遥遥终古，则长自负矣。窃念自穷理观化以来，屡以身涉用舍之交，而充然有余以自处者，此际亦差堪慰耳。

则又尝身为试之，今者辙环之际有微擅焉，乃日周旋而忽之，然与人同学之谓何，而此意竟寂寂人间，亦用自叹矣。而独是晤对忘言之顷，曾不与我质行藏之疑，而渊然此中之相发者，此际亦足共慰耳。

而吾因念夫我也，念夫我之与尔也。

惟我与尔揽事物之归，而确有以自主，故一任乎人事之迁，而只自行其性分之素。此时我得其为我，尔亦得其为尔也，用舍何与焉？我两人长抱此至足者共千古已矣。

惟我与尔参神明之变，而顺应无方，故虽积乎道德之厚，而总不争乎气数之先，此时我不执其为我，尔亦不执其为尔也，行藏又何事焉？我两人长留此不可知者予造物已矣。

有是夫，惟我与尔也夫，而斯时之回，亦怡然得默然解也。①

由此就可以知道古人是怎样读书的，那就是：读谁就要自己变成谁。读李白就要自己变成李白，读孟子就要自己变成孟子。怎样才能变成？体会口气。怎样才能体会？重视虚字。朱熹《读〈论语〉〈孟子〉法》说：

程子曰：学者须将《论语》中诸弟子问处便作自己问，圣人答处便作今日耳闻，自然有得。虽孔孟复生，不过以此教人。若能于《语》《孟》中深求玩味，将来涵养成甚生气质！②

现在大家都把这段话当成多思考的意思，其实不然。若是数学分析一般的"思考"，如何能是"玩味"？又如何成"气质"？程朱都反复强调"玩味"，这个词在朱熹的《读书法》中也反复出现，这个词明显不是"深思""熟思"的意思。上面这段话说得很清楚，读书要入境，要化身为作者。"自己问""今日耳闻"与阅读文字的最大的区别，就是语气！连音容笑貌都要仿佛如在眼前，才是读明白了。若只读了些文字，却不知道说话者当时是什么样的语气、神态，那么怎能领会说话者的真意呢？更勿论经义深微之处。

为什么读书一定要体会口气？如前所言，"子曰：书不尽言，言不尽意"，即使是圣人，他说的话就能充分传达出他的意吗？况且还要再经过文字的转写。而中华文化的最高范畴"道"，那是没有办法彻底说清的，它是随时随地随人随事而变化的，"道可道，非常道，名可名，非常名"。所以传道，文字、语言固然重要，而其中深微精细之处，则只能靠心领神会。这种"体悟"，往往要靠神情语气的传达，或者神情语气，最可通达。

① 邓洪波，龚抗云编著．中国状元殿试卷大全　下［M］．上海：上海教育出版社，2006：1402-1404.

② ［宋］朱熹撰．四书章句集注［M］．北京：中华书局，2011：47.

《论语》和此前文章的区别，就在于此。此前的文章，是记录用的，只要把事情记录下来，就完成了任务。孔子在《春秋》里想加进自己的态度，就只能在用词上下功夫。但是《论语》是给孔门后学诵读（即吟诵）用的。它是语录体，所以如何充分表达出孔子的语气就是非常重要的事情。最后曾子们发明了这种多用虚字的新文体——古文。

这种文体本来是应语录体的需要而产生的，但是问世之后，立即得到了大家的欢迎。孟教授说《孟子》等非语录体也采用了这种写法，就是这个意思。因为每篇文章不都也可以看成是作者的语录吗？这样，汉文在记录功能之外，就开始出现了议论、抒情的功能，甚至在记录、叙述时，语气也起到了丰富描写、衬托情绪的作用。

此后的文章，也就分了两大类：记录用的，少用虚字；诵读用的，则多用虚字。这是《论语》主编者对汉文的一大贡献。应该说，《论语》开创了一种新文体，也就是后世所谓“古文”，这种文章的特点之一，就是特别重视语气，重视虚字，重视吟诵。

我们都知道唐朝和宋朝都有著名的“古文运动”。其实明清两朝，古文的命运也一直是扣人心弦。为什么要有“古文运动”？为什么就没有与古文相对的“骈文运动”？那是因为两个原因：一、作古文的人太少了，古文有式微的危险。二、古文里承载着更多的儒家精神。如果没有第二条，第一条将没有意义。“古文运动”的主张主要是“文以明道”“词从己出”。为什么骈文就不太方便“明道”呢？

表面上看，骈文讲究辞藻格律，在形式上用功太多，内容上自然就会空洞。其实仅从这一点来说恐怕也很难说。历史上内容形式俱佳的诗文太多了。我看可能还是“词从己出”的问题。骈文因为缺少虚字，不太容易表达出语气神态，而更注重的是意境呈现，而“明道”需要精微细辨，又需要个人的理解，所以骈文就很难做到了。

佛经汉译，惯例少用虚字，用的是古经体而不是古文体。这说明译者对待佛经的态度，不是诵读，而是记录，记录佛祖之言，思考佛语之理。所以佛唱梵呗也与儒家吟诵不同。儒家吟诵要体会圣人口气，佛唱梵呗要感受佛理慈悲。梵呗不管用梵语还是汉语，都不太强调口气神情，而突出的是佛理大义。

孔子的音容笑貌却栩栩如生。如能正确吟诵，则口气神情，如在目前。现在我们读经，读得孔子就像机器人一样说话。儒家是现实的人，活人，有喜怒哀乐，有音容笑貌。《论语》文章之妙，常令孔子亲切生动，令人感动不已。

而很多话的含意，也就与这些口气神情有关，正如前面所说，读法不同，含意就不同。这些虚字所传达出的信息，常常可以对字面的含意有所补正纠偏。吟诵的规则就是要读者重视虚字。关于虚字在古文中的作用，忽视虚字会造成理解上的偏差错误等事，古人及前辈学者已经说过太多了。如李学勤先生说："前人考释金文，每每于虚词有所忽略，以致误解全篇的文意，这种偏向应该纠正。"(《研究金文的基本功》）金文尚如此，到大量使用虚字的《论语》及后世古文，不是更加如此吗？

就以《论语》出现的第一个虚字为例。"子曰：学而时习之，不亦说乎？""而"是第一个虚字。"而"字本义，有说胡须的，有说鱼的，有说纺织的，不管是哪个意思，都是有方向性的。今天我们一律平读，甚至轻读虚字，那么"学而时习之"和"学，时习"的意思还有什么区别呢？于是某些含意就被忽略掉。"而"字在这里出现，就是要读者重读，重视这里面的意思。"而"作为一个转折意义的虚字，有三层意思："学"和"习"是两件不同的事情；先"学"后"习"；"学"了一定要"习"。"学"是入声字，把"学"顿挫一下，把"而"字重读长读，这个意思就出来了。孔子说这句话时，其神情是在突出两件事的顺序，先学后习，方为完成。

和虚字相配合，还有入声字的短读。有人也许会说，入声字在口语里也是短的，而且我也承认口语里的语音的含意是几乎没有作用的，那么入声读短又有什么特别的意义呢？我说，不然，口语里入声字虽然也是短的，但是在诗文里尤其短，因为其他的字一般都比口语的长，所以就反衬得入声字特别的短，因此读者就会关注这个短了，这也是"陌生化"。

"学"和"习"都是入声字，"说"和"乐"都是入声字，"不"和"亦"都是入声字，难道入声字是随便来的吗？"不亦说"连续三个入声字，这就是"快乐"——为什么我们不说"慢乐"呢？

后面的那个"乎"字也很重要。没有这个字，"学而时习之，不亦说？"好像意思也表达清楚了，但是，有了这个"乎"字，它是个长读音，"乎——"，是一种放松的感觉。孔子不是在说道理，他是在自我陶醉。不知孔子之乐，不能感同身受孔子之乐，最终也就是得了儒家的“理”，难以得到儒家的“道”。

再加上实字轻重音的配合，人物口气毕现，一篇古文读起来，抑扬顿挫，起伏跌宕，就像打一套拳一样，辗转腾挪，忽快忽慢，变化万端，最后一收，气定神闲。这才是中华文化中的古文。

三、文化的意义

现在很多人不重视吟诵，也不重视像吟诵一样的其他文化形式，如音乐、绘画、舞蹈、雕塑、曲艺、茶道、花道、香道、汉服、汉礼，等等，以为这些都是娱乐而已，只要掌握了义理，这些都是可有可无的东西。这样的想法是有原因的，但是却是不确切的。

因为儒家讲究“文化”——以文化人。吟诵也是一样，它是通过美丽的形式去达到教化人心、培养性情的目的。孔子就特别重视吟诵，但是，当时也有人反对。

当时百家争鸣，最大的两家就是儒家和墨家。墨家对于孔子所提倡的礼乐文化是极力反对的：

> 孔某之齐见景公，景公说，欲封之以尼溪，以告晏子。晏子曰：“不可！夫儒，浩居而自顺者也，不可以教下；好乐而淫人，不可使亲治；立命而怠事，不可使守职；宗丧循哀，不可使慈民；机服勉容，不可使导众。孔某盛容修饰以蛊世，弦歌鼓舞以聚徒，繁登降之礼以示仪，务趋翔之节以观众；博学不可使议世，劳思不可以补民；累寿不能尽其学，当年不能行其礼，积财不能赡其乐。繁饰邪术，以营世君；盛为声乐，以淫遇民。其道不可以期世，其学不可以导众。今君封之，以利齐俗，非所以导国先众。”公曰：“善。”于是厚其礼，留其封，敬见而不问其道。①

《墨子》编者引晏婴说孔子是“盛容修饰以蛊世，弦歌鼓舞以聚徒，繁登降之礼以示仪，务趋翔之节以观众”，吟诵是作为礼乐文化的一部分被一起否定的。墨子也直接说过类似的话：

① 王心湛校勘．墨子集解［M］. 上海：广益书局，1936：117-118.

子墨子谓程子曰："儒之道足以丧天下者四政焉。儒以天为不明，以鬼为不神，天、鬼不说，此足以丧天下。又厚葬久丧，重为棺椁，多为衣衾，送死若徙，三年哭泣，扶后起，杖后行，耳无闻，目无见，此足以丧天下。又弦歌鼓舞，习为声乐，此足以丧天下。又以命为有，贫富寿夭、治乱安危有极矣，不可损益也。为上者行之，必不听治矣；为下者行之，必不从事矣。此足以丧天下。"①

在这里，"弦歌鼓舞"与不信神鬼、追远厚葬、富贵在天并列被否定。墨子还特别对读书吟诵表达过否定的意见：

子墨子谓公孟子曰："丧礼，君与父母、妻、后子死，三年丧服；伯父、叔父、兄弟期；族人五月；姑、姊、舅、甥皆有数月之丧。或以不丧之间，诵《诗》三百，弦《诗》三百，歌《诗》三百，舞《诗》三百。若用子之言，则君子何日以听治？庶人何日以从事？"公孟子曰："国乱则治之，国治则为礼乐；国治则从事，国富则为礼乐。"子墨子曰："国之治，治之废，则国之治亦废。国之富也，从事故富也；从事废，则国之富亦废。故虽治国，劝之无餍，然后可也。今子曰，国治则为礼乐，乱则治之，是譬犹噎而穿井也，死而求医也。古者三代暴王桀、纣、幽、厉，薾为声乐，不顾其民，是以身为刑僇，国为戾虚者，皆从此道也。"②

墨子说，儒家礼乐烦琐，占用了太多的时间，大家都没空工作了。又说古代暴君，都是沉溺声乐而亡国的。这里面有墨子对孔子的误解，或者说也许是孔门后人有人过分强调了礼乐的形式而造成了不好的社会影响。孔子说过："人而不仁如礼何？人而不仁如乐何？"又说："礼云礼云，玉帛云乎哉？乐云乐云，钟鼓云乎哉？"孔子所倡礼乐，是重外更重内的，有内在，外在是可以不重甚至没有的。《诗经·卫风·木瓜》："投我以木瓜，报之以琼琚"，"投我以木桃，报之以琼瑶"，"投我以木李，报之以琼玖"，一个比一个微小而廉价，再往下，就该没有什么可赠予的了，但是这不妨碍情义，因为"匪报也，永以为好也"！《诗经》经过孔子的整理，这才是礼乐思想的真谛。

① 王心湛校勘. 墨子集解［M］. 上海：广益书局，1936：163.
② 王心湛校勘. 墨子集解［M］. 上海：广益书局，1936：161-162.

为什么墨家反对吟诵乃至礼乐呢？

因为墨家的思想，是尚俭尚质。《诗经》不就是三百首诗吗？平读就是了，平读不就明白了吗？明白了不就行了吗？为什么还要诵读一遍，再唱一遍，再弹琴唱一遍，再舞蹈起来跳一遍——这也太麻烦了吧？得浪费多少时间啊？

儒家的思想，不是尚俭尚质，而是“文质彬彬”：

> 子曰：“质胜文则野，文胜质则史，文质彬彬，然后君子。”①

既重视“质”，又重视“文”，是一种整体观。实际上，应该说孔子重视的是“以文化人”，所以孔子更重视从“文”开始，兹举数例：

> 子曰：“周监于二代，郁郁乎文哉！吾从周。”②
>
> 子以四教：文、行、忠、信。③
>
> 子畏于匡，曰：“文王既没，文不在兹乎！天之将丧斯文也，后死者不得与于斯文也！天之未丧斯文也，匡人其如予何！”④
>
> 子曰：“博学于文，约之以礼，亦可以弗畔矣夫。”⑤
>
> 子曰：“从我于陈蔡者，皆不及门也。德行：颜渊、闵子骞、冉伯牛、仲弓；言语：宰我、子贡；政事：冉有、季路；文学：子游、子夏。”⑥

“文”是孔子的最高理想之一，是对人最高的评价之一。我们常把儒士称为“文人”，其意不是与“武将”相对，事实上历史上的名将基本上都是文人。“文人”的意思是“有文之人”。所以我们现在还说“文化”，不说“质化”，因为人是只能以文化之的，质是很难化人、悟人、育人的。

对于墨家之类的观点，儒家是这样回答的：

> 棘子成曰：“君子质而已矣，何以文为？”子贡曰：“惜乎，夫子之说君子也！驷不及舌。文，犹质也；质，犹文也。虎豹之鞟，犹犬羊之鞟。”⑦

---

① ［清］刘宝楠编．论语正义［M］．北京：中华书局，1990：233.
② ［清］刘宝楠编．论语正义［M］．北京：中华书局，1990：103.
③ ［清］刘宝楠编．论语正义［M］．北京：中华书局，1990：274.
④ ［清］刘宝楠编．论语正义［M］．北京：中华书局，1990：327.
⑤ ［清］刘宝楠编．论语正义［M］．北京：中华书局，1990：243.
⑥ ［清］刘宝楠编．论语正义［M］．北京：中华书局，1990：439-441.
⑦ ［清］刘宝楠编．论语正义［M］．北京：中华书局，1990：493.

“文，犹质也；质，犹文也。”这句话说得太精彩了！什么内容就有什么形式。形式就是内容，内容就是形式。形式变了，内容也就变了。形式没了，内容也就虚了。这才是我们中国人的整体性思维。

所以教育、学习，都要从“文”即美丽的外在形式入手。大道理是必须讲的，但是只讲道理基本上是没有用的。教育还是要靠熏陶，靠培养，以文化人。墨家想直接抓住“质”，反而两手空空。

所以儒家重视形式。礼，是一种形式。儒家的礼很丰富，《论语》特别列《乡党》一篇，专说礼仪。“席不正不坐”，就是这么讲究。儒家又重视服饰，什么人、什么场合、什么事穿什么样的衣服，是很讲究的：

> 君子不以绀緅饰，红紫不以为亵服。当暑，袗絺绤，必表而出之。缁衣，羔裘；素衣，麑裘；黄衣，狐裘。亵裘长，短右袂。必有寝衣，长一身有半。狐貉之厚以居。去丧，无所不佩。非帷裳，必杀之。羔裘玄冠不以吊。吉月，必服而朝。①

儒家还重视吃饭：

> 食不厌精，脍不厌细。食饐而餲，鱼馁而肉败，不食。色恶，不食。臭恶，不食。失饪，不食。不时，不食。割不正，不食。不得其酱，不食。肉虽多，不使胜食气。唯酒无量，不及乱。沽酒市脯，不食。不撤姜食，不多食。②

这么多的“不食”，是不是太讲究？现在多有人从健康的角度说这段话，又或者从高雅风度的角度讲这段话，都对，但是都没有说彻底。这不仅仅是健康问题，也不仅仅是风度问题，而是心正不正的问题。有人说，那么奢侈，没有条件怎么办？前面说了，孔子更重视内在，没有条件就可以降低标准，但是有条件的时候你不做，那又是什么问题呢？就是心不正的问题了。

所以说，在儒家看来，形式就是内容。儒家最重视熏陶、涵养，不是明白了道理，这个人就是好人了，他理性上明白了，感性上照旧可以不接受，所以一样做不到。必须理性感性都通了才行。形式本身就是内容的熏陶和教育。

---

① ［清］刘宝楠编．论语正义［M］.北京：中华书局，1990：387-403.
② ［清］刘宝楠编．论语正义［M］.北京：中华书局，1990：408-413.

儒家和墨家谁说得对？历史证明一切。墨家后来消失了，其中很多内容融入了儒家。为什么？只管内容不管形式，还尽量不要形式，这不符合中华文化的传统，也不适应中国现实的需要，所以消失了。

当然，过分注重形式，又会偏离大道。“古文运动”反对的就是骈文的过分注重形式。没有形式就无所依托，而有了形式就过分注重形式，也是后世儒士最容易犯的毛病之一。

我们中华文化，不仅有儒家经典，有道学，更有饮食文化甲天下，有茶有酒有香有花，有建筑、瓷器、音乐、舞蹈、服饰、书画、戏曲、家具、印刷、雕刻，等等，都非常精美，非常细腻，非常讲究，这就是儒家文化的发扬。若从墨家，一切高雅丰富皆无，只是吃饱了最重要，那就没有中华文明如此辉煌灿烂的发展了。

儒家文化也不是只有道理，《大学》《中庸》讲的道理固然重要，但是如果不落实在生活中，也是无用。儒家是最讲经世致用的。儒士不是哲学家，不是跟人辩论为胜场的名家，也不是埋头故纸堆的训诂学家，儒士是实干家，是生活家。自西学东渐以来，我们很多生活中的常识、技能，都变成了所谓学术，只有学者才能懂才能会。儒家文化也被当成了一种学术来研讨，一种思想来辩论。那不是活生生的儒家。儒家是在生活中的，自柴米油盐酱醋茶开始的点点滴滴，也是帮助着生活变得更美好的点点滴滴。我们所做的事情，就是让儒家文化回到老百姓的生活中。生活都是内容与形式的统一体，形式也是内容的不可分割的部分。

吟诵也是形式之一，明白了上面这点，也就明白了吟诵也是内容之一。吟诵里面有含意、有气韵、有文化。平读是没有读法的读法，朗诵是西方的读法，这些形式都与内容不符。不符合内容的形式，对于内容的贯彻一定是有妨碍作用的，用西方的形式或者漠然的形式对待儒家经典，真的能够在孩子的心中扎下儒家思想之根吗？我表示严重怀疑。文化的传承，不仅仅是道理的传承，也许更重要的，是这些形式的入情入心，这才是活生生的文化。文化不仅仅是讲解、理解而传承的，更重要的，是体验、感受而传承的。吟诵的圆润流转、坦率真诚、高雅大方、丰富细腻，这就是儒家经典的道理的直接表现，这些对于儒家之道的传承是至关重要的。只尚质而不知文之重要性的墨家，才是反对吟诵的。

四、读法的意义

那么，古文应该怎样读呢？或者说，怎样吟诵呢？

看了古人的论述，可以得出这样的结论：虚字很重要，甚至是古文之魂。这么重要的虚字，怎么可能读“虚”呢？

所以虚字的基本读法，是重读。虚字重读，也是古文最重要的字读法。

古文的读法分为字的层面和句的层面，这个有点像古诗的读法。在字层面上，即每个字的读法，古诗是要按照字音去读，入短韵长，近体诗平低仄高，平长仄短；在句层面上，即句与句的关系，则要依义行调。古文也是这样。在字层面上，虚字要重读；在句层面上，要依义行调，也就是强调文气的变化。

先说虚字重读的问题。

游国恩先生在1946年的“中国语文诵读方法座谈会”上曾说：

> 诵读问题，我个人没有学理可说，只是一点点经验：小时先祖父教念韵文，凡律诗无论五言或七言，遇平声字皆须稍停而延其尾音；古诗在平仄方面都有很自然的节奏，惟碰见意义有停顿处，声音亦不妨稍作停顿。后来学习古文，先祖父亦谓诵读时应当特别注意虚字的神韵。①

朱光潜先生在《散文的声音节奏》里说：

> 古文难于用虚字，最重要的虚字不外承转词（如上字“而”字），肯否助词（如“视之，石也”的“也”字），以及惊叹疑问词（如“独吾君也乎哉？”句尾三虚字）几大类。普通说话声音所表现的神情也就在承转、肯否、惊叹、疑问等地方见出，所以古文讲究声音，特别在虚字上做工夫。《孔子家语》往往抄袭《檀弓》而省略虚字，神情便比原文差得远。例如“仲子亦犹行古之道也”(《檀弓》) 比“仲子亦犹行古人之道”(《孔子家语》)，“予恶夫涕之无从也”(《檀弓》) 比“予恶夫涕而无以将之”(《孔子家语》)，“夫子为弗闻也者而过之”(《檀弓》) 比“夫子为之隐佯不闻以过之”(《孔子家语》)，风味都较隽永。柳子厚《钴鉧潭记》收尾“于以见天之高，气之迥，

① 顾黄初，李杏保编．二十世纪前期中国语文教育论集［M］. 成都：四川教育出版社，1991：881.

> 孰使予乐居夷而忘故土者，非兹潭也欤?”如果省去两个“之”字为“天高气迥”，省去“也”字为“非兹潭欤?”风味也就不如原文。古文讲究声音，原不完全在虚字上面，但虚字最为紧要。①

“最为紧要”的虚字自然就要重读。这与我们今天的一般读法是相反的。现在的读法，主要是两种。一种是一律平读，一字一拍，这是读字，不是读文章。一种是朗读、朗诵，一般是实字重读，虚字轻读。而古文本来的读法，是虚字应该重读的。

不过有些虚字是入声字，这些字的语音本来就是顿挫的，在表示强调时，需要重读。因为是入声字，本来就有塞尾，自然会重读。普通话已经没有塞尾了，但是按照吟诵的规则要读短音，自然会带有塞尾的感觉，要不然停不住，所以入声字仍然是读短音就可以达到重读的效果。

不是入声字的虚字，一般就要读重一些，如“固、然、也、乃、且、而”等。

虚字除了重读以外，重中之重就是要长读。长读会引起比重读更大的关注，所以是比重读更具有强调的意思。

什么样的虚字需要长读呢？一般是两种情况。第一种是句尾虚字，因为句尾通常表达语气，或者表示逻辑重点。所以句末重读往往会变长读，语气词通常是长读的。比如袁仁林说：

> “夫”字之气，清浮平著，每著于所言而虚指之。②
>
> “乎”字、“与”字、“耶”字之声，均属平拖长曳，疑活未定。③
>
> “哉”字之声，舌点上腭，在拖语声中，最为开大重实。④

此外还有“也、矣、焉、之、而、然、盖、且、况、所、尔、已、欤”，等等。

重读与长读以表示强调，是虚字读法的一般情况。但也有些字，并不重读或者长读，一般只是平读而已。这些字，是平读已经可以表示强调的字。比如

---

① 朱光潜著．谈美·谈文学［M］．北京：人民文学出版社，1988：194-195.

② ［清］袁仁林著；解惠全注．虚字说［M］．北京：中华书局，1989：1.

③ ［清］袁仁林著；解惠全注．虚字说［M］．北京：中华书局，1989：32.

④ ［清］袁仁林著；解惠全注．虚字说［M］．北京：中华书局，1989：39.

“之”字，有时可以翻译成现代汉语“的”字。“的”字除了表示归属以外，也有缓和语气的作用。“之”字有时表示归属，如“父之道”，兼缓和语气，有时不表示归属，仅缓和语气，如“千乘之国”，总之有缓和语气的作用。这个作用，一般有“之”字本身的音长就足以表现出来了，比如“父之道”比“父道”要缓和得多，“千乘之国”比“千国”要缓和得多，所以“之”字一般平读即可。当然也有例外，要看具体情况。类似的字还有“于”、“其”、“诸”（作“之于”讲的时候）、“以”（作“把”“用”讲的时候）等。

入声字读短音，是汉诗文的通例，所以古文还要注意入声字读短。哪些字读入声，和它的意义是密切相关的。古人作文，常又注意语气顿挫，所以入声字的意义和位置，对于理解文意、体会文气，也是非常重要的。

入声读短读促、虚字读重读长，如果按照这样的原则去读古文，再加上原本大家理解的语言节奏，古文就活起来了，不但其中的语气、神态毕现，而且节奏疾徐有致，忽快忽慢，就像打太极拳，又像写书法，快慢结合而又圆转如意，这才是古文的韵律，这是中国的节奏，不是西方那种均分律动。

有了这样的节奏，就很容易唱起来，只要再依字行腔、依义行调就可以了，所以古文的吟咏也是很高雅、很美丽的。

当然，虚字的情况很复杂，具体到文章中就更复杂，还有个人理解的问题。入声字也同样。我总结的这些读法也不见得都对，大家可以继续探讨，只要重视虚字和入声字的读法就好。

实字也有需要重读或长读的时候。什么字重读？就是逻辑重音和语法重音。这个大家都知道，朗诵也强调这个，可惜的是只强调这个。比如《孟子·梁惠王》：“王曰：‘叟！不远千里而来，亦将有以利吾国乎？’”这里的“叟”就要重读。什么字长读？长读实际上就是比重读还重的重读。所以最重的重读要长读，特别重要的实字长读，比如尾字又是逻辑重读的，像“鲜矣仁”的“仁”，就要长读。刘禹锡《陋室铭》：“孔子云：‘何陋之有？’”这里的“有”就要长读。大致来说，逻辑重音、语法重音要重读，呼唤的称谓、结尾的重读实字、表示迟疑的口气等，需要长读。其他的实字，就是平读。实字的重读、长读，跟个人理解密切相关，跟文意相关，不是那么统一的。所以我尽量只标那些很明显要重读和长读的，其他一般的就不标了。

两个或者两个以上的重读字碰到一起，就要做个斟酌。有时一句四个字，四个字都是重读音，像这种情况，最好就是有一两个字退回平读。因为所谓轻重都是相对而言的。所以重读相遇，不太重要的，不管是实字还是虚字，就要退回平读。如果没有哪个字不重要，那就反向去看最重要的字，重中之重的字就要上升为长读。总之，一般情况下，一个小句子里，不要都是重读，不管是有平读、长读还是短读，都可以，总之不能都一样，都一样就没有文气了。

这也就是我们传统的尊卑思想。天尊地卑，乾坤定矣。古人不喜欢平等，而喜欢差等，认为平等才是最大的不平等。凡人凡物都要分个尊卑亲疏，这样关系才能谐和。现在很多人一听说尊卑就皱眉头，以为这里就有压迫、剥削，但实际上中华文化的尊卑观是以德性论的，不是以金钱、权势、血缘、身份而论的。这一套社会观一直贯彻到生活中的点点滴滴，也包括诗文。古体诗的入短韵长不是尊卑吗？近体诗的平仄格律不也是尊卑吗？古文的平读重读短读长读也是尊卑。尊卑不是形容词，不是褒贬，而是阴阳关系。阴阳的互存互生互对互转关系，才是尊卑的本质。以此原则读文读诗，大致差不到哪儿去。

我们发明了一套古文吟诵的符号，与诗词吟诵的符号同源同理。古文的字有长读、短读、重读和平读四种，符号只有“～!·”三种：平读不用标识，～表示长读，·表示重读，古文中还有短读的入声，依旧使用前面诗词中入声的符号“!”表示，入声字短而高，所以自然含有重读，故以半角叹号标示。

同诗词吟诵符号一样，这些符号只是辅助初学吟诵之用，并不代表百分之百一定要这样读，因为这里有个人的理解问题，有文章的差异问题，而且符号所标，仅是定性，没有定量。

吟诵符号到底应该怎么标，还需要大家探讨实践，这些符号也都有待大家完善。

正如诗词的读法与含意有关一样，古文的读法也与含意有关。读错可能理解错，而更重要的是，一定会弄错语气神态。语气神态，与含意有关，与文气也有关，是古文非常重要的事情。

下面以《论语》第一篇为例，解释一下古文的读法和虚字、入声字的意义。

	!	!	～		!	～		!	!	!	～
子	曰	学	而	时	习	之		不	亦	说	乎

·　·　·　　　　！！！～
有朋自远方来　不亦乐乎
！·～！·　　！！··～
人不知而不愠　不亦君子乎

先说入声字。

第一个是“曰”。白川静先生说“曰（⊌）”的本义是祝祷用器刚刚打开，神谕初见的意思：

> “曰”谓神之旨意、谕示，因此《论语》中孔子之语以“子曰”开首，像尊崇神一样尊敬孔子，因此，孔子语录前要冠以“曰”字。“曰”无异于一种昭示，所谓“子曰”义近于神谕。①

白川静先生解字喜欢往原始巫术上靠，对于华夏文化的汉字来说不一定准，但是有时可以参考。有个成语叫“子曰诗云”，“曰”的本义是说，“云”的本义是转述。“曰”和“云”的读音，王力、郭锡良构拟为［ɣĭwăt］、［ɣĭwən］②，郑张尚芳构拟为［G^{w}ad］、［Gun］③，两者的读音非常接近，“曰”大开口，“云”小开口，“曰”短“云”长。“云（𠃞）”的甲骨文字形，也是长尾。当别人说话的时候，要仔细听，所以用入声短音表示强调：他说话了！转述是在说话之中，别人已经在听了，无需再强调，所以就不用短音了。《论语》全篇都用“子曰”，是强调之意，白川静先生之言有一定的道理。诵读《论语》之时，一定要把“曰”字读短。

“𦥯（学）”有两手以围，中间有“爻”，这里有教导、规范的意思。“习（𦏧）”，《说文》释为“数飞”；朱熹曰：“习，鸟数飞也。学之不已，如鸟数飞。”白川静释为以羽毛反复拂拭神器，总之也有规范的意思。所以，两个字都是入声字，含郑重之意。

“不亦说”三个入声字连在一起，连续三个短音，其效果是很独特的，这里有不容反驳之意。试把三字各读一拍，再各读半拍，在句中的效果立现。

---

① ［日］白川静著．常用字解［M］．北京：九州出版社，2010：17.
② 郭锡良著．汉字古音手册［M］．北京：商务印书馆，2010：71、392.
③ 郑张尚芳著．上古音系［M］．上海：上海教育出版社，2003：547、548.

“乐（樂）”为木上张丝，又可解为篝火或手持火把，如跳圈舞，这就是音乐，又为快乐。乐（yuè）者，乐（lè）也。其音为古琴或圈舞时发出的声音：[lak]、[lɑ̌uk]，都是入声字，有轻快、快乐之感，用短音来表达，所以我们说快乐，不说慢乐。

所以说，每个入声字之所以是入声短音，都是有道理的。不把它们读成短音，就丧失了其语音的意义。

下面说虚字。

第一句有五个虚字：而、之、不、亦、乎。

如果把这些虚字去掉，变成：

子曰　学　时习　说

按照现在的朗诵的读法，意思不是差不多吗？但是吟诵起来，意思差得很远了。

“不亦”都是虚字，也是入声字，其短音意在强调，加重语气，不可辩驳，前面已经说过了。

“而”是虚字长音，有转折递进之意，在这里有三层意思。一是“学”和“习”是两件不同的事情；二是先“学”后“习”；三是“学”之后必须“习”。所以绝对不能说“学，时习”，一定要说“学而时习”。“而”一定要读长音，才能显示出这三层意思。

“之”也是虚字长音，表示“学”“习”的对象，即儒家所传。从郑玄开始，后人在注“学”字时，均言学道为学，学儒为学，不是学什么都可以叫“学”的。不是学习什么都快乐的，所以这个“之”字很重要。

“乎”是虚字长音，表示陶醉于此。学习的快乐，不是道理上说的，而是真实的感受，是陶醉啊。没有这个“乎”字，这句话就成了一个道理，而在孔子那里，这是亲身感受。圣人是把功夫做上身的。

本章节分三句，每句又由两个分句组成。我们可以纵向比较一下。前一分句，第一、第三句各有三个入声字，一个虚字，所以读起来顿挫而庄重；唯第二句没有入声字也没有虚字，“有朋自远方来”，读起来平稳而舒缓，是最放松的一句。后一分句，第一、第二句都是三个入声字，显得不容辩驳而又快乐，唯第三句用两个长音字“君子”代替了一个短音的入声字，显得结尾尤其长，所以这句给人的感觉不是快乐，而是骄傲。

入声字与虚字的重要，一至于此。怎么读，就会怎么理解。读错就会理解错。朱熹《读〈论语〉〈孟子〉法》：

> 程子曰："《论》《孟》只剩读着，便自意足。学者须是玩味。若以语言解着，意便不足。"①

什么叫"只剩读着"？现在的人以为就是这么一字一拍地"读"，只要"读"就能"意足"，所以一遍遍地读，百遍千遍地读，不知道这"读"是吟诵的意思，古人只会吟诵。《论语》《孟子》，只需吟诵，便自意足。若以语言解着，因为没有了长短轻重，便是不足。若是朗诵，永远不足。

此节既明，下文就不详解了，但点一下某些入声与虚字的意义。

| · · ～ · · ～ · · · ～ | · ·

有子曰 其为人也孝弟 而好犯上者 鲜矣 不好犯上

～ | · · ～ · ～ · · | ～ · · · ～ ·

而好作乱者 未之有也 君子务本 本立而道生 孝弟也者

· · ～ · ～

其为仁之本与

有子为什么说"其为人也孝弟"，不说"其为人孝弟也"，或者"其为人孝弟"呢？因为"其为人也"，有了这个"也"一拖长，就表示这次说话的主题是"为人"，以下都围绕着"为人"展开。汉语是话题语言，不可以西方语法一概而论。"而"字长读，表示转折。"未有"变成了"未之有也"，加了两个虚字，语气变长，这里是表示更加肯定的意思。"君子务本，本立而道生"没有虚字，语气就显峻切，比较郑重。在"立"入声短音之后，停顿一下，接"而"长音，语意尤其突出。"也者"两字以助"孝弟"，可感知其重要。"仁之本与"加了两个虚字，也是用拖长舒缓表示强调、肯定的口气。

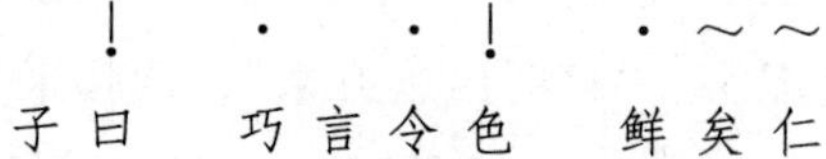

---

① [宋] 朱熹撰 . 四书章句集注 [M]. 北京：中华书局，2011：47.

“色”是入声字，要读短音顿住，仔细体会一下，就能感觉到孔子对此类人的轻蔑。“矣”字拖长，“仁”字也要拖长。这句话，前面快而短，后面慢而长，正是举出话题，下以判断的结构，而前面的入声之轻蔑，后面的虚字之感叹，都饱含感情。刘大櫆说：“至孔子之时，虚字详备，作者神态毕出。”读《论语》，而孔子及其门人，栩栩如生者，全在读出虚字与入声。

再说说这个“矣”字的作用。“鲜矣仁”，到底是多大的比例呢？我出个选择题，孔子认为“巧言令色”的人中“仁”人的比例是：

A　0

B ＜ 0.1%

C ＜ 1%

D ＜ 10%

正确答案是——A：0。为什么？因为有“矣”字，这就是个感叹句，不是判断句。如果孔子说：巧言令色，鲜仁。那就是还有微乎其微的比例。《爱莲说》里有“菊之爱，陶后鲜有闻”，是说陶渊明之后没有一个人喜欢菊花吗？当然不是，而是说很少有人喜欢菊花。但是，“鲜矣仁”，就是在感慨没有仁啊，他的注意力都在没有仁的这个部分，而不是那微乎其微的可能性。如果他关注了微乎其微的可能，那也就不会这么感慨了。

“有子曰，其为人也孝弟，而好犯上者，鲜矣。”这个也是感叹，也是说孝弟的人是不会犯上的意思。紧接着又说“不好犯上，而好作乱者，未之有也”。不可能是说，孝弟的人犯上还是有一定的比例的，而犯上的人作乱是没有的，这不合逻辑。所以这两句是互文，“鲜矣”就是“未之有也”的意思。

所以，如果不重视“矣”这个语气词，仅从字面上理解，就会把儒家思想理解不完整，留了那么一点缝儿，好像巧言令色也不是不可以的，不孝弟也不是不可以的，这就麻烦了。这也是所谓义理精微之处的一种，不吟诵是不能明白的。

　　　　¦　·¦·　　·　　·　·～¦·～　·　　·～
曾子曰　吾日三省吾身　为人谋而不忠乎　与朋友交而
¦·～　·¦¦～
不信乎　传不习乎

“而”字读长，“不”字读短，“乎”字读长，则曾子口气可见。曾子日三省身，在这三件事中，最重视哪一件呢？乃是最后一件，因为去掉了一个长音“而”，加上了一个入声“习”，最后一件口气特别峻切，因此知道这是曾子最重视的事情。孔子之后，儒分为八，为后世传下孔子之道的，是曾子——子思——孟子这一派，这恐怕不是偶然的吧。曾子最重视师传，能固守师道，所以为传人。此章最见曾子为学，不可不吟诵。

| · · | · · ～ · | · ～ · · · ～ ～

子 曰　道 千 乘 之 国　敬 事 而 信　节 用 而 爱 人　使 民 以 时

此章前两小句分别以入声、去声结尾，“节用”亦如此，至“爱人”以后，始用平声，和缓语气见出慈祥之意。吟咏时，最后一句必用下调，“时”字也可拖长。

| | | · | | · · ～ · · · · ～ ·

子 曰　弟 子　入 则 孝　出 则 弟　谨 而 信　泛 爱 众　而 亲 仁

· | | ～ | ～

行 有 余 力　则 以 学 文

这章就是《弟子规》的总纲来源。“入”“则”“出”都是入声字，“孝”“弟”都是去声字，所以前两句说得很快很坚决，第一个“而”字出现，语气稍缓，至“而亲仁”，则虚字加两个平声字，显得格外悠长，境界亦逐步提升、开放，至此为一节。然后说学文之事，因为是余力所为，所以用短音多，吟咏时用下调。

| · · | | · · | | · · ·

子 夏 曰　贤 贤 易 色　事 父 母　能 竭 其 力　事 君　能 致 其 身

· · · · ～ · · | · | | ～ | ～

与 朋 友 交　言 而 有 信　虽 曰 未 学　吾 必 谓 之 学 矣

“色”字入声短读，此处强调。从“事父母”到“与朋友交”，语气渐缓。最后一句，有四个入声字，以顿挫加强论断，最后“之”“矣”两字，有感慨之意，所以用长音。

　！　　　！・！！・　！！！・　　・・　・　！

子曰　君子不重则不威　学则不固　主忠信　无友不如

・　　・！！・・

己者　过则勿惮改

这一章没有长音的字，短音重读的字倒有很多，所以孔子说这段话时，口气很严峻。孔子说话，一般虚字很多，口气和缓，但是说否定句的时候，一般比较坚决。这一章都是说不可如何，所以比较严峻。吟诵一下就可体会。

　　！　　・　　・　・！　・～

曾子曰　慎终　追远　民德归厚矣

“慎终”“追远”各为一句，因此“终”“远”都是长音。“厚”是结论，因此重读。“矣”是长音，表示感叹。

　　　　　　！　・・　　・・～　！　　・　・　～

子禽问于子贡曰　夫子至于是邦也　必闻其政　求之与

・・　～　　　！　　　・・・・・　！　　・・～・～～

抑与之与　子贡曰　夫子温良恭俭让以得之　夫子之求之也

・　・～・～・～～

其诸异乎人之求之与

子禽其人，从《论语》中跟他有关的几条可以看出，他要么是后进弟子，且与孔子较疏远，要么不是孔门弟子。子贡则处于先进后进之间，是孔子得意门生。此章子禽问子贡，有外人问门人之感。子禽的口气十分恭谨，所以用“于”“也”“之”“与”“抑”字和缓口气。子贡的回答，开始颇为刚硬，本来可以说“温也、良也、恭也、俭也、让也”，这才与子禽的恭谨口气相应，但是子贡没有这样说，而是一连串的重读，这里可以看出子贡的反应。子贡是特别维护孔子的人，从《论语》其他章可见，此章他听出子禽有对孔子怀疑之嫌，一时心急，所以出语峻切。但是然后，子贡就平静了下来。子禽如此恭谨发问，自非真疑孔子者，儒者更不当如此言语待人，所以子贡又用了一连串的虚字长音，来补偿刚才语气之失。孔门弟子之认真与风度，于此可见。

! · · ! · · · · ·

子曰 父在 观其志 父没 观其行 三年无改于父之道

· ～

可谓孝矣

此章口气，也是从快到慢，从刚到柔，因前半说的是方法，后半说的是孝子之行。方法要精准，孝子则赞赏，所以由急到缓。

! · · · · · · · · · · · ～

有子曰 礼之用 和为贵 先王之道 斯为美 小大由之

! · · ～ · ! · ! ～ ! ! · ～

有所不行 知和而和 不以礼节之 亦不可行也

有子此章，重读多，长音只在后面才出现，而且表示的是否定的意思。整句话都显得比较严肃。

! · · · ! ～ · · · · · ～

有子曰 信近于义 言可复也 恭近于礼 远耻辱也

· ! ! · ! · ～

因不失其亲 亦可宗也

此章排比，句内对举，前两句的节奏，都是两个重读，加一个长音结尾，很有乐感。最后一句，一连串的重读，加长音结束。整章显得很庄重。有子说话的语气特点，多是这样。

! ! · · · · · ～ · · ·

子曰 君子食无求饱 居无求安 敏于事而慎于言 就有

· ～ · ～ · ! ～ ～

道而正焉 可谓好学也已

孔子说话的特点，肯定句常和缓，否定句常峻切。这章是否定意思为主，所以峻切，至尾翻为肯定句，于是转为和缓。末尾连续两个叹词，表达了特别赞赏之意。

!　·~　·　·~　·　~~　!　·~　···

子贡曰　贫而无谄　富而无骄　何如　子曰　可也　未若贫

~!　·~···~　!　!　~　!　~

而乐　富而好礼者也　子贡曰　诗云　如切如磋　如琢如磨

··~·~　!　·~　·　·~~　·~　··

其斯之谓与　子曰　赐也　始可与言诗已矣　告诸往而知来者

此章当为子贡初入门，得孔子面授时的情景。孔子教学，以问学为主，以一对一教学为主，以讨论为主，于《论语》中可见。子贡问孔子，口气亦十分恭谨，所以用“而”“何如”来舒缓口气。孔子的回答“可也”很有意思。表面看是肯定的意思，但是本来只应说“可”，有一“也”字长音，反带出很多犹豫。“可也”，只能翻译成“行吧”，凑合的意思。所以紧接着说“未若”，以纠正子贡之言。《孟子·滕文公下》：“富贵不能淫，贫贱不能移，威武不能屈，此之谓大丈夫。”子贡所谓“贫而无谄”者，就是“贫贱不能移”；“富而无骄”者，就是“富贵不能淫”。孟子称之为“大丈夫”，孔子却说“可也”，孔孟之别，于此可见。孔子最赞赏的学生是颜渊，“人不堪其忧，回也不改其乐”，最赞同的理想是曾点，“浴乎沂，风乎舞雩，咏而归”，又说“知之者不如好之者，好之者不如乐之者”，“乐”是孔子所追求的最高人生境界，所以《论语》开篇谈“三乐”。

此章后一节，“如切如磋，如琢如磨”八字，本是吟诗，所以要长读，尤其是韵字要长。子贡仍以多个虚字舒缓口气。孔子的回答又用了一个“也”字，这里可不是犹豫的意思，而是惊讶而赞叹的意思，后面又用“已矣”，进一步赞叹，最后一句肯定其进步的成绩。整段都没有回答子贡的问题，可见孔子是高兴坏了，吟诵时要把这几个虚字长音读好。

!　!　·~!·　·!　·~

子曰　不患人之不己知　患不知人也

此章也是多用重读，最后用长音结。第二个“患”字要重读，最好后面再顿一下，以求效果。这句也是话题式的，“患”是话题，所以要重读。

以上是学而第一篇，其他诸篇，依此类推。只要把虚字、入声字读对，再把逻辑重音、语气重音、语调、句调读对，《论语》就读活了，其中每个人的口气、神态乃至精神面貌都会活灵活现，而且对其所谈内容的理解也会更深。比如：

	！	·	！			～	·		！		！	～	！		！	～	！	！
子	曰	吾	十	有	五	而	志	于	学	三	十	而	立	四	十	而	不	惑

	！	～		·	·		！	～	·	·		！	～		·		！	！	·	·
五	十	而	知	天	命	六	十	而	耳	顺	七	十	而	从	心	所	欲	不	逾	矩

此章每小句的最后一个字，读法从快到慢。“学”“立”“不惑”是入声短音，“天命”是平声加去声，“耳顺”是上声加去声，又慢一些，“逾矩”是平声加上声，又慢一些。整章口气由急到缓，正见出孔子修为的层层加深。

班固说，《论语》是“门人相与辑而论纂”，众人“论纂”的，不仅仅是内容，肯定也包括语言文字，所有的虚字，可以说是孔子等人当时所说，但更应该说是后人依口气而择。如“也”“矣”等字，就算是当时的“啊”“呀”等词，以当时记录的传统，如《尚书》《周易》，都是不录的，“当时弟子各有所记”，按理也不会记这些，我们今天上课也记笔记的，老师说话的“啊”“呀”之类能记下多少，大家都知道。所以《论语》的虚字，是群弟子相与讨论而定的，选择了最能反映孔子等人口气神态的字。今天我们诵读学习，一定要认真对待。

虚字、入声，使口气鲜活，不仅仅是文字生动的意义，也不仅仅是承载了某些含意的功能，还有重要的，就是文化精神的传达。这些先贤圣哲，他们说话时的优雅、高贵、涵虚、阳刚，这些都是气骨的体现，言为心声，貌由心生，这些口气神态也在教人做人。吟诵，是要化身入境的。吟诵孔子之言，就要化身孔子，体会孔子的心境语态；吟诵子贡之言，就要化身子贡，体会子贡的心境语态。虚字、入声，使话语真实可感，由此模仿、体会，才能得其真谛。

下面再举一篇后世短文为例。

杂说四

韩　愈

　　｜｜　～～　··　　··　·　　～｜｜｜·
世有伯乐　然后有千里马　千里马常有　而伯乐不常有
·　　·　　··　··　　　　··　·｜　　　｜
故虽有名马　只辱于奴隶人之手　骈死于槽枥之间　不
　·　·～
以千里称也

·～··　｜｜｜　　｜｜　｜　　｜　·　··～｜
马之千里者　一食或尽粟一石　食马者不知其能千里而食
～　·　～　·　··　·　｜｜　　｜｜｜　··｜·
也　是马也　虽有千里之能　食不饱　力不足　才美不外见

·｜　·　·｜　｜　·　·　　··～
且欲与常马等不可得　安求其　能千里也

｜～｜　　·　｜～｜　·　·　·～～｜　·　·
策之不以其道　食之不能尽其材　鸣之而不能通其意
　｜～·　｜　····　～～　··　　～　··｜·　～
执策而临之曰　天下无马　呜乎　其真无马邪　其真不知马也

此文除开头、结尾外，几乎全用重读、短音，中间只有四个“也”字和一个“之”字，稍作缓气，又均用在句首句尾。吟诵起来，句子一旦展开，就铿锵作声、一气而下，非至尾不能停，世称韩文气盛，原因在此。但是，一句之内，也不全是重读、短音，而是与常字相间，如此快快慢慢，方有效果。“一食或尽粟一石”，“一食”“一石”都是入声字，强调其食之巨作，好似看到马在吃草倏然而尽。“食不饱，力不足”，有五个入声字，语似哽咽。最后一段，长音渐多，进入总结和感叹。“策之”“食之”都以入声接长音，既突出了动作，又突出了马。最后两句，在结尾长音之前，都用重读短音，大声疾呼，正是此音。这样的文章，不吟诵怎能体会其气，不按规则吟诵又怎能体会其妙。

以上说的是文，因为虚字主要存在于文中。汉诗中也有虚字，先秦诗歌多有虚字，汉乐府、民歌也多有虚字，后代的乐府、文人拟乐府，都多用虚字，但自汉代五言诗以后，主流的诗体就很少有虚字了。少用虚字，如何表达语气神情？靠的是格律。格律规定了哪些字长读，哪些字短读，哪些字重读，哪些字轻读，通过这些实字的长短高低、轻重缓急，来表达细微变化的语气。

我们常说《诗经》和“楚辞”是汉诗的两大源头，其实从形式上来说，更直接的源头是汉代五言诗。汉代五言诗确立了后世汉诗的基本形式。避用虚字，也就发明了一套生活语言不存在的实字的长短高低、轻重缓急的读法，使得诗歌从生活语言中进一步独立出来。汉诗的基本形式：对偶、整齐、不用虚字，乃至意象的确立（每个象是什么意）、主题的集中，都是以汉代五言诗为标志的。此前只有押韵、重复是先秦诗歌确立的。再言之，唐诗格律，其最早的源头，也始于汉代五言诗。

当然，五言诗以下，也时见虚字，多为介词、助词，如：

> 客行虽云乐，不如早旋归。（《明月何皎皎》）
> 本自同根生，相煎何太急。（曹植《七步诗》）
> 久在樊笼里，复得返自然。（陶渊明《归园田居·其一》）
> 功名富贵若长在，汉水亦应西北流。（李白《江上吟》）

韩孟、江西等诗派，上承杜甫，下开后世诗风，多讲瘦硬拗体，其特征之一，就是多用虚字，甚至语气词，一反五言诗以来的诗歌传统，如：

> 杖藜叹世者谁子？（杜甫《白帝城最高楼》）
> 无曰既蹙矣，乃尚可以生。（韩愈《古风》）
> 嗟哉吾党二三子，安得至老不更归。（韩愈《山石》）
> 不知诸公用心许，鲁恭卓茂可人否。（黄庭坚《送郑彦能宣德知福昌县》）
> 万牛挽不前，公乃独力扛。（黄庭坚《子瞻诗句妙一世，乃云效庭坚体，次韵道之》）

罗大经《鹤林玉露·地集·卷一·诗用助语》说：

诗用助语，字贵妥帖。如杜少陵云：“古人称逝矣，吾道卜终焉。”又云：“去矣英雄事，荒哉割据心。”山谷云：“且然聊尔耳，得也自知之。”韩子苍云：“曲槛以南青嶂合，高堂其上白云深。”皆浑然帖妥。吾郡前辈王才巨云：“并舍者谁清可喜，各家之竹翠相交。”曾幼度云：“不可以风霜后叶，何伤于月雨余云。”亦佳。①

这些虚字的读法，要限于格律，不能如文中虚字那么自然。如杜甫《峡口二首》是五律，“去矣英雄事，荒哉割据心”，“矣”字就不能拖长，如果拖长，就违背了吟诵规则，也就违背了格律。所以拗体多用虚字，原因在此。古体诗的虚字，也要限于古体诗的规则，如歌行体是有均匀节律的，《观公孙大娘舞剑器行》：“老夫不知其所往”，“其”字当重读，“所”字当长读，但限于节奏，这里都弱化了。

然而反过来说，诗中的虚字尽管弱化，但仍对格律的声音规则造成了一定的冲击，所以韩孟、江西等诗派，要突破格律、翻空出奇，往往用虚字做文章。

词、曲中也有虚字，又自不同。诗是吟的，词、曲本是唱的。隋唐燕乐以后，唱、吟进一步分家。从此唱渐趋一字多音，曲重于词，依字行腔被泛化、弱化。虚字重新回来，这回是作为“衬字”出现。“衬字”不一定是虚字，但大多是虚字。正字不一定是实字，但大多是实字。词曲的格律，其基本原则与近体诗是一样的，所以，正字中的虚字该怎么读或者说怎么唱，基本跟诗一样，只是由于唱的特点，平长仄短不一定明显。

衬字是词、曲的必要元素，张炎《词源·虚字》说：

词与诗不同。词之句语，有二字、三字、四字至六字、七八字者，若堆叠实字，读且不通，况付之雪儿乎？合用虚字呼唤。单字如“正”“但”“甚”“任”之类。两字如“莫是”“还有”“那堪”之类。三字如“更能消”“最无端”“又却是”之类。此等虚字却要用之得其所。若能善用虚字，句语自活，必不质实，观者无掩卷之诮。②

---

① ［宋］罗大经著．鹤林玉露［M］．上海：上海书店出版社（据涵芬楼旧版影印），1990.

② ［宋］张炎著；夏承焘校注．词源注［M］．北京：人民文学出版社，1963：15.

在唱的时候，衬字总体来说，比正字的时长要短，昆曲及其他戏曲现在的状态就是这样的，以前的词曲也当如此。

为什么唱的时候本该拖长的虚字，反倒短了呢？因为词、曲也是有格律的，其平仄规则与近体诗一样。这就是说，词、曲也接受了近体诗声音长短以表义的规则，所以虚字还是辅助地位，因称衬字。到了民歌中，包括现代歌曲，已经没有了与口语不同的声音长短表义规则，字的时长跟口语很接近，所以虚字又变长了。在歌曲中，虚字总的来说，比正字的时长要长。

五、文气的意义

汉文虚字的大量应用，始于《论语》。不能说此前古人说话不用虚字，只能说此时起古人作文，注意了连口气语态一起传达。此后古文继承了这一传统，使得古文读来，长长短短，快快慢慢，婉转迂回，起伏跌宕，形成了中国文章的独特韵味。西方音乐的节奏，基本上是固定不变的，中国音乐的节奏却是以变化为主的。现在学生读古文，当当当当一个节奏读下来，那不是读文章，是在读字而已。古文的节奏、韵味，正如同足球比赛，常于平淡中突然启动，一轮猛攻，又复僵持，然后变数又起。能欣赏足球比赛的爆发与变数，就应该能欣赏汉语古文的节奏之美。其实中华文化是相通的，古文的节奏，正如太极拳，柔韧圆转，忽快忽慢，又与书法、舞蹈、音乐、战阵一样，这都是中国的节奏，中国的美。

古文的学习，首在于识字，次在于背诵，然后是训诂，然后是义理的理解，但最高境界却是气象。因为只有体会到了气象，古文和作者的气质态度才会更好地熏染读者的心灵，从而改变气质，培养性情。背过是没有大用的，理解也是很难真正起作用的。阳明先生说“知行合一”，知了不行，还是不知，所以说，理解了还是很难起作用，最终需要改变人生态度，而改变人生态度和习惯，在很大程度上需要依靠风格气象的熏染。

秦汉以后，古文尤重气象，曹丕《典论·论文》：

> 文以气为主，气之清浊有体，不可力强而致。譬诸音乐，曲度虽均，节奏同检，至于引气不齐，巧拙有素，虽在父兄，不能以移子弟。①

① 臧励和选注．汉魏六朝文［M］．武汉：崇文书局，2014：135.

音乐的调性、节奏一样，演奏效果不同，原因是每个人的吹、弹细节不同，所谓“引气不齐，巧拙有素”，所以每个音出来的强弱、直曲、音色有所不同，以之比文章，就是指风格，也就是各人不同的人生态度和习惯会在文章中表现出不同的风格气象。所以韩愈《答李翊书》说：

> 气盛，则言之短长与声之高下者皆宜。①

这句话不是说“言之短长与声之高下”不重要，而恰恰是说，气之盛衰，以“言之短长与声之高下”是否相宜为标准。所以，“气”（文章的内在情感）表现为“音”（文章的外在声韵）。这是汉语古文的传世之法，既是创作方法，也是诵读方法。

清代桐城派，为三千年古文传统之继承者，刘大櫆说：

> 神气者，文之最精处也；音节者，文之稍粗处也；字句者，文之最粗处也……神气不可见，于音节见之；音节无可准，以字句准之。②

这即是说，文章的神气，全在声音，而声音要从字句看出来，譬如见到虚字，就知重读、长读，见到入声字，就知短读，见到问字，则句调上扬，见到叹字，则句调下沉，等等。由此而读，则文之神气毕现。

> 烂熟后，我之神气即古人之神气，古人之音节都在我喉吻间，合我喉吻者，便是与古人神气音节相似处，久之自然铿锵发金石声。③

这样去读，把古人的音节都读出来，自然得到古人的神气。

姚鼐则说：

> 凡文之体类十三，而所以为文者八，曰神、理、气、味、格、律、声、色。神理气味者，文之精也；格律声色者，文之粗也。然苟舍其粗，则精者亦胡以寓焉！④

神理气味，是从格律声色来体会的。所以他又说：“文章之精妙，不出字句

---

① ［唐］韩愈著．韩愈文集汇校笺注　第2册［M］．北京：中华书局，2010：701.
② ［清］刘大櫆著；舒芜校点．论文偶记［M］．北京：人民文学出版社，1998：6.
③ ［清］刘大櫆著；舒芜校点．论文偶记［M］．北京：人民文学出版社，1998：12.
④ ［清］姚鼐著；周中明选注评点．姚鼐文选［M］．苏州：苏州大学出版社，2001：111.

声色之间”，要“从声音证入”，“深读久为，自有悟入”。(《与石甫侄孙》)

方东树则说：“夫学者欲学古之文，必先在精诵。”“沉潜反复，讽玩之深且久，暗通其气于运思置词迎距措置之会，然后其自为之以成其辞也。”(《书惜抱先生墓志铭后》)

曾国藩说：“文章之雄奇，其精处在行气，其粗处全在造字选句。”(《咸丰十四年正月初四日家训》)

那么到底什么是“文气”？很多人都觉得很玄。我觉得中国的学问，向来不虚。所谓“文气”，应指字与字之间、句与句之间、段与段之间的关系及其流动。这也就是古文的句篇读法。

“文气”之说，可于“古文四象”之论中探求。太极（道）生两仪（阴阳），两仪生四象（太阳、少阳、少阴、太阴）。

南宋末年的谢枋得在《文章轨范》里，把古文分为“放胆文”和“小心文”，主张小学生要先学“放胆文”，再学“小心文”。这就是把古文明确地分为阴阳两类。

明朝的王阳明先生，有“九声四气歌法”，前文已述。其中“四气”为诗歌的气象结构，分春夏秋冬，这也就是四象了。只不过这说的是诗歌，不是古文。但“文气”不仅在古文中有，在诗歌中也有。只是诗的文气往往不如古文的文气那么明显。

到清朝，桐城派主张“因声求气”，文气成为学习古文的最高追求。桐城派梅曾亮传法于曾国藩。曾国藩曾著《古文四象》一书，后散佚。曾国藩的弟子吴汝纶曾窥见此书，而录其目录。目录把前人古文以太阳、少阳、少阴、太阴四象分类。这是“古文四象”之说的确立。惜乎曾国藩先生的手稿不传，不知其具体内容。

其后吴汝纶先生传桐城派读文法于唐文治先生。唐文治先生作《国文经纬贯通大义》，以四象之法教学生学习古文，是为“唐调”。其中种种传承细节及内容探讨，请见朱立侠博士的《唐调研究》。

关于“文气”，唐文治先生说：

> 曾文正编《古文四象》，分太阳气势、太阴识度、少阳趣味、少阴情韵四种。余因之分读法有急读、缓读、极急读、极缓读、平读五种。大抵气势

文急读、极急读，而其音高；识度文缓读、极缓读，而其音低；趣味情韵文平读，而其音平。然情韵文亦有愈唱愈高者，未可拘泥。[①]

这就是说，古文虽可分四象，但每篇文章并不是每段每句都是这个气象，内中也有变化。又说：

最宜注意者，在顿挫之间。盖初学读文往往口中吟哦，而心不知其所之者。唯于段落顿挫之际，急将放心收敛，则我之神气始能渐于文章会合，且一顿一挫之后，必有一提或一推，细加玩味，则起承转合之法，不烦言而解矣。[②]

至于首尾段落之处，其声皆须有宏大远到之致。或如波澜之潆洄，或如异军之突起，能神明于此，则其几于大成也不远矣。[③]

这说的就是句与句的关系、段与段的关系，这就是判断体会文气的关键。

古文分四象，是就整体风格气象而言。那么同理，文章之内，每段也可以分四象。一段之内，每句都可以分四象。一句之内，每字都可以分四象。这么说也许有点奇怪，但实际上就是字字关系、句句关系、段段关系。我们在“依义行调”的规矩里，已经讲过了这层意思。只是，文气更关注这种关系的整体流动，其跌宕起伏、辗转腾挪、缓急顿挫的整个过程。这个过程，就是作者想要表达的含意的过程，如果不了解这个过程，只是把每句话的字义弄明白了，等于是听话没听音儿，没有得到文章的真谛，这就是因声求义。而且，这个过程也是作者或者文章用以表达含意的方式，也是处理人生、处理人事的态度和方法的体现，所以因声求义又可以涵养气质。

前文说过，诗歌与口语的差异就在于每一句都不是口语，形式上一定有差异，比如押韵、整齐、格律等。那么古文与口语的差异在哪里呢？孟昭连教授已经证明了古文中的语气词是人造的，不是口语的。如果把这些语气词，进而是虚字去除，那么就和当时的口语很接近了。那么古文和口语的差异就在于虚字吗？

不是的。虚字提示了古文与口语差异的所在：文气。虚字提示的是古文的

①② 魏嘉瓒主编 . 最美读书声 苏州吟诵采录［M］. 武汉：长江文艺出版社，2014：174.
③ 魏嘉瓒主编 . 最美读书声 苏州吟诵采录［M］. 武汉：长江文艺出版社，2014：207.

语气、神态，以及字字、句句、段段的关系。这合起来就是文气。这个意思是说，古文与口语的差异，在于每句话都好像是口语，但是合起来，在口语中没有这么说的，也就是没有这样的文气，没有这样的跌宕起伏、起承转合而又温柔敦厚、正大光明。这有点像口语和朗诵的差异。朗诵，如果去掉它的夸张话剧腔的话，剩下的就是文气变幻，这就是高雅艺术了。没有这个，就是生活俗语。

学习古文，最高境界是气象。体会文气，涵养性情，情通古人，内化大道。所以得文气者得古文。书读一口气，方有书生气。

那么，文气如何判断？

文气的判断也是有章可循的，并非玄之又玄。

文气，就像依义行调的调一样，其本质是一种关系。什么关系？全面地说，也可以说很复杂，有成百上千种关系，有很多不同的分类法。但是，吟诵初入门时，也可以抓其大体，将关系简化。简化的关系主要就是高低和快慢两种。这是最主要的关系。

高低如何判断？情绪高则高，情绪低则低。强调则高，感慨则低。疑问则高，判断则低。这个跟依义行调是一样的，是每个人的本能。只要掌握了文意，就自然知道高低。

现在最关键的问题是如何掌握文意。要掌握文意，就需要了解音韵知识，还需要了解儒家思想和传世文化。这对于一般老师来说，还是有困难的。市面上流行的解读，又多是西方文论的底子，往往有隔靴搔痒之感。这的确是这个时代的一个难题。

快慢如何判断？情绪高则快，情绪低则慢。排比则快，散体则慢。排比时字数越少越快。古体则快，近体则慢。

我现在尝试用六线谱来画文气谱，只标注句与句之间的高低和快慢。这还是一种探索。大家可以在“语文吟诵”等教学资源中看到。大家可以继续讨论这个问题。

下图之中，“未若”一句既快且高，因为“未若”两字与“差可拟”形成了鲜明的对比，显示出了谢道韫是在抢话，所以语调定然高而快。这样才造成了谢安的“大笑”且“乐”。所“乐”者，谢家后人不弱；所“笑”者，小孩儿争强好斗的天性也。明白三人在联诗，明白谢道韫的性格，明白谢安笑中的骄傲，

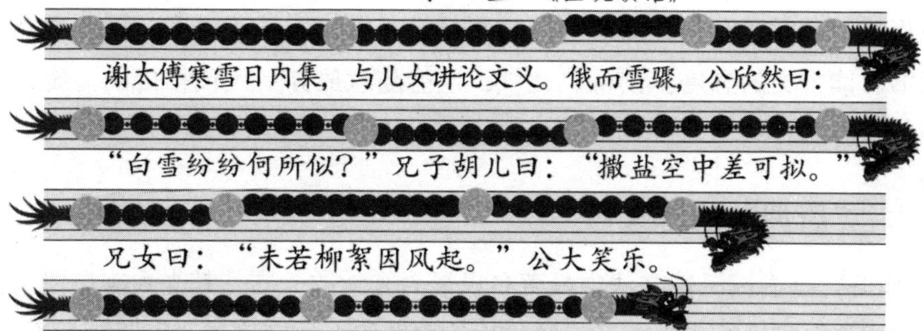

文气谱示例

才能明白这篇短文到底想说什么。当然不仅仅是说谢女有才了。这是魏晋风度的时代，是士族大家的时代。这篇短文是在肯定这种文化。文气的重要性，由此可见。而且短短百字，其间起伏变化、快慢相间、阴阳转换、文气纵横，如此丰富。这才能叫作“文”。

文气除了高低快慢之外，还有别的关系，比如粗疏与细腻，坦率与含蓄，坚定与柔软，洪亮与细弱等。这些就需要慢慢深入体会了。

吟诵古文的时候，要特别注意文气，也就是如唐文治先生所说，关注字字关系、句句关系、段段关系。排比、对偶的句子要加快速度，散体的句子就要放慢速度。高与低、长与短、轻与重都要变化回环。这样才能把含意真正表达清楚。

我经常举戴逸先生吟诵《前赤壁赋》的例子说明文气的重要性。戴逸先生是《清史》主编，1926年生人，常熟人，从小读私塾，后来又读上海交通大学，师从唐文治先生。他写信还是用毛笔写骈文的。我们的第三次采录，是在他家里，那时他刚刚从医院出来，是心脏问题。吟诵《前赤壁赋》时，因为是骈散相间，骈文为主的，到中间之后，骈句渐多，速度渐快，戴先生有点支持不住，停下来了。我劝他歇一歇，然后一段一段地录，不用一口气录完。他没有听，重新开始后还是一气读完。读完后直接累倒在沙发上。（见附录资料　戴逸　吟　宋　苏轼《前赤壁赋》）

戴逸先生明知自己心脏不好，为什么不能慢一点读？为什么不能一段一段读？因为，这就是读古文的规矩，见骈句加快速度，从小就是这样训练的，改不了。所以有的老先生说：老了，没气力了，读不了《孟子》了。因为《孟子》文气极盛，读时要有气才能读好，否则只是看书，不是读书了。这就是老一辈对读书、读古文的态度。读法、文气，岂能随意放弃？代代相传的传统，值得我们好好珍惜。

六、“唐调”的意义

“唐调”是桐城派读文法中最著名也最为光大的一支，其光大来自唐文治先生，其法传自吴汝纶先生。吴汝纶先生的直系传人的旋律与“唐调”大不一样，但是，读法是一样的。

传统“唐调”录音录像，目前所得，有唐文治先生录音、唐文治先生之弟子陆如挺、朱东润、钱仲联、陈以鸿、萧善芗、范敬宜、冯其庸及唐文治先生长孙女唐孝纯等的吟诵影音，以及再传弟子陈少松、魏嘉瓒等的吟诵影音，以及与“唐调”有关的屠岸、钱绍武、戴逸、姚奠中等的吟诵影音等。除唐文治及前三位弟子外，其他影音均为我们亲自采录，有采访文字记录，谈及学习“唐调”的经历以及“唐调”的心得等。文献资料有桐城派、曾国藩、唐文治的文集中的相关资料，以及陈以鸿、秦德祥、陈少松、余子侠等的研究论著等。

“唐调”，因唐文治先生而得名。唐文治（1865—1954），字颖侯，号蔚芝，晚号茹经，著名教育家、爱国进步人士。原籍江苏太仓，后定居无锡。18 岁中举，28 岁中进士。清末历任多个外交和商部之职，官终尚书。此后致力于教育，任上海高等实业学堂（今上海交通大学和西安交通大学前身）校长十余年。1920 年，因双目失明，辞职回无锡疗养，旋创办无锡国学专修学校，自任校长直至病逝。留有《茹经堂文集》等大量专著、文章。至今无锡太湖边还有“茹经堂”一处，为唐先生纪念馆，开放参观。唐先生还有一项独特的遗产，并非文字，即其吟诵法。

唐文治先生在上海交通大学和无锡国专期间，大力提倡吟诵，身体力行，以致受业学生，大都会其腔调。无锡国专人才济济，师多名士，生多才子，如章太炎、钱基博、钱穆、吕思勉、周谷城、郭绍虞、朱东润、夏承焘、饶宗颐等人都曾于其中授课，而陈中凡、王蘧常、唐兰、吴其昌、蒋天枢、钱仲联、钱伟长、冯其庸、范敬宜等著名学者，皆出其门下。于是唐先生的吟诵调流布江南，被称为“唐调”。

1934年，唐文治先生曾灌制吟诵唱片两张。据《茹经先生自订年谱》，唐文治先生于甲戌年（1934）七十岁高龄时，分别在五月底和十月中旬两次赴华东电气公司录制读文唱片，第一次“读文四篇”，第二次“讲演‘孝’‘弟’‘廉’‘耻’及读《诗经》《左传》法”。此事仅见于其日记，两张唱片是否发行，不得而知。至今我也没有这两张唱片的任何消息。

1948年，唐文治先生再为大中华唱片公司灌制十张唱片，其中绝大部分是吟诵。这套录音名为《唐蔚芝先生读文灌音片》（10张LP唱片），由上海大中华唱片厂录制发行。唱片附《唐蔚芝先生读文灌音片说明书》，其中有唱片开篇是唐先生论读文之法的演讲录音文字记录，并及各篇目录。目录如下（前方数字为大中华唱片公司的唱片编号）：

1362　第一片上　唐文治述：唐蔚芝先生读文法讲辞

1363　第一片下　唐庆诒述：唐谋伯先生英文介绍辞

1389　第二片上　唐文治读：欧阳修《秋声赋》

1406　第二片下　唐文治读：欧阳修《丰乐亭记》

1407　第三片上　唐文治读：李华《吊古战场文》（上）

1408　第三片下　唐文治读：李华《吊古战场文》（下）

1396　第四片上　唐文治读：欧阳修《五代史伶官传序》

1397　第四片下　唐文治读：范仲淹《岳阳楼记》

1392　第五片上　唐文治读：《史记·屈原列传》（上）

1393　第五片下　唐文治读：《史记·屈原列传》（下）

1394　第六片上　唐文治读：诸葛亮《前出师表》

1395　第六片下　唐文治读：韩愈《送李愿归盘谷序》

1390　第七片上　唐文治读：《诗经·鸨羽》《诗经·卷阿》

1391　第七片下　唐文治读：欧阳修《泷冈阡表》

1384　第八片上　唐文治读：《诗经·常棣》《诗经·谷风》《诗经·伐木》

1385　第八片下　唐文治读：岳飞《满江红》

1388　第九片上　唐文治读：《楚辞·九歌·云中君》《楚辞·九歌·湘夫人》、苏东坡《水调歌头》

1387　第九片下　唐文治读：《左传·吕相绝秦》

1386　第十片上　唐文治读：唐若钦《迎春诗》《送春诗》

1364　第十片下　唐文治、唐庆诒合唱：昆曲《长生殿·小宴》(第一段)

《唐文治先生读文灌音片通用集》(5张LP唱片)是上述唱片的选辑版，附《唐文治先生读文灌音片通用集说明书》，目录如下(前方数字为大中华唱片公司的唱片编号)：

1448　第一片上　唐庆诒述：英文介绍辞

1449　第一片下　薛桂轮述：英文总说明

1392　第二片上　唐文治读：《史记·屈原列传》(上)

1393　第二片下　唐文治读：《史记·屈原列传》(下)

1395　第三片上　唐文治读：韩愈《送李愿归盘谷序》

1396　第三片下　唐文治读：欧阳修《五代史伶官传序》

1390　第四片上　唐文治读：《诗经·鸨羽》《诗经·卷阿》

1450　第四片下　唐文治读：苏东坡《水调歌头》(冠以唐庆诒英文翻译)

1451　第五片上　唐文治读：岳飞《满江红》(冠以唐庆诒英文翻译，并由薛桂轮宣读)

1364　第五片下　唐文治、唐庆诒合唱：昆曲《长生殿·小宴》(第一段)

这十张唱片，与其选辑版五张唱片，一并发行海内外。“唐调”遂名噪天下，为吟诵之代表。

这十张唱片，现在仍有多套流传人间。只是胶木质脆，不易保存，现在能听者寥寥，而音质也大都不佳。我这些年一直想对唱片做消噪和重新出版，多次联

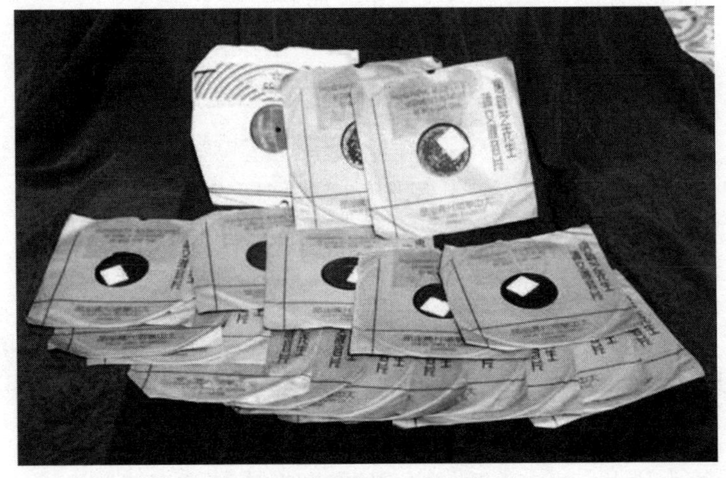

现存《唐蔚芝先生读文灌音片》

络各方，获得大家的响应。2018 年，终于在国家语委的支持下，立项修复出版。

无锡国专的教师多吟诵，而如唐尧夫、陆如挺等人，所教也基于“唐调”，所以无锡国专学生多会“唐调”。由于无锡国专是百年来中国水平最高、人才最盛、影响最大、贡献最巨的国学学校，加之其后很多人又传给自己的学生，所以“唐调”是目前为止我们所发现的 20 世纪影响最大的一种吟诵调。

需要说明的是，唐文治先生的唱片里，吟诵分为诗词、古文两大类。其中诗词的吟诵，唐先生从未说明是学自吴汝纶先生，而提及桐城派所传，历来只说古文，所以这一类吟诵，当是太仓的传统吟诵。今天所谓“唐调”，有广义、狭义之分。广义的“唐调”是指唐文治先生的所有吟诵；狭义的“唐调”仅指唐文治先生所传的古文吟诵。唯后者为传自古文派，并且具有不同寻常的特点，兼且有全国推广的价值。

唐文治先生的吟诵，属于桐城派吟诵所传的一支，为吴汝纶在日本期间所传授。吴先生指点唐先生只有数日。吴先生是安徽桐城人，唐先生是江苏太仓人，不可能数日而学会另一个方言区的吟诵调。所以吴先生所授如唐先生所言，为“桐城派读文法”。至于“唐调”的吟诵调，即其旋律框架，与赵元任先生的常州吟诵调近似，当为吴语地区流行的吟诵调之一，非独特者。“唐调”的价值在法不在调。

“唐调”古文读法的传承顺序为：方苞——刘大櫆——姚鼐——梅曾亮——曾国藩——吴汝纶——唐文治——唐门弟子。其间由安徽而湖南而江苏，语音有变而读法一贯。桐城派为清朝古文大派，上承明代唐宋派，更上承则逾韩愈而抵贾谊，为先秦古文之流绪。汉晋以来，骈文大兴，古文一直是少数派，其读法当不始于方苞，而是传承久远，并与作文之法相通。概而言之，就是一个“气”字。文气之意义，已见上文。

我暂把唐文治先生的古文吟诵称为唐氏“唐调”，是为第一代“唐调”。其弟子的吟诵调，都据此而变化，为第二代“唐调”。唐氏“唐调”已经具备了“唐调”的基本结构和各种变化。

现存唐文治先生录音古文吟诵有两个调，一个尾腔是 $\underset{\cdot\cdot\cdot}{615}$，一个尾腔是 $\underset{\cdot\cdot\cdot}{653}$，后者仅有《吕相绝秦》一篇。但弟子朱东润、萧善芗等吟诵古文均为此调变体。这个 $\underset{\cdot\cdot\cdot}{653}$ 的调，陈以鸿、萧善芗均认为是诵经调，即读经用的调，但也可用以读一般古文。这个调变化丰富，不易掌握，朱、萧等人都是简化使用。我也认为更具有推广价值的是 $\underset{\cdot\cdot\cdot}{615}$ 那个调，下文只论此调。

汉诗文的传统吟诵，分为两大类：古体和近体。古体诗文，一般有上中下三调，三调之间大致是模进关系。唐氏“唐调”，属于古文吟诵，但是只有两个调，这是比较特殊的。两个调不如三个调变化丰富，如何能表达出变幻无端的“气”来呢？

唐氏“唐调”的两个基本调如下：

上调：2222321

下调：$\underset{\cdot}{5}\underset{\cdot}{5}\underset{\cdot}{5}\underset{\cdot}{5}\underset{\cdot}{6}1\underset{\cdot}{6}\underset{\cdot}{5}$

两调之间，是比较纯粹的模进关系，而且是两个主音之间的关系。

两调的特点，首先都是平调。这也是很特殊的。迄今为止，在我们收集采录的上千个吟诵调中，只有“唐调”的基本调是平调。

其次，它的不平的部分只在结尾处，有一个小的向上的起伏。前面，不管有多少字，都可以用平调。最多时可以达到十几个字。

它的变化如下：

上调在1之后，可以有三个走向。一个是回到$\underset{\cdot}{6}$，这样就回到了下调。一个是1结束。还有一个，是可以有一个尾腔，这通常都是一个段落结束的时候。尾腔一般是$\underset{\cdot}{6}\underset{\cdot}{1}\underset{\cdot}{5}$，可以延长。

下调还可以拼接上调，这样就出现了$\underset{\cdot}{5}\underset{\cdot}{5}22$和$\underset{\cdot}{6}\underset{\cdot}{6}22$开头的调子，但是上调好像不会拼接下调。

平调的部分也可以很短，最短可以只有一个音。这样调子就变成了起伏的调子。到底是用平调为主，还是起伏调为主，这取决于吟诵人对文气的体会。

同样，用上调还是用下调，也取决于对文章的理解。

唐氏“唐调”的节奏，以一字一拍为主。这也是比较特殊的。入声字一律读为半拍。有时跟入声字连在一起的非入声字，也被连带着读成了半拍。只有个别的尾字（如段落结束的字）可以拖拍，其他的字都是一字一拍。

唐氏“唐调”有一种独特的腔音，就是$^{1}\underset{\cdot}{6}$和$^{1}\underset{\cdot}{5}$，前者用在句中，后者用于句尾。

唐氏“唐调”的独特之处有三：平调、一字一拍、只有两个调，这些看起来都与丰富性相悖，这样的吟诵调，怎能表达出古文的迂回曲折、跌宕起伏？然而，这就是中国的“道”。

“易简而天下之理得”，“道”是从最简单的阴阳开始的。两个调子的相互转换，恰恰就是阴阳。这个阴阳是怎样变化出丰富的样态的呢？

平调，并不是倒字，腔音照旧表达了每个字的声调，如果严格记谱，满眼都是倚音。但是，调是平的。一字一拍，抹平了缓急，平调，抹平了升降（不是抑扬，而是字音本身的升降），这样一来，所有的注意力，就都集中到了字和字之间的关系上。剩下的是什么？就是起伏和顿挫。顿挫，是通过入声字来实现的。起伏，是通过字字之间的关系、句句之间的关系实现的。字字之间的关系，就是乐音的起伏或平平、句句之间的关系，就是上下调。“气”是什么？就是流动于字里行间的情绪。所以，“唐调”一下子把“气”突出出来了。

什么样的调子最有气势？恰恰是平调。所以宗教多用平调。曲折调给人以有限的感觉，而平调有无限的感觉。“唐调”就是用平调，但是如大海浪潮，一浪高过一浪，且又变化无端。因为只有一个下调，所以上调就显得很鲜明，一旦回旋于上调，就显得很高亢。而“唐调”的起与收，必于下调。而且，下调是基础，没有情绪的高涨，是不用上调的。这有如中国人的为人，首先是低调的，其次该高调时就高调，而且一击成功，即全身而退。若连续高歌猛进，必气势如虹，一气呵成，而达成之后也必迅速退回低调。这是中国人的哲学和世界观。“唐调”里面蕴含着“道”。

另外，我们所说的“唐调”属于吟诵调，也就是“调”。前文说过，中国传统音乐的旋律是“调”加“腔”而构成的。“唐调”也是一样，在“调”上用腔音表示出字音的声调。现在有些老师学习使用“唐调”的时候，经常“套调”，倒字一大片，这是不可取的。

唐氏“唐调”如此追求“气”，这让我们真实地了解到了桐城派的“因声求气”理论。长期以来，对桐城派“因声求气”理论的研究很多，但是一来误把“读”理解成了今天的“朗读”，而没有想到古代的“读”全是吟诵；二来没有吟诵的声音相佐证，仅从义理上探讨，所以到底也说不清楚什么叫“因声求气”。其实，我们古代的概念没有玄之又玄的，都很朴素，很实在，是切切实实可以抓住掌握的，只是今天传承几乎断了而已。

唐氏“唐调”还是用气的。据闻当面听唐文治先生吟诵，是有气感的。曾国藩吟诵也是有名的气足声远。而这种低沉的平调，也的确需要用气才能吟诵得悠长而浑厚。

我们是在唐文治先生的长孙女唐孝纯教授那里，第一次听见“唐调”是诵经调的说法。她说，凡宗教都诵经，难道儒家不诵经吗？也诵经的，“唐调”就是诵经调之一。

联系到宗教的诵经调多用平调，多为均匀律动，多用气，多低音，多连绵不断，多洪亮浑厚，这些都与“唐调”的特点一致，所以我也倾向于“唐调”可能是儒家的诵经调之一，它的源头，有佛教或道教诵经调的影响，它的功用，也有儒士诵读经典的成分。只是615和653两种调是否一个是诵经调，一个是读文调，还是都可以诵经兼读文，这些还有待进一步的研究。

唐门弟子的二代“唐调”各不相同。他们都继承了“唐调”的基本特点：两个调、基本调是一样的，平调，一字一音为主，但是每个人都有自己的变化。

这符合吟诵的传统特点：每个人都不一样。一个老师教的，也每个人都不一样。这才是中国教育的伟大之处。

总结起来，这些变化有以下几个方面：

语音方面，用各自的方言文读。

入声字方面，有的人不顿挫，有的人顿挫后再拖，这是吴语地区的特点，恐怕与昆曲有关。

曲调方面，很多人增加了一个上调的5，这个音，在唐文治先生的录音中没有，但是据有人讲，唐文治先生平常吟诵时是有的。这个事情恐怕永远搞不清楚了。但是，的确，增加了5之后，吟诵变得更丰富了。

调式方面，有多种变化，如朱东润先生每句都落6，尾腔为216，陈少松先生为61615，都已不是唐文治先生的615。

速度方面，有的人变得更快，有的人变得很慢。

节奏方面，很多人都打破了一字一拍的传统，不仅在尾字，而且在中间的一些重要的字上也拖拍。

这种传承而变化的情况，也出现在其他吟诵调中，是非常正常的现象。“桐城派读文法”不必非“唐调”表现不可，“唐调”也不必非唐氏“唐调”表现不可。重要的是“法”，不是“调”。“调”是比较个性的，“法”是比较公共的。按“法”而学，才能得其精髓，而舒卷在心。按“调”而学，只能是缘木求鱼。这些古文吟诵的具体学习方法，都请见《普通话吟诵教程》。

“唐调”的价值，在以下几个方面。

“唐调”的历史传承悠久而正宗，历史作用和社会影响巨大。

“唐调”是古文的一种重要读法，这种读法以读出“气”为主要目的，对于古文创作也非常有用，对于我们研究古文有非常大的学术价值。

“唐调”是一种儒家诵经调，对于今天经典学习很有意义。

“唐调”是平调，任何方言都可以使用，普通话也完全可以，所以今天具有巨大的推广价值。

国家语委在2017年已设立项目，委托中国语文现代化学会吟诵分会修复出版唐文治先生的吟诵录音。此次修复，集合了我们所能找到的多个唱片来源，已由上海音像出版社出版。希望“唐调”不仅仅是我们的文化遗产，还是我们的生活本身。希望“唐调”传下去，并且更为发扬光大！

附唐文治先生吟诵简谱三种

说明：

本简谱为笔者记谱，所记录音为唐孝纯教授捐献给江苏太仓市档案馆的一套《唐文治先生读文灌音片》胶木唱片的电脑转录录音。

因唱片年代久远，噪音很大，转录也同样如此，所以有的地方难以听清。加之唐先生当时双目失明已久，个别地方读的与原文有异，本人又不懂吴语，所以难免记错、记漏。腔音、倚音所表现的声调与吴语文读系统有关，难以记录，故也从略。仅供参考，以俟来者。

丰乐亭记

欧阳修

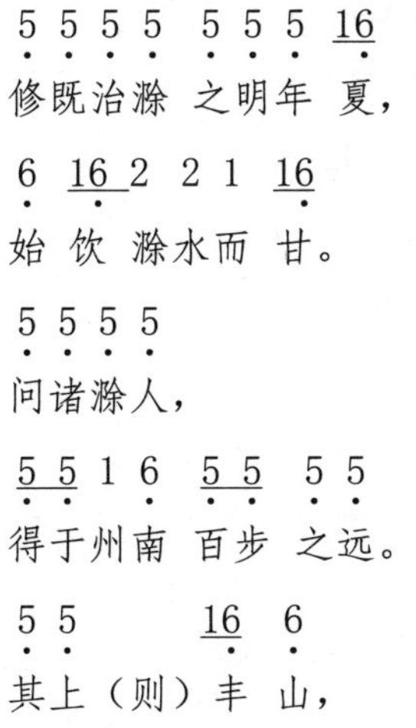

5 5 5 5 5 5 5 16
修既治滁 之明年 夏，

6 16 2 2 1 16
始 饮 滁水而 甘。

5 5 5 5
问诸滁人，

5 5 1 6 5 5 5 5
得于州南 百步 之远。

5 5 16 6
其上（则）丰 山，

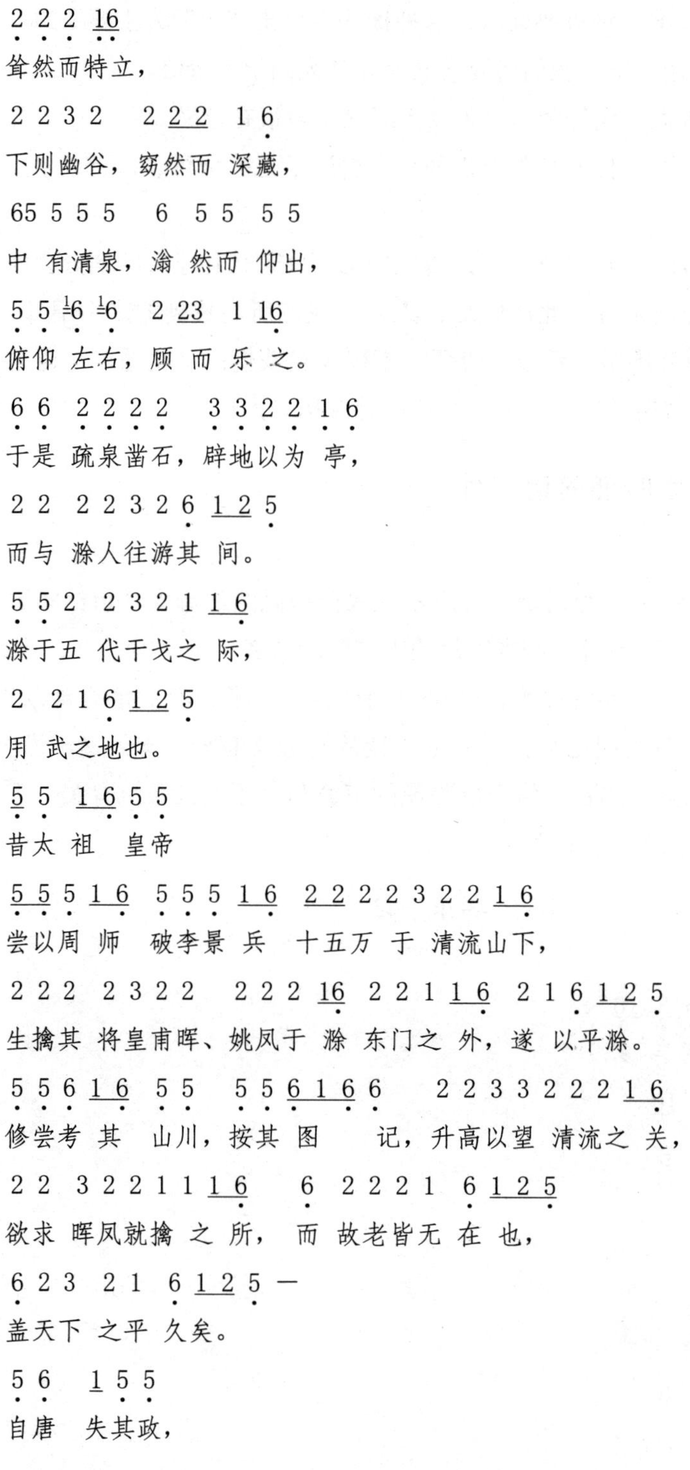

2 2 2 16

耸然而特立，

2 2 3 2 2 2 2 1 6

下则幽谷，窈然而 深藏，

65 5 5 5 6 5 5 5 5

中 有清泉，滃 然而 仰出，

5 5 ¹6 ¹6 2 23 1 16

俯仰 左右，顾 而 乐 之。

6 6 2 2 2 2 3 3 2 2 1 6

于是 疏泉凿石，辟地以为 亭，

2 2 2 2 3 2 6 1 2 5

而与 滁人往游其 间。

5 5 2 2 3 2 1 1 6

滁于五 代干戈之 际，

2 2 1 6 1 2 5

用 武之地也。

5 5 1 6 5 5

昔太 祖 皇帝

5 5 5 1 6 5 5 5 1 6 2 2 2 2 3 2 2 1 6

尝以周 师 破李景 兵 十五万 于 清流山下，

2 2 2 2 3 2 2 2 2 2 16 2 2 1 1 6 2 1 6 1 2 5

生擒其 将皇甫晖、姚凤于 滁 东门之 外，遂 以平滁。

5 5 6 1 6 5 5 5 5 6 1 6 6 2 2 3 3 2 2 2 1 6

修尝考 其 山川，按其 图   记，升高以望 清流之 关，

2 2 3 2 2 1 1 1 6 6 2 2 2 1 6 1 2 5

欲求 晖凤就擒 之 所， 而 故老皆无 在 也，

6 2 3 2 1 6 1 2 5 —

盖天下 之平 久矣。

5 6 1 5 5

自唐 失其政，

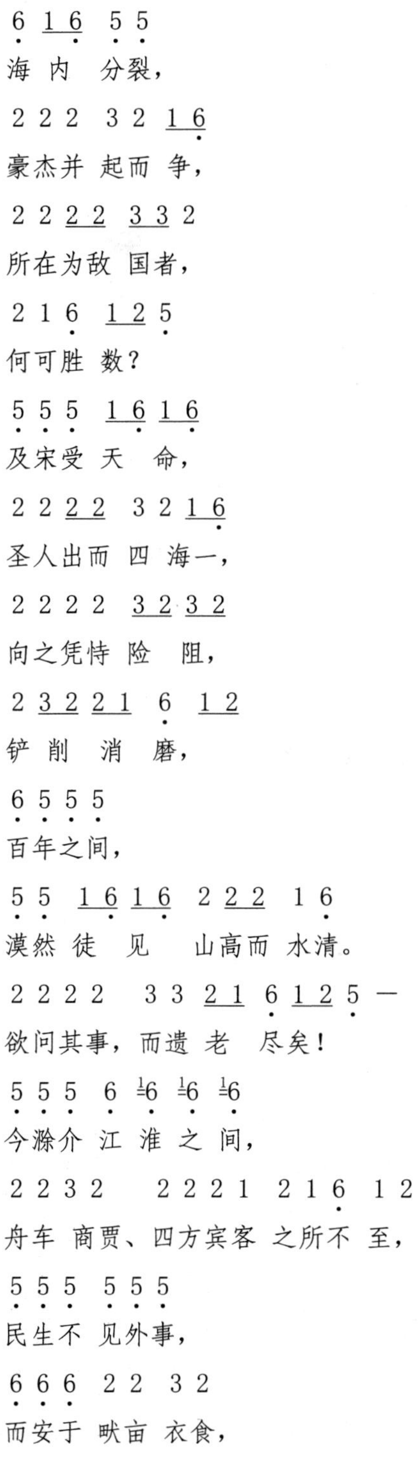

6 1 6 5 5

海内 分裂，

2 2 2 3 2 1 6

豪杰并 起而 争，

2 2 2 2 3 3 2

所在为敌 国者，

2 1 6 1 2 5

何可胜 数？

5 5 5 1 6 1 6

及宋受 天 命，

2 2 2 2 3 2 1 6

圣人出而 四 海一，

2 2 2 2 3 2 3 2

向之凭恃 险 阻，

2 3 2 2 1 6 1 2

铲削 消 磨，

6 5 5 5

百年之间，

5 5 1 6 1 6 2 2 2 1 6

漠然 徒 见 山高而 水清。

2 2 2 2 3 3 2 1 6 1 2 5 —

欲问其事，而遗 老 尽矣！

5 5 5 6 ¹6 ¹6 ¹6

今滁介 江 淮 之 间，

2 2 3 2 2 2 2 1 2 1 6 1 2

舟车 商贾、四方宾客 之所不 至，

5 5 5 5 5 5

民生不 见外事，

6 6 6 2 2 3 2

而安于 畎亩 衣食，

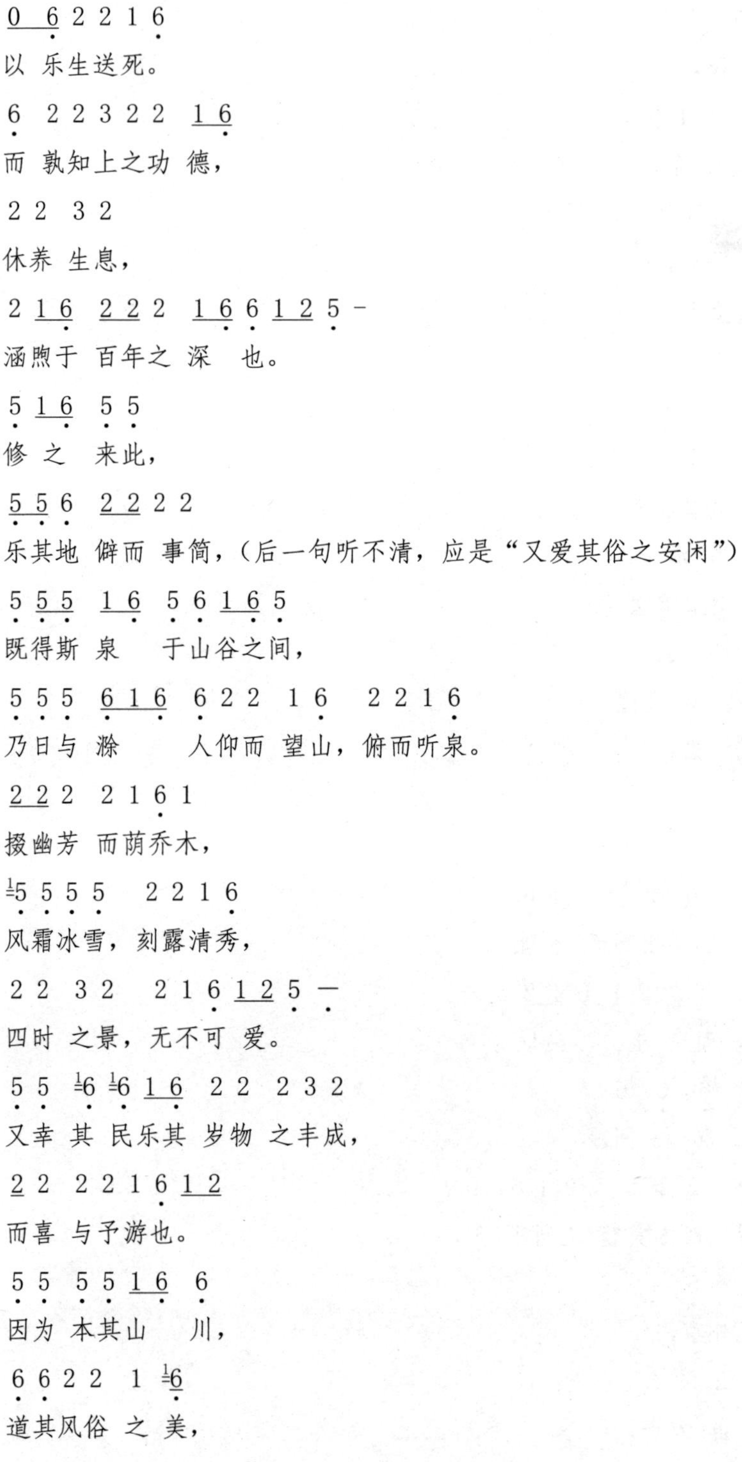

0 6 2 2 1 6

以 乐生送死。

6 2 2 3 2 2 1 6

而 孰知上之功 德，

2 2 3 2

休养 生息，

2 1 6 2 2 2 1 6 6 1 2 5 -

涵煦于 百年之 深 也。

5 1 6 5 5

修 之 来此，

5 5 6 2 2 2 2

乐其地 僻而 事简，（后一句听不清，应是“又爱其俗之安闲”）

5 5 5 1 6 5 6 1 6 5

既得斯 泉 于山谷之间，

5 5 5 6 1 6 6 2 2 1 6 2 2 1 6

乃日与 滁 人仰而 望山，俯而听泉。

2 2 2 2 1 6 1

掇幽芳 而荫乔木，

5 5 5 5 2 2 1 6

风霜冰雪，刻露清秀，

2 2 3 2 2 1 6 1 2 5 —

四时 之景，无不可 爱。

5 5 6 6 1 6 2 2 2 3 2

又幸 其 民乐其 岁物 之丰成，

2 2 2 2 1 6 1 2

而喜 与予游也。

5 5 5 5 1 6 6

因为 本其山 川，

6 6 2 2 1 6

道其风俗 之 美，

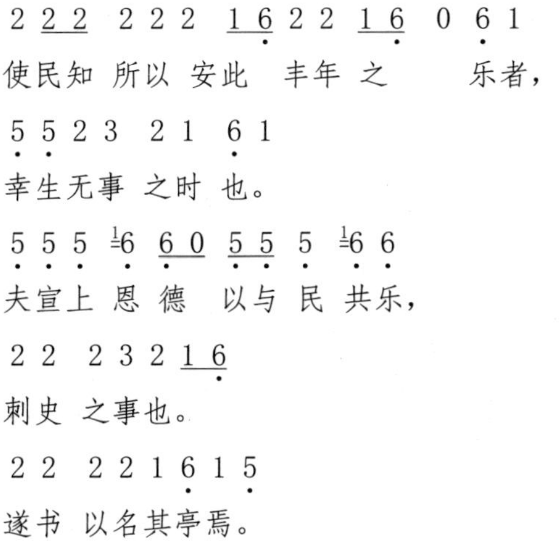

2 2 2 2 2 2 1 6 2 2 1 6 0 6 1
使民知 所以 安此 丰年 之 乐者，
5 5 2 3 2 1 6 1
幸生无事 之时 也。
5 5 5 1/6 6 0 5 5 5 1/6 6
夫宣上 恩 德 以与 民 共乐，
2 2 2 3 2 1 6
刺史 之事也。
2 2 2 2 1 6 1 5
遂书 以名其亭焉。

岳阳楼记

范仲淹

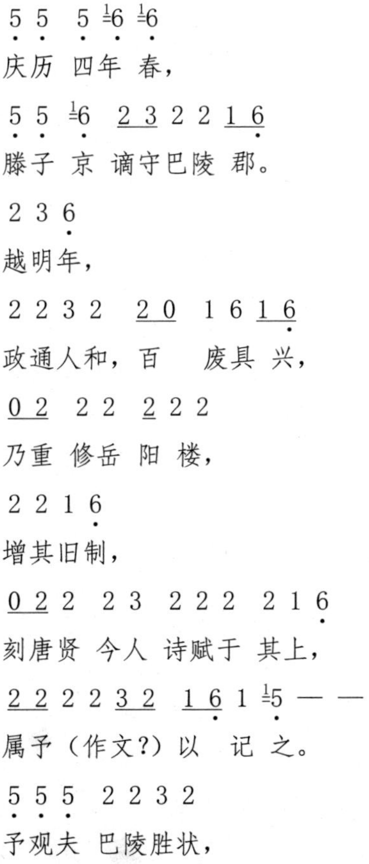

5 5 5 1/6 1/6
庆历 四年 春，
5 5 1/6 2 3 2 2 1 6
滕子 京 谪守巴陵 郡。
2 3 6
越明年，
2 2 3 2 2 0 1 6 1 6
政通人和，百 废具 兴，
0 2 2 2 2 2 2
乃重 修岳 阳 楼，
2 2 1 6
增其旧制，
0 2 2 2 3 2 2 2 2 1 6
刻唐贤 今人 诗赋于 其上，
2 2 2 2 3 2 1 6 1 1/5 — —
属予（作文?）以 记 之。
5 5 5 2 2 3 2
予观夫 巴陵胜状，

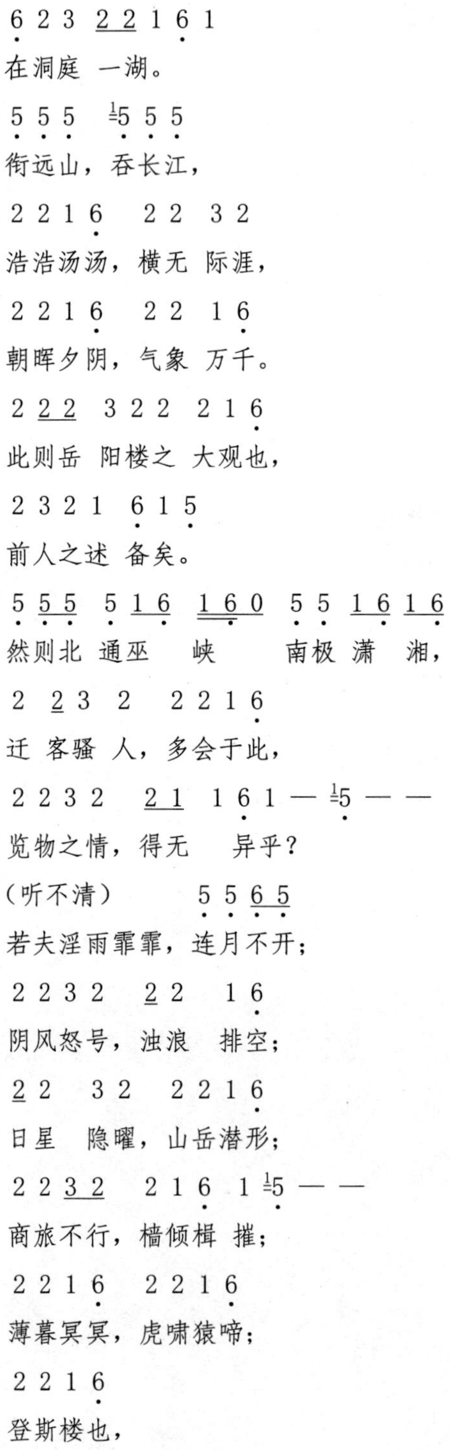

6 2 3 2 2 1 6 1

在洞庭 一湖。

5 5 5 1̶5 5 5

衔远山，吞长江，

2 2 1 6 2 2 3 2

浩浩汤汤，横无 际涯，

2 2 1 6 2 2 1 6

朝晖夕阴，气象 万千。

2 2 2 3 2 2 2 1 6

此则岳 阳楼之 大观也，

2 3 2 1 6 1 5

前人之述 备矣。

5 5 5 5 1 6 1 6 0 5 5 1 6 1 6

然则北 通巫 峡 南极 潇 湘，

2 2 3 2 2 2 1 6

迁 客骚 人，多会于此，

2 2 3 2 2 1 1 6 1 — 15 — —

览物之情，得无 异乎？

（听不清） 5 5 6 5

若夫淫雨霏霏，连月不开；

2 2 3 2 2 2 1 6

阴风怒号，浊浪 排空；

2 2 3 2 2 2 1 6

日星 隐曜，山岳潜形；

2 2 3 2 2 1 6 1 15 — —

商旅不行，樯倾楫 摧；

2 2 1 6 2 2 1 6

薄暮冥冥，虎啸猿啼；

2 2 1 6

登斯楼也，

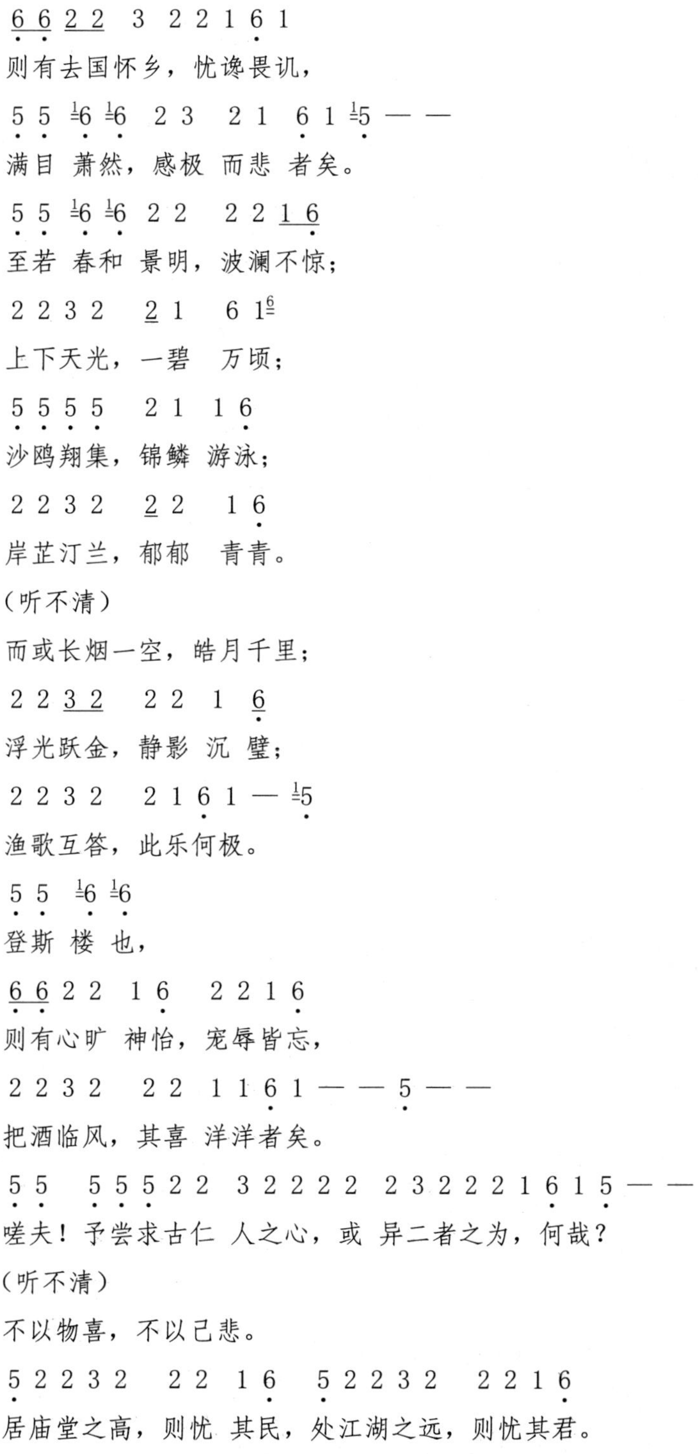

6 6 2 2 3 2 2 1 6 1

则有去国怀乡，忧谗畏讥，

5 5 ≒6 ≒6 2 3 2 1 6 1 ≒5 — —

满目 萧然，感极 而悲 者矣。

5 5 ≒6 ≒6 2 2 2 2 1 6

至若 春和 景明，波澜不惊；

2 2 3 2 2 1 6 1

上下天光，一碧 万顷；

5 5 5 5 2 1 1 6

沙鸥翔集，锦鳞 游泳；

2 2 3 2 2 2 1 6

岸芷汀兰，郁郁 青青。

（听不清）

而或长烟一空，皓月千里；

2 2 3 2 2 2 1 6

浮光跃金，静影 沉 璧；

2 2 3 2 2 1 6 1 — ≒5

渔歌互答，此乐何极。

5 5 ≒6 ≒6

登斯 楼 也，

6 6 2 2 1 6 2 2 1 6

则有心旷 神怡，宠辱皆忘，

2 2 3 2 2 2 1 1 6 1 — — 5 — —

把酒临风，其喜 洋洋者矣。

5 5 5 5 5 2 2 3 2 2 2 2 2 3 2 2 2 1 6 1 5 — —

嗟夫！予尝求古仁 人之心，或 异二者之为，何哉？

（听不清）

不以物喜，不以己悲。

5 2 2 3 2 2 2 1 6 5 2 2 3 2 2 2 1 6

居庙堂之高，则忧 其民，处江湖之远，则忧其君。

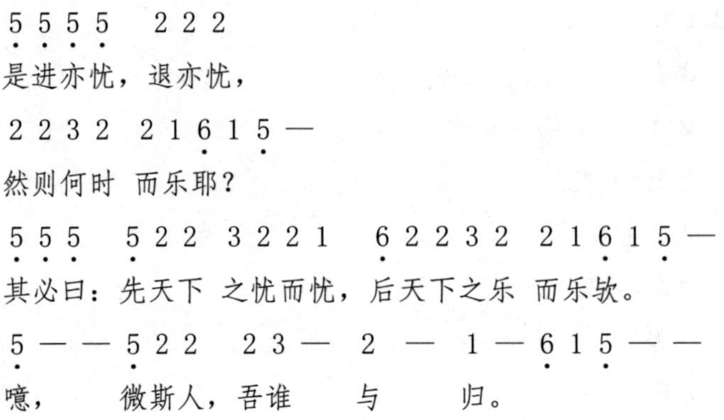

5 5 5 5　2 2 2

是进亦忧，退亦忧，

2 2 3 2　2 1 6 1 5 —

然则何时　而乐耶？

5 5 5　5 2 2　3 2 2 1　6 2 2 3 2　2 1 6 1 5 —

其必曰：先天下　之忧而忧，后天下之乐　而乐欤。

5 — — 5 2 2　2 3 —　2　—　1 — 6 1 5 — —

噫，　微斯人，吾谁　与　归。

前出师表

诸葛亮

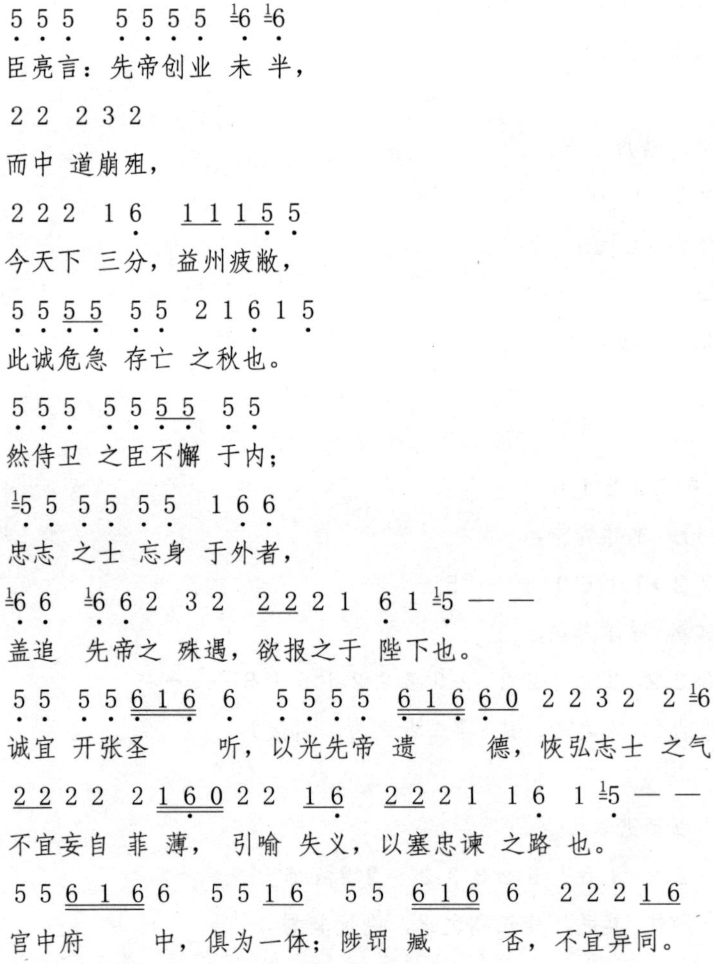

5 5 5　5 5 5 5　1̲6 1̲6

臣亮言：先帝创业　未　半，

2 2　2 3 2

而中　道崩殂，

2 2 2　1 6　1 1 1 5 5

今天下　三分，益州疲敝，

5 5 5 5　5 5　2 1 6 1 5

此诚危急　存亡　之秋也。

5 5 5　5 5 5 5　5 5

然侍卫　之臣不懈　于内；

1̲5 5　5 5　5 5　1 6 6

忠志　之士　忘身　于外者，

1̲6 6　1̲6 6 2　3 2　2 2 2 1　6 1 1̲5 — —

盖追　先帝之　殊遇，欲报之于　陛下也。

5 5　5 5 6 1 6　6　5 5 5 5　6 1 6 6 0　2 2 3 2　2 1̲6

诚宜　开张圣　听，以光先帝　遗　德，恢弘志士　之气；

2 2 2 2　2 1 6 0 2 2　1 6　2 2 2 1　1 6　1 1̲5 — —

不宜妄自　菲　薄，　引喻　失义，以塞忠谏　之路　也。

5 5 6 1 6 6　5 5 1 6　5 5　6 1 6　6　2 2 2 1 6

宫中府　中，俱为一体；陟罚　臧　否，不宜异同。

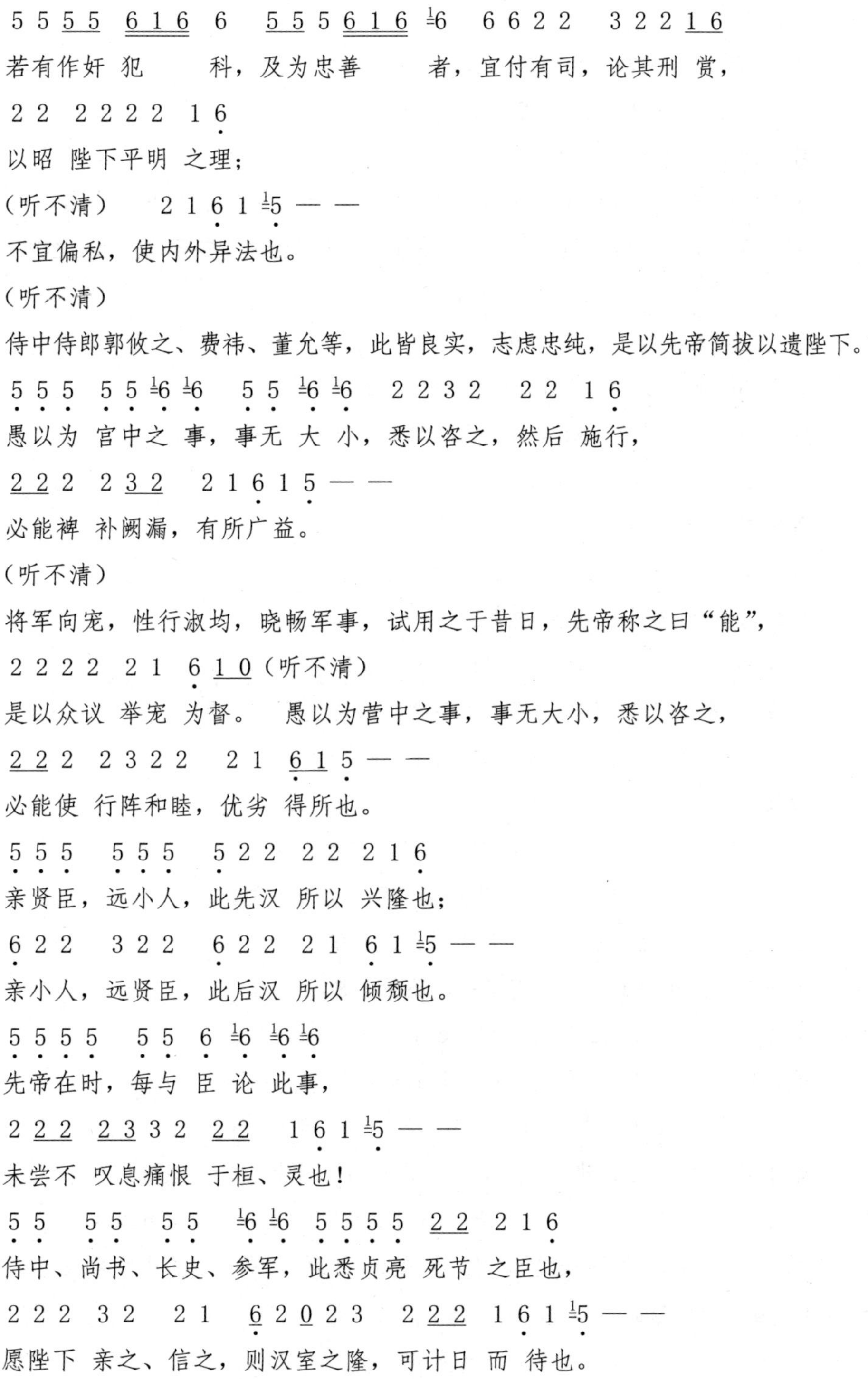

5 5 5 5 6 1 6 6 5 5 5 6 1 6 ^{1}6 6 6 2 2 3 2 2 1 6

若有作奸犯科，及为忠善者，宜付有司，论其刑赏，

2 2 2 2 2 2 1 6

以昭陛下平明之理；

（听不清） 2 1 6 1 ^{1}5 — —

不宜偏私，使内外异法也。

（听不清）

侍中侍郎郭攸之、费祎、董允等，此皆良实，志虑忠纯，是以先帝简拔以遗陛下。

5 5 5 5 5 ^{1}6 ^{1}6 5 5 ^{1}6 ^{1}6 2 2 3 2 2 2 1 6

愚以为宫中之事，事无大小，悉以咨之，然后施行，

2 2 2 2 3 2 2 1 6 1 5 — —

必能裨补阙漏，有所广益。

（听不清）

将军向宠，性行淑均，晓畅军事，试用之于昔日，先帝称之曰“能”，

2 2 2 2 2 1 6 1 0（听不清）

是以众议举宠为督。 愚以为营中之事，事无大小，悉以咨之，

2 2 2 2 3 2 2 2 1 6 1 5 — —

必能使行阵和睦，优劣得所也。

5 5 5 5 5 5 5 2 2 2 2 2 1 6

亲贤臣，远小人，此先汉所以兴隆也；

6 2 2 3 2 2 6 2 2 2 1 6 1 ^{1}5 — —

亲小人，远贤臣，此后汉所以倾颓也。

5 5 5 5 5 5 6 ^{1}6 ^{1}6 ^{1}6

先帝在时，每与臣论此事，

2 2 2 2 3 3 2 2 2 1 6 1 ^{1}5 — —

未尝不叹息痛恨于桓、灵也！

5 5 5 5 5 5 ^{1}6 ^{1}6 5 5 5 5 2 2 2 1 6

侍中、尚书、长史、参军，此悉贞亮死节之臣也，

2 2 2 3 2 2 1 6 2 0 2 3 2 2 2 1 6 1 ^{1}5 — —

愿陛下亲之、信之，则汉室之隆，可计日而待也。

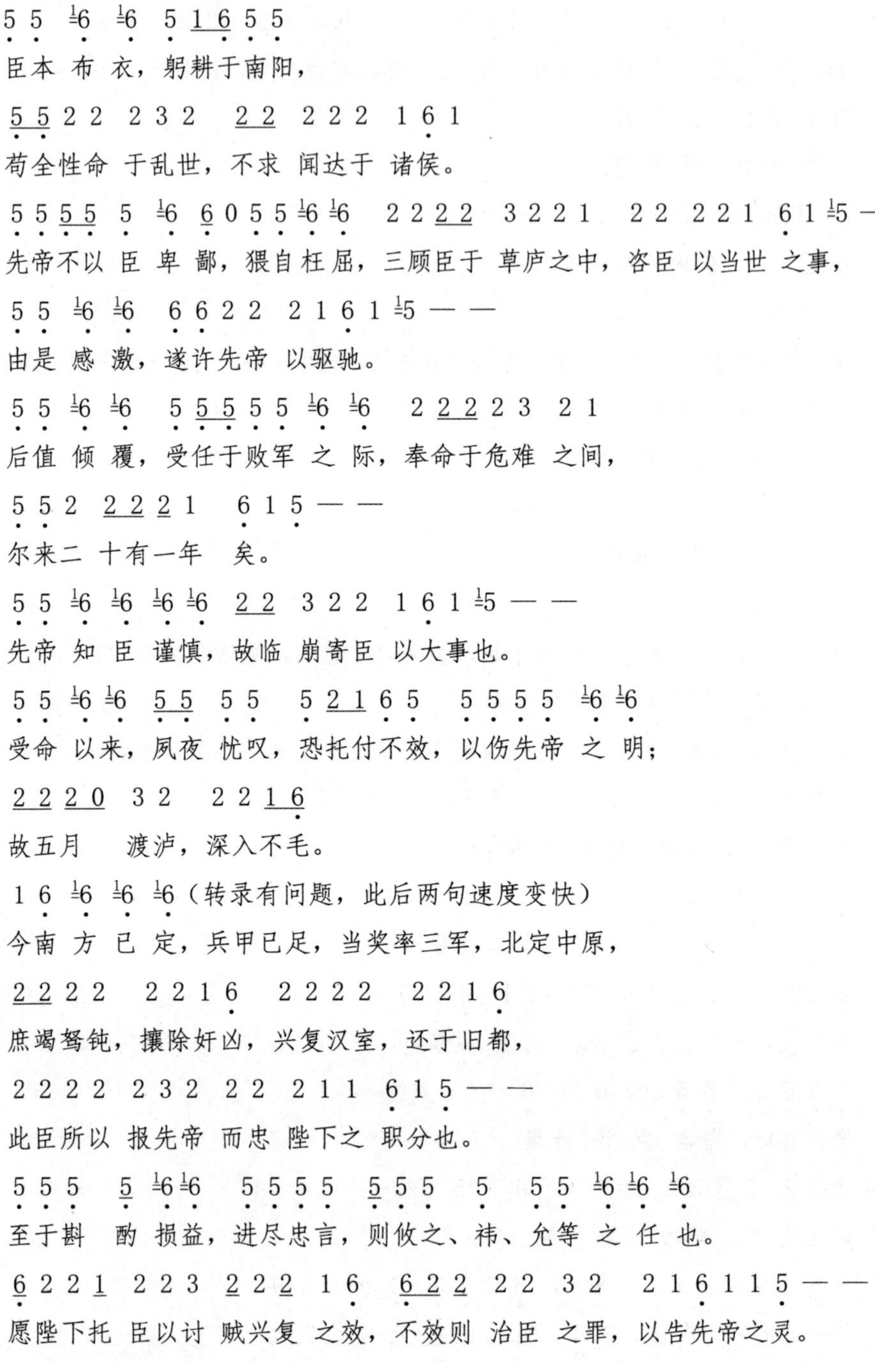

5 5 ^{1}6 ^{1}6 5 1 6 5 5

臣本 布 衣，躬耕于南阳，

5 5 2 2 2 3 2 2 2 2 2 2 1 6 1

苟全性命 于乱世，不求 闻达于 诸侯。

5 5 5 5 5 ^{1}6 6 0 5 5 ^{1}6 ^{1}6 2 2 2 2 3 2 2 1 2 2 2 2 1 6 1 ^{1}5 —

先帝不以 臣 卑 鄙，猥自枉屈，三顾臣于 草庐之中，咨臣 以当世 之事，

5 5 ^{1}6 ^{1}6 6 6 2 2 2 1 6 1 ^{1}5 — —

由是 感 激，遂许先帝 以驱驰。

5 5 ^{1}6 ^{1}6 5 5 5 5 5 ^{1}6 ^{1}6 2 2 2 2 3 2 1

后值 倾 覆，受任于败军 之 际，奉命于危难 之间，

5 5 2 2 2 2 1 6 1 5 — —

尔来二 十有一年 矣。

5 5 ^{1}6 ^{1}6 ^{1}6 ^{1}6 2 2 3 2 2 1 6 1 ^{1}5 — —

先帝 知 臣 谨慎，故临 崩寄臣 以大事也。

5 5 ^{1}6 ^{1}6 5 5 5 5 5 2 1 6 5 5 5 5 5 ^{1}6 ^{1}6

受命 以来，夙夜 忧叹，恐托付不效，以伤先帝 之 明；

2 2 2 0 3 2 2 2 1 6

故五月 渡泸，深入不毛。

1 6 ^{1}6 ^{1}6 ^{1}6（转录有问题，此后两句速度变快）

今南 方 已 定，兵甲已足，当奖率三军，北定中原，

2 2 2 2 2 2 1 6 2 2 2 2 2 2 1 6

庶竭驽钝，攘除奸凶，兴复汉室，还于旧都，

2 2 2 2 2 3 2 2 2 2 1 1 6 1 5 — —

此臣所以 报先帝 而忠 陛下之 职分也。

5 5 5 5 ^{1}6 ^{1}6 5 5 5 5 5 5 5 5 5 5 ^{1}6 ^{1}6 ^{1}6

至于斟 酌 损益，进尽忠言，则攸之、祎、允等 之 任 也。

6 2 2 1 2 2 3 2 2 2 1 6 6 2 2 2 2 3 2 2 1 6 1 1 5 — —

愿陛下托 臣以讨 贼兴复 之效，不效则 治臣 之罪，以告先帝之灵。

（录音到此结束）

第三章　吟诵的学理：音—义关系

第一节　汉语音义关系学术史回眸

学习古诗文，为什么一定要吟诵？可不可以不吟诵？难道不吟诵就不能学好古诗文了吗？

这是吟诵工作经常会遇到的提问。我的回答是：是的，一定要吟诵。不吟诵，学不好古诗文；不吟诵，也学不好国学。

有些老师只是把吟诵作为活跃课堂气氛、激发学生学习兴趣、增强记忆能力的手段，或者仅仅作为一个教学特色，点缀一下。我觉得，这都是不彻底的。吟诵不是一门表演艺术，不是可有可无的东西，不是仅仅是个学习方法之一，它对于学习中华文化来说，是基础性的行为，是必须要做的事情。没有吟诵，就没有真正的古诗文，没有完整的文化传承。只有认识到这个程度，吟诵才能真正做好。

为什么呢？因为下面的几个原因：

第一，形式和内容是一体的，学习文化只学内容不学形式，甚至换一个不同的形式，那个内容也会变味的。想一想用拳击的训练方式学太极拳，会是怎么样？

第二，吟诵还包含着自由歌唱、用心作诗、快乐读书等方法，它是古代中国人的一种生活方式。没有了吟诵，也就没有了中国式的高雅生活。

第三，吟诵的形式本身，轻摇曼咏，气韵流转，放松自然，而又内蕴骨气，这就是中国人的世界观，中国人处理事情的方式，用程颐先生的话来说，是

"将来涵养成甚生气质！"读书的最终目的，不是背诵，也不是理解，而是入情入心，化为生命形式、生活方式，化为一个人的性格、涵养。这才叫文化，以文化人。这个时候，形式的作用往往比内容还要大。从这个角度来说，也不应该用西方形式诵读古诗文。

第四，读错就会理解错。

在上述四条中，第四条是根本性的。这一条不说，上述三条的合力还是不能打动所有的人，因为很多老师出于各种原因和条件所限，认为自己的任务就是让学生理解作品，而与气质涵养没有多大关系。所以我一直告诉老师们：没有吟诵，连传达理解也很不靠谱。这就如当头棒喝，让很多老师猛醒，让今天的教学方式无法继续，只能变革，回到它本来应该走的路上。

那么，为什么读错就会理解错呢？

其实，道理很简单。读法与含意表达有关，这是谁也不能否认的事实。比如音高和音长，可以表达句子的重点。"这是我的书"和"这是我的书"是有含意差异的。那么，"白日依山尽"和"白日依山尽"，"黄河入海流"和"黄河入海流"是一样的意思吗？如果"这是我的书。"和"这是我的书——"是有含意差异的，那么"床前明月光"和"床前明月光——"，"黄河入海流"和"黄河入海流——"是一样的意思吗？

只有体会到《静夜思》所用的"阳"韵（ang）的开阔感，才能体会到李白的茫然孤独，背井离乡的痛苦代价，以及这背后的固守理想的精神。只有体会到《登鹳雀楼》的格律带来的语音的高低长短，才能体会到诗歌对快速流逝的心惊，才能体会到王之涣的人生苦短之叹，以及背后儒家的人生只有一次的生命观。我经常以这两首诗为例来做宣讲，因为我们现在的古诗文教育往往以这两首诗开场，好像这是最简单的两首诗。我们从这两首诗中可以看到读法对于理解带来的巨大差异。如果每一句诗，我们的理解都有或大或小的偏差，那么我们对于古诗文的理解还有可能到位吗？

这本来是个很简单的道理，但是很多人一时之间还不能接受。学术的论证，往往并不能改变人心，最终决定人心所向的还是信仰。目前我们正在进行的浩浩荡荡的文化复兴工作，最终还是信仰决定成败。也正是因为信仰的原因，有更多的人迅速就接受了吟诵，接受了传统文化，因为传统文化虽然衰微百年，但是仍然流淌在我们的血液里，渗透在我们的生活中。

如果是王之涣面对面地对您说："刘老师，您看，黄河入海流。"那就是黄河流到海里去了的意思。但现在是王之涣对您说："刘老师，您看，黄河——入海流——"您真的还会认为他在说黄河流到海里去了吗？您是不是会愣一下，然后仔细琢磨他话外的意思呢？所以这就是诗歌的"言外之意"啊。我们为什么不把诗歌当成诗人面对面说给我们的话呢？

其次，我想，学术论证仍然是非常重要的事情。我们不能因为很多人不听不看学术论证，就放弃学术论证。因为我们相信吟诵，不仅仅是出于信仰，同时也出于真实。不仅仅因为它是好的，而且也因为它是对的。学术论证也可以争取到大多数人关注吟诵、学习吟诵、相信吟诵。

所以，我们要对吟诵的价值，尤其是读法对于古诗文含意的影响，进行学术论证。这个论证不是说读法对含意有影响就可以了，而是要拿出足够的证据，详细说明读法对含意发生了什么样的影响，什么样的读法会有什么样的影响，为什么会有这样的影响，等等问题。这就是一个巨大的学术工程了，非我才疏学浅之人所能完成。但是，我愿意尽一己之力，做个简单的梳理和推测，抛砖引玉，以期未来群策群力，构筑起吟诵和汉诗文的声音意义的理论大厦。

一、读法的意义源于读音的意义

一百年前，俄罗斯有位年轻人叫什克洛夫斯基，他提出了诗歌的"陌生化"理论，大意是说，诗歌的意义主要来自"陌生化"，即诗歌和生活语言有差异的地方。这个理论对整个现代文学理论都产生了深远的影响。我也是"陌生化"理论的学习者。

百年来学术界对"陌生化"理论的讨论和超越已经很多，它的价值也已经基本公认。虽然"陌生化"理论有一些片面的问题，但是，至少这一点是肯定的：艺术作品的意义主要来自"陌生化"。但是，我的意见是，不是来自于生活的"陌生化"，而是来自于作者和读者共同构筑的作品的世界状态假定的"陌生化"。比如，山东快书有一种叫"大实话"，说的都是生活常识，正因为大家对快书的内容有别于生活的期待，即快书的世界状态假定是讲述传奇，所以说"大实话"反而成了"陌生化"，引起了喜剧的效果。

比如说，汉语古诗是押韵的。平常说话谁押着韵说话啊？所以押韵就是与生活语言的"陌生化"。但是，当所有的汉诗都押韵的时候，押韵本身就成了汉诗的世界状态假定，大家一见到汉诗，自然地期待它的押韵，所以押韵本身就没有意义了。但是，押什么韵，怎么换韵，却是有意义的。对于押韵这个世界状态假定来说，押韵的具体状况是千变万化的，这就是押韵的意义所在，即押韵对于诗歌含意的贡献或者影响所在。

为什么一首诗会押这个韵？而另一首诗押那个韵？语文课和文学课基本上不讲。好像这就是碰巧。“关关雎鸠”为什么押“尤”韵？因为是“雎鸠”么。好像如果诗人那天看到的是“黄鸟”，就会押上声的“小”韵似的。这就太小瞧古诗了。

古人最重押韵。押什么韵，是非常讲究的。如果那个词不是那个韵，就要换掉词，而不是换掉韵。所以古代的一个概念可以有很多词汇去表达。古代还有一套书叫《佩文韵府》，专门用来训练文人这方面的能力。为什么讲究押韵？因为不同的韵的含意是不同的。韵字是拖长的，一般会长到句子的四分之一到二分之一。有这么长一段时间在听一个声音，难道这个声音是没有意义的吗？

比如前面所说的“阳”韵，它带来了开阔的感觉，所以“床前明月光——”就产生了苍茫的感觉，世界至广大，所以孤独和遥远之感也就油然而生。这句诗的含意就产生了很多新的内容。

那么，为什么“阳”韵会带来开阔的感觉？如果押韵是有意义的，那么就应该不管是什么字，只要是押这个韵，拖长就有同样的感觉，这就意味着，汉字的韵母和声调本身就是有含意的。那个纯粹的声音就是有含意的——这是真的吗？如何证明呢？

与押韵同样的道理，格律的粘对又是什么意义呢？入声之短又是什么意义呢？平声之低又是什么意义呢？如果吟诵是有意义的，那么这些声音就一定得是有意义的。汉诗文的读法，是一种不同于口语的语音形式，它把读者的注意力吸引到这些“陌生化”的语音上，让读者仔细体味这些声音。所以，读法对含意的影响，应该来自读音本身的意义。

黄侃先生有篇文章，题目是《论句读有系于音节与系于文义之异》，他说：

> 文章与语言本同一物，语言而以吟咏出之，则为诗歌。凡人语言声度不得过长，过长则不便于喉吻，虽词义未完，而词气不妨稽止，验之恒习，固有然矣。文以载言，故文中句读，亦有时据词气之便而为节奏，不尽关于文

义……世人或拘执文法，强作分析，以为意具而后成句，意不具则为读，不悟诗之分句，但取声气可稽，不问义完与否。①

所以，诗歌与生活语言不同，不能拿着生活语言的节奏、语法来分析诗歌。我们现在的语文课，就常常是把诗歌当成生活语言来分析，结果往往不得其意，不得其味。

诗歌的意义，有很大一部分来自陌生化的声音。那么陌生化的声音的意义又从哪里来？在生活中，语音和语义是基本感觉不到有关系的，我们不会考虑发一个什么样的音，而只是考虑说什么样的词。也可以说，在口语中，在日常语言（包括生活文字如报纸文章、通知启示等等）中，对于语义的表达，语音是基本上没有意义的。但是在语言诞生之初，语音是有道理的。也就是说，对于语义来讲：

语言诞生时的语音——生活语言的语音——诗歌的语音

（有意义）　　　　（无意义）　　　（有意义）

如此一来，要证明吟诵的不可或缺性的价值，就必须从证明汉字的语音有意义开始。这是吟诵最基础的理论。这也是一个古老而又被现代教育忽视的话题。

二、跳出“任意性原则”

汉字的语音有含意吗？比如“汉”这个字，为什么读hàn呢？为什么声母是h，韵母是an，声调是四声呢？这些读音与“汉”的含意有关系吗？当然这些问题最好用上古音去探讨，但是问题的实质是一样的：汉语的语音和语义有关系吗？

现在普遍的看法是：没有关系，或者没有考虑过这个问题。这是很正常的，因为这是现代西方语言学的基本定理。我们现在学习汉语，基本上用的是西方语言学理论。

西方现代语言学之父索绪尔认为语言是一套符号系统，他在《普通语言学教程》中说：

① 洪治纲主编．黄侃经典文存［M］．上海：上海大学出版社，2008：124.

语言符号联结的不是事物和名称，而是概念和音响形象。我们……用所指和能指分别代替概念和音响形象……能指和所指的联系是任意的，或者，因为我们所说的符号是能指和所指相联结所产生的整体，我们可以更简单地说：语言符号是任意的。①

这就是现代语言学的第一大定理——任意性原则。这个原则认为，能指（概念）和所指（音响形象）之间的联系是任意性的，所以说语音是没有意义的，语音和语义是没有关系的。所以当我们问到为什么一个字读这个音时，经常听到"约定俗成"这个说法。但是，"约定俗成"就是任意的意思吗？两个人约定，是没有理由的吗？

在索绪尔的理论中，任意性又分绝对任意性和相对任意性。绝对任意性是语言的根本属性，但不排除相对任意性，即能指和所指在某些时候有可以论证的联系。这些联系要么是外围的、表层的，要么是后起的，即在原初的任意性联系建立之后，联系变成固定的了，就可以推展和论证了。

如果按照这个说法，汉字的字音和字义就算是有联系的，也是任意性的联系，当初是随意用某个音表示某个义的，后来就固定下来，凡此音皆有此义，于是出现了同声旁的字。事实果真如此吗？

任意性原则自诞生之日起就一直受到质疑，只是声音比较微弱。雅格布逊、洪堡特、本维尼斯特（Benveniste）都曾指出过能指与所指之间存在联系，或者明确反对任意性原则。最近几十年来，随着功能语言学、认知语言学的兴起，对于任意性原则的争议越来越激烈了。反对者提出了语言符号的众多理据性证据，以及语言结构与概念结构的众多象似性证据，而捍卫者则认为这些证据不足。

在理据性研究方面，Langacker 曾指出语言符号的理据是可以被分析的。Sapir（1929）、Jespersen（1933）、Jakobson & Waugh（1979）、Ohala（1982，1983，1984）都做过实验验证。根据理据性音义联系规则，选取多组反义词，让不懂这种语言的人仅根据语音判断意义，成功率则在 95% 以上。再根据理据性音义联系规则，设计多组实际上不存在的"反义词"，让受试者区别意义，正

① ［瑞士］费尔迪南·德·索绪尔著；高名凯译．普通语言学教程［M］．北京：商务印书馆，1980：101-102.

确率也在 90% 以上。

在象似性方面的研究更多。比如，香港的朱晓农教授提出了音高与语义的关系：

> 我们从读语言学一开始就知道一条原则：语音跟语义之间的关系是任意的。但有个例外，那就是在有对立的场合，总是用高调表示要求合作拉近关系，表现在语调上就是所有的语言都毫无例外地用高调或升调来表示疑问，用低调或降调来表示陈述。这是音高和语义之间的一种生物学上的关系。小称变调也可以以此来解释。①

他从各个角度论证了高调与亲密、柔弱，低调与稳定、强大的关系，这不仅涉及了元音，也涉及了声调，甚至语调和句调。他研究的范围也不限于汉语。

此外还有一些学者研究了英语、西班牙语等的辅音与语义的关系，汉语语音与语义的象似性，包括圆唇、开闭、爆破、口型和舌位的变化，等等，都有比较一致的结论，即语音在模拟语义。

捍卫者的观点主要有三种。一种认为所谓理据性、象似性都属于相对任意性的范畴。的确，质疑者们提出的证据中，有一些可以被划分到相对任意性一边，但是大量的证据都是用相对任意性难以涵盖的。而且就算是属于相对任意性，那么相对任意性过多的时候，是否也意味着绝对任意性的存在值得怀疑呢?

另一种观点认为索绪尔所说的任意性是初始的，质疑者们谈的都是后起的语言发展现象。当然质疑者们并不这么认为。要解决这个问题，关键在于上古音研究，而这正是语言学还未能凿实的领域，所以争论只能继续下去。

还有一种观点比较有意思，认为大家争论的不是一个层面的问题。"索绪尔是结构主义大师，结构主义关心的是如何发现并建立语言符号的结构系统，对结构系统的形成过程不感兴趣，而承认语言符号的任意性是建立语言结构系统的首要前提"②。虽然以此观点回避不了争议，但是这种说法还是一语道破了天机。

西方近代科学所确立的研究方法，是数学式的方法，首先需要一个实验室

---

① 朱晓农 . 亲密与高调［J］. 当代语言学，2004（3）：193.

② 孙炜，严学军 . 也谈语言符号的任意性和理据性［J］. 语文研究，2005（3）：18.

式的封闭环境，把研究对象与外界孤立出来。所以索绪尔不希望语言与外界有联系，这样才能将语言看作一个独立自主的系统，从而揭示语言系统自己的结构规则。其次，还需要以统一的、简单的、固定的方式解释研究对象的结构。科学哲学所谓“证伪”“可重复性”，就是要求科学研究能够在不同的对象、实验者之间互换。任意性原则就是做这个的。这个方法的背后隐藏着一个原理，就是：世界是有统一的规律的，这与基督教的世界由上帝决定观一致了。想一想为什么霍金会获得罗马教皇的赞许，说他的宇宙大爆炸学说证明了上帝的存在？统一的世界规律一定指向唯一的神意。然而，世界真的有统一的规律吗？那个规律真的那么简单吗？

中国的传统智慧，认为世界没有统一的规律，只有“道”。“道”是不断变化的。“变化”本身也是不断变化的。所以中国古代没有发展以逻辑为基础的“科学”，却拥有世界上最先进的“科技”。

语言怎能与外界毫无联系呢？又为何能肯定语言自身的一定是“根本”的，与外界的联系一定是“次生”的呢？如果语言自身就是从外界产生的呢？

任意性原则并不是真理，索绪尔所举的例子也远非完善，这只是一个科学研究的方法，一个研究上的必要条件，不然难以得出数学模型。现在，在语言学结构模型建立起来之后，再回头研究甚至消融这个前提条件，并不一定对语言学构成多大的威胁，反而会深化语言学的研究。

争论任意性原则的意义，在于把语言从实验室拉回到生活中。所有语言“科学”回避的东西，重又出现。必须重新审视和解释外界与语言的关系，因为这也关系到了语言的产生和语言“内部”的结构。

“语音的产生是随意指定的”这一点，无论如何也是不能成立的，这有点太小瞧人类的祖先了。各民族的所指相同而能指不同的情况，恰恰说明了语音的产生与各民族的不同生活息息相关。没有共同的文化心理，某人硬造的字音怎么能通行呢？

语音的意义来自于声音的意义。后来，语音所指称的语义固定下来，但是，在简单的语义之外，这个语音仍然表达着一些声音的含意。说话者说出来的，并不仅仅是概念，而是关联着一些情感和经验的含意。承认这一点非常重要。语音的其他变化所承载的含意，都是建立在这一点上，都是语音和语义最初关联的发展和变化。

子曰：书不尽言，言不尽意。

文字是无法完全记录语言的。每一个母亲都知道孩子叫“妈妈”有多少种叫法，每一种叫法的意思都不同，但是写出来都是“妈妈”两字，加上标点符号也远远不足。这似乎是个人人都知道的道理，但关键是，西方语言学把“妈妈”表示的母亲的含意作为第一性的，把语音的曲折变化作为第二性的，这种西方固有的思维方式，妨碍了对事实真相的理解。事实是，在很多情况下，语音的曲折变化所带来的含意，超过了母亲的含意，比如有的时候是表示埋怨，有的时候是表示疑问等，并不是在呼唤母亲，或者确认母亲的身份。不要把事物总是分为核心和外围、本质和现象、基础和上层、第一性和第二性，而应把事物看成是浑然一体的永远变化互动的活体，这样才能突破思维惯性，触碰到事实真相。

语言无法完整准确地表达心意。在这个时候，语音、表情、动作、体态，等等，就会充分发挥作用。其中语音的手段有音长、音强、音高，还有音质上的一些变化等，语音学常把这些叫作情感因素，这样的定义潜含的意思，就是毕竟是情感因素，起不了决定性作用。而实际上，情感因素往往正是说话者要着重表达的东西，那所谓的音质的语义，却是障眼法而已。就算是强调音质语义是情感因素的基础，那也不能把音质看成是决定性的，而要把两者的关系看成是互动和平等的，如此才能解释生活中真实的语言现象。

语言学一向对文学语言敬而远之，为什么呢？因为文学语言不符合语言学的基本理论。研究文学语言的常以“陌生化”来判断诗歌含意。然而，文学语言又是来自生活。于是语言学又把生活中比较文学化的语言排斥出基本研究的范围。那么剩下的语言还有什么呢？那不就是文字本身了吗？不就是字典语言吗？或称语言教材式的对话：你几点起床？我六点起床。你买书了吗？我打算明天买。这是机器语言，不是活生生的人的语言。在生活中，即使是这样的一段对话，其中的含意也远非表面文字。语言学要想探究真实的语言，必须要打破“能指——所指”的理论模式，建立起更全面更灵活的理论。

跳出任意性原则，就凸显出了语音在所指之外的意义功能，这对于理解和学习汉语汉文意义重大。

三、汉字之路

因为我们现在是用西方语言学理论来解释和教授汉语汉字，所以出现了很多偏差，以至于一般学生对汉语汉字是没有整体的规律性印象的，而且感情淡漠，常以“落后”目之。

拿形声字来说，现在的学校一般是这么教的：汉字大部分是形声字，形声字就是由形旁和声旁构成的字，形旁表义，声旁表音。

“形旁表义，声旁表音”，这不是我们传统的表述方式。世界上几乎所有的文字都是从象形文字开始的，后来它们都变成了拼音文字。如果形声字是“形旁表义，声旁表音”，那就意味着汉字也行走在从象形到拼音的路上，只不过人家已经完全蜕变，汉字才蜕变了一半，这样就导致了汉字落后论。

许慎说：“指事为名，取譬相成，江河是也。”形声字的形旁和声旁都是表义的，声旁兼表音，形声字仍是音形义的一体。

为什么世界上其他的文字都从象形变成拼音文字了呢？我找到了一个文献证据。朝鲜自两千年前就使用汉字，三国、新罗、高丽、朝鲜朝的公文、文献都是汉文的，朝鲜的贵族都是学汉语、用汉文的。到了朝鲜世宗时期，由三位汉学家用汉字部件创造了朝鲜文字，但却是拼音文字，共 28 个字母。这是怎么回事呢？朝鲜世宗《训民正音诏》说：

> 国之语音，异乎中国，与文字不相流通，故愚民有所欲言而终不得伸其情者多矣。予为此悯然，新制二十八字，欲使人人易习，便于日用耳。①

原来是为了“人人易习，便于日用”啊。比如一个英国的孩子，从小就知道桌子叫 desk。到了小学，学了字母，一共才 26 个，很容易记，而且和语音直接相关，所以 desk 的拼法自然就是 d-e-s-k。然后再学点特殊情况就行了。这叫“自然拼读法”，易学、易用。汉字就不同，“桌”这个字和 zhuo 这个语音在表面上是看不出跟“桌子”这个意思有什么联系的，又每个字都不一样，所以自然不那么易学、易用。

于是，世界上其他的文字都纷纷从象形转为拼音，而只有我们的祖先一直坚持着象形。不但坚持着象形，而且进一步发展象形，越来越精美，终于成为一套庞大完备的美轮美奂的系统。这是什么原因呢？

象形文字是什么样的文字？是音、形、义兼备而一体的文字。拼音文字抛

① ［韩］黄京洙著 . 韩国语语言学概论［M］. 沈阳：辽宁民族出版社，2009：57.

弃了形和义，当然简单了。但是有得必有失，拼音文字传达的信息也就减少了一大半。汉字从象形而指事，而会意，而形声，越来越叠加象形，而且始终坚持音形义一体。在别的民族都束手无策、退而求其次的时候，只有我们的祖先找到了一条可以发展象形文字的路。这条路不但高雅美丽，而且也同样易学、易用，只要明白汉字的系统构造就行，而且，其中的文化内涵，远非拼音文字能比。拼音文字基本上只能传达语义，它的音和形已经和义相去甚远。但是汉字不同，它仍然是音形义一体的，这就有点像一维和三维的关系。它所传达的信息，所能教给后代的知识和精神，远远超过拼音文字。所以我们的教育就高效而轻松，可以快乐学习——“学而时习之，不亦说乎”！

现在我们的汉语汉字的学习，之所以枯燥无味、艰难滞涩，就是因为用西方语言学和文字学的理论肢解了汉语汉音汉字，让其中的规律、结构变得模糊不清。一会儿说汉字是表意文字，一会儿说汉字是半表意半表音文字，因为按照西方语言学，世界上的文字就分表意和表音两种。所以就是不能承认汉字就是象形文字，是音形义一体的文字，而且是复杂的象形系统，是统一的完备的体系。

我们现在最通行的四本字典，中小学生一般人手一册的字典，虽然对中华文化贡献很大，但仍然是西化的产物。《新华字典》《现代汉语词典》，它们的编排方式是按照英语 26 个字母顺序排列的。我不知道这世界上可还有另一个民族，编自己的字典是按照另外一种不相干的语言去编的？这固然不是国学，可也不能算是西学啊。这样一来，汉语汉音汉字的所有的规律性都被打乱了。汉字的音形义一体的体系、汉音与语义的规律关系、汉语的读法含意，等等，在这两本字典中，完全看不出来。所以用这两本字典教学，也只能死记硬背。在孩子幼小的心灵中，就种下了“汉字没道理”的种子。所以将来汉语被破坏、被欧化都是很自然的事情。然后还用这种观点去教外国人学汉语，让外国人也瞧不起汉语。

《英汉词典》《汉英词典》只标出了两种语言词汇的相同点，却没有标出不同点，这也是一件非常危险的事情。比如一查词典，“poem”就是“诗歌”，可是 poem 和诗歌有巨大的差异，词典上却没有解释。“history”就是“历史”，可是“history”和“历史”有巨大的差异，词典上也没有讲。“history”是社会政治经济史，说的是一个朝代什么时候建立的，中间经过了什么样的事情，最后灭亡了。“历史”是传记体的，首先是一个一个人的故事，是人的历史，是怎样做人的事情。同样，“water”就是“水”吗？“father”就是“父亲”吗？“sea”就是“大海”吗？在西方，“sea”是他们串门的路。出海了，就是去串门了，因为最早的几大文明都是围绕着地中海的。在中国，中国的周围叫“四夷”，“四夷”的外面叫“四海”，“四海”的外面就没有了。所以“海”是尽头的意思，所以说“百川东到海，何时复西归？”又说“黄河入海流”，就是一去不复返的意思。《汉英词典》和《英汉词典》，如此编辑，就把中华文化和西方文化混为一谈，实际上给大家造成了中华文化跟西方文化没什么区别的心理。所以就完全可以用西方的观点批判中国，中华文化就此消融在西方文化语境中。

我们未来一定要改革这四本字典，因为他们是中国人学习文化的最基础的东西。美国的独立，和美语字典的编纂、美语从英语中独立出来有很大的关系。中华文化的复兴，一定也要从汉字汉音汉语的拨乱反正开始。我们应编辑新的，也是真实的汉字字典、词典和汉英词典。让中华文化的独特性，从最基础的地方凸显出来。只有这样，才能以直立的姿态，去跟西方交流，也才能知道怎样去学习西方，才能对人类文明的整体进步做出贡献。

《三字经》说：

凡训蒙　须讲究　详训诂　明句读
为学者　必有初　小学终　至四书

古人开蒙学习，是有一个次第的。首先是从文字、音韵、训诂和读书即吟诵开始。然后方可读经，然后方读史、子、文，然后至天文地理、医武数术、琴棋书画……汉字汉音是学习的起点。汉字是音形义一体的，研究音的叫音韵学，研究形的叫文字学，研究义的叫训诂学，他们是古称“小学”的主体。“小学”就是小孩子之学，“大学”之道，在明明德，是大人之学，学习是由小学而大学的。所以，音韵、文字、训诂、吟诵，都是学习的起点。

现在的情况完全相反。学习是从文即诗词文赋开始的，然后至经史，至于“小学”，那是一般不学的。这种完全违背汉文化规律的学习法，怎么可能学好呢？有人说，音韵、文字、训诂，那都是很高深的学问，教授才能研究的，怎么能给小孩子去学习呢？那么，高等数学很简单吗？那为什么还要教小孩子加减法？任何学问，都有其常识的部分、基础的部分，古代儿童学习的小学，并不是今天大学教授钻研的学问，而是音韵、文字、训诂、读书的基本常识。这些常识，给孩子对汉字汉音汉语汉诗的基本印象，学习的基本方法，然后方可正式开始学习。现在，正是因为学生们对于汉音汉字都是没有体系概念的，所以后面的学习才会那么枯燥，那么低效。

"五四"新文化运动的旗手之一陈独秀先生，在历经风云变幻之后，在临去世之前，耗费了巨大的精力，给小学教师们编了一本《小学识字教本》。他在《自叙》中说：

> 昔之塾师课童，授读而不释义，盲诵如习符咒，学童苦之。今之学校，诵书释义矣，而识字仍如习符咒，且盲记漫无统纪之符咒至二三千字，其戕贼学童之脑力为何如耶！即中学初级生记字之繁难，累及学习国文多耗日力，其他科目咸受其损，此中小学生习国文识国字之法急待改良，不可一日缓矣！①

其时，新文化运动已经过去了四分之一个世纪，为什么识字还像习符咒？我们学习了西方人的方法，可是为什么连最基本的识字的情形还是没有改变？我们的孩子还是在受苦？

现在，一百年过去了，陈独秀先生的浩叹依旧，我们仍然没有能改变我们本来想改变的那些东西，仍然没有得到我们本来想得到的世界。这是为什么？

我想，陈独秀先生的晚年作为，可以看作是整个新文化运动的一个注脚。这是一个归宿性的注脚。陈独秀先生谢绝了政治、经济、西方文化等方面的邀约，他只做这件事，好像是在告诉我们，中国的进步应该回到这里重新开始。

四、从声训到汉语语源学

让我们回顾三千年来汉字音义关系的学术史。

这门学问，以前叫"声训"，即以声音做训诂的学问。周大璞先生说：

> 声训就是因声求义，即通过语音寻求语义。②

通过语音寻求语义，语音和语义怎么能没有关系呢？但是，声训并不是训

① 陈独秀遗著；刘志成整理校订．小学识字教本：同源词研究［M］．成都：巴蜀书社，1995：前言．

② 周大璞主编．训诂学初稿［M］．武汉：武汉大学出版社，1987：135．

诂的一个分支，应该说声训就是训诂本身，或至少是训诂的主体。清代王引之说：

> 夫训诂之要，在声音，不在文字。①

黄侃先生说：

> 详考吾国文字，多以声音相训，其不以声音相训者，百分之中不及五六。故凡以声音相训者，为真正之训诂，反是，即非真正之训诂。②

声训的文献史，可追溯至先秦。《周易·说卦》中有：

> 乾，健也。坤，顺也。震，动也。巽，入也。坎，陷也。离，丽也。艮，止也。兑，说也。③

我们今天是怎么解释这些话的呢？一般都是翻译为：乾，就是健的意思。坤，就是顺的意思。等等。可是如果这样，那为什么古人一定要用同音字或者音近的字来解释呢？为什么不说：乾，强也。坤，柔也。等等。这样的同音字释义比比皆是。比如：

> 政者，正也。
>
> ——《论语·为政》④
>
> 庠者，养也；校者，教也；序者，射也。
>
> ——《孟子·滕文公上》⑤
>
> 庸者，用也。用也者，通也。
>
> ——《庄子·齐物论》⑥

很明显，这里不仅仅是语义的问题，还有语音的含意。一个同音字的解释，是从音、形、义三个方面对字义进行解释的，既直接解释让你知道字的义，又用字形和字音让你体会字的义。这种解字的习惯，乃至读书知义的习惯，都是

---

① ［清］王引之撰；中国训诂学研究会主编．经义述闻［M］．南京：江苏古籍出版社，1985：571.

② 黄侃述；黄焯编．文字声韵训诂笔记［M］．上海：上海古籍出版社，1983：200.

③ ［唐］李鼎祚集注．周易集解［M］．北京：中央编译出版社，2011：299-230.

④ ［清］刘宝楠编．论语正义［M］．北京：中华书局，1990：505.

⑤ 万丽华，蓝旭译注．孟子［M］．北京：中华书局，2006：105.

⑥ 栾贵明主编．庄子集［M］．北京：新世界出版社，2014：13.

现代人十分陌生的。

《说文解字·序》说：

> 仓颉之初作书也，盖依类象形，故谓之文。其后形声相益，即谓之字。文者，物象之本（此六字据段玉裁《说文解字注·序》补）；字者，言孳乳而寖多也。①

这段话实际上提出了汉字的字根问题，而且认为字根都是象形字，但是没有明确象形字是音形义一体的，这就给后世文字训诂之学造成了很多模糊。这也是《说文解字》理论不完善的表现之一。不过，《说文解字》还是有很多声训内容的，如：

> 天，颠也。日，实也。月，阙也。山，宣也。门，闻也。弓，穷也。户，护也。木，冒也。尾，微也。②

清代王念孙说：

> 《说文》之为书，以文字而兼声音训诂者也。凡许氏“形声、读若”，皆与古音相准。或为古之正音，或为古之合音，方以类聚，物以群分，循而考之，各有条理。不得其远近分合之故，则或执今音以疑古音，或执古之正音以疑古之合音，而声音之学晦矣。③

至近代黄侃，则直接说：

> 《说文》列字九千，以声训者十居七八，而义训不过二三。④

当然，黄侃的说法有很多人不同意。不过，这也是怎样看待声训的问题了。

现在，《说文解字》是显学热门，所以很少有人注意汉代的其他几部大字典。在《说文解字》之前，有扬雄的《方言》，班固的《汉书·艺文志》也对汉字有表述。在《说文解字》之后百年，刘熙又编写了一部《释名》。需要注意的是，除了《说文解字》是形旁系统，后世其他的大字典基本上都是以语音为核

---

① ［汉］许慎撰，［清］段玉裁注．说文解字注［M］．上海：上海古籍出版社，1981：754.
② ［汉］许慎撰，［清］段玉裁注．说文解字注［M］．上海：上海古籍出版社，1981.
③ ［汉］许慎撰，［清］段玉裁注．说文解字注［M］．上海：上海古籍出版社，1981：前言．
④ 黄侃述；黄焯编．文字声韵训诂笔记［M］．上海：上海古籍出版社，1983：194.

心系统。在《释名》序言中，刘熙说：

> 夫名之于实各有义类，百姓日称，而不知其所以之意，故撰天地、阴阳、四时、邦国、都鄙、车服、丧纪，下及民庶应用之器，论叙指归，谓之《释名》，凡二十七篇。①

所以《释名》是解释一个词（古代基本上就是一个字）是为什么用这个字的。《释名》是完全使用声训释义的。比如：

> 峡水曰涧。涧，间也，言在两山之间也。
>
> 山中丛木曰林。林，森也，森森然也。
>
> 鼓，郭也，张皮以冒之，其中空也。
>
> 贪，探也，探取入他分也。
>
> 矢，指也，言其有所指向迅疾也。
>
> 斧，甫也。甫，始也。凡将制器始用斧伐木已，乃制之也。
>
> 发，拔也，拔擢而出也。②

比之《说文解字》,《释名》的注释多了一句，就是“间也”“森也”“郭也”“探也”，等等，这就是声训，以声音来解释词义。

《说文解字》是以形旁为体系，形声分立为主来释义的。这个体系，恐怕是许慎的个人创造。这个体系倒与今天的主流看法比较接近，所以今天《说文解字》大热而很少有人知道《释名》。我总觉得，秦汉之际，儒家损失惨重，文字之学终究没有传承完整。汉儒废墟重建，难免多所臆测。《说文解字》最大的问题就是没有坚持汉字的音形义一体的传统。陈独秀先生在《小学识字教本·自叙》中说：

> 或以为文字训诂之学，老师宿儒皓首治之，犹难尽通，将何以教童蒙耶？
>
> 余曰：不然。中国文字训诂之难通，乃误于汉儒未见古文，不知形义，妄为六书之谬误。许慎又易班固象形、象事、象意、象声之说为指事、象形、形声、会意，中国文字训诂之学益入歧途。

---

① ［汉］刘熙撰 . 释名［M］. 北京：中华书局，1985：前言 .
② ［汉］刘熙撰 . 释名［M］. 北京：中华书局，1985.

盖以古之制字者，仰观象于天，俯观法于地，视鸟兽之文与地之宜，近取诸身，远取诸物，此皆视而可见、察而可识者也。本非艰深难喻；今之教者依此口讲而手绘之，习者如睹图画，虽下愚可晓，如拨云雾而见青天也。①

魏晋时期，字典仍以语音为核心：

（吕）忱弟静，别仿故左校令李登《声类》之法，作《韵集》五卷，宫、商、角、徵、羽各为一篇。(《魏书·江氏传》卷九十一）②

魏时有李登者，撰《声类》十卷，凡一万一千五百二十字，以五声命名，不立诸部。(唐·封演《封氏闻见记》）③

可惜这些字书都不存。

此后，南朝之《玉篇》，隋朝之《切韵》，唐朝之《唐韵》，宋朝之《广韵》《礼部韵略》，无不遵循语音核心的体系。即如少数的形训、义训系统的字典，也是有声训的内容的。语音核心，是中国古代字典的固有传统。

到了北宋，王圣美提出了“右文说”。王圣美的著作可惜不传，但是有别人的转载，如《梦溪笔谈》：

王圣美治字学，演其义以为右文。古之字书，皆从左文。凡字，其类在左，其义在右。如木类，其左皆从木。所谓右文者，如“戋”，小也，水之小者曰浅，金之小者曰钱，歹而小者曰残，贝之小者曰贱，如此之类，皆以“戋”为义也。④

“右文说”的意义在于第一次把汉字的系统上升为理论，明确提出了声符为核心的字根字串理论，第一次正确地解释了形声字的音形义一体化的关系结构。所以《说文解字》的汉字体系依据的是“偏旁”，可是为什么叫“偏旁”呢？就是因为形符不是核心，声符才是。只是，声符未必在右，只是大多在右。而形声字流变繁多，需要推演上古，不能以当代字形直接判断。不仅字形要翻回上古，字音、字义都要回到上古，不然很难展开讨论，所以关于“右文说”又流

---

① 陈独秀遗著；刘志成整理校订．小学识字教本：同源词研究［M］．成都：巴蜀书社，1995：前言．

② ［北齐］魏收撰．魏书　第 6 册［M］．北京：中华书局，1974：1963.

③ ［唐］封演撰．封氏闻见记［M］．北京：中华书局，1985：8.

④ ［宋］沈括著．梦溪笔谈［M］．上海：上海古籍出版社，2015：96.

传着这样的笑话：

> 世传东坡问荆公："何以谓之波？"曰："波者，水之皮。"坡曰："然则滑者，水之骨也？"
>
> （罗大经《鹤林玉露·天集·卷三·字义》）①

《宋史·王安石传》说王安石"晚居金陵，又作《字说》，多穿凿附会。"王安石用的就是"右文说"。苏轼所反驳，一语中的，可知"右文说"还不完善。不完善的很大的原因，就是不太了解汉字的上古音形义。"滑"这个字，声符是"骨"，的确很难理解为会意，但实际上，"滑"的本义，乃是骨关节腔中的润滑液，后来才引申为今义。所以"骨"之"水"之说是有道理的。可见，关于音义关系的讨论，关于汉语汉字体系的讨论，必须首先回到上古。

对于上古音形义的研究，是一门很艰难的学问。这方面的第一次大进展，已经到了清朝。顾炎武先生首先提出了他构拟的上古音韵系统。随后，小学学者辈出，上古汉语初显轮廓。

段玉裁、戴震、王念孙等人继承"音近义通"理论，提出了"声义同源"的理论。比如王念孙说：

> 训诂之旨，本于声音，故有声同字异、声近义同。虽或类聚群分，实亦同条共贯。譬如振裘必提其领，举网必挈其纲。②

段玉裁说：

> 声与义同源，不知此，则声与义隔。③

又说：

> 凡某声皆有某义。④

"凡某声皆有某义"，是理论上的又一大进步。这就意味着，凡有共同声母的、共同韵母的，甚至共同韵尾的、共同声调的，都有共同的含意。汉字的语

---

① ［宋］罗大经著．鹤林玉露［M］．上海：上海书店出版社（据涵芬楼旧版影印），1990.

② ［清］王念孙著；钟宇讯点校．广雅疏证［M］．北京：中华书局，1983：2.

③ ［汉］许慎撰，［清］段玉裁注．说文解字注［M］．上海：上海古籍出版社，1981：2.

④ 见段玉裁日记。《说文解字注·鱼部·鰕字》有"凡叚声，如瑕、鰕、騢等，皆有赤色"；《广雅疏证·卷七·释宫·梠也》有"凡言吕者，皆相连之意"，此说法还有多处。

音与语义有明确的关联。

至中华民国时期，章太炎先生的《文始》，对汉字流变条分缕析，基本总结出了同源字体系。由于有了甲骨文和西方现代语言学知识，黄侃等先生继承其研究，进一步强调语音的意义，把声训传统提高到了语源学的高度。后人总结清朝训诂学家最突出的成就是那时已认识到：

> 文字是代表有声语言的，同音的字就有同义的可能。不但同声符的字可以同源，甚至义符、声符都不同，只要音近或音同，也还可能是同义的。①

这也就是“凡某声皆有某义”。与字形无关，只要语音接近，语义就接近。语音是汉语的核心。先有汉语后有汉字，所以汉字也只能是以语音为核心的。王力先生晚年出版了《同源字典》，至此，汉语字根字串的体系基本明确了。什么是同源字？王力先生说：

> 同源字，常常是以某一概念为中心，而以语音的细微差别（或同音），表示相近或相关的几个概念。②

这也就是说，同源字是以音、形、义一体的以一个字根为核心，而以语音的近似表示含意的近似，而以语音的调整来表示含意的区别。

“章黄学派”的一个重要特征，就是语音核心的音形义一体的汉字系统。这门学问在当代继续发展，而形成了汉语语源学。语源学也是西方的学科，不过汉语语源学是我们自己的学者建立的。这是一门新兴的学科，学者还不多，甚至还没有自己学科的字典，基本概念、名词还没有完全统一。但是，这门学问一定是未来中国基础教育的重要理论基石。

当代主要的汉语语源学学者有北京师范大学的王宁教授、中南大学的任继昉教授、复旦大学的殷寄明教授等。他们逐步完善汉语语源学，提出了“语源义”“词源义”等概念。比如王宁教授分析：

> 词源意义指的是同源词在滋生过程中由词根（或称语根）带给同族词或由源词直接带给派生词的构词理据……对具体一组同源词的相同意义，即理据称“核义素”，从强调词源意义的角度则称“源义素”。如：

---

① 陈必祥著．古今字和通假字［M］．昆明：云南教育出版社，1986：53.

② 王力著．龙虫并雕斋文集　第3册［M］．北京：中华书局，1982：30.

稍＝禾类＋叶末端渐小处

艄＝船类＋尾端渐小处

霄＝云霞类＋最高视觉之渐小处

鞘＝鞭类＋顶端而细小处

梢＝树木类＋末端渐小处

经过结构分析，从中概括抽取这组同源词的共同的核义素：尖端—渐小。①

语源学在词的本义和引申义之前，增加了一个语源义，即声符的含意。字根最终追究到声符，而声符正是语义的核心。

事情到此为止了吗？当然还没有。如果像“肖”这样的声符是有意义的，那么声符和语义到底是什么关系呢？声符和声符之间是否存在一个统一体系？还是偶然的、杂乱的？学者们自然要追究下去。

从声符再往下追，就是语音本身了，是声母、韵母和声调了。于是就回到了我们开始提的那个问题：汉字的语音和语义是什么关系？汉字的语音是有规律的吗？一个字，为什么是这个声母，为什么是这个韵母，为什么是这个声调，这些是有道理的吗？还是无序的？

这样就要追溯到语言的起源、词汇的命名。世界语言学界对于语言的起源的讨论是最热闹也是最难有成果的。然而，汉语不同。因为汉语比其他语言有更多的上古语料。中华文明没有中断过，所以很幸运，在汉语这里，语音的规律不是那么难明的。

世界语言学界一般认为语音的来源有两种：一种是拟声，就是模拟对象的声音，比如“猫”的命名就是因为它的叫声；一种是象似，就是用语音，用发声的过程模拟语义。郭绍虞说：

语言之起，本于拟声与感声，拟声是摹写外界客观的声音，感声是表达内情主观的声音。汉语感声词既是以表达声情为主，汉语的拟声词尤其长于摹状声貌。②

郭先生所说“拟声”与“感声”，就是这两种方式。前人亦多有论述，如清

---

① 王宁，黄易清．词源意义与词汇意义论析［J］．北京师范大学学报（人文社会科学版），2002（4）：90-97.

② 郭绍虞．中国语词的声音美［J］．国文月刊，1947（57）：8.

代陈澧说：

> 盖天下事物之象，人目见之，则心有意。意欲达之，则口有声。意者，象乎事物而构之者也。声者，象乎意而宣之者也……如大字之声大，小字之声小，长字之声长，短字之声短。又如说酸字，口如食酸之形；说苦字，口如食苦之形；说辛字，口如食辛之形；说甘字，口如食甘之形；说咸字，口如食咸之形。故曰：以唇舌口气象之也。①

近代刘师培说：

> 人声之精者为言，既为斯意，即象斯意制斯音，而人意所宣之音即为字音之所本……推之“食”字之音象啜羹之声，“吐”字之音象吐哺之声。“咳”字之音验以喉；“呕”字之音验以口；“兮”字之音验以鼻；“斥”“驱”之音象挥物使退之声；“止”“至”之音象招物使止之声；“奚”字之音象有所否之声；“思”字之音象敛齿度物之声，均其证也。②

两位先生所言，大部分属于“拟声”，但也有一部分属于“象似”，总之是语音在表达语义。

王力先生说过，古代以 m 为声母的字，例如“暮墓幕昧霾雾灭幔晚茂密盲冥蒙梦茫渺”，都和黑暗的意思相关。那么，当人们说“日暮”的时候，就不仅仅在表达太阳的一个状态——落山，而且还在表达“昏暗”的意思。大家可以试比较一下“日暮苍山远”和“日落江湖白”。“日落”是两个入声字，有“突然”的含意，不仅仅是太阳落山的意思。前句显然是一个持续的画面，后者则是一个突然的转折，所以前句用舒缓的上声“远”结束，而后句用短促的入声“白”结束。

近些年来，关于汉语语音与语义关系的研究成果丰富。比如朱晓农教授的《亲密与高调》一文，从各个角度证明了高调与亲密、低调与稳定的关系，是汉语音高与语义关系研究的重要成果。还有一些学者研究了汉语语音与语义的象似性，包括圆唇、开闭、爆破、口型和舌位的变化，等等，都有比较一致的结论，即语音在模拟语义。

---

① ［清］陈澧著．东塾读书记［M］．上海：上海古籍出版社，2012：213-214.

② 汪宇编．刘师培学术文化随笔［M］．北京：中国青年出版社，1999：123.

比如，开口度大有大、强之意，开口度小有小、弱之意；圆唇音有圆、转之意；闭唇音有闭、暗之意；长音有过程、变化之意；爆破音有分开、否定之意；送气音有呼气之意；高音有吸引注意、亲密之意；低音有强大、稳定之意；塞擦音有紧张之意等。

落实到具体的语音上，比如应学凤教授认为：u、o、ao、ong 表示“圆形”，引申表示大的事物；a、ai、an、ang 倾向于表示大及与大相关的概念；e、i、ing 表示大的范围和体积，但是和“细小、薄”有关系；j、q、x、y、i、z、c、s、zh、ch、sh 表示“细小、很薄”等特征和事物；m、p、y、w、r 常表示消极及与消极有关的概念等[①]。

杨小文在《语言的起源——语音和语义最原始的理据性联系》中通过对语音和语义的关系的探讨，提出了新的语言起源学说：“语言起源的过程就是口腔动作也作为肢体模仿语言的一个局部，进行‘音拟’和‘口腔拟象’，并最终使语音独立成为声音语言。”这篇论文重构了语音和语义的关系：

> 自索绪尔以来的语言学普遍认为语音和语义没有自然联系，但是该领域对这种联系的研究还在继续取得进步……最新的研究者发现了更多的所谓“音征词”，并认为高元音由于口腔空间小，更容易和表示“小”的所谓阴性词有对应联系，而低元音则相反。显然，随意性观点和已经被觉察到的音义联系自相矛盾了，而“理据性”概念的出现则很好地调和了这种矛盾，因为它既肯定随意性，也肯定音义间的联系……
>
> Sapir（1929）做过一个非常有趣的实验。他准备了一些物品，都是一大一小成对的，又自拟了一些无意义的词，如［gil］、［gal］等。然后他让一些受试者用这些词去给那些物品命名。结果有显著倾向：［gil］一类词都用来命名小号的物品，而［gal］一类则命名大号的。后来 Jespersen（1933），Jakobson & Waugh（1979），奥哈拉（Ohala 1982，1983，1984）都进行过这方面的研究。

下面是杨小文论文列出的部分语音语义对应关系：

---

① 应学凤，卢继芳．语音象似性与右文说［J］．内蒙古农业大学学报（社会科学版），2006（4）：585-587.

事物特征	语音的口形特征
大小	口形的大小
圆形	圆唇
速度距离	发音时间的长短
范围	共鸣腔的大小
远近	唇的突出等
前后	发音部位的前后
其他	其他

汉语音义原始理据特征初探。

“j、q、x、y、i、z、c、s、zh、ch、sh”表示“细小、很薄”等特征和事物。其中“j、q、x”程度最大而“zh、ch、sh”程度最小。如：“极、细、小、线、尖、点、面、丝、狭、夹、掐、卡、齐、脐、皮、披、一、衣、依、倚、椅、聚、集”。

“w、u、o”表示“圆形”，如：“圆、环、碗、挽、丸、湾、腕、完、全、圈、拳、泉、蜷、管、罐、玩、珠、玉、球”。

“a”表示“偏小的面积或体积”。如“ba 巴、芭、坝、扒、靶、疤、耙、拔、把”。

“ai”介于“i”和“a”之间，表示“小、薄、细、距离近”，如：“ai 爱、矮、碍、埃、隘、挨、bai 白、摆、掰、pai 排、牌”。

“an”表示的范围比“ai”大。如：“an 庵、安、案、厂”，典型的反义词有：“kuai 快、man 慢，kuan 宽、zhai 窄”。

“ang”表示的范围比“a、an”更大。如：“广、逛、筐、框、旷、炕、缸、窗、床、闯”，典型的反义词有：“chang 长、duan 短、xiang 镶、qian 嵌”

“ao”常表示“相对封闭的空间”或者“高空”，有时也指“半圆形”，如：“套、掏、涛、冒、帽、铆、罩、窖、勺、舀、槽、搅、扰、绕、鞘、铐、牢”。

“ong”表示“圆形、庞大的、有分量的”，如：“洞、栋、冬、筒、捅、通、桶、瞳、弓、公、宫、功、巩、轰、洪、宏、鸿、虹、孔、窿、钟、龙”。其中“洞、栋、筒、捅、通、桶、弓”既有“o 圆形”之意，又有“ng 长”之意。

"ing" 表示"大的范围和体积"，但是和"细小、薄"有关系，如："青、清、晴、静、净、精、镜、颈、柄、饼、屏、平、瓶、并、拼"。其中"清、晴、静、净、精"都有"在大的范围内较纯洁而无小杂质"的意义指向。

有的音节既包含有小口形的发音，又包含大口形发音或鼻腔共鸣发音，这类音节有时表示兼具两种特征的事物和特征，如"细而长或者薄而大"，"一部分小另一部分大"。如："丁、钉、茎、秧、柄、饼、屏、平、量、梁、桨、疆、墙、枪"。

由此得出的结论，是语言中的语音和语义之间存在着一定的联系。

以上主要是元音和辅音问题。在声调方面，郑张尚芳和朱晓农都论述过上声的紧喉特征与细小亲密意义的关系。入声也是一个比较容易把握特征的声调。入声字的意义，基本上都与短促、紧喉有关，表示否定、快速、紧张、痛苦、决绝等含意。去声比较坚决明确，平声比较稳定中性，这些也都与含意有关。

《击壤歌》唱道："日出而作，日入而息。"其中"日、出、作、入、息"全是入声字，如此顿挫的声音，在表达什么呢？这么多个突然，显然是决绝的意思，是干脆的意思，是该怎样就怎样，毫不犹豫的意思。既然毫不犹豫，当然就与别人的意志无关，所以最后反问道："帝力于我何有哉？"这样才能理解《击壤歌》的全部含意。

以声调论，古人说平上去入，其实按照音高关系应该是平入上去，但为什么从一开始大家就说平上去入呢？因为这是一个情绪含意的排列。平声中性，情绪色彩少；上声模拟儿童声音，表达细小亲密；去声直降，表达坚决明确；入声紧喉，表达决绝快速。

以声母论，唇音常表示过程的开始或结束，舌音常表示明确或打击，齿音常表示聚焦与挤压，牙音常表示用力与艰涩，喉音常表示宏大与低沉。

以韵母论，开口音常表示开阔明朗，闭口音常表示细腻闭合。鼻音尾有绵长和抒情之意，前鼻音有低位意，后鼻音有高位意。多元音有过程和变化之意。

目前，声训和语源学的研究，已经把纷繁复杂的汉字，经过考证论证，基本上厘清了流变关系，而归为一系列的独体字和字根即声符。声符是如何变化成字串中的每个字的，这一点目前基本上是清楚的，只有少数学术争议，但应该不触及整体框架。

下一步就是这些声符，互相有同音、部分同音、同发声部位、同结构等关系，结合其字形，而归为语音学意义上的各种语素。必须弄清这些语素与语义的关系，才能最终建立起汉字的音形义系统的学术体系。

这个体系包括语素的含意，进而每一种音节的含意，进而与字形结合而有每一个独体字和声符字根的含意，然后到汉字流变而至每一个汉字的音形义一体化的含意系统。

目前最顶层这一步还没有完成，还有一些细节没有搞清。但我看最主要的也不是细节问题，而是理念问题。不敢突破任意性原则，就永远也无法总结汉语音义体系。尽管证据已经有那么多，把同声母、同韵母、同声调的字摆出来，语义有相通的部分的字占了绝对多数，剩下的也无法证明没有关系，其证实性已经超过了很多语言学理论的程度，也超过了任意性原则本身的证实性程度，但仍然不能把汉语音义关系作为一个理论明确下来，我觉得这就不是科学的问题，而是信仰的问题了。科学体系当然要追求严密完整，我们期待汉语音义研究的深入、全面，期待理论的完备，但限于我们无法穿越回远古，很多汉音、汉字当初的样貌恐怕永远难以证明，所以我们更期待中华文化的复兴，文化信心的回归。另外，识字教学也不是学术研究，而是文化的传承，尤其是文化精神的传承。所以，我还是大胆提出，将汉语语源学的成果应用于识字教学、汉字教学和书法教学，并跟一些优秀的中小学教师一起，研发汉字课程，以语音核心的音形义一体理论教学，可以达到“教千字、识万字”的教学目标。

自古至今已知的汉字超过 10 万个，但不足 11 万。其中古今书籍的常见字大约有 1 万余字。现代汉语用字大约 6000 左右，现代汉语常见字大约 3000 多个。所以语文的教学目标是 3500 字，也就是培养可以看得懂报纸的人。大学生的识字量应该在 5000 个以上，这样才能看得懂专业文章。可是，要能够流畅地阅读古籍，就需要识字量在 8000 个到 10000 个。以往，普及教育不培养这样的人，现在，随着传统文化教育的兴起，对于能够流畅阅读古籍的人的需求量比以前大大增加了，因此“识万字”也成为一个比较高级但是对部分学生也是必要的目标。

要识万字，靠死记硬背是很难达到的，也太浪费精力。正如陈独秀所说是“盲记漫无统纪之符咒”，“其戕贼学童之脑力为何如耶！”高效轻松又有文化内涵的方法，就是利用语源学的原理，以语音核心的同源字串识字法，通过教授字理，教千字，学生就可以利用资料自学万字。只有这个方法，才能揭示汉字音形义一体的严密体系，才能把纷繁复杂的汉字串起来，使识字变得又轻松又有趣。目前基于《说文解字》的各种形义系统的识字法，都无法做到这一点。

第二节　汉语的音形义关系

一、汉语的音义关系

现在，把汉语汉字的系统总结一下。

首先汉字中的绝大部分，都是所谓的形声字，就是有音形义分工特征的会意字。这些字基本上都可以归纳为同源字串。首先要把它们的音形义从上古到现代的演变搞清楚，章太炎、黄侃、王力等前辈学者于此花费了大量精力，这是一个非常复杂的梳理工作。现在虽不能说所有的形声字都解决了同源字串归属问题，但是只剩下个别的争议了。

这样，绝大部分字就收到了字根这一层次，这些字根都是形声字的声符。一万多个常见字的声符字根有一千个左右。这些声符有的是独体字，有的是合体字，即两个或两个以上的象形符号组合而成的字。声符字根都是象形文字，是音形义的统一体。

比如：

“山”除了是形符之外，也是个声符字根，同源字串有：汕疝讪赸圸……

“廾”也是个声符字根，同源字串有：共供恭拱洪哄龚……

“公”也是个声符字根，同源字串有：蚣颂松讼淞崧……

“兼”也是个声符字根，同源字串有：蒹廉镰谦歉嫌缣……

“今”也是个声符字根，同源字串有：衿妗矜吟笒纾……

“金”也是个声符字根，同源字串有：琻唫惍荃……

其中，“山”是独体字，其余几个都是合体字，或指事或会意。

声符字根的含意就是语源学所说的语源义。

语源义的外面，再叠加上形符的含意，就组成了形声字的本义。比如，“廾”的含意是双手对举，所以双手对举托物为“共”，负责做此事的人为“供”，举起双手的动作为“拱”，这个动作的心情为“恭”，等等。汉字由此繁衍，许慎因此称之为“字”，它们是“文”即字根的象形文字的孳乳繁生。所有同源字串的字，其字义中都含有语源义，即声符字根的含意。

本义再引申为引申义，如“共”由双手对举托物，引申为祭祀时的动作，再引申为共同。汉字由此发展，汉语也由此丰富。在没有形声字的叠加造字法以前，口语中不可能有那么多的同音字，所以是形声字的出现丰富了汉语的词汇，汉字对于汉语的发展起到了巨大的推动作用，对于文化的丰富和延续也起到了至关重要的作用。

独体字有的成了声符字根，有的没有成为声符字根，而是成了形符，或者既不是形符也不是声符。

同样，合体字有的成了声符字根，有的没有成为声符字根，而是成了形符，或者既不是形符也不是声符。

有些形符同时也是声符。

也就是说，在音形义一体的最基础的汉字这一层次中，除了同源字串的声符字根以外，还有形符、没有成为形符和声符的独体字和合体字。这些字可以都看成是字根。字根可以分为声符字根、形符字根和其他字根。

为什么把这些字看成是一个层次？因为这些字是音形义一体的第一个层次。两个象形符号合在一起，会形成一个新的象形符号，而新的音与原来两个符号的音并无关系，并不是原来两个音的组合或者延伸，而是针对这个新符号所代表的含意所发的一个新音。所以，从语音核心的角度来说，是独体字还是合体字，是形符还是声符，都不那么重要，它们都是语音核心论的同一个层次。重要的是它们都是音形义一体的基本汉字，即从音形义的相互关系上来说，是不可再拆分的汉字。

再往上一层是音节。

这些字根，即声符、形符、独体字和合体字，很多是同音节的，比如“公”和“廾”，“金”和“今”。

从音节的角度来说，同一个音节可以有不同的象形符号，也可以只有一个象形符号，当然也可以没有任何象形符号与之对应。关键是，这些象形符号的含意，与音节的含意没有直接关系。象形符号即字根的字形并不是用来表达音节的含意的，而是用来叠加另外一层含意，即字形本身的含意，从而使这个字获得比音节含意更多的含意。所以一个音节可以有不同的象形符号。这个结构有点像圆葱或者圆白菜。

比如，“廾”和“公”的音节都是［kioŋ］，即汉语拼音 giong，音节义都是推举向上。“廾”为上声，情绪为细小亲密，符号为双手，所以字义为双手恭敬地推举向上；“公”为平声，情绪为中正平和，符号为分私，私产分为公产，即升格为公有，所以字义为私产分众升为公产。

再如，“今”和“金”的音节都是［kiəm］，即汉语拼音 giem，音节义都是推挤出去一点，都是平声。“今”（ ）的符号是盖子开启一条缝，所以字义为盖子打开一点后推挤出去的过程，后引申为开始。“金”（ ）的符号实际上也可以看成是“今”和“土”的会意，是“今”在“土”中，所以《说文解字》说“象金在土中形”，所以其字义是从土中挤压出去一点，这就是淘金的过程，也与五行土生金有关。

把同音节的字根合并，就得到了根音节这个层次。“根音节”是我暂时定义的一个概念，指的是字根的音节。一千个左右的同源字串有三四百个根音节。

这些根音节，分化为不同的字根，字根又分化为字串，而在字串中，语音经常会发生差异变化。变化的原因很难说清，但其中有一个原因是肯定的，即很多时候是为了表达语义的区别而微调了语音，比如变了声调，加减了介音，变了声母，但往往是同部位的另外一个声母等。这样，字串里的每个具体的字的音节就很多了。一万两千个左右的古籍常见字，有大约五千个不同的音节。

这些音节都是从根音节变化出来的，其中很重要的一个变化的根据就是同源字与字根字的语义差异。比如说，“金”是平声，“唫”是去声，声调的改变，标示了语义在情绪上的变化。“唫”是闭口不言，噤声的意思，显然比“金”在情绪上更有明确坚定之意，因此改为去声。再如“今”的声母是［K］，而“吟”的声母是［ŋ］。见母［K］即现代汉语拼音的 g，是由舌根堵塞住再打开，首先感到压力，然后接发细音，把压力推到舌头和上腭处，因此多表示挤压、细薄、推举之意。“今”的本义是打开盖子一条缝，所以用见母［K］。而疑母［ŋ］即现代汉语拼音的 ng 是后鼻音，因此多表示顶起、突兀、宏伟之意。［ŋ］比［K］更有推送之感，因此“吟”改用疑母［ŋ］。

汉语的每一种音节本来都有其固有的含意。

在根音节的上面，就是声母、韵母和声调。上古的声母和韵部各约三十个。韵部不包括介音即韵头。上古声调则有四声，是否分阴阳八调，还不清楚。

汉语的每一个声母、每一个韵母和每一个声调，本来也都是有含意的。关于这些对于声母和韵母的含意的分析，请详见下文。

再把这件事从上到下说一遍。这就是汉语汉字的含意系统：

1. 声母、韵母、声调

2. 根音节

3. 字根

4. 同源字串

根据考古学对于人类喉结下降年代的研究，语言最晚出现于两万年前。汉语形成于七八千年前或更早。汉语最初是以语音为核心构建起来的语言系统，以音表义，以音别义，最后形成音节的含意。先民以拟声和象似的方法，以声音表达含意，方可互相交流，并在语音含意共识的基础上形成语言。为什么不同民族语言对于同一个事物会有不同的语音指称？那是因为大家关注了事物的不同侧面。但不管是关注哪个侧面，世界各民族语言对于什么语音表达什么含意是有共通之处的。在这个时候，声母、韵母、声调都是有含意的，因此音节也是有含意的。汉语声母、韵母的含意系统及其内部关系，详见后文。

其后造文，时间当在六七千年前，这就是象形文字的字根。需要特别说明的是，象形文字给语音加上了图形，但是这个图形与语音的共识性含意几乎没有关系。它是从另一个角度来描述事物的！这点非常重要。它使得汉字的音和形在表达语义的方面，形成了同心圆一样的层层叠加的关系，而不是相交或相融的关系。因此，同一个语音可以叠加不同的图形，因此就表达不同的含意，但是这些相同语音的象形文字，其语义也有相同的部分，即语音的含意。实际上就是图形丰富了语义，同时以音形表义，以音形别义。此即伏羲画八卦传说所蕴含的历史。

再其后造字，字即文之子，以声符为字根，配以不同形符，继续以同心圆方式叠加、丰富语义，同时同音以同义，变音以变义，同源字串之间用音的微调表达义的差异。于是汉字系统形成了。

汉字的出现，极大地丰富了汉语。汉语在没有汉字的时候，一定是简陋的系统，因为汉语是单音节语言，而单音节的数量太少了。同音字的含意区别，仅仅依靠语音之外的东西，如手势、表情、语境等来表达，是比较困难的，所以汉语的词汇不可能有丰富的发展。看看至今也没有文字的那些民族的词汇量，就是一个证明。而汉字，凭借层层叠加的象形符号，几乎可以令语义无限分化，从而产生了大量的新的词汇。华夏文化于此获得了高速、高质量发展传承的利器。此即仓颉造字传说所蕴含的历史。

汉语的每一个层次，其声音都是有含意的、有系统的、有理由的。这说明汉字，包括字形、字音和字义，一定经过了系统的整理，也许不止一次，这样才会出现如此整齐的系统。

世界上的语言都历经了漫长的演变历史。大部分语言的历史没有文献记录，所以无法探究其上古音。汉语不仅有大量的文献记录，而且语音系统没有经过大的变动。虽然很多学者都说汉语古今音异很大，但那是对汉语内部而言。相对于世界上其他语言来说，汉语的变化是小的，因为我们的文化没有大的变化，我们是唯一继承下来的上古文明。因此汉语的上古语料和间接证据很多，可以为我们呈现出上古汉语的大致面貌。由此我们才发现，在华夏文明确立之初，汉语就呈现出了像数学一样的严整而美丽的结构，蕴含着深厚的文化知识和精神，而且其主体风格一直延续到今天。我们对汉语应该感到由衷的骄傲，对我们的祖先应该心怀由衷的感激！

就汉字研究而言，我们今天生活在一个幸运的时代。虽然上古时汉语和汉字的创造原理，没有留存下来，但是自汉儒解经开始，就在探索汉语汉字的体系。此后，一方面是理论研究不断进展，新材料不断涌现；一方面是时光不断在流逝，汉语汉字不断在改变。这是一场学者与时间的赛跑。两千年的前赴后继，薪火相传，终于就在我们这个时代，学者们赶上了时间，实现了穿越。汉语汉字的真相在汉语语源学的研究中逐渐显露出来，至少是汉语汉字的原理和基本体系，越来越清晰。我们生逢其时，可以见证这场两千年赛跑的结果，这真是要感谢上苍，感谢两千年来的历代学者！

总的来说，初民以音表义，由声、韵、调的组合感知音节的含意，而创造出最初的汉语。其后有“文”，(《说文》：“仓颉之初作书，盖依类象形，故谓之文”）即象形符号，它在音节义的基础上再加一层含意，既丰富了含意，又缩小了外延。“文”这个符号的含意一般与它的音义不同，是增加了另外一个含意。

一个音节可以有不同的“文”，表达不同的含意。这些不同的“文”的含意之间有交集，就是音节义。这就是独体字。大部分的独体字都成为后来的声符或形符。声符还有一些来自独体字的合成，即用指事、会意之法合成的字。声符即同源字根，其含意（即音节义加象形符号义）即语源义。其后有“字”，（《说文》：“其后形声相益，即谓之字”）即“文”的“孳乳”，也就是给同源字根配上形符，再加一层含意，就形成了形声字的本义，既丰富了含意，又缩小了外延。一个声符可以配有不同的形符，表达不同的含意。这些不同的同源字的含意之间有交集，就是语源义。本义经过演变，而有引申义。这就是形声字系统。汉语在有了汉字以后，一定是增加了很多新词，才有可能表达更丰富、更细致、更有文化积淀的含意，中华文化的创建和发展，一定和汉字的发明和体系化有着密切的关系。为什么有伏羲画卦、仓颉造字等传说，我想汉语汉字一定是经过多次人工整理的。汉语汉字就是如此精致的一个体系，只是后来又经变异，但传承为主，变化为辅，到今天汉语汉字的这个体系依然是存在的。其他民族语言也许最初也有类似的体系，但因其文明中断，很难追寻上古语源情况之故，并非是语音和语义天然没有关系。

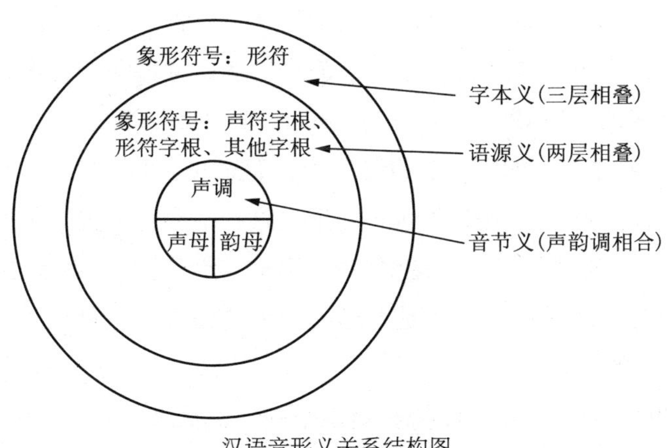

汉语音形义关系结构图

汉语汉字的音形义关系结构如上图所示，我又称之为“汉语汉字同心圆结构”：内圈第一层为声韵调组合的音节义，其含意为从声母的含意出发到韵母的含意的过程，声调是其情绪含意，这就是初民未有文字时的汉语的音义关系。后来创造象形文字，即加上中间一层的象形符号，这些符号就是字根，其中包括声符字根、形符字根和其他字根，这些象形符号的含意叠加在音节义上，即形成了字根字的字义，即语源义。再其后，加上外层的象形符号，即形符，再叠加上一层形符义，合为形声字的字本义。形符可以加不止一层。这些本义其后还可以再演变为引申义。

从里圈到外圈的关系是层层叠加的关系，不是简单的相加或交集关系，也就是外圈的含意叠加在内圈的含意上，外圈的含意是对内圈含意的一种限定、修饰，一方面把内圈含意的范围缩小了，一方面把整个字义的内涵丰富了，即：

汉字字义＝以声调义为情绪的——从声母义出发——到韵母义的过程的——声符义的——形符义。

或者：

汉字字义＝形符义的——声符义的——以声调义为情绪的——从声母义出发——到韵母义的过程。

不了解汉字的造字过程，不能从音形义一体的角度去读取汉字信息，就会造成信息丢失。比如说，“兔”这个字，甲骨文为“”，小篆为“”，很多人见了以为这个字的意思就是“兔”这种动物的外形，《说文解字》也说：“兽名。象踞，后其尾形。”因此从这个字中是不知道这种动物的速度的。但是这样的看法忽略了语音的含意，实际上上古之人看到这个甲骨文，他们除了知道这种动物的形状特征之外，还会得到另外一个信息，就是这种动物速度很快，难以捉摸。因为这个字的上古读音，声母是透母 t，有冲出、打通之意，韵母是鱼部 ɑ，有打开、扩展之意。如果上古也是去声，有坚决、明确之意，合起来，就是迅速冲出去，方向不定，跑得很远的感觉。只看字形，丢失了很多信息。古人在造字的时候，字形之意与字音之意往往不同，字义乃是以两者之和为基础的。古人在看字的时候，得到的也就是音形义一体的信息，这种读书之法，是我们今天很难体会到的了。

汉语汉字的同心圆结构，我完整地举个例子，就以“吟”字为例。

“吟”字的字根是“今”。“今”的上古声调为平声，声母为见母［K］，韵母为侵部［iəm］。平声的情绪含意是平常。见母［K］是由舌根堵塞住再打开，首先感到压力，然后接发细音，把压力推到舌头和上腭处，因此多表示挤压、细薄、推举之意。韵母侵部是阳声韵，是小开口元音收于闭口 m 音，有压抑感，因此多有包含、闭合、深入之意。音节义是以声调义为情绪，从声母义开始到韵母义的过程，即：

平常的——推挤之后——消失的过程。

可改写为：

推挤之后消失。

象形符号声符“今”（令）的含意是盖子打开一条缝。这个符号的含意叠加在了音节义之上，形成了语源义为：

盖子推挤一条缝之后延伸到消失的过程。白川静先生认为与祭祀有关，后即引申为开始的意思。

凡“今”的同源字都有此义，如“衿”为上衣领口，即上衣开缝处；“妗”为女子笑貌，即抿嘴而笑，或启齿而笑；“矜”为矛柄，即矛的开始处。等等。

“吟”字是在字根的基础上，加上了象形符号形符“口”。其声母改为牙音疑母［ŋ］，前文已分析过。因此其音义微调为：

平常的——顶出之后——消失的过程。

字本义即为：

口的盖子（嘴唇）打开一条缝之后顶出去又消失的过程。

此即“吟”的本义。其后“吟”字有低吟、吟唱等之意，为引申义。

上古音构拟的重要材料之一是上古诗歌，尤其是《诗经》的押韵。然而须知为什么汉语诗歌要押尾韵。世界上很多语言的诗歌不押韵，或不押尾韵。押韵是出于歌唱和诵读的需要。首先歌唱需要辨音，不能倒字，才能达到让对方听歌的目的。歌唱又在乐理上需要乐句旋律回到主音，因此声调语言的诗歌几乎都押调。汉藏语系很多语言的诗歌都押调，但有些不押韵。汉语诗歌的韵是包含声调与韵母的，所以首先也是押调的。重视汉诗押韵的押调因素非常重要，由此就会关注到上古汉语声调的音高型特征，尽管它也有旋律型和音长型特征。换韵如换声调，即是换主音换宫调，情绪大变；换韵如不换声调只换韵母，则是延续主音、宫调，情绪微调。再由此而到“四声对五音”说的考察，或可因此通融语言、音乐、诗歌，而解开上古汉诗韵律和旋律之谜，并推知后世语音、格律、音乐演变之理。再由此而知汉诗文的读法之重要，不可乱读之规矩，而复兴“吟诵”，重振“小学”，国学教育或可由小学而大学，温故循正而重建。

二、汉语音义表

汉语汉字形成了如此精美庞大的系统，如数学之严谨，如艺术之巧妙，实属罕见。而这个系统历经历史沧桑，仍然基本传承了下来，更是难能可贵。今天，我们有什么理由不去传承它？应该让所有的华人都知道我们的文化之伟大。

以语音为核心，可以突破当下汉字教学的困境，把汉字恢复为一个有理有趣有文化的体系，对于儿童建立正确的语感、字感、诗感，对于重建汉语汉字的字典和教学系统，直至对于全民族恢复文化自信心都是必由之径。

现在，学术主流往往否定汉语语音与语义的关系，因为这个关系很复杂。其实，最复杂的事情已经颇有成果，那就是汉字汉音的古今流变问题。在此基础之上，剩下的最主要的工作就是统计。如果同语素、同声母、同韵母、同声调的字在一起，语义有交叉点，就是语音有意义，否则就是没有意义。这就是科学的证实性与证伪性，完全符合学术规范。这一点并不是做不到，而且已经取得了大量的证实性结果。所以我想，现在简单地以索绪尔的观点漠视汉字语音的意义是没有意义的，真正要做的，是越来越多的学者加入进来，一起来探究总结汉字语音的意义，把这项研究蓬勃开展起来。汉字语音意义理论的建立，对于世界语言学的发展都是有重大意义的。

我不是音韵学者，只是一门外汉。但现在的国学教育需要把这些教给孩子们，因此我甘担风险，做出了一套粗糙的《汉语音义表》，以供教师们尝试使用，以供学者们批评修正。（见附录资料 《汉语音义表》）

这套表的制作过程，首先按照声韵调把字归类排列好，然后对每一类字的上古形、义进行考察，主要是考察前辈学者对这个字的形、义的研究成果，尤其是对义的推断，然后总结出这类字的上古字义的共同点，并证以这类字的共同发音方式，看是否有明显的关联，可以从发音过程上做出解释。当所有的音义关系出来以后，再观察是否形成一个整体，有无相互矛盾的地方。从目前的情况看，基本上能找到同类字的同义，并且与发音过程有明显关联，而这些音义关系还是能形成一个体系的，比如，开口度和字义的开合洪细有关，送气和力量远近有关，发音部位和高下过程有关，舌态即轻触、挤压、平展、高低和性质状态有关，等等。所以，我才对汉语音义关系的存在比较有信心。

我所使用的工具书和前辈学者著作主要有《古文字诂林》（李圃）、《汉语音义字典》（齐冲天、齐小乎）、《古代汉语》（王力）、《汉字古音手册》（郭锡良）、《新音韵学》（周祖庠）、《常用字解》（白川静）、《上古音系》（郑张尚芳）、《细说汉字》（左民安）等。

这套表可查常见汉字的音义关系。方法是从声调音义表、上古声元音义表、上古韵部音义表中分别查找此字的声、韵、调的含意，按照发音过程组合起来而探知其音义关系。

然后再通过同源字串，结合字形，即可弄清汉字系统。我们集合前辈学者的成果，已经编写了古籍常用汉字的音形义演变分析的教学资料。（见附录资料　汉语音形义字典样章）

古音构拟各家颇有差异，然从语音系统整体来说，各家还是大同小异。音近则义近，这套表总结的是音义关系，同一个字各家构拟古音只要接近，音义关系也就接近。王力先生的系统最为简洁，因此采用，但其他各家构音也可同理推出。各家对上古汉语语音的整体关系结构差异不大，比如对声母韵部分类，对音节的构拟有差异，这些差异，基本上对汉语音义关系系统的存在并不构成矛盾。比如“汉”字，李方桂先生拟为［han］，王力先生拟为［xan］，郑张尚方先生拟为［hnaan］，三家只是在声母的送气程度和舌位上有差异，而［h］、［x］、［hn］三者很接近，音义也就接近。按照这套表，［x］多表示呼喊、打开、推举之意，［h］多表示强力、冲出、围绕之意，两者接近。［hn］本表中没有，郑张先生说是带冠音的清 n，这套表总结［n］多表示挤压、亲昵、浓重，前加冠音送气，也就是挤出、喷涌、伸展之意，与前两音的含意接近。“汉”本是汉水之名，语音的声母表示冲出，韵母是元部，表示伸展、沉积、下收，声调是去声，表示坚决、明确，合起来就是冲出去坚决地伸展开，与汉水之观感完全一致。三家虽然互有差异，但都能说明汉语语音是精美的音义系统。

这套表中最重要的是声母和韵母音义体系的两个表，即汉语音义关系的结构，从中可以看出音义关系的原理。如果单个的语音的确有相对固定的含意，但是整个语音系统却是混乱的，也无法说明音义之间有明确的关系。下面的两个表就是在整个语音系统的背景下列出声母与韵母的音义关系，其中明显可以看出根音与其各个变音的关系结构，与其音义关系的结构是基本一致的。

比如声母，唇音多是动作，有开始或结束之意；舌音多有明确肯定之意；快速触及上腭的音如 d、t，有打击、碰触的含意；挤压上腭的音如 n，有挤压、亲密、顶起的含意；牙音是用力的意思；齿音更有聚焦、尖细、推送的含意；喉音 h 的发音是从底部打开冲出送气，所以多有呼喊、打开、冲出之意。

我把唇、牙、舌、齿、喉部位的主要辅音叫作“根音”，其他的音可以看作是它衍生变化出来的。变化的方式与含意有密切的关系。根音通过口腔的形状和感觉表示某种状态；其擦音则表示这种状态出去了；其送气音则有送出很远、扩散出去的含意；其浊音则有深沉、有力、低位的含意；其反音，即反向发声的音（比如 m 就是 b 的反向发音）则是状态反向的含意（b 意开始、开启，m 意结束、闭合）；其半音则是突破这个状态的含意，因为只剩下一半的状态在了；其团音则表示这个状态的收缩状态；其尖音则表示这个状态的精细状态；其轻音（即后接小开口介音，如后来演化成的唇齿音）则表示这个状态的轻柔状态。（见下文《汉语声母音义体系表》）

韵母的含意则首先与开口度有关。ɑ有开放之意，o 有圆通之意，e 有延伸之意，i 有扁小之意，u 有舒缓之意，ü有细长之意。韵尾则是有辅音的含意，如 n 是低位，ng 是高位，m 是闭合，入声字的塞音尾则是顿住聚合之意。它们的组合则是某种变化过程之意。

古韵母的韵尾还有 p、t、k、m 等，现在的普通话都没有了。这些韵尾也各有含意。m 表示结束和闭合，和声母 m 的含意一样。p、t、k 都是发音趋势，而非英语那样实际发出来，这在今天的南方话和日语、朝鲜语中都还有保留。所以 p、t、k 都是堵塞住而不冲破，因此都有聚合的意思。三个音各属于唇音、舌音、牙音，因此又各有其特色，与前面的元音结合在一起，表达独特的含意。汉语韵母的音义关系体系可见《汉语韵母音义体系表》：

汉语声母音义体系表

语音及含意		根音	擦音	送气音	浊音	反音	半音	团音	尖音	轻音
		状态	出去	送达	有力，低沉	反向	突破	收缩	精细	轻柔
唇音	声母	b	—	P	b浊	m	—	—	—	f
	字母	帮	—	滂	并	明	—	—	—	非
	音标	[p]	—	[p‘]	[b]	[m]	—	—	—	[pf]
	含意	开始/打开	—	散出去	有力地开始打开/向上	结束/闭合	—	—	—	轻柔开始
牙音	声母	g	—	k	g浊	ng	—	—	—	—
	字母	见	—	溪	群	疑	—	—	—	—
	音标	[k]	—	[k‘]	[g]	[ŋ]	—	—	—	—
	含意	顶起	—	顶出去了	有力地顶	高高地	—	—	—	—

（续表）

语音及含意		根音	擦音	送气音	浊音	反音	半音	团音	尖音	轻音
		状态	出去	送达	有力，低沉	反向	突破	收缩	精细	轻柔
舌头音	声母	d	—	t	d 浊	n	l	—	—	—
	字母	端	—	透	定	泥	来	—	—	—
	音标	［t］	—	［tʻ］	［d］	［n］	［l］	—	—	—
	含意	打击	—	打出去	沉重打击	挤压 / 亲密	强力	—	—	—
舌根音	声母	y	—	—	y 浊	—	—	y 团	—	—
	字母	影	—	—	日	—	—	余	—	—
	音标	［o］	—	—	［nj］	—	—	［j］	—	—
	含意	矮小	—	—	弱小	—	—	准备 / 趋势	—	—
舌面音（正齿音的团音，即发音后移）	声母	zh 团	ch 团	sh 团	zh 团浊	—	—	—	—	—
	字母	章	昌	书	船	—	—	—	—	—
	音标	［ȶ］	［ȶʻ］	［ɕ］	［dj］	—	—	—	—	—
	含意	移向	移向很远	移向尽头	有力移向向上移动	—	—	—	—	—
正齿音	声母	zh	ch	sh	zh 浊	—	—	—	—	—
	字母	庄	初	山	崇	—	—	—	—	—
	音标	［ʧ］	［ʧʻ］	［ʃ］	［ʤ］	—	—	—	—	—
	含意	推送	推送出去	推送很远	有力地推送	—	—	—	—	—
齿头音	声母	z	c	s	—	—	—	—	—	—
	字母	邪	—	心	—	—	—	—	—	—
	音标	［z］	—	［s］	—	—	—	—	—	—
	含意	伸长推送	伸展出去	推送扩散	—	—	—	—	—	—
齿尖音（齿头音的尖音，即发音前移）	声母	z 尖（浊）	c 尖	s 尖	—	—	—	—	—	—
	字母	从	精	清	—	—	—	—	—	—
	音标	［dz］	［ts］	［tsʻ］	—	—	—	—	—	—
	含意	有力地精细地推送	精细地推送	精细地推送到很远	—	—	—	—	—	—

（续表）

语音及含意		根音	擦音	送气音	浊音	反音	半音	团音	尖音	轻音
		状态	出去	送达	有力，低沉	反向	突破	收缩	精细	轻柔
喉音	声母	h	—	h 浊	—	—	—	—	—	—
	字母	晓	—	匣	—	—	—	—	—	—
	音标	［x］	—	［ɣ］	—	—	—	—	—	—
	含意	冲出	—	有力冲出 / 向上冲出	—	—	—	—	—	—

汉语韵母音义体系表

语音	音标	含意	开放	圆通	延续	细小	舒缓	细长	下收	上扬	闭合	有力	非常有力	特别有力
ɑ	［a］	开放	ɑ 开放	ao 展开 弯曲 包容		ai 展开 变薄			an 开放 下收	ang 开放 上扬	am 开后 闭合	ab 挤压	ad 清除	ag 巨大
o	［ɔ］	圆通		oo 一 直圆 通			ou 舒缓			ong 正大 通透			od 有力	og 聚合 有力
e	［ə］	延续			e 延续	ei 减弱			en 深入 向下	eng 坚持 向上	em 包含	eb 聚焦 一点	ed 聚集	eg 汇聚
i	［i］	细小	ia 从小 渐大	iao 弯曲	ie 延长	i 细小	iu 细长		in 细长 变小	ing 细长 上升				
u	［u］	舒缓	ua 舒展		ue 伸长	uei 稀薄 飘动	u 舒缓		uen 逐渐 深入	ung 深远 浓重				ug 关闭
ü	［y］							ü 细长						

第三节　汉字教学：教千字、识万字

一、识字教学

现在的识字教学，基本上靠死记硬背。有些老师已经开始引入文字学，这是很好的事情。但是大部分的文字学教学，都是单个字从甲骨文讲到楷书的字形，并无音义，也互相没有联系。有联系的主要靠偏旁，而偏旁毕竟不是核心，终究难以说清这么多字为什么是这个音、这个形。

严学窘先生说：

> 汉字是一个整体，形、音、义三要素相互联系、制约、协调，处在合乎规律不可分割的关系之中。造字是有义以有音，有音以有形；识字是审形以知音，审音以知义。①

这才是识字的正确教法。

古代教育的识字教育，大致分三个阶段。第一个阶段是开蒙以前，主要是母亲教孩子背诵（是吟诵的，有旋律有节奏的！）儿歌，其中有蒙学教材。第二个阶段是蒙学时期，以指读建立音节与字的一体化观念，然后以吟诵等方式吸引儿童反复认读，两三年的时间达到识字两三千字以上的目标，即可以自由阅读的目标。第三个阶段是学馆时期，古代只有确定做专业儒士的孩子才会上学（馆），其他的孩子是在其他的场合继续受教育，而不是在学馆。这个阶段的识字与写字相结合，与文字、音韵、训诂相结合，以汉字的内在规律为依托，成串地识字，用数年时间达到识字量六千字至上万字，然后方能大量阅读古籍，方可成为儒士。以上所说声训与语源学的知识，正好可以用在第三阶段大量拓展识字。在吟诵教程中，我们有具体的案例和教法。

以声训识字，按照汉字本身的规律性来识字，识字就变得有理而有节。与书法结合，与吟诵结合，识字就变得丰富而感性。按照这种方法识字，就没有什么难字，也不会写错读错。既有趣快乐，又充满文化信息，关键还是正确的

① 严学窘编．陈独秀遗著；刘志成整理校订．小学识字教本：同源词研究［M］．成都：巴蜀书社，1995：前言．

文化信息。如此，何乐而不为呢?

二、教千字、识万字

现在，我们正在开展这种识字教学的探讨和实践推广。幼儿3岁以前，在早教阶段以家庭教育为主开始背诵。幼儿园到小学低段，完成三千字基本识字量。小学中高段，开设“汉字”课，把语源学的识字法与吟诵、书法、篆刻、国画、装裱等相结合，从篆字开始练笔感，一直到自己作诗、自己作画、自己刻章、自己题诗、自己装裱，最终形成关于汉字的完整的理念、知识和技能系统。这些内容和次第，本来就是一体的。这才是中文的汉字教育课程。

我们把这种识字教学法称为“教千字、识万字”。为什么要“识万字”呢?我们现在给国民定的识字标准是三千字，高中毕业也就是三千五百字，这个标准是用来读报纸看网络的，如果想要读古书，识字量就得到八千字以上，最好是一万字以上。不到这个数量，即使是中文系的学生，来到图书馆，也不会伸手去拿一本古书来看的，因为有阅读障碍。他只能看有注释、有标点符号的书，不能直接读原典。现在我们复兴传统文化，不是要所有的人都读古书，但至少需要一批人能够读古书，这批人绝不仅仅限于研究古代文化的专家，而应作专业普及，比如中文系的学生就应该达到这个标准。因此我们推出了“识万字”教学资源，期望培养一批这样的学生。

“识万字”很难吗?如果是现在这样死记硬背鬼画符，当然很难。但是，如果按照汉字字理去教，就很容易、很有趣、很能培养学生的自学能力和创造能力。

老师只要把字理教明白，一千字足够了，学生可以利用资料，自学扩展到万字以上，最后每个人编出一本自己的万字字典，而且学习过程很有趣，能学到很多有关文化的知识。这个教学在语文课或者书法课内进行都可以，每周一节，四年可以达到识写万字的目标。我正在组织研发这样的汉字课程的教学资源。下面是课程简介和教材样课。

三、汉字课程简介

(一)背景

目前教育体系中没有系统的汉字课程。识字主要靠死记硬背，难记易错;因为没有音感、字感进而无法形成诗感、文感，读书只能关注字义，丢失大量文化信息，不能感悟诗文，也很难创作诗文；书法、国画教育与汉字教育脱节，失去了最重要的文化根基。自发出现的汉字教学，基本是形义教学，没有继承传统声训学和章黄学派的语音核心理论，因而无法呈现汉字完整的音形义一体的系统，也就无法开展高效的汉字教学，无法让学生理解汉字的字理常识和文化系统，识字量也很低。

（二）性质

汉字模块，以汉字同心圆教学法教授汉字，以及介绍音韵、文字、训诂的基本常识，学生能够理解字理，形成字感，达到教千字、识万字的目标，并可以拓展到书法、篆刻、国画课程。

（三）学术基础

1. 传统声训学。

2. 章黄学。

3. 当代汉语语源学前沿成果。

4. 书画学、中国传统教育学。

（四）教学目标

1. 理解并掌握汉字以语音为核心的音形义体系理论。

2. 掌握音韵、文字、训诂的基本常识。

3. 教千字，识万字。以 1000 个汉字为例理解音形义系统。运用所学知识进行大量系统的拓展学习，最终达到 10000 字以上识字量。自编、自写、自画，完成一本自己的万字字典。

4. 了解汉字中的历史文化常识，促进对中华文化精神的感悟，为大量阅读古书打下基础。

5. 拓展到书法、篆刻、国画。

（五）教学内容

1. 学习以语音为核心的音形义一体同源字串。

2. 通过音韵操和音韵拳掌握音义关系；通过摹写掌握形义关系；通过歌谣掌握同源字关系；通过诵读掌握字本义与引申义的关系。

3. 落实在书法，体会汉字神韵；拓展到篆刻和国画，形成艺术能力。

（六）适用对象

七岁以上至成人。

（七）教师来源

1. 语文教师、国学教师。

2. 书画教师。

（八）课时安排

1. 基本课时为每周 1 节。地点以书法教室为宜。每学期 15 次，共 8 个学期，120 课时。在此基础上，可以增加课时和选修内容，最多可至 240 课时。

2. 在上述基础之上，可以缩短学习时限，以字理教学为优先。

3. 课上教授字理，课外给予学生学习资料，自学更多的字。

（九）教师培训

1. 5—7 天初级培训。

2. 中华文化精神（半天）、国学教育（半天）、汉字理论（1—2 天）、汉字教学（2—3 天）、汉字教学观摩（1 天）。

3. 提供网络课程作为基础和补充。

（十）教学资源

1. 资源库包括全套教材、教案、PPT、微课视频、10000 个以上汉字的教学资料、音形义软件系统、汉字教学理论、大量学术资料、工具书资料。今后将搜集提供更多教师的教案、教学实录和录像视频。

2. 教学资源还将包括网络平台、APP、微信课程、科研课题、教研活动、师资认证、实验班、实验校等荣誉。

徐健顺 著

吟诵概论

中华传统读书法

首都师范大学文学院资助出版

广西师范大学出版社
·桂林·

第四章　吟诵的学理：音—诗关系

第一节　汉诗文语音的意义

汉诗文语音的意义，要从汉诗文和生活语言的“陌生化”说起。

汉诗文和生活语言的不同，在于两个层次：

第一个层次，是每句话的“陌生化”。也就是说，生活中很少有人这么说话，比如押韵、整齐、排比、平仄格律、重复，等等。

第二个层次，是句与句、段与段的关系的“陌生化”。也就是说，即使诗文中的每句话都是生活语言，生活中也很少有人这么组织说话，比如起承转合、阴阳四象，等等。

前文说，汉语的语音是有含意的。这是指汉语诞生之初，指称任何一个事物，选择语音的时候都不是任意的、没有道理的。其后，汉语的语音很可能经过了几次系统的整理，所以才有某某造字的多种说法。汉语语音到了周代雅言，是一个完整的含意系统。其后又经复杂流变而至今天，不过，汉语语音的意义即使在现代普通话里，仍然多有保留，可以轻易察觉。

虽然如此，我们仍然承认，在日常生活语言中，语音的含意是基本没有什么用处的。语音一旦形成，进入生活语言，其声音的含意就几乎无用了，因为没有人有时间去琢磨语音的含意，然后再说话的。所以，索绪尔的说法也不是没有道理，只不过是在日常生活语言中如此。

但是，诗文就不同。诗文与生活语言存在两个层次的“陌生化”。在诗文中，字音出现了与生活语言不同的格外的拖长，因而短促的音就显得更短。同样，平声之低与仄声之高的规律性呈现，也是生活语言所没有的，从而引起读者的关注。文气变化，更是令人心醉神驰，吸引着读者的注意。这样，本来已经没有意义的语音，由于部分语音的突出或者变形，而重新被人关注，从而其本身的含意重新显露出来。这种显露，既与语音本身带来的感觉情绪有关，又与汉字的语音语义一体系统有关。在别的语言的诗歌里，可能只有前者还在起作用，而在汉诗文中，后者的作用尤其强大。因此，汉诗文就获得了声音的“言外之意”。

因此，汉诗文必须要“读”，要“吟诵”，否则是不可能完全理解体会的。

比如“床前明月光——”，“光”字的拖长，突出了“阳”韵。这个韵有开口度最大的元音a，又有后鼻音。后鼻音基本不改变口型，而带有绵长和抒情之意。平声的声调是中性的。因此“阳”韵本身的意义是开阔辽远。这个声音在日常生活语言中是没有意义的，但是在这里，由于拖长而受关注，因而其开阔辽远之意就重新被体会出来。被体会的首先是ang 本身（不管在什么语言中）的声音的感觉，但更重要的，是在汉字体系中，所有“阳”韵的字都有开阔辽远之意，从而带来的文化信息的积淀。古代那些文人都是从小掌握韵部系统的。因此，这一“光”字的拖长，就带来了世界至广大、故乡至遥远、李白至孤独等含意的引申。《静夜思》的体味就此展开。

这方面的例证和具体的教学方法，在《普通话吟诵教程》中贯穿始终，在此就不详述了。

如果没有拖长“光”字，或者否认“光”字拖长带来的声音的意义，那么这句话就只是一句日常生活语言而已，就如今天我们在诗的后面加的白话翻译：床前的一片明亮的月光啊——那李白又何必作诗？直接说大白话出来不就完了？还要押韵，还要整齐，还要对偶，还要格律，最终结果却就是大白话的意思。所以学生们学完以后，心底里都觉得诗人都是吃饱了撑的。所以杜甫会“很忙”，因为我们老师没有教给学生们，杜甫诗歌的真正的含意。不吟诵，古诗文教学就是化神奇为腐朽，教的是令人讨厌的虚伪，真的是读书人一声长叹。

当然，汉诗文的意义不止于音义，音义只是汉诗文含意的一个层次而已。此事下文另有撰述。

下面对汉诗文语音的含意系统做一些详细的说明和个人认识的梳理。

一、声调

上古汉语和中古汉语的声调都有平上去入四声。学术界也早有对上古声调的质疑，但看《诗经》等上古诗歌，基本分四声押韵，所以上古四声应该是成立的。只是上古四声的调型、调值可以讨论，具体每个字的历史音变也可以讨论。即如郑张先生认为上古声调应是韵尾，但其含意与语音的关系仍然是成立的，所以与以下分析关系不大。

所谓声调，在古代也是两个东西。声，即平、上、去、入，是调型问题；调，即阴、阳，是调值问题。平、上、去、入，也各有含意，各有性格。换句话说，汉字每个字为什么是那个声调，也是有道理的。

古人说：平、上、去、入，这个排列的顺序，既不是音高的顺序，也不是数量的顺序，按音高从低到高应该是平、入、上、去，按字数从多到少应该是平、去、入、上。这只能是情绪的顺序：一个比一个情绪性更强。平声中正平和，上声细小亲密，去声坚决明确，入声快速决绝。

（一）平声

南北朝时，平声的调型是平的，所以沈约发现四声时命名为“平”。此后中古音的平声也是平的。这一点基本上是可以肯定的。但是上古音的平声是否也是平的？这一点没有确证，可能也永远无法确证。朱晓农教授曾怀疑上古平声有一个尾部的上升波，但也不能确证。不过，从平声字的含意来看，基本上都是情绪色彩不强烈的字，也就是中性字，其数量占了汉字总量的一半左右。按照上、去、入的调型与情绪含意的关系来推理，平声应该是平的。所以，在没有其他确证的情况下，我们把上古平声看成是平的调型是比较合理的。

平声中性，发音过程中正、通远，所以平声韵的诗，情绪平和。所以近体诗押平声韵，比起古体诗和词、曲来，律绝的风格总体上就是中正平和的。

平声的具体调值不太清楚，但是可以肯定是比较低的，按照五度标音法，应该是 11 或者 22。为什么这样说呢？

现在的汉语方言，平声整体高于仄声的只有北京话系统。平声仄声高度混合在一起的，有粤语、闽南语等最南端的方言。其余广大区域的语言，都是平低仄高。由此中古音（雅言）平低仄高是可以肯定的，何况还有其他证据，比如诗词格律等。

上古音的平声也是最低的，这一观点的证明可以参看后文关于“四声对五音”的论证。总的来说，虽然还不是完全确证，但是证据已经很多。上古平声低是最合理的看法。

平声又分阴阳。阴阳之说也是中古学说，其含意学术界也有争议，但主流认为应是指声母的清浊。阴平略高于阳平，因为阳平是浊声母，发音部位相对要低一些，但是浊声比清声有力，所以阳平也比阴平有力。阳平是到近古变成升调的。文人作诗，都用文读，阳平的调型仍是平的。

上古音平声是否也分阴阳？按照声母清浊音的理论，当然也可以给上古平声分出阴阳。但是一来上古音的声母的清浊可能到中古有变，我们无法确知，二来阴阳之说是中古提出来的，是否对上古音成立也不清楚，所以对于上古音平声的阴阳，暂以不论为好。我们在“四声对五音”模拟上古音乐时，可以按照中古音的阴阳处理，也可以不论阴阳，平声都可以随便用宫商。当然，上古可能不是这样随便用的，这其中的规律还有待下一步研究。

平声声调的含意，是中正平和，情绪色彩淡薄，这个无须多言。我们看看上、去、入声的情绪色彩，反过来就明白了。没有了强烈情绪色彩的字，就取了平声声调。

（二）上声

上声的调型，首先一定是上升的，所以中古发现四声时命名为“上”。现在的上声，也就是第三声，在上升之前有一个小的下降过程，中古音也是这样的吗？这一点，学术界看法不同。有人认为有，有人认为没有，有人认为都有可能，有人认为不可能知道。我的看法是：上声声调在上升之前，一定有一个在下面的过程，这个过程也许是平的也许是下降的，但一定是存在的。

当代实验语音学对普通话上声做过研究，发现在降调转升调的时候，经常失声，即最低点是没有声音的，由此认为降调的过程对于上声是很重要的，但到底是怎样重要呢？有人认为因为上声的目的是下降，降到底没办法了，只好回升；有人认为目的是上升，为了有力地上升，先下降做准备。因为上声的上升过程占时长的主要部分，古人又称之为“上”声，因此后者应该是合理的，即上声的目的是上升，为了上升而先下降。

那么为什么不能直接上升呢？为什么一定要先下降或平拖再上升呢？

郑张尚芳先生在《上古音系》一书中，提出上声的声调来自塞音尾“?”的脱落，本是一种短促的紧喉的升调。关于上声声调与字义的关系，他说：

> 上声字的数量在四声里是最少的，但字义的类聚很有特点：
>
> A. 指小。形容词倾向以上声来表小义："大小、多少、长短、深浅、高矮、高下、丰歉、丰俭、奢俭/省、浓淡、咸淡、繁简、松紧、宽褊、圆扁、众寡、壮稚、遐迩"，后一字皆读上声表量小。把动词合起来看，也倾向于减损或负面意义："增减、益损、胜负、成毁、完散、续断、安险、勤惰、甘苦、功罪、泰否、福祸、生死、寿夭、真假、正反、先后、褒贬"。在这些常用词对中，后一词皆读上声，数量众多，似非偶然（反例自然是有的，如"轻重、老幼"，这里提醒注意的是多数词所表示的那种倾向）。
>
> B. 表亲昵。亲属词（尤其表直系亲属的词）多读上声："祖、祢、考、妣、父、母、子、女、姊、弟、舅、嫂、妇、娣、姒"，方俗语还有："爸捕可切、爹徒可切、姐、社、妈、嬭"等。身体词更是多念上声："顶、首、脑、眼、睑、耳、口、齿、頞、颔、颏、嘴、吻、辅、项、颈、领、膂、髃、乳、手、肘、掌、拇、指、爪、肚、卵、牡、牝、尾、髓、髀、跨（骻、髁）、股、腿、膑、腨、踝、踵、趾、体"等，凡数十词（入声字因已有塞尾不能加 -？除外）。这些上声的 -？可能来自汉语本身的小称爱称后缀（有类于儿化构词音变）。①

郑张先生的这个看法，与朱晓农教授关于高调表示亲密的看法是完全一致的。朱晓农教授的《亲密与高调》一文，从各个角度证明了高调与亲密、低调与稳定的关系，是汉语音高与语义关系研究的重要成果：

> 本文实地调查并用实验手段考察了伴有多种"紧喉"发声状态的小称变调的表现形式：高升调伴有喉塞尾，高调继续升为超高调，甚至使用假声，高调伴有音节紧张，降升调伴有嘎裂声等。发现尽管这些"喉化"的发声状态各异，与此相关的声调也有高低之别，但它们作用却是共同的：让高调更显豁，从而更明确地表达出这是个特殊的表小示爱的变调。更重要的是这些"紧喉"发声态可以同时出现在同一个语言中用来伴随高调，或者说用来突显高调。所以只有高调是必要的，各种紧喉发声特征并不代表发展阶段，而都是用来强化高调的。说话人只是想利用一切可能的发声方式来帮助发出一

① 郑张尚芳著. 上古音系［M］. 上海：上海教育出版社，2003：211.

种高调，一种不同于一般高升调的具有表小功能的高调。这说明这些发声态本身是什么并不重要，重要的是能显示出高调来。这种高调形式与跨物种使用高调的方式是一致的，它首先是与“小”，然后是与弱势要求照顾、合作、亲近、拉近关系相关。而这种相关是植根于任何物种都有爱护、保护幼儿的天性。小称调还有一个性质，那就是“音感轻柔”，表现在声学上主要是音强变小，还可能音长变短，升调变缓。

这个“亲密高调”的观点还可以用来解释很多看似毫不相关的、众所周知但又难以解释的语言现象，例如台湾“美眉”，北京“女国音”，香港女孩名，等等。“亲密高调”还可以扩展为高频理论，用以解释躯体语言。①

朱教授又说，亲密与弱小是有关系的，表示与对方亲密就要表示自己弱小，表示自己弱小，就需要用高调。

这种用高调表示不肯定、要求合作，低调表示自信肯定的音义固定关系实际上包含在一个更大的关系中，那就是奥哈拉所说的高调跟细小亲密之间的一种生物学上的关系，或者说是天然关系。这种关系不但是跨语言的，甚至可以说是跨物种的。奥哈拉称之为“基频编码”(frequency code)。基频编码首先把高调和“小体型发声者”这样一种基本含义联系在一起，然后派生出“下属、弱势、屈从、无威胁、讨好、想要对方善待”等含义。与此相反，低调首先与“大个儿发声者”相关，其次是“统领、侵犯性、有威胁”等派生含义。

有科学家发现，不管是哺乳动物还是鸟类，在它们打架争斗时，往往有自信的强的一方发出的叫声，吼声都是低沉的，而弱的一方往往声音尖细，也就是频率高但音强小。②

所以上声这个声调表达意义的方式，来自动物界古老的习惯，即用高音模拟幼仔，以示弱小和亲密。为了表明这个高音是模拟的，是示弱或者示亲的，所以先要有一段表示自己正常发音的低音，这样才能突出高音的情感目的，表明不是自己嗓音高，而是故意高扬的。因此，上声一定会在开始有一段下降或

① 朱晓农．亲密与高调［J］. 当代语言学，2004（3）：216.
② 朱晓农．亲密与高调［J］. 当代语言学，2004（3）：194.

者平的阶段，然后再上升。近古汉语和现代汉语是先下降的，上古汉语和中古汉语无法确证是怎样的，但一定是个曲折调，先下降或者先平拖，然后再上升。

细小亲密是上声字的情感特征。在诗歌中，因为是“长言之”，上声又被拉长，尤其是上声韵，拉得更长，结果细小和亲密的感觉越发浓烈，特别显得温柔婉转。

春眠不觉晓，处处闻啼鸟。夜来风雨声，花落知多少？（孟浩然《春晓》）

锄禾日当午，汗滴禾下土。谁知盘中餐，粒粒皆辛苦。（李绅《悯农·其二》）

江上往来人，但爱鲈鱼美。君见一叶舟，出没风波里。（范仲淹《江上渔者》）

春花秋月何时了，往事知多少？（李煜《虞美人》）

枝上柳绵吹又少，天涯何处无芳草。（苏轼《蝶恋花·春景》）

我失骄杨君失柳，杨柳轻扬直上重霄九，问讯吴刚何所有，吴刚捧出桂花酒。（毛泽东《蝶恋花·答李淑一》）

这些诗句，如果拉长了韵尾来吟诵，就能体会到无限的珍爱、惋惜、感叹、柔媚之情。陆游的《钗头凤》最典型：

红酥手，黄縢酒，满城春色宫墙柳。

这就是回忆当年夫妻和睦两相依恋的情景，用的是上声韵，无限温柔。随后说起婚变离别，突然换韵：

东风恶，欢情薄。一怀愁绪，几年离索。错！错！错！

改用入声韵，表达了满腔的压抑愤懑。下阕，前面不再用上声韵，而是用去声韵：

春如旧，人空瘦，泪痕红浥鲛绡透。

是一种怨恨、发泄的口气。然后，仍然转入声韵结束：

桃花落，闲池阁。山盟虽在，锦书难托。莫！莫！莫！

还是归于压抑和痛苦。看，不同声调间换韵起到了何等重要的作用！

说到这里，一定会有人想起“上声者厉而举”“上声高呼猛烈强”这些传统说法来。这些说法与上述所谓上声亲密、弱小、婉转、温柔的特征似乎相悖。如何解释呢？

“上声者厉而举”是唐朝的说法，“上声高呼猛烈强”是明朝的说法，都是中古以后的事情了。上古音，从汉字的字义来看，上声明显是细小亲密的意思。所以上声变为猛烈刚硬的感觉，肯定是后来的事情。

上文说过，上声的声调是个曲折调，开始的低调部分非常重要，有它在，才能表达出高调部分不是嗓音高，而是故意高，是模拟幼仔以示弱示亲。可是，听一下现在山东、河北、河南一带的上声字的发音，基本上都是抹去了低调的部分，直接上扬，结果就给人十分坚硬、强劲的感觉。比如上古音第一人称和第二人称都是上声字，以示亲密，但现代中原地区都读成高扬音，显得十分泼辣。另外，以高调表示亲密、弱小为前提，所以音强比较小。如果音强比较大，就是高声吼叫了，也会产生猛烈刚硬的感觉。因此，上声字的起源虽然是细小亲密的含意，但是在长期的语音演变过程中，也出现了相反的现象，即直接上扬和大声诵读时，会产生猛烈刚硬的感觉。

在诗歌中，上声韵表示细小亲密的是大多数，但也有少数是表达强烈的情绪的。很多诗人都是两者兼备。大家可以仔细观察上声韵的诗，基本上都是这两种比较极端的情绪，而少有中间情绪的如中正平和、欢快喜悦之类的诗。

比如杜甫的《望岳》：

> 岱宗夫如何？齐鲁青未了。造化钟神秀，阴阳割昏晓。荡胸生层云，决眦入归鸟。会当凌绝顶，一览众山小。

吟诵这首诗的时候，上声韵尾最好去掉前面的低调部分，直接上扬，而且要大声吟诵，这样，诗歌的用韵之妙就完全显露出来了。此诗气势之盛，一半都在高呼猛烈之上声韵，必须吟诵，而且吟诵得到位，方能体会。

再比如他的《贫交行》：

> 翻手作云覆手雨，纷纷轻薄何须数。君不见管鲍贫时交，此道今人弃如土。

这首诗是气愤加悲愤，口气决绝愤怒。如果把上声韵读成拖长的曲折调，那就是一副温柔婉转的感觉，完全不对了。

再比如《兵车行》：

信知生男恶，反是生女好。生女犹得嫁比邻，生男埋没随百草。

这都不是温柔婉转的口气，而是气愤之语。

但杜诗更多的上声韵是温柔婉转之意：

游龙门奉先寺

已从招提游，更宿招提境。
阴壑生虚籁，月林散清影。
天阙象纬逼，云卧衣裳冷。
欲觉闻晨钟，令人发深省。

赠李白

二年客东都，所历厌机巧。
野人对膻腥，蔬食常不饱。
岂无青精饭，使我颜色好？
苦乏大药资，山林迹如扫。
李侯金闺彦，脱身事幽讨。
亦有梁宋游，方期拾瑶草。

述　怀

去年潼关破，妻子隔绝久。今夏草木长，脱身得西走。
麻鞋见天子，衣袖露两肘。朝廷愍生还，亲故伤老丑。
涕泪受拾遗，流离主恩厚。柴门虽得去，未忍即开口。
寄书问三川，不知家在否。比闻同罹祸，杀戮到鸡狗。
山中漏茅屋，谁复依户牖。摧颓苍松根，地冷骨未朽。
几人全性命，尽室岂相偶。嵚岑猛虎场，郁结回我首。
自寄一封书，今已十月后。反畏消息来，寸心亦何有。
汉运初中兴，生平老耽酒。沉思欢会处，恐作穷独叟。

再如陆游，其温柔婉转之上声韵：

菩萨蛮

江天淡碧云如扫。苹花零落莼丝老。细细晚波平。月从波面生。

渔家真个好。悔不归来早。经岁洛阳城。鬓丝添几茎。

其猛烈刚硬之上声韵：

渔家傲

东望山阴何处是？往来一万三千里，写得家书空满纸！流清泪，书回已是明年事。

寄语红桥桥下水，扁舟何日寻兄弟？行遍天涯真老矣！愁无寐，鬓丝几缕茶烟里。

辛弃疾的《贺新郎·甚矣吾衰矣》：

甚矣吾衰矣。恨平生、交游零落，只今余几！白发空垂三千丈，一笑人间万事。问何物、能令公喜？我见青山多妩媚，料青山、见我应如是。情与貌，略相似。

一尊搔首东窗里。想渊明、停云诗就，此时风味。江左沉酣求名者，岂识浊醪妙理。回首叫、云飞风起。不恨古人吾不见，恨古人、不见吾狂耳。知我者，二三子。

这首词大部分用的都是上声韵，其中多数都不婉转，而是属于高呼猛烈之类，但也有少数（比如开头和结尾）是婉转的上声韵。一时高呼猛烈，一时温柔婉转，上声韵就是如此变幻，能掌握者，方能体会诗词之妙。大家可以尝试吟诵一下，就可以明白了。

（三）去声

去声的调型是降调，上古、中古音的调值也不清楚，但是大致是从高值到中低值的降调。上古音很可能是到中值为止，整体比较高，详见“四声对五音”的论述。

去声的特点，是坚决有力，如掷地有声，或旷远明达，所谓“去声者清而远”“去声分明哀远道”，就是这个意思。

去声韵的诗不多，但都很有特点，如王维《竹里馆》：

独坐幽篁里，弹琴复长啸。
深林人不知，明月来相照。

这首诗看字面，又是独又是幽又是琴又是深林，好像一片静谧，但是，去声韵却打开了声音的窗口，让人感受到一股阳刚之气。去声是铿锵有力的，而且用的是“啸”韵，这是个很张狂的韵。这首诗是合律的五绝，只是韵不是平声韵，一般吟诵时除了韵字之外，都按近体诗来读。按照平长仄短的规矩，第一句拖长的字是“篁”。这个地方本来可以用“竹林”“幽林”这一类的词的，为什么用“篁”字呢？因为它是开口度最大的音。第一句一半的时间都在说“ang”，境界一下子就打开了。“独”是入声字最短，浊声浊尾，放在开头，很倔强。第二句属唐诗特格，“平平平仄仄”变为“平平仄平仄”，拖长的字是“琴”和“长啸”。“长啸”两个字又是开口度最大的音。“琴”是闭口音，在这里一抑，然后用入声字“复”一顿挫，转两个开口音，表示真实的状态实际是狂放的。第三句拖长的是“林”，这句五个字全是闭口音，这就是起承转合之转，在古诗中常能看到四句“开开闭开”这种章法。这句又是抑，好像孤独寂寞，但最后一句，揭示出了诗人的心境原来竟是一片光明开朗，因为与天地相通，与宇宙往来，个人的精神人格完全独立，不羁世俗，所以这首诗透着一股高傲，一种欢喜。最后这句，拖长的是“相照”两字，又是开口度最大的音。“月”是入声字一顿挫，表示强调，指出关注的方向，然后转长音，包括“来”也是开口度大的平声，诗的最后，一片响亮光明。

王维的另一首《杂诗》：“君自故乡来，应知故乡事。来日绮窗前，寒梅着花未？”大家可以依法进行分析，或者直接吟诵体会，就会发现不像一般解释的那样缠绵深婉，而是有率真的成分，这首诗本是学习乐府所作。

李白有首《古风》其十，歌咏他最心仪的鲁仲连：

> 齐有倜傥生，鲁连特高妙。
> 明月出海底，一朝开光耀。
> 却秦振英声，后世仰末照。
> 意轻千金赠，顾向平原笑。
> 吾亦澹荡人，拂衣可同调。

这首诗与王维的《竹里馆》是同一个韵，都是“啸”韵。ao 表现了豪放开朗，去声表达了果决坚定，大家吟诵着可以体会一下。

闭口的去声韵也有。杜甫的《羌村三首》前两首都是闭口去声韵：

其一

峥嵘赤云西，日脚下平地。
柴门鸟雀噪，归客千里至。
妻孥怪我在，惊定还拭泪。
世乱遭飘荡，生还偶然遂。
邻人满墙头，感叹亦歔欷。
夜阑更秉烛，相对如梦寐。

其二

晚岁迫偷生，还家少欢趣。
娇儿不离膝，畏我复却去。
忆昔好追凉，故绕池边树。
萧萧北风劲，抚事煎百虑。
赖知禾黍收，已觉糟床注。
如今足斟酌，且用慰迟暮。

这两首诗，如果用平声韵，感情不足，毕竟乱世悲哀；用入声韵，又嫌太过，毕竟生还重逢；用上声韵，则必绵软或刚硬，这里却低回感慨，也不合适，所以用了去声韵。只有最后一首，用平声韵，感觉情绪平复了一些。前两首的上声韵，用闭口音表达了压抑的情绪，用降调强调了乱离生还的创伤之切、之痛，吟诵一下即可体会。

贾岛的《寻隐者不遇》：

松下问童子，言师采药去。
只在此山中，云深不知处。

我看到有的人朗诵这首诗时，把童子的神态表现得很稚嫩、很天真、很可爱，这就是读诗不听音了。这首诗用的是闭口的去声韵，有似杜甫前诗。贾岛在问童子时，是上声结尾，态度很温和，而童子在回答诗人的问话时，态度却是很坚决的，两次都是用的去声结尾，所以隐者的去向是一点线索也没有了，诗人无法再寻找下去了，颇为惆怅，故题为“寻隐者不遇”。

贾岛另有一首去声韵的名作《剑客》：

十年磨一剑，霜刃未曾试。

今日把示君，谁有不平事？

这首诗把去声韵之铿锵坚决，发挥到了极致。中间一句用平声结尾，平声是中性的，在上声韵中，就会显得无情（如《春晓》），在入声韵中，就会显得放松（如《江雪》），而在坚决明确的去声韵中，就会显得温柔。在这首诗中，显然贾岛对这位“君”是有感情的，有尊重的，所以在这里平起来，拖起来，然后再用去声结尾，充分表达了决心。

（四）入声

现在学界一般认为入声是由塞音尾 -b、-d、-g、-G 变化而来。现在南方很多地方方言的入声字还保留着塞音尾。入声也分阴阳，方言的入声一般都有高低两调。但是，上古和中古入声的调型和调值也不是很清楚的。所能肯定的，只是入声短促，紧喉塞尾收住。它可能是高升调，也可能是高降调，也可能是低升调，也可能是低降调。

入声字为什么是入声字，也就是为什么这些字在早期会有浊塞尾？，大致来说，还是跟意义有关。入声字的含意有倾向性，相对比较决绝、快速、极端、突出，入声的顿挫语音，是用来辅助表达意义的。

入声所传达的主要意义，都来自短促。短促的读法有两种，即短读和顿挫。短读就是读得短，即发即收。顿挫就是短读之后再停顿一下。一般说来，读得快就会短读，读得慢就会顿挫。所以情绪高的诗会短读，情绪低的诗会顿挫。

人云李白诗风豪放飘逸，杜甫诗风沉郁顿挫。“沉郁顿挫”是杜甫在《进雕赋表》里的自我总结。什么叫“顿挫”？就是入声字特别突出。我的学生龙婷对李白和杜甫所用入声字做过统计，结果是李白用的频率还略高一些，而李杜两人的入声字比例都低于《全唐诗》的平均水平。所以“顿挫”之说，缘于杜诗的入声字用得好。读李白的诗，声韵流畅，入声字多短读。读杜甫的诗，情绪压抑，入声字多顿挫。而且杜诗近体好，近体吟得慢，入声多顿挫。杜诗的入声字用得特别好，因此成为了他的诗歌风格。

顿挫给人的感觉，首先是滞涩、压抑。《自京赴奉先县咏怀五百字》，五十个韵，全部用入声字，确是杰作。整首诗给人的感觉，就是非常压抑，无论是表达志向时：“杜陵有布衣，老大意转拙。许身一何愚，窃比稷与契。”还是状景时：“岁暮百草零，疾风高冈裂。天衢阴峥嵘，客子中夜发。”还是叙事时：

“入门闻号咷，幼子饿已卒。吾宁舍一哀，里巷亦呜咽。所愧为人父，无食致夭折。”入声的结尾都如吞声而哭，令人郁闷难伸。此诗有名句：“朱门酒肉臭，路有冻死骨。”如果把“骨”读为普通话三声，婉转温柔，就完全背离了诗意。必须读出入声，普通话就读为短促的 gǔ，才能传达出诗意。“朱门酒肉臭”，去声结尾，如此确然无疑；“路有冻死骨”，入声结尾，如此惨痛压抑。

另一首伯仲之作《北征》，全诗七十个韵字，全部是入声字。这么长的入声韵诗，其难度不言而喻，其气势更是森严自威。再比如《茅屋为秋风所破歌》里的入声韵转换，真有惊天地泣鬼神之功。《古柏行》以入声韵起，充分表达了赞叹之意。然后转平声韵再转去声韵，由赞叹而感慨而绝望，情感变化明白如画。

因为顿挫是入声的常见读法，所以入声字经常在诗词中表达痛苦和压抑之意。这也是入声字的最常见的情绪色彩。

曹植的《七步诗》：

煮豆持作羹，漉豉以为汁。
萁在釜下燃，豆在釜中泣。
本自同根生，相煎何太急。

三个入声韵，顿挫、强调、哽咽，真是一句一泣，一句一痛，非常到位。而三句不押韵的结尾用平声字，都要拖长了读，正是对比的意思，更加突出了入声字的感觉。

岳飞的《满江红》，经常听人朗诵，开头一句气势很足：“怒发冲冠！”下一句气就平了：“凭栏处。”再下一句，气就泄了：“潇潇雨歇——”，真是一鼓作气，再而衰，三而竭。因为“歇”读一声，一拖长，毫无生气，就直接“歇菜”了。实际上，这首词是入声韵，“歇”是入声字，如果读短，就能把味道读出来：“潇—潇——雨—歇！”一直不紧不慢地下着的烦人的雨，终于停了。憋着的满腔怒火，终于喷发出来：“抬望眼，仰天长啸，壮怀激烈！”“激烈”两个字都是入声字，并且开口度较大，这一整句都以开口音为主，结尾用两个短促的入声收住，真的是一声大叫，戛然而止，愤恨之情溢于言表。

苏轼的《念奴娇》，我也常见人朗诵，有时是交响乐伴奏：“大——江——东——去——”，那是毛泽东的“百万雄师过大江”，哪里是赤壁怀古啊。这首词也是入声韵。“大江东去”，就是“逝者如斯夫”的意思，这是汉诗的固定意象，不可胡乱理解。连大江都流走，连风流人物都淘尽，我苏轼算什么呢？所以“人生如梦”，这是一首咏叹人生苦短的词。下阕说“小乔初嫁了”，上声结尾，非常温柔。“雄姿英发”，现在很多人都把这个词当作赞美之词，因为他们把“发”读成了平声。实际上“发”是入声韵字。就像“巧言令色”“灰飞烟灭”一样，只要把最后一个字读短，就会有一种特殊的感觉。在这里“雄姿英发”多少有一点吃醋的味道：好事都叫周郎占尽了。所以才说“多情应笑我，早生华发”，吃周瑜的醋实在是好笑。理解了入声韵，才能全面地了解这首词。

李清照的《声声慢》也是入声韵，“寻寻觅觅，冷冷清清，凄凄惨惨戚戚”，其中“觅觅”和“戚戚”是入声字，这就是顿挫所传达出的压抑、痛苦之意。并且整句以齿音为主（觅为唇音，其余皆为齿音），造成一片咬牙切齿之象。

入声还可以表达决绝之意。前文分析过的《击壤歌》就是这样的。《上邪》就是用入声发誓。再如李颀的《古意》：

> 男儿事长征，少小幽燕客。
> 赌胜马蹄下，由来轻七尺。
> 杀人莫敢前，须如猬毛磔。

这里用入声表达侠客的果决和冷峻。李白的《横江词六首（其一）》：

> 人道横江好，侬道横江恶。
> 猛风吹倒天门山，白浪高千瓦官阁。

也是用入声传达横江的险恶和气势。柳宗元的《渔翁》：

> 渔翁夜傍西岩宿，晓汲清湘燃楚竹。
> 烟销日出不见人，欸乃一声山水绿。
> 回看天际下中流，岩上无心云相逐。

这首诗如果不把入声韵读出来，就是一片潇洒飘逸，但是，顿挫的入声韵决定了诗歌的整体风格。这三个入声韵，表明了诗人的态度，不仅仅是欣赏，更多的，恐怕是倔强、孤傲、坚持。这需要吟诵才明白。

入声还可以表示快速，既然是短音，当然是快速的意思了。李白的《早发白帝城》："千里江陵一日还"，"一日"都是短音，如果您按照吟诵的规则，拖长"陵"和"还"字，再把"一日"读短，就能体会李白"还"得有多快了。我常戏称现在的朗诵坐的是普快，李白乘的是高铁。同样的还有王之涣《登鹳雀楼》："黄河入海流"，为什么不用"去""奔""向""下"等字，而用一个明明在鹳雀楼上看不见的景象"入"呢？因为"入"是入声字，是个短音，表示快速，那么大的黄河，一下子就到海里去了。这不是什么"黄河东流的壮阔远景"，而是"子在川上曰：逝者如斯夫，不舍昼夜"，是用典。"东流水"在汉诗中就是生命流逝的意思。苏轼的《春宵》："春宵一刻值千金"，"一刻值"三个字都是入声字，表示"一刻"之短；而"宵""千""金"三个字都是长音，可见春宵之长，千金之多。

叶绍翁的《游园不值》："春色满园关不住，一枝红杏出墙来。"钱锺书先生在《宋诗选注》中，列出了唐宋诗中跟"一枝红杏出墙来"类似的诗句，有十数句之多。为什么只有叶绍翁的这句成为千古名句呢？而且，这句诗字面上讲不通啊，既然是"春色满园关不住"，那应该是"万枝红杏出墙来"啊。如何解释呢？就是两个入声字：一、出。"一"用短音表示强调，就是一枝而已。"出"最重要，如果是"过""漫""跨"等字，速度就慢了。"出"的短音，表示是一下子出来，不是一直在墙头，而是风一吹就出来的，所以知道杏枝已离墙很近，再长就会出来，因此说"满园关不住"。这个诗句，就是因为这两个入声字用得好，才脍炙人口的。

由快速，还可以引申为轻灵、轻快。李白的《古朗月行》："小时不识月，呼作白玉盘。"十个字中，倒有六个字是入声字，结果带得那四个字也变得轻快起来，活脱脱表现出了儿童的活泼烂漫。

朱熹的《春日》："等闲识得东风面"，"识得"两个入声字，就表示一下子看见了，非常出色。

入声还可以表示其他的意义，比如"月出惊山鸟"的"月出"表示突然；"月落乌啼霜满天""飒飒东风细雨来"开头的两个入声字都表示突然和惊讶；"南朝四百八十寺"的"百八十"表示强调，好似一个一个数去；"一叫一回肠一断"的三个"一"都表示强调和突然，好像真是一下子一下子的。

正因为入声字在表达情绪、形态和含意上如此重要，所以吟诵时一定要把入声字吟诵出来。

关于声调的具体声音含意，请参考本书附录资料《汉语音义表》之《汉语声调音义表》。（见附录资料《汉语音义表》）

（五）声调组合

既然每个声调都有含意，那么声调的组合就会产生千变万化的含意。当然，在口语中声调含意基本上是不起作用的，但是在诗歌中，诗歌是陌生化的非口语，其声调的意义就显露出来而被读者关注了。

声调组合最显著的表现在于换韵。仍以《诗经·周南·关雎》为例：

> 关关雎鸠，在河之洲。窈窕淑女，君子好逑。
> 参差荇菜，左右流之。窈窕淑女，寤寐求之。
> 求之不得，寤寐思服。优哉游哉，辗转反侧。
> 参差荇菜，左右采之。窈窕淑女，琴瑟友之。
> 参差荇菜，左右芼之。窈窕淑女，钟鼓乐之。

这首诗一共五节，每节四句，这种章法在《诗经》中非常罕见，所以历来《关雎》的分章莫衷一是，有分三章、四章、五章之说。我的看法是，古诗分段要根据换韵来进行，这首诗共用四韵，分别为平、入、上、去，当依此分四章。押韵的字分别是：鸠、洲、逑、流、求；得、服、侧；采、友；芼、乐。[①]其中，鸠、洲、逑、流、求互相押韵，它们都是平声字，也就是今天普通话的一声（阴平）和二声（阳平）的字。得、服、侧互相押韵，它们都是入声字。采、友互相押韵，它们都是上声字，也就是今天普通话的三声字；芼、乐互相押韵，它们都是去声字，也就是普通话的四声字。

这首诗，一二三四句押的是平声韵，五六句押的是入声韵，七八句押的是上声韵，最后两句押的是去声韵。平、上、去、入，四个声调都用到了，换了三次韵。这是为什么呢？

为什么前四句用平声韵呢？现在我们已经不习惯这样做分析了。老师给学生批改作文，绝不会有“开头就使用两个爆破音声母的字，不妥”这样的批语了，但这在几千年前，是很正常的事情。作诗作文，当然要考虑声韵含意和声韵之美。声韵的设计，是既要表达出情志，又要朗朗上口的。

---

① 《诗经》中的诗，在最后一个字是虚字时常常是第三个字押韵。

“关关雎鸠”是什么意思？现在的学者只能讲两层意思：第一，关关叫的雎鸠鸟；第二，雎鸠鸟是爱情忠贞的象征。这就是只讲字义，不管音义。实际上，还有一层意思。这四个字，一半的时间都在说“iou—”，这个音有什么意义呢？

这首诗前八句都是这个韵，属幽部（ou）。这八句，字面的意思是君子看上了一位女子，并决心追求她。诗歌是以君子第一人称的口吻来歌唱的，表达的是君子的心情。前八句，一半的时间都在唱“iou—”，这就是君子的心情。那到底是什么样的心情呢？幽部的声音含意是舒缓、柔软、悠长，这就是相思的感觉。

幽部的具体读音，各家构拟有异，但大致都是闭口音。这个音本身是有含意的，然后在诗歌中又被拖长，其声音的意义进一步被放大。这种缠绵温柔的感觉，就是淑女给君子的感觉，也是君子初恋上淑女的感觉，非常准确。所以，必须要把这个韵读长，才能把这种感觉读出来，也才能把这几句诗的意思完全读出来。尤其是吟咏，有旋律，用腔音，其表达更完满，亲自吟诵一下，就会发觉这几句的含意比字面丰满了很多。

这四句说的是什么内容呢？说的是，君子看到一位淑女，决心追求她，也就是“当君子遇到淑女”。当君子遇到淑女时，音韵是平的。平声韵就是平的，又平又长又低。为什么呢？那是一见钟情啊，按说应该是如闻霹雳，如见天仙，跌宕起伏，冰火不知几重天，为什么是平的呢？因为那是“君子”遇见“淑女”，不是伊阿宋遇见美狄亚，也不是维特遇见绿蒂，不是干柴烈火，而是如沐春风。什么是“窈窕淑女”？就是善良贤惠的女孩，这个女孩不让人烦，而是让人感到安静、和谐，神清气爽，君子由此看到了美好的未来，于是决定追求她。所以，用的是平静悠长的平声韵。这就是东方的爱情，而且是周代贵族的爱情。《毛诗大序》说这首诗是“后妃之德”，是不无道理的。

那么为什么五六句又转入声韵了呢？

诗中说得很清楚：“求之不得”——他被拒绝了！君子第一次求婚，被拒绝了！他痛苦啊，所以用短促顿挫的入声字押韵：求之不得！寤寐思服！优哉游哉——辗转反侧！您从中听出了那种抑郁苦闷的声音了吗？

那为什么七八句又转上声韵了呢？

诗中也说得很清楚：“左右采之”——什么是“采”？就是得到的意思。君子第二次求婚，被接受了！这是定情一刻，多么浪漫！“琴瑟友之”，为什么呢？因为刚追求到，无限珍爱，所以用上声以示之。“采”“友”都是之部，发音是汉语拼音的 e，有延展、细长之意，上声的情绪细小亲密，合起来，是婉转温柔的感觉。

最后，转去声韵：

> 参差荇菜，左右芼之。窈窕淑女，钟鼓乐[①]之。

“乐”，古音为“yào”，与“芼（mào）”押韵，都是宵部。为什么用去声韵呢？

最后两章非常近似，说明这是同时发生的事情，君子在得到女方同意后，本是上声式的温柔，不久忽然转为去声的坚定，只有一个解释：他在发誓。发誓是所有求婚后必须立刻进行的环节。前称“琴瑟友之”，为求婚实景，后称“钟鼓乐之”，为求婚誓言。

发誓用什么声调呢？平声不能发誓，太冷淡了。上声也不能发誓，太软弱了，或者太夸张了。入声是可以发誓的，比如汉乐府《上邪》：

> 上邪！我欲与君相知，长命无绝衰。山无陵，江水为竭。冬雷震震，夏雨雪。天地合，乃敢与君绝！

竭、雪、合、绝都是入声韵字。这就是在发誓。但是很显然，《上邪》的主人公碰到了问题，外界有巨大的压力，不然不会发这样的毒誓。入声是用来发毒誓的。《关雎》里的君子和淑女，没有外部压力，而且这是在求婚，也不适合发毒誓，所以只剩下了去声。去声铿锵有力，最适合在此发誓。而且是用大开口的宵部，有呼喊之意。“发誓”两个字，就是一个入声一个去声。“我一定会让你快乐！”这就是君子最后的姿态。

按照“四声对五音”理论，《关雎》五章的押韵顺序平、入、上、去，恰好是乐音的上升顺序：宫（商）、角、徵、羽，移宫换调，步步提高，最后一章灿然至美，所以孔子曾说：“师挚之始，《关雎》之乱，洋洋乎盈耳哉！”（《论语》）

孔子非常喜欢《关雎》。它是《诗经》首篇，表达的是夫妇之义。在宗族社

---

① “乐”字有五个读音，三个是入声，两个是去声，此处当为去声。前人多有论述，兹不赘言。

会中，父子和夫妇是纵横两条线索，把所有的人联系在了一起。父子有血缘维系，夫妇可没有，所以夫妇关系非常重要。《关雎》教育贵族子弟：合适的配偶是非常重要的，一定要寻找淑女，而且追求要锲而不舍，更重要的是，追求成功之后，一定要发誓，永远对她好。前几步是很自然的，最后一步夫妇之义却是古代人伦的关键之一。所以《毛诗大序》说《关雎》是“风之始也，所以风天下而正夫妇也，故用之乡人焉，用之邦国焉”。我们应该把《诗经》看成是周朝雅乐，有教化功能，不应该仅仅看成是民歌，这样才能探触到一些真实的面貌。

声调组合的另一种常见形式，是近体诗格律，即平长仄短、平低仄高。平声之低长表示延展，仄声之高短表示强调。这个问题在别处论述，此不赘述。

此外，很多优秀的诗句，其声调组合也是很有特点、很有意义的。

比如“关关雎鸠”“蒹葭苍苍”“桃之夭夭”这些句子的四连平，非常有气势，一路延展，一马平川，无论是表达严肃还是苍凉还是茂盛，都非常到位。“行行重行行”“迢迢牵牛星”“谁知盘中餐”这些句子的五连平，都是有情感含意的，让人感觉到的是一种遥远或者是沉痛。“唧唧复唧唧”的五连入，已是极端压抑、极端绝望，诗从这里开场，可见木兰替父从军真是置之死地而后生。

《关雎》中的“辗转反侧”一句，前三个字都是上声字，是曲折调，既表达了温柔亲密，又可以感受到君子在床上是怎样折腾难眠的。最后一个入声字，表达出了痛苦的原因。吟诵的时候前三个字会长一点，后一个字短一些，就非常明显地体会到了活灵活现的感觉。

李白《月下独酌》其一，前两联都是三连平结尾，十分的无聊。待换去声韵之后，就变成了前句多平声，而后句多仄声。如“醒时同交欢，醉后各分散”，前句四平声，后句四去声，表达出了醒时交欢的无心，和醉后分手的坚决，合起来就是“他们不懂我的心”。

这些具体的分析，随手可得，俯拾即是，只要正确吟诵，认真体会，自有心得。在《普通话吟诵教程》里有更多的综合分析。

二、声母

声母，古称字母、声、纽、声纽、声类等。中古音有四十二个声母，与现代汉语相比，其发音和分类有变化，但变化不太大。其发音部位分为唇、牙、齿、舌、喉、半舌、半齿七种。其发音方法分为清、浊、全清、全浊、次清、次浊六类。浊音清化是声母至今最大的变化。上古音的声母，学术界存在争议，但总的说来体系与中古音差异不大。

研究声母的含意，与研究声调、韵母、韵、音节、同源字根等一样，都是把同类的字放在一起看有无字义共同点就行，当然要从上古音入手。这种方法完全符合学术规范，只是具体到每个字的读音和语义，考证起来非常复杂，前辈学者为此倾注了大量心血。语源学的研究已经取得了大量的成果，眉目已经基本清晰，离完全厘清已经不远。

关于声母的含意，前文已述，请见《汉语音义表》。

声母的发音时间较短，也是最容易发生音变的部分。所以声母的含意是最不明显的。对诗文的影响也最小。不过，仍然可以看出大致的规律。最容易观察的是发音部位。

在口语中，声母和其他语音一样，其含意是几乎没有作用的。但是在诗文中，由于陌生化的形式，某些地方就与口语有异，从而吸引读者的注意，体会其声音的含意，因而其原初的含意就又显露出来。对于声母来说，由于其发音时长很短，要想注意到它，就需要把它突出出来。从音强、音高、音长方面突出都是比较困难的，因为它的时长太短了，所以声母的陌生化通常是靠重复来实现的。最基本的重复形式就是所谓“双声”。

楚辞《九歌·湘君》：

君不行兮夷犹，蹇谁留兮中洲？

“夷犹”“中洲”都是双声。这些双声的修辞手法最终积淀成了双声词，如蒹葭、蟋蟀、鸳鸯、流离、秋千、慷慨、仓促、吩咐、惆怅、含糊、踌躇、踊跃、参差、玲珑、辗转、犹豫、匍匐、恍惚、忐忑、蒙昧、崎岖、尴尬、褴褛，等等。双声词会给人鲜明的印象，因此才列为修辞功能，这也证明了声母的含意。比如说“蒹葭”上古音声母是［k］，属于牙音见母，有挤压、细薄、推举的意思。蒹葭高大，成束生长，在河畔植物中，属于最大最突出的，所以这个声母的重复，实际上强调了蒹葭的高大茂盛。“辗转”的上古音声母是［t］，属于舌音端母，有捶打、碰撞、顶起的意思。这两个字都是动作，双声强调了动作的鲜明，说明动作幅度之大。“蒙昧”的上古音声母是［m］，属于唇音明母，这个音有黑暗和闭合的意思，双声会强调幽闭的感觉。

在诗文中，声母的含意不仅仅通过双声来表达，实际上只要是发音部位一样，就会凸显声母，给人深刻的印象。比如：

> 不破楼兰终不还

这句的前两个字都是唇音，唇音有否定和启动之意。读的时候只要稍微用力读一下声母，就能体会到决心的坚定。再如：

> 江间波浪兼天涌，塞上风云接地阴。

这两句，第一句前两个字都是牙音见母，第二句前两个字都是齿音心母，凸显了景色之有力，即壮观之意。又如叶嘉莹先生在《顾羡季先生诗词讲记》中记载顾随先生举例：

> 韩偓《致尧》：
>
> 菊露凄罗幕　梨霜恻锦衾　此生终独宿　到死誓相寻
>
> （顾说）此诗是对将来爱之追求……天下最痛苦是没有希望而努力，为将来而努力是很有兴味的一件事。此四句不仅对未来有一种希冀，而且是一种追求（相寻）……“独宿”二字是入声，浊得很；“到死誓相寻”，真有力，除了“到”字，四个齿声字，真有力，如同咬牙说出。①

叶嘉莹先生又说，“到”是口语，“至”是雅言，为什么不用“至”而用“到”呢？因为用“至”的话，这五个字都是牙齿之音了，太过痛切，不合温柔敦厚之诗教本意了。

再如李清照《声声慢》：

> 寻寻觅觅、冷冷清清、凄凄惨惨戚戚。

除了“觅觅”以外，都是齿音。从字面上看，好像仅仅是悲惨凄苦，但声音透露出了痛切之感，这里面有愤恨之意。这才是李清照这位豪迈女性的本色。

---

① 顾随讲；叶嘉莹笔记，顾之京整理．顾羡季先生诗词讲记［M］．台北：桂冠图书股份有限公司，1992：160-161.

三、韵母

韵母与含意的关系，首先是韵腹的开口度。ɑ、o、e、i、u、ü，开口度依次减小。我们把韵腹是ɑ、o、e 的叫作开口音，韵腹是 i、u、ü的叫作闭口音。一般说来，开口音有开朗之意，闭口音有细致之意。当然这六个音的感觉都是不一样的，但我们初学吟诵，可以不必分得太细致。

古人有四呼、等韵、洪细之分，与此相似，但是那是从口语的字音上来说的，所以也考虑了韵头的因素。在诗歌中，其实更重要的是韵，是韵腹和韵尾，韵头的时长很短，基本不会凸显含意，所以我在这里做了一些角度的调整，请大家关注韵腹和韵尾就行。

具体来说，ɑ有开放之意，o 有圆通之意，e 有延伸之意，i 有扁小之意，u 有舒缓之意，ü有细长之意。它们的组合则是某种变化过程之意。

汉语韵母的含意，前文已述，请见《汉语音义表》。

韵母和声母一样，在口语中其含意也是基本不起作用的。但是韵母的时长比声母长，一旦在诗歌中出现与口语有异的陌生化，就比声母更容易引起注意，获得意义。比如重复性的出现，如“关关雎鸠”的连续闭口，“蒹葭苍苍”的连续开口。再如朱熹《观书有感》：

半亩方塘一鉴开，
天光云影共徘徊。
问渠那得清如许？
为有源头活水来。

一、二、四句都是开口音为主，第三句是闭口音为主。这是因为第三句是问句，也是深思之意，所以有敛口低首之态。这种“开开闭开”的结构很常见，也是起承转合的气韵的体现。再如刘禹锡《乌衣巷》：

朱雀桥边野草花，
乌衣巷口夕阳斜。
旧时王谢堂前燕，
飞入寻常百姓家。

四句均是前闭后开，对比强烈，每句都以愁思起以感慨结，正是怀古的感觉。

在开闭口音的判断上，还有一点需要注意，就是韵尾的问题。所有的入声字都是闭口音，因为入声字都是塞音韵尾，而入声字发音时间又短，韵尾给人的感觉很强烈，短促收束是读者最重要的感觉，所以不能以韵腹论，而要把所有的入声字都看成是闭口音。另外，在诗歌中拖长的时候，如果是 n 韵尾的字，也要看成是闭口音。因为 n 韵尾的时长会比韵腹还长，给人的感觉更强烈。比如“月落乌啼霜满天”，“满”“天”两个字都有an 韵母，但是，吟诵的时候平长仄短，二、四、六的平声字和韵字拖长，所以“满”不是长音，an 的感觉是以a为主的。但是“天”是韵字拖长，给人的感觉 n 是最长的，所以在这里应看作闭口音。

四、韵

“韵”这个概念完全是因为诗歌的缘故，也完全是因为吟诵的缘故而出现的。因为汉诗的特点就是拖长，即《礼记》所谓“长言之”。拖长的时候，声母无法拖长，韵头也无法拖长，最终拖长的，就是韵腹、韵尾，而声调是伴随整个音节的，所以声调也被拖长了。这样，就出现了“韵”的概念：韵腹、韵尾和声调的组合。

韵，对于诗歌无比重要，因为它占了诗歌时长的四分之一到二分之一，决定了诗歌的基本情调。韵，对于汉语也无比重要，因为它的含意来自汉语诞生之初，揭示了汉语语音的奥秘，所以我们有“音韵学”，而西方的只能叫“语言学”“语音学”，日本韩国的也不是“音韵学”，因为他们的诗歌也没有“韵”。

由于“韵”的概念是出于作诗的需要，有时韵头对韵的感觉也有影响。对于某些韵来说，不同的韵头，韵的感觉会有比较大的差异，因此，部分韵头也参与了韵的分类。这一切都是以作诗押韵为目的的。

古代的韵比今天的多很多。以中古韵来说，北宋的《广韵》有 206 个韵，到了宋金时期，就合并成了 106 个韵，到了明清，民间更合并为十三辙，各有四声的话，就是 52 个韵。这个过程，就是邻韵不断的通押的过程，人们对于韵和韵之间的细微区别，越来越不清楚，或者不在意了。

由于宋朝以后一直到今天，作诗都是遵照平水韵系统，所以掌握平水韵系统是最重要的。此前的中古韵、上古韵，可以在此基础之上进行补充学习。

平水韵得名于南宋和金朝的两本重要韵书（《壬子新刊礼部韵略》和《平水新刊韵略》），这两本韵书的作者是山西平水人，分别把汉字分为 106 部和 107 部，而两位作者（刘渊和王文郁）都是山西平水人，因而得名的。清朝的《佩文韵府》遵循 106 韵部，因而平水韵更加广为流行。

平水韵把汉字按照声调，分为平声 30 韵，上声 29 韵，去声 30 韵，入声 17 韵。总的来说，就是把汉字四声都分为 30 个韵部，只是上声少了对应平声“灰（uai）韵”的一部，因为汉语没有这个音，而入声之所以这么少，基本不是因为没有那个音，而是因为入声太短了，临近的韵几乎听不出分别来，所以就合并了。（见附录资料《平水韵字表》）

所谓押韵，就是如果诗歌第一句的末字是某个韵部的，后面的句子的末字也得是这个韵部，就像赌博的押宝一样，都押在一个地方，所以叫“押韵”。比如李清照的《夏日绝句》：“生当作人杰，死亦为鬼雄。”“雄”是一东韵的字，所以“至今思项羽，不肯过江东。”“东”也是一东韵的字。押韵是所有汉诗唯一的共同形式特征。所有的汉诗都是押尾韵的。

所谓换韵，就是押韵的韵部变了。押韵最少的是两句相押，两句之后，就可以换韵。也有的诗很少换韵，也有的诗一韵到底不换韵。近体诗就是要求不能换韵的。换韵的一定是古体诗，或者是词、曲。换韵往往揭示出了诗歌情绪的转换，是体会理解诗歌非常重要的钥匙。比如李白《月下独酌》，前半用平声“真”韵，后半用去声“翰”韵，平声是中性情绪，去声是坚决明确的情绪，“真”比“翰”的开口度小，所以就可以体会到李白开始情绪不高，后来喝醉了放开了的变化。

隋朝的《切韵》确立了中古雅言音韵系统，这个系统是既照顾到了语音的实际情况，韵分得很细，又照顾到了作诗的实际需要，允许通押。通押就是临近的韵可以互相押韵。到了平水韵，进一步合并韵部，越来越偏向照顾作诗的需要。而在实际作诗的时候，这些韵还可以进一步通押。通押的情况，历朝历代各家各派也不完全一样，总的来说就是临近的韵听不太出区别的就可以通押了。比如入声通押之后最少可以合并成只有 5 个韵。不过，尽管有通押的情况在，作诗不通押，只用一个韵的字，还是最正统的。如此一来，有的韵部字多，作诗押韵好作，就被称为“宽韵”，有的韵部字特别少，作诗押韵很难，就被称为“窄韵”“险韵”。李清照有词云“险韵诗成，扶头酒醒”，就是说她用字少的韵作诗作成了，喝的烈酒也醒了，真是女子豪杰本色。

这些韵的情况，与今天的普通话相比，大部分是一致的，但也有少部分是不一样的，也就是从平水韵到今天的语音又发生了一些变化。比如“一东”韵和“二冬”韵，“东”和“冬”在今天是一样的韵母，在古代是不一样的。“风”和“雄”在今天是不一样的韵母，在古代是一样的。

了解了这些之后，我们就可以来说说平水韵的声音的含意了。

古人早就知道不同的韵有不同的含意，不可草草乱用，详见上章。

清周济则在《宋四家词选目录序论》中指出了韵字的意义之别：

> 东真韵宽平，支先韵细腻，鱼歌韵缠绵，萧尤韵感慨。各具声情，莫草草乱用。①

清人汪烜的《诗韵析》对每个韵的含意特点都做了评价，并使用了四字表达，末字用韵字，辞藻华丽，表述精准，因此很受推崇。详见下图。我特将其所论都收入了《平水韵音义表》，请见附件。

今人陈少松先生则对各韵进行了概略分析，认为东冬等韵，宽平、浑厚、镇静；真文侵等韵，平稳、沉静；支微齐等韵，隐微、细腻；先寒删覃盐咸等韵，悠扬、稳重；鱼虞等韵，缠绵、深微；歌韵郁结难吐；萧肴豪等韵，流利飘荡；尤韵，阔远深沉；阳江等韵，豪放、激昂；麻韵，喜悦快乐；等等。②

平水韵是中古的韵，它的发音和上古已经有了一些差异，虽然差异也不大。这些差异导致平水韵的含意和其上古音的含意也出现了一些差异。比如灰韵，上古音是之部［ə］、微部［əi］，含意是扁平、延展、细长、减少、稀薄、压抑，如灰、回、梅、雷、催、堆、杯、开、哀、埃、台、苔、裁、来等字。但是中古音已经是［ɒi］，开口度增加了，有低处平展的感觉，因此多有压抑、推展、阔大之意。比起上古音，多了“阔大”的感觉。这个感觉，在这些字的本义中并没有明显存在，但是中古以后的诗人在读到灰韵时，一旦拖长，就会有阔大的感觉，因此灰韵的诗，往往有阔大的情绪特征。

---

①［清］周济辑．宋四家词选［M］．北京：中华书局，1985：前言 6.

② 陈少松著．古诗词文吟诵［M］．北京：社会科学文献出版社，2002：229-233.

综合考虑字本义和音变的因素，就可以大致了解平水韵的各韵情绪特征，具体可见附录资料《汉语音义表》中的《平水韵音义表》。

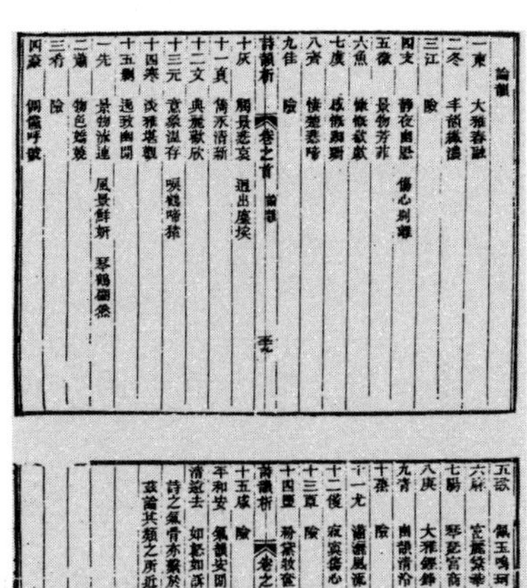

論韻

一東 大雅春融

二冬 [illegible]韻穠濃

三江 險

四支 靜夜幽思 傷心別離

五微 景物芳菲

六魚 悽悽欲獻

七虞 感慨躊躇

八齊 悽楚悲啼

九佳 險

詩韻析 卷之首 論韻 廿七

十灰 觸景悲哀 遁出塵埃

十一真 傷永清新

十二文 典麗歡欣

十三元 意緒溫存 唳鶴啼猿

十四寒 淡雅堪歎

十五刪 逸致幽閑

一先 景物流連 風景鮮妍 琴鶴翩躚

二蕭 物色嬌嬈

三肴 險

四豪 倜儻呼號

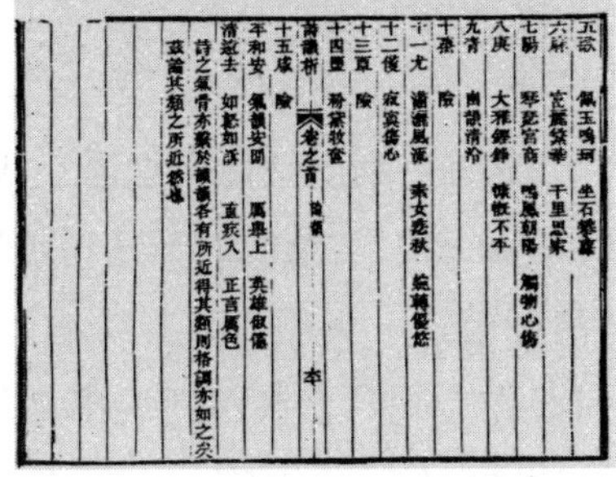

五歌 佩玉鳴珂 坐石摩挲

六麻 宮麗繁華 千里思家

七陽 琴瑟宮商 鳴鳳朝陽 觸物心傷

八庚 大雅鏗鏘 慷慨不平

九青 幽靜清冷

十蒸 險

十一尤 瀟灑風流 美女悲秋 綢繆優悠

十二侵 寂寞傷心

十三覃 險

十四鹽 粉窗妝奩

詩韻析 卷之首 論韻 廿八

十五咸 險

平和安 氣韻安閒 厲舉上 英雄傲傑

清遠去 如怨如訴 直疾入 正言厲色

詩之氣骨亦繫於韻韻各有所近得其類則格調亦如之矣

茲論其類之所近然也

清　汪烜　诗韵析　论韵

这些韵的音义特点，对于我们深入了解诗意很有帮助。比如高适的《别董大》，很多人看到“天下谁人不识君”，以为是很豪迈的意思，其实这是“文”韵的诗，“文”韵的含意是美丽、复杂、温柔，所以这首诗的情绪是比较感慨、比较惋惜的。再如杜甫的《春望》，今天读起来押的是 en、in 韵，其实是“侵”韵［em］，韵尾是 m 收尾，有尖细、闭合、深藏之意，而 en 韵是亲切之意，感觉大有不同。还有我们一直说的《登鹳雀楼》，“尤”韵［əu］是不可能表达有力量的感觉的，因此绝不是励志之意，等等。

然后知换韵之妙之重要。换韵往往就是换情绪。前文已述，兹不重复。

第二节　格律的声韵含意

下面说一下格律的声韵含意。近体诗词的格律，完全是因为吟诵而产生，此事我将在后文“四声对五音”一节中详细阐述。

近体诗词的格律，会对这首诗的含意产生什么样的影响呢？也就是说，当古人创作或者欣赏这首诗的时候，都是吟诵的状态，那么这样的一种声音状态，会对诗词的含意产生什么影响呢？

平声之低长，这种声音，经常会给人延展的感觉，就是好像一个东西铺展出去了。

仄声之高短，通常有强调的感觉，这是语言的通则。

入声之短促。入声也是仄声，也是高的，它也是表示强调。此外，入声有痛苦、决绝、快速、轻灵这些含意，这是它的声调的特征。

这是普遍的现象，绝非偶然，因为语言的感觉是大家相通的，而古诗是先吟后写的，是口头创作。用这种方式去欣赏诗词，除非是生手作的烂诗，否则都是讲得通的，而且对于我们拓展深化对诗词的理解非常重要。

下面举几个例子。

杜牧的《清明》：

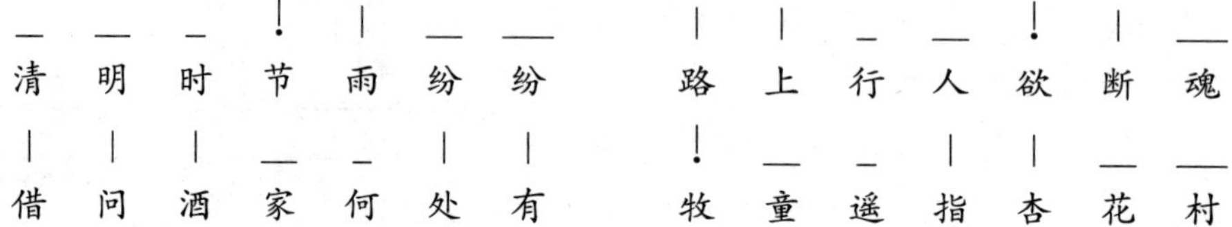

这首诗到底是什么意思？我们一句一句地来分析。

第一句，“清明时节雨纷纷”。这是什么意思呢？我们现在有翻译，翻译说：“清明节这一天啊，下着纷纷的雨。”如果是这个意思，就是字面的意思，那又何必作诗呢？直接白话说出来就行了。诗的言外之意呢？所以还是要通过正确地读才能体会诗意啊。

“清明——”他不是说“清明”，而是拖长了“明”字。

如果有的人跟你说：“张老师，你看，今天是清明。”什么意思？就是今天是清明节，没别的。但如果他是这么跟你说的：“张老师，今天是清明——”你就会觉得他还有别的意思了。

“清明——”感觉就是延展，放眼望去，这一大片都是“清明”啊。另外，这里还有感慨的感觉。

“清明——时节！”这是什么意思呢？我们现在的翻译就是“清明节”，那为什么就不叫“清明”呢？“清明”不就是清明节的意思吗？这有点啰嗦了。传说纪晓岚改编这首诗为：

清明雨纷纷
行人欲断魂
酒家何处有
遥指杏花村

这么一来，一首绝唱就变成了一首俗诗。纪晓岚就是讽刺那些不懂诗的人。

“清明时节”就是清明节吗？不是啊，“清明”，两个字已经交代了这一天是清明节，交代完了。为什么又说一个“时节”？

“节”是这一句的最高音。仄声之高表示强调，它还是个入声字。它是在强调今天是一个“节”。清明这一个节要做什么事？扫墓，祭祖，上坟。“清明——时节！”就是说：今天到处都是清明啊，这一天是过节啊，意思就是说我应该去上坟啊。他这么说是什么意思？就是我不能去上坟啊。为什么不能去上坟？因为他不在家乡。为什么不在家乡？杜牧一直在做官，到处漂泊。“清明——时节！”四个字的吟诵已经把这种懊恼的情绪表达清楚了。

山东人过年的时候，爱说一句话：“大过节的！”比如有两个人吵架，就会有人来劝架，说：“你们俩别吵了，大过节的！”意思就是过节是喜庆的事情，不能坏了气氛，不吉利。这么一大堆意思，只说一句“大过节的！”就足够了，全明白了。

“清明——时节！”就是“我今天不能上坟祭祖”的意思。这是文人诗歌，是给自己和给像自己一样的文人读的，用的是文人的行话，其他的文人一读就明白，因为大家都是一样的遭遇的人。可是我们不明白，我们没有这样的遭遇，就会误以为他说的是今天的大白话。所以，读文人诗，一定要明白声韵，明白意象，明白儒家，明白儒士的命运。

然后，“雨纷——纷——”，这一天还下着雨。“雨”这个意象是什么意思？这要看雨量。这次雨量怎样？大还是小？

现在这首诗画的插图，都是毛毛雨。我问过很多人，大家的印象都是毛毛雨。这么小的雨量，为什么呢？因为现在都读成“清明时节雨纷纷”，一字一拍。“纷纷”，又密又小的感觉，当然就是毛毛雨了。可是你按照吟诵的规矩读一下，还是这样的感觉吗？

“纷——纷——”拖长韵字的时候，最终是拖长韵尾，要归韵于n。n是闭口的韵。第二个“纷”比第一个“纷”还长，它是韵字。如果闭口收韵去吟诵，就能感觉到，这雨量可不小，不是舒舒服服的那种毛毛雨。所以这跟后面的“路上”不好走，要喝酒暖身等，都是有关系的。理解错了，还以为毛毛雨心情不错呢。

第二句，“路上行人欲断魂”。我们今天的读法大为不同。虽然停顿的地方有点像，但那是停顿，不是拖长，感觉不一样。另外高低不对。我们今天的读法是“路上**行人**欲断**魂**”，我们强调的是“行人”和“魂”。可是，原来的读法是“**路上**行人**欲断**魂”，完全相反。

行人，是一个意象。它是周朝的一个官职的名字。到了春秋战国时期，各国的说客，也叫“行人”，所以《左传》叫“行人辞令”。再往后，凡是公职在身而出差的人叫“行人”。杜甫《兵车行》：“车辚辚，马萧萧，行人弓箭各在腰。”“行人”是什么人呢？是战士，他们已经是公务员了。“耶娘妻子走相送，尘埃不见咸阳桥。”耶娘妻子，小跑着跟着他们，那耶娘妻子不是也在路上走吗？他们怎么不“弓箭各在腰”呢？因为他们不是“行人”，他们没有公职在身。

这首诗里的“行人”是谁？就是杜牧自己。

“路上行人”，强调“路上”，因为行人不一定赶路，但是他这个行人还在赶路。“路上行人——”，“人”字拖得很长，他在走，他离开家乡越来越远了。

这几件事：这一天是清明，要去上坟，但他不能去上坟，他漂泊异乡，还下着雨，雨还不小，他还得赶路，这些因素加到一起，才出现这三个字：“欲断魂”。强调“断”，跟身体断了，他的魂就好像离开了身体，回到了家乡，回到了祠堂，跟祖先们在一起了。这一天本是祭祖的日子，是跟祖先沟通的日子。

第三句“借问酒家何处有”，大都是仄声，短音，说明这一句读得很急迫，口气峻切。为什么着急？多想喝口酒啊，一来是借酒浇愁，二来，清明这一天下着雨，那得多冷，多想喝口酒暖暖身子，一着急，所以才问一小孩儿。

最后这一句“牧童遥指杏花村”，我们今天读得最有问题。我们今天的读法是，“牧童遥指，杏！花！村！”这么一读，大家的眼光都去杏花村了，而且是开着杏花的村子，多美丽啊，所以我看到有的书上说，作者写到最后，他笔锋一转，心情变得开朗起来。希望在前，杏花村，好美丽啊。这事儿太奇怪了是吧？刚才都断了魂了，转眼儿又高兴了，这事儿怎么可能呢？

原来不是那么读的。这句的长音是“童”“花”“村”这三个字。“遥指”的“指”是不能停顿的，也不拖长。读起来是“牧童——遥指杏花——村——”。不是“牧童遥指”，指哪儿呢？“杏花村”。不是那样。而是，“牧童——”，牧童怎么样了呢？他“遥指杏花村”啊。

这是怎么回事呢？比如说，我来到一个学校，碰到一位学生，就问：“同学，你们学校有酒馆吗？我想喝酒。”同学回答我：“有啊有啊，火车站那儿有！”我问“哪儿有酒喝”问的是哪儿？当然是这里！这个牧童可好，“遥指杏花村”。“遥指”是什么意思？很远的，在地平线那儿。这说明什么？说明这个村里没有酒馆儿，我连口酒都喝不上啊。这个痛苦就是这么的彻底。

所以这首诗的结构，起承转合，第三句好想找一点儿安慰，第四句呢？没有，找不到。这个诗的意境才是浑然一体的。

这首诗的主题是“羁旅情愁”，在这个游子思乡情结的背后，是儒士的精神，是他们济世安民的理想与背井离乡的现实之间的痛苦纠缠。这里面不仅仅是思乡的感情，这里面有深厚的儒士情怀，所以这是诗教，是文人作诗修养自己，教化他人，互相鼓励，互相安慰，这里面有深沉的人性关怀，有闪亮的人文精神。儒士是中华历史文化的脊梁。

说到这儿的时候，我们就会想到，这首诗好像不是太适合很小的孩子读，他们怎么能理解呢？很多诗是文化内涵很深厚的，是文人情怀、老人情怀，不是儿童能明白的。

我们再举些例子。举一首仄起的诗，贺知章的《回乡偶书》。

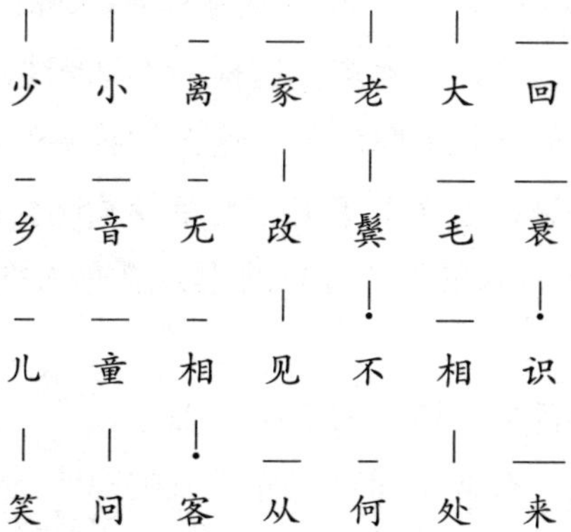

第一句“少小离家老大回”。我们现在朗诵是“少小离家、老大回”，强调的是“离家”和“回”，意思是“以前我离家了，现在我终于回来了”。可是这首诗原来强调的是“少小”和“老大”。

“少小”是十几岁，“老大”，贺知章实际上是八十五岁才回到家，这中间有差不多七十年。强调的是“少小”和“老大”，就是强调这个时间之长。

第二句说“乡音无改鬓毛衰”。“乡音——”，拖长的意思是延展，好多好多的乡音。这一句强调的是什么？是“无改”。不是像我们今天说的“乡音无改、鬓毛衰”，我的乡音没有改，但我的头发白了，好像是一个对比。这不是对比。

它强调的是没改。为什么要强调这个？因为这是他跟家乡之间唯一的联系了。其他的都变了。

第三句，“儿童相见不相识”。“儿童——”拖这么长，说明是好多儿童，不是一个。“相见不！相——识！”，它强调的是“见”和“识”。为什么呢？

因为贺知章觉得相见就应该相识啊。可是这里“相见”到了，“不相识！”“识”是入声字，把入声读出来，就能读到那种奇怪的感觉。他觉得好奇怪，这孩子们居然不认识我？他七十年没回来了，为什么觉得小孩儿是应该认识他的呢？因为“乡音——无改”，他的家乡话没变啊！可是，这么多小孩儿，没有一个认为我是这儿的，大家都认为我来自遥远的地方，那是因为什么？因为我的乡音，其实已经改了。自己以为这是自己身上留下的唯一的家乡的东西，实际上却早已失去。这种失落、突然的无依无靠的感觉，茫然，惊愕，伤心，这就是感慨。怎么会这样呢？时间太久了，没有人跟我说家乡话，所以自己说得也不准了。这还是多年不得回家的感慨。

“笑问客从——何处来——”，问我从哪里来，强调的是“笑问”“何处”。“笑问”，是儿童的态度，这样的随意，这样的无忧无虑，与自己的沉痛形成对比。“何处”，我不就从你这儿来吗？怎么这么问我呢？我就好像已经不再是这个家乡的人了。是啊是啊，这么多年来，魂牵梦萦啊，终于幸运地回来了。结果怎样呢？认识的人全都不在了，而在的人，没有人把你再当是家乡的人了。这是什么感觉？

文人诗，经常就是表达这种济世安民之志与现实痛苦之间的矛盾纠缠，这其中有很大的人格力量，有敢于面对这样巨大的痛苦的勇气和执着，这就是我们要传下去的中华文化精神。我们教给孩子这首诗，就是要告诉他们，曾经有过这样的人，要向他们学习。这就是文化传承。有了这样的精神，有了这样的理想，还怕什么？在什么困难面前还会害怕？还会有什么心理问题、忧郁症？如果就把这首诗当成一首玩笑，那学这首诗又有什么意义呢？

这不是一首快乐的诗。现在经常把这首诗当成一首很欢快、很有趣的诗来读，放在小学低段的语文书里，给小孩子学。这怎么能行？这首诗感慨之深沉，真不是那么小的儿童能理解的。

下面我举两首拗体诗为例，说明拗体的原因和对于声韵含意的影响。

李白《黄鹤楼送孟浩然之广陵》首句：

| — _ — _ ! —
故 人 西 辞 黄 鹤 楼

这句本应是仄起，“人”处应该是仄声，此处却用平声，而且拗了没救，是彻底的拗体。为什么要这样呢？我们来设想，假如这一句是“故友西辞黄鹤楼”，那就完全合律了：

| | _ — _ ! —
故 友 西 辞 黄 鹤 楼

结果是，第一个长音，是“辞”。李白原作，第一个长音，是“人”。“故友”是仄声高音，一种强调，强调那人是我的朋友，而“故人——”，这种低长音，好像长长的呼唤，好像恋恋不舍。让李白宁可出律也要这样呼唤的人，是他毕生最仰慕的当世诗人、高士孟浩然。如果知道李白对孟浩然的感情，就可以理解为什么他要这样作诗了。而这句诗七个字，就有三次长音：“故人——西辞——黄鹤楼——”，其依依之情，可不毕现！一吟即知。

杜甫的《江畔独步寻花》之六的第三句：

_ | | | ! — —
千 朵 万 朵 压 枝 低

第一个“朵”字拗了，应该是平声字，而且也是拗了没救，彻底的拗体。如果是“千株万朵压枝低”就合律了：

_ — | | ! — —
千 株 万 朵 压 枝 低

“株”字应该是长音，这样一来就是“千株——万朵压枝——低——”，而杜甫原作是“千朵万朵压枝——低——”，把“千朵万朵”集中到了一起，这样才显出花朵之茂盛，所谓“稠花乱蕊裹江滨”，花都把浣花溪裹起来了。为了显示花朵之集中、茂盛，格律谨严的杜甫也不惜破律而把“千朵万朵”挤到一起来说。《江畔独步寻花》这组诗出现多处这种拗，仔细分析，都是别有用意。大诗人都是用声音作诗的啊。

平长仄短、平低仄高，都是近体诗文的读法。所以要学吟诵一定要懂格律。平仄格律的产生，原为吟诵得好听。既有格律之后，声音的规定性又反过来表达意义，因为，每个文人在作诗时都吟诵，声音如果跟他想表达的情意不符，他就会修改，“新诗改罢自长吟”啊。

词曲的情况也是这样。

词律是承诗律而来的。格律对于词句含意的影响也同近体诗差不多。

词还有一个特点，就是同一个词牌的词风格很接近，情绪很接近，而且结构也很接近，为什么呢？因为它们的旋律很接近。同一个词牌，也就是它的句式的长短、格律是固定的，所以它的旋律框架就固定了，一旦旋律框架固定，唱的情绪变化就差不多固定了。这里不仅包括平长仄短、平低仄高这些句内关系，更包括句与句的关系，也就是依义行调问题。在当时，同一词牌的句句关系也是基本固定的，这在词的格律上是体现不出来的。现在很多人按照格律填词，其实唐宋当时是按照旋律填词，这中间差别很大。按照旋律填词，是依义行调，不仅要考虑近体诗吟诵中的平长表示延展，仄高表示强调的关系，还要考虑句与句之间的关系，跟今天的作曲家作好曲、作词家填词有点像。今天要想填词接近古人，只能先学会吟诵。只有吟诵，才会考虑这些格律之外的声韵含意。

我们举个例子，比如《长相思》。这个词牌是个小令，很短小。先看白居易的《长相思》：

| | —— | | ——   _ | _   — | | ——   _   — | | ——

汴 水 流　　泗 水 流　　流 到 瓜 洲 古 渡 头　　吴 山 点 点 愁

| —   —— | —   —— | | _   —   _ | ——   !   —   _ | ——

思 悠 悠　　恨 悠 悠　　恨 到 归 时 方 始 休　　月 明 人 倚 楼

全词用尤韵，这个韵的含意是舒缓、绵长。上阕，“汴水流，泗水流”，强调的是“汴水”和“泗水”，这是代表所有的河流。“流到瓜洲——”，感觉流到瓜洲用了很长时间，很远。“古渡”是高音，强调是今古如此，一直都是这样。“吴山——”，吴山很多。“点点”是高音，强调山是一点一点的。从瓜洲向长江对岸看去，吴山如镇江的焦山，都是不高的山丘，一个一个互相不接，所以强调“点点”，仿佛在一个一个地数。“愁——”，愁很多。

下阕，“思悠悠——，恨悠悠——”，强调“思”和“恨”，这里“思”是名词，读去声。“恨到归时——”，感觉归时之长，“方始”，强调到那时才结束，“休——”，结束了。“月明——”，满月的夜晚很漫长，说明一夜未睡。“人倚”，强调这个动作，这种坚持的相思。“楼——”，这个动作持续了很久。

以上就是格律的声韵分析，跟近体诗是一样的。但是此外还要关注词的一些独特的声韵含意，比如很重要的就是句句关系，即整体的旋律框架结构。

这首词，依义行调，可以看到，每句的关系都是递下的，一句比一句低。“汴水流，泗水流”，水都是从高往低流的，所以不会越唱越高。“流到瓜洲古渡头”，也是如此。“吴山点点愁”，情绪更低落了。下阕也是这样。“思悠悠，恨悠悠”，既然是悠悠，就是向下绵长的，“恨到归时方始休”，不会是向上高扬的调子，只能下收。“月明人倚楼”，一直倚在那里，所以仍然是下收的。这样根据这首词可以推断这个词牌的旋律框架大概是逐句下降的。

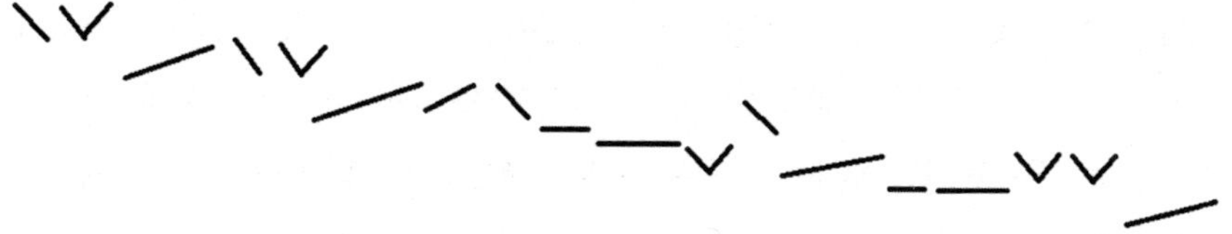

汴水流　泗水流　流到瓜洲古渡头　吴山点点愁

思悠悠　恨悠悠　恨到归时方始休　月明人倚楼

吟诵的时候，则除入短韵长、平长仄短、平低仄高、依字行腔、依义行调之外，还要照顾到旋律框架，这样才能比较贴切地表达出这首词的含意。

我们看其他的《长相思》词是否也是这样。纳兰性德的《长相思》：

| ! __　| ! __　_ | _ _ | | __　| _ _ | __
山一程　水一程　身向榆关那畔行　夜深千帐灯
| ! __　! ! __　! | _ _ | ! __　| _ _ | __
风一更　雪一更　聒碎乡心梦不成　故园无此声

这首词押庚、蒸、青韵，词韵比诗韵要宽松，很多邻韵通押。同时也说明宋代以后语音在变，已经与中古雅言有了一定距离。词韵的具体情况可以参考清朝戈载的《词林正韵》。像庚韵是一个大开口的韵，蒸韵是一个小开口的韵，明清以后通押，都读小开口，即今天的eng。这首词要以eng的韵来分析，所以这是一个深入、幽远的韵。

“山一程，水一程”，“一”是入声字，短促，有快速的感觉，所以你一听这个声音就知道他的情绪。

“身向榆关——”，“关”字长，说明“榆关”很远，“那畔”，高音表示强调，是那边，不是这边，还是陌生、遥远的意思。“行——”，走很远。

“夜深——”，说明夜很深了。“千帐”，强调，古代没电灯。什么叫“夜深”？就是伸手不见五指，但是这一次是皇帝出行啊，“千帐灯——”，好大一片的灯火啊，说评书的叫灯笼火把照耀如同白昼。这样的景象，并不是豪迈的感觉，而是静谧的感觉。

下阕。“风一更，雪一更”，多了一个入声字“雪”。入声的顿挫象征着心情的继续低落，“聒碎”的“聒”也是入声字。“乡心——”，故乡很远了。“梦不成”，“不”也是入声字，强调“不成”，是种绝望。“故园——”，故园很远，“无此”，强调这个结论，“声——”，风雪之声一直在聒。

再看整个的旋律结构。“山一程，水一程”，情绪在下落，所以两句应该是前高后低。“身向榆关那畔行”，显然还是只能下沉，“夜深千帐灯”，几近沉静，还是下沉。“风一更，雪一更”，情绪还是下落，“聒碎乡心梦不成”，更下落，“故园无此声”，这是绝望的喃喃，只能是下沉旋律。所以整首词的旋律框架和白居易那首词是一样的。这就是同一个词牌。

与此类似，《长相思》词牌的词基本上都是一路下沉的情绪。比如：

一重山　两重山　山远天高烟水寒　相思枫叶丹
菊花开　菊花残　塞雁高飞人未还　一帘风月闲（李　煜）

花似伊　柳似伊　花柳青春人别离　低头双泪垂
长江东　长江西　两岸鸳鸯两处飞　相逢知几时（欧阳修）

风萧萧　雨骚骚　风雨萧骚梧叶飘　潇湘江畔楼
云迢迢　水遥遥　云水迢遥天尽头　相思心上秋（陈允平）

一声声　一更更　窗外芭蕉窗里灯　此时无限情
梦难成　恨难平　不道愁人不喜听　空阶滴到明（万俟咏）

昨日晴　今日阴　楼下飞花楼上云　阑干双泪痕
江南人　江北人　一样春风两样情　晚寒潮未平（朱敦儒）

花下愁　月下愁　花落月明人在楼　断肠春复秋
从他休　任他休　如今青鸾不自由　看看天尽头（张元干）

这都说明，我们对词的理解、创作、吟诵，都要从声韵出发，充分考虑到音乐的特点，才能体会到词的含意。

辛弃疾的《破阵子》：

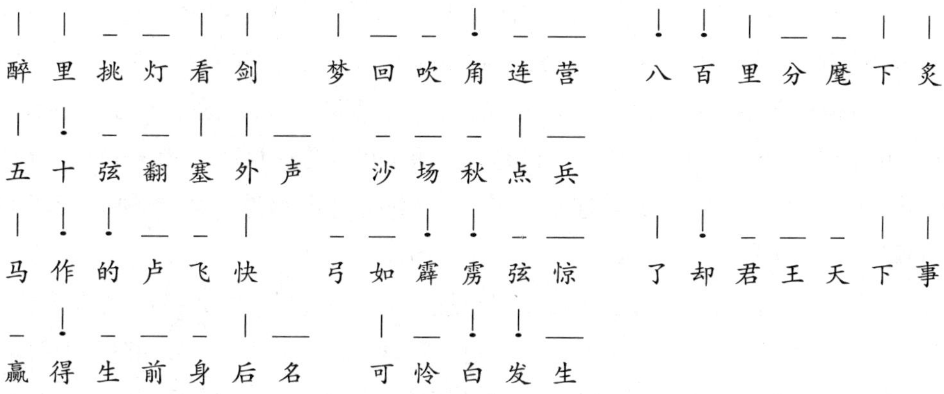

第一句“灯”是长音。“醉里”读得高，强调这个状态，而且很高亢。“挑灯——看剑！”“剑”又读得高，很坚决的去声。挑灯芯这个动作，是一个很细致的动作，得拿着灯挑半天。所以，“挑灯——”，是长音。“看剑”为什么是个高短音？“看剑”，就是把剑从鞘里拔出来，咔！就这一下。他把灯挑亮，然后把剑拿过去，出鞘，咔！所以，“看剑！”是高短音。声音把动作表现得栩栩如生。

下一句，“回”是长音，“营”是长音，它是韵字。“角”是入声字。所以这句读为“梦回——吹角！连营——”。“梦回”为什么那么长？梦醒了是慢慢醒来的，所以很长。“角”是入声字，放在这里，一顿，因为醒了之后才突然发觉，是被角声惊醒的。角声是警报，一下惊醒了，所以是个短音。再一听角声是什么样的？很长很长，在整个军营中回荡。所以，“连营——”。

下一句，“分”，只有这一个字是长音。“八”“百”两个字都是入声字，强调这头牛多有名多好。“分——”，得分半天。“麾下炙！”连续两个去声，就这么坚决。

后面这句，“翻”和“声”是长音。“十”是入声字。五十弦是瑟，瑟非常大，很宽，弹起来是“翻——”。这个长音，说明弹瑟的人上下翻飞弹了很久。这种声音是什么声音啊？“塞外声——”。“塞外”！又是两个去声。“塞外声”是马上杀伐之声。“声——”，好长啊，好长的声音。

沙场，“场”这个字阳平。“沙场——”，这个长音，表示沙场很大！“秋点”，强调秋天，为什么？因为古代打仗，一般在秋后。秋后才有充足的粮草。“兵——”，兵很多。

下阕第一句，“卢”是长音。“作”和“的”，都是入声字。的卢，是一匹马的名字。它为什么叫的卢马？因为那匹马跑起来的声音，是的卢、的卢、的卢……非常轻快，所以叫的卢马。但是这匹马，它在这个地方，跑动的声音并不是的卢、的卢、的卢，它是怎么跑的？“马作！的！卢——”，“卢”为什么是长音？因为马蹄声连成一串了。说明这个马跑得非常快，所以是“飞快”！

下面这一句更好。“如”和“惊”是长音。“霹雳”两个字都是入声字。“如——”是拉弓的动作。古代的弓分硬弓和软弓。“弓如——”，好硬的弓啊，拉起来不容易啊，拉半天才拉开了。拉开之后怎么样呢？一松手，“霹雳”！两个入声字，这就是弓的声音如爆破一样，“弦惊——”，弦一直在振动。所以这句是一个拉弓放箭的动作，真是声音如神。

再看下一句，“王”“前”“名”是长音，入声字是“却”和“得”，是在同一个位置上的。“了却！君王——天下事！”这件事很坚决，一定要做。然后“赢得！生前——身后名——”，这件事情，是无限的感慨。

最后一句，“可怜——”，好可怜啊。“白发”两个字都是入声字，“白！发！”，强调白发，“生——”，延展，白发生了好多啊。

这首词，奇句尾字都是去声字，坚决明确；偶句尾字都是平声韵，庚韵，大开口的鼻音韵，雄壮，而又有感慨。慷慨苍凉，就是这首词的风格。好诗人，都是用声音作诗的。

第三节　汉诗文含意的层次

一、声韵分析

汉诗文的声音的意义，不仅仅是声、韵、调这些。声、韵、调还可称为“语音”，其他很多已经不是语音的范畴，因此还是叫“声音的意义”比较妥当。

吟诵的规矩有“九法”，这只是言其大概。其实每种文体都有读法的规矩，不然就不成为一种文体了。这些不同的读法所带来的不同的意义，前文从多个角度进行过阐述。在这里进行一下总结，说一下“声韵分析”的方法。

所谓“声韵分析”，就是专门分析诗文的声音的特点及其意义，并结合其他层面的含意，对诗文的整体含意进行深入的把握。在中国台湾有个词叫“声情”，也是说声韵的含意的。声韵的分析和体会，对于理解和体会诗文是非常重要的事情，也是现在往往被忽视的事情。失去了声韵的含意，汉诗文就如风干了一样，枯燥无趣，难学难记了。

我现在按照声韵分析的一般步骤来对各个层次做阐述。

面对一首汉诗文，声韵分析的第一步，是判断文体。这是因为，不同的文体，读法不同。像“白日依山尽”五个字，现在是在五绝中，所以读起来“山”字是拖长的。但如果这五个字是在五古中，“山”就不拖长，意思就不同了。

汉诗文的文体，可按两个维度来进行分类。一个维度是诗和文，一个维度是近体和古体。

诗和文的分界在哪里？有人可能会说是“押韵”，但有些文赋也押韵；有人可能会说是“整齐”，但有些诗歌也不整齐。

那么诗与文的分界到底在哪里呢？我个人的观点是，在于与口语的关系。拿每一句话来说，诗歌的每一句单独拿出来，口语都没有这么说的，比如押韵，是汉诗唯一的统一形式特征，可是生活中谁押着韵说话呢？再比如整齐、排比、重复、格律，等等，口语中谁这么说呢？所以，诗歌就是在句子的层面上是非口语。

可是古文就不同。古文的每一句单独拿出来，感觉口语是可以这么说的（虽然实际上语音可能有出入，但是语法和口气是完全可能的）。但是古文也不是口语。古文和口语的不同，不在于句子这个层面，而是在于整个文章的结构，即文气。文气是讲究起承转合，辗转腾挪的。古文的句子可以是口语，也可以是非口语，但是文气一定是非口语的，口语中很难这么讲究。所以有些文章写得像流水账，或者一味高呼猛进，都是本质上的口语，算不得是“文”。“文”的本义是美丽的外表啊。一点都不讲究，算什么“文”呢？就像是有的诗歌跟分了行的口语没有什么两样，那又算是什么“诗”呢？

另外一个维度就是古体与近体。所谓古体，就是没有平仄格律。所谓近体，就是有平仄格律。隋唐以前没有平仄之分。《切韵》改变了上古汉语，混淆了上、去、入的调值，这才出现了“平”与“仄”的对立。于是新的格律产生，这就有了近体诗（详见下表）。所以，隋唐以前都是古体，隋唐以后，有古体有近体。

如此，古诗文就分为四大类：古体诗、古体文、近体诗、近体文。然后再细分而得各文体，各有读法。

这么分类只是一个大概。其实古诗文还有一个特殊之处，就是在诗与文之间，还有一个过渡地带，即骈文和赋，它们的总体特征是用四六言，不一定押韵。由于缺少了押韵这个汉诗的总体特征，而且常常是与散体古文句子相杂，

汉诗文文体表

汉诗文	诗	文
古体	四言诗（风、大雅、小雅、颂） 楚辞体（骚体、九歌体、四言体） 乐府（乐府、拟乐府、新乐府） 五言古体 七言古体（歌行） 童谣体（三言四言） 其他（六言、三五七言等）	古经 古文 古赋
近体	五言绝句 七言绝句 五言律诗 七言律诗 五言排律 七言排律 词 曲	骈文 骈赋 制艺

骈散相间，所以有点不像诗，但是它每一句非口语的特征，又让它很像诗。有人把它们归于文也可以，有人把它们归于诗也可以，有人把它们作为中间地带也可以。我这里还是把它们归于文，但是要知道它们的文体特征更倾向于诗，而古文才是真正意义的文。

声韵分析首先判断文体，首先判断属于四大类的哪一类。如果属于诗，则按照诗的读法分析，如果属于文，则按照文的读法分析。诗则讲究入短韵长，文体格律。文则讲究实字虚字，阴阳文气。如果是古体，则按照古体的读法分析，如果是近体，则按照近体的读法分析，有平长仄短、平低仄高。

然后关注具体的文体，因为不同的文体还有不同的读法。

先说古体诗。

四言诗首先是《诗经》。《诗经》分为风、雅、颂三类，其中雅又分大雅和小雅，因此合称“四诗”。《诗经》是汉诗传统的两大源头之一，“风”影响了后来的乐府，“雅”影响了后来的文人诗，“颂”影响了后来的郊庙祭祀乐曲。

《诗经》是以四言为主的诗体。四言诗总的来说比较庄重，比较平稳。它的节奏可能是前三字两拍（比如一二字合一拍，第三字一拍），第四字韵字两拍，非韵字一拍空一拍。也可能是前三字三拍，第四字韵字三拍，非韵字一拍空两拍。虽然现在中国音乐都是四拍节奏的，但是那是五言、七言的节奏，上古时期四言的节奏，也可能是六拍的。

风、雅、颂的读法也不完全一样。风多三段结构，内容和情绪上是递进关系，当初主要是配乐器歌唱的，所以风格比较活泼，曲调以重复为主。小雅多是士大夫作品，感情深沉复杂，有儒士精神，结构风格也多讲究变化呼应，当初主要是吟唱的，所以个人抒情风味较浓。大雅也是士大夫之作，但是主要是用于朝廷庙堂的，所以典雅端庄，当初主要是诵读或雅乐伴奏的，所以节奏要均匀。颂多是祭奠之词，用于郊庙祭祀，是大型典礼的用乐，所以端庄而缓慢，曲调以平拖为主。其他四言诗可以类比于风、雅、颂。

楚辞体都是曼声长吟，旋律起伏比较大，这是由楚语和楚风的特点决定的。楚辞分三类。第一类骚体，以《离骚》为代表，一句分为两小句，前一小句尾有“兮”字，后一小句没有。前一小句有五个节奏单位，后一小句有四个。首字重读，虚字重读，“兮”字拖长，如：帝/高阳/之/苗裔/兮，朕/皇考/曰/伯庸。因此可知，这句最重要的是说“帝”与“朕”的传承关系。第二类是九歌体，每句四个节奏单位，第三个为“兮”字。读时“兮”字拖长。第三类是四言体，这个四言体不同于《诗经》，实际上是前一句四言，后一句是三言后加一个“兮”字。由于“兮”字拖长，韵字是第三个字，所以三四字都长，因此前一句四字都短，实际上构成了一个八言长句。“兮”字的读法按照后世读为 xī 即可。但要知道在上古的读音可能近似ɑ，也可以就是表示前面韵字的延长。

乐府诗都是配乐歌唱的，所以音乐性很强。郭茂倩的《乐府诗集》把乐府诗分为郊庙歌辞、燕射歌辞、鼓吹曲辞、横吹曲辞、相和歌辞、清商曲辞、舞曲歌辞、琴曲歌辞、杂曲歌辞、近代曲辞、杂歌谣辞和新乐府辞十二大类；再细分为各小类，如《横吹曲辞》又分汉横吹曲、梁鼓角横吹曲等类；相和歌辞又分为相和六引、相和曲、吟叹曲、平调曲、清调曲、瑟调曲、楚调曲和大曲等类；清商曲辞又分为吴声歌与西曲歌等类。这里的每一类都有自己的文体特征和读法。如郊庙歌辞用于祭祀典礼，庄严典雅，配合大型乐舞；鼓吹曲辞用于军中，多节奏均匀；相和歌辞主要用于歌唱，有众人相和等。

后来文人开始用乐府旧题创作新诗，这就是“拟乐府”。再后来文人连题目也自己起，只是风格是乐府，这些就叫“新乐府”。“拟乐府”和“新乐府”仍然是可唱的，只是配器的可能性就不大了，多是个人的吟诵。

五古诗比较平稳，节奏比较均匀。隋唐以前的五古可以比较慢，隋唐以后的五古相对要快一些。

七古诗是隋唐以后才确立的文体，由于是字数最多的古体，所以也读得最快，只有极少数节奏不快的七古，因此又称“歌行”，即如歌之行的意思。“歌行”基本上是七古，只有极少数也有如歌之行的风格的五古。关于五古和七古的问题，详见下节对“四声对五音”的讨论。

此外古体还有一些比较特殊的文体，如童谣体，主要是一些童谣和蒙学，以三言和四言为主。冯胜利教授在《汉语韵律学》里曾指出，三言是不稳定的结构，似乎总在追问第四个字，因此比较快速比较活泼。

还有六言诗，自建安时期到明清都有创作，如孔融、萧统、王维等都是名家，如王维《辋川集》里的：

采菱渡头风急，策杖村西日斜。
杏树坛边渔父，桃花源里人家。

还有李白创造的三五七言：

秋风清，秋月明。

落叶聚还散，寒鸦栖复惊。

相思相见知何日，此时此夜难为情。

这些诗严格地说都属于古体诗。但是唐朝以后，文人都受过严格的格律训练，古体诗也会下意识地遵循格律，因此这些古体诗有时单独拿出句子来，也是律句为多。读的时候，如果是律句，也可以按照格律去读，平长仄短，平低仄高，但是如果不按格律读，也是可以的。

近体诗的读法都比较接近，但是各文体之间有风格和作法的差异。这些前人多有讨论，兹不多述。

古文的读法前文已论。

赋是用来描写的，多用四六言的句子。因此要注意具体的节奏读法。骈文骈赋则在此基础之上还要有格律，因此还要加上格律的读法。

古经体是指《尚书》《周易》一类的上古文体，这种文体实际上主要起到了记录的作用，并非直接用来“读”即吟诵的，所以读时主要用诵读的方法，减少语气表达即可。

制艺即是俗称的“八股文”。它是散体对仗，有严格的格式要求。制艺的读法，也是散体部分按古文，近体部分按格律读的。

判断文体之后，要观察韵。用什么韵，如何换韵，都是情感类型、段落划分、情绪转换的重要标志。

然后是入声字。入声字的使用，往往在含意表达上起着非常重要的作用。

然后是格律。平长仄短、平低仄高。平声之低长往往表示延展，仄声之高短往往表示强调。古体则跳过此节。

然后看结构。起承转合，看文气，阴阳转换。

然后关注特殊的声音用法。如声母的重复、开闭口音的规律、声调的组合使用等等。

至此，声韵方面的分析基本结束。

接下来是意象的分析，要关注每个意象的文化含意；从儒家思想和文人心态的角度进行分析。然后是诗教主题的分类分析。最后可以知人论世，结合诗人的生平和诗歌的背景，进行综合的总结。

至此，对于诗歌的理解才可以达到文化精神的层次，方是完整地传承了一首诗歌。

二、声韵分析的有效性

吟诵给古代文学和古诗文教学带来的，除了吟诵的声音之外，主要是声韵分析和诗教传统。

诗教传统就是从诗教的角度而不是西方文论的角度去认识古诗文、解释古诗文，从儒士的角度而不是诗人的角度去理解作者、研究作者。这方面的详细论述，请见《普通话吟诵教程》的“为诗正名　为文正义”一章。

声韵分析，就是对古诗文的声韵含意进行分析和鉴赏，已如上所述。但是，声韵分析的有效性如何？这是一个应该探讨的问题。在此我说一下我的看法。

1. 读法对含意是有影响的

对于这一点，我想没有人会反对。吟诵提示大家重视对古诗文读法的研究，这一点是有意义的。

2. 汉语古诗文有相对固定的读法规矩

对于这一点，前文已有论述。古代文献、古代课本、吟诵采录和研究的结果都指向这一点。当然，这里面有一些具体问题，比如某些读法是否具有普适性，其规定的刚性程度有多少，在历史上是否有变化，等等，这些还需要进一步探讨。但是，古诗文有读法规矩，每一种文体都是连带其读法规矩一起存在的，这一点是无可否认的。

3. 读法规矩对古诗文的含意是有影响的

读法对含意的影响在作者那里可以是有意识的，也可以是无意识的，但是无意识不等于无意义。作者可能对于我们前面所说的声调的含意、韵的含意等并无理性认识，但是在口头创作的时候，遇到不舒服的声音，他会修改，他也会不自觉地发出适合自己情绪的声音。所以声音仍然在表达着、影响着诗文的含意。

4. 声韵分析的有效性是有限的

在这一点上，声韵分析如同以往所有的文学分析方法一样，都具有有限的有效性。比如知人论世的方法，是公认有效的方法，但是也同样不是绝对的。

人都有偶然的一面，我们也不可能完全了解古人和那个时代，所以知人论世的方法也只能提供大致有效的参考。文献考证的方法，也是公认有效的方法，但也同样不是绝对的。文献有讹传，文字有错抄，记录的也未必是事实，所以文献考证也只能提供大致有效的参考。

声韵分析也同样如此。我在前面讲了很多声韵的含意，但是具体到一篇诗文里，到底哪一个起了作用，哪一个没有起作用，还是不一定的。比如入声字，其诞生的时候，是因为这个字的本义有快速、决绝的情绪特征，所以加了塞音尾，但是一旦进入了语言，其声音的含意就近乎消失了。没有谁会关注到说话时的塞音尾的感觉。古诗文不是口语，它的语速比较慢，所谓“长言之”也，这时候，入声塞音尾就显得突出了，作者也好，读者也好，都有可能关注到这个短促顿挫的听感，这时候，入声声调的含意就重新出现了。但是，不是诗文中所有的入声字都会产生这个效果的，有些在读的时候没有顿挫只有短读，有的是专有名词本来如此，总是有一些入声字对含意发生了影响，有一些没有发生影响，对不同的诗、不同的作者、不同的读者，可能结果都是不一样的。所以声韵分析的有效性不是百分之百的。

比如：朝辞白帝彩云间，千里江陵一日还。“一日”都是入声字，读起来感觉语速很快，与“陵”的长音形成对比，加强了快速的感觉。这个入声字就对含意有影响。“白帝”的“白”也是入声字，但是“白帝”是个专有名词，这个“白”应该对含意的影响很小或者没有。

再比如韵的含意。我前面说过每个韵都是有性格的，不同的韵有不同的情绪色彩，古人作诗是非常重视择韵的。但是，这也不意味着古代的每一首诗都是押韵与情绪完全相符的。古人也有初学的时候，古人也有水平不高的人，古人也有随意的时候，韵的有效性也不是百分之百的。

比如杜甫的一首早期名作《画鹰》，用的是七虞的韵：

素练风霜起，苍鹰画作殊。
㧐身思狡兔，侧目似愁胡。
绦镟光堪擿，轩楹势可呼。
何当击凡鸟，毛血洒平芜。

这个韵的韵母是u，古人称为合口呼，有绵长、延展、轻柔之感，与这首诗的文字所展示的野心不太相符。这可以看作是杜甫诗作尚不成熟的表现。

如果声韵分析的有效性是有限的，那么如何判断一个声韵在诗文中对含意是有影响还是没有影响的呢？这个答案，跟对知人论世、文献考证等方法的答案是一样的：综合各种信息，统筹考虑判断。所以知人论世有时也可不论，文献考证很多也可被忽略，一切都以各种信息的综合考虑为准。

5. 声韵分析的理论和方法应该是完整的系统

对于文学理论和分析方法来说，虽然每一种的有效性都是有限的，但是作为其理论和方法本身，必须是完整的系统，不然就无法应用，更无法拿去综合考虑取舍了。

比如文献考证的方法，即使是孤证不立，有两三个证据，也未必就是事实。但是，文献考证有一整套理论和方法，可以对每一种文献的每一句话进行考证。田野调查的方法，属于抽样调查，使用不完全归纳法，当然有效性是有限的，但是，田野调查却也有一整套严密的理论和方法，可以对任何一种现象进行调查。这些完备的系统，都是后来综合考量的基础，没有这些系统，后来的取舍就无从谈起。

现在，吟诵正在建立声韵分析的完整系统，从理论到方法，都在探索之中。现在离完备还差很远，但是建立一个完整的理论和方法系统一定是声韵分析研究的目标。我希望有更多的学者加入这项研究，以期建立相对成熟的声韵分析理论。

声韵分析的结果并不是一定正确的，它只是提供给整体分析的一个参考，但是没有声韵分析的结果，对古诗文的分析、鉴赏也一定是不完整的。

6. 关于“过度解释”的解释

对于我所说的声音的意义，有些学者认为是“过度解释”。所谓“过度解释”，一般有两种意思：

一种是说，解释过度反而偏离了作者的原意，作者本没有这个意思。这一点前文我已说明，声韵分析的有效性是有限的，最终是否采纳要综合考虑。声韵分析本身不存在过度解释的问题。

另一种是说，解释属于无意义的重复，就是换了一种方式说了同样的事情。也就是说，我先知道这首诗文是什么意思，然后用各种牵强附会的方法，说明声音的意义也是这样的。这个就是学术规范甚至学术道德的问题，属于学术投机了。声韵分析是否属于这种情况？

我认为，不是这种情况。因为声韵分析介入之后，对汉诗文的解释就会改变，不仅仅是深化，关键是很多解释会出现差异，甚至相反。前举《登鹳雀楼》就是一例，从字义出发的解释都以为是励志的，声韵分析的结果却是人生苦短的主题。声韵分析必须能够提供与字义分析不同的结果，才是有意义的存在。

声韵分析的重要性在于此，吟诵的重要性也在于此。我更希望借吟诵而复原汉诗文的本来面貌，不要再说它是文学，是艺术，是抒情的，是审美的，是反映现实的，是批判社会的，是思考人生的，等等。汉诗文，是儒士的必备功课，是儒士的生活方式之一，是近为修身远为济世的，是珍爱生命善待他人的。也更希望由此大家对儒家文化有个新的也是复原的认识。

三、汉诗文含意的层次

声韵分析，或者说声音的意义，还只是汉诗文含意的一个层次。以前我们对诗文的理解只停留在字义的层次上，现在我们需要了解汉诗文的完整的含意层次。

汉诗文的含意是由哪些层面构成的呢？

这个问题好像有点奇怪。因为我们现在的课堂上，古诗文的含意是很清楚的：就是翻译，加上背景，然后做分析。翻译，就是把古汉语翻译成现代汉语，比如“白日依山尽”，就是“闪耀的太阳沿着山落下去了”。这里如果有特殊的词语或者典故，就注释出来。背景就是孟子所谓“知人论世”，时代背景啊，作者处境啊，等等。比如王之涣的生平，此诗写于山西鹳雀楼等。两者合起来，就可以分析这首诗的思想、情感、主题、风格、艺术手法等。

请大家想一个问题：如果不知道作者和时代背景呢？这首诗是否还读得懂？按照现在这个样子，好像表面的意思还可以明白，但却失去了分析的一大半基础，很难挖掘深层的含意了，也很难写出洋洋洒洒的论文了。

而且，这个表面的意思，照现在的样子，就是大白话加上典故，也就是穷拽，不好好说人话。当代就有这么一体，叫作“甄嬛体”。去掉其中的穷酸掉书袋以后，剩下的，也就是我们以为它要表达的真实的意思，其实简单得很。比如上面这句表达的就是落日的美景等。其实说一句：落日真是壮美啊！也是一样的意思，偏编了这么一句诗。

想想这两个奇怪的地方，就会意识到，也许当时的诗并不是这么个意思。

20世纪西方文论有文本主义，其实有一定的道理。一首诗或者一篇文章，应该是能够脱离作者而存在的。如果不知道它的作者，不知道它的时代背景，就不明白它的含意，那么作品为什么要单独存在？为什么不创作的时候就把这些说清楚？即使知道了作者，还有个知道得深浅的问题，如果必须要足够了解作者，那么这实在是很难互相交流。

诗有言外之意。诗不是表面文字表达的意思，也不是用来表达我们生活里经常表达的那些个意思。我们看看严羽在《沧浪诗话》所说：

> 夫诗有别材，非关书也；诗有别趣，非关理也。然非多读书、多穷理，则不能极其至。所谓不涉理路、不落言筌者，上也。诗者，吟咏情性也。盛唐诸人惟在兴趣，羚羊挂角无迹可求，故其妙处透彻玲珑不可凑泊，如空中之音、相中之色、水中之月、镜中之象，言有尽而意无穷。①

这是诗。至于文，刘大櫆也说过：“论文而至于字句，则文之能事尽矣。”如果你理解的诗意，和大白话翻译过来的没有什么两样，那么就应该提醒自己：恐怕是没明白。

现在，我就是想来探讨一下汉诗文的文本的含意，而且是它艺术上的含意，不是表面的含意。然后我们再探讨加上作者时代背景后的含意。

在我看来，这个文本的含意是分几个层次的：

1. 字义

2. 音义

3. 意象

4. 主题

第一个层次：字义，就是字面的意思，也就是我们现在所谓的现代汉语翻译的意思，比如“白日依山尽”就是“闪耀的太阳沿着山落下去了”。这也就是语文课经常讲的内容，在此不多述了。

第二个层次，音义，就是声音的含意。吟诵就在这个层面上。前几章我们着重说了读音的含意，说明了汉语汉字是以声音为核心的完美系统。

---

① ［宋］严羽撰．沧浪诗话［M］．北京：中华书局，1985：6-7.

读音有含意，读法才会有含意。什么是读法？就是长短高低、轻重缓急。同一个字，可以读长，也可以读短，可以读高，也可以读低。读音一样，读法可以不同，而在句中的含意就会有所不同。比如这样一个简单的句子：

我想喝水

是什么意思？很多人都以为是“我口渴了，所以想喝水”的意思，但其实是有无数种含意。这句话可以重读其中的某个字，比如“我想喝水”，意思是“不是他想喝水，而是我口渴了”，含意显然与“我口渴了，所以想喝水”是有差异的。这句话还可以是问句、叹句，可以加省略号、顿号、曲线号、破折号，还有很多什么标点符号也表达不出来的意思。表演系的学生经常练这个，用这一句话，可以表达撒娇、生气、走神、痛苦等很多意思。这些含意的区别，不取决于“读音”，因为读音永远是一样的，而是取决于“读法”。读法不同，含意就有差异，有的时候差异小，但是还是有差异，有的时候差异可能很大。

那么，想一想“白日依山尽”是什么意思？现在情况就清楚了吧。我们以为“白日依山尽”就是“闪耀的太阳沿着山落下去了”的意思，那只是这句话的N种含意中的第一种。而它恰恰不是这第一种含意。为什么呢？因为它是“诗”。第一种含意是口语的意思，不是“诗”应该有的意思。“诗”有“言外之意”。如果这首诗都是口语的意思，王之涣就没有必要作诗了，这首诗也不可能流传到现在，成为千古绝唱。

那么“白日依山尽”是什么意思呢？首先取决于它的读法。我们现在的古诗文教学，是只教读音不教读法的。所谓“朗诵”“朗读”，是没有读法规矩的。现在课堂上大部分都是一字一拍地读，那是读字，不是读诗，就是没有读法的现象。“朗诵”对于五言诗，一律前二后三，七言诗一律前四后三，千篇一律，万句一律，其实就是从中间一刀切，也是没有读法的表现。还有的朗诵者，全凭自己的理解来读，想拖长哪个字就拖长哪个字，想抬高哪个字就抬高哪个字，这也是没有读法。而我们古诗文是一向有相对固定的读法的。这些读法，我前面总结为“始终九法”：声韵含意、入短韵长、平长仄短、平低仄高、依字行腔、依义行调、对称模进、虚实重长、文读语音、腔音唱法、神韵气象。此外还有一些规矩，不同的文体也有不同的读法。

这些读法都不同于口语的读法，如果跟口语一致，就不能叫作读法了。诗文的含意就是在字义的基础上，进一步产生于跟口语不一致的地方，这就是“陌生化”理论所告诉我们的，前文已述。

在物理学上，声音是由四个因素构成的，即：音长、音强、音高、音质。这些读法，即跟口语不一致的地方，全部都与音质无关，而是音长、音强、音高的不一致，比如韵字的拖长，比如虚字的重读，比如平低仄高（口语中并不是平低仄高的），还有语速、颤抖、断续、哽咽、沙哑等语音学称之为情感因素的，这些都不是音质的改变。但是，这些改变却突出了某些音质，比如拖长会突出韵，重读会突出整个音节，入声读短，入声在口语里就是短音，但是在缓慢的拖长的诗歌中，这种短就显得很突出。被突出的语音就会被特别关注，从而使得读者回旋于这个声音，于是，语音在诞生之初的含意就被唤醒，被重新体味。这样，读法的含意就回到了读音的含意。换句话说，读音的含意是读法的含意的基础。所以我们一定要弄清读音的含意。声训和语源学是吟诵理论的基础之一。

所以“白日依山尽”读成“白日依山——尽”之后，就可以通过声音的改变，感受到白日的惊叹感，和山的连绵感，以及落日的决绝感。这就是前文一直在讲的吟诵带来的含意。

以上说了汉诗文含意的两个层次：字义和音义。但仅有这两个层次，还不足以理解诗文的含意。我经常举《登鹳雀楼》为例，因为很多人都是从这首诗开始学习唐诗的，并且也自以为完全理解这首诗。但是，声音的含意揭示出了巨大的问题：“更上一层楼”押“尤”韵，拖长是舒缓的意思，就像“加油——”一样地没劲儿，怎能励志呢？祝人进步怎么能“祝你更上一层楼——”呢？让人觉得你一定是不怀好意啊。

那么，这首诗到底是什么意思呢？这显然不是字义和音义能够解释的。一定还有一个层次存在。于是，声音的含意引导我们关注声音背后的另一个层面，那就是——意象。

意象就是有意的象。我们中国人是万物一体的世界观，什么东西都跟自己的生命有关，所以有很多这种有意的象，比如大量的动物、植物，都是意象。比如松树就是坚强的意思，骏马就是人才的意思，等等。这些意象是如何形成的呢?

意象是文人中的一种行话。从先秦到清末所有文人儒士之间通行的行话，他们互相都听得懂，尽管可能相距千年、万里。

什么是行话？就是圈内人都明白、圈外人都不明白的话。现在最有名的行话，就是“天王盖地虎”。这是句“黑话”。“黑话”也是行话的一种。“天王盖地虎”是什么意思呢？有没有人说“天王盖地虎”的意思就是“天王盖着地虎”？那就不叫行话了。座山雕说这句话的时候，可不是这个意思。这句话的意思是“好大的胆子！”再比如说下象棋有句行话叫“别马腿”。“别马腿”的意思是马的腿被别住了吗？当然不是，是不可以这样走棋的意思。同样的道理，“白日依山尽”的意思怎么可能是“闪耀的太阳沿着山落下去了”呢？

诗词文赋的作者基本都是文人儒士。文人儒士是一个圈子，有他们自己的行话。从先秦到清朝，从东北到海南，所有的儒士文人，他们有一套行话，互相听得懂。

这些行话也不是谁规定的，而是自然而然形成的。在先秦文人和清朝文人之间，有什么是他们共同拥有的生命经验呢？就是“读书”。“读”，吟诵也，“书”，经史子集也。

因为古代文人读过共同的书，背过共同的篇章和句子，所以他们提到这些名篇名句的时候，可以不用整段引用，而只说两三个字就足够了。另一方面，当他们说到某个词是经典中用过的时候，他们全体都会不约而同地想起那篇经典或者名句，所以，那个词就拥有了某种特定的、非其本义的意思，这就成了意象。

比如，松树为什么是坚强的意思？因为《论语》：“子曰：‘岁寒，然后知松柏之后凋也。’”所有的人都背过这句话，而且印象深刻，所以一提到松树，大家就会想起那句话，于是，松树就只能是坚强的意思了。其实，松树还有很多特征，比如皮糙肉厚，但是，不能用那个意思。“君似一棵松，皮糙且肉厚。”这就不是汉诗了，是现代派。

有人说，这个很牵强。凭什么孔子说过什么，我就一定得用这个意思？我就不能用我自己的意思吗？这也太压抑个性了吧。我说，这不是压抑个性，这只是个事实而已。我们可以做个实验。你读一下下面这个名字，三秒钟之内你想到了什么？

李泽东

是啊，基本上都会想到“毛泽东”。为什么呢？因为这是你最熟悉的词语之一。那么你想一想，在刚才的三秒钟里，你有没有可能控制你自己，不要想到“毛泽东”？同样的道理，一个对四书五经滚瓜烂熟的儒士，在看到“松”这个字时，有没有可能控制住自己不要想起孔子的那句话？

这就是意象形成的道理。

再举个旁证。杜甫号称“诗圣”，那就是作诗最好的一个人了。是谁给他这个称号的呢？是宋朝的江西诗派。在江西诗派以前，李白和杜甫谁第一，大家还在争呢。江西诗派举出了三条理由，争论就基本平息了。杜甫就第一了，称“诗圣”。李白就第二了，称“诗仙”。第一和第二的待遇差老远了，以至于清朝王琦在给李白编全集的时候，感叹注杜诗全集的很多而注李诗全集的几乎一个没有，可见这三条理由的厉害。

这三条理由，第一条是“集大成”，说杜甫什么诗体都作得好，李白的七律没那么好。第二条是“每饭必思君”，说杜甫忠心耿耿，李白还有时想着做神仙呢。我们关注第三条，是“无一字无来处”，说的是杜诗的每个字都来自经史子集。这个说法虽然有些夸张，实际上杜诗并不是这样，而李白在这方面可能比杜甫做得还好。但是，这个说法的存在和被接受，就说明了古代文人在作诗的时候，是追求“无一字无来处”的。这才叫诗。不来自经史子集的诗，只能叫“顺口溜”。

这些都说明了意象系统的存在。我们现在感觉不到意象系统，是因为我们觉得每首诗我们都看得懂啊。那是因为我们见到的这些诗都是名作，是千百年来多少文人注释过的，他们都是读过经史子集的。如果拿一本从来没有人注释过的诗，比如我们采录时经常见到的老先生的父辈们留下来的诗集，那时候就会有强烈的感受：很多诗读不懂。因为我们没有“读”过“书”，即吟诵着学习过经史子集。没有读过书的人，实际上是一首诗也不能真正读懂的，因为那是文人的行话。

古诗词中有没有不遵守意象系统的情况？当然有。初学者不一定掌握，水平不高的作者不一定熟练掌握，还有大家会偶尔逸出自由发挥的情况，但是，意象系统的存在是毋庸置疑的，它是主流、主体、大方向，是我们理解古诗词的重要基础知识。它比“用典”这个概念要更为广泛、深入，更基础，应该特别引起我们的重视。

“更上一层楼”不可能是励志的意思，因为“登楼”就是一个意象。这个意象来自三国王粲的《登楼赋》。这篇赋写得凄凄惨惨，可是很有名，古代文人耳熟能详，于是，一说到“登楼”，就会想起《登楼赋》，“登楼”就是忧愁的意思了。辛弃疾：“少年不识愁滋味，爱上层楼。爱上层楼，为赋新词强说愁。”杜甫：“花近高楼伤客心，万方多难此登临。”晏殊：“昨夜西风凋碧树，独上高楼，望尽天涯路。”范仲淹：“月明楼高休独倚，酒入愁肠，化作相思泪。”也有高高兴兴上楼的，王昌龄：“闺中少妇不识愁，春日凝妆上翠楼。忽见陌头杨柳色，悔教夫婿觅封侯。”一上楼就发愁。不是说生活中上楼就愁，而是在诗文中，提到“登楼”就是跟忧愁有关了。要励志，古代不能说“登楼”，更不能说“更上一层楼”，那就是更忧愁了。那说什么呢？说“登山”，“会当凌绝顶，一览众山小”，那是励志的意思，因为“孔子登东山而小鲁，登泰山而小天下”，还是来自经典。

“黄河入海流”在汉诗文的意象系统中是什么意思呢？首先说“黄河”，这个意象不是“母亲河”的意思，“母亲河”是西方的说法，他们是大河文明，我们是田野文明，我们没有“母亲河”，我们的用水主要来自井水，所以我们的“母亲河”是“井”，所以有“乡井”“背井离乡”之说。“黄河”的意思是最大的河。“河”是什么意思呢？要注意“河”的后面还有一个修饰词“流”，所以这个意象是“流水”。“流水”的意思是生命流逝，《论语》：“子在川上曰：‘逝者如斯夫，不舍昼夜。’”“问君能有几多愁？恰似一江春水向东流！”什么愁呢？前面说了，“只是朱颜改”，是青春流逝之愁啊。“黄河入海流”：最大的生命都流逝了，而且去得那么快。“海”也是意象，古人的世界观认为世界的边缘是“四海”，所以“百川东到海，何时复西归？”“海”是世界的尽头的意思，所以用“海”这个词，意味着“黄河”是一去不复返了，青春生命是不会回来了。

那么“白日依山尽”是什么意思呢？“白日”这个意象，来自《尚书》和《诗经》。《尚书》有《卿云歌》，是最古老的汉诗之一：“卿云烂兮，纠缦缦兮，日月光华，旦复旦兮。”说我们的民族之运像太阳和月亮那样灿烂。《诗经·小雅·天保》：“如月之恒，如日之升，如南山之寿，不骞不崩。”也是把太阳比作生命。所以它的反义词叫“末日”。“白日依山尽”就是“末日”了。“依”来自《诗经·小雅·采薇》：“昔我往矣，杨柳依依。”所以“依”是不舍的意思。这个“白日”愿不愿意落山呢？它不愿意。“山”读长音，因为日落是个过程，太阳是斜着划过好几个山头的。

现在还有一个重要的问题：这个“白日”落下去了，明天还会重新升起吗？说会升起的，那是自然科学。这里是唐诗，是表示不会升起了。所以他用了“尽”这个字。这句诗并不是在“描绘一幅壮丽的日落景象”，太阳明天还会照样升起。“尽”这个字说明不会了，不然，他就会用“落”“没”这样的字了。这个“尽”字关涉到儒家的人生观。《左传·哀公元年》：“去恶莫如尽。”《中庸》：“天地之道，可一言而尽也。”这里所举的“尽”，就是终点的意思。所以，那个“白日”是不会回来了，它只能是“尽”。“白日依山尽”的意思是：巨大的生命尽管不愿意，终于还是消失了。

所以前两句的意思就是生命流逝。巨大的生命都流逝了，何况我王之涣呢？于是有第三句“欲穷千里目”，读法比较快，头尾都是入声字，这句很有力，表示不甘心的意思。“更上一层楼”，这句字面意思很奇怪，因为“欲穷千里目”应该“更上”至少十层楼，上一层楼肯定是不管用的。那为什么只上一层楼呢？因为鹳雀楼只有三层，作者已经在第二层上了，所以只有一层楼可以上了。这里面也许有要登上一层楼的决心，但是这种决心，也绝不是豪迈的、充满希望的，而是感伤的，充满失望的。现在我们就能理解为什么读法是那样的悲伤了。“青山遮不住，毕竟东流去”，青春最终还是抓不住的。

这首诗的结构，是起、承、转、合，典型的汉诗的结构。主题是人生苦短，典型的汉诗的主题。但开口音很多，意象开阔，是痛苦以豪放出之，典型的盛唐诗。

意象系统的存在，对于我们今天学习汉诗文是一个重要的启示。我们今天要想理解汉诗文，要想掌握这个意象系统，唯有和古人一样“读书”，也就是吟诵经史子集。不读经，不和古人一样涉猎经史子集，而自以为理解了诗文含意的，恐怕只能是盲人摸象了。所以学习中华文化，还是得按照中华文化固有的体系、方法、步骤来学，投机取巧是很难成功的。

汉诗文的意象系统是民族共有的，而且是三千年共有的。这种作诗的方式后来在 19 世纪传到西方。西方诗一向是直抒胸臆的，他们的意象很少，结果看到汉诗大为惊讶，有人就学作起来。第一个有名的就是法国的波德莱尔。但是，波德莱尔碰到了一个难题：他们法语没有那么多意象可用。因为西方文明在发展过程中经历了多次断层和变质，没有积累下足够多的共同意象。于是他发明了个新办法：干脆就用个人的特殊意象，也就是他自己认为这个“象”是什么“意”就是什么“意”，可是他又没给出一本他自己的意象辞典，所以读者只能费劲儿猜，这样就形成了现代派诗歌的一大特点：读不懂。后来还发展了该理论，叫“陌生化”，并进一步在20世纪后半叶发展成为一整套文学理论，主旨就是给读者留下创作和想象的空间。其实是西方意象系统不发达造成的一种无奈。

波德莱尔的后继者叫“法国三剑客”：魏尔伦、玛拉美、兰波，其中玛拉美收了个中国学生，叫李金发。李金发回国后，用学到的象征主义手法写诗，还出了本诗集，叫《微雨》，结果没什么人看。他的后继者，叫戴望舒。戴望舒终于取得了成功，于是，被后人称为中国现代文学的“第一代”诗人诞生了。“第二代”诗人就是北岛、舒婷、顾城他们，叫“朦胧诗”。“第三代”诗人是韩东、孟浪、海子他们。这是现在诗歌界的一种看法。现代诗人的现代诗，有一个特点，就是看不懂。他们说是跟外国人学的，这叫现代。其实，还是中国的东西，就是这样转了一圈又回来，变得面目全非了而已。

第四个层面：主题。

这不是一般的所谓诗歌主题，而是在几千年来文人诗的发展过程中所形成的一些固定的主题模式，其特点是反映着文人儒士独特的精神心态。

我们现在所学习的古诗文，基本上都是文人儒士所作。我们一定要理解，这个作者群体在古代是一种职业，一个阶层群体，一种身份，不是一般的大众。他们的人数也许不足全体人民的千分之一，但是他们非常重要、非常独特。只有他们才作“诗”。其他人作的只能叫作歌、曲、谣、辞等。

他们这个职业的任务是济世安民，就是治国。这是他们的使命。如果做不到，也要保持独立高洁的人格。这就是他们使命的阴阳两面。

而他们为了这个使命，要付出很大的代价。这个代价也有阴阳两面。面对群体，就是乡愁和人情，思念父母、亲人、朋友等。面对个人，就是人生苦短、怀才不遇等。

那么，文人诗的内容，一般是多言使命还是多言代价？是多言代价。为什么不多说使命？因为文人作诗是为修身，一般没有读者，是作给自己的，就像日记一样，不会每天重复说着自己的志向。而且，使命是不变的，每个儒士都一样的，而代价是每人不同、每天不同的。在古代，这些诗的读者基本都是儒

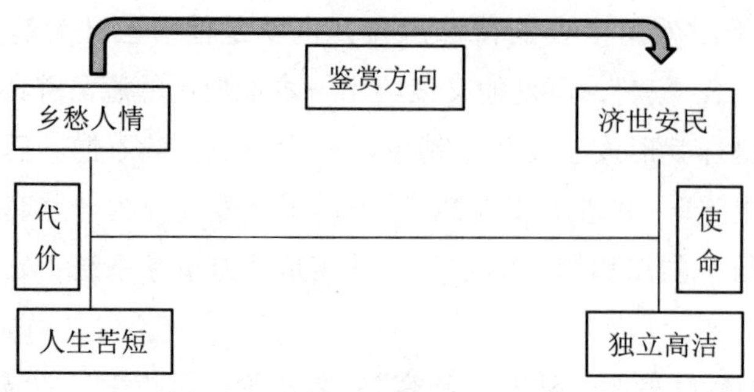

文人生态与诗文鉴赏

士，他们一读就明白，因为他们也有着这样的人生。

但是，今天我们却要全体国民都读这些诗。我们这些国民都不是儒士，不是古代的文人。如果忽视了古代文人儒士的独特性，就会把他们等同于今天的普通人，从今天普通人的心态去解读这些诗文，那就很难看透了。必须把他们没有说出来的那些话补充出来，把那些代价的话转回使命一面，告诉学生，他们那么痛苦，是因为他们那么高尚。他们的代价越大，就说明他们的人格力量越强，他们为了使命可以付出那么多，承受那么大的痛苦。而他们的使命，基本上是公心，不是私欲，不是个人的名利。中国历史上还有过这样的一群人，他们为了天下万民而抛家舍业、背井离乡、离别父母亲人、怀才不遇、沉沦下僚、客死他乡却矢志不渝。他们就像古代的优秀共产党员。他们是中华文明的脊梁。只有这样，那些凄凄惨惨的诗歌才能焕发出生命的光彩、人格的力量。这才是立德树人的教育，这才是中华优秀传统文化教育。

这些文人诗的主题是固定的，就那么几个，不能自己随便创造。抓住了这些主题，就能够抓住诗的含义。这就是诗歌鉴赏的奥秘。关于这个内容，详见《普通话吟诵教程》的最后一章“为诗正名　为文正义”。

那么这首《登鹳雀楼》的主题是什么呢？就是这首诗所表达的人生观：人生苦短。有人说，这是个消极颓废的主题。不是的，这是儒士的积极的生命观。

儒士的人生观和世界上绝大多数人不同。绝大多数人都认为生命是有始无终或者无始无终的，死后上天，或者轮回。但是，儒士认为人生只有一次，因为，孔子从来不说不能证实的事情，“子不语怪力乱神”。儒家只认当下，只认今生。儒士是世界上极少数敢于直面短暂人生的人群。而且，正因为人生短暂，才珍惜每一秒钟。“春宵一刻值千金，花有清香月有阴。”人生太美好了，连痛苦都是美好，连没有都是美好。因为人生只有一次。所以“人生苦短”是汉诗的一大主题，而这种生命观恰恰是积极的。正是这种生命观才让儒士们珍爱人生，不浪费时间，积极进取，同时追求自由和真实，不虚度光阴，并由己及他，珍爱所有的生命：“春眠不觉晓，处处闻啼鸟。夜来风雨声，花落知多少？”这就是中华文化精神，中国人的生命观。

读《登鹳雀楼》而体味到这些文化精神，方为读诗，方为学习，方为传承了这首诗。

这就是汉诗文的文本含意的四个层次：字义、音义、意象、主题。

字义，就是今天大部分人在讲的。

读音之义，属于音韵文字训诂之学，古称小学的主要部分。本是普及的常识和学术的尖端都有的，现在都变成学术尖端了，西学的分科制，把很多本属于民间和普及的知识，收上去变成了极少数人的专利。我们要恢复这个普及的“小学”。

读法之义，就是吟诵的学问。现在看起来，很有必要作为一门专门的学问来研究和传授，但也是要有普及和尖端之分的。

意象之义，就是读“书”、读经的学问。

主题之义，就是诗教精神在诗歌思想内容结构上的各种固定模式。

四层都穿透，都理解了，方能参悟出这首诗的中华文化精神。于是学习这首诗，才具有了巨大的意义，能够对人格和人生产生深远的影响。

要之，要理解汉诗文的含意，传承汉文化，首先就要恢复和发展“小学”、吟诵和读书（经史子集），然后还有了解儒学和诗教的传统。

这四个层次，也都有公共与私人之分。对于一个特定的人来说，某个字、某个音、某个意象、某个文化点，都可能有他或他那个团体、那个时代的特殊含意，而我们以上说的都是公共含意。个人的特殊含意也是很重要的，所以孟子说“知人论世”，也就是我们现在习惯的探讨作者和时代背景。我承认作者和时代背景，对于理解诗意都是有意义的，但是，没有对文本的理解做基础，恐怕知人论世也会走偏。

第五章　吟诵的学理：音—乐关系

第一节　汉语的音与乐

本章节所说的汉语的音，指的是汉语的语音；汉语的乐，指的是汉语音乐的旋律和节奏。

一、诗歌中音乐与语言的辨义关系

诗歌音乐和语言存在一种“辨义”关系，即歌词需要被听者听懂，辨别出是哪个词。

在开始讨论语言和音乐的关系时，我先转引苗晶《汉族民歌旋律论》中的一段论述：

> 有关民歌旋律与语言因素的研究，中外音乐学家有着许多论著，如杨荫浏先生的《语言音乐学初探》、梅耶尔的《音乐艺术和语言艺术的关系》、玛采尔的《论旋律的本性》(旋律和语言的音调)以及恩凯蒂亚的《非洲音乐》中的《语言和旋律》等，他们对于音乐和旋律的关系看法基本相似。他们大都认为“现实生活中人的语言音调，是音乐艺术的一个相当重要的因素”。玛采尔提出“歌唱是旋律的本源，歌曲把歌词和旋律结合成一个统一的艺术整体，因此，乐音发音按其本身历史起源来看，与语言有着密切的联系”。梅耶尔也认为“音乐艺术和语言艺术之间从来就存在着密切的关系与共同点。作为现实的创造性的再现，作为通过音响手段的心理过程的表现，音乐

与文学和诗歌从来都是有着关联的。不只是在人类的幼年时代它们无疑地曾经浑然一体，即在整个历史过程中，它们也都是携手而行的……”值得提出的是，在赵宋光先生的《论音乐和形象性》的论文中，他更进一步阐述了这个问题。他提出语言艺术的表现手段有两种不同的因素：一种是语言因素，一种是直接表情因素。前者为主，后者为辅。两者对声音的运用方式原则上是不同的，两者跟音乐艺术手段的关系也是本质上相反的。他认为语言音调在某种语言形成以后便很少发展，而是趋向公式化，它的变化也跟全部语音的变化一样缓慢。表情音调则相反，跟说话人所处的社会生活条件休戚相关，因而是无限丰富，变化无穷的。它有明显的阶层特点，充分地个性化，并随着时代的变迁而急剧地改变。两者对音乐艺术的关系也全然相反。当作符号来使用的语言音调，不但不是音乐的来源，而且有时还对音乐产生某些限制。他辩证地分析了语言对于旋律的作用。

以上一些论点的一个共同处，在于他们都承认语言与音乐有关，但语言音调并不等于民歌旋律的音调。①

不管是语言起源在先，还是音乐起源在先，现在看起来，它们之间的确有着密切的关系。苗先生的总结很有代表性，学术界的研究现状就是：有的人强调共性，有的人强调差异，但是缺乏全面的考察。

要说语言和音乐的关系，先要有一个全局把握。一个民族或地区的音乐，与很多因素有关系，语言只是其中之一。音乐的规律，首先是音乐本身的规律，是音乐的性质起了决定性的作用。语言以及其他各种地理、经济、生活、文化，还有其他民族音乐的因素，都是起了一个影响作用。所以，这里面的关系就很复杂了。按照科学的方法，应该比较所有因素相同、只有语言不同的音乐，最能说明语言对音乐的影响，但实际上这在现实中很难找到。所以当我们面对不同语言的两种音乐时，它们的差异是显而易见的，但是究竟哪一部分才是与语言有关的，又经过了其他因素怎样的作用，这就不是那么容易判断了。很多时候，两种语言的音乐比较出来的结论，在别的语言中又不适用了，这时候还需要判断，是结论错误，还是其他因素起了作用。

不过，在所有的关系中，语言和音乐的关系还是最密切的，这是因为歌唱

① 苗晶著. 汉族民歌旋律论［M］. 北京：中国文联出版社，2002：44-45.

就是语言的一种变形。

语言和音乐的关系有不同的层次。音乐首先要保证语言的意义传达，所以我暂时管这个层次的关系叫“辨义关系”。

语言是用来交际的，所以语言的基本功能就是把意义传达出去。音乐的功能呢？在大多数情况下，不管唱歌是出于审美还是教育、宣传、认识、休闲、学习、锻炼的目的，都要把意义传达出去。但是也有比较特殊的时候，像汉族的很多“山歌”，就是独自一人在山上唱的。歌唱者也许期望有人听到，但是他不会为了让人听到而歌唱，因为那种可能性太小了。这种歌唱方式和语言中的自言自语又不同。自言自语基本上都是无意识的，所以咕咕哝哝，可能别人听不明白，“山歌”却是自觉歌唱的，就算是唱给自己听，也是有意识的。有意识，就也需要传达意义，可能传达得不如其他歌曲那么明白，但是总比自言自语好得多。何况，“山歌”还是一个民歌种类，是“唱给自己听”的情况中比较极端的代表，其他一般的情况，我们自己给自己哼哼的，那都是遵从一般的歌曲规律的，而一般的歌曲，是唱给别人听的。综上所述，音乐基本上也是需要传达意义的。

对于有歌词的音乐，也就是歌诗来说，它包括词和曲两个部分。作为词的部分的语言的意义是需要被传达出去的吗？这一点，并不是通过逻辑推理就能解决的。因为词的作用有很多可能，它真的是需要被人听懂吗？这一点需要证明。而证明了这一点，就为理解歌词在歌曲中的意义提供了一个基础。实际上，此前学术界在语言与音乐的关系上，尤其是两者之间的联系问题上所做的研究，基本上都属于这个范畴。所以语言和音乐的辨义关系，已经有了不少的证据。

语言是依靠语音及其相互之间的关系（语法）来传达意义的。音乐和语言一样，都是一个声音序列，所以音乐会影响到语言的语音和语法，从而影响语言意义的传达。世界各民族的音乐都会照顾到语言的语音和语法，看起来这很像是语言对音乐的制约关系。

以下先来提供一些证据。

杜亚雄先生在 1990 年发表的《语言和音乐的关系》[①] 一文中，从音素、音节、单词、句子四个方面进行了论述。我先转述一下他的主要观点。

---

① 杜亚雄 . 语言和音乐的关系［J］. 中国音乐，1990（1）：20-23.

杜亚雄认为，在音素方面，元音的舌位与其共振峰的高度成正比，在歌曲中，高音一般配合高共振峰的元音，低音一般配合低共振峰的元音，也就是说，一般高音用 i 之类的音，而低音用ɑ之类的音。同时，所有音素（元音和辅音）的响度之间的差距与歌曲的音程有关。“某种语言音峰和音谷之间音程较大，民间音乐旋律中的跳进多且音程大，可能采用较多不同时值的音符，节奏对比度大”，反之，则相反。文中举了同出一源的维吾尔族和裕固族的语言和音乐对比为例。

在音节方面，“语言中音节的结构和民间音乐中曲式的结构成反比。即：某种语言的音节结构越简单，与其共生的民间音乐的曲式结构则可能越复杂”，这是因为，音节结构简单，像汉语，就像统一规格的砖块一样，爱怎么排列盖房都好说，而音节结构复杂，像英语，有复辅音、多音节词，长短不一，就像建筑材料不统一一样，只能把它们的组合规则规定得严格些。在节奏方面也是这样。

单词方面，声调会影响旋律走向。有固定重音的语言，其重音位置对节奏有影响。有时位的语言，时位也会影响节奏。在这里举了朝鲜音乐为例。有非固定重音的语言，“由于重音可能有辨义作用，诗歌格律严谨，迫使民间音乐的节拍和节奏只能以较简单的形式出现”。

在句子方面，句调对旋律走向有影响。孤立语（如汉语）词形本身没有变化，依靠语序和虚词来表达语法意义，所以节拍群划分有多种可能，乐句结构也就比较灵活。屈折语（如英语）则相反。同样，前者的逻辑重音突出，节奏、节拍就相对灵活，后者又相反。

杜亚雄所论述的几个方面，实际上都是辨义问题。所有举出的语言方面的现象，都具有辨义功能，而音乐也是出于辨义的需要才形成了如此的规律。因为音乐如果不那么做，就会扭曲语言，影响听者的理解。

杜亚雄所论述的情况可以分为两大类：一类是语言直接影响音乐的，也就是音乐“必须”做的；一类是语言制约音乐的，也就是音乐“不能”做的。后者如元音响度与音程的关系。这后一类可以归结到前一类中去，比如音程变化大对于元音响度差距小的语言来说，会使歌词在这一点上的元音变形，变成另一个音，从而影响意义。所以，我们只要讨论前一种情况就可以了，后一种情况是前一种情况的延伸。

我希望能从语言本身出发解释音乐的辨义性，这样似乎比较有系统性。

语言学把语言划分为语音、词汇、语法三个层次，对于歌词来说，语音和词汇是一个层次，所以我们就从语音和语法两个层次来谈。

对于语音来说，它有四要素：音高、音强、音长、音质。语音就是通过这四者来区别意义的。同样，音乐要保证语音的辨义功能，也就是要保证这四个要素不被扭曲。但要注意的是，对不同的语言来说，四要素的辨义功能又不同。比如有声调的语言，音高的辨义功能强，没有声调的语言，音高也具有辨义功能（在言语中），用来表达不同的情绪等，但是其功能要弱很多。音乐只保证那些有较强辨义功能的要素。

音高，起到辨义作用的音高有声调和语调两种。世界上很多语言都有声调，也就是说，声调起到辨义作用。汉藏语系的语言基本上都是这样。对汉语声调与旋律之间的关系的研究，前文已经叙述过。不过杨荫浏诸先生研究的对象主要是戏曲，尤其是昆曲，而其他戏种、民歌直至当代流行歌曲是否也有这个规律，尚需要更多的证据。现代的汉语流行歌曲，一字一音较多。在这种情况下，歌词的声调不能像昆曲那样用几个音来表达，这时应该是此字音与前后字音之间的关系来反映字调。比如《挥着翅膀的女孩》：

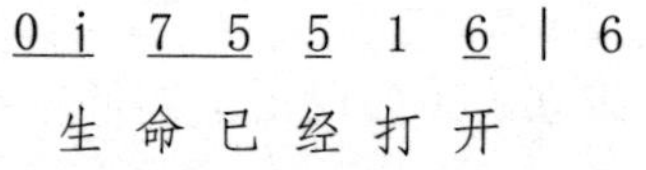

0 i̇ 7 5 5 1 6 | 6

生 命 已 经 打 开

其中，“命”的去声由i̇—7 音程反映，“已”的上声由 7—5—5 音程反映，“经”的阴平由 5—5 音程反映，“打”的上声由 5—1—6 音程反映，“开”的阴平则由 6—音程反映。当然，这是填词比较好的乐句，有很多时候音程与字调并不那么贴切，但是大部分情况仍然是相符的，相符时，如果是一字一音，就用前后音程来表达字调。

在其他语言研究上，我在中国少数民族汉藏语系的音乐研究中经常看到类似的论述，比如在田联韬主编的《中国少数民族传统音乐》[①] 在对属于汉藏语系民族的音乐论述时，经常有“非常注意语言的音调”之类的描述。恩凯蒂亚在《非洲音乐》中论“语调和旋律线”时也说：“因为许多非洲语言是声调语言，

① 田联韬主编．中国少数民族传统音乐［M］．北京：中央民族大学出版社，2001.

即声调具有音位的意义……因此，旋律在一个乐句中的进行，部分地取决于语调的起伏线，部分地取决于音乐因素。”①

当语调有辨义作用时，音乐也会尽可能地反映出来。这种情况就不仅仅存在于有声调的语言中，而且也存在于所有的语言中。当表示强调、疑问、祈使等口气时，有时是语调起了标志作用。我举一个英语的例子。大家很熟悉的美国电影 *Love Story* 的主题歌里有两个问句，第一个是疑问句：

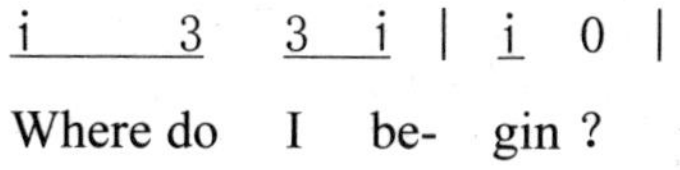

i 3 3 i | i 0 |

Where do I be- gin ?

第二个是反问句：

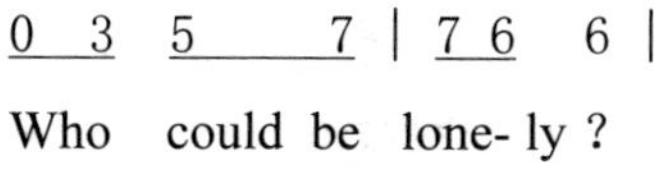

0 3 5 7 | 7 6 6 |

Who could be lone- ly ?

这两个乐句在开始的旋律线上是相反的。前者降，后者升，这与生活语言的语调是一致的。后者如果也用降调，就会完全变成疑问口气，意思就相反了。关于这方面的情况也需要更多的证据。

语言中起到辨义作用的音强因素，主要是重音。重音又分为语法重音和语气重音。语法重音，像汉藏语系是基本上没有的，我们熟悉的阿尔泰语系和印欧语系等都是有语法重音的。这里又分为有固定重音和没有固定重音的两种情况。比如蒙古语的词汇重音总是在第一个音节上，维吾尔语的词汇重音总是在最后一个音节上，这就是有固定重音的情况。在这方面，我翻阅了《蒙古民歌五百首》②，那是蒙古民歌最有代表性的一个汇编，结果发现，的确是歌词词汇的第一个音节基本上都在强拍上。杜亚雄先生在《中国少数民族音乐概论》③中对阿尔泰语系诸语言的音乐的这一现象也多有论述。

没有固定位置重音的语言，如印欧语系的很多语言，对于具体词汇来说，重音仍然是固定的，所以重音在强拍的规律依然很明显。比如美国歌曲 *Oh! Susanna*，其中一个单词占几个音符的，如 Susanna、Alabama、every、

---

① ［加纳］K.H. 克瓦本纳·恩凯蒂亚著. 非洲音乐［M］. 北京：人民音乐出版社，1982：159.

② 乌·那仁巴图，达·仁沁搜集整理编辑. 蒙古民歌五百首［M］. 呼和浩特：内蒙古人民出版社，1979.

③ 杜亚雄著. 中国少数民族音乐概论［M］. 上海：上海音乐出版社，2002.

coming、weather 等，不管重音在单词的第几音节上，都是重音在音乐的强拍上。

语气重音是在具体的言语中用来辅助表达强调、疑问等语气的。因为具有辨义作用，所以节拍也会尊重这种重音。举 20 世纪 90 年代爱尔兰组合 Boyzone 的一首歌 *No Matter* 为例，歌词的第一句是：No matter what they tell us。在生活语言中，这句话的重心应该在“what”上，“what”被强调。但是，这首歌第一段的歌词是这样的：

No matter what they tell us
No matter what they do
No matter what they teach us
What we believe it’s true

很明显，在排比句中，“they”后面的动词被反复比较，所以被强调了，句子的重心转移了。“they”后面的动词成为语气重音所在。结果，在歌曲中，“tell”“do”“teach”“true”都在 4/4 节拍的最强拍上。比如：

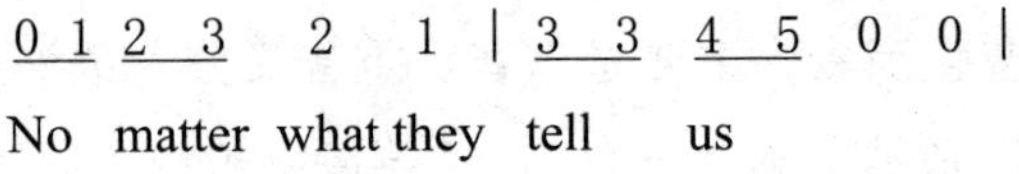

0 1 2 3　2　1 | 3 3　4 5　0　0 |
No　matter　what they　tell　　us

像这样的情况也不仅仅出现在有语法重音的语言中。不过，在没有语法重音的语言中，语气重音可能不是通过强拍来表现的，而是通过那些语言的固有手段。下面我举个汉语民歌的例子。河北中部民歌《探亲家》中有这样一句：

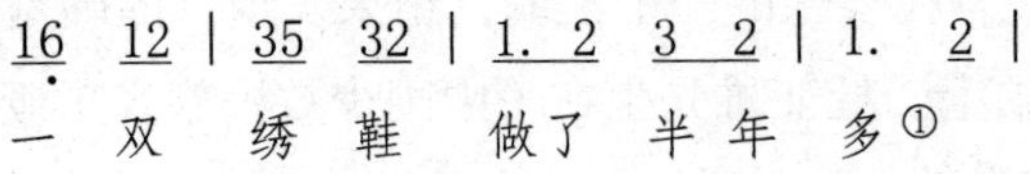

16　12 | 35　32 | 1. 2　3 2 | 1.　2 |
一　双　绣　鞋　做了　半　年　多①

其中“半”字应为去声，读降调，这里却升上去了，原因就是“半”字在这句话中有语气重音，是被强调的。实际歌唱时，仍然用腔音下降，表达声调。

下面再说音长。很多语言的音素有相对时值，音素的时长是固定的，有长短音的对立，并且有辨义功能。恩凯蒂亚在《非洲音乐》的“语言节奏”中说：

一般说来，词语音节的相对时值反映在歌曲的节奏中，如在阿肯语中，

① 单红龙主编．中国传统音乐［M］．武汉：武汉大学出版社，2014：60.

有两种基本音节：长音节（♩）和短音节（♪）。这两种音节在单音节、双音节和多音节的词中都有……这两种基本时值的变化经常标志着言语中的“连音”。如在言语的表达中，末尾元音和开头元音常连在一起念出，因此出现了CVV结构。在这样的连音上，CV一般比在其他情况下时间更短些（♬），而V比CV时间要稍微长一些（♪），以补足这两个语音单位共占有的两个莫拉（一个短音节时值的测量单位）的时值……因此在歌唱中我们听到CVV构成的词用（♬♪）的节奏而不用（♫）或（♩）的节奏，就是这种语言现象的一个反映。①

在音长方面影响了音乐的最典型的例子，就是朝鲜民族音乐的“语短声长法”了。关于这个现象的研究，在朝鲜音乐学界比比皆是。虽然还存在很多争议，比如是否是3拍子，是否有固定节奏型，各种“长短”与一般民歌节奏的关系，等等。但是大家一致的看法是，朝鲜民族传统音乐普遍采用“语短声长法”来组织节奏和旋律，既照顾了音高，也照顾了音长，形成了独特的节拍。

朝鲜学者文河渊、文钟祥在《朝鲜音乐》“‘语短声长’的规律和旋律的构成”中阐释说：

“语短声长法”是指旋律的构成法，在内容方面，它表明了短音节唱短，长音节唱长的方法……一般的标准是，对一个语汇，不管它的音节多少（不管是二音节或者是三音节），在一个拍子内进行调节，基本上以（♪♩）或（♩♪）等两种形式为标准，使其适应于语汇音节的组织和旋律的逻辑性发展，并加以伸缩……“语短声长法”在把着重点现象应用于旋律—节奏的时候，对音的长短和高低两个方面都考虑到了。但是，着重点只以音高来强调，而遇到在语汇音节之间没有长音节的情况时，则又产生了新的准则。这就是通常在前音节上有着重点（高）的时候，将后音节作为长音，而如果着重点（高）在后音节上的时候，那么前音节就成为长音。正是由于把这些组织在一拍单位的内部，因而形成更加明显的旋律—节奏的特点。它是同三拍子系列的强力的倾向性结合在一起的。②

---

① ［加纳］K.H. 克瓦本纳・恩凯蒂亚著 . 非洲音乐［M］. 北京：人民音乐出版社，1982：155.

② ［朝］文河渊，文钟祥著 . 柳修彰等译 . 朝鲜音乐［M］. 北京：音乐出版社，1962：59-62.

比如说：가지 [gaji]，音节前长后短，是“枝”的意思，两个音节一样短，但重音在前，是“种类”的意思。在音乐中则会是：

1　<u>1</u>　|　<u>2</u>　1
가　지　　가　지

这样就把朝鲜语的语音高低长短轻重的感觉唱出来了。由于长短音节相结合的关系，所以朝鲜音乐比较倾向于三拍子节拍型。

不过，李吉提在《中国音乐结构分析概论》中认为朝鲜音乐的“长短”不是一种统一的节拍：

> 这种基本结构单位相当于韵律诗的一个句子，朝鲜族同胞称之为“一个长短句”。它们虽然貌似有统一的节拍规范，但内部韵律不仅节奏长短不一，而且与记谱节拍所显示的重音循环规律也不相同。①

她并举“阳山道长短”为例，说明其节拍重音循环不规律，比如在 3/8 拍中会出现“3/8 + 2/8 + 2/8 + 2/8”的情况。这种不规律实际上正好反映出了朝鲜音乐与语言之间的紧密联系，正是语言的音长错落不规律造成了音乐节拍的不规律。

再说音质。同样的一句话，每个人发出的声音的音质都是不一样的，但是影响到意义的，只有音位，比如本来应该是 [a]，结果发成了 [e]。在这方面的研究，与声乐学有很大的关系，因为声乐学的任务之一就是研究怎么发声清晰。在我国，“字正腔圆”的问题已经争论了很久，有人说“字正”自然“腔圆”，有人说这本是一对矛盾。这个问题与后文有很大的关系，后面再讨论。在这里我想说的是，这个争论说明音乐的旋律与语言的音质之间存在一个配合的问题。前文所引杜亚雄文对元音共振峰和响度的分析就属于这个范围。除此之外，音质与旋律的配合应该是一个系统性的规律，只是目前我还不能做出系统性的说明。

在元音方面，世界上的绝大部分语言的元音大部分是相同的，所以杜亚雄的分析实际上提供了一条研究发音部位对应最佳音高的道路。我现在只有一些猜测。比如发音部位靠前的元音适合高音，发音部位靠后的元音适合低音。另

① 李吉提著 . 中国音乐结构分析概论 [M]. 北京：中央音乐学院出版社，2004：53.

外，还有特殊元音，很可能影响旋律最大的元音音素就是特殊元音，所以找出特殊元音（半元音）与旋律的规律是一条捷径。我想到的是，小舌音、颤音、齿音、连续爆破音、鼻音、边擦音等，这些元音出现多的语言，其音乐是富有特色的。

在辅音方面，有没有复辅音是一个分界。因为辅音无法拉长，拉长了就等于加上了一个元音，影响音质，改变了语言意义。一个辅音可以与元音连在一起发一个音符，可以唱长音，实际上是元音在拉长。如果一个音节有两个辅音，第一个辅音就只能用很短的音符，一般说来，不会超过 1/4 拍。这样，有复辅音的语言的音乐旋律，就会有大量的短音，在均分节奏中，形成变化。而没有复辅音的语言的音乐旋律，就没有这些变化，如果还使用均分节奏，就得靠每个音节占用的时长不一样，或者音程跳进，或者干脆不用均分节奏来求得变化。汉语和欧洲音乐的节奏差异就符合这个规律，所以汉语音乐中有那么多的腔音和散板，而欧洲音乐则大部分节奏整齐、音高固定。

以上说的是语音这个层次。在语法层次上，值得注意的有语序、格时态以及其他一些语法标志。

在语序方面，黏着语通常在名词、动词或句尾有一些附加的语法成分，这些语法成分的结构只有有限几种，所以使得大量的句子有重复的成分。这些重复的部分天然地成为旋律、结构重复的基础。在朝鲜语和日本语的歌曲中能很明显地看到这种情况。

在格时态等方面，杜亚雄文已经做了一些分析。更全面的分析还有待将来。

语言和音乐在这个层次上的关系，看起来很像是语言在制约音乐，但是那么说太笼统了。其实只是音乐在保证语言的意义传达，所以我觉得还是使用“辨义关系”比较好，因为语言和音乐还有其他关系，比如说放大关系，即音乐会把语言的意义放大。还有音乐会通过语言的放大和组合，表达新的意义。音乐也可以自己表达独立的意义。

在音乐的独立意义方面，没有声调的语言更为突出，因为声调与旋律有着天然的联系。有声调的语言，如汉语，其音乐就很难表达独立的含意，因为音程总是会使人联想起声调的感觉，因此汉族古代也很难说有纯粹的器乐曲。歌曲在汉族音乐中是最发达的。汉族音乐的与众不同的最大魅力，不是音乐本身，而是与语言结合的诗歌的魅力。汉族音乐把汉语诗歌的含意发挥到了极致，从而创造了世界音乐的奇迹。只是这个奇迹，只有懂汉语并懂吟诵的人才能体会。古代文人都是懂的，但现代人就很少有人懂了，所以对于世界音乐界、诗歌界来说，甚至对于中国音乐界、诗歌界来说，汉语诗歌的魅力都大为减色了。认识汉诗和汉族音乐，还是要从学习吟诵开始。

二、诗歌中音乐与语言的放大关系

很明显，尽管音乐已经做了很多努力来保证语言的辨义功能，但是实际情况是歌曲和实际生活语言还是有很大差距。很多地方从辨义性来看是不足的，甚至是相反的。以往学者们都把这种情况看成是被动的、消极的表现，也就是在语言的规律和音乐的规律的矛盾中，语言无法做到或者无意做到的情况。因此，一方面，这种情况受到批评（比如汉语歌曲旋律与歌词四声不符的情况）；另一方面，又令人觉得无可奈何。在此，我不想否认词作者力所不逮或无知犯错误的情况；承认语言和音乐存在一定的矛盾，但是，很多学者都把语言和音乐，或者诗歌和音乐的关系表述成互相妥协的关系。这归根到底还是因为把语言看成了制约音乐的因素。我不禁想，为什么不把语言看成是音乐的材料呢？词和曲的分工是人为的划分，好像有那么一段生活语言，又有一段旋律，它们结合起来了，就成了歌曲。实际情况是，歌曲是张口就唱的，歌曲就是语言的一种变形，就是一种特殊的语言。词和曲是一个东西，像一张纸的两面。在歌曲中没有单独的“曲”。如果能把音乐看成是这种特殊语言的组成部分，那么也就可以把语言看成是音乐的一个部分了。在这个整体的内部，不是互相妥协的关系，而是互相创造的关系。语言提供了音乐的素材，音乐通过语言，才把自己的意义完整表达了出来。

如果把语言和音乐的关系看成是这样的一种积极的关系，那么就会发现下面的这个层次。

语言和音乐的第二层关系，我暂时称之为“放大关系”，它的意思是说：音乐会放大语言用来表达意义的某些手段，并使之成为表达音乐意义的重点。

在这方面，我还缺乏系统的研究，但是可以提供部分证据。

有声调的语言的音乐普遍存在“腔音”。腔音就是对于旋律型声调语言的声调的放大。由于声调语言用声调来辨义，所以形成了音乐中放大声调曲线，并且欣赏这个过程的习惯。前文已经论及，在此不赘述了。

汉藏语系用声调辨义，与之相应，印欧语系用重音辨义。印欧语系的词重音基本都是不固定的，一个词一般有一个重音。这些语言也有大量的单音节词，这些词不存在轻音，也就是说，轻重音对比并不是普遍的，总的来说，重音要比轻音更多。但是，音乐体系却发展出一种完美的轻重音交错形式，这就可以看作是轻重音对比的放大。由于单音节词的存在，不论如何巧妙安排，还是会有重音出现在弱拍上，相对比的结果，听众在听觉上会觉得在强拍上的重音更重，从而放大了这个词重音。听众也重点欣赏这个现象。

重音问题不像声调问题那样用乐谱可以大概标识出来，因为它和歌唱者的个性处理关系密切。所以，这里只能尽量说明。如要具体感受需要去听歌。仍以 *No Matter* 为例，

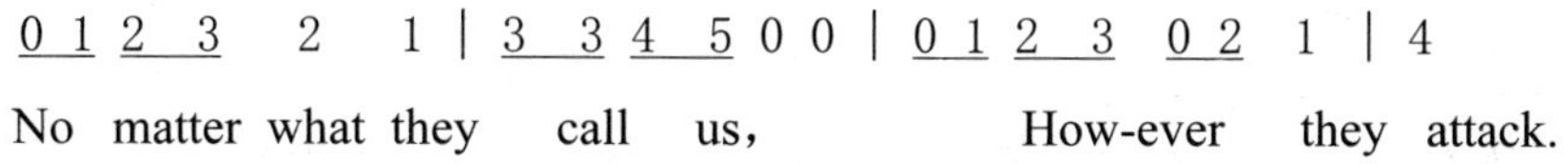

0 1 2 3 2 1 | 3 3 4 5 0 0 | 0 1 2 3 0 2 1 | 4
No matter what they call us, How-ever they attack.

这两个乐句都是在强拍的后半拍起，所以“No”和“However”的重音没有被突出。同样，其他在弱拍和次强拍上的词重音也没有被突出，这就使“call”和“attack”的重音更加突出了。这两个词在这儿是“教导”和“打击”的意思，都有很强的攻击意味，强调其中“强迫”的意思，加强的重音很好地体现了这个意思。在演唱时，歌手在这两个词上的处理也很重。这就是词重音的放大。可以说，没有固定重音的语言，只要节奏使用了均分律动，就会出现词重音的放大现象，而均分律动正是欧洲音乐体系的重要特征之一。

对于有固定重音的语言来说，均分律动也会同样造成词重音的放大现象，因为它们同样有单音节词。但是效果不如没有固定重音的语言明显，一方面是因为可以通过调整词所占的节拍来使词重音基本上都落在强拍上；另一方面，固定重音本来就没有辨义功能，所以加强重音的效果要相对弱一些。

除了声调和重音，还有一些语法现象的放大情况比较明显。比如说句调。很多语言或方言的句调有一定的特点，在音乐中有更明确的体现。比如陕西民歌的句尾常常有一个降调，这和陕西话的句调有关。但是陕西话并不总是在句尾降调，只是这种降调很有特点，而在民歌中，这种降调就很普遍了。像《绣荷包》在很多地区都有流传，最典型的是山西的，而陕西的《绣荷包》与山西的相比，句尾的降调十分明显。句尾一共用了 14 个字，涵盖了各种声调，句式

有叙述、疑问、祈使、感叹，都包括全了，但一律用降调结尾，这就是句尾降调的放大。

同样的情况还出现在蒙古语和达斡尔语音乐中。蒙古语和达斡尔语都属于阿尔泰语系蒙古语族，句调十分接近，都是无论什么句式，结尾最后一个音节都有降调现象。在音乐中，两个民族的歌曲乐句末尾基本都有降调。

另外，两个民族的歌曲的中结音还有向上甩音的现象，但是甩音的程度不同。顾万超、李需民在《简论达斡尔族民歌的淡化调式思维》中说：

> 这种中结音上二度倚音装饰，与蒙古族民歌中的“甩音”相似，所不甚相同的是蒙古族民歌中的“甩音”大多是中结音的功能音（四、五度音），或特征音，较少有上方大二度甩音，而达斡尔族民歌中结音上的后倚音则均为大二度音。①

作者认为这是两个民族在调式思维上的差异所致。对与不对姑且不谈，只是这种现象不会是辨义需要所致。因为两种如此近似的语言，它们在句调上没有太大的差异。中结音甩音的不同，正是音乐对语言的某一部分进行放大，而放大的程度有别所造成的。

语言和音乐的辨义关系和放大关系，都是两者之间的正关系，最终表现为两者之间在分类上的近似。所以，语言体系和音乐体系的近似，也是这两种关系的有力证据。在我国，杜亚雄等学者早就指出我国语系与音乐体系之间的吻合现象，杜亚雄并以语系为基础写作了《中国少数民族音乐概论》。那么在世界上其他的语言中，是否其语言系属和音乐系属也吻合呢？这一点，应该通过查阅资料能够了解到大概（因为正同某些语言的系属未定一样，很多音乐的系属也在争论之中），但是目前我还没有做这个工作。我在恩凯蒂亚的《非洲音乐》和俞人豪、陈自明的《东方音乐文化》② 以及马科斯·布洛德的《以色列音乐》等专著中都看到了语言和音乐类别上的近似性，但是还没有看到明确的论述。钱建明在《一种“混血文化”的历史见证——塞舌尔群岛的克里奥尔音乐》③ 一

---

① 顾万超，李需民．简论达斡尔族民歌的淡化调式思维［J］．音乐研究，2004（2）．

② 俞人豪，陈自明著．东方音乐文化［M］．北京：人民音乐出版社，1995．

③ 钱建明．一种“混血文化”的历史见证——塞舌尔群岛的克里奥尔音乐［J］．中国音乐学，2004（4）．

文中，对混合语的典型代表——克里奥尔语的音乐进行了分析，通过对音阶、节奏、表演风格等各方面的分析，最终论证了克里奥尔音乐也是“混血音乐”。这倒是一个重要的证据。

三、汉语音乐的创作顺序

明确了语言与音乐的两层基本关系：辨义关系与放大关系，我们就可以谈谈汉语的语言与音乐的关系了。

汉语属于声调语言中的旋律型声调语言，这种语言的音乐，在旋律上与语言的关系比在节奏上与语言的关系要密切得多，而旋律是音乐的第一要素，所以统而言之，旋律型声调语言与音乐的关系最为密切。可以说，其音乐基本上是从语言中发展、放大而来的，所谓“长言之也”。汉语音乐基本上不像西方音乐那样具有脱离语言的独立意义，因此器乐曲的传统非常弱，歌曲的传统非常强。

我们汉语的音乐创作传统，是先词后曲。《尚书正义》说：

> 诗言志，歌永言，声依永，律和声。[①]

这段文字，到了《礼记》则表述为：

> 故歌之为言也，长言之也。说之故言之；言之不足，故长言之；长言之不足，故嗟叹之；嗟叹之不足，故不知手之舞之，足之蹈之也。——《礼记·乐记》[②]

《毛诗正义》又表述为：

> 诗者，志之所之也，在心为志，发言为诗。情动于中而行于言，言之不足，故嗟叹之，嗟叹之不足，故永歌之，永歌之不足，不知手之舞之，足之蹈之。[③]

这些话的意思都是一样的，即诗歌舞的顺序是：

---

① ［汉］孔安国撰；［唐］孔颖达正义；黄怀信整理．尚书正义［M］．上海：上海古籍出版社，2007：106.

② 王岫卢，朱经农主编；叶绍钧选注．礼记［M］．上海：商务印书馆，1926：108.

③ ［汉］毛公传；［汉］郑玄笺；［唐］孔颖达等正义；黄侃经文句读．毛诗正义［M］．上海：上海古籍出版社，1990：15.

情——言——诗——歌——舞

先有感情，心动了，有了感情，于是有话要说；话说出来，不足以表达感情，于是拖长它；还不足以表达感情，于是加上叹词；还不足以表达感情，于是和上音律歌唱；还不足以表达感情，于是手舞足蹈，这就是古代的跳舞了。

我们从中可以得出以下几个结论：

第一,一切都是从感情出发的。志者，心之所之也，心所向往的地方，也是感情的意思。没有感情，就没有诗歌，也没有舞蹈。诗歌、音乐、舞蹈，都是从感情里自然生发出来的。今天的流行歌曲和所谓舞蹈，都是表演的。甚至很多人以为艺术就是表演艺术。岂不知，生活艺术才是一流艺术。艺术就是在生活中，感情来了，挣脱了动物性的羁绊，绽放出人性的光辉，就是艺术了。

表演艺术永远是次生的。为什么每次演出都要这样唱？为什么每次到这里都要这样跳？难道感情没有任何变化？以前的艺人都是知道这一点的，所以要钩脸儿，把自己藏在脸谱的后面，还要出场先亮相，表示自己不是那个角色，从此时此刻才开始扮演这个角色。还有每次唱时都融入自己的理解和感情，所以有变化，有发展。也正因如此，以前的艺人严于修身，有气骨有艺德。现在从大众到艺人，都以为演艺明星是艺术专业户，艺人就只有离艺术更远了。

生活艺术才是真正的艺术。宗教艺术，是那人的真的信仰。剪纸艺术，是那人真的那么想。这些都不是表演。歌唱，是有话要说才唱的。唱的是自己的词，唱给自己或者他想告知的对象，不是不认识的人，不是虚空的大众。舞蹈，是身体自然的动作，用以表达他的感情。现在我们见到的舞蹈，大都是谄媚于人，这不是经典中所说的舞蹈。舞蹈和歌唱一样，都是发乎真情，自然而然。会说话就会唱歌，会走路就会舞蹈。每个人都不一样，每次都不一样。这才是生活艺术。

第二，我们的旋律和节奏，是从语言中生发出来的。因为我们的语言，是声调语言，还是旋律型声调语言，天然地与音乐相通。西方的语言属印欧语系，是重音语言，他们有重音没声调，天然只与节奏有缘，而与旋律较远。所以西方需要作曲家。作曲这件事，在西方是天才才能做的事，需要拍脑袋的灵感，而灵感需要刺激，所以很多西方作曲家过着异乎常人的生活。中国历史上，几乎没有作曲家。我们有编曲家、演奏家、作词家、歌唱家，就是没有作曲家。

像姜夔自度曲，所谓“度”，也就是“忖度”，不是今天的作曲——创造旋律，而是指整个旋律框架已经基本确定的情况下，做一些调整的意思，其实近于今天的编曲。

世界上的声调语言，可不只是汉语。在我国，就有汉藏语系，有苗、瑶、壮、侗、彝、傣、水、黎、布依、纳西、哈尼、景颇等语言。在东南亚、非洲和美洲，都有声调语言。声调语言主要分布在热带和亚热带，所以有学者认为声调的形成和气温有关，和说话时的散热有关。汉语是所有声调语言中最北方的一支。为什么北非、西亚、印度等地也处于热带、亚热带，却不是声调语言呢？因为欧洲地处温带和寒带，他们是重音和节奏语言，而马其顿帝国、罗马帝国等曾多次统治这些地区，造成了人种和文化的融合交流，他们原本的声调语言消失了，也变成了重音和节奏语言。

世界上所有有声调语言的民族，其歌曲旋律的产生，都是来自语言，尤其是其声调。所有这些民族的文学作品，都是可唱的，而且是可以即兴唱的。而我们汉族是现在唯一不会唱了的民族。

我在调到首都师范大学之前，在中央民族大学工作了二十年，而且是在少数民族语言文学学院。这个学院曾开过上百种语言的课。我也曾做过少数民族语言和音乐的田野调查工作。上面说的事情，在我们那里属于常识。比如我们去一个苗寨，请当地的老人给我们念诗或者讲故事，基本上都是唱的。所有的事情，所有的活动，都是可以即兴唱的。现在五十六个民族五十五个能歌善舞，只有汉族什么都不会——因为我们学了music，却忘了自己的音乐，典型的邯郸学步！

我们不需要作曲家，是因为人人都是作曲家。以前在中国，作曲不是个什么事儿。把想说的话拖长，往音阶上一放，就是歌曲。语音的长短高低轻重缓急，就化为音乐的旋律节奏。这件事，每个说汉语的中国人曾经都会。

汉诗文是用声音创作的，先吟后录，或者吟了不录，当创作完成的时候，它基本上都还是声音的作品。用声音创作，自然会用声音调节。当他表达一种高兴的情绪时，不会使用低沉的声音、闭口的声音。这是每个说汉语的中国人的本能。所以诗词文赋，就有声音的含意。况且诗文还是有声音规则的，长短高低轻重缓急，是有规则的，按照这个规则去创作，声音的含意是按照这个规则去表达，所以诵读时怎能不遵守这个规则呢？不遵守，又怎能找到作品的声音的含意呢?

第三，我们是诗歌舞一体的。我们的诗叫诗歌，我们的舞叫歌舞，我们的乐叫歌曲。西方的语言与节奏相关，与旋律比较疏远，所以语言和音乐相对分离，他们能欣赏纯粹的乐曲的声音，从旋律和节奏中感受情绪。中国人当然也能，但是汉语和节奏、旋律都很相关，语言和音乐是紧密结合在一起的。音程的上升下降、腔音的婉转回环、节奏的快慢变化，都会让人不自觉地反映成为语音的声调、语调等，从而获得一些情绪含意。

我给你唱一个旋律：0 6 1 2 3. 5 3 1 2 6 —，虽然我唱的只是一个旋律，没有词，但是你的心中有没有响着“让我们荡起双桨”的声音？有词的旋律和没有词的旋律是不一样的。有词的旋律，即使没有唱词，演奏者和听众的心中，也一样有词的声音。以前戏迷欣赏戏曲，特别会欣赏尾腔。一个字，演员会唱出很多婉转，其实这个字的语音在第一个声音里已经表达完了，当然语义也就表达完了，为什么后面还有那么长的尾腔呢？因为他在表达情感的变化。腔音向上弯，有疑问、强调、欣喜等感觉，向下弯，有判断、感慨、悲伤等感觉，平拖，有陈述、思考、延展等感觉。观众就是在欣赏演员所表达这些情感变化，沉浸其中，不能自已。我们应该重视我们华夏民族的歌唱传统，我们的旋律是从语言中生发出来的，我们的情感是靠语言来表达的，应该恢复和发扬我们的按词歌唱的传统，摆脱西方器乐曲的影响。

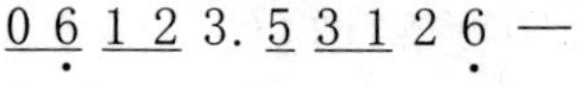

第四，古诗文基本上是书面语。古代的书面语和口语也是不同的，最大的一个差别，就是书面语是拖长的，或者说，拖长是书面语的一个主要特征。不是说所有的书面语都是拖长的，但是总的来说，大多数书面语是拖长的。这就是“歌永言”“长言之”的意思。今天我们是用口语的方式对待古代的书面语了，这是个错误。古诗文是拖长的，这一点非常重要，对于理解汉诗文的形式特点，是一个基础性的认识。

第五，我们的诗是可以入乐歌唱的，所以叫诗歌。入乐歌唱的方法，叫作“律和声”，即把拖长之“言”放到音律上，也就是宫商角徵羽上。凭什么放到音律上呢？凭什么知道哪个字放在哪个音律上呢？这个不是靠西方作曲家的拍脑袋的灵感，而是我们的语言的天然习惯。我们汉语的上古音，是音高型声调，各声调之间大致有个音高的相对关系，所以四声对五音，也有个对应关系，因此才可以“律和声”。(具体论证请见下文“四声对五音”部分。)

现在我们所说的吟诵，也是按照声调的相对音高关系，来大致确定字的乐音。只不过现在的汉语已经是旋律型声调语言了，四声已经不能对五音，已经变成音程之间的较为复杂的关系了。

明白了以上五点，就可以谈谈吟诵的曲调问题了。

第二节　中古以后汉语音乐的旋律机制

一、汉族音乐的绝妙

在汉语音乐的创作顺序“情——言——诗——歌——舞”中，现在我们来专门关注一下从“诗”到“歌”的过程，也就是曲调的产生过程。这就是中国式“作曲”法，即汉族传统的音乐旋律产生的机制。

汉语传统音乐的旋律产生机制，和世界上所有的声调语言一样，都是从字音里来的，然后再做调整。从字音和声调产生基本乐音，然后根据含意和情绪进行一定的调整，有时还要考虑不同文体的特征，这样就最终形成了旋律和节奏。非声调语言的基本乐音与语音关系不大，只是节奏节拍和语音相关，因此旋律相对具有独立意义，所以西方的器乐曲比较发达。我一直怀疑汉族历史上有没有真正意义的器乐曲，我觉得古代的曲子在产生的时候基本上都应该是有词的，是从词而产生的旋律。

我在《普通话吟诵教程》里专门有一节，叫作“汉族音乐的绝妙”。现在很多人都以为汉族音乐没有西方音乐水平高，其实是不知道汉族音乐的绝妙之处。西方音乐的绝妙之处，主要在于旋律、节奏和和声、混音，而汉族音乐的绝妙之处，首先在于词。汉语汉文“书不尽言，言不尽意”，其中有巨大的含意空间，加上厚重的意象系统，高远的文化精神，使得汉诗文的含意之丰富复杂、细腻深广，远非直抒胸臆的西方诗文所能及。而音乐，放大了这个含意，更加丰富了这个含意，汉语的诗文和音乐的结合，可以达到无限的思绪、无穷的想象、无尽的情怀，使人沉迷其中无法自拔，使人陶醉其中流连忘返。这种音乐的绝妙感觉，是不懂汉语、不懂汉诗的西方人所难以想象、难以体会的。关键是，现在的中国人也往往不会体会了，所以汉诗文成了枯燥无趣的代名词。吟诵，可以让我们重回美境，重温绝唱。

不过，汉语音乐的产生机制，也是与汉语的性质有关的。汉语在中古隋唐之前，基本上是音高型声调，隋唐以后，基本上是旋律型声调。这个重大变化，直接影响了汉语音乐的产生机制。

这一节，我们主要来谈我们熟悉的汉语，也就是从隋唐直到今天都是一样性质的旋律型声调语言。全世界这样的语言，其音乐产生机制都是一样的，那就是：依字行腔、依义行调。

二、依字行腔

汉语的歌曲，是有腔有调的。什么叫腔，什么叫调呢？比如有这样一条下行旋律线：

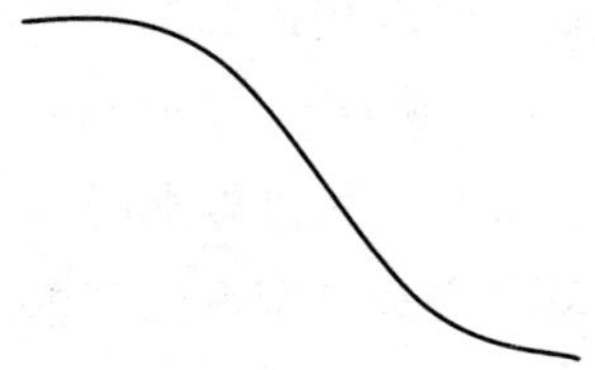

现在要用这个旋律唱普通话的四个字，声调分别是一声、二声、三声、四声，那么唱出来就是这样的：

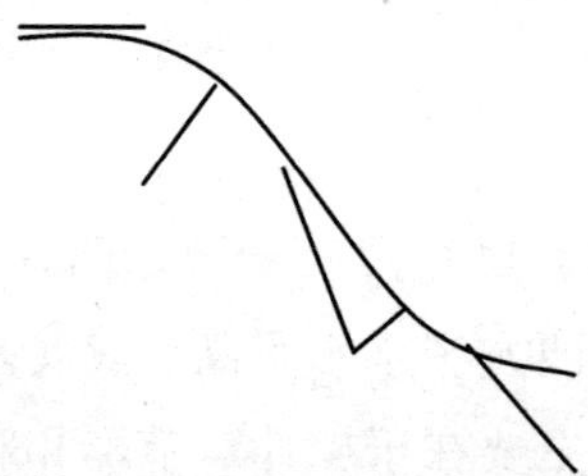

原来的那条旋律就是“调”；每个字根据它的声调而改变了的旋律就是“腔”；“调”加“腔”，就是“曲”，即实际唱出来的旋律是：

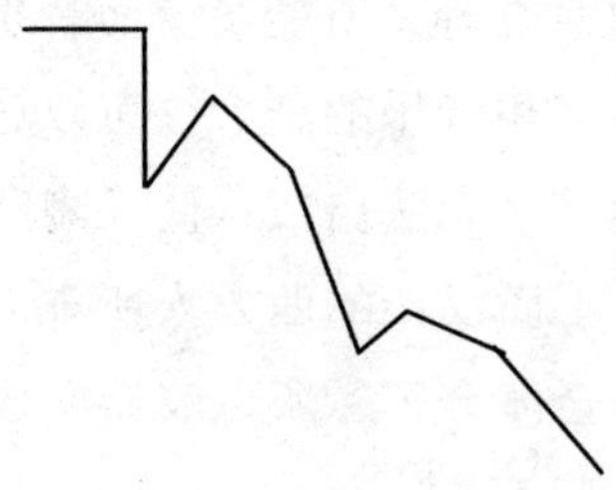

如果唱四声、三声、二声、一声，就是这样：

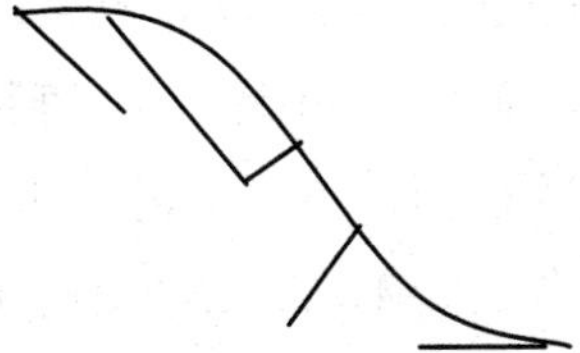

实际唱出来的“曲”是：

曲是腔和调的合成，就像两个波的叠加。如果用五线谱或者简谱记下来，就是记的这个“曲”。我们看到这两个“曲”完全不同，但是却是同一个“调”。所以中国的音乐，是不能用五线谱和简谱记的，一记，腔、调全混在一起，谁也搞不清楚哪是腔哪是调。我“发明”了中国式记谱法，就是腔、调分记，把调记在一条线上，把腔分记在上下，这样就一目了然了。

比如二人转《小拜年》：

6 6 6 6 6 6 0 5 3 2 2 1 6
5 5 5 3
33
正 月 里 来 是 新 年 呀

这样就看得很清楚，每个字都是有腔有调的，第一句的调是个平调，加一个下行的尾腔。第三句的调和第一句是一样的，就是腔不同：

6 6 0 6 6 0 5 3 2 2 1 6
5 5
家 家 团 圆 会 呀

比如“年”这个字，唱的时候要向上挑一下，再接下行的尾腔：3532216，“会”是同一个调同样的位置，但是因为是四声，就没有向上挑，而是直接用下行的尾腔表示声调的降调了：532216。如果“会”也唱成：3532216，就成了“回”

了，就倒字了。“团圆”都向上挑，而“是”“新”两个字就都没有上挑，而是分别用下降和平的音程，这就是声调的体现，也就是“腔”。

西方音乐，有主干音和装饰音；中国音乐，有腔和调。西方所谓的装饰音，在中国歌中，有的是腔，有的是调，不可混淆。西方所谓的主干音，在中国歌中，应该属于调，但是，也有判断不清，误把腔看成主干音的情况。所以，分不清腔和调，是搞不清中国音乐的。调，才是中国音乐的“主旋律”。中国音乐，不可直接以西方音乐理论来分析。

有了“腔”，就永远不会倒字。以前中国人唱歌，是永不倒字的。唱歌的目的是什么？不是为了耍帅，不是为了摆pose，而是为了把歌词传达给对方（或者自己）。字都唱倒了，还传达什么？那么唱歌的时候为什么就不管词了呢？你到底是想表达什么呢？

一次，我在出租车上听广播，刘德华在唱《爱你一万年》。我怎么听都是“爱你一碗面”啊，还以为给“面爱面”做广告呢。“万”是第四声，是降调，可是他唱的是35，3长5短，这就成了一个三声的腔音，那不是“碗”吗？“年”是第二声，是升调，他反倒唱成了176的降调，再加上他mn不分，就成了“面”。更要命还在后面：“爱你经得起考研”！天哪，原来刘德华也考研，现在真是考研成风了。“验”是第四声，他却唱12，听着不就是“研”吗？

如果一位男士跪在你的面前向你求婚，口称“爱你一碗面！”你会答应他吗？他对他所说的话毫不在意，他的全副心思，都在他的pose上，都在他的帅上，都在他的旋律节奏所暗示的浪漫上，可是，对于他正在发的誓言，却如东风过耳。一个人不重视他所唱的词，还唱什么呢！没有意义。中国人，一定要言为心声，绝不能倒字。

有一个帖子，在网上流传十几年了。从它出现以后，不断有人在往上贴新的，因为总有新歌出来，就总有笑话出来。这个帖子叫《听错的歌词》，大家可以自己上网找找。其中大部分都是倒字问题。我这里摘一部分：

> “学习雷锋，好榜样……李昌坚定豆子香……”这个李昌是谁呢？为什么他坚定了，豆子也就香了呢？因为豆子也是爱国的吧。我一直是这样理解的。
>
> 《济公》里唱：“哪里有不平哪有窝。”太对了，地上哪里不平，当然会

有“窝”了！

《龙的传人》那句“永永远远地擦亮眼”，当初无论如何也听不懂，总听成“永永远远地差两年”，老是纳闷儿，为什么一定要差两年呢？

“……我们的祖国是花园，花园的花朵真鲜艳，和暖的阳光照耀着我们，每个人脸上都笑开颜……”后两句小时候听成“河南的阳光照耀着我们，美国人脸上都笑开颜”，郁闷了好些年……

有没有听过张学友唱的《结束不是我要的结果》——“……结束不是我要的结果……那个等在车窗里面的人已不是我……”我和好友俩人听了很多次，都以为“那个等在厕所里的人已不是我……”怎么也没想通。

还记得游子费翔的《故乡的云》吗——“……鬼来吧，鬼来……（归来吧，归来）”，乍一听，真吓了一跳。

第一次在听童安格《耶利亚女郎》时，竟听成“……野驴呀，神秘野驴呀……”纳闷儿了好一阵子！

《爱的主打歌》第一次听，恍惚听里面唱到：“原来原来你是我的猪大哥……”以为“猪大哥”是神马最新的爱称。

我曾在农村教小学生唱歌，白毛女中“北风吹”同学们很快唱得熟了。一天，一个同学突然问我：“老师，‘北风拿个锤，雪花拿个瓢’去干什么呢？”我没听明白，同学们争着说：“他说的是歌词。”噢！原来“北风吹”第一句“北风那个吹，雪花那个飘”，被小学生理解为“北风拿个锤，雪花拿个瓢”！真是哭笑不得，我至今记忆犹新。

可见听错歌词，是大家普遍的经历。这些年，唱歌不打字幕，鬼也听不出来唱的是什么。离开字幕就不成歌，这叫什么歌？我说中国人已经不会唱歌了，一点儿也不过分吧。

有腔有调！有板有眼！有情有义！这才叫中国人的音乐、中国人的歌、中国人的生活。

当然，要做到不倒字，技术上也不是特别简单，这里不仅有本字的音程问题，还有前字到本字的音程问题。避免倒字、依字行腔的方法，也就是中国传统的“作曲”法，我总结了“单、连、顺、断、拖、开”六个字，详见《普通话吟诵教程》。

依字行腔就是中国传统作曲法，或者叫中国式作曲法，学习起来很简单。我在吟诵学习班上讲，一般只要两个小时。两小时后，人人都会作曲，而且很多人几分钟就能作曲，且非常好听，又不倒字。中国的曲，是从词里来的，是从字中生发出来的，很简单，而且只有这样的曲，才入情入心，一下子直击人心。我们要通过吟诵教学，让中国的孩子们重新学会自己作词，自己作曲，自己唱，自己听，自己教育自己，——也就是乐教，并不是遥不可及的事情。现在我们倡导学校建立“乐府社”，专门做这件事情。现在在很多学校、很多老师和学生那里已经开始啦！

要做到不倒字、依字行腔，也很简单，秘诀就是：把注意力放在词上！忘掉旋律！旋律是无所谓的，词才是你真正要说的话。只要你记住要说的词，就不会倒字——生活中说话怎么你从不倒字呢？就是因为你不在乎你的声音美不美，而在乎每个字本身。

从这里你也可以悟出，其实吟诵没有什么美不美的，没有什么好听不好听，只有感人不感人，感动自己，感动别人。能令心动神摇，必是词意全出，这就是好吟诵。跟嗓音好不好、pose 帅不帅、跑不跑调，实质上都没有关系。

普通话吟诵是怎样进行依字行腔的？

在汉语音乐中，每个字的声调，在听感上，取决于两点：一是前字末音与本字首音的走向关系，二是本字的音程走向。比如，“春城”，“春”的最末一个乐音如果是 1，“城”的最前一个乐音是 2，那么从 1 到 2 的走向是上升的，这就会听为“城”是二声的，是个升调。如果“城”本身的音程是 2—3，那么也说明“城”是二声的，是升调。两者相合，“城”就会被听成是二声的升调。

如果两个走向是相反的呢？比如“春阳”是 1—$\underset{\cdot}{6}$—1，从“春”的末音 1 到“阳”的首音 6 是下降的，而“阳”本身的音程是 6 到 1，是上升的，那么，听众会听成什么，就取决于两者谁强。1—$\underset{\cdot}{6}$—1，下降音程不深，而真正唱出来的是上升音程，所以后者会战胜前者，听众多半还是会听成二声“阳”。但如果是 1—$\underset{\cdot}{1}$—1，下降音程已经很深，上升音程虽然也深，但是时长还是那么长，后者就变弱了，前者与后者相当，很多人就会听成一个转折调，从而听成是“春痒”。如果下降得再深，后者将战胜前者，大家会听成是“春样”。

以上是每字有音程的情况，如果是一字一音呢，那第二点就不存在了，字音的声调，只取决于前字末音与本字首音的走向关系。

依字行腔，就是不倒字。不仅准确地发出声母和韵母，而且依声调的方向来走旋律。声调往上的就往上唱，声调往下的就往下唱，声调平的就平着唱，声调拐的就拐着唱。这就是我们传统的汉语的唱法。

这种唱法，自然会形成一字一音为主的音乐，一字多音一般只用于升降调（升降调也可以通过一字一音来体现）。像戏曲那样一个字很多音的情况，是很少的，除非是韵字尾腔。这也是古代自隋唐燕乐以后，唱吟分家，两者的重要区别之一。

依字行腔的自由空间还是很大的。“春阳”，只要“春”是平着唱，“阳”是往上唱就行。可用的乐音和音程很多。那么，到底用哪个，是由什么决定的呢？由两者决定，一是个人的语感，二是个人的理解。每个人的语感不同，尤其受方言的影响比较大，此外还有社会人群、环境、家庭和个人因素等。语感不同，就会选择不同的乐音和音程。此外，个人对诗文的理解不同，也会导致不同的选择。比如，如果认为“春阳”在这首诗中是快乐的意思，可能就会选择高一点的乐音，如果认为是悲伤的意思，可能会选择低一点的乐音。两者相合，就是个人最后的选择。

依字行腔的理论，看起来有点复杂，实际上都是本能，每个人都会，懂不懂理论都无关系。所谓选择，也不是理性的选择，而是本能的选择。我教吟诵的时候，教依字行腔，一般只需要十分钟。为什么这么短？因为这是每个说汉语的人的本能！只要调动起来就行。讲理论，就不那么简单了，但是也不需要半小时。

普通话吟诵也是丰富多彩的，每首诗也应该有成千上万的吟诵调。因为各地、各人的普通话是不一样的。普通话虽然有标准，但是有雍余度，每个人的普通话是不完全一样的。此外，各地的普通话实际上也是不一样的。上海普通话和广州普通话、沈阳普通话，就不一样。这种差异的存在，是必需的，是有利的。只要其中的差异度把握好就行。既不能差太大，又不能完全没有差异。完全没有差异，一则不可能，二则是对普通话的伤害。

为什么我不怕地方普通话会破坏标准普通话？因为基于这么多年来我们推广普通话的成绩。现在，因为电视广播网站的大力使用，绝大多数中国人都知道标准普通话。他们也想说标准普通话，只是受自己的语感影响，总有一点差异而已。

我教普通话吟诵的时候，有一个有趣的现象。只要不同地方的人凑在一起，练习依字行腔的时候，就会出现一个共同的调子。开始的时候，大家还是不一样的，很快就会找到共同的调子，并且几乎所有的人都用这个调子。而且，这个调子在全国各地的吟诵学习班上，都是一模一样的。没有事先的串通，也没有事先的准备，无论何时，无论何地，只要大家一开口吟咏，必然就是这个调子。为什么？因为，这个调子就是标准普通话吟诵调，是每个中国人心中都有的调子。

比如《静夜思》，大家的吟诵都是这样的：

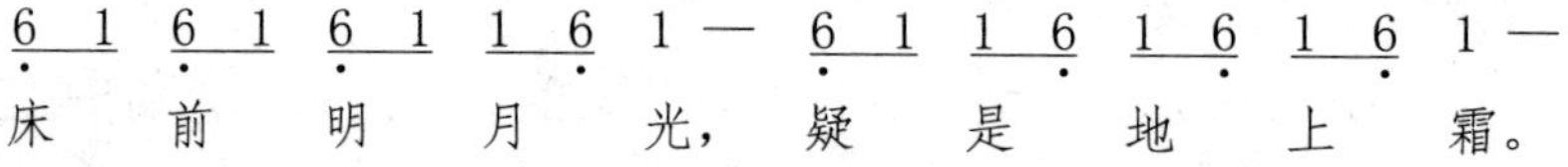

$\underline{\underset{\cdot}{6}\ 1}$	$\underline{\underset{\cdot}{6}\ 1}$	$\underline{\underset{\cdot}{6}\ 1}$	$\underline{1\ \underset{\cdot}{6}}$	1 —	$\underline{\underset{\cdot}{6}\ 1}$	$\underline{1\ \underset{\cdot}{6}}$	$\underline{1\ \underset{\cdot}{6}}$	$\underline{1\ \underset{\cdot}{6}}$	1 —
床	前	明	月	光，	疑	是	地	上	霜。

仔细分析一下，原来，大家唱的是“11111，11111”。$\underset{\cdot}{6}1$这个音程，是用来表示升降调的，$\underset{\cdot}{6}$近似是个倚音。所以，实际上大家唱的是一个平调，而且是个主音的平调。有的学员把这个调子戏称为“矿泉水调”，因为讲课的时候我的面前通常会有瓶矿泉水，我会问大家：“电脑”怎么吟啊？“黑板”怎么吟啊？“矿泉水”怎么吟啊？大家的印象很深。我也接受这个名称。因为，矿泉水是单纯的，正好可以表达出标准普通话的主音平调的意思，而矿泉水又是富含营养的，蕴藏着无限的可能性，正如这个标准调可以变出无限的吟诵调一样。所以，我也管它叫“矿泉水调”。它就是普通话基本调，是个平调。

矿泉水调可以有上中下调，可以唱11111，也可以唱55555，也可以唱33333，互相组合，就出现了无限的可能性。如果明白了这一点，就可以明白中国音乐的旋律特点。汉语歌词，可以唱任何旋律，而绝不倒字。如何做到的呢？就是用音程和倚音。升调抬一抬，降调压一压。以前的中国人就是这么唱歌的。不倒字，是很简单的事情。现在的流行歌曲，字倒一大片，真不知道他们是怎么费力才做到的。

从矿泉水调变成吟诵调，还有几个辅助的方法。除了按照个人的理解，选择不同的宫调、乐音和音程以外，还有两点。一是，任何地方，只要断掉，就一笔勾销。意思是，前音到本音的音程问题就不用考虑了。字的声调只由本音音程决定。当你唱一个去声，而需要旋律高上去的时候，就断掉，再从高音开始，用一个下降音程，就可以了。二是，任何音拖长，都是平声，在普通话中，就是一声。所以，二、三、四声调，不能拖太长，一声可以拖很长。反过来，一声本是 55 调，是普通话的最高调，但是，如果想用个低调（通常是押韵的时候），就可以使用拖长的办法。只要一拖长，即使是低调，也会听出平声来。想想《我的祖国》里面，“看惯了船上的白帆”，没人会听成“白饭”，为什么？拖长啊。此外还有一字一音、把音连起来等方法，其中最主要的是连的方法。中国音乐的旋律是以连为主，以断为辅的。

最后，是如何选择宫调、乐音和音程问题。前面说过，是个人的理解。这似乎太空泛，所以再解释一下。个人的本能，自然会做出选择。我们只能说这些选择的规律是什么？大概说来，是放大问题。情绪激烈，则放大，否则则缩小。所以豪放的调子起伏大，婉约的调子起伏小。如何起伏大？记住不能倒字啊，所以只能是依字行腔地起伏。如何起伏？顺调而行，即升调升得更高，降调降得更低。那么升调时我想降怎么办？就断掉。

矿泉水调及其组合，就是依字行腔。其法有六，简称“单、连、顺、断、拖、开”，这就是传统的中国式作曲法。详见《普通话吟诵教程》。现在就明白为什么中国历史上没有作曲家了，因为，人人都是作曲家。作曲，在中国，是太简单的一件事了，因为我们的语言是最音乐化的旋律型声调语言。音节和音节之间有相对音高关系。印欧语系的语言，有重音没声调，音节和音节之间没有相对音高关系，结果谁也不知道该用哪个乐音，就只有天才才能作曲了，因此才有作曲家。

所以，吟诵的恢复和推广，一定会给中国音乐带来复兴的希望，一定会出现新的流行歌曲，而且是中国式的，深入人心。

移风易俗，莫善于乐，不是莫善于 music。

三、依义行调

所谓“腔”，就是一个字的字音的唱法，它要按照字音来唱。所谓“调”，就是字和字之间的关系，是高还是低，是轻还是重，是长还是短。

依义行调，很简单，就是根据“义”来定“调”，该降还是该升。这一点，对于作曲的人来说，可能是最重要的事情，是那个“灵感”的秘密。但对于吟诵来说，其实没有什么可讲的，因为人人都是声音艺术的大师。

比如“床前明月光”一句，你觉得是哪个字该长，哪个字该短，哪个字该高，哪个字该低？这些都由你的理解来决定。怎么理解的就怎么读，怎么读的就怎么唱。高读的高唱，低读的低唱，长读的长唱，短读的短唱，如此而已。这些高低长短的读法，在理解的基础上，应该是脱口而出的。每个人都有这个能力。

不是吗？从刚出生开始，你就在辨认声音的意义。妈妈对你说："宝宝——真乖——"，其实你对这四个音节的意思毫无所知，但是，慢慢地，你就知道了，从表情，从动作，从一遍遍的爱抚中，你明白了语音的含意。当妈妈说："宝宝～～"的时候，是喜欢；说"宝宝！"的时候，是生气了。于是，你也学着用声音去表达含意。你知道如何运用长短、高低、强弱、缓急这些手段去表达情绪，包括清浊、轻重、开闭、颤抖、断续、气声、假声等，你其实什么都会，什么都明白。你不可能要表达一个高兴的意思，却用低沉的闭口音，也不可能表达一个激动的意思，用一个平缓的慢节奏。把这些放到乐音上，就是唱歌。你其实知道旋律和节奏。

所以，依义行调是不用讲的，人人都会的一件事。在我们的吟诵学习班上，也的确可以发现是人人都会的。

但是，依义行调还是要讲。不是讲行调，而是讲"义"。对"义"的理解如果错了，依义行调就好不了，整个吟诵就好不了，不管有多好听的旋律，也是白搭。现在我们恰恰是"义"的理解出了问题。

前文已述，汉诗文文本的"义"有四个层次。一个是字义，这是现在一般的老师都知道的，至少知道怎么去查，在哪里能够找到，不管是百度还是辞典，总之，字义是一般人都可以掌握的。第二个层次是音义，这是现在一般的中国人都不知道的，可以说一无所知。而我们的汉诗文，却是用声音创作的，是声音的作品。吟诵是讲音义的，现在只有通过吟诵，才能了解音义。第三个层次是意象，即文人儒士的"行话"。这个凡是没有系统读过经史子集的人，都是不太可能掌握的，所以我们现在往往以大白话来理解古诗文。第四个层次是主题，即文化精神的含意和儒士的心态气象。这是现在一般的中国人都多少知道一些的，但是还远远不够。比如对汉诗文的作者群——儒士，缺乏深刻的认识，比如很少意识到作诗对于儒士来说首先是修身，然后才谈得上抒情。他们对中国历史和文化的判断也比较简单武断。这些观念渗透进每一首诗、每个字的体悟上，使得我们对汉诗文的文化含意存在底层观念的重大偏差。

汉诗文文本的意义层次，一个是我们基本上可以知道的，两个是我们基本上不知道的，还有一个是大概知道一些，但所知不多的。四个层次相加，我们对汉诗文的“义”的了解，就是很容易出问题的。“义”理解错了，当然依义行调就会错。所以这个问题，我们重点强调的是对“义”的把握，尤其是音义、意象和文化的含意的把握。依义行调，其实主要依靠的是个人的文化修养，这个不是学学吟诵就可以解决的。

吟诵的规矩，其中很多都涉及“调”的问题，比如平长仄短，平低仄高。这些规矩是文体的特征，读的时候要首先遵守这些规矩，因为作者也遵守这些规矩，在此基础之上，再去理解作品。理解了以后，再重新调整高低长短，依义行调。所以依义行调和吟诵规矩之间没有矛盾。

第三节　上古汉语音乐的旋律机制：“四声对五音”理论探讨

关于“四声对五音”的专门研究，我孤陋寡闻，未见很多，只在一些专著、论文中见过简单的叙述总结，但没有分析。专门探讨“四声对五音”的论文仅见中国传媒大学王佳颖《五音、四声关系辨》[①]一篇，该文总结了“四声对五音”理论，提出了在“四声”被发现之前，“五音”兼具记录古文字字音的功能，很有启发性。

近些年来我一直在研究和实践吟诵。吟诵的基础是汉字的语音，语音和旋律及语义的关系，是吟诵最底层的理论基础。这两个问题如果不解决，吟诵的价值就始终可疑。从这个需要出发，我对这两方面的材料非常关注。前文说的都是语音和语义的关系，现在来说语音和旋律的关系。我越来越感觉，“四声对五音”是解决古代汉语语音和旋律问题的一把钥匙。因为我的专业是文学，对于语言学和音乐学都是门外汉，所思所想难免有误，所以在此只是把我收集的资料和想法跟大家讨论一下，还请大家给予宝贵意见。

一、“四声对五音”的文献梳理

自四声甫发现，即有大量论述四声与五音关系之说。遍照金刚《文镜秘府

① 王佳颖．五音、四声关系辨［J］．安徽文学（下半月），2013，（9）：90-91.

论·天卷·四声论》里收集了不少，其他文献也多有所见，主要集中在南朝到唐朝这一段。先看四声的发现者沈约的说法：

夫五色相宣，八音协畅，玄黄律吕，各适物宜。故使宫羽相变，低昂舛节。若前有浮声，则后须切响。一简之内，音韵尽殊；两句之中，轻重悉异。妙达此旨，始可言文。（沈约《宋书·谢灵运传》）①

在这里看到出现了“律吕”“宫羽”这些乐音音高的概念，似乎是对诗的声韵（其中主要是声调）高低的一种比喻。实际上很多学者的确是这样认为的。沈约的另一处言论记载在《文镜秘府论》里：

昔神农重八卦，卦无不纯，立四象，象无不象。但能作诗，无四声之患，则同诸四象。四象既立，万象生焉；四声既周，群声类焉。经典史籍，唯有五声，而无四声。然则四声之用，何伤五声也。五声者，宫商角徵羽，上下相应，则乐声和矣；君臣民事物，五者相得，则国家治矣。作五言诗者，善用四声，则讽咏而流靡；能达八体，则陆离而华洁。明各有所施，不相妨废。昔周、孔所以不论四声者，正以春为阳中，德泽不偏，即平声之象；夏草木茂盛，炎炽如火，即上声之象；秋霜凝木落，去根离本，即去声之象；冬天地闭藏，万物尽收，即入声之象：以其四时之中，合有其义，故不标出之耳。是以《中庸》云：“圣人有所不知，匹夫匹妇，犹有所知焉。斯之谓也。”（沈约《答甄公论》）②

这段文字说的是四声本来就存在，只是没有被发现而已。但既说“四声之用，何伤五声”，那就是四声和五声有一致的地方。五声是“上下相应”，是高低关系，四声同“四象”（太阳、少阳、少阴、太阴）、“四季”（春、夏、秋、冬），“四象”“四季”也是有高低关系的。下面这则记载更值得深思：

永明末，盛为文章，吴兴沈约、陈郡谢朓、琅琊王融以气类相推毂；汝南周颙，善识声韵。约等文皆用宫商，以平上去入为四声，以此制韵，有平头、上尾、蜂腰、鹤膝。五字之中，音韵悉异，两句之中，角徵不同。不可

① ［南朝梁］沈约著．宋书［M］．北京：中华书局，1974：1779.

② ［日］遍照金刚撰．文镜秘府论［M］．北京：人民文学出版社，1975：32-33.

增减，世呼为“永明体”。(《南齐书·陆厥传》)①

“文皆用宫商”，这句话不像是比喻，更像是客观描述，沈约等人的诗文是有乐音标准的。“以平上去入为四声，以此制韵”，“音韵悉异”，是说四声读起来不同，而又说“角徵不同”，这里就很像是“平上去入”与“宫商角徵”乐音相符。

以上文献说明沈约等人的四声理论与五音有密切关系，但还不能确证是一一对应的关系。“四声对五音”的明确说法出现在齐梁之后到唐朝这一段时期，共有四种文献。《文镜秘府论》：

> 齐太子舍人李节，知音之士，撰音谱决疑。其序云：“案周礼，凡乐圜钟为宫，黄钟为角，大簇为徵，沽洗为羽，商不合律，盖与宫同声也。五行则火土同位，五音则宫商同律，暗与理合，不其然乎？吕静之撰韵集，分取无方；王征之制鸿宝，咏歌少验。平上去入，出行间里，沈约取以和声之律吕相合。窃谓宫商徵羽角，即四声也，羽读如括羽之羽，亦之和同以拉群音，无所不尽，岂其藏埋万古，而未改于先悟者乎？”经每见当此文人论四声者众矣，然以其五音配偶，多不能谐。李氏忽以周礼证明商不合律，与四声相配便合，恰然悬同，愚谓钟、蔡以还，斯人而已。②

遍照金刚是中唐时期的日本高僧，他说“每见当此文人论四声者众矣，然以其五音配偶，多不能谐”，说明自齐梁以后到中唐之间，论“四声对五音”的人很多，只是处理不好四个对五个的关系。“平上去入，出行间里，沈约取以和声之律吕相合”，这是李节（北齐入隋之人）对沈约四声理论的判断，他认为沈约就是四声对五音的理论。“李氏忽以周礼证明商不合律，与四声相配便合，恰然悬同”，即四声对四音。但遍照金刚没有说具体是怎么对的，这恰恰说明那时的人对四声的高低排列关系是常识。

《文镜秘府论·天卷·调声》又有：

> 元氏曰：声有五声，角徵宫商羽也。分于文字四声，平上去入也。宫商为平声，徵为上声，羽为去声，角为入声。故沈隐侯论云：“欲使宫徵相变，

① ［南朝梁］萧子显撰．南齐书［M］．北京：中华书局，2000：610.

② ［日］遍照金刚撰．文镜秘府论［M］．北京：人民文学出版社，1975：33-34.

低昂舛节，若前有浮声，则后须切响。一简之内，音韵尽殊；两句之中，轻重悉异。妙达此旨，始可言文。”固知调声之义，其为用大矣。①

这段文字取自元兢的《诗髓脑》。元兢是初唐时期人，他明确提出了“四声对五音”的对法，并与李节的说法完全相符。四声从低到高的关系为：平、入、上、去。并且，他也认为沈约是明确知道“四声对五音”的。

然后，是徐景安的《历代乐仪》。徐景安是中唐时期人，《历代乐仪》也已亡佚，只有零散片段散见于他书转录。以下片段见于南宋王应麟的类书《玉海》卷七“唐七音”转载：

> 五音者，宫商角徵羽也。旋宫者，律生十二声也……言旋宫之法，以律经辰，互生七音，各为纲纪。故五音以宫声为首，律吕以黄钟为元。言一律五音，伦比无间，加之二变，义若循环。故曰：一宫、二商、三角、四变徵、五徵、六羽、七变宫。其声从浊至清为一均。《古今乐纂》演七声之法，以宫商角徵羽为自然五音之声，以变徵之声用变之一字，以变宫之声为七字者，误也。凡宫为上平声，商为下平，角为入，徵为上，羽为去声。故以变宫为均字者，声乃相类也。《周礼》大司乐掌成均之法，郑玄云：均，调也。乐师主调其音声，大司乐主受此成事，已调之乐。是以旋宫五音，循比七律，谓一均声也。②

这是说五音旋宫，在不同的调性上的五音，是在宫调上的七音之间循环而成的，所以才有变徵变宫之音。这两个音并不是变音（西方音乐所谓半音），而是非宫调性上的五音正音。为了证明这一点，中间使用了“四声对五音”的理论，说明乐音就是五个，不是七个。这段文字可见“四声对五音”理论在中唐时期已经是常识。

《历代乐仪》所记载的“四声对五音”理论，与李节、元兢的说法是一致的，只是把平声又分上下，分别对应宫商。

最后是晚唐时期段安节的《乐府杂录》。这本书完整地保留下来了。涉及“四声对五音”理论的是其中的《别乐识五音轮二十八调图》的一段文字：

---

① ［日］遍照金刚撰．文镜秘府论［M］．北京：人民文学出版社，1975：13.
② ［宋］王应麟著．玉海［M］．扬州：广陵书社，2003：137.

舜时调八音，用金、石、丝、竹、匏、土、革、木，计用八百般乐器。至周时，改用宫、商、角、徵、羽，用制五音，减乐器至五百般。至唐朝，又减乐器至三百般。太宗朝，三百般乐器内挑丝、竹为胡部，用宫、商、角、羽，并分平、上、去、入四声。其徵音有其声，无其调。①

然后，分别列出了“平声羽七调”“上声角七调”“去声宫七调”“入声商七调”的各调调名。后面又说“上平声调为徵声”。

这个“四声对五音”的对法就与前三种文献迥异，以致使很多人对“四声对五音”理论产生困惑，认为这就是古人一些很随意的说法或者比喻而已。不过，也有一些学者对此做出了解释，认为那是“燕乐二十八调”的独特表达。比如中国台湾学者刘有恒在《中国古代音乐史考略》中认为“唐代燕乐虽有二十八调，但其间配搭方式却非以均来断，而以调首来断”等。中国艺术研究院音乐研究所李玫《〈乐府杂录·别乐识五音轮二十八调图〉的校勘》说：

《乐府杂录》在叙述四种调类的顺序时，显示出真正内行意识。大多数有关“燕乐二十八调”的文献都以宫、商、角、羽的顺序来陈述，然而，这里的“角调”煞声为“变宫”，即南宋文献中所说的“闰角”。此“角调”非正角调。由于不了解“二十八调”的逻辑结构，望文生义地理解为五声之宫、商、角、徵、羽的音高排列，就无法理解《乐府杂录》的叙述顺序。按照四调煞声在一均中的音高顺序排列，应为宫、商、羽、角（变宫）。然而，在音乐的实践中，古筝或古琴的调弦，正调总是以徵、羽为最低弦。这个传统从《管子·地员篇》就已经有清楚的记载，所以，四调的高低排列顺序是从“羽调”开始，与语言学声调的四声对应，则为平、上、去、入四声对应羽、角、宫、商四调。平声又分上平和下平。第一声为上平，排在羽调前面的“徵”声按照声调顺序被安排为“上平声”。②

这样一来，最低的就是上平，然后是平，平声是最低的。仄声的排列顺序，从低到高分别是：去、入、上。这个顺序还是有问题。去声是宫音，如果把宫音理解为上八度的宫音，整个顺序就对了：上平、下平、入、上、去。在平声

① ［唐］南卓，［唐］段安节，［宋］王灼著．羯鼓录·乐府杂录·碧鸡漫志［M］．上海：古典文学出版社，1957：42.

② 李玫．《乐府杂录·别乐识五音轮二十八调图》的校勘［J］．中央音乐学院学报，2009（2）：67.

和入声之间，差了三度，正与“商不合律”的说法不谋而合，说明在平与仄之间有一个比入、上、去之间更大的音高差距。如此，段安节的“四声对五音”的对法就与李节、元兢、徐景安是一致的了。

剩下的就是所谓“上平”“下平”的问题了。徐景安、段安节都说“上平”最低，“下平”次之。这似乎与“上”“下”的名称有矛盾。现在多以为“上平”为阴平，“下平”为阳平，而阳平因为声母是浊声本当低于阴平，所以我以为此处的“上平”“下平”之说，要么不是指阴平、阳平，要么就是上平为阳平，下平为阴平。既然上下平是高度关系，后者似乎更合理。这样“四声对五音”即为：

阳平——宫　1

阴平——商　2

入声——角　3

上声——徵　5

去声——羽　6

四声对五音的文献，其实还应该包含一些沈约之前的材料，只是沈约发现四声，在此之前，汉字声调与音高的关系无法准确表达。以字典而论，《说文解字》是以字形排列，《释名》是以字义排列，而以字音排列的第一部字典当属魏李登的《声类》，此后有吕静《韵集》，均以五声分类排列：

> 吕忱弟静，别仿故左校令李登《声类》之法，作《韵集》五卷，宫、商、角、徵、羽各为一篇。(《魏书》卷九十一)①
>
> 魏时有李登者，撰《声类》十卷，凡一万一千五百二十字，以五声命名，不立诸部。(唐　封演《封氏闻见记》)②

可见，以字音和韵而论时，就能明显听出高低，因此李登、吕静都以五声排列。可惜这些字书都不存。虽有敦煌文献王仁昫《刊谬补缺切韵》小注等线索，但未标五声，仍然无考。

> 文讹篆隶，音谬楚夏。《三仓》《急就》之流，微存章句；《说文》《字林》

① [北齐] 魏收撰 . 魏书　卷九十一　第 6 册 [M]. 北京：中华书局，1974：1963.
② [唐] 封演撰 . 封氏闻见记 [M]. 北京：中华书局，1985：8.

之属，惟别形体。至于寻声推韵，良为疑混，酌古会今，未臻切要。末有李登《声类》、吕静《韵集》，始判清浊，才分宫商，而全无引据，过份浅局，诗赋所须，卒难为用。遂躬纡睿旨，摽摘是非，撮举宏纲，裁断篇部，总会旧辙，创立新意，声别相从，即随注释。（隋　潘徽《韵纂·序》）①

潘徽说“全无引据，过份浅局，诗赋所须，卒难为用”，即这些字书的五声高低分类，在诗赋上不实用，于是他另编新字书，但“始判清浊，才分宫商”的说法，说明他是肯定了李登和吕静在这方面的成绩的。因此可以推断，潘徽的《韵纂》，应该继承了这个成果。这个成果，应该就是对字音分了高低。即使宫商之说不是指乐音，而仅仅是一种标记，这种标记之所以用“宫商角徵羽”也是因为这是标记高度顺序的一个序列。只是是否是五音排列或者怎样排列，就不得而知了。

由此可知，从魏晋到隋唐，汉语的字音声调，存在着明显的音高关系，从低到高分别为平、入、上、去。这种声调结构，属于音高型声调，即各个声调之间存在高低关系，调值基本互相不交叉。如果调值有交叉，就会出现听感上对高低关系判断的困难，因此这个时期的四声应该是调值基本不交叉的。

以下是构拟的上古后期汉语四声调值的图示，因为不知道具体调值，也无法使用五度标音法，而且即使是这样，图示也是不准确的，只能表示出四声相互的高度关系。

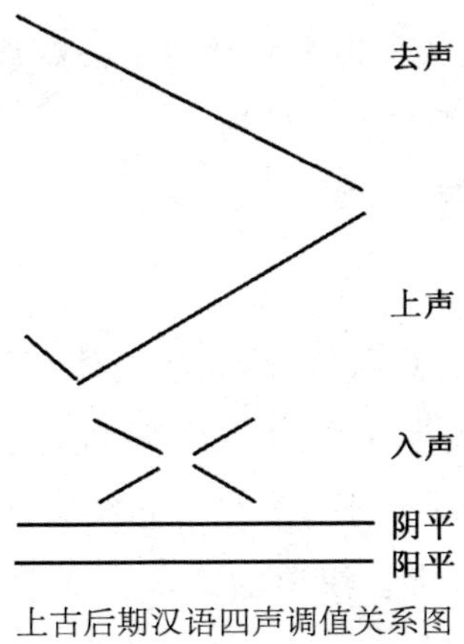

上古后期汉语四声调值关系图

① ［唐］魏征，令狐德棻撰．隋书　第6册［M］．北京：中华书局，1973：1745．

在以上文献的基础上得出这个结论，也许还不算充分，不过我们姑且先把这种声调标记出来，再分别推导魏晋以前和隋唐以后的情况，看看与现有所知的事实是否相符。首先看看隋唐以后的情况。

二、中古音的四声与格律

说到中古音，首先注意到的就是“平仄”之分。

四声之说起于齐梁周、沈，而格律之说立于初唐沈、宋，所以很多人都以为南朝周、沈倡四声八音，就已定平仄，后来的两百年，只是在摸索格律的最佳模式。但事实是，南朝并无平仄分类的明确记载。那么是谁最早把四声分成平仄呢？

华南师范大学的何伟棠教授自20世纪80年代以来，一直致力于永明体和格律研究，他对南朝初唐的两千多首诗进行了统计分析，他的一系列论文和专著，逐渐揭示了永明体的真相：

> 沈约等人通过他们的理论和实践，成功地创造了一种世呼为永明体的五言诗。这种五言诗的声律重在二五，在字声的配置上，除了一种特定的二五字同平声句以外就都是二五字异声；它又是四声分用，即句中“2·3”的音声之节配合平上去入四声而不是配合平仄的。后来永明体向近体的演变和过渡，一方面是由强调二五字异声变为强调二四字异声；另一方面是四声的二元化，即由原先的“2·3”的节拍配合四声变为“2·2·1”的节拍配合平仄。这种声律格式或模式的演变和过渡也必然是在一定的理论指导下进行，并不是单纯属于创作实践方面的问题。①
>
> 沈约等人没有从理论上提出“二元化”（即把四声归为平仄两类）的要求，这个事实无可否认。②

何教授的研究让我们明白了，永明体和近体有很大的差异。永明体是以四声为标准的，近体是以平仄为标准的。当然可以把永明体看成是近体的前身，但是这其中的变异——从四声到平仄，到底意味着什么呢？

更重要的是，四声原是中古汉语的事实，周颙、沈约只是发现和理论化，

---

① 何伟棠著．永明体到近体［M］．广州：广东高等教育出版社，1994：93.

② 何伟棠著．永明体到近体［M］．广州：广东高等教育出版社，1994：98.

而平仄则不是存在于口语的，它只存在于诗文中，是人为的分类。

四声为什么要分平仄呢？

周法高先生1948年提出了这个疑问：“在开始把四声归成两类的时候，为什么不两两相对，如平上对去入，平入对上去等，而偏拿平声和上去入三声相对呢？”[①]周先生的结论是，平仄是长音与短音的对立，但其名则源于乐调：平调和侧调。此后，学术界一直有长短说（如朱晓农教授）和高低说（如叶桂桐教授）之争。

奇怪的是，这个问题古人似乎没有说过。从南朝梁刘滔到隋朝的刘善经、元兢，一直都在谈平声问题，但都没有明确地归纳“仄”。平声是一直与入、上、去三声相对而言的，仍是四分法的系统。到了沈、宋，却确立了以平仄二分为基础的格律。这是怎么回事呢？

我们首先评估平仄二分的作用，由此探究平仄之分的根源是什么。

通过吟诵的研究和实践，我感觉，平仄之分是出于吟诵的需要，因为所有的诗文都是吟诵的。

平仄和格律是一回事，格律就是平仄相对的关系。平仄为了格律而体现，格律为了平仄而存在。平仄的分类是因为格律需要这样划分，而格律的模式是因为吟诵需要这样进行。

周法高先生的提问非常有道理，为什么四声要一三分呢？表面的线索就是“平仄”两个字。“平”字来源于平声，“仄”字怎讲？周先生说来源于“侧调”，因“仄”“侧”通假。此说可以一备，但不能凿实，因为“仄”“侧”也可能共同来源于某物，而不是互相借用的关系。

“仄”，本意为侧、斜、歪，所以“平仄”相对，就是“平”与“不平”相对[②]，可见这里最重要的品质是“平”。“平”有什么重要呢？最早把平声从四声中独立出来的刘滔说：

> 平声赊缓，有用处最多，参彼三声，殆为大半。[③]

---

① 周法高．说平仄［J］．台湾“中央研究院”历史语言研究所集刊，1948（13）：153.

② 赵宋光教授持此看法，见其在第二届“文学与音乐关系研讨会”提交的论文《从艺术的本质规律看诗与音乐二者审美意识的共性和特异性》。

③ ［日］遍照金刚撰．文镜秘府论［M］．北京：人民文学出版社，1975：185.

赊，远也；缓，慢也。慢慢地走很远，这是什么？这就是：长。平声的特点是长，所以仄声的特点就是“不长”。长，则用处多，不长，则用处不多。

这听起来可能有点奇怪，但是吟诵一下，就自然很明白了。

吟诵的基本特征就是“长言之”，拖长。还有一个特征，就是依字行腔，要辨音识义，不能倒字。

平声可以拖得很长，入声本来就是短音，自然不能拖长。上、去两声，一个向上升，一个往下降，如果拖长，只能出现两种情况：要么高到极限或低到极限，此非人力能及，要么，开始有个上升或下降后就转为平平地拉长、然而任何声调平平地拖长，都会变成平声，前面的升降会被淹没、遗忘，从而引起辨音识字的困难，违背依字行腔的原则。所以，仄声都不能拖长。

有人会说，不要拖那么长不就行了吗？还没等到高或低到极限，就换下一个字——理论上说是可以的，但是那不是我们汉诗的传统。我们采录收集的近体诗吟诵都很慢，所谓曼声长吟者是也。“歌永言”的“永”，不是摇滚，真的是很长。韵字的拖腔是最长的，基本都在 3 秒钟以上。在这样的时长下，上、去两声是无法体现的。

所以近体诗只能押平声韵。

至于古体诗为什么可以押仄声韵？这个问题稍后解释。

结尾的平声韵字是拖得最长的，句子中间的平声字也拖得很长的。您可以把诗句想象成一节弹性不均匀的弹簧，当拉长它的时候，有的地方拉得长，有的地方拉得短，有的地方甚至基本上没有变化。拉得最长的就是平声韵尾，基本没变化的就是入声字。句子中间的平声字也会被拖长，而仄声却拖不长。平仄相间，就是长短相间。所以平仄长短说是有道理的。

为什么不是每个字都定平仄，而是一三五不论，二四六分明呢？这又和汉语的性质有关。汉语是单音节语言，双音节结构。当说汉语双音节词的时候，重音在哪个音节上呢？语言韵律学界的主流意见，是在后一个音节上，即“后重”。目前绝大多数语音学实验支持这个结论。古汉语的实验恐怕很难做，因为不能确切知道当时的读音，但是，有现代汉语的结论，我觉得基本上可以认定古代汉语在双音节词上的“后重”特性。

所以近体诗每两个字为一个节奏单位（尾韵字最长，可独立为一个单位）。

五言诗可分为三个节奏单位，七言诗可分为四个节奏单位。每个节奏单位都“后重”，后一个字更重要，在声音上代表着这个节奏单位，所以一三五不论，二四六要分明。

现在可以解释平仄的粘对格律。为什么要平仄同句相间、同联相对、邻联相粘？

如果第二个字是平声字，第四个字还是平声字，那么吟咏起来，就是一个长音的节奏单位之后，又接一个长音，节奏上比较难听一些。另一个原因更重要：平声比仄声低。

如果第二个字是平声，第四个字也是平声，就意味着一个低音的节奏单位后，又接一个低音，吟咏起来，比较难听。所以第四个字，要用仄声高音。同理，第六个字又要用平声低音，这就构成了二四六的平仄平。

第一句如果是平仄平，第二句还是平仄平，那就是重复，吟咏起来，旋律还是比较难听的。所以，第二句只能倒过来：仄平仄，这就形成了“对”。

现在，第一联的平仄格律出来了：平仄平，仄平仄。如果第二联还是这样，那又是节奏和旋律的重复，还是不好听，所以第二联就完全倒过来：仄平仄，平仄平。这就形成了“粘”。（唐初近体多有失粘者，是因为粘的共识还没有达成。失粘的重复比起失对的重复，感觉上要弱一些，所以也晚成一些。）

于是，两联四句之内，完全不同，而又精美对称，这就是近体诗的格律。如平起七绝，吟咏起来，其旋律和节奏一定是这样：

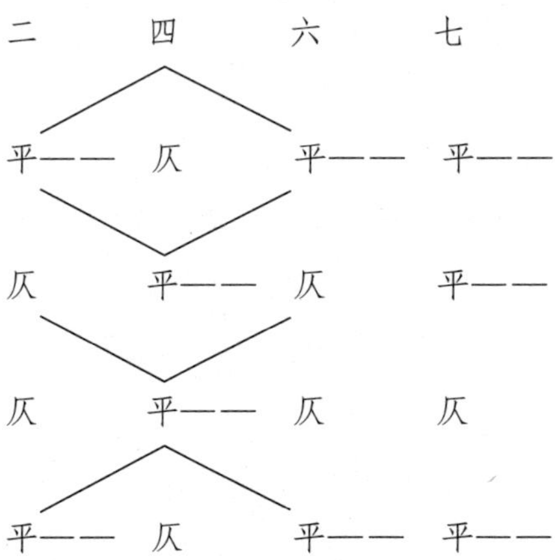

比如我们采录的南怀瑾先生吟咏的杜牧《清明》：

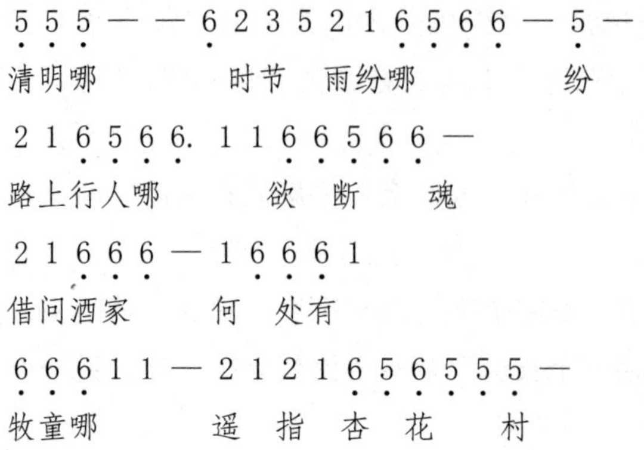

5 5 5 — — 6 2 3 5 2 1 6 5 6 6 — 5 —
清明哪　　　时节　雨纷哪　　　纷

2 1 6 5 6 6. 1 1 6 6 5 6 6 —
路上行人哪　　欲　断　魂

2 1 6 6 6 — 1 6 6 6 1
借问酒家　　何　处有

6 6 6 1 1 — 2 1 2 1 6 5 6 5 5 5 —
牧童哪　　　遥　指　杏　花　　村

其旋律线就是这样的。如是七律，则翻倍。如是五绝或五律，则截去前两字。如是仄起，则相反。

这个规律，在我们收集和采录的几千首吟诵近体诗中，鲜有例外。这些老先生，地处天南海北，方言不同，教育背景不同，时代也不同，但是吟诵的规律是一样的，甚至韩国和越南的吟诵也符合这个规律，这说明什么？说明这个规矩的历史非常悠久。夏丏尊和叶圣陶合著的《文心》第十四节《书声》里也有同样的解释，而且发明了标记符号①。赵元任、朱自清、华钟彦、陈少松等多位学者都阐述过这个吟诵的规矩。

为什么要分平仄？其实吟诵的规则早就说明白了：平长仄短、平低仄高。吟诵的长短高低的美学追求，使得四声分出了平仄。因此也可以说是格律分出了平仄，而不是平仄形成了格律。

综上所述，平仄二分首先是高低关系的区分，而且以此可以解释格律的形成和吟诵现象。

这样一来，我们就又回到了前面的这个问题：

既然平仄是高低关系，而魏晋到隋唐的四声也是平声在下，那么为什么要抛弃几百年形成的四声格律系统——“永明体”，被时人叹为天工的美丽的诗律，反而退守比较简单的平仄格律系统呢？如果说是因为“永明体”太难了，恐怕说不过去，也没有文献证据。

我想，逻辑上可以推理剩下的一种可能性就是：四声高低关系在唐朝被破坏了，只留下了平仄关系。

① 夏丏尊，叶绍钧著．文心［M］．上海：开明书店，1933：115.

唐朝以后，雅言文读语音都用《切韵》系统。作《切韵》之八人，分别来自当时中国的东西南北四方。《切韵》系统实际上是一个人工系统，有时难免拼凑。周祖庠等人多有论述。我们把注意力放到四声的调值上。如果南北方四声的实际调值有差异，那是非常正常的事情。几百年的文化隔阂，外族融入的洋泾浜汉语，都会造成这个问题。而《切韵》杂取南北音，结果就会造成在不同的字上四声的实际调值出现不同，从而造成四声的调值交叉，或者说是不明确。比如去声有的字是 53，有的字是 31；上声有的字是 24，有的字是 35，这样就会造成交叉。而平声的调值高度由于一直与入、上、去的差距比较大，所以受到的影响不大，它仍然处于四声的下部，这样，就形成了明确的“平低仄高”的现象，而入、上、去之间却无法分开，于是就有了“仄”这个概念。

下面是构拟的中古音四声相对关系图，当然也只是表示音高关系。

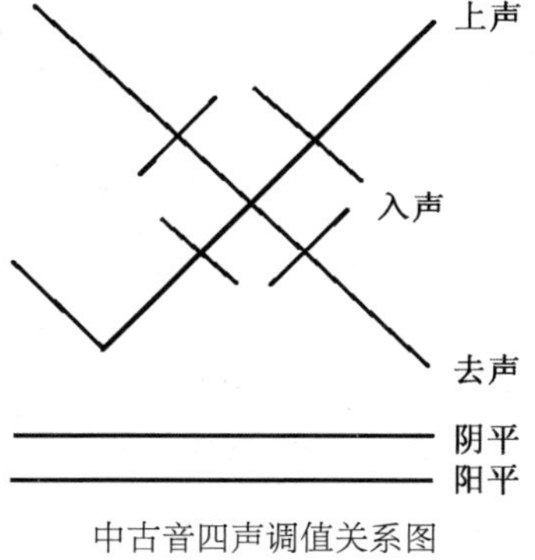

中古音四声调值关系图

这个推论至少是存在可能性的。由于这个推论可以比其他理论更充分地解释格律，所以可能性也是最大的。后面我们可以看到，它在更多的方面可以显示出合理性。

之所以到晚唐时，段安节还在说“四声对五音”，那是因为《切韵》的影响是逐渐发生的，唐以后就再也没有“四声对五音”的说法了。

三、古体诗的吟诵速度

古体诗以隋唐为分界，此前汉诗都是古体诗，此后有近体有古体。但是隋唐前后的古体诗，其读法快慢不同，此事也与《切韵》改变汉语声调调值有关。先说歌行。

现在所说的“歌行”，指的是唐朝定型的一种诗体：

> 一般说来，歌行体篇幅多属较长的，它语句声韵灵活自由，便于抒情叙事。它以七言句式为主，但根据作者感情的起伏，叙事的需要，可以兼用杂言句，甚至还可以应用散文句式、语气词入诗，押韵、转韵也很自由。因此，形式灵活自由、风格通俗酣畅，是歌行体作品的特色。①

“歌行”之体是在盛唐确立的。当然在此之前，它有很长的酝酿期，公认是从乐府而来。这中间的演变关系，以及和七古是什么关系，历代皆有争论，至今不休。褚斌杰先生说：

> 所谓歌行，乃是由古乐府发展而来的一种诗体，它与乐府诗的不同表现在既不入乐，又不沿袭乐府古题。但是属于这类性质的诗并不都称之为歌行，而这类诗中的七言体和兼有七言句的杂言体，方称之为歌行……需要附带说明的是，关于所谓“歌行体”的范围，历来认识是不完全一致的，有时把它与“乐府”连称，称为“乐府歌行”，此即包括拟乐府诗（用古题）在内了。有时又把它与七言古诗（七古）不加区分，把它从属于七言古诗之内……这是属于诗体分类上的一个问题。②

“乐府歌行”如果用为“乐府”与“歌行”的合称，那就比较好说，两不相混，但往往又用为“歌行”之称，那就是指“乐府”与“歌行”相交叉的那部分。“歌行”而是“乐府”，比较好理解，条件就是用的乐府旧题，如《春江花月夜》《将进酒》之类。“乐府”而是“歌行”，条件就复杂一些，但有一点是肯定的，那就是一定要是七言为主。

盛唐以后，歌行越来越多地不用乐府旧题，而是即事命篇，于是又跟七古纠缠在一起。关于歌行和七古的关系，有人认为完全等同，如胡应麟说：“七言古诗，概曰歌行。”（《诗薮》卷三）高棅《唐诗品汇》、沈德潜《唐诗别裁》、王士祯《古诗选》都将歌行归于七古。有人却特加区分，如胡震亨说：“七言古诗，于往体外另立一目，又或名歌行。”“凡仿汉魏以下诗，声律未叶者，名往体。”（《唐音癸签》卷一）吴讷说：“有歌行，有古诗。歌行则放情长言，古诗则循守法度，故其句语格调亦不能同也。”（《文章辨体序说》）徐师曾说：“乐府

①② 褚斌杰著．中国古代文体概论［M］．北京：北京大学出版社，1990：144-145.

歌行，贵抑扬顿挫，古诗则优柔和平，循守法度，其体自不同也。”(《文体明辨序说》)

葛晓音教授在其论文中详细分析了歌行和七古之别，主要是歌行多复沓、重叙事。李中华、李会则认为是两者来源不同，歌行可合律，七古不合律，歌行风格飘忽，七古风格庄重。① 这里面需要我们考虑的问题，首先是，为什么“歌行”一定是七个字的，不能是五个字的？其次是，为什么七古往往就是歌行？

无论是主分主合，歌行与七古总是有密切的关系。为什么不跟五古有关系？因为歌行是以七言为主的。为什么不跟律诗有关系？因为歌行是不必合律的。那么七古为什么一般都是歌行？也是同样的原因：不合律、七言。

现在问题集中在了一件事上：七言又不合律的诗，到底有什么特殊之处？

葛晓音教授的《初盛唐七言歌行的发展——兼论歌行的形成及其与七古的分野》一文，比较全面地梳理了歌行这一文体的演变过程及与七古的文体之辨，并对歌行的节奏特点做了更准确的考察：

> 今查汉时“行”字的原意，结合汉乐府中标有“歌行”题的作品来看，我以为“歌行”一词起初并非复合名词。“长歌行”“短歌行”“艳歌行”“燕歌行”的意义主要在“行”，即“×歌之行”，而不是“歌”加“行”。
>
> 《说文解字》释“行”，为“人之步趋也”。“趋”即“走”，又有“速”之意。《礼乐记》谓：“卫音趋数烦志。”《祭义》谓：“其行也，趋趋以数。”可见“行”与“趋数”的意义联系密切。“趋数”即急促频数之意。《汉书·司马相如传》说：“为鼓一再行。”颜师古注：“行谓引，古乐府长歌行、短歌行，此其义也。”指出这里的“行”即乐府行诗，既用鼓点伴奏，且一再行之，其繁音促节可以想见。叶燮说《燕歌行》“节促而意短”(《原诗》)，很可能当时行诗的节奏都比较急促，但又一再反复。
>
> 如果说“歌行”一体在初唐是以“篇”诗为主，至盛唐完成“歌”与“行”的结合，李白、岑参的“歌”尚多于“行”，那么到杜甫手里才以“行”多于歌的实践恢复了歌行最原始的意义。而七古在盛唐虽有“长句”

① 见李中华、李会《唐代七古、七言歌行辨体》，《光明日报》2003 年 11 月 12 日.

之称，但到杜甫才有了“歌行”的说法：“感君意气无所惜，一为歌行歌主客。”(《醉歌行》) 也就是说，从汉代就有的“× 歌行”的题目，至此才从“× 歌之行”的偏义名词，成为“歌”和“行”的复合名词，成为一种诗词体裁的专称。①

因此，“行”的节奏特点，是流利快速、均匀律动，“歌行”也是如此。明代文学家徐师曾在《诗体明辨》说：“放情长言，杂而无方者曰歌；步骤驰骋，疏而不滞者曰行；兼之者曰歌行。”也是这个意思。

我们采录到的歌行的吟诵，基本上都具备这两个特点：流利快速、均匀律动。温州的戴岩梁先生、大连的张本义先生、韩国的朴锡先生吟诵的《将进酒》，虽语音不同、旋律各异，但是，都是均匀节拍的，都是相对近体诗而言比较快的。其余如华钟彦先生吟诵的《江上吟》、刘衍文先生吟诵的《圆圆曲》、陆襄先生吟诵的《兵车行》、陈少松先生吟诵的《把酒问月》、宋红老师吟诵的《长恨歌》，等等，都是如此。

所以，问题可以简化为：为什么七言的古体（不管是歌行还是七古），都是快速、均匀律动的呢?

让我们回到“歌行”诞生的那个时代，也就是格律诞生的时代——初唐。

近体诗的格律规定，只能押平声韵。为什么呢？因为平声字才能拖长，这个前面已经说过了。但是古体诗是我们的传统，仍然有人做古体诗。古体诗是平仄皆押韵的，仄声字的韵拖不长，拖长就会变平声，所以古体诗的韵字拖不长。韵字是诗句中拖得最长的字，如果韵字都拖不长，其他的字就更拖不长了，所以古体诗总体来说，字的音长都短，所以速度就比近体诗快。

就我们采录的情况来说，一个人吟诵古体诗和近体诗，自己跟自己相比较，一般都是古体诗快，近体诗慢。秦德祥先生在对常州吟诵的研究中也得出了同样的结论。

七言是字最多的，所以七古最快。吟咏一旦快起来，就不好变换节奏，所以是均匀律动的。七古如此流利，如乐府之“行”，所以就叫了“歌行”，而从乐府中来的那些七言拟乐府，也同样流利，所以就合而为一，称为“乐府歌

① 葛晓音. 初盛唐七言歌行的发展——兼论歌行的形成及其与七古的分野 [J]. 文学遗产，1997 (5): 48, 61.

行”。所以“歌行”与“近体诗”同时出现。也有个别意图创作慢一点的七古的人，于是有个别不像歌行的七古，但是毕竟很少，因为这违背了自然，不好作也不好听啊。

常听人朗诵《将进酒》《蜀道难》《春江花月夜》《茅屋为秋风所破歌》等歌行，破句很厉害，那是把歌行当散文读了。歌行吟诵就当流利快速，均匀律动，以整句为单位，于变幻速度、高低、轻重之中求气，以气之流变激荡为目标。顺便说明一下，均匀律动是指一句之中节奏均匀，但句与句之间可以有速度的变化。

如此吟诵歌行，感觉大为不同，其实这才是歌行的原本感觉。举个小例子，比如李白《将进酒》“黄河之水天上来”，现在朗诵的时候，往往是“黄河之水——天！上！来！！”惊天动地，其实只是“黄河、之水、天上、来”，流利的速度会抹平很多顿挫的力量。这句是青春流逝的意思，没那么大的惊险，不要因字而废句，因句而废诗。体会整首诗的气韵才是更重要的。这首诗前半部分，只有两个韵，平声“灰”韵和入声“月、屑（通押）”韵。第一句是灰韵，三、四句转屑、月韵，五、六句又转灰韵。灰韵宜感慨，屑月宜苦涩，所以这诗是从第一句到第三句越来越苦涩，第四句腾起，后面越来越放开。这些韵脚的变化，如果不是迅速吟出，韵脚之间相隔太远，则无法体会，也就是无法体会诗的气韵变化了。

古体诗都比近体诗吟得快。五古比五律快。五古也是均匀律动的。在旋律上，五古、七古、歌行都是模进为主。五古比歌行慢一些，因为字少。现在大家在读五古的时候，主要的问题是没有均匀律动，又或者读得太慢，都难以体会五古的气韵。五古的气韵，是比较沉稳优容的，但也是流动的，因为是均匀律动。这方面吟诵的典范和声韵分析，可参看我在《普通话吟诵教程》中对叶嘉莹先生吟诵杜甫《赠卫八处士》的分析。

古体诗分三种。一种为唐朝以后的，无论四言、五言、七言、骚体、杂言，都统称古体。我们采录到的吟诵，凡吟诵古体时都是模进的旋律，一般有三个调，吟诵时速度较快。这说明唐朝以后，古体内部在文体的声音规则上，已无大区分。因为韵字拖不长，所以整句都快。因为没有平仄格律，也就不构成字音间的固定的高低关系，所以旋律也是比较自由的，因此，句与句之间就形成了模进的关系。唯传统吟诵对待唐以前的古体诗也同样处理，似为不妥。

第二种为永明体，扩大则为两汉魏晋南北朝的五言诗，这是属于汉语四声刚发现的时期，自觉地追求音律美，其格律为四声分明，五言重二、五字，美学追求为对称。这些诗应该尽量按照当时的声音规则去吟诵，即在类似近体诗的对称旋律的基础上，重视同声调同音高，以平、上、去由低到高，平声多用12，上声多用5，去声多用6，而入声多用3。

按照这种方式吟诵，则见永明体之铿锵流动，杂彩焕然，音乐音皆上下变换相应，如应节跳舞。永明体之短小灵动，气韵不盛，也于此可见。

第三种为先秦诗歌，主要是《诗经》和《楚辞》。《诗经》以四言为主，这时主要是音高型声调，字皆可拖。押不同的韵，则结束于不同的乐音，换韵，则乐曲收音转换。在西方，则称为调性；在中国，收音不同不一定意味着乐曲的基本格调变了，似乎最好不称为调性。《楚辞》用楚语楚声，我最是不明，因此现在还不敢说什么结论。

《切韵》是汉语雅言的一大转折点，也是文人音乐的一大转折点。此前汉诗主要依声调高度而歌，四声皆可拖长，不影响辨音。雅言出于北方，所以《诗经》等多有此特点，而《楚辞》出于南方，旋律型声调特征一定压倒了音高型声调特征，所以《楚辞》多曼声长吟，起伏较大，这种腔调在北方人听来多似悲泣，所以北人作楚歌多悲声。

《切韵》以后，汉诗不再能按声调高度而歌，所以有一段时间大家不知道怎么办。唐乐十三部，只有一部清商乐是中国的，其余都是外国的，这种极端现象就说明了南北朝的汉族雅乐在唐朝几乎无法原样歌唱了。清商乐是南朝的，用的语音还是南朝的音，不是切韵系统的，所以四声仍是音高型关系，互相不交叉，因此可以仍然用清商乐配合演唱。但是，唐朝的雅言却没有与之相应的音乐，雅言无法歌唱了。

燕乐是在外国音乐的基础上，填上汉语词而逐渐发展起来的，这也是汉语的新的词曲关系的探索与确立。这个新的词曲关系，就是依字行腔，即不再按照声调高度来安排旋律，而是按照声调的走向来安排旋律。于是上升音程为上声，下降音程为去声，平行音程为平声，顿挫的为入声，辨音问题就此解决。于是新的格律形成，新的唱法形成，新的谱子形成，新的音乐形成。这个时间大概用了一百年，从隋朝到武则天时期才走出来。而一旦走出来，依字行腔唱法形成，格律诗确立，新的音乐就确立了，于是燕乐转变为了词乐。到敦煌曲子词，格律已经用得很纯熟。

这种唱法因为注重声调走向，也就是高低变化，久而久之，形成了新的民族音乐心理，即关注欣赏腔音。腔音的变化也越来越丰富。于是到中唐以后，从民间开始影响到文人，仄声字再次可以押韵，押韵的方式是先表达出声调，再拖长，这就是曲子词的确立。曲子词，即我们常说的唐宋词，仍然是格律压倒腔音的，再往后，腔音的欣赏更加壮大，终于成为旋律的主体，这就是板腔体的戏曲。

现在大家不爱听戏曲了，很多原因是因为大家不会欣赏腔音了。大家受西方音乐的熏陶太多，只会欣赏音高，不会欣赏音质了。现代人对于戏曲演员拖出来的腔，不知道什么意思，不能跟角色的心情一起起伏跌宕，所以听戏入不了戏了。戏曲要复兴，关键还在吟诵。以前我写过一篇文章，意思是大家是否还觉得戏曲会复兴。连戏曲界的人也没有信心。可是我有。我笃信戏曲的辉煌会回来，梅兰芳那样的人气会回来，前提就是普及吟诵。只要新一代中国人会自己唱歌，会用方言即兴地歌唱，戏曲就会复活，而且向前走。只要年轻人了解汉语的特性，说真正的汉语，欣赏旋律型声调语言的美，戏曲就会复兴。戏曲需要群众基础啊。我不愿意吟诵、戏曲这些传统成为非物质文化遗产，我要它活着，活下去，活得欢蹦乱跳，活在每个中国人的生活中，而不是在博物馆里，在舞台上。我笃信那一天会到来。

而文人诗没有顺着腔音这条路走太远，仍然固守字音为主，所以直至今天还在创作格律诗词，吟诵也就不发展腔音。所以除了词这种歌唱性很强的文体以外，我一般不主张入声字的顿了拖的唱法。

现在大家已经知其然不知其所以然了，只知道守格律，不知道为什么要守格律，所以又有新韵、古韵之争，又有新格律的说法。要说新的平仄，论拖长，应该是只有阴平一声才能拖长啊，二声阳平怎么拖？所以仅从这一点来说，普通话的近体诗应该只押一声韵。而从高低来说，现在普通话是平高仄低，作出诗来，同样的句子和古人的意思往往重点相反，你说这新格律怎么定？所以还是要知其所以然，再讨论这些问题。

今天我们吟诵古诗词，有两个层次。先是学习普通话吟诵方法，以此吟诵所有古诗词。其后，应当学习一些音乐、音韵的知识，了解上古、中古、近古的语音的差异、音乐的差异，学会模拟上古、中古、近古诗词的音乐，包括旋律框架、节奏、风格、发音，等等。这并不是要求大家成为古音乐学家，而是至少对古代诗词音乐的大致情况有所了解，从而对普通话吟诵有所助益。比如知道了《切韵》系统对汉语和格律的影响，就知道隋朝以前的古体诗有快有慢，而隋朝以后的古体诗普遍较快。如果用“四声对五音”方法对《诗经》作曲，可以感受一下它们在先秦时代歌唱的感觉。这些都可以用来调整古体诗的普通话吟诵，使之在现代人的乐感基础上，尽量贴近古人的感觉。

四、上古音的四声与音乐旋律的关系

我们的最终目标还是想探究上古音的声调情况。《切韵》混淆入、上、去三声调值一事，对于厘清上古音声调颇有助益。

我们要思考这样几个问题：

《切韵》成书于601年，时当隋朝。它不仅从此改变了汉语雅言，而且由于语言是音乐的基础，也是诗歌的基础，所以诗歌和音乐也都随之出现了重大变化。

在诗歌上，出现了平仄格律。此事前文已经分析过了。

在音乐上，出现了乐谱。还出现了从燕乐到曲子词这样新的歌曲形式。

中国现存最早的乐谱是唐谱《碣石调》。关于为什么唐朝之前没有乐谱一事，通常有两种说法。

一种是，中国的音乐落后，所以出现乐谱也晚，最终也没有出现像五线谱那样完备的乐谱。这是对中国古代音乐不了解的缘故。华夏音乐一直处于世界前沿，此不多述。中国的乐谱不记音长，是因为大家都知道音长。哪个字长，哪个字短，是有规矩的，这就是吟诵的规矩，包括入短韵长、平长仄短和各种文体读法规矩。中国的乐谱是给不识字的伶人或初学者用的，文人唱歌弹琴都是即兴的，不需要乐谱。古代的学馆课本都有密密麻麻的符号，其中主要是读法符号。小孩子上学先学识字正音，句读吟诵。等到大一些了，书上的符号就消失了。成人读的是光板书，基本没有符号，因为他们都会读书了。这就是中国古人使用文字、符号等的思路：大家都知道的就不落于纸面了。所以中国的乐谱一点儿也不落后。

另一种说法是，唐朝之前也有乐谱，只不过亡佚了。由于《乐经》的失传，先秦音乐的确可能缺少最重要的文献，不过，毕竟这个说法没有找到文献证据。

现存的文献情况是唐朝之前有舞谱，但无乐谱。而更重要的是，没有哪个文献说过唐朝之前曾经有过乐谱。如《诗经》，为儒家六经之一，在秦朝挟书律和楚汉战火中，也被儒士们如性命般保护下来，到汉朝征书再传承下去。可是大家都知道《诗经》的原生态大部分就是歌唱的，而且孔子也特别重视《诗经》的歌唱，但为什么儒士们就不把唱法传下来呢？这不是很奇怪吗？不仅不传唱法，而且根本不提起，没有任何人说过《诗经》有乐谱，或者有唱法文字等。不仅《诗经》没有，所有的诗歌都没有。这种情况一直延续到初唐。因此，我们只能得出这样的结论：唐朝之前真的没有乐谱。

根据后世乐谱的习惯：大家都知道的常识就不落于纸面，我们可以反推上古没有乐谱的原因，就是：不需要乐谱。上古文人应该是见字就唱的。

我们现在也可以见字就唱。吟诵传承了旋律型声调语言的音乐旋律产生机制：依字行腔、依义行调，即可迅速确定每个字的音高和音程，而长短如前所述也是定性的，轻重缓急由语法和含意决定，长短和高低的具体量也由含意和个人理解决定，于是就可以见字就唱了。

然而，唐朝以后的汉族音乐却仍然需要乐谱。为什么呢？看看那些谱子里有什么就明白了。那些谱子主要就是记录音高的。音长、音强、音质几乎都不记。这说明，唐朝以后，音乐旋律只有音高是不能明确的，所以需要乐谱辅助，尤其对于初学者来说。

这样问题就集中为：为什么唐朝以前汉族人唱歌可以明确音高，而唐朝以后就不行了？

于是，《切韵》混淆入、上、去三声调值之事，就凸显其意义了。

入、上、去三声调值混淆，就不知道该用五声的哪个来唱了。所以老师需要把自己唱的音高记下来，才能教给学生和后人。

于是就有了下一个重要的推论：“四声对五音”不仅仅是魏晋到隋唐的汉语实际，也是从先秦以来的上古汉语的通性。

也就是说，上古汉语，从先秦到隋唐初期（《切韵》对全体文人完全发生影响之前），其四声声调是音高型的，即相互有明确的相对高度关系，调值基本不交叉。

关于上古汉语的声调，一直是音韵学界争议最大的问题之一。从段玉裁“古无去声”到黄侃“古无上声”到今日学界“上古无声调”的说法，一直与顾炎武到周祖谟的“四声一贯”论相争论。我的意见是四声一贯，但是四声的调值有变。《诗经》用韵，其实用两种理论都可解通，但那只是考虑了押韵的习惯。如果加上声调的情绪含意，如平声之平常中正，上声之细小亲密，去声之坚决明确，入声之短促决绝，那么就会觉得入去通押等说法是不太合理的。关于这个问题，我在前文里转载过郑张尚方、朱晓农等多位学者的论证。

而声调既有含意，就不会都是平调，因为仅以音高而表达情绪含意是很困难的。所以，我倾向于上古汉语四声一贯，并且倾向于四声的调型也是与上古后期（魏晋到隋唐初）是一致的，即：平声是平的，上声是上升的，去声是下降的，入声的调型升降都可，但是短促。

但是，不管上古四声的调型如何，其调值是有高低关系的，是基本不交叉的。如前面“上古后期汉语四声高度关系图”所示。

以上证据论证上古音高型声调尚不充分，我再举几个证据。

近体诗格律要求只押平声韵，这是因为只有平声字可以拖长，即拖长不倒字。反观魏晋以前，则四声皆可押韵，证明平、上、去三声拖长都不倒字（入声则短促急停，自然辨识）。这只有两种可能：一种是上、去同平声一样，都是平的，即音高型声调，那就都可拖长，各有各的音高，自然辨识；另一种是上、去的调型可以是升、降，但是各有对应音高，不致交叉，则拖长时，虽然调型后来近似平声，但音高可以提示具体是哪个声调，不致相混，也可以达到辨音识义的目的。这就是音高型声调的情况。

雅乐都是平平拖长的。庙堂雅乐，传自上古，现在其活态主要是祭孔雅乐，多存于日本、韩国等国及中国台湾地区等，后又回传中国大陆。其特点是每字皆拖，平平拖长。当代有些学者以为是后人故作庄重，所以做出此等枯燥无味的音乐来。其实雅乐的传承最是严格，不能随意改造。历朝历代建国后都会颁行乐律，制订雅乐。制订时都是按照前朝的雅乐略加改动，没有大的变化。民间在使用时虽然加入了很多民间音乐的元素，但是大框架是不能变的。雅乐不像民间音乐那么多变，所以可以作为我们考察上古中古音乐的一个证据。后世汉语已是旋律型声调语言，平平拖长即多倒字，制雅乐者多为大行家，不会做出如此事情。现代以后，音乐也西化，遂不注意倒字，曲置词上，才会有如此等议论，以今人之非目古人之宜，恰恰颠倒。雅乐之平平拖长，而且每字都拖，正说明上古汉语是音高型声调。

在文献上也可以找到一些证据。在所有的雅乐中，祭孔雅乐是最稳定的，因为历朝历代都要祭孔，王朝更替对祭孔的影响不大。历代雅乐而留下乐谱的，主要从南宋的《中兴礼乐》开始，但《中兴礼乐》里没有祭孔雅乐。再后来有明朝李之藻编纂的《泮宫礼乐疏》。此书是明朝礼乐集成之作，其中记录了祭孔雅乐。

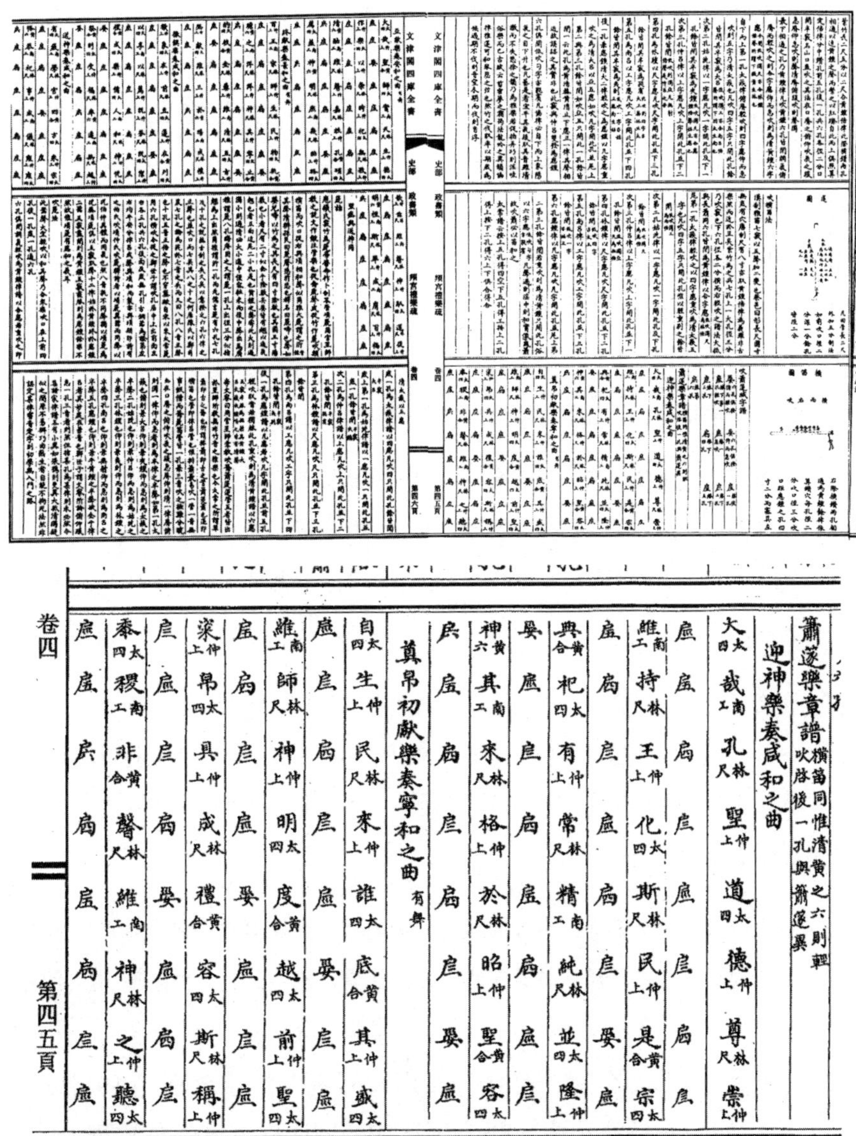
簫篴樂章譜 横笛同惟清黄之六則輕吹啓後一孔與簫篴異

迎神樂奏咸和之曲

大哉孔聖 道德尊崇 維持王化 斯民是宗 典祀有常 精純並隆 神其來格 於昭聖容

奠帛初獻樂奏寧和之曲 有舞

自生民來 誰底其盛 維師神明 度越前聖 粢帛具成 禮容斯稱 黍稷非馨 維神之聽

卷四 第四五頁

明《泮宫礼乐疏》箫谱

这组雅乐为明太祖洪武二十六年（1393）春所颁的大成乐，明朝民间祭孔都用此乐，共分六首，分别为迎神用《咸和之曲》、奠帛用《宁和之曲》、初献用《安和之曲》、亚献终献用《景和之曲》、彻馔用《咸和之曲》、送神用《咸和之曲》。

《泮宫礼乐疏》记载了每一种乐器的谱子。其中管乐如笛箫篪匏埙等吹奏的是主旋律，基本是一样的，弦乐如琴瑟等弹奏的是各自不同的装饰旋律。下面是箫谱。

前四首对应五音的情况如下（不符合“四声对五音”的字加下划线，平声对宫商之一即符合，下为八度简谱）：

迎神《咸和之曲》：

羽角商宫　羽宫商宫　角商宫羽　商宫徵羽　徵羽宫商　角商羽宫　徵角商宫　商宫徵羽

大哉孔圣，道德尊崇。维持王化，斯民是宗。典祀有常，精纯并隆。神其来格，於昭圣容。

6321　6121　3216　2156　5612　3261　5321　2156

奠帛《宁和之曲》：

羽宫商宫　羽徵宫羽　角商宫羽　徵羽宫羽　宫羽宫商　徵羽商宫　羽角徵商　角商宫羽

自生民来，谁底其盛。唯师神明，度越前圣。粢帛具成，礼容斯称。黍稷非馨，唯神之听。

6121　6516　3216　5616　1612　5621　6352　3216

初献《安和之曲》：

羽宫徵羽　角商宫羽　宫羽宫商　宫羽商宫　徵角商宫　商宫徵羽　羽角徵商　角商宫羽

大哉圣师，实天生德。作乐以崇，时祀无斁。清酤唯馨，嘉牲孔硕。荐羞神明，庶几昭格。

6156　3216　1612　1621　5321　2156　6352　3216

亚献终献《景和之曲》：

宫角商宫　商宫羽徵　徵角商宫　商宫羽徵　羽徵商宫　角商羽宫　宫羽商宫　徵角商宫

百王宗师，生民物轨。瞻之洋洋，神其宁止。酌彼金罍，惟清且旨。登献惟三，于戏成礼。

1321　2165　5321　2165　6521　3261　1621　5321

这四首乐曲每首32个字，符合“四声对五音”的字分别是19字、23字、19字、20字。如果是任意选音，每个字选中“四声对五音”的比率，上、去、入声字应该是20%，平声因为对应宫商都可以，比率是25%，平均起来也是

22% 左右。考察一般的歌曲，也的确是这么低的比率。但是这四首乐曲“四声对五音”的比率达到了 59%、71%、59%、63%，另外两首也有 37% 和 41%，都大大超过了正常的比例。这些高比例如此集中地出现在传承最稳定的祭孔雅乐中，很难说是偶然巧合，这很可能提示着“四声对五音”的遗留。

这些祭孔雅乐在旋律型声调语言定型后 700 年出现的，其间一定经过了很多变迁。我们看到了歌辞的变化，比如“孔圣”又作“圣师”，但是乐音是一样的，还看到了雅乐追求旋律美的努力，比如一句之内没有连续相同的乐音，还有韵字的乐音有时使用下属支持音，等等。这些都对“四声对五音”起到了突破的作用，所以逐步偏离“四声对五音”是完全可以理解的。但是，这么高的“四声对五音”的比例还是值得关注的，毕竟其他乐曲，包括《泮宫礼乐疏》里的其他雅乐，都没有这么高的比例。这也许可以作为上古雅乐是“四声对五音”的一个旁证。

这六首祭孔雅乐，现在某些地区还在使用。大家可以听听台湾南华大学周纯一教授打谱编曲并组织雅乐团演奏的录音。（见附录资料　南华大学雅乐团　唱《宁和之曲》《安和之曲》《景和之曲》）

保留上古音成分最多的粤语，是旋律一音高型声调。跟上古汉语关系最密切的彝语，是典型的音高型声调。彝语也是四声，分别为 55、44、33、21。彝族自进凉山，高居山顶，少于外界交往，故其语、其文多所保留。保留中古音成分多的如吴语、湘语，则基本上是旋律型声调。这种过渡，也提示上古汉语声调有音高型成分。

音高型声调是声调语言与重音语言的过渡地带。

朱晓农教授这样阐述声调产生的原因：

> 声调和内爆音在地理上是重合的，他们都分布在非洲中部和亚洲南部，以及少量的中南美洲一带——换句话说，是在热带和亚热带的地方。声调的产生很简单，拉紧或放松声带，就会引起音高的高低升降。内爆音是一种爆发时气流往嘴里冲进去的塞音，发音时需要降低喉头，扩大口腔，降低口腔内的气压。这样的话，塞音除阻时，口腔内是负气压，嘴巴外面的大气压就会冲进嘴里。发声调和发内爆音尽管看起来毫不相关，但其实有个很重要的共同点，他们都要靠操纵喉头 / 喉门来发的。但是要注意，两者不是彼此产生的原因。不是说产生声调就会产生内爆音，或者相反。产生两者的原因

在于非洌嗓发声态，尤其是发气声。而发气声更是靠操纵喉门来实现的。所以一个民族经常操纵喉头的话，就会产生气声，同时也会引发声调和内爆音。由于声调和内爆音比较容易辨认，所以我们现在已经有了世界范围的分布图。而气声，尤其是较弱的气声（那个叫弛声和弱弛），要辨认是相当困难的。所以分布资料非常匮乏。根据已有的材料，长江以南的吴、赣、湘、粤北、桂北、四川“老湖广话”等汉语方言，以及苗瑶、壮侗、南亚、南岛语，甚至印巴的Hindi、Urdu语中普遍存在非洌嗓的气声，还有嘎裂声和假声。事实上，有发声态对立（尤其是洌嗓和非洌嗓对立）的语言中容易产生声调以及内爆音。所以我们从上面声调和内爆音的分布可以推测气声的分布。除了亚洲南部，非洲中部的Igbo等语言中也有气声。可以说：常用喉头声，哪能没气声？常用喉头声，哪能没声调？常用喉头声，哪能不内爆？

但问题在于为什么热的地方会产生气声？喉头活动真的与气候冷暖相关？答案是肯定的。天气热，狗都喘。天气热的地方，很容易喘气，而在喘气的同时，你努力振动一下声带，也就是说一个“a”，这时发出的就是气声的“a”。你说我们这儿不热，就发不了气声了？那当然不是，你可以百米冲刺一个，然后在终点喘息的同时发一个“a”。

综上所述，嘎裂声和假声是小个子的发声，气声是热地方的发声。那么如果又是小个子，又在南方，那会怎么样呢？那就是我们在亚洲南部看到的情况，又有气声，又有假声，又有嘎裂声，于是很容易产生声调，而且还是复杂的声调，带着各种不同发声态的声调。同时也很容易产生内爆音。

而在北方呢，没有了气声，假声也不容易产生，还没了内爆音，只有嘎裂声在低音区会时不时地出现。同时，北方汉语方言中的声调也比较简单，因为没了发声态的伴随。调类少，变化也少，一般只有四个调类。甚至很容易丢失，变为三个声调的系统，甚至只剩下两个声调，比如甘肃红古一带。两个声调一高一低，就不算声调了，就变得像重音系统了。①

所以，声调的产生原因是气候。气候炎热，则在发音的同时需要散热，因此有气声，演化为声调。声调语言都集中在热带和亚热带。越往北，则声调越少，终至于无，而演变成重音语言。欧洲多处温带、寒带，所以是重音语言。

① 朱晓农，焦磊著.教我如何不想她——语音的故事［M］.北京：商务印书馆，2013：115-116.

汉藏语系民族，多处热带、亚热带，所以是声调语言。而音高型声调，调类既少，又平，更接近轻重之别，所以是声调语言和重音语言的过渡地带。华夏、彝族之祖，在黄河流域，其地正处温带，其时气候比现在温暖潮湿，所以正宜出现音高型声调。

声调语言的音乐，与歌词的调值有什么关系？

我们从押调说起。声调语言的音乐，普遍存在押调现象。

恩凯蒂亚在《非洲音乐》中论“语调和旋律线”时说：“因为许多非洲语言是声调语言，即声调具有音位的意义……因此，旋律在一个乐句中的进行，部分地取决于语调的起伏线，部分地取决于音乐因素。”①

关于什么是押调，李炳泽在《口传诗歌中的非口语问题——苗族古歌的语言研究》中说：

> 押调就是要求歌句的每一个相同位置的音节（词）的声调相同。如果不能做到句句押调，至少是句尾最后一个音节的声调相同。

苗语有 8 个声调，李炳泽用 8 个字母表示：b、x、d、l、t、s、k、f。每个词用国际音标记录，其中最后一个字母就是表示此字的声调。李炳泽说：

> 完全押调的例子多见于短小的歌里，主要集中在情歌。完全押调的例子如：
>
> jit hvib hvib vangx bil，爬上这高高的山梁，
> （爬 高 高 岭 山）
> ngit fangb fangb seix niul，那些村庄多么美丽，
> （看 村 村 也 美）
> nigt eb eb seix lal，那么江河多么清亮，
> （看 河 河 也 光）
> hxet fangb deib seix hul。嫁到哪儿呀都一样。
> （居住 村 哪 也 罢）
>
> 这首歌押的调是 t、b、b、x、l。
>
> 句尾押调的如：

① ［加纳］K.H. 克瓦本纳·恩凯蒂亚著 . 非洲音乐［M］. 北京：人民音乐出版社，1982：159.

zot ngas xet liongx dul,　干柴别在火上熛，
（油柴 干 别 晃 火）
dot bens xet dax lol。　娶了媳妇别来邀。
（得 伴 别 来 回来）
xet dleb det baix jil,　别骗树木把枝摇，
（别 骗 树 摇 枝）
xet dlab mait baix liul。　别骗姑娘把魂掉。
（别 骗 妹 掉 心）
hxut des xongt diex mongl,　心儿跟你到处跑，
（心 跟 哥 跨 走）
mail gas qet ax lol,　鸡鸭祭鬼治不好，
（买 鸭 修 不 回来）
jul nangs diot mongx bil。　让我小命为你夭。
（完 命 在 你 手）

这首歌的押调格局是：t、s、t、x、l。但是在第 6、7 句的第一个音节可以押 l，而第 3、4 句的第二音节可以偶尔押 b 调。①

押调就是有声调语言的语言和音乐的辨义关系发展的结果，在许多语言的歌诗中都存在，像白语、纳西语、壮语等的歌诗都押调。

汉语诗歌的押韵，首先也是押调，因为押韵基本上是同声调相押。历史上出现不同声调通押的情况，主要是《诗经》有一小部分，再就是词。《诗经》大部分情况也是同调相押。

押调意味着声调语言在诗歌音乐旋律上，其音高与调值有直接的关系。

音高型声调语言，其音乐旋律与声调有关系吗？是什么关系？我们以彝语和粤语为例。

彝语，也是四个声调，标准调值分别是 55、44、33、21（22）（21 低调，实际上难以判断是 22 还是 21 还是 11），如下页图。

所有的语言的音乐，都要求辨义，即不倒字。所以语言的形态就导致了音

① 李炳泽著．口传诗歌中的非口语问题——苗族古歌的语言研究［M］．北京：民族出版社，2004.

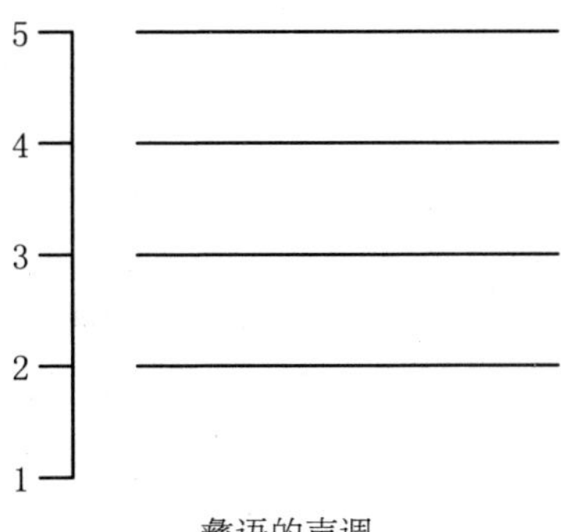

彝语的声调

乐的形态。重音语言的重音一般要与重拍相合，声调语言的声调则要与音程相合，所以中国音乐永远是中国音乐，欧洲音乐永远是欧洲音乐。

对于歌曲中的某字的声调的判断，这与人的耳—脑神经传导有关，是一种神经思维判断，它取决于前字与本字的音程关系，以及本字的音程。通俗点说，从前字的乐音到本字，下降了，就会判断本字是降调，上升了，就会判断本字是升调。本字音程上升，则判断是升调，下降则判断是降调。前字到本字音程如果与本字音程矛盾，则取其重、长者判断。

音高型声调语言，如彝语，其声调与音程的关系主要表现为两点：一是字音的相互关系与乐音的相关关系须保持一致，如唱的是调值 55、44、33，那么只能是连续两个下降音程，否则比如一下一上，听着就是 55、44、55，最后一个字就成别的字了，倒字。二是每个声调有相对固定的乐音。这是非常重要的一件事，因为前一点是所有声调语言都具备的，旋律型声调也一样，而后一点是只有音高型声调才具备的。对于旋律型声调来说，这是不可能实现的事情。

我的学生龚昊对大凉山彝语民歌的声调与音程关系进行了研究，最后的结论中有这样的部分：

> 很显然，彝语的各个声调之间是泾渭分明的，相互之间并没有音高的穿插。对彝语来说，调型基本都是平声，并不需要以拖长的方式来保持，调子高低才是在辨义功能中处于第一位的，音的高低区分了，意义才得以区分。因此，在凉山彝语的民歌中，较高的声调也往往要保持在较高的位置上。为证明这个猜想，我考察了 44 个连续实现了同升同降辨义关系的乐句，并考察了同升同降关系下每个声调所对应的音高区间：

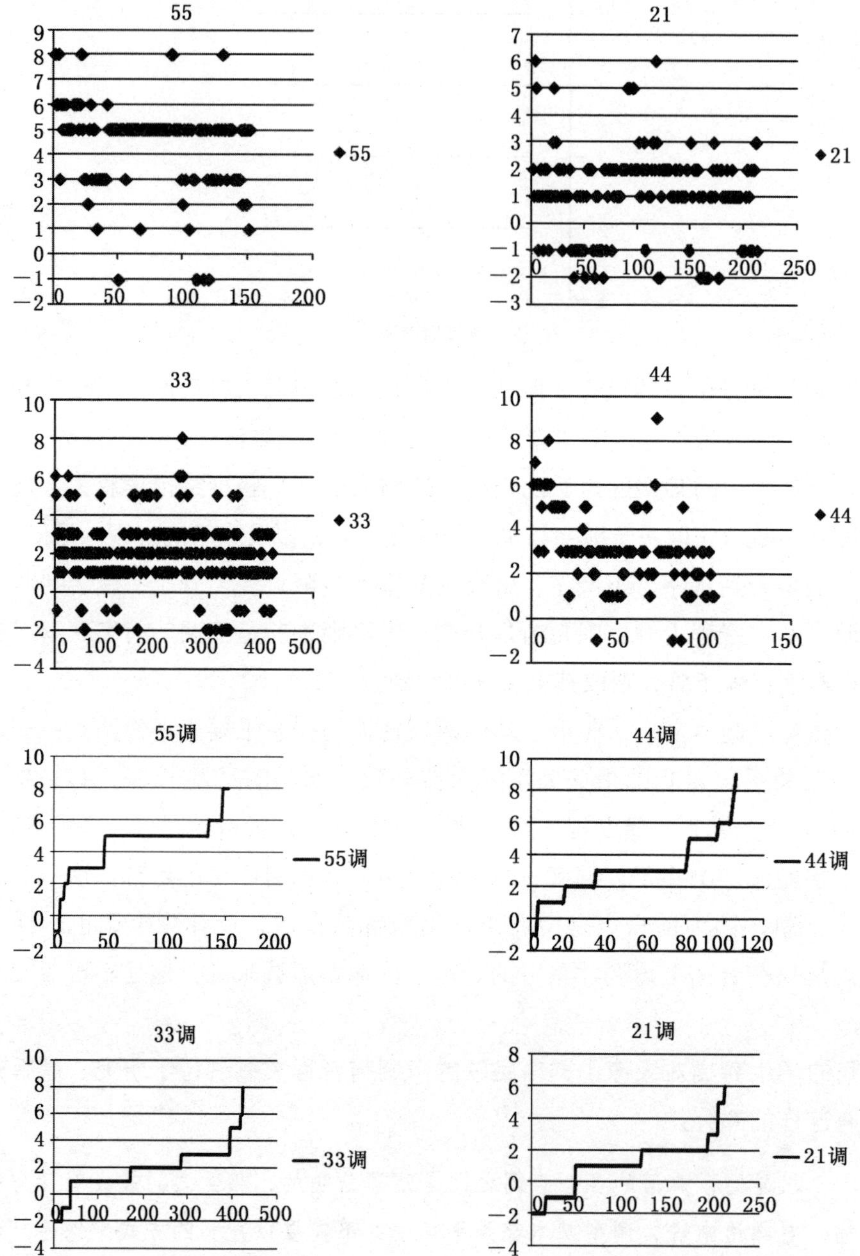

以上八幅图所显示的是每个声调所对应的音程情况，可以很明显地看到，55 调的音阶在 so 音上呈现集中优势，44 调的音阶则以 mi 为主，33 调的音阶较为宽泛，集中优势在 do、re、mi 上，分布较为平均，而 21 调则以

re 以下为集中优势。[①]

大体而言，彝语的声调对应音乐的乐音如下：

55——5

44——3

33——3、2、1

21——2、1

每首歌有一个音域，每个声调都大致对应着一个音高。如下例，为我们采录的大凉山彝族的一首出嫁歌《阿依阿芝》第一段，谱例中第一行是简谱，第二行是调值，第三行是彝语音标，第四行是汉语直译，第五行是汉语意译：

5 5. 2 2 3 | 5 - 321 1 | 3 - 3 0 5 |

44 33 21 21 44 55 33 44

Ax yi lop lop gex at jjy yi ya At

阿 依（罗 罗 个） 阿 芝 （依 呀） 阿

阿依阿芝啊

2. 3 1 6 1 | 1. 3 1. 3 | 2 - 216 |

33 44 33 44 33 55 33 44 33 44

jjy bbox te xix ne at jjy bbox dde ggux.

芝 走的时候 到 阿 芝 会 走

阿芝该走的时候她就会走

2 2 1 6 5 6 | 1 — 6 5 | 5

44 33 21 21 44 55 33

Ax yi lop lop gex at jjy

阿 依 （罗 罗 个） 阿 芝

阿依阿芝啊

可以看到，随着旋律的进行，声调对应的音高会发生浮动，因为声调的判断要取决于前面的音与本音的音程关系，但是，大致上每个声调有一个对应的

① 龚昊《彝族民歌的声调与音程关系研究》，中央民族大学 2008 级硕士毕业论文，第 75 页、76 页。

音高，在两个八度上，则对应两个音高。这是由于一般歌曲的音域也都固定在两个八度左右，太高的和太低的音域的歌曲都不多见。

粤语是旋律—音高型声调：声调有升降，但是每个声调大致在一个音高区域上。9 个声调，标准调值分别是 55、35、33、11、13、22、55、33、22（后三个为入声短促），如下图：

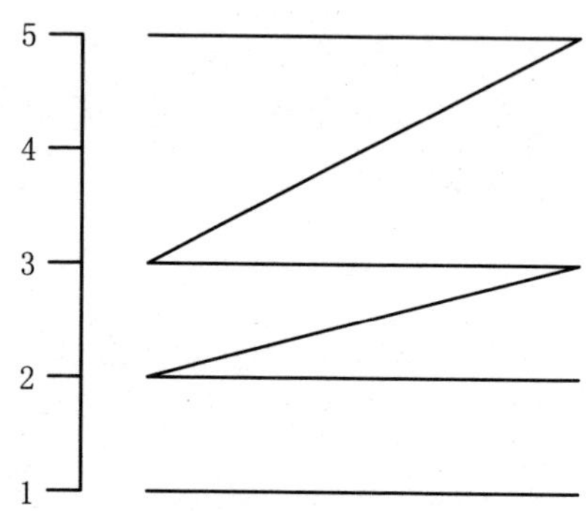

在粤语音乐中，也有类似的情况。如粤剧，其唱腔旋律，与唱词的声调有密切的关系。粤剧一般都是平声定调，各字依声调定音，如下所示：

乐音	$\underset{\cdot}{5}$	$\underset{\cdot}{6}$	$\underset{\cdot}{1}$	$\underset{\cdot}{2}$	$\underset{\cdot}{3}$	3
声调	阳平	仄	仄	仄	阴平	仄
例字	人	孕	引	隐	因	一

若依广州话九声来看，则如下所示：

声调	阴平	阴上	阴去	阴入	中入	阳入	阳去	阳上	阳平
乐音	$\underset{\cdot}{3}$	$\underset{\cdot}{2}$	$\underset{\cdot}{1}$	3	1	6	$\underset{\cdot}{6}$	$\underset{\cdot}{7}1$	$\underset{\cdot}{5}$
例字	因	隐	印	一	逸	日	孕	引	人

当然这也只是个大概，不是完全固定的。

由此可证，凡音高型声调的语言，其声调与乐音音高之间，有一种大致的对应关系。其对应的程度应在 50% 以上，或可达到 80% 以上。在此基础之上，再有各种调整。

最后，我们还有一个最令人振奋的证据：用“四声对五音”方法拟作《诗经》等上古诗歌的曲调，结果基本上都有主旋律。从逻辑上说，作诗如果仅仅考虑诗意的表达，对“四声对五音”的编曲法没有人为的关注和调整，对出来的结果应该是乱七八糟的，旋律应该是杂乱无章的，整篇诗歌不可能有主旋律。然而，我们尝试用“四声对五音”的编曲法吟诵《诗经》等上古诗歌，结果明显有主旋律，并且往往整首乐曲旋律结构呼应完整。

比如《卿（qìng）云歌》：

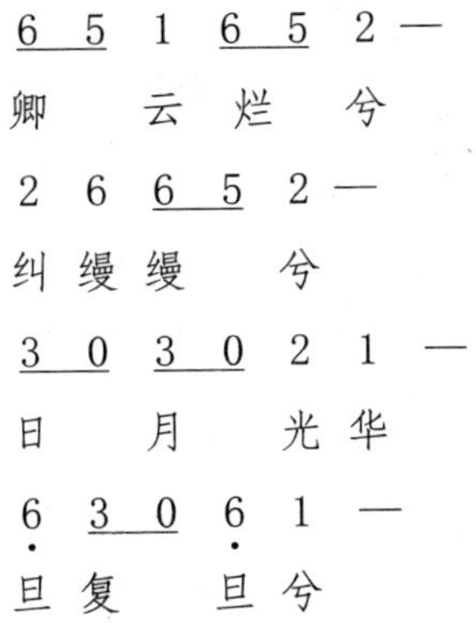

$\underline{6\ \ 5}\ \ 1\ \ \underline{6\ \ 5}\ \ 2\ —$

卿　云　烂　兮

$2\ \ 6\ \ \underline{6\ \ 5}\ \ 2\ —$

纠　缦　缦　兮

$\underline{3\ \ 0}\ \ \underline{3\ \ 0}\ \ 2\ \ 1\ —$

日　月　光　华

$\underset{\cdot}{6}\ \ \underline{3\ \ 0}\ \ \underset{\cdot}{6}\ \ 1\ —$

旦　复　旦　兮

不仅气势恢宏，词曲相合，而且旋律完整，风格贴切。

我下面写出每个字对应的正音，倚音就不写了，八度的调整我直接写上去了，平声在宫商之间有所调整，但尽量不调。

卿　云　歌

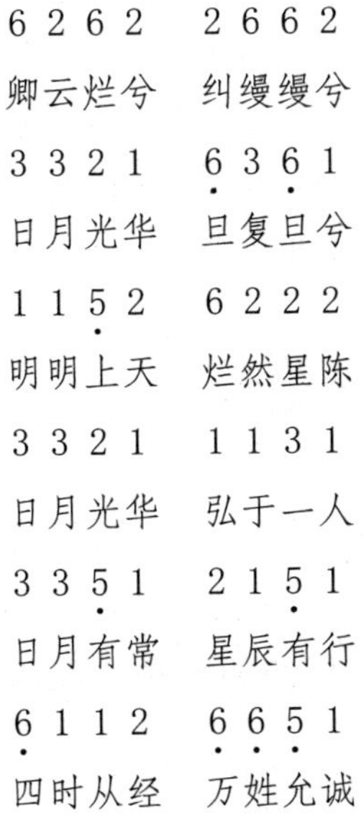

6 2 6 2　2 6 6 2

卿云烂兮　纠缦缦兮

$3\ 3\ 2\ 1\quad \underset{\cdot}{6}\ 3\ \underset{\cdot}{6}\ 1$

日月光华　旦复旦兮

$1\ 1\ \underset{\cdot}{5}\ 2\quad 6\ 2\ 2\ 2$

明明上天　烂然星陈

3 3 2 1　1 1 3 1

日月光华　弘于一人

$3\ 3\ \underset{\cdot}{5}\ 1\quad 2\ 1\ \underset{\cdot}{5}\ 1$

日月有常　星辰有行

$\underset{\cdot}{6}\ 1\ 1\ 2\quad \underset{\cdot}{6}\ \underset{\cdot}{6}\ \underset{\cdot}{5}\ 1$

四时从经　万姓允诚

1513 6221

于予论乐 配天之灵

2116 3321

迁于贤圣 莫不咸听

2252 2252

鼚乎鼓之 轩乎舞之

2153 2161

菁华已竭 褰裳去之

在这里可以明显地听到旋律框架，以及各段之间的旋律演进，与文字的内容也十分相配。这大概就是上古歌诗的真实面貌。（请见附录资料 徐健顺 吟《卿云歌》四声对五音编曲法）

这些主旋律是缘何出现的呢？主要是靠字词的重复和声调的重复如押韵。所以我们就明白了为什么《诗经》等上古诗歌多用回环往复的结构，多用重复的字词了。以往我们认为这样便于记忆，现在我们可以更明确地知道这样也便于歌唱了。

以上总结了除"四声对五音"的文献之外的关于上古汉语是音高型声调的证据，它们都是以《切韵》为分界的，包括：

（1）南朝诗歌的四声格律转为唐朝诗歌的平仄格律；

（2）近体诗仄声不能押韵，直至通过燕乐的外族音乐逐渐发明了新的唱法，即依字行腔的腔音唱法，并在后世得到了巨大的发展；

（3）唐朝以后出现了乐谱，因为需要记录音高了，而音长仍然不需要记录；

（4）传承性最强的雅乐多平平拖长，而且迄今最早的祭孔雅乐乐谱留下了"四声对五音"的明显痕迹；

（5）与上古汉语有密切关系的彝语、粤语等至今仍然主要按照声调来决定歌唱时乐音的音高；

（6）汉语地区正处于声调语言与重音节奏语言的过渡地带，而音高型声调正可看成是声调语言与重音节奏语言的过渡形式；

（7）声调语言的诗歌都有押调的现象，汉语诗歌的押韵也包含着押调的因素；

（8）用“四声对五音”模拟编曲的上古诗歌的曲调往往有明显的主旋律感和完整的旋律框架。

基于以上各种证据，我认为以下结论基本应该成立：

汉语上古声调是音高型，四声之间有相对高度关系。上古音乐旋律主要基于歌词的字音声调，基本的旋律产生机制是“四声对五音”的方式，然后再做微调。

五、“四声对五音”的当代意义与尝试

了解了“四声对五音”，就可以回答“为什么要这样吟诵”的问题了。

现在我们知道，隋唐以前，汉诗文的唱法是音高型的，四声对五音；隋唐以后的唱法是旋律型的，依字行腔、依义行调。

现在我们应该怎样吟诵呢?

首先，对于隋唐以后的作品，当然是依字行腔、依义行调。只是在读音上，历朝历代都是用当代民族共同语的文读系统，所以我们要用普通话的文读系统。文读的原则不变，仍是三条，这样就可以最大限度地保留古音的感觉及含意。读音不同，曲调就会不同，因为读音影响了字的唱法，所以普通话吟诵自然与传统吟诵的曲调不同，更近于北京音乐和现代音乐，但是，其风格和意蕴是与传统一脉相承的。在读法规矩方面，我们要完全继承传统吟诵，不可改变。只有这样才能像古人一样去体会汉诗文的声音意义。我们还要从传统吟诵中汲取对作品的理解，及其背后的文化精神和神韵气象，这样才能达到以吟诵学习汉诗文的目的。在此基础上，普通话吟诵自有地方特色、个人特点，其曲调自然成千上万、千差万别，每个人都不一样，每一次都不一样。

其次，对于隋唐以前的作品，应该怎么办?如果全部都用“四声对五音”的方法去吟诵，倒是很简单。但是，现代人已经没有了音高型声调的语感。就像老外会把“我想看熊猫”说成“我想看胸毛”一样，重音语音的人很难找到声调语言的语感。我们旋律型声调语言的人，也很难理解彝族说不同高度的“妈妈”会是不同的意思。用“四声对五音”唱出来的歌，对我们几近于外国歌，我们很难理解其中的音乐的含意。这也就是为什么很多人听到祭孔雅乐会感觉枯燥无味的原因。因此，我还是主张，用依字行腔、依义行调的办法去吟，只要我们用文读语音，又把握入短韵长和文体特点，那还

是可以保留大部分的声韵含意的。对于隋唐以前的作品，我们的吟诵的确失去了一些音乐的含意，但是比起跨语言类型的欣赏来说，还是所得要多一些。两害相较取其轻，所以我还是主张用普通话文读系统，依字行腔、依义行调去吟诵上古作品。这样，汉诗文全部打通，吟诵方法一致，也好学好用好推广。

但是，“四声对五音”就不用了么？对于隋唐以前的作品，如果你想吟诵得好，如果你有精力，最好用“四声对五音”的方法也打一个谱，听听其中的感觉，也许对你的吟诵有所帮助。前文说过，“四声对五音”出来的旋律，往往有个完整的旋律框架，这个旋律框架对于理解这首诗的气象风格，内容结构，都很有启发。

另外，用“四声对五音”编曲法去演唱上古诗歌，本身也是很有意义的事情，不仅对音乐学研究有价值，而且对音乐演出有价值。比如现在我们的编钟制作技术已经完全掌握了，但是仿制出来的编钟，只能敲民歌和现代歌曲，因为不知道上古诗歌的旋律。“四声对五音”编曲法可以解决这个尴尬。

还有一些“四声对五音”作出来的音乐，可以直接用在教育和生活中。这部分音乐，主要是仪式雅乐。因为仪式雅乐比较庄重，与“四声对五音”编曲法作出来的感觉比较相符。

了解了上古音乐的旋律产生机制，对于当代中国音乐的复兴是非常重要的事情。

百年以来，中国音乐尤其是汉族音乐，引进了大量的西方音乐，一方面丰富了自己，一方面也迷失了自己。现在五十六个民族五十五个能歌善舞，只有汉族已经成为不会即兴唱歌的民族。汉族的雅乐也几乎荡然无存，成为世界上罕见的没有雅乐的民族。这些情况在民族复兴的今天亟待改变。“四声对五音”理论对于我们模拟《诗经》及上古诗歌雅乐，创造中国新音乐都会起到重要的作用。

我们是在2015年武汉的“春节大典”中首次使用“四声对五音”模拟《诗经》音乐的，当时创作了《诗经·小雅·天保》(节选)的吟唱，由百步亭社区的老年合唱团演唱，结果引起了广泛的反响。其后我们在“炎帝大典”中尝试了《卿云歌》(节选)。下面简单解释一下我们的做法。

天保定尔，以莫不兴。如山如阜，如冈如陵，如川之方至，以莫不增。

如月之恒[①]，如日之升。如南山之寿，不骞不崩。如松柏之茂，无不尔或承。

《诗经·小雅·天保》是周人对尊长的祝福歌。《毛诗正义》："言下报上也。谓臣下作诗，歌君之美。"原作六章，其中第三、六两章，连用九个比喻，来祝福尊长长寿、兴旺，并"无不尔或承"，子子孙孙，都出于祖先的传承，典丽华美。后有成语"三多九如"，"三多"即多福多寿多子，"九如"即此九项比喻。这在古代中国是对老人最隆重的祝福。

如果只取三、六两章，细观细思，虽原发于臣对君，但现在也完全可以用于子孙对长辈。"福如东海、寿比南山"早已成为普通百姓对老人的祝福语。原作也有晚辈对长辈祝福的意思。因此，我们做了这首《天保》的歌曲，希望它成为未来中国人的生日歌。现在中国人过生日，唱的是英文歌，只有一句歌词，就是"生日快乐"，好像过完了生日就不快乐，好像也说不出别的祝福似的。其实中国自古就有生日祝福的歌，《天保》就是祝福长辈老人的歌。那是三千年前的歌，现在听来还是令人心潮澎湃，念起父母养育之恩，不觉肃然而立，潸然泪下。

为了能恢复一点周朝上古的感觉，我们这次用了"四声对五音"古法作曲。作曲人是我的学生王伊。我们采用的是徐景安和元兢的说法，即：

阳平——宫　1

阴平——商　2

入声——角　3

上声——徵　5

去声——羽　6

这样先每个字对出它的乐音音高来。这里附带说明，古音阴阳是很不好说的，其实同一个字，在不同时代不同地区，阴阳是不一样的。我们现在也无法确认其周代是阴平还是阳平，只能按照现代汉语来确定。这个是需要以后改进的。

---

① 恒，读 gèng，去声，为上弦月渐满之意。

然后做了两个调整：一是八度相应，即对于个别字进行八度调整，主要是上声字。因为现代汉语上声字读得很低，而古音则高，现在听起来有点别扭，所以有的上声字下调八度。八度相应也是汉族古老的唱法和伴奏法。另外做了腔音来表达现代汉语的声调调型，比如二声阳平，就做了上行音程，或者西方音乐叫作倚音的处理，这是吟诵的规矩：依字行腔。这样，做出来的旋律，就相对比较符合现代人的语感了。不过，这次没有用整体浮动的方法，是一个遗憾。节奏是三拍的。很多人都觉得汉语歌曲是四拍的，但那是后世的五言、七言的情况，如果五言、七言是四拍的，四言应该是三拍的。

这样，一首歌就做出来了。很简单。我想很多老师明白了这个道理之后，都可以用“四声对五音”的方法来作曲。所以唐朝之前都没有乐谱。不过，“四声对五音”方法只适用于南朝以前的作品，而且是在你特别想追求古代感觉的时候。对于纯粹的读书，我觉得还是最好不用。读书是现在人的事，是自己的事，还是依传统的读书法为好，也就是现在传承下来的吟诵方法。

诗经·小雅·天保（节选）

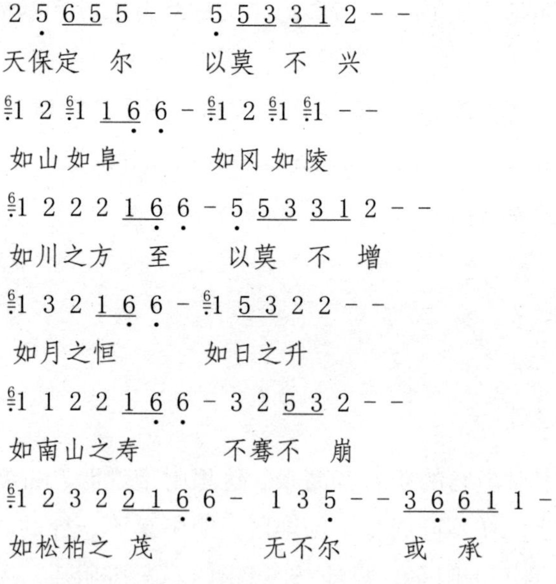

2 5 6 5 5 - - 5 5 3 3 1 2 - -
天保定 尔 以莫 不 兴

6 1 2 6 1 1 6 6 - 6 1 2 6 1 6 1 - -
如山如阜 如冈如陵

6 1 2 2 2 1 6 6 - 5 5 3 3 1 2 - -
如川之方 至 以莫 不 增

6 1 3 2 1 6 6 - 6 1 5 3 2 2 - -
如月之恒 如日之升

6 1 1 2 2 1 6 6 - 3 2 5 3 2 - -
如南山之寿 不骞不 崩

6 1 2 3 2 2 1 6 6 - 1 3 5 - - 3 6 6 1 1 -
如松柏之 茂 无不尔 或 承

这次我们用“四声对五音”方法做的《天保》，是“春节大典”的一个雅乐节目，所以才这样做的。“春节大典”，是有感于中国人聚居方式改变，而春节只是吃喝玩乐团圆祝福，没有传统文化，没有雅文化，而做的一次小心尝试。

“春节大典”按古礼在元月元日举行，内容为祭祖、敬贤、尊老、爱幼，重申规约，祝福百姓。时间为 20 分钟。然后再进行团拜、庙会、娱乐等活动。这次“春节大典”由吴军华老师策划，首先在武汉百步亭社区举行，拍成教学录像，提供给所有愿意做此典礼的社区、单位等。“春节大典”上有雅乐和吟诵四首，《天保》为其一，其余三首为《礼记·大同》《诗经·周颂·丰年》《诗经·卫风·木瓜》。吟诵者全部来自百步亭社区的中老年人合唱团。

这不是广场舞，也不是一般的歌舞晚会，这是“礼”。“礼”的感觉是怎样的？只有参加了的人才知道。那些参与了吟诵、礼乐、舞蹈的老人们，他们的体会很深。中国人，从来都是以礼治国的。

在此向大家隆重推介两章的《天保》。希望大家在今年春节团圆的时候，在向老人们祝福的时候，在今后给老人过生日的时候，能够唱这首歌。让中国人重新唱起中国传统的生日礼歌。（请见附录资料　武汉百步亭社区吟诵团　吟《诗经·小雅·天保》四声对五音编曲法）

第六章　吟诵与教育

第一节　吟诵的教育价值

吟诵对于教育的价值何在呢？我们先看叶圣陶、夏丏尊两位先生的《文心》里，“王先生”是怎么说的：

> 读，原是很重要的，从前的人读书大都不习文法，不重解释，只知在读上用死功夫。他们朝夕诵读，读到后来，文字也自然通顺了，文义也自然了解了。一个人的通与不通，往往不必去看他所作的文字，只须听他读文字的腔调就可知道。近来学生们虽说在学校里“读书”或“念书”，其实读和念的时候很少，一般学生只做到一个“看”字而已。我以为别的功课且不管，如国文、英文等科是语言学科，不该只用眼与心，须于眼与心以外，加用口及耳才好。读，就是心、眼、口、耳并用的一种学习方法。①

在鲁迅那篇《从百草园到三味书屋》里，吟诵的很多层面都得到了展现：

> 他有一条戒尺，但是不常用，也有罚跪的规则，但也不常用，普通总不过瞪几眼，大声道：
>
> “读书！”
>
> 于是大家放开喉咙读一阵书，真是人声鼎沸。有念“仁远乎哉我欲仁斯仁至矣”的，有念“笑人齿缺曰狗窦大开”的，有念“上九潜龙勿用”的，

① 夏丏尊，叶绍钧著．文心［M］．上海：开明书店，1933：107.

有念“厥土下上上错厥贡苞茅橘柚”的……先生自己也念书。后来，我们的声音便低下去，静下去了，只有他还大声朗读着：

“铁如意，指挥倜傥，一座皆惊呢～～；金叵罗，颠倒淋漓噫，千杯未醉嗬～～……”

我疑心这是极好的文章，因为读到这里，他总是微笑起来，而且将头仰起，摇着，向后面拗过去，拗过去。①

老有人以为古代私塾上课时学生都是坐得笔直，规规矩矩的，读书时如今天一般大声齐读——那是一种误解。私塾是一对一教学，混年级上课的，没法齐读。所谓“读书”，所谓“念书”，所谓“朗读”，都是吟诵。各自吟诵各自的，所以就“人声鼎沸”。吟诵时，大家都是摇头晃脑，兼且摆动身体的，所以课堂场面看起来非常活泼，绝不像现在学生都坐得整整齐齐的。

三味书屋

鲁迅先生的这段描写，可谓是吟诵读书状态的写照。吟诵的很多性质，都在这段描写中得到了很好的体现：

第一，吟诵是传统的读书方式，是通过教育体系（私塾和官学）代代口传的。

第二，吟诵又是自娱的方式，修身养性。

---

① 鲁迅著．朝花夕拾［M］．武汉：长江文艺出版社，2012.

第三，吟诵中的吟咏是有曲调的，读诵是没有曲调的。

第四，吟诵的时候，吟诵者是摇头摆身，陶然自得的。

第五，吟诵是一对一教学模式的重要教学法，也是学习的方法。

第六，吟诵是自觉的学习过程，是快乐的学习方式。

第七，吟诵是每个人都不一样的。

第八，吟诵的课堂是活泼的、热闹的。

这样的吟诵，当然对教育教学有很多作用。下面我就说说吟诵的教育价值。

一、加强记忆

很多老师初次接触吟诵，第一个反应是：它能帮助记忆吧？当然，唱的比念的记得牢。现在的记忆学很发达，证明吟诵有助于记忆是很简单的事情。很多老师在教学中引入吟诵，也是着眼于此。尤其是高中的老师，现在高中语文一下子要学那么多古诗文，学生很难背下来，但是一用吟诵，很多就迎刃而解了。老师们在这方面的反映很多。我自己也是一个受益者，自从学习了吟诵，我背过了很多以前没有背熟的篇章。

前文说过，古人要参加科举考试，需要熟背十三经及其注释。加上文史、艺用的知识，一般的秀才以上的人都应该背过几百万字以上的古诗文。而现在我们的学生一般背不过一万字。一万字就是现在中小学语文课要求背诵的古诗文篇目的大概总字数，而大部分学生是不能全部背下来的。更不用说背的过程极其痛苦，老师和学生都痛苦。而成都有位老师统计过他的班上的学生会唱多少首流行歌曲，结果发现，都在几百首到上千首的样子。歌词总量在十万字以上。也就是说，我们的学生在十二年的系统学习和努力之后，背不下一万字的古诗文，而没有任何人督促他，他就自己背了十几万字的歌词。这是为什么？——音乐的力量。试想，把您最喜欢的歌曲，抽掉旋律，只剩下词，然后再一字一拍地朗读，您还会喜欢它吗？还会没事就自己念叨它吗？——吟诵对于记忆的功能是一目了然的。

据很多老师的经验，如果以吟诵方式学习古诗文，仅就记忆背诵而言，小学六年普遍背下十万字的古诗文是基本没有问题的。到大学背到二十万字以上的经史子文，就可以为国学素养打下良好的基础。这说的都是普及教育，并不是文科或国学学科的学生。

二、健身养生

吟诵也有助于心理和智力治疗。对于自闭症、多动症、孤独症、脑瘫、智力低下和语言障碍等，吟诵都是有作用的。西医的音乐治疗已经很成系统，理论和方法都比较成熟了。国际音乐治疗大会曾在中国召开，与会者大部分都在说自己的民族音乐对于各种疾病的治疗作用，只有中国医生说的是外国音乐的治疗作用。好像很少有人关注中国民族音乐的治疗作用。当然现在也没多少真正的中国音乐了。我想说的是，吟诵和一般的西方音乐治疗有所不同，西方音乐治疗还是以听为主的，是以模仿和表达为主的，吟诵却是由内向外，是自己唱自己的歌，是与人交流的一种个性化方式。这使得吟诵具有其他音乐治疗所不能替代的作用。台湾地区的辛意云教授曾现身说法，以自己的童年经历说明了吟诵、朗诵和唱歌的作用，他的母亲就是靠这些把他从一个语言能力极差、学习成绩垫底的学生，培养成了一位著名学者。开展吟诵教学的老师们也提供了一些案例，只是目前还没有人去研究。

吟诵对生理方面也有一定的养生和治疗作用。文献中记载着不少吟诵治病的故事，我们在采录中也发现了有老先生用吟诵给人治病。佛教一直有六字真言和声音修炼的传统，道教和气功也都有类似的内容。现代医学和声学也在关注人声对脏器和身体其他方面的影响。日本的“诗吟”其主要群体是中老年人，就是因为日本人相信吟诵的健身养生作用。我一直希望有“吟诵养生法”总结出来，只是非我所长，只能祈望更多的人关注研究了。

吟诵不只是声音的事情，还是身体的活动，是一种自然的舞蹈。吟诵对于预防颈椎、腰椎等疾病以及近视显然能起点作用。现在小学生近视眼的比例常在三分之一以上。而古代文献中对老花眼的记载很多，对近视眼的记载却很少，这是为什么呢？古代的照明很差，而文人看书的时间又很长，照理应该有大批的近视眼啊，可是没有。这当然应该与很多因素有关，但是最重要的，应该是看书的习惯。古人看书的状态和今人不同。因为吟诵的缘故，古人看书是摇头晃脑的，也就是眼睛的焦距和角度需要经常调整。现在的学生看书，光线和姿势都很好，可是很少活动，眼睛就僵直了，一旦眼睛和书近一些，就容易引发近视眼了。而古人看书距离不固定，头总是在摇着，因此眼睛不会总是停留在近距离上。现在流行的近视眼治疗仪就是根据这个原理，让眼睛的晶状体保持弹性。所以，看书的时候适当地动起来，可能是缓解现在小学生近视的一个有效方法。

三、激发兴趣

吟诵恢复了汉诗文本来的美丽的声音形式，使得学生们重新喜爱上了古诗文。

中华文化复兴，必从读古书开始。每个人都读读古书原文，而不是从课本上听说古代，这样传承文化才有了一个根基。可是现在的年轻人不喜欢读古书，为什么呢？太隔阂，太陌生。去年有研究调查了北京市小学生最喜爱的课程，结果语文排最后，又调查了语文的什么内容最令小学生讨厌，结果就是语法和古诗文。古诗文已经成为年轻人最讨厌的东西了，可是几千年来大家不是都很喜欢吗？怎么变成最讨厌的了？这里面有很多问题，声音是其中最重要的障碍之一。试想，现在年轻人都喜欢流行歌曲，如果把那些歌曲的旋律都去掉，不能唱，只剩歌词，还一字一拍地念，再加上数学分析式的讲解，谁还会喜欢呢？道理就是如此地简单：入情入心的东西，变成了枯燥的文字数学。

事实是如此清楚，只要把吟诵的声音恢复，只要把吟诵带给孩子们，马上就能看到孩子们的态度的变化：他们爱读古诗文了。课本上的已经远远不够，他们会自己去找，让老师找，而且追着老师学吟诵。去年广州和成都的吟诵老师也做了小学生对古诗文态度的调查，结果在吟诵的班级，喜欢古诗文的学生比率达到了 99% 以上！吟诵的课堂，总是给人留下深刻的印象。不一定是老师讲得多好，也不一定是学生的水平有多高，而是学生们的脸上的表情，那种满心喜悦、全神贯注的学习热情，那是现在任何学科的课堂上都很难见到的表情了。

兴趣不是学习的第一动力吗？有了兴趣，就有了希望。不然，再好的东西，他不爱学，也是白搭。学生有了兴趣，就有了对老师的追随和尊重，老师的教育就可以比较容易地贯彻下去。

四、正心诚意

正心诚意，是《大学》里特别重视的事情。因为要学习，正心诚意是最重要的，我们今天叫真诚。依字行腔、依义行调，它的背后就是一种真诚，就是有什么话你就说出来，然后自然你就可以唱出来，坦率真实。一个人没有了真诚的心，学习都是白学。今天因为我们抛弃了这个传统，所以我们不再会唱歌了。让小孩子要按照一定的曲调一定的词来唱，就不再是唱他自己的心声。

吟诵首先能够让孩子们唱自己的歌，能够学会这样的一种表达方式，能够自然的表达自己的情感。这就是古人的高风亮节，此谓正心诚意。我们现在搞音乐创作的人，唱歌的歌手，他们都不重视依字行腔，所以他们经常倒字。把字给唱倒了，别人还能知道你唱的是什么字吗？所以我们今天的流行歌曲如果不出字幕的话，谁也不知道他在唱什么。今天我们唱歌的人根本就不在乎别人听得懂听不懂。那么他在乎的是什么呢？是旋律好听？旋律好听不代表真心，那么好听到底有什么用？想一想吧，也许就是塑造自己的形象而已。《孝经》里有句话，叫“移风易俗，莫善于乐”。改变这个社会风气最直接最快捷的方式就是音乐。可是现在，中国的音乐，大街小巷的这些音乐都是作秀，社会风气就可想而知了。

我们改变这个社会风气还是要从音乐开始，让这些孩子们重新学会唱歌，重新学会唱自己的歌，用唱歌来表达情感。从白话诗歌到古体诗歌，从散文到骈文，都要自己创作，自己歌唱，立刻唱，也就是即兴地唱。因为情感是随时有变化的，不即兴就是不真诚。而且，还有唱给特定的人听，唱给自己，唱给老师，唱给朋友，唱给父母。不能像歌星那样唱给不知道什么人听。对象不同，唱的却一样，那就不是真诚。诗歌从来都是唱给某人听的。

让孩子们吟诵，很重要的一个功能就是正心诚意，让他能够敢于表达自己的情感，用歌声表达自己的情感，用歌声互相交流，这是我们中国古人的生活方式。

教育首先要养成孩子们打开心灵、真诚与外界交流的习惯，学会正确地交流、高雅地交流的方式。然后学习，包括各科的学习，这样才有了一个心灵的基础，一个态度的基础。如果孩子都是畏惧的、逃避的、遮掩的、虚伪的态度，那既无法面对自然科学，也无法面对社会科学，更不用说国学和艺术了。这就是正心诚意的价值，也是吟诵可以做到的一件事情。

五、正音识字

我们今天的孩子是怎么识字的？比如说“床前明月光”，第一个字，“床”，今天小学一年级的孩子是怎么认识这个字的？我们是这么教的：先教他们读音。chuáng床，二声床，chuáng床，床，床床床，chuáng床。然后给学生发一个格子本，写一百遍。这种教学方法有个名称，叫“死记硬背”。用陈独秀的话说，是“记符咒”。

我教吟诵，经常有人跟我说，吟诵很好啊，弘扬传统文化很好，但是千万记住不要复古，不要像古人那样就知道死记硬背。我听了真是哭笑不得。死记硬背不是这一百年的新发明吗，古人哪有死记硬背啊，死记硬背能背过几百万字吗？

我们采录这么多老先生，有这样的一个经验，就是古代的学馆，入学有个条件，就是识字量要达到自由阅读的水平，也就是两三千字。所以在古代，基础识字量是在蒙馆阶段完成的。蒙学的基本教材，我们现在比较熟悉的，像《三字经》《百家姓》《千字文》，三本书加起来，不一样的字有一千五百个。再读点《龙文鞭影》《声律启蒙》这样的书，识字量就达两三千字以上。

中央民族大学有一位关辛秋教授，她的父亲是安徽人。我们采录过他。老先生四岁开蒙，只经过两年的蒙学学习，六岁父母双亡，家庭出了变故，他一下子成了流浪儿童。新四军收留了他。收留的那天，新四军的首长看着他问：“小鬼，认字吗？”他回答：“认得。”“认得多少？”“不知道！”首长就笑了，指着里屋说：“去，到里屋去，自己数数，认得多少字！”他就去了里屋，很认真地数自己认得多少字，半天，出来跟首长说：“三千多字。”首长很惊讶，这么个六岁的孩子认得三千多字，太好了！于是，就让他做了新四军的情报员。因为他小，鬼子不注意，他可以这边看了书信，到那边背给别人听。老先生是位老革命，解放后一直在东北工作。这个材料很纯粹，两年的蒙学学习，就是三四千字的识字量。

今天我们主流的教育理念不是这样的。今天我们的教育制度，儿童的识字量到小学毕业的时候，大概是两千五百字。十二岁，才可以读他想读的书，在那之前只能读儿童文学，可是古代的孩子大概在七八岁的时候就可以读他想读的书，而且会查字典。这样他就可以去上学馆读书了。

为什么我们现在的教育不支持儿童早识字呢？因为西方的教育理论是反对儿童早识字的。这套理论，最早来自皮亚杰的“发生认识论”。他经过很多的实验和临床，发现儿童的神经、心理、思维等，是有一个发展过程的，是逐渐形成的，在每一个阶段都有每一个阶段的特点，不可以脱离这个阶段的特点去进行教育。这是非常重要的一个结论。那么为什么不能早识字呢？因为儿童感性比较发达，理性不发达。西方人认为识字主要是靠理性的，所以儿童不应该早识字。

我是很赞成西方的这些教育理论的，因为他们经过了大量的实验，也经过了大量的理论论证，是很有道理的。但是，把它引进中国的时候，不要忘了一件事：西方是拼音文字，而我们是象形文字，正好是相反的。

什么是拼音文字？比如说，“桌子”，英语叫 desk。英国的孩子一两岁的时候就知道桌子叫 desk，就会说 desk。到了六岁上学，开始学字母，这个 desk 怎么写？就是 d、e、s、k 就这么写，所以叫拼音，他就是用字母把它拼出来。美国有自然拼读法，就是这种教学方法，所以这是一种用理性去实现的一种识字方法。

但是中国不是这样的，汉字是象形文字。桌子的“桌”字，是一幅画啊，你没有办法把它拆开，它是音形义一体的意象整体。所以，在中国，识字恰恰是感性的。如果西方的儿童在七岁之前不应该开始系统地识字，那么中国的儿童恰恰应该在七岁之前完成基本系统识字，这是同一个理论。这就叫科学，生搬硬套就不是科学了。我们现在为什么做不到？因为我们把汉字当拼音文字教，字与字没有关系，音与音没有关系，字形被拆解成笔画，而这些全与含意、文化、历史没有关系。我们是努力把汉字教成拼音文字而未得，所以识字就成了一个老大难问题。

我给大家看一下实验证据。下面是香港中文大学在 2003 年完成的一项研究报告。这项研究用时三年半，38 位教授、100 多个学校参与了这项实验，而且是由教育界和脑神经科学界联合做的一个课题，他们分了好几个小组，实验主要是脑神经科的教授们做的。最后的研究结论是：

> 脑电图显示，人脑在处理学习中文时的关联路径与处理学习英文时的不同。处理中文时，额叶区和枕叶区中产生强烈而短距的脑电图关联；处理英文时，则在额叶区和颞叶区之间产生关联。①

这就是说学习中文和学习英文是分别用左右脑的，一个多用感性，一个多

① 见《脑神经科学与教育中英语文教学研究》第一部《综合报告》第 9 页《研究结果》，香港中文大学，2003 年 8 月。

用理性。

这项研究还比较了吟诵教学法和传统教学法，（尽管那年我们还没有定下“吟诵”这个词）他们研究的对象还包括吟唱，他们用的是“唱咏法”和“韵律诵法”这两个词。

> 研究结果显示，学习中文时，唱咏法对记忆最有效。至于增进理解及逻辑思维，则韵律诵法最为有效。
>
> 将韵律诵法及唱咏法做适当的配合做文言文教学，足以增加学童的学习兴趣、欣赏能力及语文技巧。这说明传统习用的背诵法若运用得宜，仍是一种很有效的教学方法。
>
> 功能性磁共振显像实验可解释为什么唱咏法对中文诗有效，但对英文诗则无特别效果。脑电图实验结果可透过测量儿童学习中文时所出现不同程度的脑部唤起作用去解释为什么中文诗较能为学童所吸收。①

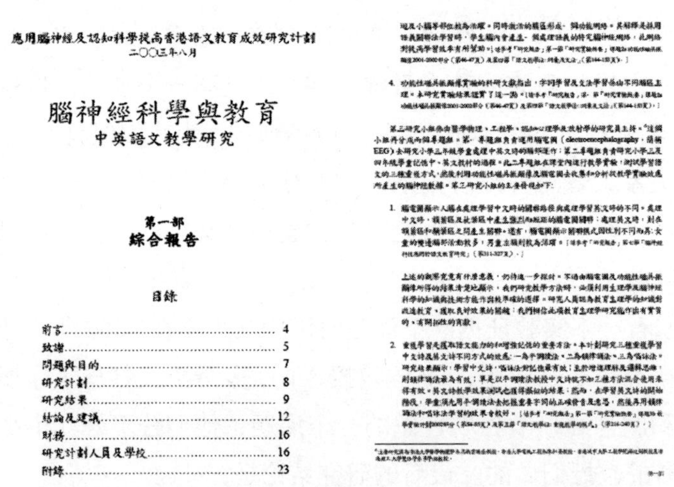

應用腦神經及認知科學提高香港語文教育成效研究計劃
二〇〇三年八月

腦神經科學與教育
中英語文教學研究

第一部
綜合報告

目錄

香港中文大学《脑神经科学与教育》研究报告（部分）

这种实验不仅仅是香港中文大学在做，其他地方也做过类似的实验，结论基本都是这样的。有一个美国的实验，是找既不懂汉语也不懂英语的人，给他们听汉语和英语，结果脑电图显示，当他听到英语的时候，他的语言区发红，能量都集中到那儿去了；听到汉语的时候，音乐区发红，他只当是唱歌。

① 见《脑神经科学与教育中英语文教学研究》第一部《综合报告》第9页《研究结果》，香港中文大学，2003年8月。

我们一定要让老师们明确知道学中文和学英文是不一样的，不可以用同样的教学方法。汉语汉文更近感性，英语英文更近理性。所以中国的孩子要用中国的方法，按照汉语汉字的规律去识字，并且早识字。所以以前都说中国的孩子早慧，识字早也是非常重要的事情。

古人是怎么样正音识字的？古人怎么能够在那么小的时候教会孩子那么多的字？古人的识字是分三个阶段进行的。

第一个阶段是上蒙馆以前，就是今天三四岁上幼儿园之前的事情，这一段的工作主要是由母亲来做。好多老先生跟我们说，他到了蒙馆上学之后，拿起《三字经》来，老师一教，原来自己都能背的，原来妈妈早就教他都背过了，然后他才一个一个地把那个音和这个字一一对应起来。所以识字最初是指读的，这样就形成了“字”的概念。第一阶段母亲的作用很重要。首先是母亲把蒙学里要学的东西先让孩子背过，背这些蒙学和背“两只老虎”都是一起的，对孩子来说是没有什么区别的，都是童谣。

第二个阶段就是到蒙馆里，进行第一次的识字。这次的识字的目标是两三千字，就是基本自由阅读所需要的识字量。这次的识字主要是靠重复，重复就是你有本事让这个孩子不断地见到这个字，有兴趣再来看这个字就行了，你有什么本事你就使什么本事，所以识字其实是有很多方式的。在今天你可以用绘本、童谣，也可以用字卡，你用什么都行，只要你有本事让这个孩子有兴趣学，不断地看到这个字。在古代，吟诵是最经济的一种方式，就是把它唱出来，因为小孩喜欢唱歌，他就不断地唱这首歌，所以他就识字了。

“床”这个字怎么认识的呢？今天我们叫 chuáng，古人是先要发 ch 这个声音，再发 u 再发a再发 ng，四个音连续发，把它拖长，这个字就认识了。吟诵，声母韵母声调都要求准确，字正腔圆，拖得又长又清晰，就是这样识字的。所以识字就是唱一首歌。《百家姓》唱下来只用四分钟，《千字文》唱下来也就十分钟。一个课间足够唱一遍《千字文》了，古人就是这么识字的，所以他的识字量就比较大，更重要的是他很快乐。

第三个阶段是上学馆，这个阶段主要通过学习传统“小学”，即文字、音韵、训诂来进行识字量的拓展。这一次大概能拓展到六千到上万字，这样今后才能大量读古书。前文已经对此有所介绍，我们现在也开发了这样的汉字课程，而且结合了书法、篆刻、国画来一起进行，因为这本来就是一件事。

六、深化理解

吟诵是正确理解古诗文含意的基础之一。吟诵是汉诗文的传统读法，而读法是对含意有影响的。

吟诵不仅是读者的读法，也是作者的作法。“先吟后录”一直是汉诗文的主要创作方法——下笔前总是先在心里有声音的，而这声音也是基本遵守吟诵规则的，何况，大量的诗文是在吟诵的状态下创作完成之后才用笔记录下来的。中国的毛笔基本上是只用于抄录的，很难用于打草稿。

既然汉诗文的创作主要是口头创作，声音的意义就不可否认。创作时，不管是有意的还是本能地，每个人都会选择合适的声音去表达，包括长短高低、轻重缓急、清浊开闭等，这是从小就会的本领。如果声音不合适，即会改掉，所以“新诗改罢自长吟”，吟诵一直也是修改诗文的方法。

只知道读音，不知道读法，又怎么可能完全了解诗文的含意呢?

方苞说：“诗，古文，各要从声音证入，不知声音，总为门外汉耳。”桐城派主张“因声求义”，这也是汉诗文一直以来的传统，只是被桐城派总结了。“书不尽言，言不尽意”，“声”，正是“书”和“意”之间的桥梁。而“声”是有规矩的，前文已说明。

要之，汉诗文的声音的意义不可忽视，它至少有助于理解。所以，理解得好自然吟诵得好，而吟诵得好也才能理解得好。不理解而吟诵，不好，不吟诵而理解，也不好。古人读书的时候，因声求义，因义发声，这是一直并存互生的两个方面。

七、开启创作

因为汉诗文本来就是吟诵着创作、吟诵着传承的，所以以吟诵的方式学习，就是以汉诗文固有的方式学习。如此一来，今天古诗文学习的很多难题就迎刃而解了。比如古诗文的语感问题、语法问题，尤其是音韵和格律的问题，都变得有趣而简单。最重要的是创作问题。以前哪个识字的人不会对联作诗啊？文人天天作诗，风花雪月，那是何等样的生活！现在我们天天打麻将打游戏，语言、艺术能力高度退化，生活极为无趣，还沾沾自喜于网词网文，这又是何等样的生活！

会吟诵就很容易学会创作，不管作诗的水平如何，至少可以作诗。汉诗不同于 poem，它首先是一种自我教化，一种自我修养，做得好不好其实没有那么重要。如果我们的学生都可以作诗，甚至都可以做出有文气的古文，那他们又会成为何等样的人！而他们的白话文水平，还需要担心吗？这真的不是天方夜谭，而是很多吟诵老师们已经做出来的事实。我们也已经开发了这样的诗词吟诵课程，可以在普通的学校里，由现职老师经过短期培训上岗授课，让学生逐步学会吟诵，学会创作。创作童谣、歌曲、白话诗，也创作对联、古诗、古文。

语文课可以变得很美好。

八、涵养气质

吟诵是中华文化精神传承和人格培养的途径之一。

儒士称为“文人”，传统称为“文化”，因为儒家一向重视“文”。“文”的对应是“质”，可是并没有“质化”这东西，因为“质”化不了人。中华文化的传承，需要读经学大道理，但是仅仅讲道理是不够的。教育的成功在于改变学生的人生态度和生活习惯，而这需要外在形式的熏陶，所以儒家一向重视文艺。吟诵属于读书的形式，这个形式之所以重要，不仅仅在于它与学习兴趣有关，与含意理解有关，最重要的，是它与人生态度的熏陶培养有关。

朱熹在《读〈论语〉〈孟子〉法》中引程颢的话说：

> 程子曰：“学者须将《论语》中诸弟子问处便作自己问，圣人答处便作今日耳闻，自然有得。虽孔孟复生，不过以此教人。若能于《语》《孟》中深求玩味，将来涵养成甚生气质！”①

看书和“今日耳闻”有什么不同？“今日耳闻”是当面聆听，能感受到动作、表情、气味！学《论语》《孟子》，不只是要明白里面的道理，更要体味圣人的语气、神态、表情，进而体悟圣人的精神、境界、气象，要化身为圣人，所以是要“玩味”的，所以其目的是“涵养气质”。读书的目的是育人，不是背诵，也不是理解，而是体会圣人。

一个人如果心中有一个孔子在，知道孔子是什么样的人，怎样说话，怎样

① ［宋］朱熹撰．四书章句集注［M］．北京：中华书局，2011：47.

做事，那么他在生活中碰到任何事情，都可以想想如果是孔子在这里，他会怎么说，他会怎么做，于是，一切就没有问题了。所以科举考试明明是选拔官吏，却不考政治经济学，也不考法律、农工、行政管理，因为孔子要做官，他会不学这些吗？心中有孔子，就自然会去照孔子的样子做。没有照样去做的，一定是因为心中的孔子还不完善。这就是“知行合一”。

由此知道古人是怎样读书的，为什么读书一定要吟诵。前文说，《论语》等于是发明了一种新的文体，特征就是大大提升了虚字的比例，这就是出于读书的需要。《论语》是用来吟诵的，编者们希望读者不仅仅读懂里面的道理，而且体会到孔子的语气、神态、气质。此后汉文古文多从此体。

重视吟诵，意味着古人在学习时重视体会作者的气象，在教学时重视学生学到了多少作者的境界，教与学，都是在感性的层面上结合理性而进行。今天的教学，语文和数学没多大区别，都是背条条框框，然后做题。语文失去了语文性，文学失去了文学性，国学更失去了国学性，这样的课程，传承的是知识，不是文化。没有文化精神的知识，也很难算是正确的知识吧。

从读经典原文，到吟诵之法，到课程设置的重视德、艺熏陶，到考试的看重气象，整条线索都是非常清晰地指向品性教育，而且互相呼应，互相辅助。个别教育、自学为主、纵向编班、态度第一，这些方法也都是非常成系统、有条理的。今天很多老师觉得德育课很难上，品德怎么培养？其实古人已经做了几千年，而且是德、体、艺、用并修同成的。品性教育，是有理念、有模式、有方法、有次第、有内容也有形式的，古代有一套成熟的经验，特别值得今天我们做传统文化教育的老师们借鉴。

第二节　吟诵与语文的渊源[①]

吟诵，是古人学习经典、蒙学、诗词、文赋的基本方法。吟诵的符号，就标记在学馆的课本上；吟诵的声音，就是所谓的“琅琅读书声”。在语文学科诞生的时候，吟诵也没有缺席，它就在语文里。

---

① 本节第五部分由我的学生秦佳佳撰写。

夏丏尊

叶圣陶

朱自清

赵元任

吕叔湘

一、中华人民共和国第一版语文教材推荐了吟诵教学法

中华人民共和国的第一版语文教材，是1950年由人民教育出版社正式出版发行的。此前，华北联合出版社出版过语文课本，但其时中华人民共和国尚未成立，尚属解放区教材，而且也没有使用“语文”这个名称。

1949年，华北人民政府成立教科书编审委员会，由叶圣陶先生主持。同年10月，审订中小学语文课程标准，同时开始编辑教材。1950年夏天陆续出版中华人民共和国的第一版语文教材。12月1日，在出版总署编审局一处、二处和华北联合出版社、上海联合出版社的基础上，正式成立了人民教育出版社。从这时起，这一版教材均署名“人民教育出版社”出版。

第一版语文教材，小学教材名为《初级小学国语课本》《高级小学国语课本》，初中教材名为《初级中学语文课本》，高中教材名为《高级中学语文课本》。

小学之所以使用“国语”这个词，是因为小学以教现代汉语口语为主。小学国语课本，后于1953年也更名为“语文”。

第一版语文教材，在小学国语课本、初中语文课本里，都没有古诗文，只有一点古代白话小说。没有古诗文，自然就没有吟诵。高中语文课本里有古诗文，尤其是在高年级有大量古诗文，因此在这个《高级中学语文课本》里，出现了吟诵的影子。在相当于前言的“编辑大意”里，有这样一段话：

> 至于文言的教学，我们希望教师们能够在比较文言跟口语的异同方面多多指点，多多提示。关于这一层，不在这里详细说，愿意推荐吕叔湘先生的《开明文言读本·导言》，供教师们参考。①

① 周祖谟，游国恩，杨晦，赵西陆，刘禹昌，魏建功编．高级中学语文课本［M］．北京：人民教育出版社，1950：2.

这就是第一版语文教材里关于古诗文教学的说明。当时还没有教学参考书。这个说明即是请教师们以《开明文言读本·导言》为教学参考书的意思。

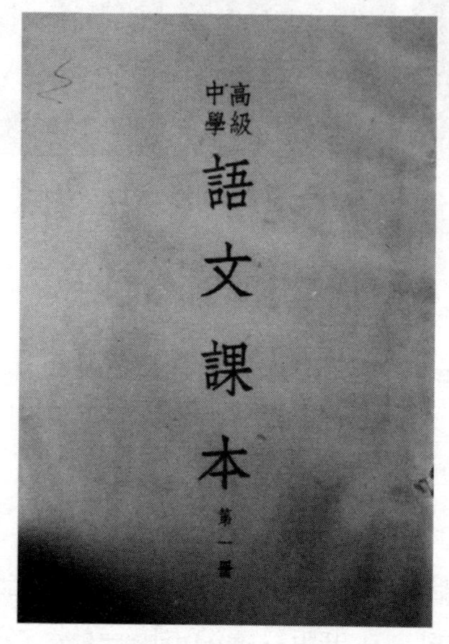

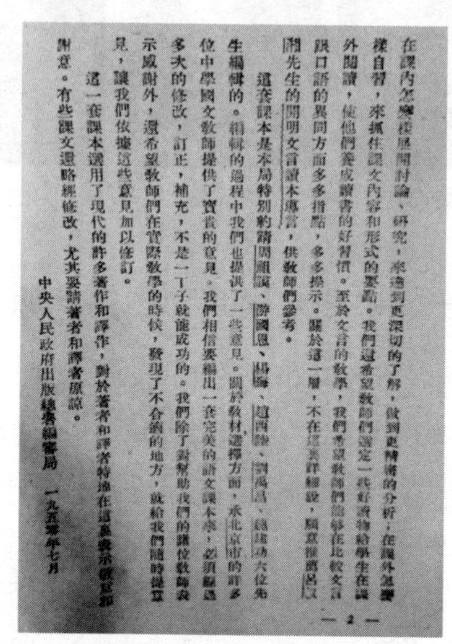

在課內怎樣展開討論、研究，來達到更深切的了解，做到更精密的分析；在課外怎樣自習，來抓住課文內容和形式的要點。我們還希望教師們選定一些好讀物給學生在課外閱讀，使他們養成讀書的好習慣。至於文言的教學，我們希望教師們能够在比較文言跟口語的異同方面多多指點，多多提示。關於這一層，不在這裏詳細說，願意推薦呂叔湘先生的開明文言讀本導言，供教師們參考。

這套課本是本局特別約請周祖謨、游國恩、楊晦、趙西陸、劉禹昌、魏建功六位先生編輯的。編輯的過程中我們也提供了一些意見。關於教材選擇方面，承北京市的許多位中學國文教師提供了寶貴的意見。我們相信要編出一套完美的語文課本來，必須經過多次的修改，訂正，補充，不是一下子就能成功的。我們除了對幫助我們的諸位教師表示感謝外，還希望教師們在實際教學的時候，發現了不合適的地方，就給我們隨時提意見，讓我們依據這些意見加以修訂。

這一套課本選用了現代的許多著作和譯作，對於著者和譯者特地在這裏表示敬意和謝意。有些課文還略經修改，尤其要請著者和譯者原諒。

中央人民政府出版總署編審局　一九五零年七月

— 2 —

1950 年高中语文课本

《开明文言读本》是 1948 年 8 月出版，由开明书店出版发行的，作者是吕叔湘、朱自清、叶圣陶。所谓“文言”，即指古诗文，选篇里面有诗也有文。其“导言”很长，分为文言的性质、语音、词汇、文法、虚字五个部分，可以看作是古诗文学习的理论与方法。其中在“语音”部分，着重讨论了文读、协韵、入声、格律的问题，“虚字”部分，讨论了虚字（而不是虚词）的功用。这五个问题，都是今天的语文古诗文教学所不谈的，也是古代文学专业所少谈的，因为它们都属于怎么“读”的问题，也就是吟诵的范畴。

“导言”里的第二部分“语音”里说：

> 除了研究中国音韵学的人，大家不去理会，也不必去理会，一个字的古音怎么样。可是在诵读文艺作品的时候多少有点影响。
>
> 第一是韵脚。因为语音的变动，原来同韵的字现在会不同韵……我们既不能勉强一般读者用古音去读，更不能像有些冬烘先生所主张的那样用今音去凑合，只有不押韵就不押韵得了。①

① 吕叔湘撰 . 开明文言读本·导言［M］. 上海：开明书店，1950：4.

这一部分专门讨论“读”的问题。针对协韵传统，作者主张按照现代汉语去读，“不押韵就不押韵得了”。表面看起来，好像是反对吟诵即传统读书法的文读原则，但是作者承认“多少有点影响”，也就是承认押韵的声音含意，承认不协韵对诵读和理解有影响。

> 其次是入声的问题。现在国语和北方官话区方言都没有入声，古代的入声字都分派到平、上、去声里去了。这有时候也影响到韵脚。例如：
>
> 千山鸟飞绝，万径人踪灭。孤舟蓑笠翁，独钓寒江雪。（柳宗元）
>
> 这首诗里“绝”“灭”“雪”三个入声字押韵。现在国语里“绝”读阳平，“灭”读去声，“雪”读上声，没有两个字的声调相同了。
>
> 这个入声韵的问题牵涉到的范围还小。从前人又把上、去、入三声总括为仄声，跟平声对立起来。这个平仄对立的原则，不但是诗词里的声律的基础，并且应用在骈文里，应用在散文里也常常出现的骈句里。一个入声字若是凑巧现在读上声或去声，那还在仄声的范围之内，没有多大关系；若是不巧而读平声，那就影响这些诗文的声律了。
>
> 入声字在诵读的时候也许比较容易补救，比如说把它读得像去声而极短，短到足以和去声分别。困难在于辨识现在的阴、阳、上、去声的字里哪些是原来的入声字。这没有简单的规则可以供我们应用，只有遇到犯疑的字就去查字典。幸而全国的方言里还有很多是保存入声的。我们在选读的诗词里在入声字旁边加点作记。①

这段讨论入声字问题，表达了几个明确的观点：

第一，入声字一定要辨认出来，这不仅仅是因为押入声韵时需要读协韵，而且也因为在非韵字的地方要读出声韵格律。为此，他们特别使用了入声符号标记所有入声字。

第二，入声字读短。

第三，这也就意味着入声这个声调是有含意的，对诵读和理解有影响。

第四，诵读要尊重平仄格律，读出平仄之别。

---

① 吕叔湘撰 . 开明文言读本 · 导言［M］. 上海：开明书店，第 4-5 页。

第五，这也就意味着平仄格律和押韵、入声一样有含意，对诵读和理解有影响。

第六，辨认入声字要靠方言和字典。

以上六点，正是吟诵的传统，属于吟诵方法的范围。我们今天主张吟诵要文读、入声要读短、平仄格律要读准，都是一脉相承的。我们也给入声字以专门的标记符号。我们今天也许在辨识入声字上有所进步，就是总结了入声字辨识的各种方法，编了入声字口诀，还出现了入声字软件。辨识入声字变得简单了。

《开明文言读本·导言》里的第五部分“虚字”里说：

> 文言的句法虽然跟现代语大致相同，所用的虚字可是大多数全不相同。为初学的人的方便，下面把文言里常见的一些虚字按它们的意义分别举例说明。这里所说的虚字范围较广，不但是代词，介词，连词，语助词，还包括好些个副词；换句话说，除了名词，动词，形容词。当然，这里不能把所有这几类词尽力数罗列，有些生僻的字和有些字的生僻的意义都没有收在里面。①

其后共列举了156个虚字，每个虚字下面分列义项，包括组词。如：

> 五四　比　㈠到了（有托其妻子于其友而之楚游者，比其反也，则冻馁其妻子）。㈡频，连（比年伤水灾；闻者数年比不登）。㈢近（比来不审尊体动止何以？）。㈣比比：每每（郡国比比地动；比比然也）。②

这个“虚字”部分占了整个《开明文言读本·导言》的大半篇幅。

今天大家不说“虚字”而说“虚词”，虚词词典是按照单音节词和双音节词来编的。这就是“词本位”与“字本位”之争。“词本位”的观点基本是受到西方语言学的影响，因为欧洲语言基本上没有“字”只有“词”，因此重视语法。“字本位”是中国传统的语言学观点，它还有一点与西方语言学不同，就是重视读法。

---

① 吕叔湘撰．开明文言读本·导言［M］．上海：开明书店，1950：4-5.

② 同上书，第24-25页。

古人非常重视虚字，历代有不少研究虚字的论著，而少有研究实字的。为什么呢？因为虚字才是古文的气韵所在。从《论语》开始的古文文体，其最大的特点就是虚字比例高，比之早期的《书》《易》《春秋》等文体，虚字高数倍，达全文的五分之一左右。

要这么多虚字干什么？《论语》是语录体，它需要展现出孔子的语气，以辅助阅读学习，不然，“书不尽言，言不尽意”，就凭那些文字，怎么能知道孔子说话时的真意呢？因此，虚字的增加，一开始就是为了“读”的目的。而后人也如获至宝，非语录也用虚字多的古文体，也是看中了这种文体的语气功能。

历代重视虚字，都是为了更好地理解原文。通过什么去理解？通过“读”。直至清代桐城派“因声求气”，都是通过吟诵去理解文章的真谛。要“读”出语气、情绪，也就是抓到了“文气”，才能达到深入的理解。而这个时候，对虚字的掌握就至关重要了。

而虚词这个概念，看起来其中很多都是虚字，其实中间有重大的差别。这就是：虚字重视字音，重视读法，逢虚字就要重读、长读，而当一个虚字被当成虚词对待时，则重视语法，重视逻辑，读的时候与实词同等，所以虚词也不比实词重要，甚至还不如实词重要。如此一来，对古诗文的赏析理解，也就转向了寻找字面意思的关系，然后是思想、情感、背景、哲理的生发。在枯燥无趣的背后，是对古文气韵和真意的迷失。

叶圣陶先生就多次论及过虚字与吟诵的关系，比如：

> 以上说到的一些文言虚字，固然要分析、比较，确切地知道它们所表示的意义与语气；但是要熟习它们并且使用它们，非加工吟诵不可。从吟诵入手，所得到的才是习惯，而不仅是知识。（《精读指导举隅·欧阳修〈泷冈阡表〉指导大概》）①
>
> 从前书塾里的先生很有些注重方法的。他们给学生讲书，用恰当的方言解释与辨别那些难以弄明白的虚字。②
>
> 就文章种类说，文言与白话也不宜用同一态度对付，文言——尤其是秦汉以前的——最先应注意那些虚字，必需体会它们所表的关系与所传

① 叶绍钧，朱自清著．精读指导举隅［M］．重庆：商务印书馆，1944：41.

② 叶绍钧，朱自清著．国文教学［M］．上海：开明书店，1945：3.

的神情，用今语来比较与印证，才会透彻地了解。(《国文教学的两个基本观念》) ①

因此，《开明文言读本》的导言部分用了大篇幅讲虚字，就是重视虚字、重视读法的体现。

不仅如此，在《开明文言读本·导言》之后的正文里，在每首诗的下面，都有“诗体略说”一项，主要解释文体和押韵。比如《游子吟》：

诗歌大多数用五字句、七字句，叫作五言诗、七言诗（一句称一言，一字也称一言）。这一篇是五言诗。

大多数的诗歌都在双数句的末了押韵（就是第二句、第四句、第六句……末一字韵母相同）。这一篇中，“衣”（yī）“归”（guī）“晖”（huī）三字是同韵字。

说话读书，古今声音不同，时代相距愈久，声音变化愈大。因此，古来的同韵字，现在人念起来未必也同韵。像这篇中的“衣”字跟“归”“晖”两字，现代国音就不同韵。但在唐朝，这三个字都在平声微韵。②

这些也都属于吟诵知识的范围。吟诵需要了解文体知识，因为不同的文体读法不同，同样的句子放在不同的文体里含意就有差异。吟诵还需要尽量协韵，就算协不成，也要知道原来是同韵的，原来的韵大致读什么音，是一个什么样的感觉。现在教学不吟诵了，所以也就不在乎这些知识了。

综上所述，可知《开明文言读本》是重视诵读方法和声韵知识的，虽然没有使用“吟诵”这个词，用的是传统的“读”这个字，但是介绍了吟诵的方法。

这些吟诵的方法包括：入声读短、文读语音、重视虚字、读准平仄格律、注重押韵的语音等。

可以发现，没有被介绍的吟诵方法主要是有旋律的吟咏的方法（依字行腔、依义行调）和近体诗的方法（平长仄短、平低仄高）。之所以没有介绍吟咏的方法，是因为《开明文言读本》主要讲读诵而不是吟咏。没有介绍近体诗的方法，是因为近体诗不在“文言”的范围之内，当时的“文言”主要是古文、骈文和

① 叶绍钧，朱自清著．国文教学［M］．上海：开明书店，1945：6.
② 朱自清，叶圣陶，吕叔湘著．文言读本［M］．北京：生活·读书·新知三联书店，2014：86.

古体诗。

所以，在读诵“文言”这个范围内，吟诵的方法基本上都涉及了。因此我们可以得出结论：

《开明文言读本·导言》是讲究吟诵方法的。

中华人民共和国的第一版语文课本是指明古诗文要用吟诵教学法的。

二、中华人民共和国语文吟诵的首倡者是叶圣陶先生

那么，具体是谁在倡导语文吟诵，是谁把《开明文言读本·导言》写进1950年语文教材“编辑大意”的？

1950年版《高级中学语文课本》的编者署名是：周祖谟、游国恩、杨晦、赵西陆、刘禹昌、魏建功。那么这段文字是谁写的呢？

不管执笔者是谁，这段文字当然是整个编写组的意见，也是当时负责此事的教科书编审委员会的意见。不过，我认为，提出这个意见的应是叶圣陶先生。理由如下：

第一，“编辑大意”的落款是“中央人民政府出版总署编审局”，而不是“编者”。叶圣陶先生当时是中央人民政府出版总署编审局局长。

第二，叶圣陶先生也是整个语文教材编写组的总领导，对教材编写事无巨细地提出意见，进行审订。

第三，他是《开明文言读本》的三位作者之一。

第四，他是语文学科的创始人，也是语文吟诵的首倡者之一。（详见后文）

第五，当时与中小学语文教材同时进行的，还有大学语文教材的编写工作，也是由叶圣陶先生主持。《大学国文》的序言就是叶圣陶先生写的，而叶先生就在其中直接抄写《开明文言读本·导言》。

我们先看叶圣陶先生的日记：

> 1950年一月廿一日（星期六）
>
> 建功来谈。一谈大学国文选本（文言），明日将集北大清华两校同人共谈者。二谈高中语文之编辑，我局拟托建功于讲师助教中招引数人，专任此事。建功允之。①

① 叶至善，叶至美，叶至诚编．叶圣陶集　第22卷［M］．南京：江苏教育出版社，1994：91.

1950年一月廿二日（星期日）

建功邀得同人四位，愿任高中语文编辑事，略一商谈，约他日详谈着手步骤。①

1950年二月八日（星期三）

下午，北大五位教师来谈，为我局编辑高中语文。谈至五点半，此事稍有眉目，暑假可以出书数册而不至不成样，心为稍安。②

1950年四月十五日（星期六）

竟日雨。上午看文稿数种。午后，北大四位教授来，谈高中语文编选问题，一谈又是四小时。③

第一条日记可知当时高中语文与大学国文的编写工作是同时进行的，并且都由叶圣陶负责，魏建功组队。这几条日记可看出叶圣陶并非将编写高中语文课本的工作交给魏建功等人就甩手不干，而是全程参与，殷切关心。这篇“编辑大意”的写作时间是1950年7月，当时叶圣陶生了一场病。他的日记中虽然没有关于“编辑大意”的直接记录，但是当时他一直带病坚持工作，尤其是语文教材的编写工作：

1950年七月十五日（星期六）

……至十三、十四、十五三日，乃看语文教材……

1950年七月十九日（星期三）

看语文教材，与同人谈话。④

另外，他将《开明文言读文·导言》写入《大学国文》的序言中，从他的日记和发表的文章中都可以直观地看到。

1950年三月十八日（星期六）

续写序文，仅得一纸。序作至此，谈文言与今语之异同，即抄叔湘所为《开明文言读本》之导言入之。抄录亦不能快，他可想矣。⑤

---

① 叶至善，叶至美，叶至诚编.叶圣陶集　第22卷［M］.南京：江苏教育出版社，1994：92.
② 叶至善，叶至美，叶至诚编.叶圣陶集　第22卷［M］.南京：江苏教育出版社，1994：94.
③ 叶至善，叶至美，叶至诚编.叶圣陶集　第22卷［M］.南京：江苏教育出版社，1994：105.
④ 叶至善，叶至美，叶至诚编.叶圣陶集　第22卷［M］.南京：江苏教育出版社，1994：120.
⑤ 叶至善，叶至美，叶至诚编.叶圣陶集　第22卷［M］.南京：江苏教育出版社，1994：100.

这里指的是为《大学国文》作序言。从中不难看出，叶圣陶对《开明文言读本·导言》的认可与感情。

《大学国文·序》一共6700字，其中3700字直接摘录《开明文言读本·导言》，叶圣陶先生注释说：

> 从开始谈文言跟现代文的区别到这儿，全都摘录的开明书店版《开明文言读本》第一册导言里的话。那篇导言是吕叔湘先生写的，对于学习文言很有帮助，这儿不能全录，希望同学们自己去找来看。最近那篇导言印了单行本。①

后面又说：

> 《开明文言读本》的导言里，收集一百五十多个常用的虚字，按照字典的方式，说明意义，并且附列例句，极便于检查。②

《开明文言读本》的“编辑例言”是叶圣陶先生执笔的，导言是吕叔湘先生执笔的，但无疑两位先生包括另一位作者朱自清先生之间都有过深入的交流和一致的意见。

综上所述，叶圣陶先生在中华人民共和国成立之初，是把《开明文言读本》作为古诗文教学的最重要的理论和材料来看待的。在语文教材里推荐《开明文言读本·导言》，应该也是叶圣陶先生的意见。

三、“语文”与“吟诵”诞生于同一篇文章

叶圣陶、吕叔湘、朱自清等诸位先生对语文一定要吟诵的提倡，事出有因，渊源有自。

《开明文言读本》虽然只是涉及了古体诗和古文，而且只针对读诵，但是它是几位先生此前二十年对语文教育探索研究的结晶。

关于语文吟诵的探索，始于1931年。这一年夏丏尊、叶圣陶两位先生正在合编《中学生》杂志。他们有感于中学生国文（即古诗文）水平的普遍下降，进而影响白话文（国语）水平也难以提高，因此决定合写一本书。这本书的内

---

① 北京大学中国文学系等选．大学国文　文言之部［M］．北京：新华书店，1950：9.

② 北京大学中国文学系等选．大学国文　文言之部［M］．北京：新华书店，1950：10.

容边写边发表在《中学生》上，后来结集成书，就是《文心》。

《文心》(叶圣陶、夏丏尊，1933，陈望道、朱自清作序)

《精读指导举隅》《略读指导举隅》(叶圣陶、朱自清，1941)

《国文教学》(朱自清、叶圣陶，1945)

《开明文言读本》(叶圣陶、朱自清、吕叔湘，1948)

这些著作，还有一些散篇论文，构成了语文教学理论形成的主线，也构成了语文吟诵理论的发展史。

《文心》，是一本形式很独特、内容很厚重的语文教学理论书。它的形式是像小说一样的体裁，一共三十二个小故事，读起来非常吸引人，内容是古诗文和白话诗文的教学问题，主要是如何写、如何读。

朱自清在序言中说：

> 丏尊、圣陶写下《文心》这本“读写的故事”，确是一件功德。书中将读法与作法打成一片，而又能近取譬，切实易行。①

读法，包括白话诗文的读法和古诗文的读法，是《文心》的一半内容。这也是中国现代教育史上第一本全面论述古诗文的读法的书。在第十四章《书声》中：

> 读，原是很重要的，从前的人读书大都不习文法，不重解释，只知在读上用死功夫。他们朝夕诵读，读到后来，文字也自然通顺了，文义也自然了解了。一个人的通与不通，往往不必去看他所作的文字，只须听他读文字的腔调就可知道。近来学生们虽说在学校里“读书”或“念书”，其实读和念的时候很少，一般学生只做到一个“看”字而已。我以为别的功课且不管，如国文英文等科是语言学科，不该只用眼与心，须于眼与心以外，加用口及耳才好。读，就是心、眼、口、耳并用的一种学习方法。

那个时候，汉诗文的传统读法的统称还是“读”。上文所说的“读”，即今天我们所谓的“吟诵”。文中提到了“读”的音乐性，着重强调了“读”对于学习古诗文的意义。

---

① 夏丏尊，叶绍钧著．文心［M］.上海：开明书店，1933：朱自清序 1.

《文心》还发明了一套简单明了的吟诵符号：

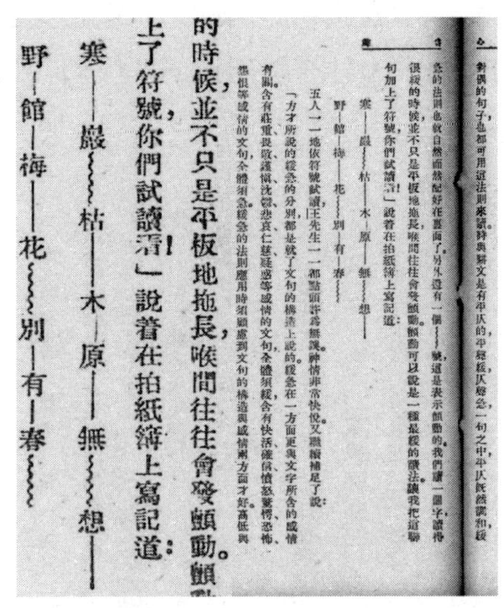
對偶的句子，也都可用這法則來讀。詩與駢文是有平仄的，平聲緩，仄聲急，一句之中，平仄既然調和，緩急的法則也就自然而然配好在裏面了。另外還有一個～～～號，這是表示顫動的。我們讀一個字讀得很緩的時候，並不只是平板地拖長，喉間往往會發顫動。顫動可以說是一種最緩的讀法。讓我把這聯句加上了符號，你們試讀習！」說着在拍紙簿上寫記道：

寒—巖～～枯—木—原—無～～想—

野—館—梅—花～～別—有—春～～

五人一一地依符號試讀，王先生一一都點頭許爲無誤。神情非常快悅，又繼續補足了說：

「方才所說的緩急的分別，都是就了文句的構造上說的。緩急在一方面更與文字所含的感情有關。含有莊重、提醒、謹愼、沈鬱、悲哀、仁慈、疑惑等感情的文句，全體須緩；含有快活、確信、憤怒、驚愕、恐怖、急迫等感情的文句，全體須急。緩急的法則應用時須顧慮到文句的構造與感情兩方面才好。高低與

的時候，並不只是平板地拖長，喉間往往會發顫動。顫

上了符號，你們試讀習！」說着在拍紙簿上寫記道：

寒—巖～～枯—木—原—無～～想—

野—館—梅—花～～別—有—春～～

《文心》中的吟诵符号

在那副对联中，第一句最长的字是“岩”和“无”，第二句最长的字是“花”和“春”。这就是“平长仄短”规则的具体体现：偶位平声字和韵字拖得最长。“别”“木”等字最短，因为它们是入声字，这就是“入短韵长”规则的具体体现。当然，这里还没有体现出高低，入声字和其他仄声字的区别也没有表现出来，但是符号没有，不代表实际没有。我们需要注意的是，这套符号体现了“平长仄短”和“入短韵长”的规则。

我们今天向全国推广的吟诵符号，其直接来源即是《文心》的这套符号，只不过是竖排变成横排，又考虑到今天键盘的情况，希望能直接在键盘上打出来，所以就成了今天的吟诵符号。

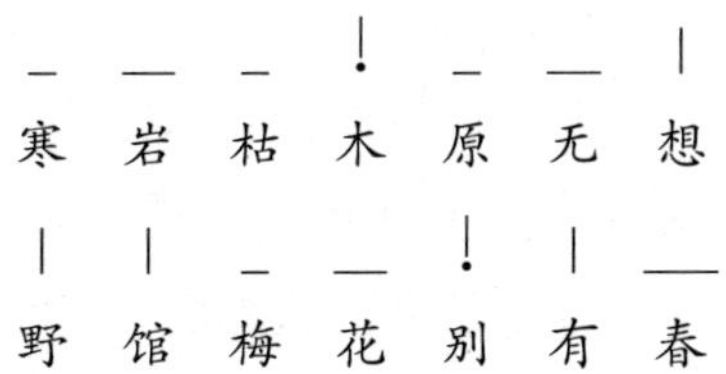

叶、夏两位先生所发明的符号，有重大的意义。这是因为，吟诵符号古已有之，我们找到的文献最早是宋代的，都是写在学馆课本上。直到中华民国北洋政府时期，仍然写在中学国文课本上。1928 年国民党政府上台，始被排除。

而叶、夏两位先生的努力，正是把古代的吟诵符号现代化，再次做起进入语文课本的努力，并且终于在中华人民共和国的第一版语文教材里，曲折地放进去了一部分，即《开明文言读本·导言》所说的“我们在选读的诗词里在入声字旁边加点作记”。

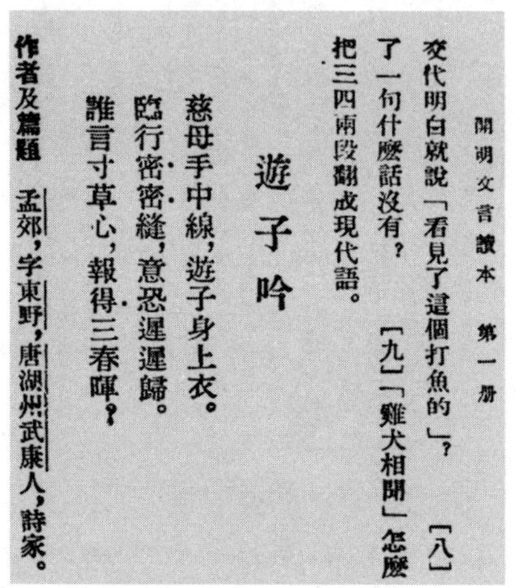

開明文言讀本　第一册

交代明白就說「看見了這個打魚的」？〔八〕了一句什麼話沒有？〔九〕「雞犬相聞」怎麼把三四兩段翻成現代語。

遊子吟

慈母手中線，遊子身上衣。
臨行密密縫，意恐遲遲歸。
誰言寸草心，報得三春暉？

作者及篇題　孟郊，字東野，唐湖州武康人，詩家。

《开明文言读本》里的入声符号

现代吟诵符号的发明权虽然应该属于叶圣陶、夏丏尊两位先生，但是符号所代表的读法却是历史悠久、代代传承的。古代就有吟诵符号，而且是成体系的，就标记在学馆的课本上。这事姑且说到这里。

《文心》虽然论述了吟诵方法及其价值，但是既未用“语文”一词，也未用“吟诵”一词。

自 1912 年中华民国建立，小学学白话文、口语，称为“国语”，中学、大学以书面语、古诗文为主，称为“国文”，因此“国语”或“语体文”又指白话文，“国文”或“文言文”又指古诗文。

如此一来，按照汉语的习惯，自然应该有人把小学“国语”和中学“国文”合称“语文”了，然而从文献上查寻却极其罕见，究其原因，是因为当时的白话文和古诗文之争，因此两者难以联合。比如黄仲苏先生于 1936 年出版的《朗诵法》中说：

> 古有文笔之辨，嗣有韵散之分，近复有语文之争。①

① 黄仲苏著．朗诵法［M］．上海：开明书店，1936：122.

在这里“语”（国语）和“文”（国文）是两个词组成的一个词组。

郭绍虞先生于1941年7月写的《〈语文通论〉自序》里说：

> 我以为施于平民教育，则以纯粹口语为宜；用于大学的国文教学，则不妨参用文言文的长处；若是纯文艺的作品，即使稍偏欧化也未为不可。
>
> 因此，我们此种主张，比较适宜于大学的国文教学。是则本书虽名为《语文通论》，仍只是《学文示例》——大学国文教本——的序而已。①

在这里，“语文”的确是作为“国语”和“国文”的合称而使用的，但是看其行文，还是一个词组而非词。

这样的词组中华民国之前也有。有人发现清朝的蒙书就有《语文》一种，其内容则是《幼学成语考》之类，则这个“语文”也是一个词组而非词，乃“语之文”也。

此外，在清末民初，“语文”一词经常作为“语言文字”的缩略语，如“译学馆，意在通晓各国语文”，或者“语言文学”的缩略语，详见张毅《六十年“语文”史论》②。

那么，是谁第一个把“语文”作为一个教育学科概念来使用的呢？

这个文献颇难考证。从目前我所接触的中华民国教育文献来看，叶圣陶和朱自清先生于1940年夏开始撰写的《精读指导举隅》《略读指导举隅》两书似乎是最早提出“语文”学科概念的。在这两本书的“前言”里有这样的话：

> 原来国文和英文一样，是语文学科。③

把“语文”作为一个学科，涵盖于“国文”之上，这句话标志着“语文”作为一个学科概念的诞生。

1950年中华人民共和国第一版语文教材的“编辑大意”说：

> 说出来的是语言，写出来的是文章，文章依据语言，“语”和“文”是分不开的。语文教学应该包括听话、说话、阅读、写作四项。因此，这套课

---

① 郭绍虞著．语文通论［M］．上海：开明书店，1941：自序4.

② 张毅．六十年“语文”史论［J］．教育学报．2013.12：118-125.

③ 叶绍钧，朱自清著．精读指导举隅［M］．重庆：商务印书馆，1944：前言11.

本不再用“国文”或“国语”的旧名称，改称“语文课本”。①

这个定义直接来自叶圣陶先生。

吕叔湘先生在1978年4月22日以《中小学语文教学问题》为题的讲话中说：

> 语文这门课，是老办法小学叫国语、中学叫国文好呢，还是想法统一起来？当时有一位同志提议说，我们就叫它语文行不行？语也在里头，文也在里头。后来就决定用语文这个名称了。②

这位同志是谁？张志公先生在1979年5月的《说“语文”》一文中说：

> 原来的“国语”和“国文”，经过研究，认为小学和中学都应当以学习白话文为主，中学逐渐加学一点文言文；至于作文，则一律写白话文。总之，在普通教育阶段，这门功课应当教学生在口头上和书面上掌握切近生活实际，切合日常应用的语言能力。根据这样的看法，按照叶圣陶先生的建议，不再用“国文”“国语”两个名称，小学和中学一律称为“语文”。这就是这门功课叫作“语文”的来由。这个“语文”就是“语言”的意思，包括口头语言和书面语言，在口头谓之语，在书面谓之文，合起来称为“语文”。③

因此，中华人民共和国“语文”这个概念的确来自叶圣陶先生，而叶圣陶先生初次确定“语文”这个名词，就是在《精读指导举隅》的“前言”里。

而更令人感慨的是，在同一篇文章里，也诞生了“吟诵”这个概念：

> 原来国文和英文一样，是语文学科，不该只用心与眼来学习；须在心与眼之外，加用口与耳才好。吟诵就是心、眼、口、耳并用的一种学习方法。从前人读书，多数不注重内容与理法的讨究，单在吟诵上用工夫，这自然不是好办法。现在国文教学，在内容与理法的讨究上比从前注重多了；可是学生吟诵的工夫太少，多数只是看看而已。这又是偏向了一面，丢开了一面。

① 周祖谟，游国恩，杨晦，赵西陆，刘禹昌，魏建功编.高级中学语文课本[M].北京：人民教育出版社，1950：1.

② 吕叔湘.中小学语文教学问题[J].江苏师院学报（社会科学版），1978，（第2期）：2.

③ 张志公.说“语文”[J].语文学习，1979，（第1期）：2.

惟有不忽略讨究，也不忽略吟诵，那才全而不偏。吟诵的时候，对于讨究所得的不仅理智地了解，而且亲切地体会，不知不觉之间，内容与理法化而为读者自己的东西了，这是最可贵的一种境界。学习语文学科，必须达到这种境界，才会终身受用不尽。①

可以很明显地看出，这段文字与《文心》那段文字的渊源关系，而其中的"读"这个词被换成了"吟诵"。

我们今天所说的"吟诵"，就是古汉语里的"读"，是汉诗文各种传统读法的统称。今天的"吟诵"是对"读"这个统称的改名。当时受到西方读法影响而诞生的现代朗读普及很快，"如胡适之先生《谈新诗》里所说及刘太白先生《中国诗篇里的声调问题》文中所主张，是轻重音代替了平仄音。"（朱自清）这种读法与汉诗文的传统读法大不相同，还不论它不能有旋律，因此"读"这个概念就出现了歧义。

赵元任先生1925年在《新诗歌集序》里用"吟"这个字代替"读"来指称汉诗文的传统读法，其他学者也纷纷尝试用不同的名词，如"吟咏、吟哦、诵念、声读、唱读、吟诗调"等。

我们判断今天的"吟诵"的概念，是以"汉诗文传统读法统称"来判断的。从目前我所接触的文献来看，最早使用"吟诵"一词来代替"读"的概念的，就是《精读指导举隅》《略读指导举隅》。

"吟诵"这个词，古已有之，但不多见，《四库全书》仅见139处，如：

江东雅好篇什，陈主尤爱雕虫，道衡每有所作，南人无不吟诵焉。（《隋书》卷五十七）②

国藩困南昌，遣将分屯要地，羽檄交驰，不废吟诵。（《清史稿》卷四百五十）③

东坡守钱塘，功父过之，出诗一轴示东坡，先自吟诵，声振左右；既罢，谓坡曰：祥正此诗几分来？坡曰：十分来也。祥正惊喜问之，坡曰：七

---

① 叶绍钧，朱自清著．精读指导举隅［M］．重庆：商务印书馆，1944：前言 11.

② ［唐］魏征，令狐德棻撰．隋书　第5册［M］．北京：中华书局，1973：1406.

③ 赵尔巽撰；国史馆校注．清史稿校注　第13册［M］．台北：台湾商务印书馆股份有限公司，1999：10068.

分来是读，三分来是诗，岂不十分也。（魏庆之《诗人玉屑》卷十八）①

此等词一再吟诵，辄沁入心脾，毕生不能忘。（况周颐《蕙风词话》卷二）②

爱慕孟家贤小姐，时时吟诵这诗章。（陈端生《再生缘》第四十五回）③

不难看出，这些“吟诵”并不是“吟”与“诵”的合称，而是指各种读书方式，但是偏重美听的“读”，即好听的读法，尤其是好听的有旋律的吟咏。

直至中华民国，大家仍是在这个传统的意义上使用“吟诵”一词，比如朱自清先生在1931年写的《论中国诗的出路》：

这种影响的结果，诗是不能吟诵了。有人说不能吟诵不妨，只要可读可唱就行……

新诗大约只能读和唱，只应该读和唱的。唱诗是以诗去凑合音乐，且非人人所能，姑不论。④

所以这个“吟诵”是不包括“读”和“唱”的，即不包括平读和西方作曲式的歌唱。

上文说过新诗不能吟诵，因此几乎没有人能记住一首新诗。固然旧诗中也只近体最便吟诵，最好记，词曲次之，古体又次之；但究竟都能吟诵，能记，与新诗悬殊。⑤

这段又说明，这里的“吟诵”是指有旋律的吟咏，因为无旋律的读诵对诗和文、古体和近体都是一样方便的。

这样的统称，在古代还有“念”，但“念”是个口语词，不是个正式说法。

而在《精读指导举隅》“前言”里，“吟诵”是正式作为汉诗文的传统读法统称，代替“读”而登场的。代替“读”一事，已由与《文心》的比较一目了然，统称一事，也可由如下段落看出：

---

① ［宋］魏庆之撰．诗人玉屑［M］．长沙：商务印书馆，1938：332.
② ［清］况周颐著．蕙风词话［M］．上海：上海古籍出版社，2009：31.
③ ［清］陈端生著．再生缘　下［M］．北京：华夏出版社，2001：684.
④ 朱自清．论中国诗的出路［J］．清华中国文学会月刊，1931，第1卷第4期．
⑤ 朱自清．论中国诗的出路［J］．清华中国文学会月刊，1931，第1卷第4期．

> 读法通常分为两种：一种是吟诵，一种是宣读。无论文言白话，都可以用这两种读法来读。文言的吟诵，各地有各地的调子，彼此并不一致；但是都为了传出文字的情趣，畅发读者的感兴。白话一样可以吟诵，大致与话剧演员念台词差不多，按照国语的语音，在抑扬顿挫表情传神方面多多用工夫，使听者移情动容。现在有些小学校里吟诵白话与吟诵文言差不多，那是把“读”字呆看了。吟诵白话必须按照“国语”的语音，“国语”的语音运用得到家，才是白话的最好的吟诵。至于宣读，只是依照对于文字的理解，平正地读下去，用连贯与间歇表示出句子的组织与前句和后句的分界来。这两种读法，宣读是基本的一种；必须理解在先，然后谈得到传出情趣与畅发感兴。并且，要考查学生对于文字理解与否，听他的宣读是最方便的方法。比如《泷冈阡表》的第一句，假如宣读作“呜呼！唯我皇——考崇公卜——吉于泷冈——之六十年，其子修始——克表于其阡，非——敢缓也，盖有待也。”这就显然可以察出，读者对于“皇考”，“崇公”，“卜吉”，“六十年”与“卜吉于泷冈”的关系，“始”字“克”字“表”字及“非”字“敢”字“缓”字缀合在一起的作用，都没有理解。所以，上课时候指名通读，应该用宣读法。①

“吟诵”是与“宣读”相对而言的。两者的区别，就是宣读仅仅揭示了作品的语法含意，吟诵才把作品的完整含意表达出来。宣读是吟诵的基础。吟诵必须读音准确，按照汉语的固有韵律去读。

这里的“吟诵”既包括有旋律的调子，又包括无旋律的朗读，既包括古诗文的读，又包括白话诗文的读，既包括方言的读，又包括汉语的读，其中唯一的标准就是遵照汉诗文的固有韵律，把含意充分表达出来。这才是我们今天所说的“吟诵”的全部内涵。

从这一本书开始，叶圣陶、朱自清两位先生以后就都用“吟诵”来指称汉诗文的传统读法了（详见后文）。到 20 世纪 50 年代以后，赵元任等先生也用“吟诵”这个词了。2009 年，国家语委和中宣部终于认定了“中华吟诵”这个概念。

“语文”与“吟诵”同时诞生于同一本书！

而且这段文字讲的还是：语文一定要吟诵！

---

① 叶绍钧，朱自清著 . 精读指导举隅［M］. 重庆：商务印书馆，1944：前言 2-3.

《精读指导举隅》和《略读指导举隅》其实是一套书的上下两个部分，不过起了两个名字而已。“前言”在两本书里都有，作者署名是“叶圣陶”。

在这两本书的其他地方，也出现了大量的“语文”和“吟诵”这两个词。显然，这两个词不是偶然使用，而是作为两个固定的概念而被使用了。

不过，这两个词全部出现在叶圣陶先生的文章里。朱自清先生署名的文章里没有。他还是用的“国文”和“吟”这样的旧词，比如其中的《〈唐诗三百首〉指导大概》：

> 有些人在生病的时候或烦恼的时候，拿过一本诗来翻读，偶尔也朗吟几首，便会觉得心上平静些，轻松些……
>
> 高中学生读这部书，靠着注释的帮忙，可以吟味欣赏，收到陶冶性情的益处。①

因此，应该说叶、朱两位先生在这两本书里一起提倡语文吟诵，但是“语文”和“吟诵”这两个词的首创之功应该归于叶圣陶先生。

四、“语文”课本贯穿着“吟诵”

在“语文”学科刚刚作为一个概念诞生的时候，“吟诵”是语文教学的必要环节。

《精读指导举隅》《略读指导举隅》的“前言”，实际上是讲了语文教学的步骤，即它的六个小标题和课堂讲解：

课前：

一　通读全文

二　认识生字生语

三　解答教师所提示的问题

课堂：

教师讲解

课后：

一　吟诵

① 叶绍钧，朱自清著．略读指导举隅［M］. 重庆：商务印书馆，1943：83、85.

二　参读相关的文章

三　应对教师的考问

这个语文教学的七步骤，今天已经基本都出现在语文课堂上，可以清楚地看到其中的六个，而独独少了“吟诵”！

我们都知道叶圣陶先生、朱自清先生是语文课的主要缔造者，可是我们不知道语文课在缔造之初是有吟诵这个必要环节的。这个环节多次出现在教学过程中：

> 通读全文
>
> 要考查这一项预习的成绩怎样，得在上课时候指名通读。全班学生也可以借此对勘，订正自己的错误。读法通常分为两种：一种是吟诵，一种是宣读。无论文言白话，都可以用这两种读法来读。①
>
> 吟诵
>
> 在教室内通读，该令用宣读法，前面已经说过。讨究完毕以后，学生对于文章的细微曲折之处都弄清楚了，就不妨指名吟诵。或者先由教师吟诵，再令学生仿读。自修的时候，尤其应该吟诵；只要声音低一点，不妨碍他人的自修。②

“吟诵”，从课前预习，到课堂教师讲解时的领读，到课后练习，贯穿语文课的始终，涵盖古诗文和白话诗文。这就是语文课最初的设计规划。

不仅如此。叶圣陶先生还指明了吟诵的方法：

> 吟诵的语调，虽说各地方人未必一致，却也有客观的规律。语调的差别，不外乎高低、强弱、缓急三类。高低是从声带的张弛而来的分别。强弱是从肺部发出空气的多少而来的分别。缓急是声音与时间的关系，在一段时间内，发音数少是缓，发音数多就是急。吟诵一篇文章，无非依据对于文章的了解与体会，错综地使用这三类语调而已。大概文句之中的特别主眼，或是前后的词彼此关联照应的，发声都得高一点。就一句来说，如意义未完的文句，命令或呼叫的文句，疑问或惊讶的文句，都得前低后高。意义完足的

---

① 叶绍钧，朱自清著．精读指导举隅［M］．重庆：商务印书馆，1944：前言 2.

② 叶绍钧，朱自清著．精读指导举隅［M］．重庆：商务印书馆，1944：前言 11.

文句，祈求或感激的文句，都得前高后低。再说强弱。表示悲壮、快活、叱责或慷慨的文句，句的头部宜加强。表示不平、热诚或确信的文句，句的尾部宜加强。表示庄重、满足或优美的文句，句的中部宜加强。再说缓急。含有庄重、畏敬、谨慎、沉郁、悲哀、仁慈、疑惑等等情味的文句，须得缓读。含有快活、确信、愤怒、惊愕、恐怖、怨恨等等情味的文句，须得急读。以上这些规律，都应和着文字所表达的意义与情感，所以依照规律吟诵，最合于语言的自然。①

吟诵，并不是谁发明或是强加的一套方法，它就是汉语的自然，汉诗文的形式所固有，是汉诗文本来的声音，作者心里口里的声音。汉诗文不是文字艺术，而是声音的作品！声音是有意义的，不仅读法会影响含意，读音也会带来情绪感觉，所以，只有按照汉诗文本来的读法去吟诵，才能充分地传达出汉诗文本来的含意，使得语文教学达到传承文化的目的。

不仅如此。叶圣陶先生还再次发展了吟诵符号：

关于上面所说的三类声调，可以用符号来表示，如把“·”作为这个字发声须高一点的符号，把“▷”作为这一句该前低后高的符号，把“◁”作为这一句该前高后低的符号，把“〉”作为句的头部宜加强的符号，把“〈”作为句的尾部宜加强的符号，把“〈 〉”作为句的中部宜加强的符号，把“—”作为急读的符号，把“——”作为缓读的符号，把“～～～～”作为不但缓读而且须摇曳生姿的符号。在文字上记上符号，练习吟诵就不至于漫无凭依。符号当然可以随意规定，多少也没有限制，但应用符号总之于教学上很有帮助的。②

还不仅如此，叶圣陶先生还说明了吟诵方法在教学中的运用方式：

吟诵第一求其合于规律，第二求其通体纯熟。从前书塾里读书，学生为欲早一点到教师跟前去背诵，往往把字句勉强记住。这样强记的办法是要不得的，不久连字句都忘记了，还那里说得上体会？令学生吟诵，要使他们看作一种享受而不看作一种负担。一遍比一遍读来入调，一遍比一遍体会亲

① 叶绍钧，朱自清著．精读指导举隅［M］．重庆：商务印书馆，1944：前言12-13.
② 叶绍钧，朱自清著．精读指导举隅［M］．重庆：商务印书馆，1944：前言13.

切，并不希望早一点能够背诵，而自然达到纯熟的境界：抱着这样享受的态度是最易得益的途径。①

也就是说，吟诵固然有利于记忆，但吟诵不是为了记忆，而是为了理解，为了熏陶，为了人生受益，而且吟诵时本身就是一种享受，即古人所谓“读书之乐”。现在人都以为读书的乐趣在于读的内容好，其实古人的读书之乐首先是“读”本身就是“乐”：

君子有三乐：读书声出金石，飘飘意远，一乐也！（曾国藩）②

这些论述，对今天的语文吟诵教学是多么宝贵啊！叶圣陶先生的谆谆教诲，对于某些误入歧途的吟诵教学敲响了警钟。

语文吟诵，在创立之初，就是如此完整，如此传统，又如此中正。

在1941年《精读指导举隅》《略读指导举隅》出版之后，叶圣陶、朱自清两位先生在语文教育和吟诵方面结成了深厚的学术友谊，两人联手针对中学国文教育，即主要是古诗文教学，撰写了一系列的文章，后来于1945年结集出版，即《国文教学》。

这一切的起因，则是1931年之前夏丏尊先生与叶圣陶先生就已经注意到了的事实：新一代的古诗文水平大大下降了。1930年，《中学生》杂志创刊，叶圣陶、夏丏尊为主编。1931年12月，刊发了尤墨君的《中学生国文前途的悲观》，开始讨论中学生国文水平下降问题。1935年，《中学生》开辟专栏进行讨论。《文心》的成书也与此有关。

1940年，朱自清等先生创办《国文月刊》。1942年，叶圣陶等先生创办《国文杂志》。两本期刊围绕中学生国文水平下降及其对策的问题，展开了长达数年的讨论，发表了大批文章，形成了20世纪40年代语文古诗文教学研讨的主阵地。《国文教学》收入两人各八篇文章，基本上都来自这两个刊物。

在叶圣陶先生、朱自清先生合写的《国文教学》的“序”里，他们对中学国文教学中不重视“读”的情况非常痛心，他们主张古诗文教学应该“讲读”（即今天的精读）和“阅读”（即今天的泛读）并重。

---

① 叶绍钧，朱自清著．精读指导举隅［M］．重庆：商务印书馆，1944：前言13.

② 唐浩明编．曾国藩日记　1　最全本［M］．长沙：岳麓书社，2015：471.

不过阅读有时候不止于要了解大意，还要领会那话中的话，字里行间的话——也便是言外之意。这就不能太快，得仔细吟味，这就更需要咬文嚼字的工夫。①

这里说的还是吟诵的作用。

在文集里的具体讨论中，比如朱自清先生在《中学生的国文程度》中说：

所谓“近年来中学生的国文程度低落”，自然意在和前些年的中学生相比。但没有人指出年代的分界；我们问，中学生的国文程度从什么时候才低落起来的呢？我想要是拿民八的“五四运动”作分界，一般人也许会点头罢？他们觉得，从那时候起，中学校一般的课业训练比从前松弛得多，国文科似乎也不能例外。单就中学生的文言写作而论，五四运动以来，确有低落的情形，我承认这个。但这种低落有它特殊的原因，和学校里训练的宽严好象是没有多大关系的。②

教育上不重视古诗文，学生的水平自然下降。其中的原因有多个方面，不过，朱自清先生想重点强调教学法方面的缺失。

原来“五四”以前的中学生，入学校之先，大都在家里或私塾里费过几年工夫，背诵过些古文，写作过些窗课——不用说是文言。这些是他们国文的真正底子。到了中学里，他们之中有少数能写出通顺的文言，大半靠了这点底子……到了“五四”以后，这种影响渐渐消失，学生达到学龄，就入学校，不再费几年工夫去先学文言；这些学生是没有国文底子的……没有底子的人又怎样写得通顺呢？程度低落，是必然的。③

那么，传统私塾教育给了学生什么样的训练呢？朱先生在《再论中学生的国文程度》中说：

一般人讨论中学生的国文程度，都只从写作方面着眼；诵读方面，很少人提及……

我可还主张中学生应该诵读相当分量的文言文，特别是所谓古文，乃至

① 叶绍钧，朱自清著．国文教学［M］. 上海：开明书店，1945：序3.
② 叶绍钧，朱自清著．国文教学［M］. 上海：开明书店，1945：121.
③ 叶绍钧，朱自清著．国文教学［M］. 上海：开明书店，1945：121-122.

古书。这是古典的训练，文化的教育。一个受教育的中国人，至少必得经过这种古典的训练，才成其为一个受教育的中国人……

文言文和旧诗词等，每讲完一篇，还该由教师吟诵一两遍，并该让学生跟着吟诵。现在教师范读文言文和旧诗词等，都不好意思打起调子，以为那是老古董的玩意儿。其实这是错的；文言文和旧诗词等，一部分的生命便在声调里；不吟诵不能完全领略它们的味儿。①

在《论朗读》里，朱自清先生又说：

在语文的教学上，在文艺的发展上，朗读都占着重要的位置。从前私塾里教书，老师照例范读，学生循声朗诵。早年学校里教古文，也还是如此。五四以来，中等以上的国文教学不兴这一套；但小学里教国语还用着老法子……

……五四以来，人们喜欢用“摇头摆尾的”去形容那些迷恋古文的人。摇头摆尾正是吟文的丑态，虽然吟文并不必须摇头摆尾。从此青年国文教师都不敢在教室里吟诵古文，怕人笑话，怕人笑话他落伍。学生自然也就有了成见。有一回清华大学举行诵读会，有吟古文的节目，会后一个高才生表示这节目无意义，他不感觉兴趣。那时是中华民国二十几年了，距离五四已经十几年了。学校里废了吟这么多年，即使是大学高才生，有了这样成见，也不足怪的。但这也是教学上一个大损失。古文和旧诗、词等都不是自然的语言，非看不能知道它们的意义，非吟不能体会它们的口气——不象白话诗文有时只听人家读或说就能了解欣赏，用不着看。吟好象电影里的“慢镜头”，将那些不自然的语言的口气慢慢显示出来，让人们好捉摸着。桐城派的因声求气说该就是这个意思……现在多数学生不能欣赏古文旧诗、词等，又不能写作文言，不会吟也不屑吟恐怕是主要的原因之一。作者虽不主张学生写作文言，但按课程标准说，多数学生的这两种现象似乎不能不算是教学上的大损失。近年渐渐有人见到这个道理，重新强调吟的重要；如夏丏尊、叶圣陶二先生的《文心》里便有很好的意见——他们提议的一些吟古文的符号也简单切实。作者主张学校里恢复从前范读的办法，吟、读、说并用。

① 叶绍钧，朱自清著．国文教学［M］．上海：开明书店，1945：131、136、138.

……现在的学生只在小学里学会了诵，吟、读、说都不曾学。诵在离开小学后恐怕简直用不着；读倒是常常用着。黄先生说到教室内的国文教学，学生“起立读文……每因害羞，辄以书掩面，草草读毕；或因胆怯，吞吐嗫嚅，期期不能出诸口；偶或出声，亦细微不可辨”(《朗诵法》一三六面)。这是实在情形，正是没有受过读的训练的结果。作者主张小学的国语教学应该废诵重读，兼学吟和说；大中学也该重读，恢复吟，兼学说。①

在《诵读的态度》里，朱自清先生又说：

文言诗文，最好恢复吟诵；只有在吟诵里，骈文和所谓八家文，以及近体诗，才能发挥充足的意味。②

显然，朱自清先生认为吟诵教学法的缺失，是当时中学生国文水平下降的重要原因。

可惜，朱自清先生早于1948年去世，未能参与中华人民共和国语文学科的建设……

在这期间，又有一位重量级学者加盟进来，他就是吕叔湘先生。

吕叔湘先生参与了《国文月刊》的编辑工作，在《国文杂志》上发表多篇文章，对语文教学产生了很大的兴趣。他与叶圣陶先生、朱自清先生合编了《开明文言读本》，并撰写了理论与方法、纲领与材料兼备的“导言”部分，即后来进入中华人民共和国语文教材作为教学参考书使用的文章。

除去以上几位先生之外，在中华民国时期，还有很多学术大家、教育学者关注过吟诵、呼吁过吟诵，其著者如唐文治先生，用桐城派读文法培养了一大批学生。1946年，北京大学魏建功先生主持的“中国语文诵读方法座谈会”就专门对吟诵进行了探讨等。

叶圣陶先生则是语文吟诵浮沉的主角。他在1945年收入《国文教学》的多篇文章里，继续主张语文吟诵：

现在四五十岁的人大都知道从前书塾的情形。从前书塾里的先生很有些注重方法的。他们给学生讲书，用恰当的方言解释与辨别那些难以弄明白的

① 朱自清 . 论朗读［J］. 国文杂志，1942，(第3号)：3-8.
② 朱乔森编 . 朱自清全集　第11卷［M］. 南京：江苏教育出版社，1997：311.

虚字。他们教学生阅读，让学生点读那些没有句读的书籍与报纸论文。他们为学生改文，单就原意增删，并且反复详尽地讲明为什么增删。遇到这样的先生，学生是有福的，修一年学，就得到一年应得的成绩。(《国文教学的两个基本观念》) ①

这里介绍传统私塾的教学法，所谓虚字、阅读、点读等，都属于吟诵教学的范围。

教书逐句讲解，是从前书塾里的老法子。讲完了，学生自去诵读；以后是学生背诵，还讲，这就完成了教学的一个单元。从前也有些不凡的教师，不但逐句讲解，还从虚字方面仔细咬嚼，让学生领会使用某一些虚字恰是今语的某一种口气；或者就作意方面尽心阐发，让学生知道表达这么一个意思非取这样一种方式不可；或者对诵读力面特别注重，当范读的时候，把文章中的神情理趣，在声调里曲曲传达出来，让学生耳与心谋，得到深切的了解。这种教师往往使学生终身不忘；学生想到自己的受用，便自然而然感激那给他实益的教师。这种教师并不多，一般教师都只做逐句讲解的工作。(《论国文精读指导不只是逐句讲解》) ②

这里介绍了私塾教学全套环节，着重说明了吟诵教学的价值。

古人的书并非不该读，为了解本国的文化起见，古人的书甚且必须读；但是像古典主义那样死记硬塞，非但了解不了什么文化，并且在思想行动上筑了一道障壁，读比不读更坏……知要真知，能要真能，那方法决不是死记硬塞，决不是摹仿迎合。就读的方面说，若不参考，分析，比较，演绎，归纳，涵泳，体味，哪里会“真知”读？哪里会“真能”读？(《认识国文教学》) ③

这里反对死记硬背，仍然主张讲解和吟诵并举的方法。

后来，叶圣陶先生与朱自清先生、吕叔湘先生合著《开明文言读本》。随后，将吟诵介绍进中华人民共和国的第一版语文教材。

---

① 叶绍钧，朱自清著．国文教学［M］．上海：开明书店，1945：3.
② 叶绍钧，朱自清著．国文教学［M］．上海：开明书店，1945：12.
③ 叶绍钧，朱自清著．国文教学［M］．上海：开明书店，1945：68-69.

编辑全国语文教材，是叶圣陶先生几十年的心愿，因为他看到了中华民国语文教育的缺憾，经过长期的实践和研究，总结出了一套行之有效的方法，准备了大量的教学材料，现在他走马上任，准备全心奉献。

可以看到，很多叶圣陶先生此前积累的课文、教法等，都进入了中华人民共和国语文课本，而且很多留至今天，说明的确经典。然而，他没有保住吟诵……

五、学苏思潮让吟诵离开了语文

吟诵是什么时候离开语文的？

1953 年版的《高级中学语文课本》的“编辑大意”中，独独去掉了原推荐《开明文言读本·导言》的那段话，吟诵就此离开了语文教材。但是，新版语文教材也没有指明其他的古诗文教学方法，从此，古诗文的教学法也变得晦暗不明起来，为后来古诗文教学成为语文课的老大难问题埋下了隐患。

吟诵方法在中华人民共和国的语文书里只存在了三年。

1955 年，小学、初中都出现了古诗文。1958 年，语文分为汉语和文学，两年后又合并为语文。但是，吟诵的方法再也没有出现在语文教材和教学参考书里。

这应该与当时全国的学苏潮流有关，语文书也表现出很强的苏联模式。

然而，这些都不是叶圣陶先生的本意。

在第一版语文教材的“编辑大意”里，除了推荐《开明文言读本·导言》之外，还这样写道：

> 第二，从第三册起选了若干篇文言。选文言的主要目的，在使学生明确地了解文言跟现代口语的同异，养成阅读文言参考书的初步能力。文言只是给学生阅读，绝对不是教学生模仿着来写作，那是不必详细说明的。①

落款是“中央人民政府出版总署编审局　1950 年 7 月”。

而到了 1952 年 2 月所写的，落款为“人民教育出版社”所写的“出版者的话”时，高中语文课本前言中关于推荐《开明文言读本·导言》的这段话去掉

---

① 周祖谟，游国恩，杨晦，赵西陆，刘禹昌，魏建功编．高级中学语文课本［M］．北京：人民教育出版社，1950：编辑大意．

了，有关文言课本的内容也只有一句话：

> 并且从第一册起兼选文言文，用以培养学生的文言的初步能力。①

从一段话到一句话，从“选”到“兼选”的用词，明显能够看出文言地位正在边缘化。但是这样的情况是当时的形势所致，并非出自人民教育出版社社长兼总编叶圣陶的本意。

这篇新的“前言”并非是叶圣陶本人亲自撰写，他的日记中记录道：

> 1952 年二月廿二日（星期五）
>
> 下午覆来信数通。看语文组所拟高中课本之例言，写意见若干点归之。②

虽然这篇“出版者的话”并非叶圣陶所写，那他所提的意见中，为什么没有坚持推荐吕叔湘的《开明文言读本·导言》呢？这需要了解他这一年的工作和想法变化。

当时编写高中课本的人已经不是北大教师周祖谟、游国恩、杨晦、赵西陆、刘禹昌、魏建功等六人，而换成了人民教育出版社内的张中行、蔡超尘、李光家、姚韵漪四人，叶圣陶的参与度也大大降低。1951 年，百废俱兴，叶圣陶要忙着标点符号的改动、语文讲习、各学科课本的阅读删改、与苏联方面商定互译图书的事情、各种国家重大会议等，总是处在忙碌疲惫的状态，对于语文课本虽然重视，但是不满意的地方太多，却又无力改变。不光是高中语文课本，初中和小学的课本，他也不甚满意。但是在课本方面，翻译苏联的自然课本，植物课本，心理课本等，水平不精，问题更大，他自然无力在语文课本上投入更多精力。

高中语文课本需要重编，他知道这项工作不易，在日记中他记录道：

> 1951 年一月三日（星期三）
>
> 又看语文教材数篇。选材不易得，往往选翻译文字。以本国语文教本而多用翻译文字，其讽刺性之强可见。余恒欲避免此途，苦于不能。③
>
> 1951 年六月十一日（星期一）
>
> 看张中行、蔡超尘二君汰存之高中语文教本材料，毕。此教本已出齐，

① 人民教育出版社编 . 高级中学语文课本［M］. 北京：人民教育出版社，1953：出版者的话 .

② 叶至善，叶至美，叶至诚编 . 叶圣陶集　第 22 卷［M］. 南京：江苏教育出版社，1994：294.

③ 叶至善，叶至美，叶至诚编 . 叶圣陶集　第 22 卷［M］. 南京：江苏教育出版社，1994：158.

而用者谓殊未尽善，因此须重编，汰去若干，另行新选若干。汰去尚容易，新选而得当，大非易易也。①

叶圣陶认为在本国语文课本中却多用翻译来的外国文章，十分讽刺，却对这种状况无力改变。将不好的课本删去很容易，可是要重新挑选更好的，对这些工作者来说，难度太大。而且，叶圣陶以前编写"国语""国文"教材，合作的都是夏丏尊、朱自清、吕叔湘等国学大家，自然要求眼光也颇高：

1951 年六月二十日（星期三）

看蔡、张二君所选高中语文教材十余篇，大多数余皆以为不可用。诸君于选择教材皆未有把握，余自谓心知其故，然亦未能为诸君畅言之。②

1951 年七月六日（星期五）

下午看张、蔡二君所选语文教材二十余篇，大多不中意，余以为可者三五篇耳。③

1951 年七月七日（星期六）

上午参加语文组组会，于中学教材，共叹选择为难，顾无解决之方。④

以上可见，高中语文教材课文的挑选，进展颇为不畅。到了 9 月份，李光家和姚韵漪调入人教社工作，加入重编高中语文课本的工作，可是依然不能让叶圣陶满意。他极为乐意将自己所知倾囊相授，可惜社内同人的水平有限，无法举一反三，双方的沟通也存在问题。这不仅仅是高中语文课本中存在的问题，在小学、初中的语文课本里，语文课程标准里，都有类似的情况出现。

1951 年十月三日（星期三）

此外则重编高中语文本，修订初中语文本。二者之中，重编高中语文本较难。选材既非易，作注提问亦颇生涩，任其事者，今有蔡超尘、张中行、李光家、姚韵漪四人。四人之想法未趋一致，下手亦精粗不齐。余拙于指说，偶有所见，亦未能倾筐出之。欲求推动而入于轨道，良非易事也。⑤

---

① 叶至善，叶至美，叶至诚编 . 叶圣陶集　第 22 卷［M］. 南京：江苏教育出版社，1994：203.
② 叶至善，叶至美，叶至诚编 . 叶圣陶集　第 22 卷［M］. 南京：江苏教育出版社，1994：205.
③ 叶至善，叶至美，叶至诚编 . 叶圣陶集　第 22 卷［M］. 南京：江苏教育出版社，1994：210.
④ 叶至善，叶至美，叶至诚编 . 叶圣陶集　第 22 卷［M］. 南京：江苏教育出版社，1994：210.
⑤ 叶至善，叶至美，叶至诚编 . 叶圣陶集　第 22 卷［M］. 南京：江苏教育出版社，1994：236.

1951年十一月十九日（星期一）

上午看语文组所选教材，将以修订已出之教本者。诸君多取材于杂志，而杂志文字往往报道一时一地之事，事过境迁，即感乏味。语文教本并非报章文章之汇辑，此意向不为同人所通晓也。①

1951年十二月十七日（星期一）

改语文课程标准说明数页，原文甚差，改之乃无劲儿。②

1951年十二月廿九日（星期六）

上午看高中语文注释稿。于其文言部分颇不满意，同人尚未了解文言应如何指点，方能使学生通晓。虽略为指出，恐亦未易生效也。③

1952年一月二日（星期三）

四点，语文组初中小组诸君来谈，商课文后之提示如何撰写。余略言所见，而诸君未必遽解。余言之未能畅达，而诸君之理解相距较远，亦为要因。④

1952年二月十五日（星期五）

为语文组同人拟初中语文本中关于语文知识之提示稿数条，希望同人隅反。⑤

1952年二月二十日（星期三）

下午，看语文组重改之教材数篇。诸人笔下皆平平，所写所改之文以充范文，实未能满意。余亦无法一一加以润色，使各篇咸成精彩，审读一过，略为改动，只能以不惬意之心情送还之而已。⑥

叶圣陶虽然对教材的课文不甚满意，却没有时间精力一一改至满意，全国的学校都在等着他们的教材，没有时间给他精益求精，让叶圣陶只能“以不惬意之心送还”罢了。

中华人民共和国成立后，要大力发展教育，但是却没有那么多高水平的语文教师，学生的语文程度也十分低落：

---

① 叶至善，叶至美，叶至诚编.叶圣陶集　第22卷［M］.南京：江苏教育出版社，1994：254.
② 叶至善，叶至美，叶至诚编.叶圣陶集　第22卷［M］.南京：江苏教育出版社，1994：262.
③ 叶至善，叶至美，叶至诚编.叶圣陶集　第22卷［M］.南京：江苏教育出版社，1994：267.
④ 叶至善，叶至美，叶至诚编.叶圣陶集　第22卷［M］.南京：江苏教育出版社，1994：269.
⑤ 叶至善，叶至美，叶至诚编.叶圣陶集　第22卷［M］.南京：江苏教育出版社，1994：290.
⑥ 叶至善，叶至美，叶至诚编.叶圣陶集　第22卷［M］.南京：江苏教育出版社，1994：293.

1951 年一月廿七日（星期六）

陈哲文来，介绍工作人员与我社。并谈及语文教师能力差，新分子无自培养，中学生语文程度低落，大是隐忧。①

在这种情况下，大家更赞同减少文言的学习，日记中记录着：

1951 年三月廿九日（星期四）

上午到教部，九时续开小组会议……对于文言，绝无主张不必学者。但有人谓分量不宜多，原草稿高中三学年，文言教材之篇数占三分之一，嫌其太多。②

1951 年十月八日（星期一）

上午与语文组编中学书之诸君会谈。商定高中授文言以一年级始。期其教学有效，每周授文言一节。李光家、姚韵漪皆方离教师岗位者，据云一般中学生皆惮学文言。余谓既规定高中需学文言，即不宜迁就学生，应说服学生使认真学习。此外谈选材之分量，则谓我社旧本分量较多，每学期未能授毕，今后宜减少。又谈语法修辞如何教授，如何编排教材。余谓拟与叔湘一商之，约同人明日共访清华。③

李光家在此前有二十年的执教经验，姚韵漪也是刚离开教师岗位，他们在教学第一线，更能了解课本的教学情况。叶圣陶坚决反对减少文言的数目，应督促学生要认真学习文言，并将文言的教学从第三册提前至第一册，每周一节课，提高教学质量，足见他对文言的重视。然而现实情况却不容乐观。

除了语文组内部的原因，还有外部的影响。当时教育工作的展开，以苏联模式为宗，学苏潮流席卷全国，语文课本也表现出很强的苏联模式。教育工作者将凯洛夫的《教育学》“奉为圭臬”（日记 1957 年一月九日记录），教育师范生的课本就是该书，教育部也请来了不少苏联教育专家来指导：

1951 年一月十三日（星期六）

饭后两点，柳湜邀苏联教育家哥果里为我社同人座谈。哥氏谈苏联教科

① 叶至善，叶至美，叶至诚编．叶圣陶集　第 22 卷［M］. 南京：江苏教育出版社，1994：165.
② 叶至善，叶至美，叶至诚编．叶圣陶集　第 22 卷［M］. 南京：江苏教育出版社，1994：180.
③ 叶至善，叶至美，叶至诚编．叶圣陶集　第 22 卷［M］. 南京：江苏教育出版社，1994：238.

书编辑出版之认真，系我人所理想而骤未能实现者。此后将陆续请专家来谈，至有所助。①

1951年一月卅一日（星期三）

晨九时，偕晓先、芝九、陈侠共往教部。今日为全体会，上午听苏联专家报告，题为苏联之中等教育。谓苏联教育目标为建设共产主义之人。一方精神品质，一方知识技术，俱依此而进行训练。②

1951年四月十八日（星期三）

座谈会即开始，教部有钱、韦、曾三位副部长，中等、初等司司长及部中人员多人，又有苏联专家二人。钱俊瑞言以往教部于教科书之事注意不够，今后将以大力关顾及之……至于增加人力，邀集各方面商定教学提纲，教部均将尽力协助。苏联人亦参加意见。③

1951年六月廿三日（星期六）

我社编审部为全体之会。苏联人凯洛夫之《教育学》一书中谓对于教科书有六个要求，自思想政治、学科系统以至语言文字、排印形式，无不提及，甚为精要。因由灿然、文叔、云彬、季纯、余、仲仁六人各就其一项而发挥之，为同人参考之资。共讲三小时有余，以灿然之语为胜。④

1951年十月四日（星期四）

午后二时，驱车至教育部，中宣部假其地举行学术演讲会。主讲者为苏联尤金博士，讲题为《斯大林语言学论文与社会科学之关系》。⑤

但是实际上，叶圣陶并不赞同这样盲目地学习苏联模式，而不考虑中国实际的方式：

1951年二月三日（星期六）

柳湜强调学习之重要，谓今日对于教育，正需努力研习，针对实际乃可有用。以前一切，以模仿苏联为宗，今知苏联之实际不同于我国之实际。此

---

① 叶至善，叶至美，叶至诚编．叶圣陶集　第22卷［M］．南京：江苏教育出版社，1994：160.
② 叶至善，叶至美，叶至诚编．叶圣陶集　第22卷［M］．南京：江苏教育出版社，1994：165.
③ 叶至善，叶至美，叶至诚编．叶圣陶集　第22卷［M］．南京：江苏教育出版社，1994：187.
④ 叶至善，叶至美，叶至诚编．叶圣陶集　第22卷［M］．南京：江苏教育出版社，1994：206.
⑤ 叶至善，叶至美，叶至诚编．叶圣陶集　第22卷［M］．南京：江苏教育出版社，1994：236.

一进步，大可记也。①

答江亦多（1958 年 9 月 9 日）

你在大学学的是凯洛夫教育学，那是苏联的教育学，不是中国的教育学。因此在实践中必须根据我们中国的实际，山东的实际，你们学校和学生的实际，灵活适当地运用，才能有所得益。②

1952 年二月十一日（星期一）

晨八点半，与文叔、安亭、刘御驱车往教育部，仍开小学语文本编辑准备之座谈会。诸人谈话甚多。于诗歌一体，文叔主少用，谓诗歌往往违反普通语言之规律。其他数人谓诗歌之规律亦语言之规律，或不同于普通语言之规律耳，同样为儿童所需要。苏联专家谓诗歌甚重要，激动感情，引起想象，大有用处。余知文叔所反对者为不成样之诗歌，诚如苏联专家所言之诗歌，谁复肯反对耶。③

学习苏联模式的同时，整个社会都更重视课本的思想政治成分和爱国主义教育，1950 年版的语文课本，就被批评为“爱国主义不足”：

1951 年三月廿四日（星期六）

晨到署即与语文组诸君会谈。缘《人民日报》刊载一文，评我社之中学语文课本，谓其爱国主义不足。其言有当者，亦有未当者。因共商定要旨，请云彬起草一文答之。④

1951 年十二月一日（星期六）

午后一点半，仍开教育社检查工作汇报会。各组汇报之后，共谈今后检查宜更求深入，应注意教本是否合于教育，适于教学，贯彻思想政治是否足够。⑤

但是在课本中贯彻思想政治教育太过困难，用何种材料、何种方法，都是问题。当时的教育部请来了多位苏联专家，注重课本中思想政治的贯彻，此外，

① 叶至善，叶至美，叶至诚编 . 叶圣陶集　第 22 卷 [M]. 南京：江苏教育出版社，1994：166.
② 叶圣陶著 . 叶圣陶答教师的 100 封信 [M]. 北京：开明出版社，2014：1.
③ 叶至善，叶至美，叶至诚编 . 叶圣陶集　第 22 卷 [M]. 南京：江苏教育出版社，1994：288.
④ 叶至善，叶至美，叶至诚编 . 叶圣陶集　第 22 卷 [M]. 南京：江苏教育出版社，1994：178.
⑤ 叶至善，叶至美，叶至诚编 . 叶圣陶集　第 22 卷 [M]. 南京：江苏教育出版社，1994：258.

他们定下的新课本供应的时间太过局促，影响了课文质量的提高：

1951 年七月十一日（星期三）

张莘中来谈，谓中学课程标准将以明秋实施，望我社届时能供应初高中一年级之新课本。其事已甚局促，因秋季用书须于明年二月付排，而今日尚未定教本之提纲也。①

1952 年二月十二日（星期二）

会散，与仲仁、灿然谈编辑方面事。发稿期已近，而稿未写就，审稿未能精，提高质量徒成空谈，余殊感不舒云云。

……

安亭参加教育部之工作会议，归来言教育部自知其向日不重视教本之谬误，今后决致力于此。②

1951 年 11 月到次年 10 月的“三反”运动大大影响了出版社的正常工作运行，他在日记中记载：

1952 年一月十二日（星期六）

大家已卷入“三反”之浪潮，正常工作几乎全部停止。③

1952 年二月十一日（星期一）

竟日唯务开会，余亦无多意见，而具体工作则搁置，为之怅惘。④

就连叶圣陶，也受到了波及：

1952 年一月十六日（星期三）

综合各人之意，共劝余注意全局，不宜局于一隅。于新事物缺乏敏感，此殊妨碍工作之推进。必须加紧学习，改造思想，乃可为适当之领导。余知诸君皆出于诚恳之善意，所言深中余病。然思想改造乃至实践变革，谈何容易，虽欲勉力追随，恐未必能立见功效耳。若能减少兼职，使专于一事，或可略有寸进。而身体亦须足以副之。若长此疲困，亦难乎有望也。⑤

---

① 叶至善，叶至美，叶至诚编 . 叶圣陶集　第 22 卷［M］. 南京：江苏教育出版社，1994：212.
② 叶至善，叶至美，叶至诚编 . 叶圣陶集　第 22 卷［M］. 南京：江苏教育出版社，1994：289.
③ 叶至善，叶至美，叶至诚编 . 叶圣陶集　第 22 卷［M］. 南京：江苏教育出版社，1994：273.
④ 叶至善，叶至美，叶至诚编 . 叶圣陶集　第 22 卷［M］. 南京：江苏教育出版社，1994：289.
⑤ 叶至善，叶至美，叶至诚编 . 叶圣陶集　第 22 卷［M］. 南京：江苏教育出版社，1994：276.

大家认为叶圣陶应当更加顾全大局，接受新事物，改造思想。在语文方面，吟诵、文言不就是旧事物？叶圣陶诚恳地接受了批评，却也萌生了退意。在此之前，他虽然也很疲惫，却一直认为责任在肩，不敢卸下重担，兢兢业业，鞠躬尽瘁。他第二次在日记中表现出退意，是在 1952 年 2 月 13 日（星期三）：

> 乔木来书劝余写语法作文之书，以启初学，谓必有此类之书，语文可趋于完好，徒为枝节之批评，收效不多。余答言余或能为此，但必有二三人合作。精力渐衰，若今日之忙于杂务，亦未能勉为。复言余为出版总署副署长实同尸位，主教育出版社亦不胜负荷，若得予出版社中任一文字编辑，则尚可任。请渠为余设法，俾如其愿。末言此系出于自知之明，绝无“闹情绪”意味云云。①

在这样的背景下，到了九天后修改高中语文课本例言时，他又如何能坚持推荐《开明文言读本·导言》？

综上所述，传统文化受到打击，与吟诵相关的唯一内容——《开明文言读本·导言》从语文课本里消失，是多方原因造成的，绝非叶圣陶的本意，而是那个时代的必然结果。

六、“吟诵”回归“语文”之路

从此吟诵与语文失散了……

所以我们说今天是吟诵回归语文。

这条回归之路，却是如此坎坷艰难。

吟诵退出语文之后的相当一段时间，叶圣陶先生很少谈吟诵了，只会偶然涉及：

> 在古代，诗是吟诵的，没有曲谱……②
>
> ——《谈毛主席的两首诗词》

或者在日记里出现：

> 1961 年八月二十日（星期日）午后睡起，在室中作词，拟以《玉楼春》

---

① 叶至善，叶至美，叶至诚编．叶圣陶集　第 22 卷［M］. 南京：江苏教育出版社，1994：290.

② 叶至善，叶至美，叶至诚编．叶圣陶集　第 14 卷［M］. 南京：江苏教育出版社，1994：80.

二首叙呼伦池之游，吟哦久之，仅成一首而已。[①]

有时，也在文章里出现吟诵方法，但是恐怕大部分人并不知道那是吟诵：

> 诗歌宜于朗诵。朗诵五言、七言绝句的时候，除了每行末一字自然停顿外，遇到第二、四、六字是平声字，也该各作适当的停顿。这样朗诵起来，就表现出那首诗的节奏。[②]

这是在说吟诵的“平长仄短”方法，偶位字平声拖长。

家教中还有：

> 你有性作词。必须在口耳双方能辨别字的声调。平声和入声首先练习，要做到一念就知，一听就晓。上、去比较难辨，但是普通话与旧韵绝大部分同，只少数的字不同。故而照普通话也就差不离。
>
> ——《家书酌抄》致叶至善（1972 年 3 月 25 日）[③]

直至 1974 年之后，叶圣陶先生方又谈起吟诵。他与老友陈次园、俞平伯等书信往来，反复讨论吟诵问题。

其中有对吟诵的失传、古诗文诵读的现状的担忧：

> 兄前书言吟诵最关重要，今时朗诵者广播者皆不会吟诵，念七言诗一律上四下三。弟曾向他们说过，当面也说准备改，而听他们念，依然上四下三。大约改不了矣。[④]
>
> ——《暮年上娱》致俞平伯（1978 年 1 月 5 日）

也有对吟诵价值的反复强调：

> 以下谈诵读吟咏，真是精警之至，弟绝对信从。诗词之词序容许与散文乖异，何以诗词可而散文不可，要从吟诵中去体会。诗词中之对偶句，两句并存则甚好，单用其一句即站不住，此何以故，要从吟诵中探知其消息。诗词较之散文，跳跃进展者居多，要领会从此一点到彼一点之接榫，也靠反复

① 叶至善，叶至美，叶至诚编 . 叶圣陶集　第 23 卷［M］. 南京：江苏教育出版社，1994：273.
② 叶至善，叶至美，叶至诚编 . 叶圣陶集　第 16 卷［M］. 南京：江苏教育出版社，1993：124.
③ 叶至善，叶至美，叶至诚编 . 叶圣陶集　第 25 卷［M］. 南京：江苏教育出版社，2004：424.
④ 叶至善，叶至美，叶至诚编 . 叶圣陶集　第 25 卷［M］. 南京：江苏教育出版社，2004：200.

吟诵。诗与词又并不能一概而论，譬如梦窗之“黄蜂频扑秋千索，有当时纤手香凝”，此决然是词的接榫。信笔漫谈，未说清楚，聊供一笑耳。

——《暮年上娱》致俞平伯（1979 年 4 月 21 日）①

也有对吟诵理论的深入探讨：

来示言及吟诵。我第闻平翁唱曲，而未闻其吟诗诵词。晤对之时，无妨请为我人吟诵数首。至于我，则言之可笑，但知念律诗遇平声曳长其声而已。幼时从老师如是念，一直未有改进，单调殊甚。而今之广播员演员诵诗，其单调更甚，每诵七言诗，必于第四字作顿，句句一律，听之乏味。从前人念八股文，据云颇有善者，惜未尝一闻之。

唐蔚芝先生号为善读古文，灌有唱片，尝欲购之而未得。友人朱东润曩为南洋公学学生，亲承唐先生教，抗战期间与共事于乐山，某日来我寓，因请为我效唐先生之读。东润乃为读《五代史·伶官传叙》。当时觉其不错，大致为善用其抑扬顿挫，以表达对全文之领会与欣赏而已。

尝思既谓之吟诵，即与有谱之歌唱殊科，尽容许个人自由。领会与欣赏彼此不尽同，则同诵一文一诗一词，其抑扬顿挫亦将互异。此唯就读者言之。若就作者言，则虽为散文，亦宜视文之内容与情调，而以适宜之气势与语汇语调配合之。至于韵文、诗则须视内容而选体，词则宜选调。推而至极，自必至于自度腔。盖先有歌而后有谱乃自然之理，谱所以唱此歌也。取现成之谱作歌，总会有不舒服之若干句若干小节，听收音机恒有此感觉。然以言作词，则我人殊说不上选调究竟选对与否，亦不过各自以其吟诵之所感受，以意为之而已。信笔而书，达意不明，恐使足下皱眉矣。

平公谓慢调作而后严四声，乃出于吟诵之必然，此为昔人所未言，闻之深喜。我更欲求知者，希就具体之某调某句，能辨其严别上去与必用入声于吟诵时之妙趣，与随便用字者迥然不同。他日共为闲谈，或将慰其愿乎。

——致陈次园之五（1974 年 11 月）②

这封信不但回忆了自己与吟诵的渊源，批评了现代朗诵，而且谈论了吟诵

① 叶至善，叶至美，叶至诚编．叶圣陶集　第 25 卷［M］．南京：江苏教育出版社，2004：215.

② 叶至善，叶至美，叶至诚编．叶圣陶集　第 24 卷［M］．南京：江苏教育出版社，2004：374-375.

的多个理论问题：

第一，吟诵的曲调是每个人都不一样的。

第二，吟诵应该依义行调。

第三，不同的文体有不同的吟诵方法。

第四，吟诵是自我音乐的创造。

第五，诗歌格律是出于吟诵的需要。

叶圣陶先生还探讨了一些具体的吟诵方法，以及吟诵的声韵含意，比如：

> 就吟诵而言，似可分句之拗或否与用韵二事。请言其浅极之理解。四字句，仄仄平平为非拗，平平仄仄亦非拗，违之则拗。五字句，仄仄平平仄，平平仄仄平为非拗，平平平仄仄，仄仄仄平平亦非拗，违之则拗。六字句，仄仄平平仄仄，平平仄仄平平为非拗，仄仄仄仄平平，平平平平仄仄之类则拗。七字句准五字句推之。所云违者，主要在第二第四第六字，单数字可以通融。早期短调之词，绝大部分为非拗句（所谓律句），于此似可证词与近体诗之源流关系。其后中调长调继出，拗句似亦少于非拗句。而用拗句之处，吟诵之往往有挺拔倔强峻峭之趣，与非拗句之谐和圆润有别。次言用韵。伤春悲秋，闺思别恨，虽未统计，古来似以用语、麌、御、遇等韵者为多，仿佛此等韵之字颇合此种情绪。（某类韵宜于某种情绪，以前有言及者。）又如《满江红》《兰陵王》二调似皆以用入声韵为宜，用上声去声仿佛不甚合式，此或者受岳词周词之影响。（言及周之《兰陵王》，觉其中拗句皆佳句。“拂水飘绵送行色”“应折柔条过千尺”“回头迢递便数驿”“望人在天北”，吟之味皆至永。）——以上浅见，从未写出，今日书之，求教于兄，请观于吟诵之律有些儿说对否。
>
> ——《暮年上娱》致俞平伯（1974 年 11 月 7 日）[①]

这里不仅探讨了吟诵的声韵含意，不同韵的不同含意，诗词格律来自吟诵美听的需要，而拗体恰恰可以表现出不寻常的情绪。这些都是今天吟诵理论的重要组成部分。

中华人民共和国成立后，吕叔湘先生对语文学科建设贡献多多，与叶圣陶

① 叶至善，叶至美，叶至诚编．叶圣陶集　第 25 卷［M］. 南京：江苏教育出版社，2004：126.

先生、张志公先生同被视为“语文三老”之一。尽管吟诵那时已经淡出了语文课，但是吕先生还是念念不忘。

在担任中国科学院语言研究所所长期间，他于1961年在《中国语文》上发表了《汉语研究工作者的当前任务》一文，其中说道：

> 我国古典的诗文很重视语音协调。韵文必须讲声律，不用说；就是散文，也必得读起来音调铿锵才算好文章。我们现在当然不必在这上面费太多的心力，我们对于语音协调的看法也不会跟古人一样（例如平仄问题），但是完全忽视语音的一面，恐怕也不免是另一极端。因为不但是诗要能让人吟诵，文章也要能让人读，如果读起来“不上口”，总还是件憾事。用现代汉语写诗写文章，这里面有没有“声律”可讲，这“声律”是什么性质的东西，这问题也应该包括在汉语词章学之内。①

这实际上是把吟诵的理论研究提出来，认为应该是当时汉语研究工作者的任务之一。

“文革”之后，1978年3月16日，《人民日报》发表了吕叔湘先生的《当前语文教学中两个迫切问题》，指出：

> 中小学语文教学效果很差，中学毕业生语文水平低，大家都知道，但是对于少、慢、差、费的严重程度，恐怕还认识不足。中小学语文课所用教学时间在各门课程中历来居首位。新近公布的《全日制十年制中小学教学计划试行草案》规定，十年上课总时数是9160课时，语文是2749课时，恰好是30%。十年的时间，2700多课时，用来学本国语文，却是大多数不过关，岂非咄咄怪事!……这个问题是不是应该引起大家的重视？是不是应该研究研究如何提高语文教学的效率，用较少的时间取得较好的成绩？②

文章立即引起了巨大反响，全国展开了语文教学问题的大讨论，对于后面的语文教学改革影响深远。

吕老的文章提出了问题，但没有给出建议，所以吕老在1978年的4月和5月，分别在《江苏师范学院学报》和《安徽师范学院学报》发表文章，回答所

---

① 吕叔湘．汉语研究工作者的当前任务［J］. 中国语文，1961，(第4期)：3.
② 吕叔湘著．当前语文教学中两个迫切问题［N］. 人民日报，1978年3月6日．

提出的问题。在《中小学语文教学问题》里，他说：

> 学习文学作品主要是读，听人读，自己读，那么文学作品的作用就更容易发挥。讲到读书，中国的传统是讲读的，特别是古文有一定的念法，一定的腔调，现在的青年同志和少年儿童要是听到一个老先生在念古文，摇头摆尾，嗯嗯啊啊，哼哼唧唧，就觉得很可笑，酸溜溜的，好像迂夫子才这么念，却不知道这里头有道理，那念的人一面念的时候，一面他的思想感情就在活动了，他就把作品里的妙处一面哼出来，一面哼进去，不懂的人觉得可笑，事实上读是很有滋味的。①

这就是把吟诵作为解决中小学语文教学效率低下问题的一个方法提了出来。

呼吁吟诵的还不止这些人。百年以来，很多文史大家、教育学家，都关注、研讨过吟诵，呼吁过吟诵的回归。

在我们采录时，叶嘉莹先生说：

> 我就觉得我是对不起下一代的学生，因为我没有教会他们吟诵。诗歌一定要会吟诵才真的得到它的精华。

叶嘉莹、周有光、南怀瑾、余光中、霍松林、姚奠中、冯其庸、屠岸、沈鹏、戴逸、鲁国尧、周退密、周笃文、刘崇德等很多德高望重的前辈学者，都站出来呼吁吟诵，身体力行传播吟诵、研究吟诵。

今天，我们要向语文缔造者们致敬！感谢他们在语文吟诵方面的努力，给我们今天在语文中复兴和推广吟诵方法奠定了基础。

今天，我们又受教育部教材局委托，为国家统编语文教材的古诗文和白话诗歌配备全套吟诵教学资源，由人民教育出版社发行，在全国中小学实验推广。

吟诵终于要回家了。

七、余论：白话诗歌也要吟诵

可能大家已经注意到了，前文所引叶圣陶、朱自清各位先生的言论，他们一直主张白话吟诵。我们这次的“语文吟诵”项目也包括白话诗歌吟诵。这里的理论渊源是怎么回事呢？

---

① 吕叔湘．中小学语文教学问题［J］．江苏师院学报（社会科学版），1978，（第2期）：3.

叶圣陶先生很早就提出把古诗文和白话一体看待，都要吟诵：

> 若在好手，尤其注意的是声调和诗中情境的符合：激昂的情境他用激昂的声调，闲适的情境他用闲适的声调。他不单用事物和思想来表现情境，就在声调里头也透露了大部分的消息。这是不分什么旧体诗新体诗的，凡是好手都能做到这地步。①

这是在说吟诵的“依义行调”方法，以旋律、节奏、文气、腔音来表达诗文的含意。叶圣陶先生主张古诗文和白话诗文都要吟诵。

在《精读指导举隅》“前言”里，叶圣陶先生说：

> 白话一样可以吟诵，大致与话剧演员念台词差不多，按照国语的语音，在抑扬顿挫表情传神方面多多用工夫，使听者移情动容。现在有些小学校里吟诵白话与吟诵文言差不多，那是把“读”字呆看了。吟诵白话必须按照“国语”的语音，“国语”的语音运用得到家，才是白话的最好的吟诵。
>
> ……一般的见解，往往以为文言可以吟诵，白话就没有吟诵的必要。这是不对的。只要看戏剧学校与认真演习的话剧团体，他们练习一句台词，不惜反复订正，再四念诵，就可以知道白话的吟诵也大有讲究。多数学生写的白话为什么看起来还过得去，读起来就少有生气呢？原因就在他们对于白话仅用了心与眼，而没有在口与耳方面多用工夫。多数学生登台演说，为什么有时意思还不错，可是语句往往杂乱无次，语调往往不合要求呢？原因就在平时对于语言既没有训练，国文课内对于白话又没有好好儿吟诵。所以这里要特别提出，白话是与文言一样需要吟诵的。白话与文言都是语文，要亲切地体会白话与文言的种种方面，都必须化一番工夫去吟诵。②

这个“吟诵”就要分辨一下。从文中的论述来看，这个“吟诵”类似于今天的现代朗诵，其特点是使用“国语”、读音准确、抑扬顿挫、传情达意。这当然是没有问题的。但是，这是今天所说的“吟诵”中的“诵”，也就是“读诵”，没有包括吟咏。

叶圣陶先生后来在《中学国文学习法》中也说：

---

① 叶圣陶著．文章例话［M］．北京：生活·读书·新知三联书店，1983：142.

② 叶绍钧，朱自清著．精读指导举隅［M］．重庆：商务印书馆，1944：前言 2-3、11-12.

美读的方法，所读的若是白话文，就如戏剧演员读台词那个样子。所读的若是文言，就用各地读文言的传统读法，务期尽情发挥作者当时的情感。①

看起来，白话文的美读就是朗诵，是没有旋律曲调的。为什么不直接指出没有旋律这件事呢？因为，汉语是旋律型声调语言，在古人那里和叶先生这样受过传统教育的人那里，有没有旋律曲调并不重要，古人常常是边诵边唱的、夹诵夹唱的，中间的界限很模糊。只有英语那样没有声调的语言，才那么重视有没有旋律的问题。

那么，到底白话诗歌可不可以有旋律地去唱呢？

朱自清先生是更早关注这个问题的。实际上，白话诗歌的音乐性问题在白话诗歌诞生后不久就成为一个争议的焦点，很多人发表过意见。

朱自清先生于1927年10月在《语丝》上发表的《唱新诗等等》对各方意见进行了总结，也谈了自己的看法。

近年来新诗的气象颇是黯淡……他（俞平伯）又说新诗的冷落，没有乐曲的基础，怕是致命伤。若不从这方面着眼，这“冷落”许不是“暂时”的……

新诗之没有乐曲的基础，已是显然。它是不是因此失了成立的根据？……新诗也许不能打倒旧来一切诗、词、曲，但它至少总该能占着与它们同等的地位：我直到现在是这样相信着的。可是，诗的乐曲的基础，到底不容忽略过去，因为从历史上说，从本质上说，诗与音乐的关系，实在太密切了。新诗若有了乐曲的基础，必易入人，必能普及，而它本身的艺术上，也必得着不少的修正和帮助……

现在我要说唱新诗。将新诗谱为乐曲，并实地去唱，据我所知，直到目下，还只有赵元任先生一人。好几年前，他的《国语留声机片课本》中，便有了新诗的乐谱；我曾从那片子上，听过郑振铎先生《我是少年》一首诗。前年北来至今，又三次听到赵先生的自弹自唱，都是新诗。这三回的印象虽也还好，但似乎不像最近一次有特殊的力量。这回他在一个近千人的会场里，唱了两首新诗；弹琴的是另一个人。这或因他不用分心弹琴之故，或因

① 叶至善，叶至美，叶至诚编.叶圣陶集　第13卷[M].南京：江苏教育出版社，1992：114.

乐曲之故，或因原诗之故：他唱的确乎是与往日不同。他唱的是刘半农先生的《教我如何不想他？》和徐志摩先生的《海韵》。唱第一首里“如何教我不想他”那叠句，他用了各不相同的调子；这样，每一叠句便能与其上各句的情韵密合无间了。唱第二首里写海涛的句子，他便用汹汹涌涌的声音，使人悚然动念；到了写黄昏的句子，他的声音却又平静下去，我们只觉悄悄的，如晚风吹在脸上。这两首诗，因了赵先生的一唱，在我们心里增加了某种价值，是无疑的。散会后，有人和我说，“赵先生这回唱，增进新诗的价值不少”，这是不错的。

我因此想到，我们得多有赵先生这样的人，得多有这样的乐谱与唱奏。这种新乐曲即使暂时不能像皮黄一般普及于民众，但普及于新生社会和知识阶级，是并不难的。那时新诗便有了音乐的基础；它的价值也便可渐渐确定，成为文学的正体了……

以上说的新诗的音乐化，实在是西洋音乐化（作曲的虽是中国人，但用的是西洋法子）。这是就实际情形立论；本来新诗大部分是西洋的影响，西洋音乐化，于它是很自然的。至于皮黄，本身虽不能成为新体诗，它的音乐，还有大鼓书的音乐，是不是可以用来唱新诗或新的白话歌剧，我还不能说；我希望有人试一试——若有成绩，就让这皮黄音乐化或大鼓书音乐化，与那西洋音乐化并行不悖，也是很好的。①

在这篇文章里，朱自清先生表明了这样几个态度：

第一，新诗没有音乐化也应该能够存活。

第二，还是希望新诗能有音乐化。

第三，希望新诗的音乐化是民族性的。

在这里，他特别赞赏了赵元任先生的努力，但又认为这毕竟是西洋音乐化，还不够尽善尽美。

他所说的赵元任先生的努力，即“学堂乐歌”，今天被视为中国现代音乐起点的运动。

这样，我们有必要去看看赵元任先生的论述。在《新诗歌集》序里，他是这样论述的：

① 朱自清．唱新诗等等［J］．语丝，（第154期）：1-5.

四、本集的音乐

至于歌调方面，加入中国风味的机会更多了，在好几处地方我都用了滑音像说话或是唱中国唱儿的唱法（用斜直箭为号），有些地方花音用得也特别的多一点。在取材方面听雨的调儿是我们常州吟古诗的调儿，加以扩充；瓶花的七绝原诗四句，就老实不客气把吟律诗的调儿照讲究一点的吟法写出来；“教我如何不想他?”四次的唱法就有点像西皮过门的末句；还有《卖布谣》,《织布》的一部分,《劳动歌》,《上山》的中段,《教我如何不想他》其余的部分,《海韵》当中“女郎”独唱的部分，虽然不是抄哪个调儿，也都是做成显然的中国派的调儿，因为它们都以五音阶为主的。这些部分我可以预料人家说是好听的部分。其余的呐，那都是西洋派的调儿，只得暂时受着，等一会儿还有好听的来，作为忍受的酬劳。这种听音乐的态度非但中国有之，外国人不懂音乐的也常常把一篇长一点的音乐分作好听的部分跟不好听的部分，殊不知你不领略到“不好听部分”的对比的关系，“好听的部分”就没有那么好听。可是我有一样经验不妨对读者说说。这个集子里的歌的次序大略，但不尽，是照作曲的时期排的：细说起来，作曲的次序是《过印度洋》、《他》、《秋钟》、《劳动歌》、《小诗》、《卖布谣》(以上1922)、《织布》(1925?)、《上山》、《教我如何不想他》、《茶花女》中的《饮酒歌》、《也是微云》(以上1926)、《海韵》、《听雨》、《瓶花》(以上1927)。这样看起来，头三个是完全西洋派（普通派，外国人看不出是哪一国人作的音乐），越到后来越中国化，到末了第二歌用中国吟古诗的调儿改改，到末了一个歌简直就取中国的七绝调儿。

所以读者可以放心我虽然在言论上尽管大逆不道地说中国没有音乐，西洋音乐就是世界音乐那些话，但是在我的行为上，还是恋恋不舍地渐趋国化。①

他在《关于我的歌曲集和配曲问题》里又说：

3.关于“吟跟唱”跟歌词、歌曲的配合是怎样的?

这个问题我在《新诗歌集》的序论里头，已经讨论过了。大致说起来

① 赵元任著.赵元任音乐论文集[M].北京：中国文联出版公司，1994：118-119.

么，“吟”是根据歌词的平、上、去、入来定大致的调子。可是不一定每次吟那首词，一定运用那个工尺。比方“满插瓶花摆出游”第一次也许是：

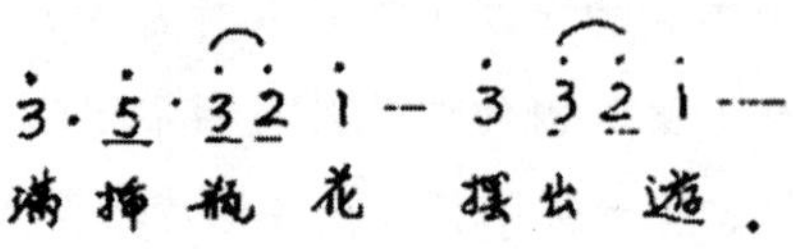

3·5·32 i— 3 32 i——

满插瓶花 摆出游。

第二次也许成了：

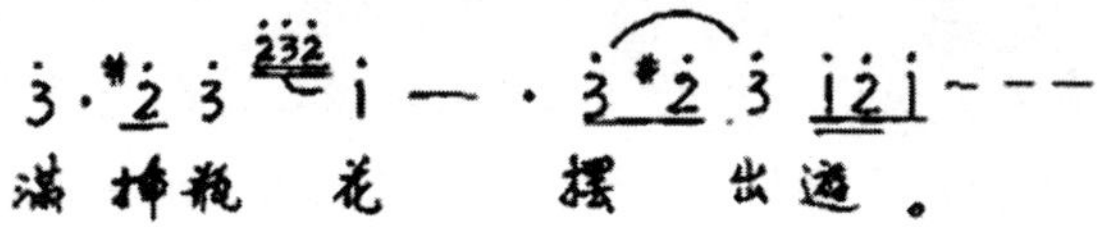

3·#23 232 i —·3 #23 i2i ———

满插瓶花 摆出游。

横竖大致是那么样分平仄的。可是，我在《新诗歌集》里头，给它谱出来成了一首歌儿，每次就都是用第一种唱法，那就固定了。①

毫无疑问，赵元任先生的作曲法主要就是吟诵的方法，然后也参考了一些西方作曲法，但是主体仍然是吟诵。这才是“学堂乐歌”的真相。我们以为是中国音乐西方化的起点，其实本是中国音乐传统的发展。

他于 1956 年在美国写的《中国语言的声调、语调、唱读、吟诗、韵白、依声调作曲和不依声调作曲》，对这种吟诵作曲传统的消失表示遗憾：

拿我自己的经验做个例子，我从小读书吟诵诗词是按照传统的办法分平仄的，我去听的戏也都是传统中国戏曲，结果我后来受的音乐教育，虽然完全是西方的那一套，我早期写的歌曲不管旋律本身是中国味儿的还是西方味儿的，差不多还是完全按照这种老的规律配字的。到后来我才根据普通话的声调作曲作的多一些。

一般现代的中国作曲家都不在乎这一套老规矩了。也许只有已故的黄自，还稍微用一些这种古典的配词法。比方他那很出名的《旗正飘飘》里面，句尾押韵是“ung”的平声韵，这个韵的字出现时有八次是配了两个下行的音。

李维宁作曲从头到尾是不受这种约束的。刘雪庵作曲也同李维宁一样。贺绿汀在大陆上是作曲家中后起之秀，我想他是不会公然承认，他还受到了

① 赵元任著．赵元任音乐论文集［M］．北京：中国文联出版公司，1994：52-53.

这种老传统的影响的。然而我仔细看过了他的一些作品之后，我感觉他的曲子的确还是有不少地方合乎古典的配歌词的规格，我敢说这不都是偶然的。不过大体上说起来，中国现代的作曲家，多半是不受任何歌词声调的限制的，只有很少成分是受到一点作曲家自己的家乡音或是文学上的影响。

我在这篇文章中写的目的，并不是要对这些各种不同的作曲方法，加以好坏的、价值的批评。不是说如果考虑到声调，这支歌曲或是文学作品，自然的，在音乐立场上也就好一些，或是坏一些。其实，以上我所讨论的各种说话与唱歌的关系，哪一部分是完全为了符合语言上的要求，哪一部分是满足音乐方面的效果，这是很难分清楚的。不过我相信，假如我们能更加以注意到这几种成分，它们是怎么样以种种办法配合在一起，我们就可以了解，更可以欣赏它是如何动用信号的功能和表情的作用，而产生各种中国的语言、文学、音乐作品出来。

其实现在最迫切的事，是赶快收集、记录这些老传统艺术，因为它就要看不见了。①

赵元任先生并没有否定向西方学习，他是希望中国音乐向前走的，他自己也在身体力行，但是，如果断绝了民族音乐之根，那是赵先生所坚决反对的。

若了解了中国现代音乐的西化状况，也就能理解叶圣陶先生和朱自清先生后来对于白话诗歌吟诵的态度了。

朱自清先生后来在1946年的“中国语文诵读方法座谈会”上明确反对唱白话诗文：

已故诗人朱湘曾经以读旧诗的调子和旧戏中的道白法去读白话诗，都恐怕不合式。有人以为白话诗文不能吟唱是它的缺点，而我以为白话诗文只宜干念，本不能吟唱，干吗要唱？唱不见得有什么好处。干念倒能注重诗文的意义。②

两者综合来看，叶、朱两位先生强调的都是用声音表达出“诗文的意义”。为什么他们觉得“宣读”也就是平读是不够的，就是因为无法完全表达出“诗

① 赵元任著．赵元任音乐论文集［M］．北京：中国文联出版公司，1994：11-12.
② 陈士林，周定一记．中国语文诵读方法座谈会纪录［J］．国文月刊，1947，(第53期)：5.

文的意义”。而现代朗诵注重语气、情感、节奏的表达，是值得提倡的。

那么他们为什么也不提倡白话诗歌的吟咏呢？朱自清先生在《论朗读》里说：

> 文宜吟诵，因为本不是自然的；语只宜读或说；吟诵反失自然，使学生只记辞句，忽略意义……儿童需要诗歌很迫切，也是事实。但白话诗合用的其实不少见。一般编辑人先就看不起白话诗，不去读，也不肯去翻那些诗集，这怨谁。再说歌谣也是可选的，那些编辑人也懒得找去。他们只会自作聪明地编出些非驴非马的韵语！作者以为此后国语教科书里不妨多选些诗歌：白话诗，歌谣，近于白话的旧诗词曲。白话诗只要“读”，旧诗词曲要吟或吟诵，歌谣要说或吟唱。白话文也只要读，白话只要说。①

朱自清先生的意思是：歌谣可以唱，白话诗不能唱，一切都以是否充分地表达诗歌的意义为标准。

既然歌谣可以唱，那么儿歌童谣都是可以唱的。为什么白话诗不能唱呢？语文一唱就会“只记辞句，忽略意义”！

这一切都要放在20世纪40年代的背景中考察。当时白话文运动还未取得彻底的成功，白话的雅言的朗诵、语体、词汇等都未确定，教育家们感觉儿童迫切需要掌握白话！

这在今天看起来好像有点不可思议，而在当时新旧时代交替的时候，确实如此。

而像朱湘先生那样用传统吟诵调去套调，就会违背“国语”的发音，违反依字行腔的原则。把戏曲表演化的念白腔调用在诗歌上，更是会失真，因为诗歌不是表演作秀。这一切都是为了保持诗歌的固有意义。

还有一个原因，就是当时的现代音乐比较西化（当然现在也是这样）。欧洲语言没有声调，天然与音乐的关系远些，因此旋律具有相对独立的意义。而汉语是旋律型声调语言，汉语的旋律都是从语言里生发出来的，所谓“歌永言”也。所以，一旦给白话诗歌谱曲歌唱，难免就会倒字一大片，为了旋律的好听

---

① 朱自清.论朗读[J].国文杂志，1942，(第3号)：4.

和完整，不顾诗意的内涵和结构，反而破坏了诗歌。

这个很好理解。听一听今天的歌曲就明白了。所以我今天也举双手赞成叶、朱两位先生的主张：不要让作曲家碰我们的诗歌！

我们的汉语诗歌只能吟诵，不能sing。也就是依字行腔、依义行调，自然就能充分表达出诗歌的含意。所以，今天我们要大力开展白话诗歌的吟咏！而且，如果学生们学会了这种传统的度曲的方法，会让白话诗歌的创作重新回归声韵的传统，让中国人重新学会编曲唱歌，即兴唱歌，这才是两位先生真正的愿望！

语文吟诵，就是新时代的“学堂乐歌”，让我们回归传统，重新起步！

希望不远的将来，每个中国的孩子都可以自己作诗自己度曲，自弹自唱，健康成长！

而汉语的现代白话诗歌，也必将进入新的境界。

在本文写作时，惊闻余光中先生、屠岸先生相继离世。他们都曾为吟诵奔走呼吁。今天，唯有以吟诵纪念。

你们在那头，我们在这头，继续吟诵。（请见附录　徐健顺　吟　余光中《乡愁》）

第三节　吟诵与国学教育

一、吟诵是国学教育的基本教学法

吟诵是古代最基本的教学法。因为学习文化总要读书，而吟诵就是读书之法、教书之法。现在教中华文化，教汉语文学，总之是中国的东西，总得了解一下古代是怎么教的吧？不能总是用美国教法或是苏联教法教吧？那么吟诵就很重要了，因为它是中国古代最基本的教学法。

吟诵教学法是一套以声音为核心的偏重感性的教学法。老师先以声音教学生，其长短高低、轻重缓急，皆有含意而不宣，只是这么一种声音，有旋律或者有节奏，直接传达给学生。学生也许不能当下理解诗文的深层文化含意，但是对其中的喜怒哀乐、是非曲直，是一定有所体会的。试想一两岁的孩子，对于你说话的语调、腔调都会理解，何况是少年儿童呢？然后，可以加以讲解。

这就是随后的理性的教学了。讲完，学生回去自学复习，掌握后回来老师处"复讲"，就是再讲给老师听。此时也是首先以声音传达，老师听了他的声音，就知道他理解了多少，偏差在哪里。当然这里学生也可以辅以讲解。所以叶圣陶先生说："一个人的通与不通，往往不必去看他所作的文字，只须听他读文字的腔调就可知道。"然后，老师再用声音去指点，哪里要大哪里要高，如此等等，当然还是辅以讲解。于是学生再去自习。如此循环。这个过程中，起作用的不仅仅有声音，还包括表情、动作、神态，甚至气味、天气、环境……当然，声音、表情和动作是最主要的。

这样的教学偏重感性。我们现在的教学偏重理性，或者甚至完全就是理性。教语文跟教数学一样，都是分解、分析、做题。古代不是这样的，感性理性都有，而以感性为主。越小的孩子，感性的成分越多，所以讲解得越少。

这样的教学法，让学生在理解之前先喜欢。喜欢有时是不讲道理的，不用讲道理的。喜欢了，就是喜欢了。喜欢了，就有希望了。这样的教学法，还让学生浸润在其中，不是有距离的理解，而是全身心的投入。那些汉诗文不是用来理解的，是用来进入生命进入生活的，成为生命的养分，随时在那里发酵。所以我讲座时最喜欢用学生自发吟诵的视频，那才是吟诵发挥了作用的凭证。不管课堂上学了多少，怎样学的，吟诵进入了他的生活，成了他的生活方式之一，这就行了。

这样的一套教学法，是不是对今天特别有价值呢？我们不一定是照搬古代的，但是这其中的借鉴价值是特别大的。因为它是从汉语、汉诗文的特点出发的，是从中华文化的特点出发的，是从儿童教育的特点出发的。而它的意义，还不仅在于能够把汉诗文和吟诵教下去，更在于培养中华文化精神的人格。

我们来看看前辈教育学家们是怎么说的吧，注意他们用的多还是传统的"读"这个词来指称吟诵：

> 原来国文和英文一样，是语文学科，不该只用心与眼来学习；须在心与眼之外，加用口与耳才好。吟诵就是心、眼、口、耳并用的一种学习方法。从前人读书，多数不注重内容与理法的讨究，单在吟诵上用工夫，这自然不是好办法。现在国文教学，在内容与理法的讨究上比从前注重多了；可是学

生吟诵的工夫太少，多数只是看看而已。这又是偏向了一面，丢开了一面。惟有不忽略讨究，也不忽略吟诵，那才全而不偏。吟诵的时候，对于讨究所得的不仅理智地了解，而且亲切地体会，不知不觉之间，内容与理法化而为读者自己的东西了，这是最可贵的一种境界。学习语文学科，必须达到这种境界，才会终身受用不尽。[①]——叶圣陶

学校里废了吟这么多年，是教学上一个大损失。古文和旧诗、词等都不是自然的语言，非看不能知道它们的意义，非吟不能体会它们的口气——不象白话诗文有时只听人家读或说就能了解欣赏，用不着看。吟好象电影里的“慢镜头”，将那些不自然的语言的口气慢慢显示出来，让人们好捉摸着。现在多数学生不能欣赏古文旧诗、词等，又不能写作文言，不会吟也不屑吟恐怕是主要的原因之一。作者虽不主张学生写作文言，但按课程标准说，多数学生的这两种现象似乎不能不算是教学上的大损失。作者主张学校里恢复从前范读的办法，吟、读、说并用。小学的国语教学应该废诵重读，兼学吟和说；大中学也该重读，恢复吟，兼学说。[②]——朱自清

学习文学作品主要是读，听人读，自己读，那么文学作品的作用就更容易发挥。讲到读书，中国的传统是讲读的，特别是古文有一定的念法，一定的腔调。那念的人一面念的时候，一面他的思想感情就在活动了，他就把作品里的妙处一面哼出来，一面哼进去，不懂的人觉得可笑，事实上读是很有滋味的。[③]——吕叔湘

应该使学生养成大声朗读的习惯。从前，走过私塾、蒙馆的附近，总会听见孩子们呜里哇啦读书的声音，现在，那种声音不大听得见了。在这个问题上，前人的做法是有可参考的。一篇文章，读出声音来，读出抑扬顿挫、语调神情来，比单用眼睛看，所得的印象要深刻得多，对于文章的思想感情，领会得要透彻得多，从中受到的感染要强得多。朗读得多了，时间久了，优秀作品中经过加工锤炼的语言会跟自己的口头语言沟通起来，丰富自己的口头语言，提高口头表达的能力，养成良好的语言习惯，这些，必然会

① 叶圣陶，朱自清著．精读指导举隅　略读指导举隅［M］．郑州：河南教育出版社，1989：11.
② 张烨主编．朱自清散文全集　上［M］．北京：中国致公出版社，2001：249.
③ 吕叔湘著．吕叔湘语文论集［M］．北京：商务印书馆，1983：345.

在自己的书面语言——写作中反映出来。[①]——张志公

古代的读书方法比现代好，不但有上述的好处，而且高声吟哦朗诵起来，把自己的感情放进去，可以与书中人打成一片。如读《论语》，有时好像自己就是孔夫子了，在无形之中，又是一项德育的潜移默化。而在生理方面，又等于做了深呼吸，炼了气功。不像现代人读书那样，低着头，默不作声地死啃，把知识向脑子里硬塞硬填，强迫脑子死记，这是多么痛苦！……研究国学诗文都要朗诵，千万注意！朗诵有什么好处？你不要管自己声音好不好听，又不是唱歌，歌是给人家听的。所以古人叫读书，在书房里读书吟诗叫"无病呻吟"。你这样一次读书，等于你们现在看书一百次，千万注意！[②]——南怀瑾

我以为吟诵之目的不是为了吟给别人听的，而是为了使自己的心灵与作品中诗人的心灵能借着吟诵的声音达到一种更为深微密切的交流和感应，因此，中国古典诗歌之生命，原是伴随着吟诵之传统而成长起来的。古典诗歌中的兴发感动之特质，也是与吟诵之传统密切结合在一起的。真正想要重振中国吟诵之传统，私意以为最好的方法就是付之实践，也就是从童幼年开始就以吟唱的方式诱导孩子们养成吟诵的爱好和习惯。[③]——叶嘉莹

这些前辈教育家们无不在提倡吟诵，而且说学语文学"国学"一定要吟诵。只是因为他们用的往往是传统的"读"这个词，很多人误以为是现代朗读朗诵，使先生们之呼吁付之东流。其实只要仔细考察，就可以知道他们说的乃是吟诵。

二、现在怎么学吟诵

现如今吟诵断了。现在的老师们不会吟诵。要教吟诵，先要学吟诵。所以我们要从学吟诵说起。那么现在我们应该怎样学吟诵呢？这也是一直困扰我的问题。

古人学习吟诵很简单，跟着老师学就行了。每个老师都会一整套吟诵调，

① 张志公撰．语文教学论集［M］．福州：福建教育出版社，1981：227.

② 南怀瑾著．怀师文化编委会编著．师道　南怀瑾"心要"［M］．北京：国际文化出版公司，2015：279-280.

③ 叶嘉莹著．徐健顺，陈琴主编．我爱吟诵　小学高级［M］．长春：长春出版社，2010：前言．

包括各个文体的，每个文体至少有两个调子（阴阳调）。老师一般也不讲什么规则、理论，就是一首一首地教，学生慢慢就会了。这就是我们中国的世界观：没有固定不变的规律、规则，而只是有个大概，根据具体的情况不断地变化。所谓学会了，就是掌握了“道”，不仅仅是指明白了大致的规律，更重要的是掌握了不同的情况下如何变化。所以，学生的吟诵调也一定和老师的有所不同。古代的学子，每个人一生都会跟几位不同的老师，一般是蒙学一位，学馆一位，进县学、府学，还有老师。不过，一般情况下，这些老师都是同一个地区的，其吟诵调大致接近，所以不至混乱。到了进国子监或者中进士、做官，那时拜的老师已经是义理或专业方面的老师了，于读书已经影响不大了。所以一个文人，最终也就形成了一套自己的吟诵调。

可是，这种学习方法现在已经很难做到了。这是个有文无献的时代。现在会吟诵的老先生很少了，最多也就是几千人，大部分还没找到。目前找到的只有七八百人，其中是正宗吟诵、会全套吟诵调的也就剩百人左右了。这些老先生一般都年纪比较大，大部分没有精力教了。有能力教的，也就是四五十位的样子。这些老先生中，还有个别人社会事务繁多，非常忙，没有时间教吟诵，这样也就剩下三四十位的样子。这些老先生都是国宝。他们最需要的就是传承人。

传承人需要什么条件？其实和古代学生差不多。首先，需要你跟他是同一片方言区的，越近越好，最好是一个乡的。如果不是一个方言区，比如福建人要学四川吟诵，这事就很悬。然后，互相还要看对眼，就是互相欣赏，心意相通，这样老先生才能倾囊相授，学生才能倾力以学。还需要学生形影不离地跟着先生一段时间。吟诵的学习，像其他中华文化的学习一样，不是上上课、记记笔记，或者读读书就能完成的。先生为什么这样吟诵？除了与吟诵的规则有关之外，还与作品的理解有关，这后面有先生全部的文化修养，还与先生的性格气质有关，这后面有先生全部的生命经验。所以，古人所谓拜师学习，无论是文人跟老师，还是学徒跟师傅，都是形影不离地跟着学，行动坐卧、待人接物都要学习，这些往往比学道理学技术还要重要。孔子也是更喜欢他的先进弟子，因为先进弟子是跟着他出游列国的，后进弟子就没有这个机会了。因为有时连见到孔子的面都不容易，难以得孔子之气，就很难说得其真传了。

满足所有这些条件，是何其难啊！但是若有这样的机会降临，那又是多么幸福啊！今年暑期的中级班，我们特别邀请了11位老先生来授课，就是为了寻找传人。因为中级班时间有限，每位老先生的授课时间都不长，也就是几个半天，不可能全部学会，但是，给了每位学员接触老先生的机会。如果觉得自己有这个条件，也有这个决心，我希望他们今后登门去找老先生学习，跟随他一段时间，把这位先生所有的吟诵及其背后的东西学到手。文化部搞文化遗产传人也是这个意思。

不仅如此。我对吟诵传人有更多的期望。因为这些老先生大多数不能对自己的吟诵有一个系统的总结，所以传承只能以这样口传心授、日积月累的方式进行，这当然是最正宗的。但是，对于我们这个时代来说，这样是不够的。我们太需要更多的人学会吟诵了，我们希望每个中国人都学会普通话吟诵和自己母语的传统吟诵。传统吟诵的价值太重要了。我在《普通话吟诵之我见》里详细说过，在此不赘述了。现在，能传承的传统吟诵这么少，如果还是一脉单传，那恐怕是不合适的。所以我希望吟诵传人，还能总结出老先生吟诵的规律，以新的方式普及给更多的人。这样的普及传授，当然不如前者正宗，但是精神传下来就会生根发芽，还会再长出新苗的。没有足够数量的传承，正宗的也会消失。何况我们真的很需要传统吟诵，就算不够正宗，也还有修正的希望，总强于不学。所以，我认定吟诵传人还有额外一条：能够把这位老先生的吟诵普及给当地人。

若有这样的传人出现，我们大家一定要一起帮助他，帮助他学习，帮助他研究，帮助他推广。传统吟诵一定要由人而不是录音来传下去。

其他的老师也不是就不学传统吟诵了。也要学，不是同一个方言区的也要学，这些都对自己的吟诵有用，我后面再说。这里先说说吟诵之外的事。

我在《我所理解的中国古代教育》中，曾经说过吟诵老先生对我们的影响。他们就像不是我们这个世界的人，他们的高雅、多才、无私和宽厚，都令我们望尘莫及。我们做吟诵的动力和做法，很大程度上都是受到了这些老先生的影响，多么想成为这样的人，也让更多的人，尤其是后代成为这样的人。我们现在大部分人平常都见不到这样的人，身边都是些蝇营狗苟、平庸浅薄的人，甚至不相信、不能想象世界上还有这样的人。所以，去亲自见见老先生，和他交流、生活一段时间，是非常重要的事情，我想对很多人来说，都会对他的人生态度产生重要的影响。那些不相信吟诵、不相信传统文化教育的人，我也希望他们能去见见这些老先生。希望他们能够早日有传人，他们的吟诵能够传承和传播下去。希望大家发现更多的老先生，多带弟子。

然而，能这样学习吟诵的一定是极少数人，绝大多数人是不可能用这种方法学习吟诵的。

那么绝大多数人应该怎么办呢？退而求其次，用录音录像资料学习怎样？现在有些老师，包括我自己，也曾经就是这样学习的。但是，影音资料不能告诉你吟诵的规律和方法，得自己摸索，这个很麻烦。

还有一点，现在所有的资料，并不能覆盖全国的所有地区，实际上如果以县为单位的话，只能覆盖大约百分之一的地区。大多数情况下你找不到你的母语方言的吟诵，只能学邻近方言的。邻近方言毕竟不是自己的母语，很多地方是弄不清楚为什么这么读、这么唱的。而且这邻近方言的吟诵，在大多数情况下，还是不完整的。

所以说，现在绝大多数人是已经没有办法从传统吟诵入手学习了，只能另辟蹊径。

这就是先学普通话吟诵，再参考传承传统吟诵。

所谓普通话吟诵，是基本上采用普通话的发音，并遵守吟诵规则的吟诵。在我之前，早有不少先生探索过普通话吟诵，但大规模这样来推广的，的确是我，所以普通话吟诵的很多问题，也是由于我学养不足之故。普通话吟诵是边研究边推广的，很多说法都改变过。关于普通话吟诵的基本想法，我写过《普通话吟诵之我见》，在此不赘述了。

普通话吟诵是正当的，因为吟诵一直都是普通话的。古代使用古代的普通话，即文读语音，或称雅言。同时，文读语音又是各地有所不同的，正如今天的地方普通话，所以我又是支持地方普通话吟诵的，支持每个人不同的普通话吟诵。

普通话吟诵的规则，就是传统吟诵的规则，它们是一样的。只是，传统吟诵只是有个大概的规则，实际上各地、各人还是有各自的特点，所以，规则也有个取舍的问题。我的想法是：一方面尽量不伤害普通话，一方面尽量表达古代声韵的含意，在这中间找个平衡。

普通话吟诵的学习，目前都是先教吟诵规则，最后才是如何运用吟诵调的问题。吟诵规则、吟诵方法，都不涉及吟诵调，而只使用矿泉水调，即普通话平调。为什么这样呢？前几年我也是先教吟诵调的，但后来发现这阻碍了老师们学会自由地吟诵，大家比较习惯套调了。自由地吟诵也要有调，又是各地各个不同的老师，怎么办？在实践中，发现矿泉水调是所有人都可以很快接受并且使用的，因为大家心中都有个普通话的语感，所以就从矿泉水调开始了。

只有矿泉水调，实际上几乎相当于没有调，才能让老师们把注意力从调上转移到诗文的内容上，从而首先学会自由吟诵的能力。

用矿泉水调吟诵，又分泛读和精读两种，也即接近古代所谓疾读与缓读。

泛读，就是拿到就读，见字就唱。拿到一篇诗文，用几秒钟判断其文体，即断定其吟诵规则，然后依字行腔就可以吟诵（吟咏）起来。这是第一次读的状态，泛读的状态，即兴读的状态。

泛读，也有标准有目标。泛读的目标就是：有印象。下一次再读，能知道曾经读过，这就是有印象。如果读过而没有印象，那就白读了。怎么才能做到有印象呢？

平读是最没有印象的，是最接近催眠的状态。吟诵，是有曲调的，至少也是有抑扬顿挫的。吟诵首先需要决定句和句之间的高低关系，不能永远用一个高度吟诵。传统吟诵一般都是有上中下三个调子的，即呈现大致为模进关系的三个旋律，有的吟诵甚至有四个以上的调子。吟诵者需要在这些调子中进行选择，哪句用哪个调，从而体现出句和句之间的关系，所以，吟诵者是没法不集中注意力的，有口无心是无法吟诵的。现在有的老师吟诵，虽然有上中下调，但其结构永远一样，比如永远是上调一句，下调一句，这也等于催眠曲，没有用的。吟诵是要根据句意随时调整上中下调的使用的，所以吟诵的同时就是在理解、在体会，本身就是一个学习的过程。历代教育家在读书问题上，都首先强调认真的态度，因为不认真的话，读书的效果就大打折扣。吟诵比起平读来，在“认真”二字上实在是超过太多，无怪乎古人要吟诵了。现在我们读书，因为难以集中精力，所以要读很多遍，遗忘率很高，可是古人往往过目就有印象，这个差距太大了。日积月累下来，不得了。

只有“读一遍有印象”，泛读才达到了效果。因为我们需要大量泛读，很多书、很多诗文可能真是一生之中只读一遍，所以要力求“有印象”。我们现在太不重视泛读。体制学校不重视，一节课就分析那么一两首诗，课外很少有古诗文的大量泛读。私塾也不重视，整天就是那么几本书读来读去。古代的教育是有精读有泛读的，我们的古书浩如烟海，我们的文化博大精深，不是只知道几篇经就可以算是传承的。颜渊说孔子“博我以文，约我以礼”，“文”是要靠“博”的，没有足够的量是不行的。而没有泛读，是很难有足够的量的。泛读最好的方式，就是吟诵。

普通话矿泉水调的泛读，要做到以下几点：

1. 句和句之间有上中下调之别，而且是根据句意随时调整。

2. 句和句之间有轻重缓急之别，而且是根据句意随时调整。

3. 一句之中，大部分情况下可以是平调，但如果确定了某几个字很重要，就要在句内也使用上中下调之别。

第一次读有可能确定哪些字重要吗？完全可能。我们都有这个经验：一张报纸、一本书，第一次读的时候是完全可以读出抑扬顿挫的。在语言学界有眼动研究，就是研究阅读的时候眼睛焦点的变化，大家可以去关注一下。眼动研究证明，人阅读的时候从来不是一个字一个字看下去的，而是来回跳跃着看的。这就是为了掌握句意，了解前后文关系。这是阅读的本能，所以第一次读是可以读出重点来的。眼动研究揭示了阅读中文作品和英文作品的眼动差异，横排和竖排的优劣，简体字和繁体字的差异，大字和小字的区别等等。了解眼动研究的成果，有利于设计阅读，提请大家关注一下。

使用矿泉水调泛读吟诵，是每个人都可以迅速掌握的。除去学习吟诵规则，矿泉水调本身就是平平地依字行腔，一般情况下有半小时足够学会了。因为这是说汉语的人的本能，只需要激发起来。我们小时候都会的，后来都是被家长和老师给骂回去了。

学会矿泉水调吟诵，就可以吟诵蒙学。蒙学基本上就是平调，因为小孩子还在学说话学读书，不能干扰他的语音。吟诵正是为了识字正音，怎能自己干扰自己呢？有调子（旋律）就会对字音的辨识造成一定的干扰，所以蒙学的吟诵一般是平调的。但这说的是句内。在句和句之间，是有上中下调的，用以表达句和句的关系。这些变化，加上节奏的变化、吟与诵的交叉进行，蒙学的吟诵完全可以做到丰富多彩。

另外，我也不主张幼儿园蒙学吟诵读入声字。原因同上，为了不干扰正音。入声字又不难，等到小学之后再学习吧。所以我们编写的幼教版《声律启蒙》等蒙学吟诵教材，遇到格律位置的入声字而今读平声的，都改为它字，如“风高秋月白”，改为“风高秋月皓”。这样，小朋友们可以获得完整一致的格律高低音感。

泛读之后学精读，即通过反复吟咏，不断修改，最终获得一个最能表达此篇诗文含意的吟诵调。

这个过程，我一般先从白话诗文吟诵教起。现在的白话诗文，因为是朗诵着创作出来的，所以一般很难吟诵，拗口。但是，还是要挑那些比较注意声韵和谐的，进行吟诵。其目的，一来是恢复唱歌的能力，让中国人重新学会唱歌，即自己作词、自己作曲、自己唱、即兴唱、自己听或者唱给特定的对象听。我们失去这个能力已经近百年了，这是民族的耻辱，必须恢复这个能力。让中国音乐回到正轨。关于此事，我另有他文，在此也不赘述了。二来是恢复中国人用声音创作的传统，希望下一代人能够创作出脍炙人口、流传千古的作品，远超这一百年的成绩。

白话诗文吟诵，先从吟诵经典歌曲开始，把那些歌曲用吟诵的方式依字行腔重新唱，把所有倒字的地方改过来。然后，学习唱歌的方式，开始自由吟诵白话诗文。白话诗文的一个好处，是没有古诗文那么深奥，大家一看基本上都理解，又没有格律，只要依字行腔、依义行调就可以了，所以很容易上手。这一关，主要是解决创作旋律的问题。

接下来引入古诗文吟诵。这里加入的有声韵含意，也有吟诵规则，是比较复杂的。这是吟诵学习的主体。前面所获得的白话诗文吟诵能力，加上现在学习的古诗文知识，就可以吟诵古诗文了。

至此，都是矿泉水调吟诵。矿泉水调吟诵其实就可以吟诵出诗文含意，可以吟诵得很好了。我所有的普通话吟诵调都是从矿泉水调化出来的。这时的矿泉水调，比泛读的矿泉水调，多了更多的句内上中下调的使用，也多了很多句与句之间的变化，但是说到底，还是矿泉水调，即它的变化还是以平调为基准的。

然后，引入其他吟诵调。那些吟诵调都是有“调”的，即不是平调的。实际上，对于吟诵来说，调子并不重要。只要把握了文意，什么调子都可以。古人只有一套调子也照旧可以吟诵所有的诗文。只要变化了调子就行，只要传达出含意就行。如果理解接近，不同调子的吟诵，其感觉也是很接近的。

世界上所有的旋律都可以成为吟诵调的旋律。传统吟诵可以，民歌也可以，外国交响乐也可以。它们都得过两关。第一关，叫“依字行腔”，即不能套调，而是要按照字音把所有的倒字改过来。吟诵是不可以倒字的，这是读书，不是胡哼哼。字都倒了，意思都变了，还读什么书。第二关，叫“依义行调”，按照诗文的含意修改调子的旋律。这时，你会发现，不适合这篇诗文的调子，要改的地方太多，而只能放弃了。所以不是所有的调子都适合一篇诗文的，这时就有选择了。

那古人只有一套调子，他是怎么办的呢？古人每种文体的调子都至少有两个，即阴阳调，多的更多。阴阳调其实也是一个调，只是旋律起伏和节奏快慢等不同而已。关于吟诵调的问题，详见《普通话吟诵教程》的“基本调与吟诵调”一节，在此不赘述。

使用别人的旋律，无论是吟诵同一篇诗文，还是套在别的诗文上，都要依字行腔改一遍，依义行调改一遍。这一步就是训练改调的能力。于是世间旋律皆能为我所用。我们虽不如古人有一整套吟诵调传承，但我们也有优势，就是有很多旋律可供我们选择。

至此，普通话吟诵学成。然后学传统吟诵。

只要会用普通话依字行腔、依义行调见字就唱，就会用方言母语自由即兴歌唱。到此，地方民歌戏曲曲艺的恢复就有了基础。我是相信戏曲的时代会回来的，只是不是原来的戏曲，而是21世纪的戏曲，但是戏曲还是戏曲，民歌还是民歌，中国的音乐会回来的，只要我们教给孩子们吟诵。

要学会传统吟诵，还有两件事要做。一是尽量学习传统吟诵调，尤其是方言母语的吟诵调。二是学习方言母语的文读语音。方言都是分文读、白读两个系统的，我们现在的所谓方言，都是白读，就是口语用的，文读是读书用的。现在的文读系统，几乎失传了。很多地方的人都会发现，用方言不能完全把报纸读出来。很多字不知道该怎么读。古人是知道的，这就是文读系统。只有吟诵是用文读的，也只有吟诵才能传承文读。文读语音是方言学的研究范畴，其实成果很多，足够我们学习的了。

吟诵的最高境界是气韵生动。吟诵字的依字行腔，吟诵句的依义行调，都是很重要的，是基础。但是好的吟诵不限于此，更重要的是篇章结构，是整篇的安排，即古人称之为“气”的。曹丕说：“文以气为主。”桐城派讲究“因声求气”。能把诗文的“气”吟诵出来，是最高级的吟诵。

“气”这个东西也不玄，不是什么神秘的东西，它与风格、音色、旋律等都有关系，但是，最主要的，还是高低、快慢、轻重、长短的安排，尤其是句和句之间、段和段之间的关系。

学习别人的吟诵调，最主要是要学习人家的“气”。仔细体会别人是怎么吟诵的，为什么这里高、那里低，这里快、那里慢，和自己的吟诵有什么不一样，这样就会进步很快。不要把注意力放到吟诵调上，虽然吟诵调是最吸引人的，是最有光彩的部分，但是别人的调是很难学到家的。去掉调（旋律），剩下的就是读诵。更好的学习方法是把别人的吟诵变成读诵，这样就可以很容易地抓住“气”，仔细体会“气”，然后用矿泉水调，或者自己习惯的调子去吟诵，马上就可以吟诵出来了。

套调，在泛读时必须依字行腔、依义行调改一下，精读时则是依气而变，至于用什么调已经无所谓了。世界上所有的旋律都可以拿来用，只要下不倒字，上有气韵，就完全可以。当然，这样一来，绝大多数旋律都是不可用的了。学会依气而吟，因声求气，这样才是会吟诵。

至此，吟诵学习完成。

现在的吟诵学习可以通过上网、上微信，加入吟诵圈，就可以找到很多网上和当面的学习机会。各地都有机构和老师在教吟诵。我们也开发了整套的吟诵课程。应该说，学吟诵是越来越便捷了。

三、吟诵教学心法

下面说说吟诵的心法。我们中国的文化传承是讲究心法的。孔子的思想概括起来就是“忠恕”二字，老子的思想概括起来就是“无为”二字，阳明先生的思想概括起来就是“致良知”三字，一以贯之，这就是心法。老子说：

> 为学日益，为道日损，损之又损，至于无为。

学习总是越学越复杂，越深入知识越多，但是求道却是越求越简单，一直到自自然然。吟诵也是这样。吟诵的规则、声韵的意义、格律的知识、含意的理解、知人论世、发声方法、人琴相和、气韵生动……越学需要掌握的知识和技术越多，但是，吟诵之道却是非常简单：

怎么说话就怎么吟诵。

其实吟诵的所谓规则、方法、技巧，都不是人为的规定，而是汉语言的特点、汉文化的特点、汉诗文的特点所决定的自然形成的习惯。为什么平低仄高？因为古代汉语口语就是平低仄高。为什么平仄相间？因为一高一低唱起来才好听……。所以吟诵本是汉诗文最自然的诵读状态。古人是通过长期的实践，最后觉得这样最舒服、最自然、最好听，所以才大家都这样的。

因此怎么说话就怎么吟诵，就是最好的吟诵。我们学了那么多的吟诵技巧，原来就是要回到真实说话的状态。现在通行的平读，或者朗诵，或者美声式的唱法，或者流行歌曲的装嗲唱法，都不是真实的状态。换句话说，我们是因为不会怎么说话就怎么读书、怎么说话就怎么唱歌了，所以才学习这些知识的。吟诵让我们回到本真的状态。

有的人做不到怎么说话就怎么吟诵，后来才发现，是因为不会说话，也就是在人前说话的时候，紧张，或者恐惧，或者傲慢，和自己一个人独处时的说话状态不一样，所以吟诵又反过来去纠正说话的状态。从这个意义上说，吟诵也是在修心了。

如果说话的状态不对，就是没有做到怎么想就怎么说。老子也经常问我们“如婴儿乎”？做不到怎么想就怎么说，是因为做不到该怎么想就怎么想。到底该怎么想呢？良心知道。

说完了怎么学吟诵，再说说怎么教吟诵，就是怎么在中小学幼儿园、私塾及社会上的课程中教学生吟诵。

关于吟诵教学的事情，我一直没有发言，因为没有发言权。我没有教过中小学幼儿园，也不知道该怎么教。这些年来，很多老师顶着巨大的压力，克服了重重困难，在没有成熟经验的情况下，摸索前行，最终闯出了一条条成功之路。这些老师是最可敬佩的人！在此向老师们致敬！

我一直是吟诵教学的一名旁观者，一直在看在思索。今天，也只能说一说旁观的感受，可能还是外行话。

现在的吟诵教学，大概有四种风格：以讲为主的、以背为主的、以唱为主的、以听为主的。哪一种好？我也不知道，也许都好，各自适应不同的教学环境和教学目标。这些教学的具体呈现状态，是很难评价的，这些都是老师们基于对学生和学校的了解，基于自己的条件而做出的选择，我仅去听了几堂课是不能了解其背后的系统的，也不能全面了解其细节。了解了也未必就是我的感觉对。

所以我也只能说说吟诵教学的虚的东西，大致是理念层面的东西。吟诵教学现在是个新事物了，不能着急，得慢慢来。老师们开始的时候就是把吟诵放给学生听，这就很好，这就已经是打开了一扇门。我们现在也在抓紧制作各种古诗文的全套吟诵录音和文本，希望逐步满足老师们的需要。不过，这还只是开端。我心目中的吟诵教学，其最终的状态，大概是这个样子的：

1. 吟诵教学是一种以声音为主要手段、以诉诸感性为主要目标的教学方法。

除了声音，吟诵教学还一定要使用表情、动作，甚至服装、道具，这一切都是所传达的信息，所以这是一种全信息的教学，学生是全身心的投入，但是声音永远是最主要的。

声音的目标是传情达意，所以好听不好听不是最重要的。吟诵从根本上来说，没有好听不好听，只有感人不感人。只要感动自己，令自己满意，觉得准确地传达出了诗文的含意，就是成功的吟诵。要感动别人，就是要和别人的理解互通，这里就有个传统文化修养问题，只有理解到位的吟诵才能为大多数人所认可。在这里，嗓音好坏、调子准否、旋律美不美，都有一定的作用，但不是决定性的。只要能感动别人，就是优秀的吟诵。

声音既有感性也有理性，但主要是感性。教学既需要理性理解，又需要感性感悟，现在的教学是几乎全部诉诸理性的，这是很成问题的。吟诵是感性为主的，很多时候、很多内容都是理性难以说清的，但是入情入心，在心里已经形成了一种感受，逐渐积累。感性力量之大，往往还超过理性。要把文化传承，把精神融入生命，最终还是要落实到感性。吟诵教学是以学生的感性体悟为主要目标的，这里面包括含意、情绪的把握，也包括风度气韵、为人处世、天地生命的体验。

2. 吟诵教学的目的是让学生通过声音深入理解并切身感受诗文含意，并受到中国传统文化精神的滋润。朱熹读书法有“切己体察”，凡事不落在自己身上，是很难有扎实的效果的。吟诵在一定程度上复活了诗文的声音，让学生亲自发出和感受到这些声音，仿佛自己变成了作者，从而与古人心意相通，这样从诗文的内部体会诗文，体会作者，体会人间哀乐之情。这种学习方式，是中国古代的学习方法：先进去，再出来。而现在的学习方式是：先怀疑，再证明，再理解，再接受，与古代的学习方式是相反的。我们古代是先化身作者，体会感悟，再跳出来分析评价。

既然是切身的感受，所以吟诵一定是人人不同的。大致相同的含意理解，也必须结合每个人的经验，表现为不同的吟诵状态，才是真正的理解。吟诵教学是培养每个学生的自己的体会，自己的表达方式。

在这个过程中，吟诵本身这个形式的气韵风度也是学生获得的营养，这是中国精神的浸润。中国人感情的细腻、丰富、真诚、善良，常令吟诵者心向往之；中国人性格的外柔内刚、连绵不绝、正大光明、温润高雅，常令吟诵者赞叹不已；中国人世界观的万物一体、同生共荣、重义轻利、天下为公，常令吟诵者心驰神荡，愿亲为之。只有体会到了诗文背后的精神真谛，教育才最终达到了目的。

3. 吟诵教学是教师点拨、学生自学的反复反馈过程。

吟诵教学的开端，通常都是教师领吟（也可以是录音，也可以是学生领吟），学生模仿。模仿时学生应该能从老师的声音中感受到很多诗文的含意，以及更深层的文化意义。接着是学生的研究琢磨、反复试吟的过程。最后是学生向老师的吟诵呈现。此时，是老师发挥作用的时刻，老师主要通过学生吟诵的声音，就可以知道学生对诗文掌握了多少、理解了多少，于是主要用声音去点拨，该纠正的纠正，该鼓励的鼓励，该不管的不管。学生也主要通过声音，理解和感悟老师所传达的信息。接着又是学生的研究琢磨、反复试吟的过程。这个过程就是一个理解和感性内化的过程。然后再去老师那里呈现……如此反复。

在这个过程中，有讲解。理性的讲解是永远都需要的，不同的年龄、不同的情况需要不同的讲解。其中，字义通讲是必须的。字义不讲，学生听得就会莫名其妙，而且本身就是对学生的不尊重，不让他了解为什么此时此刻要学这些，这个留在学生心底的贻害是很坏的。声韵的含意是否要讲，怎么讲，目前还不十分清楚。不过，在吟诵教学中，讲解应该是第二位的，吟诵应该是第一位的。

吟诵教学是以教为导，以学为主的。引导学生用声音去接受，去体会，去理解诗文的含意，表达自己的感情。因为每个人的感性是不一样的，不像理性那样说得清，所以每个人都只能自己去寻找要获得的信息，每个人的感受都不一样，学习就不是被动的，只能是自主学习。

4. 吟诵教学是个别教学为主、共学研讨为辅的教学模式。

由上所述，吟诵教学必然是个别教学为主，这也是中国古代学校教育的常态。其质量效率之高，常令人咋舌。只有个别教学，才能针对每个学生的不同吟诵，做出不同的反应。个别教学不仅仅是点拨不同、进度不同，还应该进一步深入到教材不同、目标不同。把每个学生的教学目标个别化，才能彻底实现个别教学。

在这种情况下，集体教学大概只有两种情况，一是概论课，二是讨论课。这两种课也是必须的。前者老师讲，后者老师主持。

吟诵的时候是否要一起？还是没有集体吟诵？我觉得在今天的教育现状下，没有集体吟诵是不可能的，而且集体吟诵也有它的好处。薛瑞萍老师说，如今的独生子女，都缺乏集体感，集体吟诵可以给他们安全感、集体感和自信心，使得他们有勇气去表达自我、与人交流、融入集体。我觉得有道理。只要给每个人的个性化吟诵留下空间，不要要求完全整齐划一的吟诵，就可以了。集体吟诵和个人吟诵都可以存在。

不过，吟诵表演有时需要整齐划一的吟诵。那是表演。那是一个完整的集体，是由很多人组成的“一个人”。只要想通了这点，这里面不矛盾。不会因为有吟诵表演，就要在课堂吟诵时要求学生们也整齐划一，也不会因为课堂吟诵的个别化，而否定整齐划一的吟诵表演。

5.吟诵教学包括古诗文吟诵和白话诗文吟诵。

古诗文吟诵，是理所应当。白话诗文吟诵，也是理所应当，理由已如前述。白话诗文吟诵的目标，是让学生恢复用声音创作的传统，重新创作白话诗文、流行歌曲、戏曲民歌，让中国人重新学会唱歌，重新变成能歌善舞、真诚坦率、高雅美丽的民族。

白话诗文吟诵的基础是古诗文吟诵。古诗文吟诵得不好，中国传统文化精神没有体悟好，白话诗文也不会吟诵好。

6.吟诵教学包括普通话吟诵和传统方言文读吟诵。

我们希望每个中国人都学会这两种吟诵。我在《普通话吟诵之我见》里已经说明了这么做的必要性和可能性。希望每个开展吟诵教学的老师，都能在当地寻找到吟诵老先生，让学生们接上地气，亲见传统，把当地传统方言文读吟诵作为吟诵教学的一个必要部分开展起来。

当然，普通话吟诵还是基础。另外，在传统吟诵的传承方面，要特别注意传统吟诵的正宗性，宁缺勿滥。

7. 吟诵教学最终要落实到创作上。

吟诵教学的最终体现，并不是吟诵古诗文，也不是吟诵现有的某些白话诗文，而是创作古诗文和白话诗文。落地生根，落实到学生的生命中，成为他未来生命的组成部分，这样才能完成吟诵的文化传承目标。

能吟诵什么就能创作什么。会吟诵五绝，应该就可以创作五绝。先从摹写开始。先从对对子开始。对对子是很多孩子都喜欢的语言游戏。对到五个字就可以作诗了。不但创作，而且是用吟诵创作，用吟诵修改，用吟诵表达。

当然，创作不是仅会吟诵就能开展的，还需要很多的条件。人生阅历、思想境界都很重要，多读诗文也很重要，这样才能熟悉写法的传统，肚子里装满了创作的素材。有人问：怎么才能写好律诗？很简单，要泛读破万首，熟读精思数百首，自然可以开笔。当然，要作出好诗，那还需要磨炼，还需要修养。

作诗的目的不是为了发表，当然更不是为了应付考试，或者博取名声。这是儒家诗教的传统。作诗和其他所有行为一样，都是为了修身。所以诗有私密的性质。老师为了让学生写好诗，当然开始要布置题目，检查作业，表扬佳作，但是，随着教学的深入，后来要逐渐注重让学生养成作诗的习惯，作为个人修身养性、自我调节的手段。每天至少作几首诗，像发短信一样轻松，像记日记一样自然。老师不必首首都查，只需看看学生愿意给您看的那几首就足够了。让诗歌成为他生活的一种方式，才是教学最终的成功。

8. 学会吟诵是吟诵教学的基础，但不是吟诵教学的终点。吟诵教学是用吟诵去教学。

学会吟诵需要多长时间？我们的经验，是初步学会，三天足够。进一步掌握，有一个月足够。但这是指成人。对于孩子，而且还有那么多别的功课，学会吟诵的时间显然要放长，而且，吟诵是一整套不同文体的吟诵方法，有些文体的确要晚接触一些。所以，我建议一般学校的学生学习吟诵的时间为两年左右，具体长短视情况而定。

现在的情况是，大多数的学校，无论是小学一年级，还是高三，学生都不会吟诵。学吟诵都需要一段时间，并且吟诵教学开始都得从学吟诵开始。但是以后，随着吟诵的推广，可能情况会有所不同。如果从小学一年级甚至幼儿园就开始接触和学习吟诵，也许到小学三年级就已经学会了，此后就完全是应用的过程，是老师和学生使用吟诵进行教学的过程。

所以说，要看到学吟诵的重要性，但也要看到，吟诵教学不能停留在学会吟诵上，而要以用吟诵来教学为主体过程。

9. 吟诵教学是中国传统文化教育的一种实践，其理念、模式、方法、细节，都不可违背中国传统文化教育的目标。

中国传统文化教育的目标，是成“人”，把儿童教育成“人”，脱离动物性，焕发人性。上者为圣贤，下者为好人。建立万物一体、同生共荣的世界观，养成生存、生活和生趣的能力，浸润中华文化精神，掌握中华文化知识。这一切，都是以心灵教育为核心的。吟诵教学不可以有任何违背此目标的地方，任何伤害心灵健康的地方。当然，伤害身体健康就更不允许了。

所以，怎么教比教什么还要重要。学生首先学习的，是老师的教学态度，这里面传达出来的信息，远比教学内容更快、更深、更强烈地进入学生的心灵。老师可以吟诵不好，吟诵不对，甚至不会吟诵，但是一定要有热爱生活、热爱学生、热爱真善美的态度，和尊重学生、尊重传统、尊重良心的作风。如此，吟诵教学才可以称之为吟诵教育。

我看过很多老师的吟诵课，也被很多老师的聪明才智所震撼，被很多老师和学生的热情所感动。但是，我在课堂上最注意看的，其实是孩子们的脸，看他们的表情所表现出的态度如何。如果是快乐的、热情的、专注的、坦率的，我就觉得是好的，不管吟诵得好不好，因为吟诵就应该是这样的。我也见过吟诵着而不快乐或者漠然的学生，这时我就觉得自己在作孽。教育首先要保有学生的童心和真诚，如果吟诵教学起了相反的作用，那我们又在做什么呢？一定是有什么地方出了问题，如果不改，不如放弃吟诵。

所以吟诵的教学一定不能与教育本身的目标相违背，不能为了吟诵而吟诵，也不能违背中华文化精神。

10. 吟诵推广一定要坚持自愿的原则，地区自愿、学校自愿、老师自愿、学生自愿。即使有政府的介入和教育部门的支持，也要坚持自愿的原则，不要轻易施行全员推广。可以宣传吟诵，可以争辩吟诵，但是不要强制吟诵。一旦违背个人意愿，吟诵就与吟诵的目标相违背。这样的吟诵，不如不做。而我是相信吟诵的魅力的，因为它是真实的，不是因为别的，所以它无可抗拒，它总有一天会成为每个中国人的生活的一部分。所以我也相信一旦知道了吟诵、了解了吟诵，就会有一批人先行动起来，其他的人会慢慢跟进，这样的一种姿态，才是最扎实而又最轻松的。

吟诵教学的课型，大致有三类：

1. 听吟诵：把吟诵当歌听，让学生喜欢，加强记忆，还能在某种程度上加深理解，但是老师可能不会吟诵，学生也不需学习吟诵。只是在该朗读课文时，放一下吟诵的录音。我现在把这个作为吟诵教学的基本追求目标，希望得到普及，让全国的学生们都能听到吟诵。这就很好了。

2. 学吟诵：用古诗文作材料来教学生吟诵，这是目前吟诵界老师们一直在做的事情。这也是一个必经的过程。这个过程并不长，一般一年，最多两年，在每节古诗文课上渗透一点，就足够学会了。现在我们研发了不同学段学习吟诵的教材和课程，都是每周一节，一年学会。

3. 吟诵学：用吟诵来学习古诗文，这才是吟诵教学的目的。学生能够用吟诵来思考、体悟古诗文，化身作者，沉浸其中，而且与古人相和，进行创作，达到能够自己度曲、作诗，能够从诗教精神角度鉴赏古诗文。

希望越来越多的老师，能够把吟诵教学，从听吟诵、学吟诵，上升到用吟诵学古诗文，这才是真正的吟诵教学法。

四、吟诵与国学教育

我们都知道，我们的教育出了很大的问题。在最近几年关于教育的各种调查中，对教育不满意的人常在半数以上，甚至达到九成以上，而说满意的人寥寥无几。这真是一件令人不寒而栗的事情。教育是国家的未来，每个家庭的未来、每个人的未来。我们不能一面努力工作学习，一面想着一个迷茫的未来。甚至在对学生的调查中，也有至少半数的学生对于教育能带给自己美好的人生表示不再相信。不是说知识改变命运吗？又说教育改变命运，可是，现在已经没有多少人相信这些话了。教育是中国人现在最该关心的事情之一，因为它不仅是未来，而且是人的未来。经济问题、环保问题等，都牵涉到未来，但教育是人的未来，未来毕竟是靠人来创造的。你给未来留下财富，留下洁净的天空和发达的知识，可是那未来的人不长进，不还是白搭吗？而就算没有财富、没有条件，只要有人，有优秀的人，就有希望。

大多数人都不满意的教育是不可能持久的。我们的政府一直在做教育改革，三十年来，我们的教育的确改变了很多，变好的地方很多，但是，批评的声音也更大了。教育改革没有成功，这是连筹划教育政策的教育专家们也承认的事情。但是，怎么办呢？批评容易建议难。这年头，谁都可以骂两句教育，就像谁都可以骂两句中国足球一样。可是，提出一点可行的改革办法就难了。这些教育的问题，政府都知道，教育专家也知道，老百姓也知道，就连学生也知道，可是，大家还是在这么做，可见，不是没有心改革，而是不知道该怎么改革，还没有找到正确的路。

我也不知道正确的路在哪里，但是我有个大概的方向，那就是国学教育。

我想未来的成功的中国教育，能够让大多数中国的家长、中国的老师和学生满意的教育，一定是以中国传统文化教育为基础的，而基础的核心一定是国学教育。

在中国办教育，毕竟是中国的教育，中国人的教育。中国从物质文明到精神文明的独特性，以及这些独特性的高妙之处，都决定了中国的教育不能忽略中国性。现在在中国的大地上，同时存在着不同的教育模式。最大的一块当然是体制教育，这里面有公办的学校也有民办的学校，但是教育模式都是一样的，都是按照教育部规定的模式进行的。这个体制教育，表面上说是学习西方的模式，实际上是多国模式的混搭，所以是乱的，甚至可以说其实质是中国人自己在几十年前硬造的，而且可以肯定的是，中国传统教育的成分微乎其微。

以体制教育为核心，向三个方向延展，有各种各样的教育活跃于中国大地上。在它的前方，是各种专业培训、课外补习班等，这些都是对体制教育仍不满足而生发出来的教育。他们比体制教育跑得还快还远。不过补充说一句，里面自觉自愿、乘兴而来、乐在其中的，好像没有。问他们，他们都说是被社会逼的。在体制教育的左边，有很多是更西式的教育，他们都是从西方直接引进的某种教育模式或者教育理念，比如蒙台梭利学校、华德福、皮亚杰、瑞吉欧，还有儿童阅读派，这是在体制学校推广儿童阅读教育的。在体制学校的右边，是正在兴起的国学私塾、书院、学堂等，这些都是学习中国传统教育的。在吟诵学习班上，三类老师都有，因为大家都要学吟诵。上课的时候，大家都很认真地学习，下课就辩论，因为他们的教育观经常是水火不容。

我感觉，这三种老师都是真心爱孩子、爱教育的。是的，来学吟诵的老师都是真心想办好教育才来的。可是，这样的三种教育恐怕都很难成为未来中国的成功的教育，因为他们都没有让大多数人满意。学西方的太忽略中国传统，而学中国传统的又太忽略现代世界。体制教育是中不中西不西。在民意调查中，大多数中国人都希望教育是中西结合的。这个中西结合才是未来之路。我们现在为什么结合不起来，你看做西式教育的和做中式教育的要吵架，而号称要结合两者的体制教育实际上哪边也没做好。这是为什么呢？

我想，恐怕是因为西学为体，中学为用吧。

我们现在的教育，从理念到模式，都是西方的。但是在内容上，却有一部分中华文化存在，只不过是碎片式的存在。整体的、真正的中华传统文化，早已被打包扔出了中国的课堂。剩下的，只是一些碎片甚至背影。能装进这个西方教育框架的就硬塞进去，比如把诗词当成西方的 poetry 教，把中国历史当作西方的 history 教。装不进去的，就直接扔掉，只当它从未存在，也不告诉学生它曾经存在。

可是这样的教育却存在于中国，存在于中国人的生活中。如果中国迅速西化了，倒也可以，可惜中华文化的力量太强大，中国人毕竟还是中国人，所以这样的教育就肯定不能适应中国的社会。我们需要倒过来，中学为体，西学为用，这样的教育才可能是未来的中国教育。

为此，我这些年一直在尝试做国学教育的研究和推广。希望在教育体制中重建中华文化学习系统，还有建设一向被忽视的生活教育系统，与西学系统鼎足而三，而以国学教育为统筹。中华文化精神必须渗透进教育的方方面面，中国的教育才有可能走向强盛。

国学教育并不是教传统的知识和技能，而是用中华文化精神做教育。它的最终目标是培养学生的品性。所以国学教育会渗透到生活教育中，也会渗透到科学教育中，并且三者都以中华文化精神为归依。在中西文理课程之间设联系课程，凸显科学精神、科学方法，了解科学的界限，建立文化比较观念。这样的“国学教育整体模式”正在很多学校探索和推广。

我们做国学教育有一个特点，就是在国学知识体系中以传统小学为基础。让学生先建立语感、音感、字感、乐感、诗感和文感，然后按照汉诗文的固有体系和规律去学习。在传统小学中，贯彻中华文化精神，就不至于走偏而陷溺，反而会激起高尚的人格追求。所以我们设计了吟诵、汉字、歌谣、蒙学、诗词、文赋等课程作为基础课程。这方面的情况，具体请见我的国学教育文集《用中华文化精神做教育》和国学教育整体模式的相关资料。

吟诵，作为基本教学法和学习方法，在国学知识体系教育中非常重要。很多老师，包括我在内，都是从这里进入，而逐步认识国学全貌，而逐步开始学习国学的。对于一个庞大的陌生体系的学习，掌握正确有效的方法是关键之一。吟诵是国学教育的入门捷径、进阶利器，也是怡情养心、感通古人的美丽生活。

愿吟诵与中华文化精神一起永世流传。

附录　吟诵教育复兴大事记

2008 年，在秦德祥先生的努力下，常州吟诵被列为国家级非物质文化遗产。吟诵开始在非遗这个层面上得到重视。南昌宗九奇先生的“楚调唐音”、无锡唐文治先生的“唐调”、香港的粤语吟诵等，纷纷走上了申遗之路。

在此前的几十年之间，叶嘉莹先生在南开大学、陈少松先生在南京师范大学、潘丽珠先生在台北师范大学、王伟勇先生在台湾成功大学、张清泉先生在台湾彰化师范学院、张本义先生在大连市图书馆、陆襄先生在上海教师进修学校等，都进行了坚持不懈的吟诵教育，培养了一批了解吟诵的教师和大、中、小学生。

吟诵复兴之路，从星星之火开始，从教育开始。

2008 年，我的吟诵活动得到了导师赵敏俐教授的全力支持。吟诵工作成为首都师范大学中国诗歌研究中心的重点工作之一。赵老师带领吟诵从此进入了一个全面正规的学术研究阶段，也带领吟诵教育进入了一个全面推广的教学实践阶段。

2009 年，在中宣部相关领导的支持下，我在山东淄博桓台县和广州市分别进行了初次的吟诵宣讲活动。广州市小学语文特级教师汪秀梅和陈琴等老师听了讲座，随即联系了上海《小学语文教师》杂志社，在李振村、朱文君老师等组织的“新经典”论坛上，我第一次正式将吟诵介绍给了小学语文界。

薛瑞萍、陈琴、窦桂梅等老师很快成为第一批学习、实践和宣传吟诵教学法的名师。2009 年、2010 年暑假，在教育部语用司领导的支持下，我在“中华诵”夏令营指导学生们吟诵，陈少松教授在“中华诵”教师培训班上讲授吟诵。吟诵在中小学界逐步传播开了。

2010 年 1 月 24 日，中国语文现代化学会吟诵分会在北京正式成立，第二天，即举办了第一期“中华吟诵骨干教师培训班”，有 100 多名来自全国各地的中小学教师自愿参加了培训。此后，吟诵教师培训就以公益的形式不断地开展下去了。在培训过程中，我们逐步摸索出了一套可以使教师们迅速了解吟诵、学会吟诵的方法，研发了相应的教学资料，拍摄了系列课程录像。

2012 年，首都师范大学中国诗歌研究中心下属中华吟诵教育研究中心成立，由赵敏俐教授任主任。吟诵教师培训从此有了完整的网络课程、题库、教学、考试和认证系统。我们建设了中华吟诵网，拍摄了数十位吟诵老先生和吟诵名师的数百小时的课程，提供上百 G 的吟诵影音文献资料，全部免费向社会开放。

从 2010 年开始，我们在短期培训班的基础上，每年都在暑假举办一个中级培训班，培训时间 40 天左右。到 2016 年，首都师范大学和中国语文现代化学会吟诵分会一共培训了 1 万多名中小学教师和吟诵爱好者，使他们达到了见诗即吟、能用吟诵资料进行教学的程度。这些教师又回去做了二级培训，最终学习过吟诵的教师有数万名，遍及万所学校，普惠百万名学生。同时，我们在中国（含台湾地区）、日本、韩国、美国、欧洲等地举办讲座近千场，把吟诵传播到了数以万计的老师和家长的心中。

由于吟诵可以激发学生的学习兴趣，增强记忆，深化理解，涵养性情，是突破古诗文和经典诵读教学瓶颈的高效解决之道，所以吟诵教学一出现，就迅速得到了广大师生的热烈欢迎，得到了快速的普及推广。天津市河西区、新疆克拉玛依市、浙江省丽水市松阳县、山东省莱芜市、河南省濮阳市等教育部门先后出台政策，组织全市语文、德育、音乐、传统文化等教师学习吟诵，在学校开设吟诵课程，开展吟诵活动。到 2017 年，已有 50 多个地级市教育部门组织了吟诵宣传和培训工作，从各种渠道学习和了解吟诵的教师达数十万人。其中，新疆克拉玛依市第三高中、济南西藏中学等，还把吟诵教学带给了少数民族学生。

高新刚老师是山东省莱芜市最早开始在社会层面推广吟诵的教师，他总说得道者多助，在他和莱芜其他老师的不懈努力下，在莱芜领导的密切关注下，莱芜市下发了红头文件，提出即使最偏远的山区学校，也要开启吟诵课。

很多教研员和名师热情地推广吟诵、实践吟诵，带动一方。赵志祥老师在深圳，王缤阳老师在贵阳，朱畅思老师在北京，彭世强和戴建荣老师在上海，吴华杰老师在江门，朱成广老师在临沂，朱爱朝老师在长沙，岳乃红老师在扬州，马亮老师在包头，何丹妮老师在珠海，张云霞老师在石家庄，林打打老师在青岛，等等，都在大力推广吟诵。

我们支持了北京景山学校的朱畅思老师，组织了北京吟诵教育研究会，进行吟诵教学的宣传和推广工作。

各地中小学涌现了一批吟诵教学名师，他们各自探索不同的吟诵教学方法，一时间百花争艳。成都泡桐树小学西区的马凡美、赖彩舲老师，深圳的白鼎、文国锋老师，石家庄高新四小的张云霞老师，广州明德广地实验学校的谢敏老师，北京景山学校的朱畅思、王海兴老师，邯郸一中的李哲峰老师，东北师大附中的任燕老师，都江堰市蒲阳小学的董建老师，等等，都给中小学古诗文和传统文化教育带去了一缕清风。

成都的泡桐树小学西区学校，是吟诵界的明星学校，很多经典的儿童吟诵、音乐都出自这个学校，泡桐树小学西区组建了一个由语文老师和音乐老师组成的教研小组，在马凡美老师和赖彩舲老师的带领下，有组织有系统地开展吟诵教学。

白鼎老师在深圳市福田区教科院附小成立了吟诵名师工作室，除了吟诵教学之外，还向前一步，开展以吟诵为方法的系统的诗词创作课程。

广州明德广地实验学校是民办学校，他们在许宏宇校董的带领下，拓展了吟诵教学的边界，在谢敏老师的首个国学教育整体模式实验班的基础上，逐步把全校发展成为了国学教育学校。

都江堰市蒲阳小学的董建老师，在吟诵教学的基础上，开发了自然德育教学模式，取得了良好的反馈。

各地还涌现出了一批吟诵爱好者骨干，他们中很多人自从认识了吟诵，就喜爱上了吟诵，到处奔走宣传吟诵，带动了一方热潮。西安的魏俊梅老师，本是一位家长，但是她却办了很多公益的吟诵师资培训班，形成了陕西省的吟诵骨干力量。

广州的吴军华老师，辞职投入吟诵事业之中，在各地宣讲吟诵，产生了广泛的影响。

山东莱州的东莱国学学校是一所知名的私塾，校长赵升君老师在了解到吟诵后，马上派自己的骨干教师团队进行系统学习，其中，李宁老师已经成为吟诵界的名师，有许多老师都在跟随她学习蒙学吟诵教学法。

杨华教授在德州学院成立了柳湖吟诵团，以德州学院的师范生为主学习和推广吟诵，在德州当地产生了良好的社会影响。

济南幼儿师范高等专科学校的于琮老师，除了在学校教授学生学习吟诵之外，也在全国各地宣讲吟诵。

此外还有贵阳的吴非老师、襄阳的穆兰老师、顺德的吕文锋老师以及台中教育学院的施枝芳老师、远在德国的杨嵋老师等，在他们的努力下，吟诵逐渐由中小学课堂，走向了家庭、大学和社会。

在这种形势下，我们在国家社会科学基金重大项目“中华吟诵的抢救整理与研究”下设立了抢救、整理、教育三个子课题。其中吟诵教育子课题有十几所中小学参加，它们分别对中小学吟诵教学的各个方面进行了探索和总结，形成了一批有实践效果的研究成果。

我们积极整合资源，组织力量，出版了一批吟诵图书。2010 年，由徐冬梅老师领导的亲近母语研究院支持我们出版了第一本吟诵教材——《我爱吟诵》。这套书涵盖了中小学古诗词，提供了基本的吟诵录音和声韵分析。随后五年之间三次改版，至今已经销售了近十万套，成为很多早期开展吟诵教学实践的学校的教材。2014 年，我们又与中华书局合作，在活页文选编辑室吴魏老师的支持下，编辑出版了“中华经典吟诵”系列图书的第一辑，第一次向社会提供了《三字经》《百家姓》《千字文》《弟子规》《论语》《大学》《中庸》这些基本蒙学和儒家经典的吟诵范本，以及故事、注释、吟诵符号等教学内容。这些吟诵录音是我们组织了全国的吟诵老先生和名家以及少年儿童录制的，都有吟咏和读诵录音，有伴奏版本，有普通话的也有方言的，数量众多，比如《论语》的吟诵录音就提供了 41 种之多。这给广大吟诵爱好者学习吟诵提供了充分的资料。2016 年，我们与中国出版集团合作，出版了中国第一套专门的诗词吟诵教材，这是一套以吟诵方式系统学习诗词并落实于创作的中小学全覆盖系列教材。2017 年，我们与青岛出版社合作，第一次为中小学编辑出版了十二个年级全套的经典吟诵教材，共 30 种蒙学和儒家经典的吟诵范本，以及全套教学资料。这套教材在山东省临沂市教育局的支持下，首先在该地区发行使用。

我们还组织参与了很多文艺活动和电视节目的演出。中央电视台《中华长歌行》节目，每逢传统节日在一、四、十等三个频道播出。在中宣部的支持下，自 2010 年起，连续五年，《中华长歌行》每一期节目都有吟诵展演，拍摄了一大批优秀的吟诵节目。《百家讲坛》《中华诵》《诗词中国》《朗读者》等一批著名节目都展示了吟诵，撒贝宁、张家声、王鹏、杜大鹏、哈辉等主持人和艺术家参与了演出，叶嘉莹、陈少松、陆襄、华锋、戴学忱等一批吟诵界前辈登场亮相，陈琴、杨芬、程滨等教师和一批中小学生展示了普通话吟诵的风采。

2009 年、2011 年和 2015 年，我们先后在首都师范大学组织了三届“中华吟诵周”大型文化活动。来自中国、日本、韩国、欧美等地的千余名吟诵家和教师们欢聚一堂，交流研讨，展示表演，成为全球中华吟诵界的最大盛事。2013 年和 2014 年，我们还组织了第一届海峡两岸大学生吟诵节以及北京—台北大学生吟诵交流活动。

随着吟诵活动的蓬勃开展和骨干教师的成长，各地的吟诵学会纷纷成立起来。由孔子嫡孙后裔柯兰老师推动的天津市河西区吟诵社是最早成立的地方吟诵社团，我和朱畅思老师做了师资培训，带动了整个河西区中小学的吟诵教学持续开展。

以河南大学华锋教授和河南轻工业学院陈江风教授等为核心组织起来的河南吟诵学会，是最早成立的省级吟诵学会，他们主要在河南的很多大学开展吟诵教学和研究活动，多年来取得了可喜的成果，也出版了一系列吟诵著作。到 2017 年，全国各地成立的省市级以上的吟诵学会有 50 多家，县级以下的吟诵社团数不胜数。

这十年的吟诵推广工作，都是以首都师范大学中国诗歌研究中心为核心单位进行的，具体工作是由一批年轻的博士、硕士和本科毕业生志愿者来承担的。这些年轻人在校时就积极参与吟诵工作，毕业之后都成了专职的吟诵志愿者。他们没有固定的工资，没有假期，没有编制和名分，也没有鲜花和掌声；有的只是烦琐和沉重的吟诵工作，以及旁人不理解而投来的猜测和嘲笑的目光。但他们坚持下来了，日复一日，年复一年，从采录到整理，从研究到教学，他们把自己的学养和才能都贡献给了吟诵。吟诵在他们的手里复兴，他们是吟诵复兴的勇士，是新一代青年的典范！他们是：朱立侠、代红燕、龚昊、刘奶景、海珍、彭听、谢妍、满姝媛、龙婷、贺敬夫、王伊、张悦祎、文荣、孙伟男、赵志军、黄烁炎、秦佳佳、杨言、白秋童、党训福、侯月、刘奕……

吟诵的星星之火，就是在这样一些有理想、有情怀、有勇气的老师、学生和家长手里，慢慢变成了燎原大火。兴亡继绝，责在我辈。

吟诵复兴工作，也得到了国家领导人和各级领导的高度关注和支持。

以我们的工作为基础，2015 年 1 月，中国国学教育学院正式成立，这是全国第一所传统文化教育方面的实体学院。2016 年 9 月，第一批国学教育方向硕士研究生 21 名入院学习。

我们把从吟诵老先生那里得来的传统文化教育经验与当代教育实践相结合，提出了传统文化教育整体模式理论，逐步研发有学理、有传承、有体系、有效果的传统文化教育资源，包括教材、教辅、课件、网络、APP、培训系统、认证系统等一整套支持教师进行教学的资源，把传统文化教育的普及变为可能。我们的工作得到了各地教育部门和学校的积极响应。

山东省语委办李志华副主任对山东吟诵推动贡献巨大，他在前几年对全省骨干教师进行吟诵和国学教育培训的基础上，2017 年设立专项，组织全省各市骨干教师开展对山东传统吟诵的采录工作，这是第一个省级语委部门组织吟诵采录。

2017 年 9 月，北京市教委、语委专门发通知，支持我们面向全北京的中小学校长分期进行“如何在学校组织吟诵教学”的专题培训，前四期培训已经有 400 多所学校的校长参加，他们也接受了吟诵教学理念，反响强烈。

2018 年，首都师范大学入选教育部首批中华优秀传统文化传承基地，专门负责“中华古诗文吟诵和创作”。吟诵，也被国家语委正式列入“中华经典诵读工程”。

吟诵，中华民族这一古老的读书方式，正在由先辈们的薪火相传从古代的私塾、书斋，走向现代课堂，走向社会，走向全球，走向未来……

吟诵归来兮，吟诵正归来。

第七章　吟诵的采录

第一节　吟诵的前世今生

一、吟诵的源头

吟诵是汉诗文的声音形式，是中华传统读书法，是中国教育的基本方法。如果按照这样的定义，吟诵的源头应该和汉诗文是在一起的。而我们说的汉诗文，指的是文人的作品，儒士的创作，所以吟诵主要是儒士的事情。

儒家经典关于吟诵的记载很多。上古及西周礼乐文化时代：

帝曰："夔！命汝典乐，教胄子，直而温，宽而栗，刚而无虐，简而无傲。诗言志，歌永言，声依永，律和声。八音克谐，无相夺伦，神人以和。"(《尚书·舜典》)①

以乐语教国子：兴、道、讽、诵、言、语。(《周礼·春官·大司乐》)②

十有三年，学乐，诵诗，舞《勺》；成童，舞《象》，学射御；二十而冠，始学礼。(《礼记·内侧》)③

诗，言其志也；歌，咏其声也；舞，动其容也。(《史记·乐书》)④

---

① [汉]孔安国撰；[唐]孔颖达正义；黄怀信整理．尚书正义[M]．上海：上海古籍出版社，2007：106.

② [清]孙诒让撰．十三经清人注疏　周礼正义　第7册[M]．北京：中华书局，1987：1724.

③ 裴泽仁注译．礼经[M]．郑州：中州古籍出版社，1993：271.

④ [汉]司马迁著．史记[M]．北京：线装书局，2006：95.

既歌而语以成之也，言父子君臣长幼之道，合德音之致，礼之大者也。(《礼记·文王世子》)①

到了孔子的时代，礼崩乐坏，只有孔子还在坚持着，我们在各种文献记载中，都可以看到孔子在吟诵：

子曰："诵诗三百，授之以政，不达，使于四方，不能专对，虽多，亦奚以为？"(《论语》)②

孔子迁于蔡三岁，吴伐陈。楚救陈，军于城父。闻孔子在陈蔡之间，楚使人聘孔子。孔子将往拜礼，陈蔡大夫谋曰："孔子贤者，所刺讥皆中诸侯之疾。今者久留陈蔡之间，诸大夫所设行皆非仲尼之意。今楚，大国也，来聘孔子。孔子用于楚，则陈蔡用事大夫危矣。"于是乃相与发徒役围孔子于野。不得行，绝粮。从者病，莫能兴。孔子讲诵弦歌不衰。

子曰："吾自卫反鲁，然后乐正，雅颂各得其所。"

古者诗三千余篇，及至孔子，去其重，取可施于礼义，上采契后稷，中述殷周之盛，至幽厉之缺，始于衽席，故曰"关雎之乱以为风始，鹿鸣为小雅始，文王为大雅始，清庙为颂始"。三百五篇孔子皆弦歌之，以求合《韶》《武》《雅》《颂》之音。礼乐自此可得而述，以备王道，成六艺。(以上《史记·孔子世家》)③

孔子遭厄于陈蔡之间，绝粮七日，弟子馁病，孔子弦歌。子路入见曰："夫子之歌，礼乎？"孔子弗应，曲终而曰："由，来！吾语汝。君子好乐，为无骄也，小人好乐，为无慑也。慑惧其谁之子，不我知而从我者乎？"子路悦，援戚而舞，三终而出。

孔子之宋，匡人简子以甲士围之。子路怒，奋戟将与战。孔子止之曰："恶有修仁义而不免世俗之恶者乎？夫诗书之不讲，礼乐之不习，是丘之过也。若以述先王，好古法而为咎者，则非丘之罪也，命之夫！歌，予和汝。"子路弹琴而歌，孔子和之。曲三终，匡人解甲而罢。(以上《孔子家语》)④

---

① 裴泽仁注译．礼经［M］．郑州：中州古籍出版社，1993：188.
② ［清］刘宝楠编．论语正义［M］．北京：中华书局，1990：525.
③ ［汉］司马迁著．史记［M］．北京：线装书局，2006：235-236.
④ 薛恨生标点．孔子家语［M］．上海：上海新文化书社，1934：108-109.

孔门弟子也的确在实践着吟诵，那是他们的生活方式、学习方式：

子贡对曰：“夫能夙兴夜寐，讽诵崇礼，行不贰过，法不苟且也，是颜回之行也。”(《孔子家语》)①

（曾皙）曰：“暮春者，春服既成，冠者五六人，童子六七人，浴乎沂，风乎舞雩，咏而归。”②

陈亢问于伯鱼曰：“子亦有异闻乎？”对曰：“未也。尝独立，鲤趋而过庭，曰：‘学诗乎？’对曰：‘未也。’‘不学诗，无以言。’鲤退而学诗。”(以上《论语》)③

在春秋战国时期，在诸子百家和民众的眼中，吟诵也的确是儒家人物的特征之一，说明儒家真的是以吟诵著称的，如《庄子》：

有间，为圃者曰：“子奚为者邪？”曰：“孔丘之徒也。”为圃者曰：“子非夫博学以拟圣，于于以盖众，独弦哀歌，以卖名声于天下者乎？”④

曾子居卫，缊袍无表，颜色肿哙，手足胼胝，三日不举火，十年不制衣。正冠而缨绝，捉襟而肘见，纳屦而踵决。曳纵而歌《商颂》，声满天地，若出金石。天子不得臣，诸侯不得友。故养志者忘形，养形者忘利，致道者忘心矣。⑤

孔子游乎缁帷之林，休坐乎杏坛之上。弟子读书，孔子弦歌鼓琴。⑥

尤其是《庄子》中的这一段记载：

郑人缓也，呻吟裘氏之地，只三年而缓为儒。⑦

这一段的大意是说郑人缓，在裘氏之地吟诵了三年，就成了一名儒士。此处以呻吟（呻，吟也，谓吟咏学问之声也）代指学习，可见当时的儒士在外人眼里是吟诵着学习的。

---

① 薛恨生标点 . 孔子家语［M］. 上海：上海新文化书社，1934：49.
② ［清］刘宝楠编 . 论语正义［M］. 北京：中华书局，1990：474.
③ ［清］刘宝楠编 . 论语正义［M］. 北京：中华书局，1990：668.
④ 栾贵明主编 . 庄子集［M］. 北京：新世界出版社，2014：88.
⑤ 栾贵明主编 . 庄子集［M］. 北京：新世界出版社，2014：227.
⑥ 栾贵明主编 . 庄子集［M］. 北京：新世界出版社，2014：247.
⑦ 栾贵明主编 . 庄子集［M］. 北京：新世界出版社，2014：253.

《礼记》中也这么说：

> 今之教者，呻其占毕，多其讯言，及于数进而不顾其安。[①]

以上都说明了，吟诵是孔子和孔门弟子的行为特征之一。

那么，在诸子百家其他家那里呢？他们也吟诵吗？应该说，他们也读书，但是对于读书的方式不那么在意，甚至觉得儒家的吟诵和礼乐过于拖沓和繁琐，前引墨子所谓“诵《诗》三百，弦《诗》三百，歌《诗》三百，舞《诗》三百。若用子之言，则君子何日以听治？庶人何日以从事？”之类的言论，就是一个例子。

二、吟诵的前世

孔子以降，读书成为儒士的本分，所以儒士又叫“读书人”。“读”就是今天所谓“吟诵”，所以儒士文人无不吟诵。吟诵的方式多种多样，已见前文。

吟诵又是创作方式，先吟后写，儒士文人是用吟诵创作出的诗词文赋，已见前文。

同时，吟诵的基本方法，一部分来自汉语本身的特点，一部分来自书面语的特点，前者与口语创作相通，所以吟诵的很多方式又与歌舞类似。而诗词文赋中很多都是有表演或仪式性质的，由此吟诵也扩展到有组织的表演中。

魏晋六朝，崇尚玄雅，读书之风转向高致淡远，遂有袁宏月下朗吟，一夜成名；谢安洛生之咏，天下共学。

后来《切韵》混乱了四声调值，形成了平仄对立，于是新的格律形成，新的唱法形成。这种注重旋律走向和腔音的新唱法，情感更加细腻，凸显了个性，使读书吟诵变得更加丰富多彩，于是吟诵大兴，诗歌大兴。李白“吟诗作赋北窗里”，杜甫“新诗改罢自长吟”，韩愈“口不绝吟于六艺之文”，白居易“发于歌咏形于诗”，贾岛“二句三年得，一吟双泪流”，卢延让“吟安一个字，捻断数茎须”。

宋儒复兴，读书之法受到格外的重视。从二程到朱熹，都有著作传世。朱熹于读书法中，专有读诗之法。这些理论都特别重视感性的体悟，重视情通古

---

① 王岫卢，朱经农主编；叶绍钧选注．礼记［M］．上海：商务印书馆，1926：108.

人而联系自己。唐宋时期更出现了成熟的读法符号系统。

明清两朝，吟诵尤为发达，更为学习诗词文赋和八股文的方法。明朝王阳明先生，最重吟诵，每于课余率众生吟诗唱歌，并传下“九声四气歌法”，为吟诵诗歌总结了规矩，提升了境界。随着心学在明末大兴，吟诵之学也愈发丰富和精细了。顾宪成谓“风声雨声读书声，声声入耳”，此即吟诵之声。

清中叶，桐城派倡导“因声求气”，从理论上把吟诵的最高层追求明确，并有具体的吟诵之法，流传至今。古代的吟诵主要通过教育系统传承的。所以凡文人、学生，无不吟诵读书。吟诵是文人的生活方式之一。曾国藩谓：“君子有三乐：读书声出金石，飘飘意远，一乐也。”

1905 年，清朝废除科举制度，私塾面临困境，吟诵首次受到打击。中华民国建立以后，不承认传统教育学历，兴建新学堂。于是中国传统教育迅速衰落，传统文化被打包扔出了课堂，吟诵作为基本教学法当然难逃厄运。但是在农村，由于新学堂的师资匮乏，私塾还有存在的空间；在城市，私塾、公学已经很罕见，只有一些书香门第仍以家馆或家学的方式继续私塾式教育。新学堂里中学仍有古诗文课，称为“国文”课。“国文”课本上仍然用圈点符号的形式保留了一部分吟诵方法。教学上也仍然有所保留。但是，由于大势所趋，风气日渐，新学堂从大学到中学，原则上已经不强调、不重视吟诵。国民党政府执政之后，“国文”课本完全采用西式标点，吟诵符号彻底消失。

20 世纪 20 年代西方话剧开始传播，西方的轻重音朗诵之法全面引进中国。同时学校里因为废除了旧的读书法，新的读书法又未形成，而普遍不知该怎么读书，包括读白话文。此时学校普遍以两字一顿法念书，教育界热烈讨论如何诵读的问题。1926 年，北洋政府教育部在教学大纲中去掉了“两字一顿”的提法，但这种读法一直延续，甚至在今天台湾地区的学校仍有留存。

抗日战争时期私塾再遭灭顶，同时朗诵诗盛行。抗日战争结束后，现代朗诵基本定型，其形态始终留有话剧和抗战时期朗诵诗的痕迹。

1920 年，唐文治先生创办无锡国专，专教国学，大力提倡吟诵。他在身体力行的同时，还撰写了大批论著，成为现代吟诵研究史上用传统方法研究的最后一位大家。桐城派的分支“唐调”被唐门弟子带到大江南北，传承至今。

此外如黄仲苏、刘朴、钱基博等人也在继续吟诵的传统方法的研究与传播。

赵元任先生自20世纪20年代开始做吟诵的采录和研究工作。1922年，他在美国录制了自己的吟诵。在1928年出版的《新诗歌集》序中，他明确比较了吟诗和歌唱的区别。由他和刘半农、黎锦晖、李叔同等人发起的“学堂乐歌”运动，开创了中国现代音乐。然而很少有人知道他们的本意是引进西方音乐体系，而用吟诵方法作曲。《新诗歌集》明确体现了平低仄高的原则。大家可以想想《教我如何不想他》《送别》等歌曲是否如此？赵先生也一直在强调依字行腔，并在晚年感叹青年人只学西乐，不学吟诵，非其本意。他在分析过吟诵方法之后说：

> 不过我相信，假如我们能更加以注意到这几种成分，它们是怎么样以种种办法配合在一起，我们就可以了解，更可以欣赏它是如何动用信号的功能和表情的作用，而产生各种中国的语言、文学、音乐作品出来。①

赵元任先生一生都在研究和呼吁吟诵，后来还发表了《中国语言里的声调、语调、唱读、吟诗、韵白、依声调作曲和不依声调作曲》《常州吟诗的乐调十七例》等，并在文中明确使用了“吟诵”这个概念，用以指称汉诗文的传统读法：

> 现在各处的方言每处有自己的一套声调的系统，而每一种声调更有不同的音值，所以吟诵诗词、散文的风格也不都一样。不过吟诵“律诗”似乎各处的调子还比较相似，而吟诵“古诗”，一处跟一处的分别就比较大了。②

赵元任先生还分析了吟诵的音乐与语言的关系，实际上对吟诵的规矩如依字行腔、入短韵长、平低仄高、平长仄短、古体快近体慢等都进行了论述，是现代吟诵研究史上的重要成果。

赵元任先生非常重视吟诵的价值，一直呼吁吟诵的抢救和传承，一直在慨叹：“令人遗憾的是，吟诵诗和散文已很快变成一种无望的艺术。”他除了采录了家乡常州和吴语地区的吟诵外，还采录过很多别的吟诵，包括采录过胡适先

---

①② 赵元任：《中国语言里的声调、语调、唱读、吟诗、韵白、依声调作曲和不依声调作曲》，载《中国音乐》1987年第2期，又载赵元任著《赵元任音乐论文集》，中国文联出版公司，1994年。[此为译文，原文见：Chao, Yuen Ren: Tone, Intonation, Singsong, Chanting, Recitative, Tonal Composition, And Atonal Composition In Chinese. 原载The Roman Jakobson: Essays on the Occasion of His Sixtieth Birthday, 11 October 1956, M. Halle, H. G. Lunt, H. Mclean, and C. H. Van Schooneveld (eds), The Hague: Monton, 1956: 52-59.]

生用安徽方言吟诵的六首诗。他说：

> 近些年来吟诵诗词、古文的这个传统差不多都失去了，这真是可惜的事。我们的下一辈的孩子们，在小学堂里顶多也就是用唱读的方式，读读他们的现代化的课本，等到他们进了中学他们读书的方式就跟说通俗的话的语气差不多了。
>
> 其实现在最迫切的事，是赶快收集、记录这些老传统艺术，因为它就要看不见了。①

1971 年 4 月，八十高龄的赵元任先生在美国康奈尔大学召开“中国演唱文艺研讨会”，发表了《不同的吟诵方式》的演讲，并用常州方言做了示范吟诵。这些文献和录音后经秦德祥先生整理为《赵元任　程曦吟诵遗音录》出版。

叶圣陶先生和朱自清先生也是现代吟诵研究的两位重要学者，而且都是身体力行，坚持把吟诵带入语文课堂。

1933 年，叶圣陶、夏丏尊出版《文心》，专论语文教学法，发明了现代吟诵符号系统。他们还把符号延伸到白话文学习上，以辅助儿童建立白话文的语感。前文已述。

1941 年，叶圣陶、朱自清合著《精读指导举隅》，明确提出了“吟诵”这个新名词，以代替“读”这个旧的统称。后来，叶圣陶先生、吕叔湘先生更把吟诵方法带进了中华人民共和国成立后的第一版语文教材。关于语文与吟诵的渊源，详见前文。

1946 年 12 月 13 日下午，在北京大学蔡孑民先生纪念馆召开了一次重要的会议。此次会议主要是讨论向受了五十年日语教育的台湾民众推广汉语的问题。台湾教育相关部门派人北上北京，请北京大学中文系主任魏建功先生召集学者研讨献策。魏先生说：

> 我们以为本国语文教学上的诵读方法，是一个值得注意的问题。抗战胜

① 赵元任：《中国语言里的声调、语调、唱读、吟诗、韵白、依声调作曲和不依声调作曲》，载《中国音乐》1987 年第 2 期，又载赵元任著《赵元任音乐论文集》，中国文联出版公司，1994 年。［此为译文，原文见：Chao，Yuen Ren：Tone，Intonation，Singsong，Chanting，Recitative，Tonal Composition，And Atonal Composition In Chinese. 原载 The Roman Jakobson：Essays on the Occasion of His Sixtieth Birthday，11 October 1956，M. Halle，H. G. Lunt，H. Mclean，and C. H. Van Schooneveld (eds)，The Hague：Monton，1956：52-59.］

利，我们复了沦陷五十年的台湾。在台湾从事国语推行工作的一帮人，更感到诵读方法的迫切需要。就是，怎样才可借重语文诵读以促进国语的推行。目前内地各省的小学教学国语似乎只有每两字一顿的读法，这当然无补于事，而且毛病很多。我们非常希望获得这一问题完善而具体的解答，所以本人谨代表台湾省教育当局和国语推行委员会邀请诸位来这儿给我们一些指示。希望诸位不吝珠玉，多赐南针。①

这次会议共召集了当时北京大学的学者 28 人，多为学术大家：黎锦熙、朱光潜、冯至、朱自清、徐炳昶、潘家洵、沈从文、游国恩、余冠英、郑天挺、顾随、毛准、孙楷第、周祖谟、吴晓铃、石素真、阴法鲁、李松筠、赵西陆、邓恭三、李长之、刘禹昌、陈士林、周定一、赵万里、向达、钱秉雄、柴德赓。记录人为当时的青年教师陈士林、周定一。如今与会诸人均已去世，让我们向这些前辈们致以深深的敬意和怀念！ 2009 年，我们采访了记录人周定一先生，他还记得当时的场景，但说话有些困难，勉力给我们做了回顾。2013 年，周先生以 101 岁高龄仙去。

这次会议的记录，后来经周定一先生整理，魏建功先生审阅略作修改后，以《吟诵与教育》的题目发表。魏先生之所以定了这个题目，是因为与会学者都把焦点聚集到了“吟诵”上。虽然各家于吟诵具体方法的观点有异，但对于吟诵的价值，和对当时（实际上一直延续到现在）的诵读方式的不赞成，都是基本一致的态度。需要特别说明的是，他们研讨的本来的目的是现代白话文如何诵读，但研讨的结果，却是传统的吟诵的价值。兹选几人的发言片段：

在科举时代，读书人倒有诵读的经验，所谓“读书声出金石，一乐也！”可见前辈非但注重诵读，而且欣赏诵读。但是自从废科举、创学堂以来，在语文教学上对诵读问题就渐渐淡漠了。民国九年教育部通令改小学国文为国语后，诵读国语仍是“百家姓”或“千字文”的念法，即是魏先生所说二字一顿的法子，不顾文义和句读，当然是不合理的……在战时，学校里每每举行诗歌朗诵会，实际上多半只是喊口号标语而已，似乎很少注意到像前人读

① 陈士林、周定一记：《中国语文诵读方法座谈会纪录》，原载西南联合大学师范学院国文系《国文月刊》社编辑《国文月刊》，1947 年第 53 期，第 1—7 页；后收入顾黄初、李杏保编《二十世纪前期中国语文教育论集》，成都：四川教育出版社，1991 年，第 876—885 页。

诗词的韵味。（黎锦熙）

我以为诵读古文的法子原则上应该与念诗相同，才可抓住原作的气势神韵，无形中得到某一作家或某一时代文章的空架子。等自己下笔为文时，也就不期而然的有某一作家或某一时代的气势神韵了。所以从学习和模仿的观点来说，我是主张诵读文言文应注重形式化的节奏。至于语体散文，诵读要依语言的节奏为主，何时参互并用两种节奏，则诵读人应当看文意而定。（朱光潜）

从前的文人诵读诗文，实际上是有个腔调的，不过因地、因人、因文互有差异而已。我小时生长在北平，初念国文并没特殊的腔调，如《三字经》《百家姓》以至《论语》都只以语音本调一字一字规规矩矩地念。不过读到《孟子》，如“梁惠王”章，就渐需要腔调，然而字音仍不离语音。入中学后，国文先生是桐城马氏，他念古文很讲究，听起来令人神往。到北大后，才晓得黄季刚先生念书有自创的特别腔调，当时名之曰“黄调”，至今罗膺中先生和陆颖民先生都仍善效“黄调”。由此也可以知道各人自有其念书的腔调。（郑天挺）

我个人感觉，各地的诵读腔调虽互有不同，然而诵读诗文之停逗和抑扬顿挫，即是标点的作用。所以理解文义，实在是诵读方法中的要事。可是自学校国文改为国语以来，国语（指白话文——编者注）的读法未定，而国文（指古诗文——编者注）的读法已坏。目今学生能用脑用眼而不能用口。（魏建功）①

此外，在中华民国时期，还有很多学者在研究、呼吁吟诵，很多老师也做了教育实践和研究，发表了一批吟诵教学的论文。我们一直在做古代、现代、当代的吟诵文献资料的收集整理工作。近期将由中华书局出版古代吟诵文献的第一辑和现代吟诵文献的第一辑，有兴趣的老师们可以关注。

现在所收集到的吟诵的最早的影像资料拍摄于1948年，由孙瑜执导，赵丹、黄宗英等人主演，1950年上映的电影《武训传》中的《论语》吟诵片段。

三、吟诵的今生

中华人民共和国成立后，叶圣陶、俞平伯、朱光潜、杨荫浏等很多著名学

① 顾黄初，李杏保编．二十世纪前期中国语文教育论集［M］．成都：四川教育出版社，1991：877—881.

者仍然在不停撰文呼吁恢复吟诵。我们现在语文的教材写法、课堂教法的基本结构来自叶圣陶先生，是叶先生在中华人民共和国成立之初应教育部之约，培训教师、示范教学，由此定下规模。叶圣陶先生曾自言示范的是最难的《左传》，而且是其中的难点，至于普通课文，必须首先吟诵。语文教学必须是吟诵与讲解并重。可是后来大家只学会了西式分析讲解，没有接受吟诵。不但没有接受，兼且遗忘了吟诵这回事。

吟诵虽然式微，但不绝如缕，仍然在一些小圈子里流传，甚至传承。如魏建功先生传鲁国尧先生，钱仲联等先生传陈少松先生等。

文怀沙先生在20世纪50年代开始在广播电台上推广吟诵，至老呼吁不辍，并录制出版了多种吟诵专辑。

20世纪60年代的杭州大学曾一度聚集了夏承焘、刘操南等多位重视吟诵的学者。他们教学时仍然使用吟诵，学生争相模仿，一时成风。后来由学生记谱，编写了一本《诗词朗咏谱》，油印内部使用。此书由夏承焘先生题字，现在我们只找到一本，“文革”中夏先生被打倒，应守言先生用“杭州大学”四字予以替换才得以保存下来。

20世纪80年代学术复苏，学者聚会常有吟诵，亦有演出、研究，许多领导和学者提倡吟诵，但未能推广。1987年，中华诗词学会成立，在成立大会上，很多专家、诗人都做了吟诵表演。歌唱家姜嘉锵先生急觅录音机，待找到回来时，聚会已散，只拉到华钟彦、匡扶等数位后走的先生，录了十几首。2004年，我在恩师赵敏俐教授组织的“文学与音乐”研讨会上机缘巧合与姜先生同桌吃饭，首次听他提起吟诵，于是去他家转录，后来还得先生多次指点、大力支持，我的吟诵之缘由此而起。感恩先生！

1988年，中华诗词学会旋即开始吟诵抢救和研究工作，拍摄了《华夏诗声》纪录片，录下了周谷城、赵朴初、臧克家、文怀沙等数十位诗人的吟诵录像。随后还举办了多场演出。李西安、周笃文、戴学忱等诸位先生功不可没。

华钟彦先生在1982年的唐代文学学会成立大会上呼吁重视吟诵研究，得到了与会学者们的赞成。唐代文学学会拨了一小笔研究经费给华先生。华先生后即带领学生姚晓鸥等赴江南采录，得任二北、唐圭璋等诸先生吟诵录音。1983年，华先生开始发表吟诵论文，陆续论述了吟诵的平长仄短、节奏速度、依义行调等问题。全国很多地方的学者和吟诵爱好者都积极响应，给华先生寄送吟诵录音，积达36盘磁带。华钟彦先生之子华锋教授后来把这些磁带都给我做了转录，感恩先生！

陈少松先生得钱仲联、刘季高、徐永端等多师传授，于吟诵研究和吟诵实践上均有扛鼎之作。1996年，陈少松先生著《古诗词文吟诵研究》出版，并附吟诵光盘。此后陆续出了三版。此书对吟诵理论和方法作了全面阐述，在我所了解的范围内，这本书是20世纪唯一一本吟诵学专著。书中还附有一批曲谱，录音也由音乐教授专门编曲，民乐队伴奏，非常用心，在美听上达到了空前的水平。

秦德祥先生从家乡的常州吟诵研究开始，致力于吟诵音乐方面的研究，发表了很多论文和专著，对于吟诵的曲调、规律、唱法和流派都有深入的阐述。秦先生更于采录收集常州吟诵，申报非遗，组织传承，居功至伟。2008年，常州吟诵列入国家级非物质文化遗产名录。

1992年，王恩保先生在北京采录了陈贻焮、张清常、朱家溍、范敬宜等33位学者的吟诵，后结集出版了《古诗文吟诵集粹》。1995年，盘石先生组织了很多学者寄送吟诵录音，并记谱编为《中国古诗词吟诵曲选》出版。当时，还有很多学者、艺术家如林从龙、戴学忱、侯孝琼、桑海波等都在做吟诵采录工作。

此外，吟诵的传承工作也在各地顽强地进行。吕君忾先生在广州传授分春馆粤语吟诵，史鹏先生在长沙传授湘语吟诵，陈以鸿、萧善芗等先生在上海传授“唐调”吟诵，华锋先生在河南传授家传吟诵，张本义先生在大连传授辽南吟诵，王国明（印尼华侨）、林东海、施榆生在福建传授闽南语吟诵，等等。陈少松先生在南京师范大学连续20多年开设吟诵课，教授了大批大学生。陆襄先生在上海传授吴语吟诵，兼及普通话吟诵和教学，并发明了“诵之吟之歌之舞之”教学法，惠及万名教师，带出了戴建荣等特级教师。

安徽马鞍山市在盘石先生的支持下，自1989年起由市政府出面组织了二十几年的“中国国际吟诗节”，邀请了国内和海外的吟诵、吟唱界团体、个人与会，盛况不辍。

从20世纪80年代起，陈侣白、陈炳铮、劳在鸣、李明、张本义等多位先生在研究传承吟诵的同时，大力做吟诵曲，即在吟诵的基础上，与现代音乐融合，产生了很大的影响，出现了姜嘉锵、李元华、戴学忱等以唱古诗词而著称的歌唱家。

叶嘉莹先生自幼有家学渊源，后从顾随先生学诗词，又得戴君仁先生指点吟诵，在诗词研究与创作蔚然大家之外，一直致力于吟诵的恢复和推广。叶先生在中国（台湾地区）、加拿大时都曾亲自教幼儿园小朋友学吟诵，在中国大陆也是多方采集吟诵录音，在各种场合示范和呼吁吟诵。20 世纪 90 年代更向中央进言中小学应该恢复吟诵。叶先生发表了《谈古典诗歌中兴发感动之特质与吟诵之传统》等很多篇吟诵论文，对于吟诵的理论以及美学、心理学、语言学、文学、教育学等方面的特质都做了深入的探讨。叶先生还在几十年间先后录制了几套吟诵示范录音，产生了很大的影响。

我在 2008 年开始系统地采录与推广吟诵，随即得到了素不相识的叶嘉莹先生的支持。叶先生给我们做了连续五次采录，全面阐述了吟诵理论和各体吟诵方法。2014 年，叶先生录制并出版了《古典诗歌吟诵九讲》。

叶先生在做吟诵研究的同时，还以九十高龄不辞劳苦地大力支持我们的吟诵推广工作，出席了两届“中华吟诵周”活动，以及“亲近母语”的吟诵活动等。2010 年与我们一起申报了有关吟诵的国家重大项目。叶先生还首倡与 18 位老先生联名致信国务院，建议开展吟诵的抢救和推广工作，得到相关领导的热情回复。

像叶嘉莹先生这样为吟诵工作做出了无私奉献和重要贡献的前辈学者、老先生还有很多，在此均致以深深的感谢！

我们的系统采录与推广工作开始于 2008 年。同年 11 月，在赵敏俐教授的主持下，首都师范大学中国诗歌研究中心主办了首场吟诵学术研讨会。很多吟诵界的前辈与会，大家都呼吁立即开展吟诵的抢救、研究与推广工作。吟诵工作也得到了很多领导和各地政府的支持，很多老先生、学者、老师、家长和社会人士投身其中，竭诚尽力，吟诵复兴自此而起。

近年，吟诵研究论文、专著、教材等如雨后春笋般涌现出来，各地吟诵学会等组织不断组建，尤其是中小学开展系统的吟诵培训和吟诵教学，已经渐成风气。百年轮回，多少兴衰。传承有望，已足慰怀。

四、中国台湾地区吟诵

台湾地区教育相关部门在 1946 年北大取经之后，也有所行动。当地的广播电台每天都播放吟诵，自幼儿园到大学都有吟诵内容。后来加上一批中国大陆学者入台，分散到大中小学，一时课堂上各地吟诵纷呈，蔚然成风，这种情况一直延续到20世纪80年代。台湾地区的学者们也发表了一批吟诵论著。

这些吟诵活动后来演变为几种形态。一种是在大学，在李炳南、邱燮友、李勉、王更生等一批前辈学者们的带动下，师生们一边做吟诵研究，一边做吟诵传承。后来得财团资助，连续举行了20多年的台湾地区大学生吟唱比赛。其后由于财团撤资，一度陷入冷落。近年来再度复兴，而且加入了中学组的比赛。

一种是在民间，在诗社中传承。这些诗社也是传承前辈学者的吟诵调，但是社员更多的是老师和社会人士。各个诗社传承有异，于是吟诵调渐以诗社命名，如“鹿港调”“貂山调”“天籁调”等。其中“河洛音”吟诵，即闽南语文读系统的吟诵是最主要的。

从大学到诗社，他们所传承的都不只是传统读书法的吟诵，还包括琴歌、唱曲、民歌、戏曲甚至创作歌曲。吟诵在传承中也出现了放弃某些规矩，而引入西方音乐元素的趋向。所以台湾地区把古诗词的歌唱统称为“吟唱”。渐渐地很多人已分不清吟诵和非吟诵，在社会上也流行着很多诗词的唱法。

因为中小学幼儿园都有一些诗词吟唱的内容，所以现在台湾地区学生基本上都会唱一些唐诗宋词，但是其中吟诵的比例不高。吟诵也没有纳入今天的教育体系。近年来两岸吟诵交流渐多，除了几届“中华吟诵周”大家齐聚一堂以外，2008年，辅仁大学的孙永忠教授赴中国大陆组织北京师范大学等吟唱社团，几年间发展了很多大学吟唱社团。中山大学也在几年间举办了多个吟诵培训班，邀请了王伟勇等教授授课。2013年，王财贵教授给予了吟诵工作大力支持，台中教育大学从国学教育的角度邀请华锋教授、朱畅思老师、许石林记者和我去开办吟诵培训班，并在十余所大中小学私塾幼儿园做吟诵讲座。2012年，我们曾举办过两岸大学生吟诵节。2013年，北京市教委也举办过两岸大学生的吟诵交流活动。

东南亚、南亚等地区，凡本来属汉文化圈的地方，都有汉诗文吟诵传承。传承者基本上是华人华侨。传承的吟诵多半是闽南语吟诵，主要是因为下南洋的人很多是福建人。但由于没有进入教育体系，当汉文化在当地失去系统传承的时候，吟诵自然也就面临危机。

五、韩国、日本、越南吟诵

朝鲜自古号称“小中华”，汉文化水平很高。高丽以来实行科举考试制度，培养出了一代代的精通汉文化的儒士文人。朝鲜古代文人无不吟诵，其吟诵的功能、价值、状态、普遍性无不与中国一致，唯语言不同，所以吟诵的方法有异。

朝鲜汉诗文的鼻祖崔致远的《桂苑笔耕集》中存有30首汉诗，有2首出现了“吟”字。《孤云集》中存有33首汉诗，出现“吟”和“咏”字的有6首。这个频率是非常高了。这说明崔致远来到唐朝后，已经会很熟练地运用吟诵了，吟诵已经成为他生活中必不可少的部分。如《饶州潘阳亭》：“夕阳吟立思无穷”，写他站在夕阳中，口中吟咏构思诗句的情景；《和张进士村居病中见寄》：“病来吟寄漳滨句”，更是明白无误地提示，崔致远是先“吟”成诗歌，再笔录下来“寄”给朋友的；此外还有《赠云门兰若智兴上人》：“境高吟不尽，瞑目悟真如”，等等。

高丽时期是引进汉文化的第一个高峰，我们统计了高丽时期主要文人的诗集[①]，其中出现“吟”“咏”“哦”“诵”的诗句很多，可以证明至少在高丽时期，朝鲜文人已经熟练地用吟诵的方式创作和欣赏汉诗了，并且吟诗已经成为文人们颐养性情、修身养性的必要方式。

李奎报一生嗜爱吟诗。李需在《东国李相国文集》序中说他，“常以诗酒自娱，虽在蚁床，犹不绝于讽咏。”在《东国李相国文集》中，有近70首汉诗出现了“吟、咏、哦、诵”等与吟诵有关的字；《东国李相国文集后集》中，近50首汉诗出现了与吟诵有关的字。李奎报的诗中多次提到自己吟诗的情景，如《绿瓷砚滴子》中说：“我本好吟哦，做诗日千纸”；《次韵白乐天病中十五首》的并序中说：“予本嗜诗，虽宿负也。至病中尤酷好，倍于平日，亦不知所然。每寓兴触物，无日不吟，欲罢不得，或谓曰此亦病也。”说明他在病中、闲暇时、出游时无时不吟诗。他几乎每天都作诗，在生病时诗兴更加浓厚，以至于

---

① 以下统计，其资料依据为《韩国文集丛刊》，韩国民族文化促进会，1990年7月版。此段研究及文字为我和学生薛育从、龚昊、董景玲共同完成。

有人称此爱好也是一种病。《李侍郎百全见和》中说："读成闲榻长声咏，警破比邻殷酣眠。"他闲暇时在榻上高声吟诵诗歌，惊醒了正酣眠的邻居。他还会到清幽的山谷中吟诗，声音之大把山鸟惊飞了。说明他吟诵时的调子悠长，声音高亢。《和傀居空馆》中有"咏诗惊谷鸟"，"得句不须书"的诗句。《戊戌正月十五日大雪》中说，"兹为词人事，歌咏所自作。"《分行驿楼上次韵金学士黄文诗韵》中说韩国文人最爱的事就是吟诗，"鸡林好事首吟诗，留作多情朝暮思"。《次韵金承制仁镜谢规禅师赠归》："鸡林得诗喜不寐，面壁吟赏心无穷。"说韩国文人极好诗文，得到一首好诗十分高兴以至于睡不着觉，晚上在屋里面对墙壁反复吟咏欣赏，体会诗的意味无穷。《次前所寄绝句韵赠欧阳二十九伯虎》的序中说，"以首唱者韵，各赋四韵诗。此既路上口唱，非有所笔。"他和朋友在马上，大家决定口唱（即吟咏）诗为乐。按第一个人的韵，依次赋诗。此时的诗完全是吟咏出来，没有用笔，既说明韩国文人的汉诗造诣之高，又点明吟诵是诗歌创作的方式。《次韵全覆之游安和寺》写道："绝景无穷才有限，山川入我苦吟中。羡君顷刻摹千状，岂是诗翁赛画翁。"李奎报的诗论《论诗中微旨略言》也叙述了其用吟诵作诗的经验："句有难于对者，沉吟良久。"这种先吟后写的过程，与中国文人的吟诵创作过程完全一致。

高丽晚期的名儒重臣李穑的《牧隐稿》中收录诗稿 35 卷，文稿 20 卷，其中有近 200 首诗文提及"吟、咏、哦、诵"。李穑著作颇丰，一生嗜爱吟诗。《诗酒歌》中写道："酒不可一日无，诗不可一日辍……手引深杯苍海翻，口吟长句飞电决。"他无论早晨、夜晚，常以吟诗颐养性情。《晨兴》中有："晨兴慵盥栉，兀坐独吟诗。"早上起来懒得去洗漱，却先要坐着吟诗。《即事》中写道："吟诗自作长短声，一片清闲物外情。"此句透露出了古代朝鲜吟诵的特色，即讲究音节的长短。《绝句》中写道："一灯危坐五更阑，四字长吟一字难。"作一首五言诗，吟出了四个字，第五个字吟不出来了，这就是描写用吟咏创作的情况。还有一首诗的题目为《二十二日夜中，风雨大作，吟成一篇，晓起录之》，说明该诗是晚上吟咏而成的，早上用笔记录。《记忘》中写暮年的他夜里躺在枕上吟成一首诗，点灯提笔写时却忘了。"枕上哦成一二联，呼灯欲笔却茫然……聊将耿耿灯前意，拥被高吟动远天。"他晚年体弱多病，吟诗更成了病榻边的良药。《自咏》中写道："病夫自是无聊赖，一味吟诗老不休。"《用前韵自咏》："病不吟诗恐乱心，数年长卧到于今。"他论及诗歌创作的心得时，多处提到吟诵作诗的妙处。《吟诗有感》中写道："吟哦有味足清娱，此乐人间更有无。旧句闲余加润色，新诗淡处着功夫。"他深知吟诵对诗歌创作的作用，闲暇时反复吟咏自己的诗，发现不足处，便加以润色修改。《偶吟》："新诗赋罢长吟好，时有白云生翠微。"《与郑清风同赋》："诗成更高咏，颇觉有神功。"说明他作好诗后便会长声吟诵，体会诗意。《有感》写道："哦诗妙处自难言，批点讥评欲透源。"说明他作诗时或作诗后都用吟咏的方式推敲字句，体味韵律，以便做出修改。

林椿的《西河集》中约有 14 首诗提及吟诵。如《八月十五日夜探韵得起字》："旋酌鹅黄蹴我起，耸肩危坐共闲吟，颠倒如揠笔下字。"写出他吟诗改诗的情景；《岭南寺竹楼》："吟罢挥毫留粉壁。"这是运用吟咏以创作。《谢了惠首座惠粮》："文字五千空柱腹，平生嗜酒喜吟诗。"总结了吟诵对自己的意义。

李齐贤的《益斋乱稿》中约有 10 首诗提及吟诵。如《雪》："驴背吟诗忍饥冻"；《悼一斋权政丞》："醉吟佳句桂花间。"他在入蜀途中写的《路上》："马上行吟蜀道难。"

其他的状况也基本类似。

郑梦周的《圃隐集》中有 15 首诗提及吟诵，如《蓬莱驿示韩书状》："每作新诗和我歌"；《题圃隐记后三章章四句》："高吟又赋乌川诗。"

闵思平的《及庵诗集》中共 12 首诗提及吟诵。如《次惠鑽上人诗韵呈愚谷》尾记中说，"枕上吟得拙诗"，又"因忆昔年拜呈之行，吟成绝句诗一首"；《右捕东倭》中有诗句"闲词谁咏烛红摇"。

李穀的《稼亭集》中有 16 首诗提及吟诵。如《送金梅翁赴化平府序》："送人作郡谩吟诗。"《中秋习元月》："况当佳节共吟诗。"

郑诵的《雪谷集》中有 4 首诗提及吟诵。如《诗稿序》："供职是务，不能专意吟咏"；这里直接以"吟咏"代"写诗"。《东莱杂诗》："吟哦兴未阑，辟间无一字，岂为和诗难。"

李达衷的《霁亭集》中有 5 首提及吟诵，如《原韵》："倚栏不觉沉吟久，拙笔难成万一容。"《闵及庵祭文》："诗有旨味，文友高致，俾余长吟兮，中而不倚。"

白文宾的《淡庵逸集》中有 8 首提及吟诵，如《及庵集序》："余读之，不觉吟咏之不足……可歌之多累千百首。”《动齐说》：“子皆有诗，予有忧患来，诗益拙，不能为之歌咏。”

李集的《遁村杂咏》中有6首提及吟诵，如《遁村杂咏　十六》：“吟风咏月乐在中。”《复用前韵呈诸君子》：“新诗再三读，令我愈头风，题咏见余事……”

田禄生的《壄隐逸稿》中有11首提及吟诵。

郑道传的《三峰集》中有1首提及吟诵。

等等。

以上资料可以直接证明吟诵在高丽是多么的普及，其兴盛的情况绝不亚于中国。凡是读书人都会吟诗，吟诵是每个文人几乎每天必做的功课。吟诵既是诗歌的欣赏方式，又是创作方式。吟诵对高丽文人来说已经超越了诗歌的范畴，变成修身养性的重要方面，还是朋友之间常有的娱乐方式。高丽朝是如此，到了李朝时期，更是有过之而无不及，尤其是李朝重理学，四书五经的吟诵更成为文人士子的基本技能。

在这些诗文表达的背后，反映着古代朝鲜整个汉诗文教育体系的状况。在私塾和官学中，吟诵是对汉诗文的唯一的诵读方法。朝鲜的文人们，从小就是吟诵着汉诗文长大的。朝鲜古代读书人从小学习汉文，其方式与我国古代启蒙教育相同，即不仅用眼睛看，最重要的是发声读。吟诵是汉诗文的声音载体，承载着汉诗文语音形式和意义载体的功能。这样，在学习汉语的同时，也自然习得了吟诵。甚至可以说，吟诵是学习汉语的必要方式。吟诵还可以增强记忆。吟诵的旋律好听又简单，记得吟诵的旋律，自然也就想起了内容。据韩国学者调查，古代朝鲜文人在学习汉文时，平均每天要花费7—8个小时来读书和背诵。学堂教育一般有12年，每天都要吟诵。他们认为，发声读书不仅能在脑海里留下深刻印象，而且会渗透到身体里。这种学习方式也是与中国一样的。

古代朝鲜文人虽然熟练地掌握了汉字和汉文化，创作了大量汉诗，但汉语只是书面语，大多数人并不能用汉语自由交流。所以大多数朝鲜文人吟诵汉诗时用的是朝鲜语转读音，或者也可以理解为朝鲜的汉语雅言。他们在私塾中接受汉语启蒙教育，古代汉语无标点，无论学习汉语诗歌还是散文，老师先大致讲解其意思，然后让学生断句，并在断句处添加朝鲜语词缀。之后，再用转读音吟诵。老师据其吟诵来判断学生是否理解文章意思。吟诵汉诗时，汉语有四声，且汉诗讲究平仄押韵，这需要准确而合适地把握四声的平仄从而发出高低长短的声音。创作汉诗时，用转读音在口中吟咏推敲诗句，再拿纸笔用汉语书写出来，再用吟诵加以润色修改。这一特殊的吟诵方式对朝鲜人学习、欣赏和创作汉诗都有影响。

从创作的角度讲，汉诗尤其是近体诗讲究格律。对于不会说汉语的朝鲜文人，创作时必须背诵熟记韵书，即汉字押韵字表，保证所做的汉诗韵律整齐，格式规整。古人作诗多是先吟出来，在口中推敲词句，再下笔记录在纸上。吟诵对他创作有直接的影响。那么朝鲜文人独特的吟诵方式必然对其创作的汉诗有特殊的影响。与中国人所做的汉诗相比，朝鲜人所做的汉诗在内容和形式上都具有朝鲜民族的特色，这也与创作时吟诵方式的不同有关。

从欣赏的角度讲，同一首汉诗，由于欣赏时吟诵方式的不同，朝鲜文人与中国文人的理解也就会存在差异。朝鲜人要先明白诗歌汉字的声调平仄，再用转读音或本国语朗读理解意思，根据汉字的声调平仄重点把握文字声音的高低长短。文字的意思全部了解并能自然吟诵时，在吟诵中体悟诗的风格和味道。我们对朝鲜汉诗的评价主要运用了中国诗歌的理论体系，是否应该考虑到朝鲜汉诗由于汉字这一书面语和朝鲜语口语的差异而存在的特殊性？

在今天的韩国，传统的读书方式——吟诵被称为“声读”，而用民间的时调等来唱诗则被称为“唱诵”“诗唱”等。

在吟诵所使用的语言方面，有三种方式：（一）汉语，会说汉语的人可以直接用汉语吟诵，这一般限于一些汉学的学者；（二）韩国语，把汉语的意思翻译为韩国语来吟诵。在这种情况下，汉诗文原来的语法结构就会发生变化，因为韩国语不属于汉藏语系，是一种黏着语，其语法结构与汉语不同，动词常在最后；（三）转读音，即模仿汉语读音的一种中间形式，其语音往往是唐宋时传入的汉语的中古音。这种吟诵遵循汉语语法，在不改变汉诗文语法结构的情况下，只在汉语词后面附加韩国语虚词词缀而达到表达韩国语意义的目的。第三种情况最为常见。

例如，韩国著名汉学家李家源先生吟诵的《诗经·豳风·东山》：

我徂东山하야，慆慆不归호라。

我来自东할제，零雨其蒙호라。

动词“徂”是“不归”的原因，所以要在“徂”这句的后面加上表示它是原因的词缀“하야”，这样，韩国文人就可以按照韩国语的语法来理解这首诗了。①

“诗唱”则更多是指表演和娱乐方式。“诗唱”有相对固定的服装、程式、伴奏乐器，旋律和节奏也相对固定一些。这种情况在日本也存在，日本的“诗吟”表演者还分为很多等级。

我们在对韩国汉诗文吟诵做采录和考证的基础上，对比中国汉诗文吟诵情况，对韩国汉诗文吟诵的规律做了初步的研究。我们发现，韩国汉诗文吟诵与中华吟诵一样，都是因地、因人、因时不同的。各地的吟诵调不一样，各人的吟诵调不一样，同一个人吟两次，也会因心情的不同、理解的变化而使吟诵调发生变异。在语音上，吟诵是文读语音。但是，韩国的汉诗文吟诵也有自己的特点。

1. 汉语是声调语言，吟诵格律诗时一般都遵循平长仄短的规律；朝鲜语没有声调，属于长短节奏语言，用韩国语或转读音吟诵时，只遵循发音长短的规则，长音长读，短音短读。这与朝鲜民歌的“语短声长”法是一致的。韩国的吟诵老先生和学者如闵庚三教授等都曾说过，韩国吟诵是“平短仄长”的，与中国相反，这是朝鲜语音如此的缘故。但我们在采录的吟诵中，没有发现一致的平短仄长的现象。我们的感觉，平短仄长是存在的，但是长短似乎还与字的位置有关。韩国的汉诗格律诗吟诵，在偶位字（第二、四、六字）上都会有拖长的现象，尤以五言诗第二字、七言诗第四字突出，这倒与汉语的现代朗诵习惯很接近。这也就是说，韩国的汉诗文吟诵更倾向于形成“长短相间”的效果，而这个“长短相间”却与汉字本身的“平仄”没有完全一致的对应关系。联想到日本诗吟也有这个特点，所以我也怀疑中国的现代朗诵的节奏是否也是从日本引进的。

朝鲜汉诗文吟诵的音长既与平仄声调无关，那么朝鲜文人是不能从吟诵中体会到平仄相间之感的，朝鲜文人对汉诗的语感就与中国文人大为不同，这一定会影响到汉诗创作的机制。中国的文人是以汉语声韵表达诗歌含意的，比如

① 见韩国延世大学许敬震、初佳男《韩国大学的汉诗教育》，中华诗教国际学术研讨会资料，2010 年 3 月。

四声的情感色彩就不同，平声中正，上声婉转，去声铿锵，入声顿挫，诗歌的很大一部分含意是通过这些声韵的声音意义表达的。朝鲜文人所体会到的声韵意义一定与中国文人不同，则创作汉诗时也一定不一样。这些不同正是朝鲜汉诗的独特性的原因之一，是值得深入研究的。

2. 吟诵时汉字的发音接近汉语的中古音。这种发音是唐宋时期传入的，并一直流传到现在。今天中国的汉诗吟诵已随着汉语发音的改变有了很多改变，但韩国语的发音一直沿用并比较严格地遵循汉语中古音。这一点对于我们研究中古时期的吟诵，以及确定普通话吟诵的文读标准都是有重要参考价值。

3. 入短韵长这一点没有改变。由于发音是中古音，所以入声字在朝鲜转读音中也基本上是短促带塞尾的，吟诵出来自然也带上。韵字拖长，这一点在韩国吟诵中也依然存在。

4. 近体诗的平低仄高也是一样的。这是因为朝鲜语中很多是中古汉语的借词，这些词本身就是平低仄高的。当汉字以符合平仄格律的方式相间出现时，就很容易形成平低仄高的调子。

5. 在吟诵时加入的朝鲜语词缀，是作为断句和标示句子成分、词性等功能。词缀一般是一字多音的。吟诵的“声读”在词缀处一般很自然，不做处理。表演的“诗唱”则经常拖长和渲染，寄托比较多的情感。

20世纪以来，由于西方文化的冲击，韩国的汉诗文吟诵也处于衰微之中。在韩国出版的各种韩语词典里已经没有“吟诵”一词。韩国的中小学里也不教吟诵，学术界也对吟诵很少涉及，迄今只见到一本韩国民俗国乐院2006年出版的从音乐角度记录和研究汉诗文吟诵的专著《古文里存留的音乐》。这本书采录了一些典型的吟诵，研究了不同地区吟诵的音乐特点。但是这套书没有结合语言学和文学来研究，所以没有解释吟诵的音乐特征的产生机制是什么，只是吟诵音乐表面形态的描述。

在韩国，现在吟诵依靠两个系统在传承。一个是儒学系统。韩国的儒学上承朝鲜朝，六七百年来没有中断过。现在虽然式微，但是儒学学馆仍然存在，儒士仍然是一种职业，还有少数少年儿童在读经学儒，他们都用吟诵的方法读书。这个系统中很少诗歌的吟诵，词的吟诵更是没有，这与朝鲜儒学以理学为主，而且有其独特的传统有关。另外一个系统是汉学者，尤其是汉文学学者的系统，主要存在于大学中文系教师中。这个系统中的吟诵以诗歌为主，较少经典与文赋的吟诵。这个系统主要在大学生中传承。韩国还有全国性的吟诵比赛，已经举办了几十年。每年参加者在数百人左右。

以上是我们对韩国汉诗文吟诵的初步考察，由于材料所限，很多方面的研究都有待深入。希望我们的研究能引起学界同仁对韩国汉诗文吟诵的重要价值的关注，有更多的人一起来抢救、研究韩国汉诗文吟诵。

虽然韩国政府非常重视非物质文化遗产的保护和传承，但是吟诵尚未纳入保护的范围，还没有引起韩国政府、文化界、学术界和国民的普遍重视。2009年，“中华吟诵周”活动邀请了日本吟诵代表团和韩国吟诵代表团参加。2014年，我和龚昊赴韩国做吟诵采录。现在双方已经建立了联系，韩国的一批学者、儒士已经在做吟诵的研究和推广的工作。相信韩国的汉诗文吟诵不久也会复兴起来。这方面的情况详见下文《韩国吟诵采录纪行》。

正如韩国的汉诗文传承有吟诵（声读）、歌唱（唱诗）两个传统一样，日本的汉诗文传承也有这两个传统。吟诵被称为“素读”，歌唱被称为“诗吟”。

“素读”就是“读”，据称是从中国古代私塾传过去的方法。这个定义现在很多中国的老师们都熟悉，因为陈琴老师多年来一直在做“素读”，带动了很多学校和老师，产生了广泛的影响。陈老师说她的“素读”来自日本的七田真，而七田真说“素读”来自中国的私塾。刘奶景后来专门去日本访问了七田真早教中心总部，证明“素读”就是“平读”，也就是仅仅读出字的语音。当然日本的“素读”还要加上日本语的注释和语法，即是一种日本语的训读方式。这种读法与吟诵的最大区别就是只有读音，没有读法，无法体会读法所带来的含意。换句话说，“素读”已非中国传统的读书法。

我们多次的日本采录，都没有找到日本的吟诵传承。如果日本没有吟诵的传统，那么他们对汉诗文，包括经典的理解就值得注意了。包括韩国，因为吟诵方法的一些差异，也会带来理解上的差异。这都是未来研究的一个方向。韩、日的汉学到底跟中国的学问有多少差异？这又对韩日民族文化带来了多大的影响？韩、日都经常以中华文化的正宗继承者而骄傲，这当然是好事。但是，真正继承了中华文化的不应该是我们吗？闻者当自警。

韩国的“声读”并不是一字一拍地念，并不是字典音，而是有旋律有长短的读法，是我们所谓的“吟诵”。对比一下“唱诗”，就可以明白它真的是很朴素，因为它仅仅是在语音的基础上做了一点长短高低的处理，而“唱诗”一个字就可以拖很长，起伏跌宕，还加上舞蹈、乐器伴奏，等等。

日本的汉诗文歌唱，即“诗吟”，倒是非常兴盛，而且为中国诗词界所熟知。

“诗吟”，起于19世纪中后叶，当时日本经明治维新，正处在全民族信心高涨，对外扩张的时期。而当时的日本贵族和武士阶层，还都是学习和熟悉汉文化的。有几名武士用浪人调来唱汉诗，尤其是其中的边塞、战争和其他慷慨悲凉的诗歌，以七绝为主，结果得到了众人的响应，学习者众多，由此形成了“诗吟”。

流传至今，“诗吟”在日本全国已经有一千多个流派，均称为“某某流”。流派间主要以旋律区分。每个流派都有自己的会馆、会员，遍布全国，总会员人数在三百万到五百万人之间。会员以中老年人为主，因为“诗吟”比较讲究用气，有健身养生功用，又有汉文学和舞蹈、歌唱等训练，所以深受中老年人喜爱。不过“诗吟”也有少年儿童的学习和比赛。

“诗吟”都有严格的规定，从旋律到时长，从动作到歌唱，一直到伴奏伴舞和舞美。“诗吟”融进了很多日本的传统艺术。日本的“诗吟”社自20世纪80年代起就常访问中国，至今不辍。我们也曾去日本采录“诗吟”，对这些日本人对“诗吟”的痴迷和认真的态度留下了深刻的印象。

越南自古以来就引进和学习汉文化，其教育体系跟中国几乎一样，所以越南的文人也都会吟诵作诗。今天越南的吟诵还在传承，有的大学有吟诵课程，有大学生的吟诵社团。我们在香港曾经采录到一位越南老先生的吟诵，用越南语转读音，与汉语吟诵的规矩几无二致。

其他东南亚国家的情况也类似。在泰国、缅甸、老挝、柬埔寨、印尼、菲律宾、马来西亚、新加坡等国家，一方面吟诵在华人华侨中有所传承，一方面本地人也有吟诵汉诗文的传统。西哈努克亲王当年在访问中国时，曾经与中国领导人和诗人们唱和酬答，随口吟诵。

吟诵不仅仅属于中国，它属于整个汉文化圈，正如汉文化也不仅仅属于中国，它属于整个汉文化圈，是大家的共同创造，共同财富。它更应该属于全世界。由于汉文化的万物一体、同生共荣的性质，它曾经团结过汉文化圈的所有民族，创造过空前的繁荣和和平。正如我们在韩国采录时，听金钟浩先生所说，亚洲的和平和繁荣，靠西方文化是不行的，必须靠儒学的复兴。只有儒学才能团结各国各民族，给全世界带来福音。吟诵作为汉文化的学习和创作方法，在其中起着很重要的纽带作用。

当我们面对这些浸润在汉文化中的外国人时，感受到的是家人般的亲切。而汉文化在亚洲经历了一百年的衰落，在各国的教育体系中都不再有系统的学习，甚至极少残存。各民族互相之间越来越疏远，互相之间首先强调民族性，而不是文化共性；互相之间以异族看待，而不是兄弟关系；互相之间讲利益交换，而不是道义共担。这种现象如果没有改善，和平繁荣之路恐怕会很艰难。所以在此祝福吟诵在海外的传承和发展，希望越来越多的外国人通过吟诵找到学习汉诗文、汉文化的正途，回归大道，同生共荣。

同时，在国内，吟诵也应该成为各民族学习汉诗文的方法。我们现在强调民族性太多，而重视文化共性太少。中国人一定要知道，中国人只是一个族，这个族与是什么血缘、语言、习俗无关，与西方民族学无关。我们是因为有共同的信仰和文化而生活在一起的。先有大同，而后存小异，各民族才能同生共荣。共同学习汉文化，是各民族都应该做的事情。汉文化不是仅靠汉族创造的，也不仅仅属于汉族。而学习汉文化，需要有吟诵。

现在吟诵已经开始应用到对外汉语和对内汉语教学之中，按照汉语本来的规律学汉语，激发了学生们巨大的学习兴趣。希望不久的将来能够有进一步的发展，逐步达到普及。

第二节　吟诵的抢救性采录

一、吟诵采录具有抢救性质

吟诵，是古人读书之法，是一种以声音为载体的文化。古代虽然留下了一些符号和注音，也有一些描述和理论，但是，古代毕竟没有录音机，也没有国际音标，吟诵的活态远不如书法、诗词、建筑、器物那么直观，它是最为非物质的文化遗产！因此，当会吟诵的人消失的时候，吟诵就可能像梦一般地飘散，甚至连想都想不起来，完全不知道它曾经存在过。

最后一代读过私塾的老先生，基本上已到耄耋之年，而且他们都是在中华民国时期因为特殊机缘而读的私塾，当时私塾已经很少，所以今天这样的老先生为数也很少，估计全国只有数千人而已。更重要的是，这些老先生散在全国各地，没有直接可以查找的信息，只能通过各种渠道逐一寻找。而时间在一天天流逝，最先离开我们的往往是年纪最大、读私塾时间最长的一批老先生。很多地方，也许只剩下最后一位这样的老先生了。如果他离去了，这个地方传承了几千年的读书之法、吟诵之调就要从此失传了。

我们不能让后人连汉诗文的活态都看不到，对祖先读书的状态一无所知，这就需要给后世留下一个中华吟诵的集体影像。而且，为了后世研究的需要，必须留下尽可能全面的信息、尽可能纯正的材料。抢救吟诵，刻不容缓！历史只留给我们最后一次机会了！

2004 年，首都师范大学中国诗歌研究中心召开了第二届“古代文学与音乐”学术研讨会，会上著名歌唱家姜嘉锵先生向我介绍了吟诵，当晚向我赠送了第一批吟诵资料，那是他 1987 年在中华诗词学会成立大会上的采录录音。

2006 年，我从首都师范大学中国诗歌研究中心博士后出站，由赵敏俐教授指导，进行了语言—音乐—诗歌的关系研究。在出站报告中，我描述了吟诵的危急状况，呼吁尽快开展吟诵的抢救工作。

2007 年底，我在中央民族大学成立了紫竹诗社。那是在全校选修课《诗词格律与创作》的最后一节课上，我给同学们展示了我收集的吟诵，并按照我所知道的吟诵方法，用普通话现场吟诵了《乌夜啼》等几首词。没想到，同学们下课不走了，他们围上来，要继续学习吟诵。于是大家商量，决定成立一个诗社。因为邻近紫竹院公园，我们经常去那里活动，就以此命名。紫竹诗社聚集了朱立侠、刘奶景、龚昊、代红燕、彭昕、海珍、赵志军、孙伟男、张婷等第一批中华吟诵的志愿者，在开展诗词创作活动之余，开始系统收集吟诵的音视频和相关资料。除了通过图书馆查找资料、上网搜索之外，我们还亲自去拜访了一些做过吟诵采录的老先生，包括华锋、林从龙、姜嘉锵、王恩保、戴学忱等，从他们那里得到了一批珍贵的吟诵资料。我们还去大凉山、丽江、黔西南等地进行了民族音乐和白沙细乐的田野调查工作，这些都给后来的吟诵研究提供了重要的资料。

2008 年 11 月，我的导师赵敏俐教授拿出自己的科研经费，主持召开了“吟诗调学术研讨会”，从此吟诵进入了正规研究阶段。在赵老师的直接领导下，吟诵的采录和研究工作有条不紊地展开了。我们根据语音学和音乐学的田野调查方法，初步制订了吟诵的采录规范，置办了第一批采录的专业设备。

2009 年，我们这些吟诵志愿者们去山东、江苏、浙江、福建、广东，做了多次初步的吟诵采录工作，拜访了陈少松、魏嘉瓒、陈以鸿、刘衍文、施榆生、陈炳铮、吕君忾、田家铸、张佩行等一批吟诵传人，在他们的帮助下采录了30余位老先生，初步积累了吟诵采录的经验。10月，在中央文明办、国家语委的支持下举办了第一届“中华吟诵周”。

2010年，“中华吟诵的抢救整理与研究”被列入了重大课题指南。12月，国家社会科学基金规划办下达立项通知，首都师范大学中国诗歌研究中心申报成功，与南开大学共同承接这个项目，首席专家分别为赵敏俐教授和叶嘉莹先生。首都师范大学中国诗歌研究中心负责吟诵的抢救和整理工作。

自此，吟诵的系统采录和研究工作正式开始了。时至今日，国家重大课题“中华吟诵的抢救整理与研究”已经结项，而吟诵的抢救性采录工作仍在继续进行。

二、吟诵采录的学术规范

我的吟诵研究，有一个重要的基础，就是吟诵采录。很多重要的结论，是在这上千名老先生的几万首吟诵的比较、总结中得出来的。采录工作仍在进行，整理和研究工作也仍在进行。

吟诵的采录，属于语言学、音乐学、文学的田野调查工作的一种交叉活动，需要同时遵守这三个学科的田野调查规范。但同时，吟诵的采录又具有特殊性。语言学的调查会找标准发音人，音乐学的调查会找民间的歌手，文学的调查会找民间文学作者，可是吟诵的采录属于抢救性质，能找到一位会吟诵的老先生就不错了，谈不上找吟诵高手，所以采集到的标本就大部分都是不标准的。因此，采录的过程就不能直接按照文体开始，而是要先采访，弄清传承的来龙去脉，再分层采录，把吟诵调与基本调分开。

这也给后续的整理和研究工作带来了难度，而且研究总结规律的方法也就不像那几个学科那么清晰简单。最终每个先生的吟诵，都要有评定，是否正宗，哪里好哪里不好，哪个文体好哪个文体不好，好在哪里，是规则、方法还是理解、音乐性？不好在哪里，为什么不好，是传承原因还是自己改造的原因，还是年老记忆或失调的原因，等等。这样，采录的结果才有价值，才能为后世所用、所传。如果把所有采录到的吟诵都当成是正宗吟诵去传承，反而是混淆了优劣，混乱了吟诵。

这十年来，我们也是逐渐明白这些道理，逐步摸索吟诵采录和整理的方法，从低效率到高效率慢慢过来的。我们所制订的《吟诵采录规范》也经过了多次修订，一直放在中华吟诵网上，供大家参考。

到 2018 年底，我们所承担的国家社科基金重大项目“中华吟诵的抢救整理与研究”已经结项，结项报告即将出版。这里面有我的导师赵敏俐教授的无数心血，还有朱立侠博士后等人的艰苦工作。

关于吟诵采录规范的全面的学术论述，大家可以去看我们的结项报告。在结项报告出版之后，我也可能在本书再版时节选一部分放进来，以丰富本书的体系。

我还想说，吟诵采录的价值已经超出了吟诵本身。这些老先生也是中华传统教育的最后一代见证者。在采录的后期，我们越来越注重关于私塾教育方法的采访。现在，我们希望重启第二轮的吟诵采录工作，希望能再采录到一千人，能为后世留下两千人的传统教育口述资料，那么吟诵和传统教育的原貌，可能会勾勒得更清晰。这些采录资料的传统教育部分的整理和研究，也将在随后展开。那将是一个更为重要的研究课题。虽然此前我们进行了一定程度的研究，总结了一些中华传统教育的方法，已经体会到传统方法的神奇，但是，这一切可能都还是冰山的一角。我希望下一轮的吟诵采录，把更多的关注点放到传统文化教育上。

第三节　韩国吟诵采录纪行

（此文是根据 2014 年 6 月我们赴韩国采录吟诵，回来后制作的纪录片《韩国吟诵采录纪行》的文稿改编。为了让大家更全面地了解韩国吟诵，特编进本书。）

朝鲜，江山三千里，古称“小中华”，很多中国古代文化在那里依然以朝鲜的方式保存着。

汉诗文吟诵在韩国也依然在传承。这些吟诵既有在学校里读书的形式，也有舞台上的表演形式。这是韩国著名吟诵家李五奎教授在台上演出李白的《登金陵凤凰台》。他们穿的是韩服，来自汉服，用的玄鹤琴，是高句丽时期王山岳根据中国古琴改造的，他们吟诵的，是中国的汉诗。他们对中华文化的传承，有时比我们中国人还要扎实。

刚才是吟诵的表演形式，而这是吟诵的读书形式——祥明大学的朴锡教授在吟诵李白的《将进酒》。这些画面都是2009年第一届中华吟诵周的录像。当时来访的韩国吟诵代表团的教授们说，在韩国，汉诗文吟诵也面临着失传的危险，而韩国还没有开展这方面的抢救和研究工作。正是那个时候，我产生了去韩国采录吟诵的愿望。这个愿望一藏就是五年。

知道我这个愿望的有三个人。一个是我的博士导师李岩教授。李岩教授是韩国文学研究的著名专家，他深知吟诵的重要价值。2013年12月，机会终于来了。李岩教授在韩国参加学术研讨会之后，有几天空余的时间。他马上利用这几天时间，在韩国四处联系他认识的汉学家，打听吟诵线索，最终确定了几位教授负责协助我们的采录工作，并明确了采录的地点和对象。李老师的辛苦奔波，为我们打好了前站。

另外两位是一对夫妇，他们四年来一直捐助支持我们的吟诵工作。他们就是广州的曹时达、黄后夫妇。他们做的企业是十字绣方面的，跟吟诵其实没有太大关系。完全是出于对传统文化的热爱和对教育的关心，他们义无反顾地支持我们。听到我们想去韩国采录的愿望后，他们马上捐助了八万元，使得这次文化交流之旅得以成行。

我们事先做了充足的准备工作。一方面我们请人翻译了我们找到的唯一一本介绍韩国吟诵的书，认真学习。另一方面请李岩老师联系了在韩国启明大学做客座教授的李春姬老师，拜托她安排整个采录行程，并担任翻译。李春姬教授不辞劳苦，最终联系了六位韩国教授负责接待，组织了三十位吟诵人，并安排了详细的日程表，具体到每小时。就这样，我和龚昊的五天韩国吟诵采录之行开始了。

6月13日。

李春姬教授在首尔金浦机场接到我们，简单的寒暄之后，马上打车去成均馆大学，去见闵庚三教授。一路沿汉江而行，在首尔穿城而过。在街上，很少看到汉字。尽管朝鲜有两千年使用汉字和引进汉文化的历史，但是韩国百年来也经历了去中国化的历程。

闵庚三教授是白石文化大学教汉文学的教授，而他一直倾心于儒学的传承，和韩国的儒学界有广泛的联系。这次他联系了好几位儒学界的老先生。我们一下车，他已经和一位老先生等候在那里。我们随即带上采录设备，跟着他们走去马路对面的成均馆大学的退溪学研究院。成均馆相当于中国古代的国子监，是古代朝鲜最高学府。退溪是朝鲜朝大儒李滉的号。他与号栗谷的李珥合称二李，是朝鲜影响最深远的儒学大师。他们的门人众多，一直传到今天。

这位老先生名叫李东述，是退溪先生的后裔，今年 76 岁了。老先生一生致力于传播退溪学，即李滉的儒学。他的吟诵是家传的。

韩国把吟诵叫作“声读”。李老先生现在吟诵的是《大学》《中庸》以及朱熹写的《中庸章句序》等。老先生每天都要吟诵这些儒学经典，每种都已达数千遍。吟诵到赞美周公德化天下这样的句子时，他经常会感动不已，忍不住流下泪来。

韩国的吟诵，和中国的吟诵一样，都是用的雅言文读，即古代朝鲜的汉语雅言。为了学习的方便，韩国人会按照朝鲜语的语法，在某些汉语词汇后面加上朝鲜语助词，这些助词的作用是标记句子成分，比如是主语还是宾语。日本吟诵也是如此。问起韩国汉文吟诵规则，老先生只说是平短仄长。闵教授也补充说，韩国语读汉文不分四声，只分平仄，而长短规律与中国相反，中国是平长仄短，韩国是平短仄长。但是仔细聆听李老先生的吟诵，可以发现字音的长短似乎与字的位置有关，每个节奏单位是三拍，字音长短相间。但是再问下去也没有答案了，这个问题只能存疑。

采录进行了一个小时，在临别时，老先生依依不舍。虽然我们语言不通，但是老先生的表情已经说明了一切。

闵庚三教授亲自开车，送我们去两百公里之外忠清北道天安市报恩郡的一个书堂。书堂和书院就是韩国的儒学学校，相当于中国的私塾和书院。在韩国，和中国一样，也有一些少年儿童不去上西方式的学校，而去读传统的书堂。但和中国不同的是，韩国的儒学传统没有中断过，在韩国，不但各地有儒家书院，社会有儒士这个身份和职业，而且每位儒士，都可以说出自己的传承。我们即将拜访的这个书堂叫怀仁书堂，它就属于栗谷李珥的学派，它的创建者是金熙镇（瑞岩）先生。

我们到达时已是深夜，平常这时学生们都已入睡，但这一天他们都在等候我们的到来。怀仁书堂共有 24 名学生，除了一名 6 岁的儿童以外，基本上都是中学生这个年龄段。他们像国内的一些私塾学生一样，不去上体制学校，而是全日制在书堂学习儒家经典。他们将来会从事文化工作或者做儒学教师。

主人，也是老师，叫作训长。怀仁书堂的训长是李相奎先生。他是瑞岩先生的学生，自 20 岁起跟随其学习儒学，后来主持这个书堂。客厅的墙上，悬挂着瑞岩先生题写的横幅“我生为道”，小字写道：“它无所为，惟此一事而已。”可见瑞岩先生的胸襟抱负。

学生们在奉上水果点心之后，回去睡觉了。闵庚三教授和李相奎先生一直聊到深夜。我也加入了谈话，当询问到吟诵的价值时，李相奎先生说读书一定要吟诵，自古也都是吟诵。只有吟诵才能深入理解，并且记得牢。龚昊则整理白天的采录成果，拷贝到移动硬盘，并给设备都充好电。这天晚上，我们俩和闵教授并排席地而睡。

6 月 14 日。

清晨五点半，我们就被阵阵读书声唤醒了。这是我们第一次听到韩国学生们的吟诵声。吟诵着读书，这才是古人所谓的琅琅读书声。循着声音找去，可以看到学生们已经整齐地盘腿坐在教室里，各自吟诵着不同的儒家经典。这一刻，我们好像穿越回了中国古代。

书堂坐落在青山脚下，农田环绕，书堂自己也种蔬菜瓜果。耕读一向是儒士的基本生活方式。

采录开始了。首先是采录李相奎训长。

李训长给我们吟诵了朱熹的《小学》，这个调子是他从老师那里学来的。当我们最后请求吟诵几首诗时，李训长露出了为难的表情。他说，我们不教诗词的吟诵。在我们的一再请求下，他才勉强答应了吟诵一首，但叮嘱我们说，不要让学生们看见啊。

随后，几位学生轮流接受我们的采录。先是最小的学生。他吟诵的内容是《童蒙先读》，也就是古代朝鲜人编的《千字文》，是古代朝鲜儿童学习汉文的基本课本之一。6 岁的他吟诵起来声音清亮，这是老师平常对学习的要求之一。

几个大孩子的吟诵也都非常好听。他们吟诵的内容，也就是他们平常学习的内容。

怀仁书堂的采录，让我们实实在在感受到了儒学在韩国的传承，并不得不承认，对于儒学我们现在是在兴亡继绝。

我们为这次采录的老先生们准备了精美的礼物——宋朝的贡茶——来自黄庭坚家乡的双井绿茶。这是我们的一位朋友孙亮免费提供给我们的。另外，我们还向老先生赠送了《中华吟诵集锦》。当然，还有签协议，我们保证只用于教学科研等非商业性活动，并付劳务费。

在离别之前，我们向韩国的同道们展示了中国传统的经学吟诵。韩国的学生们则给我们唱了一首中国歌表达他们的心意。

十点半，我们告别了怀仁书堂的孩子们，由闵教授开车，送我们去天安市。

在一所居民楼内，我们见到了两位老者。一位是 82 岁的任龙淳先生，一位是 67 岁的郑性喜先生。郑先生是任龙淳先生的弟子。

在这里，我们又见到了韩国的儒士服。这是夏天的薄衣装束。这种式样在韩国代代相传，非常古老。据《三国史记》记载，北宋的时候，高丽使臣去朝见宋朝皇帝，在宫门之外遇到宋臣，宋朝大臣们大惊说道：这不是我们的古代衣服吗？这种式样我们自己都要忘记了，没想到你们还在穿。言下无限感慨。任龙淳先生自少年时代就投身艮斋田愚先生门下，一生以儒士为业，从此就四季儒服，没有穿过别的服装。

任先生给我们吟诵了《论语》。我们听到了与前面几位先生不同的调子。如同中国一样，韩国各地的吟诵调也是不一样的，但是，其内在读法，即长短高低节奏韵律是基本一致的。当我们请他吟诵一些诗词的时候，他也跟怀仁书堂的李相奎先生一样，说我们儒士一般不吟诵诗词的。但是任先生还是吟诵了一首他的老师艮斋先生的诗。见我们听不懂，他随手拿起纸笔写了下来。汉字写得非常高雅漂亮。

在任龙淳先生这里，我们还第一次听到了平低仄高的说法。这种读法显然来自朝鲜语的汉语借词，这也是中古汉语平低仄高的一个证据，为近体诗平低仄高的读法找到了一个依据。

郑性喜先生给我们吟诵了《孟子》开篇。

随后我们出门午餐。这次午餐吃的是烤肉，在韩国餐中也是很有特色的。尽管我们都准备了请客吃饭的费用，但是闵教授说这一餐他请。在餐馆的墙上，我们看到了朝鲜国王出游的长卷画面。

看着两位穿越回来的儒士，熟练地开车倒车，好像有点喜剧的感觉。不过在两位老者那里，这可是十分自然的事情。

闵庚三教授驱车送我们去大田的祥明大学，朴锡教授在那里等着我们。闵教授的职责也将到那里完成。虽然相处时间短暂，但是闵教授还是给我们留下了非常深刻的印象。我们是在中国台湾的全球读经大会上认识的。他本人其实就是一名儒士，虽然在大学任教，不能身穿儒服，但是他在教授汉文学之余，一直坚持带学生读儒家经典。他说，今后几年，他想开一间私塾，教儿童读经。他还提出非常希望中韩的私塾学生之间有互换交流。

如果说闵庚三教授是一位儒雅的学者，同样教汉文学的朴锡教授就是一位活力四射的艺术家。他总是随身带着吉他。他来北京参加过第一届“中华吟诵周”，大家都对他的《将进酒》吟诵印象深刻。五年过去，他的面容变了一些，但飞扬的精神还是那样。朴教授带我们参观了祥明大学。

朴锡教授随即开车送我们去忠南大学。一路上我困乏得要睡着了，他却兴奋地说了一路，说的都是韩国吟诵的传承和未来。

忠南大学，是忠清南道的国立大学，也是这个省最重要的大学。我们此行是去采录赵钟业教授。赵钟业教授今年 84 岁，是韩国在汉文学研究领域最著名的专家之一，与他齐名的李家源先生前些年已经去世了。

我们一进屋子，不禁大吃一惊。屋子里不仅坐了很多人，而且迎面墙上赫然拉着“韩中汉诗朗诵会”的横幅。我们本来以为只采录赵先生一人的，这个场面有点令我们措手不及。

赵钟业先生精通汉语，他第一句话就问：李岩老师怎么没来？他一直以为是李岩老师带队来采访的。他跟李岩老师是好朋友，上次就是李岩老师去拜访他，定下的这次采录。这次他特地带了一把白扇面，准备当场给李岩老师题字作画的。听到我们解释说李岩老师有事来不了后，赵钟业先生非常失望。他把扇子收了起来。

按照韩方的说明，这次活动由忠南大学中文系和中华吟诵学会主办，忠南大学中文系承办，节目议程他们都已拟好，还编印了手册。所以我们只好先不采访，直接录像吟诵活动的过程。

赵钟业先生首先吟诵，然后是他请来的忠南大学中文系五位退休的老教授。与此前我们采访的儒学那条线不同，这次我们接触的是汉文学这条线。

这两条线有很密切的关系，但是又有很大的不同。比如说，在这里，韩国教授们吟唱的都是诗词。其中金培珪教授的吟诵最具感染力，他用的是时调的唱法。

韩国在吟诵汉诗时，没有明显的平仄长短之分，长短音似乎是以字的位置为基础来调整决定的。七言诗两字一个节奏单位，一般前字短后字长，偶然也会根据含意进行调整。这个读法和中国现在的所谓“朗诵”“朗读”很接近。联想到日本“诗吟”也有这个特点，这使我萌发了一个想法：是不是现代朗读、朗诵，是从日本传进来的？我们已经知道现代朗诵来源于话剧，而最初扮演话剧的都是中国的留日学生。当时要演出西方剧本，吟诵显然不适合传达西方话剧的感觉，于是用西方重音语言的读法来套汉语，就有了现代朗诵。但是，是不是日本的“诗吟”给中国留学生提供了最早的参照？日语和朝鲜语一样，都没有声调，属于节奏型语言，在这方面有点像法语。两字一顿的读法在韩、日是非常自然的事情。而 20 世纪 20 年代，两字一顿读法是写进北洋政府教育部的教学大纲里的，当时遭到了很多老师的反对。这样联系起来，现代朗诵诞生之谜，好像快要解开了。

韩方吟诵之后，我和龚昊也应邀吟诵，并对中国吟诵的方法进行了解释。

与前面采录时我们请求吟诵诗词遭到婉拒相反，在这里，当我们请求吟诵古文时，大家反应不强。原来有几位教授是后来跟其他人学的，只学了诗词吟诵。最后还是赵忠业先生先吟诵了一段古文，随后尹弘洙先生吟诵了一段《出师表》。

采录之后，大家一起去吃火锅。韩式的火锅别有风味，但是更重要的，是我在这里听到了一番议论。原来，这些教授中有几位并不是忠南大学的教授，他们出身私塾，没有体制教育的文凭。赵钟业教授在主持中文系工作时，力主一定要引进儒学教育，因此破例招聘了多位儒学教师，以外聘教师的身份长期开课。李性雨先生就是其中一位。在饭桌上，李先生说了这样一番令我感动的话。他说，韩国的儒学要振兴，只靠退溪学或是栗谷学是不行的，只靠程朱学也不行，必须回到孔子那里。韩国的儒学太单一，道家就更罕见了。在韩国读《老子》《庄子》，都是要被呵斥的。李先生的这番话，让我感受到了韩国儒学的改革力量，也反观中国国学，再一次体会到了什么叫博大，以及博大和宽容的价值。

当晚，朴锡教授开车送我们到了全州。在那里，把我们交接给了圆光大学的权文奉教授和安东大学的申斗焕教授。

（注：2014年7月28日，赵钟业先生驾鹤西归，享年84岁。距我们采录之日仅40余天。）

6月15日。

第二天吃过早饭后，两位教授驱车带我们直奔郊区顺昌郡的训蒙斋书院。

下车一看，山清水秀，几座韩式传统建筑坐落其中，这简直就是我理想中的国学院的样子。既讲国学，当然要从外到内，从硬件到软件都要一致了。这些韩式建筑，实际上也是从中国儒学学校的建筑中化出来的。

训蒙斋，是朝鲜朝著名大儒金鳞厚、金时瑞、郑澈等人少年时读书的地方，后来又经历了重建修整。坡下溪水边的这块大石头，相传郑澈等人经常在那上面吟诵赋诗，探讨经义。

现在训蒙斋仍然是儒家学校，有全日制学生，但是人数不多。此外，韩国很多大学会在学期或假期组织学生专门来这里修习儒学。

训蒙斋书院现在的主持人是著名儒学家金钟浩先生。金先生14岁立志学习儒学，从此一生拳拳于此，这身儒服也从未脱下。年轻的时候，他曾在成均馆大学的翰林馆讲学，在社会日益西化的潮流中，与同道们共同留下了一块儒学的天空。晚年受聘于此，继续他的讲学生涯。据教授们介绍，金钟浩先生传授儒学，是一向不收费的。这些都令我们肃然起敬。

金先生接受了我们的采访。对于吟诵的价值，我们听到了最有高度的评价。金钟浩先生说："吟诵对于意义的理解度，和平读对于意义的理解度是不一样的。前者的理解会更深厚。这就像唱歌，当我们带着兴致去唱的时候，会更有意思，更易理解。这个也是同样的道理。吟诵更有助于理解和记忆。"

金先生给我们吟诵了周敦颐的《太极图说》和张载的《西铭》。在这里，我们亲眼见到了朱熹所描述的读书场面："学者读书，须要敛身正坐，缓视微吟，虚心涵泳，切己省察。""读得通贯后，义理自出。"

金先生为了让我们更全面地了解吟诵的情况，又喊来了几位学生。这几位学生，有一家四口，另外还有一位高丽大学前来修习的女大学生。金先生对他们的吟诵很满意。

在随后的交谈中，金先生说了如下的话：我听说中国的传统文化正在复兴，这是让我非常高兴的事情。儒学的复兴终于有希望了。儒学的复兴毕竟要靠中国。只有中国的儒学复兴了，韩国、日本的儒学才能复兴起来。亚洲的和平繁荣，不能靠西学，还是要靠儒学。儒学才能把全亚洲全世界团结在一起，消除隔阂，共同发展。对于这样的话，我只有深深地伏地拜领，眼眶润湿了。

我们向金先生赠送了吟诵资料和双井茶。听说双井茶来自黄庭坚的故乡，是黄庭坚推荐给宋朝宫廷的贡茶，金先生非常感兴趣。又听说双井茶虽然是绿茶，但是可以冲泡十次，他非常惊讶。我们把黄庭坚歌咏双井茶的诗一起送给了金先生。

这天的午餐，是金先生请的。本来说好是我们付钱的，但金先生说我们远道而来，他很欣慰，所以抢着把钱付了。吃饭的时候，金先生让我即席吟诵。我吟诵了《诗经·小雅·鹿鸣》，金先生即席起舞，其乐融融。申教授说，以前儒士们聚会都是这样的，吟诗作赋，咏歌起舞。儒士的世界，是高雅而快乐的。

午餐之后，我们告别金钟浩先生，前往晋州。

车到晋州，我们见到了另一位个性鲜明的教授——庆尚大学的许捲洙教授。他是庆尚大学的图书馆馆长，韩国中年一代汉文学学者的代表人物。许教授不苟言笑，始终一副心事重重的样子。我们先到他家，进了家门，感觉他把庆尚大学图书馆搬家里来了。家里的书堆积如山，几乎没有下脚的地方。这是许教授最钟爱的财富。别看这么多书，他都能一一道来如数家珍。

许捲洙教授是李家源先生的弟子。在书房里，他特意拿出了跟李家源先生的合照，还有李家源先生写给他的各种信函书稿诗画。这一首李家源先生的古风，让我的心灵又一次感到震撼。在这首诗里，李先生对传统文化的衰微浩叹心痛。很明显，只靠中文系文学史式的教育，是不可能真正传承文脉的。现在曙光初现而斯人已去，不禁令人唏嘘。这首诗文意俱佳，堪称韩国现代的《黍离》。

当晚，我们就在许捲洙教授的家中进行了采录。首先是许教授接受采访。他换上了一身儒服。他对现在韩国年轻人忽视中华文化，已经读不懂汉诗汉文感到痛心。现在韩国的中小学教育普遍缺乏汉语古诗文教育，一般只是学几首翻译成韩国语的汉诗而已。他回忆起自己小时候跟家乡的老年读书会的老先生们学习吟诵的场景。后来，他师从李家源先生，觉得李先生的吟诵更好，就部分放弃了家乡的调子，转学李先生的读法。说到吟诵的价值，许教授的观点是不吟诵就不知汉文学。诗词也好，经典也好，都不应该平读。许教授特别吟诵了一位韩国古代状元的诗《关山戎马》，这首诗是这位状元科举考试时的殿试之作，是集中化用了杜甫《秋兴八首》而成，风行一时。

然后是权文奉教授。权教授在回答吟诵的价值的问题时，向我们提供了另一种答案。他说，他的学生往往因为吟诵而找到好工作。他在大学里一直利用各种机会教学生吟诵。在求职的时候，很多学生因为展示了吟诵而压倒了名牌大学学生，得到了好的职位，尤其是中小学教师职位。在韩国，中小学教师是非常高尚也很实惠的职业，属于铁饭碗，是众人羡慕的好职业。韩国中小学虽然现在不教吟诵，但是对于吟诵还是普遍存有尊重和仰慕的心理，加上吟诵教学的确可以调动学生学习的积极性，所以很多名校都愿意接受会吟诵的大学生。采访之后，权教授给我们一一做了吟诵示范。结束之后，他说，我们让他感觉又回到了小学的时候，像接受考试一样，好紧张。

6 月 16 日。

这一天，我们首先要拜访一位老韩医——85 岁的郑泰守先生。许捲洙教授给我们做了引荐。我们发现，郑先生耳朵有点聋，所以交流起来比较困难。但是他事先做了准备，而且还专门作了一首诗，现场赠给我。按照礼节，我也随即和诗回赠。

这一天李春姬教授接到学校通知，需要马上回校一趟。但她又担心我们的采录，所以一直忙到采录开始，看到没有问题了，她才悄悄离开。

从郑老先生家里出来，许捲洙教授带我们去了庆尚大学图书馆他的办公室。在那里，他召集了庆尚地区吟诵界的代表人物来给我们采录。许教授的号召力还是很大啊。这次我们一共采录了 6 人。其中有一对父子，一位女士，这是我们第一次采录到女士，不过，她的调子属于时调。

韩国的文人歌曲，有吟诵和吟唱两种。吟诵是从中国引进的，吟唱是朝鲜民间的音乐。从新罗时期的乡歌，到高丽时期的时调，到朝鲜朝时期的辞说时调和歌辞，吟唱经历了不同的发展阶段。时调和歌辞，到今天仍然流传，为广大韩国民众所喜爱。时调流传至今的至少有 15 种调子，歌辞更多。这些都是文人歌曲，而我们所熟知的盘索里、阿里郎，都属于民歌。

尽管同是文人歌曲，在古代也有郑澈等很多大儒参与创作，但是时调和歌辞的地位还是不能与吟诵也就是“声读”相比。所以此前几位儒者都没有给我们展示时调，只有中文系教授才会唱时调。时调和歌辞的表演性也很强，音乐性比较丰富，更讲究声腔变化。与此相应的是，在韩国，关于时调和歌辞的研究非常细致，而对吟诵的研究几乎还没有开始。时调和歌辞还有各种比赛，可以上电视成明星，而吟诵，始终在社会的角落里默默传承。

在许捲洙教授的办公室，我还发现了一件有意思的东西，是压在桌子玻璃板下面的一块手帕，上面绣着孔子的名言：觚不觚，觚哉觚哉！下面有一行小字：第 22 回传统冠礼笈礼式，庆尚大学校汉文学科，2011 年 5 月 16 日。原来我们古代的冠礼笈礼，在这里还如期举行着。这时候我不禁想问一句：我们真的还是中国人吗?

在午餐的时候，这么多爱唱歌的人凑到一起，很自然地，大家就唱起来了。朝鲜语的声读、时调、歌辞，汉语的吟诵，在这里交混在一起。就像国内的南方文人和北方文人见面一样，虽然方言不通，但是吟诵读书是相通的。我们互相都听得懂对方在唱什么，因为我们读共同的书，而且用共同的方式读，这就是吟诵。

餐后，权文奉教授告辞了。许捲洙教授身着儒服送我们去车站，替我们买了票，而且执意要送我们上车。我们看到他的脸上露出了难得的笑容，其实他是一位情深义重的文人。

后面的行程就由申斗焕教授来安排了。申斗焕教授是像李白一样的性情中人，而且对自己的家乡安东地区感情很深。他说，安东地区是韩国的精神家园，传统文化在这里保留得最好，吟诵也是最正宗的。申教授所言不虚。我们在路上就看到一幅壁画长卷，画的是当地的民俗——拔河。画很有气势，人物神态各异，栩栩如生。

申斗焕教授在大邱也安排了一次采访，这次是在餐馆里就餐之前进行的。我们在这里跟李春姬教授汇合。看到她匆匆赶来的身影，我不禁心头一热。几天的相处，我们已经像亲人一般了。接受采访的是金時彻先生。68 岁的金先生在采录对象中算是年轻的，不过他也是从小学习吟诵。在这次采访中，我们得到了一个重要的信息。在谈到吟诵规则时，金先生和申教授都说是平短仄长。我问了几个入声字，结果金先生说，这些字不长，而是要马上顿住。原来，入声字在朝鲜语中仍然保留着塞音韵尾，所以仍然是短音。尽管在实际吟诵的时候，我们发现金先生也并未严格遵守入声短促的规矩，好像语法位置仍然会起作用。但不管怎么说，入短韵长这个中国吟诵的基本规矩，在韩国还是基本成立的。

6月17日。

最后一天的采录，申斗焕教授给我们安排了3个人，还有两个书院。

申教授亲自开车，先带我们来到了群山绿水环抱之中的屏山书院。

屏山书院建在山上，层层叠高，气势不凡，是韩国最典范的书院建筑。每座房屋都有匾额，题写着程朱理学的意象。大门旁的小池塘种着莲花，也是暗合周敦颐《爱莲说》的意思。

申教授介绍说，这个书院非常古老，已经有四百年的历史了。当年李滉的弟子柳成龙在这里讲学时，这个地方坐满了人，得有四五百人，大家从全国各地赶来，在这里进修听讲。这里的每一块木头，都听过当年儒士们的吟诵。说到动情处，申教授突然纵声高吟起来。他吟诵的就是那首状元诗《关山戎马》，慷慨壮烈。

在申教授的吟诵声中，屏山书院迎来了一批客人，这是韩国本国的游客。导游向大家介绍了屏山书院的历史。与中国很多古老的书院已经完全变成了旅游景点不同，韩国的书院虽然也有游客，但仍然发挥着学校的职能。申教授说，每年一度的韩国汉诗文吟诵大赛，就在这里举行。这时候，我们才知道，原来吟诵在韩国是有全国性比赛的，这个传统已经有几十年了。

从屏山书院出来，我们径直走向对面那座像屏风一样的山。在青山脚下，有一条宽阔平稳的河流，清澈见底。这真是人间仙境！令人不忍离去。中国也好，韩国也好，日本也好，历朝历代的儒士们，都是在这样美丽的地方，学习着美妙的大道。

美妙的旅程还没有结束。申教授又带我们到了一处松林。几百年的松树棵棵清秀挺拔，在松林的尽头，是一片沙滩，俯视下面的河流和对岸的悬崖，申教授说，这里叫“赤壁”。

真的是“赤壁”！这个名字是柳成龙起的。当年他见到这幅壮丽的景色，就想起了苏轼的《赤壁赋》，于是就高声吟诵，从此就叫这里为赤壁。申教授再次纵情吟诵，缅怀先贤。

在赤壁的旁边，是韩国著名的民俗村——河回村，这里还保留着古代朝鲜村落的样子。两班士大夫住的是瓦房，农民住着茅草屋。白纸糊窗，青砖铺地，黄泥垒墙，红字贴门。这里还有一座民俗面具博物馆，可惜不允许拍照。

申教授又开车带我们到了另一处书院。这里也是典型的古代儒家学校。在这里，我们采录了安东大儒金昌会先生。在金先生的屋里，摆着十幅连体屏风，这是《圣学十图》。据说，这是朝鲜朝时期宣宗年幼即位，李滉特意书写了儒学的传承世系，给宣宗学习用的。其中也介绍了心学。李滉就是安东人。

金昌会先生也提到了中国传统文化复兴的事情，他说他一生的夙愿看到了希望。他说如果韩国能以儒学为治国思想，民众都能学习儒学的话，像岁月号那样的惨剧就不会发生。

金昌会先生向我们介绍了韩国全国吟诵大赛的情况。这个比赛叫全国声读大会，每年一次，在安东举行，分为幼儿到老年不同的年龄组。每次都有数百人从全国各地赶来参赛。金先生已经做了多年的比赛评委。他说，韩国各地的吟诵是不一样的，从比赛来看，各地的吟诵都在传承，有些少年儿童吟诵得非常好，出乎他的意料。他和申斗焕教授都希望中国能主持一届全世界的汉诗文吟诵大会。

金先生随即给我们吟诵儒家经典。还有朱熹的《小学》。这是安东地区的典型的吟诵，平稳流畅，读书感很强。后来我们发现，韩国各地儒学的传统，都是要从背诵朱熹的《小学》开始。《小学》是朱熹对于蒙学和儿童读经习礼养性的最重要的一部著作，其中不但对教育的方法和内容一一进行了阐述，而且用一半的篇幅给儿童讲故事，里面有很多生动的历史小故事。朱熹的《小学》对明清的蒙学教育产生过深远的影响，现在风行中国的《弟子规》也是从《小学》里的一点内容化出来的。但是现在中国的国学教育很少使用朱熹的《小学》。韩国的儒学传统自朝鲜朝以来就是程朱一脉。他们真的是老老实实传承，整套的教育体系都是程朱的，四书只用朱熹注解，而五经讲得就少，更不用提陆王。而且四书也好，《小学》也好，一律是正文和注解一起背下来。在这个古老的书院里，代代都回响着这样的读书声。

伴随着代代相传的读书声，燕子们也回到了代代相传的小巢。在韩国，人们经常在屋檐下加这样一块斜的木板，这样燕子就很容易筑巢了。在我们吃午餐的饭馆里，燕子甚至把巢直接筑到了室内。主人在室内的墙壁上装了块斜木板，燕子还真的进来筑巢，还孵出了一窝小燕子。下面是烤肉的桌子，上面是温暖的燕巢，燕子夫妻忙碌地飞进飞出，与饭馆的主人和客人们互相祝福。这就是韩国儒教之乡的生活场景，这也许也是儒家理想的生活场景吧。

申教授把我们带到了安东大学中文系。在这里简直看不出是韩国还是中国的教授的办公室。申教授联系了两位吟诵大赛的名家。李瀚雨先生已经获得过数不清的吟诵比赛冠军。他的吟诵当然会特别讲究声音的美妙和传达理解的到位。这种吟诵对于我们了解韩国吟诵也是非常有价值的。李先生开始总对自己今天的吟诵不满意，申教授就从柜子中拿出了他珍藏的好酒，李先生一瓶酒下肚，果然吟诵得自然多了。

其间，我和申斗焕教授就吟诵进行了最为深入的一次交流。我们俩比较了中韩吟诵的异同，应该说同大于异，而差异基本上是语言差异造成的，至于吟诵的精神和功能则是完全一致的。

张范铨先生给我们展示了韩国的祭文读法。在国内，总是有很多人听到吟诵后会说，这跟我们家乡读祭文的感觉是一样的。两者之间的确有密切的关系。有人读祭文就像是吟诵，有人的读法已经有些变化。这次采录到了韩国的祭文读法，非常有价值。

采录结束，申教授催着我们赶紧上车，一路飞奔。在那样曲折的山路上，申教授充分展示了他的车技，令我们心惊又心服。他是一心想带我们去看桃山书院，那又是一个安东地区代表性的书院。到了那里，山路已封，申教授搬开路障，驱车直入。结果到底还是错过了开门的时间，而且申教授擅自进入，还被工作人员一通批评，差点罚款。申教授一个劲儿解释，说我们是从中国来的老师，是儒教同道，希望能看看桃山书院。我们非常感动，看着工作人员的脸色，我们还是拉着申教授赶紧撤了。虽然没有进入书院，但是书院的外观和环境已经令我们陶醉。申教授说，这是老天安排留下的一个遗憾，好下次再来。

但是申教授总是憋了一口气，于是他半路一拐，带我们去了一处事先没有安排的地方。这个地方叫君子村，当年因出过多位大儒而命名。现在，村子整个还像是一个大书院。申教授说带我们去见他的弟弟。到达时，我们看到满屋子的人，都在听他弟弟讲课，讲的内容是韩国的历史文化。这是民间自发的公益学习活动。这个场景令人印象深刻。我们和申教授的弟弟简单交谈了一会，就又匆匆上路了。

车上的话题离不开下次再见，因为是离别的时候了。申教授一再说，希望我回国能组织世界汉诗文吟诵大会，他们韩国一定全力组织参会。我知道这非我所能决定，但我还是答应了。因为我相信国内的同行和朋友们，这一天的到来不会太远。

6月18日。

今天，我们从首尔的金浦机场回国。李春姬教授一直把我们送进了安检口，才挥手告别。这次的采录，多亏了她事先的周密安排和全程陪同翻译，我们才得以这样高效地完成采录。深深地感恩李教授。

在候机时，正赶上世界杯足球赛韩国队第一次出场，大厅里旅客们聚集在一起看球。大家的心都跟随着场上的局面一浮一沉。我看着他们，心里想，韩国究竟是怎样的一个国家呢？韩国人究竟是怎样的一群人呢？

他们曾经以“小中华”而骄傲，后来又以此而自卑。他们学习了中华文化的一部分，但如性命般珍爱传承。他们在唐朝以后，与中国唇齿相依生死与共，写下了多少可歌可泣的篇章，现在却与中国人不再那么相互信任。

我想，中韩乃至世界的和平繁荣，都要取决于大家重新皈依天下为公的儒家理想。人类这个地球上最高级的生物，却一直进行着最厉害的同类残杀。只有超越民族超越国家超越利益的信仰，才能最终带来人类的幸福。但是这条路正如吟诵复兴之路，漫长而充满变数。

后　记

很小的时候，父亲经常给我和妹妹讲故事。我最爱听的是“盲人摸象”。父亲模仿着每个盲人的样子：这个说大象像柱子，那个说大象像绳子，不对不对，是像管子，不是！像扇子！逗得我和妹妹哈哈大笑——这些盲人不光是瞎子，还是傻子！

可是，就像是预言一般，后来这四十年我常常做瞎子和傻子。自以为明白了一件事，了解了一个人，实际上却仅仅是可笑的盲人摸象。

在接触吟诵以后，才醒悟原来我就是这样的盲人。当跟老先生们对面而坐的时候，就好像直接面对真实的古代。从遥远的历史深处飘过来的陌生声音，打破了我几十年的观念。我突然发现古代原来和我以为的样子差异很大，有太多我不知道的事情，有太多我理解错了的事情。诗词、文赋、语言、音乐、教育、历史……原来都不是我知道的样子。

吟诵就像一扇门，让我从此走进传统文化的真相。其实有很多扇门，比如书法、国画、武术、中医、农耕、文献、音韵，等等，哪里都是门，但是那些门大都经过西学修饰而变了模样，从那种门进去不容易找到真的门径。吟诵是少数未经被修饰的门之一。虽然这个门很小，也很难碰到，但是一旦进去，就会豁然开朗，发现一个完全不同的世界。这里不仅有吟诵，还有整个中华文化的真相，因为中华文化本是一个融会贯通的完整系统，从哪个门进去都可以看到整体。

我站在这扇门的门口，向里张望，再次痛切地感到自己是一个盲人，一个文化的盲人，文盲。不知道的太多了，不明白的太多了。什么时候才能摸到全象呢？现在是分科的天下，学文学的不懂音乐，学音乐的不懂教育，学教育的不懂音韵，学音韵的不懂文学。吟诵涉及的领域太广了，我这个古代文学专业的人怎么能弄得通呢？

然而，事已至此，无路可退。我既已知道在摸象，就不愿再当盲人。

就这样从 2004 年开始采录、对比，搜集文献、琢磨摸索。前辈学者们的研究成果给了我探索的基础，吟诵老先生们的支持和品格给了我前行的动力，一线老师们的鼓励给了我面对困难的勇气……这期间不断地发现新材料，不断地修正观点，觉今是而昨非。现在，终于感觉整个吟诵理论的大框架好像成形了，需要跟大家探讨交流，所以有了这本书。但这仍然是盲人说象的结果，希望大家对于其中的偏颇错误批评指正，像洪进禅师那样“明眼人举似诸方”。

这本《吟诵概论》是关于吟诵的学术研究，《普通话吟诵教程》是关于吟诵的教学教材，两本书是一个整体，最好互相参看。而我更希望吟诵从学术、教学走回我们的生活。

以前弗洛伊德有个冰山理论，用来说明意识和潜意识的关系。我也想借用冰山理论来说明中华文化的问题。

冰山，露出水面的只是一角，它的巨大主体在水面之下，我们看不见。

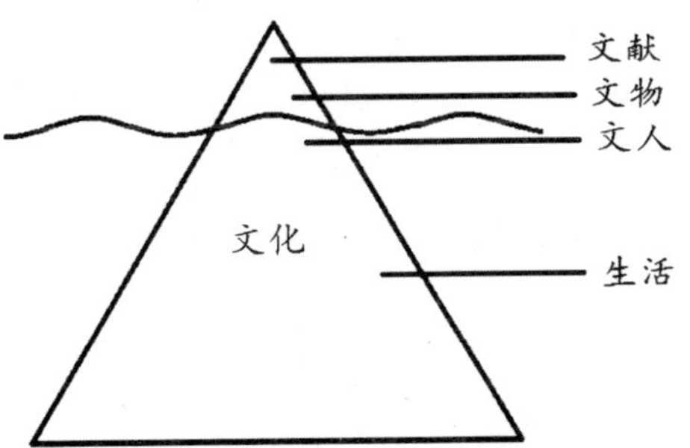

对于传统文化来说，水面之上是什么？是看得见、摸得着的东西，第一层是文献，比如经典、蒙学课本等；第二层是文物，像名胜古迹、出土文物、字画碑帖等。现在比较多的人关注的是文献，做文献研究、文献解读。教育也注重读文献，比如“经典诵读”活动。但当文献研究与出土文物和传世文物的研究结合起来时，马上就是一片新天地。学术上如此，教育上也是如此。

但还有在冰山的水面上浮沉的，大多数时间是在水面下的，就是文化人。典籍所载，必须要有人去解释，去实践，去传授，才能得其真谛，才能活起来。

我们一直坚持采录这些受过传统教育的老先生，深深体会到人传人的这种传承关系的重要。很多文献中的记载，文字都认识，可是不见活人，不见实景，是不能理解其真义的。误把古人的“读”理解为现代阅读、朗读，就是生动的一例。我们应该多听听读过旧学私塾的老先生们的话，不要只看文献。他们是最后一批接受过传统教育的老先生了，所学已经难全，所传尤为珍贵。他们不仅教给我们活的知识，还言传身教给我们做人的样子。

可是，到这一步，还是不够。

在传统文化这座冰山最下面的，是巨大的基座，这个基座就是传统生活，完整的、活态的传统文化生活。而我们现在要学习和传承传统文化，最大的困境，正是失去了这个巨大的生活基座。

吟诗和唱歌，这是古人的生活常态。古代的农民可以即兴歌唱，古代的文人可以即兴吟诗。每天作诗，每天吟诗，这是文人的生活方式。今天，当我们失去这种生活方式的时候，我们真的能理解古诗文吗？今天所有的对吟诵的不重视、不相信，对声韵含意的否认，对诗教价值的漠视，我觉得统统都和不吟诵、不作诗、不吟诵着作诗有关。没有下过水游泳的人，无论如何也不会理解水的感觉，也就不会理解在水里游泳的时候，有多少事情是跟在陆地上行走不一样的。我们今天失去的最大的部分，恰恰是古人的常识部分，文献中一般不记录的部分，就是那基本的生活。比如，古代没有电灯，晚上很黑，才有星汉灿烂；古代没有电话，出门旅行就失联，才有孔子有朋自远方来的欣喜。死读书、只背过，真能学到中华文化吗？

希望我们从文献、文物和文人中穿越过去，首先去探知和理解古人的生活和心理；其次去再造当代的中华生活方式，让吟诵和其他传统文化一起成为我们的生活本身，每天吟诵、作诗、弹琴、内省，感悟万物一体、天下为公之道，做一个有中华文化精神的中国人。到那时，这本书所讲的吟诵理论，就会自然而然变回一种文化了。

这本书的写作前后经历了七年。这期间首先要感谢的是我的导师赵敏俐教授。他说：“你这是一本学术著作啊，一定要慎重啊。”于是逐字逐句地帮我审阅，提出意见，我修改之后，他还是不满意，再次逐字逐句地审阅，再次提出意见，让我再修改。对于我的学术声誉，他比我自己还要重视。师恩难报，唯有不断前行，光大师门。

我要特别感谢中宣部王世明副部长，他不仅是我国学的导师，也是吟诵工作的总指导和推动力量。教育部的王登峰司长也对打开吟诵工作局面有首创之功。

还有马凯副总理，对我和团队工作的高度肯定，对吟诵的深厚感情和倾心支持，都令我感愧于心，深自勉励。

还要感谢亲近母语，徐冬梅老师耐心等待了八年，其间帮我组织了第二届“中华吟诵周”，两次改版《我爱吟诵》，还做了大量的吟诵宣传培训工作。感谢杨爱萍老师和编辑们的细致辛勤的工作。

还要感谢老先生们，感谢他们教给我的吟诵和文化精神。感谢所有在教学第一线开展吟诵教育的老师们，是他们的成果和鼓励，让我修偏纠错，给我信心温暖。感谢吟诵志愿者团队，感谢我的朋友们，感谢我的学生们，感谢我的家人们，感谢所有支持我的人。

愿吟诵复兴，古诗文复兴，中华文化复兴！

徐健顺
2019 年 1 月 5 日

附录资料（目录）

汉语音义表

《平水韵字表》

汉语拼音音义操

上、下平声图示

（扫描封底二维码即可查阅相关附录资料）

秋夜咏怀（其一）

徐健顺

半月当空寥落星　秋风吹叶总心惊
残花对酒三人酌　黥面投军万目横
玉雪谁知身后事　瑶琴每是断前声
今宵一伴寒蛩去　梦在金沙江畔醒

秋夜咏怀（其二）

徐健顺

人生何日不忧愁　仰望银河在地球
老杜天涯伤自舐　小红生处错谁尤
福田有种泥生蒂　苦海无边学作舟
一叹一回一顿挫　一声摇落到深秋